Herrn Rechtsanwalt

**Dr. Adolf Hamburger**

in Berlin W

approbiertem Apotheker

und

juristischem Mitarbeiter der Pharmazeutischen Zeitung

freundschaftlich zugeeignet

# Apothekengesetze

## Nach deutschem Reichs- und preußischem Landesrecht

herausgegeben und erläutert

von

**Ernst Urban**

Redakteur der Pharmazeutischen Zeitung

Sechste Auflage von **Böttger-Urban:**
„Die Preußischen Apothekengesetze"

**Berlin**
Verlag von Julius Springer
1927

ISBN-13: 978-3-642-93877-1 e-ISBN-13: 978-3-642-94277-8
DOI: 10.1007/978-3-642-94277-8

Softcover reprint of the hardcover 6th edition 1927

# Vorwort.

Von den verschiedenen Bearbeitungen der deutschen und preußischen Apothekengesetze haben sich die Böttgerschen Werke eines besonderen Rufes erfreut. Kam doch in ihnen die vieljährige und vielseitige Erfahrung eines Mannes zum Ausdruck, der die Materie nicht nur in rechtlicher Hinsicht ausgezeichnet beherrschte, sondern dank seiner steten und innigen Fühlungnahme mit dem pharmazeutischen Berufsleben auch mit den praktischen und technischen Fragen, die in der Apothekengesetzgebung eine Rolle spielen, aufs beste vertraut war. So erklärt es sich, daß sein 1894 als Fortsetzung des vorangegangenen zweibändigen Werkes „Die Apothekengesetzgebung des Deutschen Reiches und der Einzelstaaten" begründetes Buch „Die Preußischen Apothekengesetze" fünf Auflagen erlebte, von denen jede rasch vergriffen war. Nachdem die drei letzten Auflagen bereits ausschließlich von mir bearbeitet worden waren, war nach dem unerwarteten Tode Böttgers (2. November 1917) die Aufgabe, für Erneuerung des während des Krieges vergriffenen Werkes zu sorgen, auf mich übergegangen. Indessen mancherlei Umstände, zuerst die nicht für die Dauer bestimmte Kriegsgesetzgebung, sodann die unstete, rasch wechselnde Gesetzgebung der Nachkriegszeit und schließlich auch berufliche Überlastung verzögerten die Lösung der Aufgabe. Erst der jetzige Augenblick, nachdem auch in der Gesetzgebung eine gewisse Beruhigung eingetreten, ferner ein neues Deutsches Arzneibuch erschienen und in Verbindung damit eine ganze Reihe wichtiger Bestimmungen erlassen ist, schien geeignet, um den lange gehegten Plan einer Neuherausgabe des Buches zu verwirklichen. Die schwebende Reform der Apotheken- und Arzneimittelgesetzgebung erwies sich dabei nicht als Hindernis. Die Notwendigkeit einer Festlegung des gegenwärtigen Standes der deutschen und preußischen Apothekengesetzgebung bleibt bestehen, gleichviel ob diese Reform, was günstigsten Falles noch Jahre dauern dürfte, zustande kommt oder nicht.

Daß es sich bei dieser Arbeit, nachdem die letzte Auflage vor 14 Jahren erschienen ist und die Gesetzgebung seitdem eine früher ungeahnte Rekordtätigkeit entwickelt hat, um eine völlige Neugestaltung des Buches von Grund auf handeln mußte, bedarf keiner besonderen Betonung. Leitende Gesichtspunkte waren dabei mit Rücksicht auf die gewaltige Zunahme und Komplizierung des Stoffes folgende:

1. Ausscheidung alles irgend entbehrlichen, die Übersicht erschwerenden Ballastes einschließlich der noch in stetem Flusse befindlichen Steuergesetzgebung. Bei letzterer kommt es zudem oft mehr wie auf die Gesetze auf die Rechtsprechung an, und eine Zusammenstellung dieser wird man im Pharmazeutischen Kalender 1928 finden.

2. Dafür größte Vollständigkeit und Zuverlässigkeit in der Sammlung und Gestaltung von Text und Kommentierung bei allen für den Apotheker in Betracht kommenden gesetzlichen Bestimmungen unter gewissenhafter Heranziehung der Rechtsprechung der höheren Gerichte sowie der Literatur. Das Buch berücksichtigt das gesamte bis Anfang Oktober 1927 vorliegende Material. Alle späteren Erscheinungen werden wie üblich in jedem Jahrgang des Pharmazeutischen Kalenders zusammengestellt werden.

3. Klare und übersichtliche Disponierung des Stoffes unter besonderer Heraushebung derjenigen Bestimmungen, die wegen ihres reichsgesetzlichen Charakters oder wegen der vereinbarten Gleichförmigkeit der entsprechenden landesrechtlichen Verordnungen für alle deutschen Apotheker Gültigkeit besitzen. Diesem Gedanken trägt die neue Dreiteilung des Buches Rechnung. Das starke Überwiegen reichsgesetzlicher oder im Reichsgebiete einheitlicher Vorschriften nötigte auch zur Änderung des Titels.

4. Strenge Durchführung der schon in den drei letzten Auflagen befolgten typographischen Anordnung, die durch den Wechsel zwischen Antiqua- und Frakturschrift sowohl über wie unter dem Strich eine scharfe Unterscheidung zwischen amtlichen Texten und den Bemerkungen des Verfassers gestattet.

5. Möglichste Erleichterung der Benutzung des Werkes durch zwei Inhaltsverzeichnisse, ein der tatsächlichen (rechtlichen) Anordnung entsprechendes und ein systematisches, sowie zwei Register, ein zeitliches und ein sachliches.

Möge das Buch von der erfolgreichen Durchführung dieser Grundsätze Zeugnis ablegen und dem Stande, in dessen Dienst ich meine Lebensaufgabe gestellt habe, Nutzen bringen. Das wäre der schönste Lohn einer nicht ganz leichten dreivierteljährigen Abend-, Nacht- und Sonntagarbeit. Beim Abschluß derselben hat mich mein erster Mitarbeiter an der Pharmazeutischen Zeitung, Herr Redakteur Urdang, durch die von ihm bereitwillig übernommene und gewissenhaft durchgeführte Anfertigung des Sachregisters weitgehend unterstützt und mich dadurch zu besonderem Danke verpflichtet. Es ist mir ein Bedürfnis, meinen herzlichen Dank auch an dieser Stelle zum Ausdruck zu bringen.

Berlin, Anfang Oktober 1927.

**Urban.**

# Inhalt.

## Rechtliche Anordnung.

### I. Gesetzgebung und Verwaltung.



## A. Reichsrechtliche Bestimmungen.

### II. Gewerberecht.



### III. Handelsrecht, Bürgerliches und Strafrecht.



### IV. Sozialversicherung.



### V. Maß- und Gewichtswesen.

## VI. Prüfungswesen.



## VII. Verkehr mit Arzneimitteln.



## VIII. Verkehr mit Betäubungsmitteln.



## IX. Verkehr mit Süßstoff.



## X. Verkehr mit Branntwein.



## XI. Verkehr mit Wein.

### XII. Arzneibeförderung durch Eisenbahn und Post.



### XIII. Tarifrecht.



## B. Im Reichsgebiet einheitliche landesrechtliche Bestimmungen.

### XIV. Arzneibuch.



### XV. Arzneitaxe.



### XVI. Verkehr mit stark wirkenden Arzneimitteln.



### XVII. Verkehr mit staatlich geprüften Arzneimitteln.



### XVIII. Verkehr mit Geheimmitteln und ähnlichen Arzneimitteln.



### XIX. Verkehr mit Giften.

## C. Preußische Bestimmungen.

Seite

### XX. Apothekenbesitzrecht.



### XXI. Apothekenbetrieb.



### XXII. Apothekenbesichtigung.



### XXIII. Standesvertretung.

## Systematische Anordnung.

# Abkürzungen.

| | |
|---|---|
| A.G. | = Amtsgericht. |
| Ap.B.O. | = Apothekenbetriebsordnung. |
| Ap.O. | = Apothekerordnung. |
| B.G.B. | = Bürgerliches Gesetzbuch. |
| Bk. | = Bekanntmachung. |
| E. | = Entscheidungen des Reichsgerichts in Strafsachen. |
| Entsch. | = Entscheidungen des preußischen Oberverwaltungsgerichts. |
| Erl. | = Erlaß. |
| G. | = Gesetz. |
| Gew.O. | = Gewerbeordnung für das Deutsche Reich. |
| Golt. | = Goltdammer: Archiv für Strafrecht. |
| Gruchot | = Gruchot: Beiträge zur Erläuterung des deutschen Rechts. |
| H.G.B. | = Handelsgesetzbuch. |
| Joh. | = Johow: Jahrbuch für Entscheidungen des Kammergerichts. |
| K.G. | = Kammergericht. |
| K.G.A. | = (Kaiserliches) Gesundheitsamt: Sammlung gerichtlicher Entscheidungen auf dem Gebiete der öffentlichen Gesundheitspflege. |
| L.G. | = Landgericht. |
| L.V.A. | = Landesversicherungsamt. |
| Med.A. | = Medizinal-Archiv für das Deutsche Reich. |
| Min. | = Minister, Ministerium, Ministerial-. |
| Min-Erl. | = Ministerialerlaß. |
| Min.Verf. | = Ministerialverfügung. |
| Ob.Trib. | = Vormaliges preußisches Ober-Tribunal. |
| O.L.G. | = Oberlandesgericht. |
| O.V.A. | = Oberversicherungsamt. |
| O.V.G. | = Preußisches Oberverwaltungsgericht. |
| P.A. | = Patentamt. |
| Ph.Ztg. | = Pharmazeutische Zeitung, Berlin. |
| P.V. | = Polizeiverordnung. |
| Rechtspr. | = Rechtsprechung des Reichsgerichts in Strafsachen. |
| Reger | = Reger: Entscheidungen der Gerichte und Verwaltungsbehörden auf dem Gebiete des Verwaltungs- und Polizeistrafrecht. |
| R.G. | = Reichsgericht. |
| R.O.H.G. | = Reichsoberhandelsgericht. |
| R.V.A. | = Reichsversicherungsamt. |
| R.V.O. | = Reichsversicherungsordnung. |
| s. | = siehe. |
| S. | = Seite. |
| Str.G.B. | = Strafgesetzbuch für das Deutsche Reich. |
| Str.P.O. | = Strafprozeßordnung. |
| V. | = Verordnung. |
| Verf. | = Verfügung. |
| V.G. | = Verwaltungsgerichtshof. |

# I. Gesetzgebung und Verwaltung.

## 1. Deutsches Reich.

Die Gesetzgebung über das Apothekenwesen setzt sich gleich derjenigen auf vielen anderen Gebieten zusammen aus Reichsgesetzen und Landesgesetzen. Nach Artikel 7 der Reichsverfassung vom 11. August 1919 hat das Reich die Gesetzgebung u. a. über „das Gesundheitswesen, das Veterinärwesen und den Schutz der Pflanzen gegen Krankheiten und Schädlinge". Solange und soweit das Reich von seinem Gesetzgebungsrechte keinen Gebrauch macht, behalten laut Artikel 12 die Länder das Recht der Gesetzgebung. Nach Artikel 13 bricht Reichsrecht Landrecht, d. h. landesrechtliche Bestimmungen werden durch abweichende reichsrechtliche ohne weiteres aufgehoben[1]).

Von seiner Befugnis, die Gesetzgebung über das Gesundheitswesen auszuüben, hat das Reich, soweit das Apothekenwesen und der Arzneiverkehr in Betracht kommen, nur zu einem Teil Gebrauch gemacht, der allerdings im Laufe der Jahre ständig zugenommen hat. Da bei einer Reihe an sich der landesgesetzlichen Regelung überlassener Angelegenheiten sich aus praktischen Erwägungen die Notwendigkeit einer einheitlichen Gestaltung innerhalb des Reichsgebietes ergeben hat, hat man für diese Fälle den Ausweg gewählt, durch Beschluß des Reichsrats bzw. durch Vereinbarung der Länderregierungen einheitliche Entwürfe festzulegen, die dann durch Verordnungen der Länder in Kraft gesetzt werden. Handelt es sich hierbei somit gesetzestechnisch um landesgesetzliche Bestimmungen, so ist praktisch die Wirkung eine ähnliche, als ob reichsgesetzliche Maßnahmen vorlägen. Aus diesen praktischen Gründen sind in der vorliegenden Sammlung die Apothekengesetze nach den drei Gruppen: a. reichsrechtliche Bestimmungen, b. im Reichsgebiet einheitliche landesrechtliche Bestimmungen, c. preußische Bestimmungen geordnet.

Die Reichsgesetzgebung für Angelegenheiten des Gesundheits- und Medizinalwesens wird (durch einen juristischen Referenten) im Reichsministerium des Innern bearbeitet, dem als beratendes Organ das im Jahre 1876 errichtete Reichsgesundheitsamt zur Seite steht. Diesem gehören z. Z. drei Apotheker als Mitglieder an. Für die sozialpolitischen Angelegenheiten besteht seit 1918 ein besonderes Reichsarbeitsministerium.

In Verbindung mit dem Reichsgesundheitsamte steht der Reichsgesundheitsrat, dessen Schaffung durch das Gesetz betr. die Bekämpfung gemeingefährlicher Krankheiten vom 30. Juni 1900 herbeigeführt worden ist. Dieses Gesetz bestimmt in § 43 folgendes:

---

[1]) Ein anderer wichtiger Grundsatz lautet: lex posterior derogat priori, d. h. von mehreren denselben Gegenstand betreffenden gesetzlichen Bestimmungen gilt gegenüber Bestimmungen gleicher oder niedrigerer Ordnung die zuletzt erlassene.

§ 43. In Verbindung mit dem Kaiserlichen Gesundheitsamt wird ein Reichsgesundheitsrat gebildet. Die Geschäftsordnung wird vom Reichskanzler mit Zustimmung des Bundesrats festgestellt.. Die Mitglieder werden vom Bundesrat gewählt.

Der Reichsgesundheitsrat hat das Gesundheitsamt bei der Erfüllung der diesem Amt zugewiesenen Aufgaben zu unterstützen. Er ist befugt, den Landesbehörden auf Ansuchen Rat zu erteilen. Er kann sich, um Auskunft zu erhalten, mit den ihm zu diesem Zwecke zu bezeichnenden Landesbehörden unmittelbar in Verbindung setzen sowie Vertreter absenden, welche unter Mitwirkung der zuständigen Landesbehörden Aufklärungen an Ort und Stelle einziehen.

Nach der vom Reichsminister des Innern im Januar 1923 erlassenen Geschäftsordnung berät der Reichsgesundheitsrat in seiner Gesamtheit oder in Ausschüssen. Zur Zeit bestehen 11 Ausschüsse. Da der Reichsgesundheitsrat in seiner Gesamtheit nur selten zusammentritt, liegt der Schwerpunkt seiner Tätigkeit bei den Ausschüssen, von denen für das Apothekenwesen und den Arznei- und Giftverkehr Ausschuß 9 „Arzneiversorgung (einschließlich des Verkehrs mit Giften)" in Betracht kommt. Bei diesem Ausschuß sind dann noch vier Unterausschüsse eingesetzt: je ein medizinischer und ein pharmazeutischer Unterausschuß für das Arzneibuch (an Stelle der früheren Pharmakopoe-Kommission), ferner ein solcher für den Verkehr mit Arzneimitteln usw. innerhalb und außerhalb der Apotheken einschließlich des Verkehrs mit Giften, sowie ein vierter Unterausschuß für die Festsetzung der Arzneitaxe. Dem Reichsgesundheitsrat gehören z. Z. insgesamt 131 Mitglieder an, und darunter befinden sich 4 Apotheker.

## 2. Preußen.

In Preußen unterstand das Medizinalwesen und somit auch das Apothekenwesen, nachdem es vorher von dem Ministerium des Innern verwaltet worden war, seit Gründung des Ministeriums der geistlichen, Unterrichts- und Medizinalangelegenheiten im Jahre 1817 diesem Ministerium. Durch Kgl. Order vom 27. April 1872 wurde bereits das Veterinärwesen an das Landwirtschaftsministerium übertragen. Die gesamte übrige Medizinalverwaltung einschließlich des Apothekenwesens ging am 1. April 1911, nachdem ein Allerhöchster Erlaß vom 30. November 1910 die Genehmigung erteilt hatte, vom Kultusministerium auf das Ministerium des Innern über. Mit Wirkung vom 1. November 1919 wurden dann durch Verfügung der preuß. Staatsregierung vom 7. November 1919 die gesamten Medizinalangelegenheiten auf das neu gebildete Ministerium für Volkswohlfahrt überführt, jedoch mit der Maßgabe, daß die Angelegenheiten des pharmazeutischen Studiums bei dem inzwischen Ministerium für Wissenschaft, Kunst und Volksbildung genannten früheren Ministerium der geistlichen und Unterrichtsangelegenheiten verbleiben. Die Apotheken- und Medizinalangelegenheiten werden im Ministerium für Volkswohlfahrt in einer besonderen Medizinalabteilung bearbeitet, die einem (ärztlichen) Ministerialdirektor untersteht. Referent für das Apothekenwesen ist z. Z. der in der Medizinalabteilung nebenamtlich tätige, aus dem Apothekerstande hervorgegangene Präsident des Staatlichen Nahrungsmitteluntersuchungsamtes. Ihm ist ein planmäßig angestellter pharmazeutischer Hilfsarbeiter mit der Amtsbezeichnung Regierungsrat beigegeben.

Über das Verordnungsrecht der preuß. Minister bestimmt das Gesetz über die allgemeine Landesverwaltung vom 30. Juli 1883 in § 136 folgendes:

§ 136. Soweit die Gesetze ausdrücklich auf den Erlaß besonderer polizeilicher Vorschriften (Verordnungen, Anordnungen, Reglements usw.) durch die Zentralbehörden verweisen, sind die Minister befugt, innerhalb ihres Ressorts dergleichen Vorschriften für den ganzen Umfang der Monarchie oder für einzelne Teile derselben zu erlassen und gegen die Nichtbefolgung dieser Vorschriften Geldstrafen bis zum Betrage von 100 M. anzudrohen . . .

Zum Erlasse der im § 367 Nr. 5[1]) des Strafgesetzbuches für das Deutsche Reich gedachten Verordnungen sind auch die zuständigen Minister befugt.

In dieser letztgenannten Bestimmung finden fast alle vom preuß. Medizinalminister über das Apothekenwesen erlassenen Anordnungen ihre rechtliche Grundlage.

Der Medizinalabteilung zur Seite steht ein nach dem Vorbild des Reichsgesundheitsrats gebildeter Landesgesundheitsrat, der durch V. des preuß. Staatsministeriums vom 30. April 1921 ins Leben gerufen ist. Aus der diesbezüglichen V. sind folgende Bestimmungen hervorzuheben:

Es wird ein Landesgesundheitsrat gebildet, der am 1. Juli 1921 seine Tätigkeit beginnt. An diesem Tage werden die wissenschaftliche Deputation für das Medizinalwesen (Königliche Order vom 16. Dezember 1808), die technische Kommission für die pharmazeutischen Angelegenheiten (Instruktion vom 27. Oktober 1849) und der Apothekerrat (Allerhöchste Verordnung vom 29. April 1896) aufgehoben, deren Geschäfte vom Landesgesundheitsrate mit erledigt werden. Für den Landesgesundheitsrat gelten folgende Vorschriften:

§ 1. Der Landesgesundheitsrat ist eine Behörde zur Beratung des Staatsministeriums, insbesondere des Ministers für Volkswohlfahrt in allen Fragen des öffentlichen Gesundheitswesens und der sozialhygienischen Fürsorge sowie in den damit zusammenhängenden Angelegenheiten der ärztlichen, zahnärztlichen und pharmazeutischen Wissenschaft. Er ist zugleich Gutachterausschuß für ärztliche Fragen in Rechtsstreitigkeiten.

Der Landesgesundheitsrat hat im besonderen

a. sich über alle ihm vom Minister für Volkswohlfahrt zur Begutachtung vorgelegten Fragen vom Standpunkte der öffentlichen Gesundheitspflege, der gesundheitlichen Fürsorge und der ärztlichen, zahnärztlichen und pharmazeutischen Wissenschaft aus zu äußern, sowie die ihm vom Minister für Volkswohlfahrt auf Ersuchen der Gerichtsbehörden aufgetragenen ärztlichen Gutachten zu erstatten. Die Gutachten auf Ersuchen der Gerichtsbehörden sind nur zu erstatten, wenn bereits ein anderer Gutachter über die zu begutachtende Frage gehört worden ist;

b. aus eigenem Antrieb dem Minister Vorschläge zur Abstellung von Mängeln zu machen, die auf den Gebieten der öffentlichen Gesundheitspflege und der Gesundheitsfürsorge bestehen; auch neue Maßnahmen in Anregung zu bringen, die ihm geeignet erscheinen, die Aufgaben der Medizinalabteilung zu fördern.

§ 4. Der Landesgesundheitsrat tagt in seiner Gesamtheit oder in Ausschüssen. Ausschüsse werden gebildet für:

a. das Heilwesen einschließlich der Aus- und Fortbildung der Ärzte, Zahnärzte, Apotheker und der übrigen Medizinalpersonen;

b. die Arzneiversorgung.

---

[1]) Über § 367, 5 Str.G.B. s. S. 52.

Dem preuß. Landesgesundheitsrat gehören z. B. 103 Mitglieder an, darunter 4 Apotheker. Über die Apothekerkammern s. Teil XXIII.

Von den preuß. Provinzial- und Bezirksbehörden haben für die Verwaltung des Apothekenwesens die folgenden Bedeutung:

### a. Der Oberpräsident.

Zu den besonderen Verwaltungsangelegenheiten des Oberpräsidenten gehört nach § 2 der Instruktion vom 31. Dezember 1825 die Konzessionierung neuer Apotheken. Der Oberpräsident führt auch die allgemeine Staatsaufsicht über die Apothekenkammer (§ 46 des Gesetzes über die Apothekerkammern vom 21. April 1923, S. 384).

Der Oberpräsident ist gemäß § 137 des Gesetzes über die allgemeine Landesverwaltung (s. S. 2) befugt, sowohl für den Umfang der ganzen Provinz wie auch für mehr als einen Regierungsbezirk oder auch für mehrere Kreise, sofern dieselben verschiedenen Regierungsbezirken angehören, gültige Polizeiverordnungen zu erlassen und gegen die Nichtbefolgung derselben Geldstrafen bis zum Betrage von 60 M. anzudrohen. Diese Polizeiverordnungen bedürfen der Zustimmung des Provinzialrats[1]).

### b. Der Regierungspräsident.

Neben und teilweise unter dem Oberpräsidenten steht die Regierung mit dem Regierungspräsidenten an ihrer Spitze. Zu deren Ressort, und zwar zu dem der inneren Abteilung gehören (nach § 2 der Regierungsinstruktion vom 23. Oktober 1817, aufrechterhalten durch das Gesetz vom 31. Dezember 1825): Medizinal- und Gesundheitsangelegenheiten in polizeilicher Rücksicht, z. B. Verkehr mit Medikamenten, Verhütung von Kuren durch unbefugte Personen, Vorkehrungen gegen ansteckende Krankheiten und Seuchen unter Menschen und Tieren, Kranken- und Irrenhäuser usw. Außerdem haben die Regierungspräsidenten über das Gesundheits- und Apothekenwesen ihres Bezirks regelmäßig dem Minister Bericht zu erstatten.

Der Regierungspräsident ist gemäß § 137 des Gesetzes über die allgemeine Landesverwaltung (s. S. 2) befugt, für mehrere Kreise oder für den Umfang des ganzen Regierungsbezirkes gültige Polizeiverordnungen zu erlassen, welche der Zustimmung des Bezirkausschusses bedürfen[2]).

Der Regierungspräsident übt auch die Aufsicht über die Apotheken seines Bezirkes aus. Diese Aufsichtsgewalt der Regierungen und Polizeibehörden über das Apothekenwesen berechtigt indessen nicht zur Verhängung von Ordnungsstrafen gegen Apotheker wegen nicht pflichtgemäßer Ausübung des Berufes. In einem Min.Erl. vom 23. September 1871, der die Untersagung der Ausübung der Heilkunde durch Apotheker begründen sollte, wurde zwar noch der entgegengesetzte Standpunkt vertreten, daß es nicht Aufgabe des Richters, sondern der Verwaltungsbehörden sei, die Erfüllung der besonderen Berufspflichten der Apotheker sicherzustellen. Das O.V.G. hat

---

[1]) Die das Heilmittelwesen und den Arzneiverkehr betreffenden Polizeiverordnungen der Oberpräsidenten und Regierungspräsidenten gründen sich in der Regel auf § 6 des Gesetzes über die Polizeiverwaltung vom 11. März 1850, lautend:

Zu den Gegenständen der ortspolizeilichen Vorschriften gehören:

a. der Schutz der Personen und des Eigentums;

f. Sorge für Leben und Gesundheit.

[2]) In der Stadtgemeinde Berlin tritt an Stelle des Regierungspräsidenten der Polizeipräsident (Gesetz über die Bildung einer neuen Stadtgemeinde Berlin vom 27. April 1920/7. Oktober 1920).

jedoch regelmäßig — so in den Urteilen vom 29. Juni 1898 (R.G.A. II, S. 165) und 26. Oktober 1903 (Ph.Ztg. 1904 Nr. 28) — entgegengesetzt entschieden und den Grundsatz aufgestellt, daß den Regierungspräsidenten eine von ihrer Landespolizeigewalt verschiedene Aufsichtsgewalt über die Apotheken, sowie ein Ordnungsstrafrecht den Apothekern gegenüber nicht zustehe. In dem Urteil vom 29. Juni 1898 heißt es:

„Den zur Aufsicht über die Apotheken berufenen Polizeibehörden steht zwar zu dem Zweck, die Besitzer der Apotheken zu einer den Gesetzen und sonstigen rechtsgültigen Verordnungen entsprechenden Geschäftsführung zu nötigen, die Anwendung der in § 132ff. des Gesetzes über die allgemeine Landesverwaltung vorgesehenen Zwangsbefugnisse zu, d. h. sie dürfen ihnen zur Erreichung dieses Zweckes unter Androhung von Zwangsmitteln und gegebenenfalls auch von Strafen bestimmte Handlungen und Unterlassungen und insbesondere die Abstellung der bei den Revisionen festgestellten Unregelmäßigkeiten aufgeben, dagegen läßt sich aus der Polizeigewalt die Befugnis zur Verhängung von Strafen, weil in der Vergangenheit die Geschäftsführung den bestehenden Vorschriften nicht entsprochen hat, nicht herleiten. Dazu bedurfte es eines die Polizeibehörden hierzu ermächtigenden Gesetzes, und hieran fehlt es."

Darauf hat sich denn auch der Minister in einer Verfügung vom 21. Januar 1902 zu diesem Standpunkt bekannt und die in dem erwähnten Erlasse seines Amtsvorgängers vom 23. September 1871 niedergelegte Anschauung als nicht mehr zutreffend bezeichnet.

**Min.Erl., betr. das Aufsichtsrecht der Polizeibehörden über die Apotheker. Vom 21. Januar 1902.**

Der in dem Berichte vom 5. August 1901 dargelegten Auffassung, daß den Regierungspräsidenten ein von der Landespolizeigewalt verschiedenes Aufsichtsrecht über die Apotheker auf Grund der revidierten Apothekerordnung vom 11. Oktober 1801 zusteht, vermag ich in Übereinstimmung mit der Rechtsprechung des Oberverwaltungsgerichts vom 29. Juni 1898 — Entscheidungen Band 33, S. 356ff. — nicht beizutreten.

Die zur Aufsicht über die Apotheker berufenen Polizeibehörden sind, wie die gedachte Entscheidung hervorhebt, zwar berechtigt, in Gemäßheit des § 142 des Gesetzes über die allgemeine Landesverwaltung zum Zwecke der Herbeiführung einer den gesetzlichen und reglementarischen Vorschriften entsprechenden Geschäftsführung dem Apotheker unter Androhung von Zwangsmitteln und gegebenenfalls auch von Strafen bestimmte Handlungen und Unterlassungen und insbesondere die Abstellung der bei den Revisionen festgestellten Unregelmäßigkeiten aufzugeben. Aber die Befugnis, einen Apotheker mit einer Ordnungsstrafe zu belegen, weil seine Geschäftsführung in der Vergangenheit den bestehenden Vorschriften nicht entsprochen hat, kann aus der Polizeigewalt nicht hergeleitet werden. Die für die Verletzungen der Berufspflichten in Tit. III., § 2, Lit. e der revidierten Apothekerordnung vom 11. Oktober 1801 vorgesehenen Strafen haben, wie ich abweichend von der in dem Erlasse meines Herrn Amtsvorgängers vom 23. September 1871 vertretenen Auffassung bemerke, den Charakter von Kriminalstrafen — vgl. auch § 367, Nr. 5 des Reichsstrafgesetzbuches —, deren Festsetzung nach Lage der bestehenden Gesetzgebung durch die zuständigen Polizei- bzw. Gerichtsbehörden zu erfolgen hat. (Vgl. §§ 447 u. ff., §§ 453 u. ff. der Reichsstrafprozeßordnung, Gesetz, betreffend den Erlaß polizeilicher Strafverfügungen wegen Übertretungen, vom 23. April 1883.)

Ihrem pflichtmäßigen Ermessen muß es überlassen bleiben, darüber zu entscheiden, in welchen Fällen die Bestrafung der bei den Revisionen der Apotheken festgestellten Unregelmäßigkeiten oder Verstöße durch polizeiliche oder gerichtliche Strafverfügung herbeizuführen ist. In leichteren

Fällen wird es sich empfehlen, von einer solchen Bestrafung Abstand zu nehmen und dem Apotheker in der auf den Revisionsbefund zu erlassenden Verfügung wegen Abstellung der Unregelmäßigkeiten das sonst Erforderliche zu eröffnen[1]).

### c. Der Regierungs- und Medizinalrat.

Der technische Beirat des Regierungspräsidenten für die sämtlichen Medizinalangelegenheiten ist der Regierungs- und Medizinalrat. Seine Stellung wird bestimmt durch § 47 der Instruktion vom 23. Oktober 1817. Danach hat der Medizinalrat bei den Regierungen alle in die Gesundheits- und Medizinalpolizei einschlagenden Sachen zu bearbeiten und die wichtigen Medizinalanstalten von Zeit zu Zeit zu revidieren.

Der Regierungs- und Medizinalrat ist Vorsitzender der Kommissionen für die pharmazeutische Vorprüfung und für die Besichtigung der Apotheken (vgl. Teil VI und XXII).

### d. Der Landrat.

Oberster Kreispolizeibeamter ist der Landrat. Als solcher repräsentiert er auch gleichzeitig die Kreis-Medizinalpolizei und hat in dieser Eigenschaft die Verpflichtung, auf alles zu achten, was das öffentliche Gesundheitswesen in seinem Kreise betrifft.

Auch der Landrat ist gemäß § 142 des Gesetzes über die allgemeine Landesverwaltung (s. S. 2) befugt, unter Zustimmung des Kreisausschusses für mehrere Ortspolizeibezirke oder für den ganzen Umfang des Kreises gültige Polizeiverordnungen zu erlassen.

### e. Der Kreisarzt.

Als technischer Berater in Sachen des Gesundheitswesens steht dem Landrat der Kreisarzt zur Seite, der jetzt die Bezeichnung Medizinalrat führt. Die Befugnisse desselben und seine Stellung sind geregelt durch das Gesetz, betr. die Dienststellung des Kreisarztes und die Bildung von Gesundheitskommissionen vom 16. September 1899. Dasselbe enthält u. a. folgende Bestimmungen:

**Gesetz, betr. die Dienststellung des Kreisarztes. Vom 16. September 1899.**

§ 1. Der staatliche Gesundheitsbeamte des Kreises ist der Kreisarzt. Er ist der technische Berater des Landrats, in Stadtkreisen der Polizeibehörde. Der Kreisarzt ist dem Regierungspräsidenten unmittelbar unterstellt . . .

§ 6. Der Kreisarzt hat insbesondere die Aufgabe:

3. die Durchführung der Gesundheitsgesetzgebung und der hierauf bezüglichen Anordnungen zu überwachen und nach Maßgabe der bestehenden Vorschriften die Heilanstalten und anderweitige Einrichtungen im Interesse des Gesundheitswesens zu beaufsichtigen; auch hat er über das Apotheken- und Hebammenwesen, über die Heilgehilfen und anderes Hilfspersonal des Gesundheitswesens die Aufsicht zu führen.

---

[1]) Was dieser Erlaß vom 21. Januar 1902 negativ ausspricht, daß bei leichteren gelegentlich der Apothekenrevisionen festgestellten Unregelmäßigkeiten von einer Bestrafung Abstand zu nehmen ist, wird in einer späteren Verfügung vom 30. Dezember 1908, betr. die Kosten für die Nachbesichtigungen der Apotheken, positiv ausgedrückt. Dort heißt es, daß nur bei Feststellung grober Unregelmäßigkeiten die strafrechtliche Verfolgung herbeizuführen ist (s. S. 372).

Der Kreisarzt übt somit im Namen des Regierungspräsidenten die tatsächliche Aufsicht über das Apothekenwesen seines Kreises aus, er ist das eigentliche Organ der Regierung in bezug auf Medizinal- und Sanitätspolizei. Von großer Bedeutung für seine Tätigkeit auf diesem Gebiete ist die vom Minister erlassene Dienstanweisung, die folgende Bestimmungen über die Beziehungen des Kreisarztes zum Apothekenwesen und dem Arzneiverkehr enthält:

**Dienstanweisung für die Kreisärzte. Vom 1. September 1909.**

Meldepflicht der Medizinalpersonen.

§ 45. Der Kreisarzt hat die An- und Abmeldungen der in seinem Bezirke sich niederlassenden, um- oder abziehenden Ärzte, Zahnärzte, Apothekenvorstände, sowie der Gehilfen und Lehrlinge in den Apotheken, der Hebammen und sonstigen geprüften Heilpersonen in Gemäßheit der darüber bestehenden Bestimmungen (vgl. auch Erlaß vom 11. Dezember 1875) entgegenzunehmen und die Approbationen, Prüfungszeugnisse, sowie bei der Führung des Doktor- oder eines andern Titels die Berechtigungsausweise hierfür sich vorlegen zu lassen. Säumige sind zu erinnern und bei erfolgloser Erinnerung der Polizeibehörde anzuzeigen ...

Apothekenwesen.

§ 47. Der Geschäftsbetrieb in den selbständigen Apotheken, Zweigapotheken, Krankenhausapotheken (Dispensieranstalten) und ärztlichen Hausapotheken untersteht der Aufsicht des Kreisarztes.

Der Kreisarzt hat alle Apotheken seines Amtsbezirkes einmal jährlich außerordentlich und unangemeldet zu besuchen und im allgemeinen, namentlich hinsichtlich der Ordnung und Sauberkeit in den Räumen, an und in den Arzneibehältnissen, sowie hinsichtlich der Beachtung der gesetzlichen Vorschriften über den Betrieb zu mustern.

Ungünstige Befunde und sonst zu seiner Kenntnis gelangende Unregelmäßigkeiten im Geschäftsbetriebe, wie unbefugte Ausübung der Heilkunde, gesetzwidrige Abgabe von Geheimmitteln oder stark wirkenden Arzneimitteln, Überschreitungen der Taxe, Betrieb von Nebengeschäften ohne Genehmigung, unbefugtes Halten von Lehrlingen, sind dem Regierungspräsidenten anzuzeigen.

Bei der Musterung der Apotheken sind die vorhandenen Lehrlinge nach Vorschrift zu prüfen.

(Vgl. §§ 469, 470 II. 8 A.L.-R., Revid. Ap.O. vom 11. Oktober 1801, § 367 Nr. 5 Str.G.B., § 28 der Anweisung vom 18. Februar 1902.)

§ 48. Zu den Apothekenbesichtigungen, welche im Auftrage des Regierungspräsidenten durch den Regierungs- und Medizinalrat und einen pharmazeutischen Bevollmächtigten vorgenommen werden, ist der Kreisarzt rechtzeitig und vertraulich einzuladen. Er hat, falls nicht triftige Gründe ihn hindern, jedenfalls zu erscheinen, wenn eine Apotheke an seinem Wohnort besichtigt wird.

Der Kreisarzt kann ausnahmsweise von dem Regierungspräsidenten mit der Vertretung des Regierungs- und Medizinalrats bei den Besichtigungen beauftragt werden.

Die Erledigung der Bescheide, welche auf Grund der Besichtigung vom Regierungspräsidenten erlassen werden, ist vom Kreisarzte für die Apotheken seines Wohnortes mit Ablauf der gesetzlichen Frist, an auswärtigen Orten gelegentlich anderweiter Anwesenheit oder bei der Jahresmusterung zu überwachen.

Die von den Apothekenvorständen einzureichenden Berichte über die Erledigung der Besichtigungsbescheide hat der Kreisarzt unter Beifügung etwaiger Bemerkungen dem Regierungspräsidenten einzureichen.

(Vgl. die §§ 20, 21 der Anweisung vom 18. Februar 1902.)

§ 49. Der Kreisarzt hat die ihm einzureichenden Eingaben der Apothekenvorstände an den Regierungspräsidenten unter Beifügung etwaiger Bemerkungen ohne Verzug weiterzureichen.

Er hat darüber zu wachen, daß bei Abwesenheit oder Behinderung des Apothekenvorstandes die Verwaltung der Apotheke durch einen Gehilfen und, wenn die Abwesenheit oder Behinderung länger als 14 Tage dauert, durch einen approbierten Apotheker besorgt wird. Der Apothekenvorstand ist verpflichtet, jede Behinderung, sofern sie die Dauer von drei Tagen übersteigt, unter Benennung des Vertreters dem Kreisarzte rechtzeitig anzuzeigen[1]).

Wird der ordnungsmäßige Betrieb einer Apotheke durch Erkrankung, Tod usw. des Apothekenvorstandes unterbrochen, so hat der Kreisarzt bei dem Mangel eines geeigneten Vertreters bis zum Eintritte eines solchen die Schließung der Apotheke beim Regierungspräsidenten unverzüglich zu beantragen[2]).

§ 50. Der Kreisarzt hat darüber zu wachen, daß in den Apotheken nur solche Apothekergehilfen beschäftigt werden, welche die durch §§ 3—15 der Bekanntmachung des Reichskanzlers vom 18. Mai 1904 vorgeschriebene Prüfung bestanden haben oder auf Grund einer im Auslande abgelegten gleichartigen Prüfung vom Reichskanzler in Übereinstimmung mit dem Minister der Medizinalangelegenheiten besonders zugelassen sind (vgl. Bekanntmachung des Reichskanzlers vom 12. Februar 1902).

Der Kreisarzt hat weiter darauf zu achten, daß der Apothekenvorstand seiner Verpflichtung entsprechend ihm den Eintritt und den Abgang jedes Gehilfen unter Vorlegung des Gehilfenzeugnisses oder der Approbation, und bei der Entlassung des Entlassungszeugnisses binnen 8 Tagen nach dem Eintritt oder bei dem Abgang anzeigt. Das Entlassungszeugnis hat der Kreisarzt hinsichtlich der Beschäftigungszeit zu beglaubigen (§§ 47, 48 der Apothekenbetriebsordnung vom 18. Februar 1902). Handelt es sich um einen Kandidaten der Pharmazie, so ist hierbei darauf zu achten, daß das Zeugnis dem durch § 35 der Bekanntmachung des Reichskanzlers vom 18. Mai 1904 vorgeschriebenen Muster entspricht[3]).

§ 51. Der Kreisarzt hat demjenigen, welcher als Lehrling in eine Apotheke eintreten will, auf Grund der ihm vorzulegenden Papiere (Zeugnis über die wissenschaftliche Vorbildung — vgl. § 6 Nr. 1 der Bekanntmachung des Reichskanzlers vom 18. Mai 1904 — Zeugnis über die Wiederimpfung, selbstgeschriebener Lebenslauf) ein Zulassungszeugnis auszustellen[4]), aus dem auch der Tag des Eintritts in die Apotheke ersichtlich sein muß.

[1]) Eine gleiche Bestimmung ist im § 41 der Ap.B.O. enthalten (s. S. 347).

[2]) Ein Urteil des O.V.G. Hamburg vom 14. Oktober 1925 besagt: Ein Apothekenleiter muß dasjenige Maß von Gesundheit und Geschäftsfähigkeit besitzen, welches für einen Apotheker erforderlich ist. Ein Apotheker muß unter allen Umständen die Gewähr dafür bieten, daß er den Kunden genau das verabfolgt, was verlangt, insbesondere in den Rezepten vorgeschrieben wird, weil sonst die schwersten Gefahren für das Publikum entstehen. Ist ein Apotheker infolge schwerer Erkrankung nicht mehr zur Führung seiner Apotheke imstande, so muß eine Zwangsverwaltung eingeleitet werden.

[3]) Siehe S. 108.

[4]) Für das Zulassungszeugnis erhält der Kreisarzt nach dem Gesetz betr. die Gebühren der Medizinalbeamten vom 14. Juli 1909 6 *RM* Gebühren.

Ohne dieses Zeugnis darf kein Apothekenvorstand einen Lehrling annehmen. Wechselt ein Lehrling während der Lehrzeit die Lehrstelle, so bedarf das Zulassungszeugnis der Genehmigung des für die neue Lehrstelle zuständigen Kreisarztes. Vor der Genehmigung hat sich der Kreisarzt das mit Angabe des Grundes des Abganges versehene Abgangszeugnis aus der früheren Stelle vorlegen zu lassen (vgl. Min.Erl. vom 27. August 1903).

Die Ausbildung der Lehrlinge untersteht der Aufsicht des Kreisarztes, welcher alljährlich gelegentlich der vorgeschriebenen Apothekenmusterung sich von ihren Kenntnissen und Fortschritten gemäß § 46 der Apothekenbetriebsordnung vom 18. Februar 1902 zu überzeugen hat. Über diesen Vorgang ist ein Vermerk im Tagebuch des Lehrlings zu machen.

Das vom Apothekenvorstand bei Beendigung der Ausbildungszeit auszustellende Zeugnis, welches außer einem Urteil über Leistungen und Führung des Lehrlings auch eine Angabe über etwaige Unterbrechungen der Lehrzeit (vgl. § 6 Nr. 2 der Bekanntmachung des Reichskanzlers vom 18. Mai 1904) enthalten muß, ist vom Kreisarzt hinsichtlich der Dauer der Ausbildungszeit zu prüfen und amtlich zu bestätigen. Dasselbe gilt von dem bei Stellenwechsel auszustellenden Abgangszeugnis.

(Vgl. die §§ 42—46 der Apothekenbetriebsordnung vom 18. Februar 1902.)

§ 52. Im Auftrage des Regierungspräsidenten hat der Kreisarzt in Gemeinschaft mit einem als zweites Mitglied der Prüfungskommission zuzuziehenden Apotheker Diakonissen und Mitglieder staatlich anerkannter geistlicher Genossenschaften für Krankenpflege (barmherzige Schwestern, barmherzige Brüder usw.), welche die Verwaltung der Dispensieranstalt eines Krankenhauses übernehmen wollen, zu prüfen. Die Verhandlungen sind dem Regierungspräsidenten einzureichen, welcher bei günstigem Prüfungsergebnis das Befähigungszeugnis zur Verwaltung einer Dispensieranstalt eines Krankenhauses ausstellt (vgl. Min.Erl. vom 6. April 1905)[1]).

§ 53. Dem Kreisarzt liegt es ob, darauf zu achten, daß die im Interesse einer geregelten Arzneiverordnung liegende Vermehrung der Apotheken mit der Zunahme der Bevölkerung tunlichst gleichen Schritt hält.

Er hat daher rechtzeitig nach Maßgabe der darüber bestehenden näheren Vorschriften die Errichtung neuer Apotheken beim Regierungspräsidenten anzuregen (vgl. auch Verordnung wegen Anlegung neuer Apotheken vom 24. Oktober 1811, Min.Erl. vom 13. Juli 1840 und vom 25. September 1866).

## Überwachung des Arzneimittelverkehrs sowie des Handels mit Giften außerhalb der Apotheken.

§ 54. Der Kreisarzt hat darüber zu wachen, daß die Bestimmungen über den Verkehr mit Arzneimitteln und über den Handel mit Giften außerhalb der Apotheken beobachtet werden. Zuwiderhand-

---

[1]) Der Min.Erl. vom 6. April 1905 besagt:

Der § 52 der Dienstanweisung für die Kreisärzte bezieht sich ausschließlich auf barmherzige Schwestern, Diakonissen und Mitglieder sonstiger geistlicher Krankenpflegegenossenschaften. Ich bemerke jedoch, daß es weibliche Personen, welche die Bedingungen für die Zulassung zu den pharmazeutischen Prüfungen erfüllen, unbenommen ist, den Apothekenberuf zu ergreifen. Ausnahmen hiervon sind zur Zeit nur bei den in dem § 52 der Dienstanweisung für die Kreisärzte angeführten Mitgliedern geistlicher Krankenpflegevereinigungen, und zwar nur dann zulässig, wenn sie in einem von dieser Vereinigung unterhaltenen und versorgten Krankenhause den Apothekerberuf ausüben sollen.

Die näheren Bestimmungen über die Prüfung der Diakonissen sind auf S. 354 ff. angegeben.

lungen hat er zur Kenntnis der zuständigen Behörden zu bringen (vgl. § 367, Nr. 3, 5 Str.G.B., §§ 6 Abs. 2, 56 der Reichs-Gew.O., Kaiserl. V., betr. den Verkehr mit Arzneimitteln vom 22. Oktober 1901, P.V. über den Handel mit Giften vom 22. Februar 1906).

Wegen der Beteiligung des Kreisarztes an den Revisionen derjenigen Verkaufsstellen, in denen Arzneimittel, Gifte oder giftige Farben feilgehalten werden — Drogen-, Material-, Farben- und ähnlicher Handlungen — bewendet es bei den bestehenden Vorschriften (vgl. Min.Erl. vom 22. Dezember 1902).

§ 56. Der Kreisarzt prüft, sei es auf Ersuchen der Konzessionsbehörde oder auf direkte Meldung, diejenigen Personen, welche die Genehmigung zum Handel mit Giften nachsuchen[1]).

Die Prüfung erstreckt sich bei Bewerbern um eine uneingeschränkte Genehmigung zum Gifthandel auf die allgemeine Kenntnis der Vorschriften des Strafgesetzbuchs und der Gewerbeordnung über den Handel mit Giften, auf die eingehende Kenntnis der Polizeiverordnung über den Handel mit Giften vom 22. Februar 1906, auf die Kenntnis der Zusammensetzung der hauptsächlich gehandelten Gifte und giftigen Farben, der landesüblichen Bezeichnung der Gifte und der Gefahren, die beim Umgang mit Giften und giftigen Farben drohen (Feuergefährlichkeit, Ätzwirkung, Schädlichkeit der Verstäubung u. dgl.). Die Bestimmung einiger Proben von besonders charakteristischen Giften und giftigen Farben ist zu verlangen. — Bei Bewerbern um eine beschränkte Genehmigung zum Gifthandel (Handel mit Giften der Abteilung 3, mit giftigen Farben, mit photographischen Bedarfsgegenständen u. dgl.) genügt außer der Kenntnis der erwähnten Rechtsvorschriften die Kenntnis der Zusammensetzung derjenigen Stoffe, für welche die Genehmigung beantragt wird, und der beim Umgang mit ihnen drohenden Gefahren. Die Bestimmung einiger Proben von diesen Stoffen ist zu verlangen.

Bei günstigem Ausfall der Prüfung wird ein Zeugnis erteilt, in welchem, falls es sich um eine beschränkte Genehmigung handelt, diejenigen Stoffe genau einzutragen sind, für welche die Genehmigung nachgesucht wird. Eine zweite Ausfertigung des Zeugnisses ist in der Registratur aufzubewahren.

Bei ungünstigem Ausfall ist ein entsprechender Vermerk zur Registratur zu nehmen.

Auf Ersuchen des Kreis-(Stadt-)Ausschusses hat der Kreisarzt sich auch darüber zu äußern, ob eine Beschränkung der Genehmigung auf bestimmte, genau zu bezeichnende Stoffe geboten ist.

Weitere Bestimmungen über die Stellung der Kreisärzte zu den Apothekern sind enthalten in der revidierten Apothekerordnung Tit. II, § 7 (s. S. 366), in der Apothekenbetriebsordnung §§ 33, 41, 43, 46 und 48 (s. Teil XXI) und der Apothekenrevisionsanweisung §§ 2, 6, 7, 21 und 28 (s. Teil XXII).

## f. Die Ortspolizeibehörde.

Während der Regierungspräsident die Landespolizeigewalt innehat, ist die Ortspolizeibehörde diejenige Instanz, welche wegen Übertretung der medizinal-

[1]) Nach einem Min.Erl. vom 19. Oktober 1926 dürfen die Kreisärzte als Prüfer bei den Drogistengehilfenprüfungen an solchen Berufsschulen für Drogisten teilnehmen, die während dreier Jahre einen geordneten Fachunterricht erteilen. Das über diese Prüfung ausgestellte Zeugnis „ist bei der Erteilung der Erlaubnis zum Feilhalten von Giften dem kreisärztlichen Zeugnis über die für Gifthändler erforderliche Sachkenntnis gleich zu erachten, wenn es von dem Kreisarzte, der bei der Abschlußprüfung mitgewirkt hat, ebenfalls unterschrieben ist".

polizeilichen Vorschriften Polizeistrafen verfügt und die Aufsicht über den Arznei- und Giftverkehr außerhalb der Apotheken ausübt.

Zu unterscheiden von diesen Strafverfügungen, die repressiv wegen Zuwiderhandlung gegen bestehende Vorschriften ergehen und gegen welche auf richterliche Entscheidung beantragt werden kann, sind die ein präventives Gebot oder Verbot enthaltenden polizeilichen Verfügungen, die sich auf § 132 des Gesetzes über die allgemeine Landesverwaltung (s. S. 2) gründen. Nach diesem Paragraphen sind der Regierungspräsident, der Landrat, die Ortspolizeibehörde und der Gemeinde-(Guts-)Vorsteher (Vorstand) berechtigt, die von ihnen in Ausübung der ortspolizeilichen Gewalt getroffenen, durch ihre gesetzlichen Befugnisse gerechtfertigten Anordnungen durch Anwendung von Zwangsmitteln durchzusetzen[1]). Als solches Zwangsmittel kommt hauptsächlich die Androhung und Vollstreckung bestimmter Strafen (Geld- oder Haftstrafe) in Betracht.

Gegen derartige Verfügungen steht den davon Betroffenen die Beschwerde oder Klage im Verwaltungsstreitverfahren offen. Die Bestimmungen über den Instanzengang sind in den §§ 127—130 des Landesverwaltungsgesetzes (s. S. 2) enthalten. Danach findet die Klage statt gegen Verfügungen der Ortspolizeibehörden a. auf dem Lande oder einer Landkreis-Stadt bis zu 10000 Einwohnern beim Kreisausschuß mit Berufung an den Bezirksausschuß, b. im übrigen sogleich beim Bezirksausschuß. Gegen Entscheidungen des Bezirksausschusses ist das Rechtsmittel der Revision beim Oberverwaltungsgericht gegeben. Die Frist beträgt stets zwei Wochen. Gegen polizeiliche Verfügungen des Regierungspräsidenten[2]) findet innerhalb zweier Wochen die Beschwerde an den Oberpräsidenten und gegen den vom Oberpräsidenten auf die Beschwerde erlassenen Bescheid innerhalb gleicher Frist die Klage bei dem Oberverwaltungsgericht statt.

---

[1]) Nach Urteilen des O.V.G. vom 26. Oktober 1903 (Ph.Ztg. 1904, Nr. 28) und vom 25. April 1912 (Ph.Ztg. 1912, Nr. 35) sind Verfügungen, welche gesundheits- und gewerbepolizeiliche Zwecke verfolgen, nicht von der Landespolizeibehörde (dem Regierungspräsidenten), sondern von der Ortspolizeibehörde zu erlassen. „Die Handhabung der Gesundheits- und Gewerbepolizei gebührt grundsätzlich, und insoweit die Gesetze nicht ein anderes bestimmen, den Ortspolizeibehörden.“ Die vom Regierungspräsidenten an einen Apotheker gerichtete Verfügung, die Leitung seiner Apotheke selbst zu übernehmen, wurde daher vom O.V.G. (in dem ersten Urteil), „weil von einer unzuständigen Behörde getroffen“, außer Kraft gesetzt. Ebenso (in dem zweiten Urteil) die von einem Regierungspräsidenten an einen Apotheker erlassene Verfügung, infolge Zwangsversteigerung des Grundstückes die Konzession binnen 8 Tagen zurückzureichen.

[2]) Die Klage im Verwaltungsstreitverfahren ist jedoch nur gegen „polizeiliche Verfügungen“ im Sinne des § 130 des Landesverwaltungsgesetzes zulässig. Gegen eine Verfügung, die der Regierungspräsident lediglich in Erledigung eines vom Minister erhaltenen Auftrages an einen Apotheker erlassen hat, ist in Preußen die Beschreitung des Klageweges nicht zulässig (O.V.G. 26. Oktober 1903, Ph.Ztg. 1904 Nr. 28).

# A. Reichsrechtliche Bestimmungen.

## II. Gewerberecht.

Das grundlegende Gesetz über die rechtlichen Verhältnissen der Gewerbe ist die Reichsgewerbeordnung, die jedoch auf die Errichtung und Verlegung von Apotheken überhaupt nicht und auf den Verkauf von Arzneimitteln nur in sehr beschränktem Umfange Anwendung findet. Gleichwohl sind verschiedene Bestimmungen des Gesetzes auch für das Apothekenwesen von Bedeutung.

### Gewerbeordnung für das Deutsche Reich.

Fassung der Bk. vom 26. Juli 1900.

### Titel I. Allgemeine Bestimmungen.

§ 1. Der Betrieb eines Gewerbes ist jedermann gestattet, sofern nicht durch dieses Gesetz Ausnahmen oder Beschränkungen vorgeschrieben oder zugelassen sind . . .

§ 3. Der gleichzeitige Betrieb verschiedener Gewerbe, sowie desselben Gewerbes in mehreren Betriebs- oder Verkaufsstätten ist gestattet[1]) . . .

§ 6. Das gegenwärtige Gesetz findet keine Anwendung auf . . . die Errichtung und Verlegung von Apotheken[2]) . . . — Auf . . . die Ausübung der Heilkunde, den Verkauf von Arzneimitteln . . . findet das gegenwärtige Gesetz nur insoweit Anwendung, als dasselbe ausdrückliche Bestimmungen darüber enthält[3]).

Durch Kaiserliche Verordnung wird bestimmt, welche Apothekerwaren dem freien Verkehr zu überlassen sind[4]).

---

[1]) Da die Gew.O. nach § 6 auf die Errichtung und Verlegung von Apotheken keine Anwendung findet, kommt § 3 für das Apothekergewerbe nicht in Betracht. Die Frage, ob ein Apotheker mehrere Apotheken gleichzeitig besitzen und betreiben darf, ist daher nach Landesrecht zu beurteilen (s. S. 284).

[2]) Wie das R.G. in einem Urteil vom 7. Juni 1899 (Ph.Ztg. 1901 Nr. 35) ausführte, ist diese Bestimmung dahin zu verstehen, daß zwar „die Errichtung und Verlegung von Apotheken", nicht aber schlechthin das Apothekergewerbe jenseits des Geltungsbereiches des Gesetzes bleiben soll. In seiner Stellung als Gewerbetreibender im allgemeinen nimmt somit der Apotheker an den Freiheiten und Verpflichtungen der Gew.O. teil. Besondere Bestimmungen für Apotheker enthält die Gew.O. in den §§ 29, 40, 41, 53, 54, 80, 147,1, 148,8 und 154. Hinsichtlich der Errichtung und Verlegung von Apotheken sind, da ein diese Punkte regelndes Reichsapothekengesetz noch nicht ergangen ist, noch die diesbezüglichen landesgesetzlichen Bestimmungen maßgebend.

[3]) Bestimmungen über Arzneimittel sind enthalten in § 6 Abs. 2 sowie den §§ 35 und 56.

[4]) Das ist geschehen durch die Kaiserl. V. vom 22. Oktober 1901 und ihre Ergänzungen (s. S. 114 ff.).

§ 7. Vom 1. Januar 1873 ab sind, soweit die Landesgesetze solches nicht früher verfügen, aufgehoben:

1. die noch bestehenden ausschließlichen Gewerbeberechtigungen, d. h. die mit dem Gewerbebetriebe verbundenen Berechtigungen, anderen den Betrieb eines Gewerbes, sei es im allgemeinen oder hinsichtlich der Benutzung eines gewissen Betriebsmaterials, zu untersagen oder sie darin zu beschränken[1]);
2. die mit den ausschließlichen Gewerbeberechtigungen verbundenen Zwangs- und Bannrechte, mit Ausnahme der Abdeckereiberechtigungen;
3. alle Zwangs- und Bannrechte, deren Aufhebung nach dem Inhalte der Verleihungsurkunde ohne Entschädigung zulässig ist;
5. die Berechtigungen, Konzessionen zu gewerblichen Anlagen oder zum Betriebe von Gewerben zu erteilen, die dem Fiskus, Korporationen, Instituten oder einzelnen Berechtigten zustehen[2]);
6. vorbehaltlich der an den Staat und die Gemeinde zu entrichtenden Gewerbesteuern alle Abgaben, welche für den Betrieb eines Gewerbes entrichtet werden, sowie die Berechtigungen, dergleichen Abgaben aufzuerlegen[3]).

Ob und in welcher Weise den Berechtigten für die vorstehend aufgehobenen ausschließlichen Gewerbeberechtigungen, Zwangs- und Bannrechte usw. Entschädigung zu leisten ist, bestimmen die Landesgesetze.

§ 10. Ausschließliche Gewerbeberechtigungen oder Zwangs- und Bannrechte, welche durch Gesetz aufgehoben oder für ablösbar erklärt worden sind, können fortan nicht mehr erworben werden.

Realgewerbeberechtigungen dürfen fortan nicht mehr begründet werden[4]).

§ 11. Das Geschlecht begründet in Beziehung auf die Befugnis zum selbständigen Betriebe eines Gewerbes keinen Unterschied.

---

[1]) Diese Bestimmungen finden, wie die amtlichen Motive bemerken, auf die durch § 6 von dem vorliegenden Gesetze ausgeschlossenen Gewerbe keine Anwendung. Die Exklusivrechte der Apotheken bleiben also unberührt (s. hierüber Teil XX).

[2]) Auch diese Bestimmung bezieht sich gemäß § 6 auf Apothekenkonzessionen nicht.

[3]) Die Anwendung dieser Bestimmung auf Apotheken wird dadurch beschränkt, daß die ganze Gew.O. auf die Errichtung und Verlegung von Apotheken keine Anwendung findet. Aus zwei Urteilen des R.G. vom 29. November 1887 und 26. November 1896 (Ph.Ztg. 1927 Nr. 27) ergibt sich, daß eine Betriebsabgabe bei Apotheken nur dann zulässig ist, wenn sie bei Errichtung der Apotheke dem Begründer des Geschäftes und seinen Rechtsnachfolgern auferlegt worden ist, so daß sie sich als eine Gegenleistung für die Erlaubnis zur Apothekenerrichtung, insonderheit für die Erteilung eines Apothekenrealprivilegiums, darstellt. In solchem Falle greift die Bestimmung in § 7 Nr. 6 der Gew.O. infolge des für die Errichtung von Apotheken in § 6 gemachten Vorbehalts nicht durch. Anders dagegen, wenn die Betriebsabgabe sich nicht als unmittelbare Gegenleistung für die Errichtung des Geschäftes erweist. Dann ist sie auf Grund von § 7 Nr. 6 ungesetzlich. Die Landesregierungen und Landesgesetzgebungen sind also nicht berechtigt, eine Betriebsabgabe von bereits bestehenden Apotheken zu erheben, es sei denn, daß bei Errichtung derselben den Konzessionaren bereits eine dahingehende Verpflichtung auferlegt worden wäre.

[4]) Da auch die Bestimmungen des § 10 auf die Errichtung von Apotheken keine Anwendung finden, so müßte die Begründung von Realgewerbeberechtigungen in diesem Gewerbe, wo Landesbestimmungen dem nicht entgegenstehen, noch weiterhin zulässig sein. Tatsächlich werden auch in einzelnen Staaten, so in der Stadt Lübeck, noch jetzt Apothekenrealprivilegien errichtet. In Preußen ist die Begründung solcher indes schon seit dem 2. November 1810 untersagt (s. S. 270).

## Titel II. Stehender Gewerbebetrieb.

### I. Allgemeine Erfordernisse.

§ 14. Wer den selbständigen Betrieb eines stehenden Gewerbes anfängt, muß der für den Ort, wo solches geschieht, nach den Landesgesetzen zuständigen Behörde gleichzeitig Anzeige davon machen ...[1])

§ 15. Die Behörde bescheinigt innerhalb dreier Tage den Empfang der Anzeige.

Die Fortsetzung des Betriebes kann polizeilich verhindert werden, wenn ein Gewerbe, zu dessen Beginn eine besondere Genehmigung erforderlich ist, ohne diese Genehmigung begonnen wird.

§ 15a. Gewerbetreibende, die einen offenen Laden haben oder Gast- oder Schankwirtschaft betreiben, sind verpflichtet, ihren Familiennamen mit mindestens einem ausgeschriebenen Vornamen an der Außenseite oder am Eingange des Ladens oder der Wirtschaft in deutlich lesbarer Schrift anzubringen.

Kaufleute, die eine Handelsfirma führen, haben zugleich die Firma in der bezeichneten Weise an dem Laden oder der Wirtschaft anzubringen; ist aus der Firma der Familienname des Geschäftsinhabers mit dem ausgeschriebenen Vornamen zu ersehen, so genügt die Anbringung der Firma ...[2])

### II. Erfordernis besonderer Genehmigung.

§ 29. Einer Approbation, welche auf Grund eines Nachweises der Befähigung erteilt wird, bedürfen Apotheker[3]) und diejenigen Personen, welche sich als Ärzte (Wundärzte, Augenärzte, Geburtshelfer, Zahnärzte und Tierärzte) oder mit gleichbedeutenden Titeln bezeichnen oder seitens des Staates oder einer Gemeinde als solche anerkannt oder mit amtlichen Funktionen betraut werden sollen[4]). Es darf die Approbation jedoch von der vorherigen akademischen Doktorpromotion nicht abhängig gemacht werden.

Der Bundesrat bezeichnet, mit Rücksicht auf das vorhandene Bedürfnis, in verschiedenen Teilen des Reiches die Behörden, welche für das ganze

---

[1]) Die preuß. Ausführungsanweisung zur Gew.O. vom 1. Mai 1904 besagt zu § 14 folgendes:

Die im § 14 Abs. 1 erforderte Anzeige hat bei dem Gemeindevorstande des Orts zu erfolgen, an dem das Gewerbe betrieben werden soll. Der Anzeige bedarf es auch dann, wenn für den Betrieb des Gewerbes oder für die gewerbliche Anlage eine besondere Genehmigung erforderlich und erteilt ist ... Die nach ... § 35 Abs. 6 außerdem erforderlichen besonderen Anzeigen sind bei der Ortspolizeibehörde des Wohnorts des Gewerbetreibenden zu machen. Im Stadtkreise Berlin ist die im § 14 Abs. 1 vorgeschriebene Anzeige der Verwaltung der direkten Steuern zu erstatten.

[2]) Der Name muß so deutlich angegeben sein, daß ihn jeder, der sein Auge darauf richtet, lesen kann (K.G. 8. November 1906, Ph.Ztg. 1906 Nr. 91). Nach der preuß. Ap.B.O. muß der Apotheker außen noch das Wort „Apotheke" anbringen. Geht diese Bezeichnung indes gleichfalls aus der Firma hervor, so dürfte sich die nochmalige Anbringung des Wortes „Apotheke" erübrigen.

[3]) In der Approbation als Apotheker ist nur die persönliche Befähigung zur selbständigen Ausübung des Apothekergewerbes enthalten, nicht aber die nach den Landesgesetzen sich richtende Konzession zur Errichtung oder Übernahme einer Apotheke.

[4]) Nur die Bezeichnung als Arzt und die Führung arztähnlicher Titel ist an den Besitz einer Approbation geknüpft. Die Ausübung der Heilkunde an sich ist durch § 1 der Gew.O. jedermann freigegeben und kann auch nicht auf landesgesetzlichem Wege verboten werden (O.V.G. 22. April 1895, K.G.A. I S. 29). Nur für Apotheker ist durch § 144 Gew.O. eine Ausnahme geschaffen.

Bundesgebiet gültige Approbationen zu erteilen befugt sind, und erläßt die Vorschriften über den Nachweis der Befähigung[1]). Die Namen der Approbierten werden von der Behörde, welche die Approbation erteilt, in den vom Bundesrate zu bestimmenden amtlichen Blättern veröffentlicht.

Personen, welche eine solche Approbation erlangt haben, sind innerhalb des Bundesgebietes in der Wahl des Ortes, wo sie ihr Gewerbe betreiben wollen, vorbehaltlich der Bestimmungen über die Errichtung und Verlegung von Apotheken (§ 6), nicht beschränkt.

Dem Bundesrat bleibt vorbehalten, zu bestimmen, unter welchen Voraussetzungen Personen wegen wissenschaftlich erprobter Leistungen von der vorgeschriebenen Prüfung ausnahmsweise zu entbinden sind.

Personen, welche vor Verkündigung dieses Gesetzes in einem Bundesstaate die Berechtigung zum Gewerbebetrieb als Ärzte, Wundärzte, Zahnärzte, Geburtshelfer, Apotheker oder Tierärzte bereits erlangt haben, gelten als für das ganze Bundesgebiet approbiert.

§ 33[2]). Wer Gastwirtschaft, Schankwirtschaft oder Kleinhandel mit Branntwein oder Spiritus betreiben will, bedarf dazu der Erlaubnis.

Die Erlaubnis darf nur erteilt werden, wenn ein Bedürfnis nachgewiesen ist.

§ 34. Abs. 3. Die Landesgesetze können vorschreiben, daß zum Handel mit Giften ... besondere Genehmigung erforderlich ist[3]) ...

§ 35. Abs. 4. Der Handel mit Drogen und chemischen Präparaten, welche zu Heilzwecken dienen, ist zu untersagen, wenn die Handhabung des Gewerbebetriebes Leben und Gesundheit von Menschen gefährdet[4]) ...

---

[1]) Auf Grund dieser Bestimmung ist die Prüfungsordnung für Apotheker vom 18. Mai 1904 ergangen (s. S. 84).

[2]) § 33 in der Fassung des Notgesetzes vom 24. Februar 1923. Unter den Begriff der Schankwirtschaft fällt auch das Verabreichen von Mineralwasser und jeder Art von Getränken (O.V.G. 4. Juli 1877), nicht aber der Ausschank von nichtgeistigen Getränken zu Heilzwecken (K.G. 31. Oktober 1922, Ph.Ztg. 1922 Nr. 91). Die hinsichtlich des Kleinhandels mit Branntwein und Spiritus aus § 33 Gew.O. sich ergebende Rechtslage ist in Teil X auf S. 159ff. im Zusammenhange dargestellt.

[3]) Von dieser Ermächtigung haben die meisten Länder Gebrauch gemacht (Näheres hierüber s. in Teil XIX). Da somit die Landesgesetzgebung befugt ist, Vorschriften über die Erlaubnis zum Gifthandel zu erlassen, hat sie auch zu bestimmen, was unter „Gift" zu verstehen ist (K.G. 1. Oktober 1894, K.G.A. I S. 43). Das ist für alle Länder einheitlich durch die in Teil XIX abgedruckten Vorschriften geschehen.

[4]) Diese Bestimmung wendet sich gegen den Arzneihandel außerhalb der Apotheken, wenn er in einer Leben und Gesundheit von Menschen gefährdenden Weise betrieben wird. Ob eine solche Gefährdung vorliegt, ist nach den besonderen Umständen des Einzelfalles zu beurteilen. Als die Untersagung rechtfertigende Momente hat das O.V.G. u. a. angesehen: gesetzwidrige Art der Aufbewahrung von Giften (O.V.G. 17. März 1900, Ph.Ztg. 1900 Nr. 39; O.V.G. 2. Juli 1906, Ph.Ztg. 1906 Nr. 54; O.V.G. 3. Dezember 1908, Ph.Ztg. 1908 Nr. 101; O.V.G. 3. Juni 1915); wiederholte Anfertigung von Arzneien nach ärztlichem Rezept in einer Drogenhandlung (O.V.G. 21. November 1910, Ph.Ztg. 1910 Nr. 96); Unterbringung der Drogen in einem Raume, in dem sie dem Verderben ausgesetzt sind oder der (z. B. wegen ungenügender Belichtung) eine Verwechslung der einzelnen Drogen leicht zur Folge hat, desgleichen Unordnung in der Aufbewahrung (Bayer. V.G. 9. Mai 1913, Med.A. 1913 S. 526). Es ist jedoch zu beachten, daß nicht der gesamte Drogenhandel, sondern nur der Handel mit solchen Drogen und Chemikalien, die zu Heilzwecken dienen, untersagt werden kann. Über die Auslegung dieser Begriffe erging folgendes Urteil des K.G. vom 6. Juni 1912 (Med.A. 1912 S. 537): „Zu den Drogen im Sinne des § 35 sind nicht nur pflanzliche oder tierische, arzneilichen Zwecken dienende Rohstoffe, sondern auch die daraus hergestellten pharmazeutischen Zubereitungen zu rechnen. Für den Begriff der Drogen stellt § 35 nicht das Erfordernis

Ist die Untersagung erfolgt, so kann die Landeszentralbehörde oder eine andere von ihr zu bestimmende Behörde die Wiederaufnahme des Gewerbebetriebes gestatten, sofern seit der Untersagung mindestens ein Jahr verflossen ist.

Personen, welche die in diesem Paragraphen bezeichneten Gewerbe beginnen, haben bei Eröffnung ihres Gewerbebetriebes der zuständigen Behörde hiervon Anzeige zu machen[1]).

§ 40. Die in den §§ 29—33a und im § 34 erwähnten Approbationen und Genehmigungen dürfen weder auf Zeit erteilt noch vorbehaltlich der Bestimmungen in den §§ 33a, 53 und 143 widerrufen werden[2]).

Gegen Versagung der Genehmigung zum Betriebe eines der in den §§ 30, 30a, 32—33a und 34, sowie gegen Untersagung des Betriebes der in den §§ 33a, 35 und 37 erwähnten Gewerbe ist der Rekurs zulässig. Wegen des Verfahrens und der Behörden gelten die Vorschriften der §§ 20 und 21[3]).

## III. Umfang, Ausübung und Verlust der Gewerbebefugnisse.

§ 41. Die Befugnis zum selbständigen Betriebe eines stehenden Gewerbes begreift das Recht in sich, in beliebiger Zahl Gesellen, Gehilfen,

---

auf, daß die Mittel ausschließlich zu Heilzwecken dienen, sondern es genügt, wenn sie in der Hauptsache eine solche Verwendung finden." Über das Verfahren bei Untersagung des Gewerbebetriebes s. die Fußnote 3 auf S. 19.

Eine weitere Untersagungsmöglichkeit, die an eine weniger strenge Voraussetzung gebunden ist, bietet die V. über Handelsbeschränkungen vom 13. Juli 1923 in folgenden Paragraphen:

§ 20. Der Handel mit Gegenständen des täglichen Bedarfs ist von der zuständigen Behörde zu untersagen, wenn Tatsachen die Annahme rechtfertigen, daß der Handeltreibende die für den Handelsbetrieb erforderliche Zuverlässigkeit nicht besitzt.

§ 22. Neben der Untersagung des Handels kann die zuständige Behörde die Schließung der Geschäftsräume anordnen, in denen der Betroffene den Handel betrieben hat, wenn begründeter Verdacht besteht, daß in den Geschäftsräumen weiterhin in unzuverlässiger Weise (§ 20 Abs. 1) Handel betrieben werden würde.

Zu den „Gegenständen des täglichen Bedarfs" gehören nach der Auffassung der Gerichte und Behörden auch Arzneimittel mit Ausnahme ausgesprochener Luxusarzneien. Eine Anwendung dieser Bestimmungen auf Apotheken wäre theoretisch wohl möglich, ist praktisch aber noch nicht vorgenommen worden. „Zuständige Behörde" ist in Preußen die Ortspolizei, in Landkreisen der Landrat, in Berlin der Polizeipräsident.

[1]) Über die „zuständige Behörde" s. Fußnote 1 auf S. 14.

[2]) Die Approbationen des § 29 sind die der Ärzte und Apotheker, die des § 34 die Konzessionen zum Handel mit Giften. Aus den Bestimmungen der §§ 40, 53 und 143 folgt, daß einem Apotheker die Approbation, sofern sie auf Grund richtiger Nachweise erworben wurde, nur dann im Strafwege entzogen werden kann, wenn dem Inhaber die bürgerlichen Ehrenrechte aberkannt worden sind. Durch Nichtausübung des Berufes erlischt die Approbation nicht. Entgegenstehende Bestimmungen der Apothekenordnungen sind, da die Gültigkeit des § 29 der Gew.O. auf das Apothekergewerbe ausdrücklich ausgesprochen ist, ungültig.

Die Apothekenkonzessionen fallen nicht unter die Gew.O.; die Frage, ob deren Zurücknahme zulässig ist oder nicht, muß daher auf Grund der landesgesetzlichen Bestimmungen bzw. des Inhalts der Konzessionsurkunden beantwortet werden. Nach der preuß. Landes- bzw. Apothekengesetzgebung ist dieselbe nicht zulässig (s. S. 298).

[3]) Die §§ 20 und 21 besagen folgendes:

§ 20. Gegen den Bescheid ist Rekurs an die nächstvorgesetzte Behörde zulässig, welcher bei Verlust desselben binnen 14 Tagen, vom Tage der Eröffnung des Bescheides an gerechnet, gerechtfertigt werden muß. Der Rekursbescheid ist den Parteien schriftlich zu eröffnen und muß mit Gründen versehen sein.

§ 21. Die näheren Bestimmungen über die Behörden und das Verfahren, sowohl in der ersten als in der Rekursinstanz, bleiben den Landesgesetzen vorbehalten...

Arbeiter jeder Art und, soweit die Vorschriften des gegenwärtigen Gesetzes nicht entgegenstehen, Lehrlinge anzunehmen. In der Wahl des Arbeits- und Hilfspersonals finden keine anderen Beschränkungen statt, als die durch das gegenwärtige Gesetz festgestellten.

In betreff der Berechtigung der Apotheker, Gehilfen und Lehrlinge anzunehmen, bewendet es bei den Bestimmungen der Landesgesetze[1]).

§ 41a. Soweit nach den Bestimmungen der §§ 105b—105h Gehilfen, Lehrlinge und Arbeiter im Handelsgewerbe an Sonn- und Festtagen nicht beschäftigt werden dürfen, darf in offenen Verkaufsstellen ein Gewerbebetrieb an diesen Tagen nicht stattfinden . . .[2])

Weitergehenden landesgesetzlichen Beschränkungen des Gewerbebetriebes an Sonn- und Festtagen steht diese Bestimmung nicht entgegen.

§ 42a. Gegenstände, welche von dem Ankauf oder Feilbieten im Umherziehen ausgeschlossen sind, dürfen auch innerhalb des Gemeindebezirkes des Wohnorts oder der gewerblichen Niederlassung von Haus zu

[1]) Aus § 41 Gew.O. ergibt sich, daß die Polizeibehörde nicht berechtigt ist, einem allein arbeitenden Apothekenbesitzer die Einstellung eines Assistenten aufzugeben (O.V.G. 29. April 1926, Ph.Ztg. 1926 Nr. 55). Hinsichtlich der Annahme von Assistenten gelten auch die durch Bekanntmachungen des Reichskanzlers vom 13. Januar 1883 und 12. Februar 1912 mitgeteilten Bundesratsbeschlüsse (s. S. 113). Hinsichtlich der Annahme von Praktikanten sind die in der Ap.B.O. niedergelegten Beschränkungen in Kraft geblieben (s. S. 347).

[2]) Auf den Betrieb der Apotheken findet § 41a betr. die Sonntagsruhe nur in beschränktem Umfange Anwendung. Soweit es sich um Arzneimittel handelt, kann er nicht in Betracht kommen, da die Gew.O. laut § 6 auf den Verkauf von Arzneimitteln nur insoweit Anwendung findet, als sie ausdrückliche Bestimmungen darüber enthält, was vorliegend nicht der Fall ist. Bezüglich sonstiger Artikel entschied das K.G. unter dem 15. Februar 1909 (Ph.Ztg. 1909 Nr. 21), daß nur der eigentliche Apothekenbetrieb, d. h. nur der Verkauf von Arzneimitteln und Gegenständen zur Krankenpflege, von den Bestimmungen des § 41a Gew.O. befreit ist, der Verkauf anderer Artikel als Apothekerwaren auch in Apotheken zur Zeit der gewerblichen Sonntagsruhe gemäß § 41a Gew.O. nicht zulässig ist. In dem Urteil heißt es: „Der Apotheker, der neben Heilmitteln oder Gegenständen der Krankenpflege Drogen, Lebens- oder Genußmittel und andere Waren führt, ist insoweit gewöhnlicher Kaufmann und kann sich für diesen Handel nicht auf Ausnahmebestimmungen berufen, die ausschließlich für den Apothekenbetrieb getroffen sind. Den Apotheken ist lediglich im Interesse des Publikums eine Sonderstellung eingeräumt. Der Kranke soll zu jeder Zeit, namentlich auch am Sonntage, sich Heil- und Linderungsmittel beschaffen dürfen. Die Ausnahmestellung der Apotheke soll aber nicht dazu dienen, daß das Publikum in der Zeit, wenn andere Geschäfte geschlossen sein müssen, seinen sonstigen Bedarf in der Apotheke deckt. Demnach untersteht der Apotheker, soweit er mit anderen Gegenständen als Apothekerwaren Handel treibt, den allgemeinen Vorschriften über den Gewerbebetrieb, insbesondere auch den Bestimmungen der §§ 41a, 105b, 146a Gew.O." Gleiches würde auch für die Zeit zu gelten haben, wo für andere Geschäfte der allgemeine abendliche Ladenschluß vorgeschrieben ist. Ob ein Artikel als Arzneimittel oder als sonstiger Bedarfsgegenstand angesehen ist, richtet sich nach dem Verwendungszweck im Einzelfall.

Außer den Anordnungen der Gew.O. über Sonntagsruhe bestehen in Preußen noch überall gleichlautende provinzielle Polizeiverordnungen über Sonntagsheiligung, welche andere Zwecke verfolgen und nicht wie die Gew.O. von sozialpolitischen, sondern von religiösen, kirchlichen Gesichtspunkten ausgehen. In diesen Verordnungen findet sich stets die Bestimmung:

Apothekern ist der Verkauf von Arzneimitteln und Gegenständen der Krankenpflege jederzeit gestattet.

Zu diesen Verordnungen ergingen folgende Entscheidungen des K.G.:

1. Soweit die Polizeiverordnungen über die äußere Heilighaltung der Sonn- und Festtage ein Verhängen der Schaufenster anordnen, dürfen die Apotheker während der hierfür vorgeschriebenen Zeit nur Arzneimittel oder Gegenstände der Krankenpflege in ihren Schaufenstern ausstellen und auch nur derartige Waren ver-

Haus oder auf öffentlichen Wegen, Straßen, Plätzen oder anderen öffentlichen Orten nicht feilgeboten oder zum Wiederverkauf angekauft werden ...

§ 45. Die Befugnisse zum stehenden Gewerbebetriebe können durch Stellvertreter ausgeübt werden; diese müssen jedoch den für das in Rede stehende Gewerbe insbesondere vorgeschriebenen Erfordernissen genügen[1]).

§ 46. Nach dem Tode eines Gewerbetreibenden darf das Gewerbe für Rechnung der Witwe während des Witwenstandes oder, wenn minderjährige Erben vorhanden sind, für deren Rechnung durch einen nach § 45 qualifizierten Stellvertreter betrieben werden, insofern die über den Betrieb einzelner Gewerbe bestehenden besonderen Vorschriften nicht ein anderes anordnen[2]). Dasselbe gilt während der Dauer einer Kuratel oder Nachlaßregulierung.

§ 47. Inwiefern für die nach den §§ 34 und 36 konzessionierten oder angestellten Personen eine Stellvertretung zulässig ist, hat in jedem einzelnen Falle die Behörde zu bestimmen, welcher die Konzessionierung oder Anstellung zusteht ... [3]).

§ 48. Realgewerbeberechtigungen können auf jede, nach den Vorschriften dieses Gesetzes zum Betriebe des Gewerbes befähigte Person in

---

kaufen. Andere Waren müssen aus den Schaufenstern entfernt werden (K.G. 24. Juli 1908, Ph.Ztg. 1908 Nr. 70).

2. Unter den Waren, deren Ausstellen in Schaufenstern untersagt ist, sind jedoch nur solche Gegenstände zu verstehen, welche sich im Handelsverkehr befinden, nicht aber Apparate, wie Abdampfschalen und Meßröhren, welche der betreffende Gewerbetreibende in seinem Geschäftsbetriebe braucht (K.G. 8. November 1906, Ph.Ztg. 1906, Nr. 91).

In den preuß. Verordnungen dieser Art ist ein Gebot des Verhängens der Schaufenster z. Z. nicht mehr enthalten.

Eine positive Verordnung über die Sonntagsruhe in Apotheken hat die Reichsregierung unter dem 5. Februar 1919 erlassen. Sie lautet:

Die höhere Verwaltungsbehörde ist befugt, für eine Gemeinde oder für benachbarte Gemeinden mit mehreren Apotheken an Sonn- und Festtagen oder während bestimmter Stunden dieser Tage abwechselnd einen Teil der Apotheken zu schließen. Die Schließung kann bis 8 Uhr morgens des nächsten Tages ausgedehnt werden. An den geschlossenen Apotheken ist an sichtbarer Stelle ein Aushang anzubringen, welcher die zur Zeit offenen Apotheken bekanntgibt.

Wird von dem Rechte der Schließung kein Gebrauch gemacht oder bleibt die Apotheke an Sonn- und Feiertagen länger als sechs Stunden geöffnet, so müssen den pharmazeutischen Dienstangestellten für jeden Sonn- und Festtag, an dem sie beschäftigt werden, ein Wochentag oder zwei Nachmittage freigegeben werden.

Vgl. hierzu die Auslegung dieser Bestimmung seitens der Tarifvertragsgemeinschaft deutscher Apotheker (S. 177).

[1]) Die Frage, ob § 45 der Gew.O. betr. Stellvertretung auch auf das Apothekenwesen Anwendung findet, ist von den höchsten Gerichten übereinstimmend bejaht worden. Sowohl das R.G. (7. Juni 1899, Ph.Ztg. 1901 Nr. 35 und 19. Mai 1911, Med.A. 1911 S. 533) wie auch das O.V.G. (2. November 1905, Ph.Ztg. 1906 Nr. 31) haben entschieden: „§ 45 der Gew.O. gilt auch für das Apothekenwesen. Der Inhaber einer Apotheke darf diese somit durch einen approbierten Apotheker verwalten lassen, und zwar ohne Genehmigung der Regierung." Der entgegenstehende § 41 der preuß. Ap.B.O. ist vom O.V.G. für ungültig erklärt worden. Stellvertretung bedeutet Geschäftsführung auf Rechnung des Eigentümers (Verwaltung), nicht aber Geschäftsführung auf eigene Rechnung (Verpachtung). Der Pächter ist sonach nicht Stellvertreter. Vgl. Fußnote 1 auf S. 19.

[2]) Dieser Paragraph findet nur bedingungsweise auf das Apothekergewerbe Anwendung, d. h. nur insoweit, als die über den Betrieb desselben bestehenden besonderen Vorschriften nicht ein anderes anordnen. Wo also in den Apothekerordnungen von dem § 46 abweichende Bestimmungen bestehen, bleiben dieselben nach wie vor in Kraft.

[3]) Der § 34 handelt von den Konzessionen zum Handel mit Giften, der § 36 betrifft die Fleischbeschauer, Metallprobierer und Handelschemiker.

der Art übertragen werden, daß der Erwerber die Gewerbeberechtigung für eigene Rechnung ausüben darf[1]).

§ 53. Die in dem § 29 bezeichneten Approbationen können von der Verwaltungsbehörde nur dann zurückgenommen werden, wenn die Unrichtigkeit der Nachweise dargetan wird, auf Grund deren solche erteilt worden sind, oder wenn dem Inhaber der Approbation die bürgerlichen Ehrenrechte aberkannt sind, in letzterem Falle jedoch nur für die Dauer des Ehrverlustes[2]).

Außer aus diesen Gründen können die in den §§ 30, 30a, 32, 33, 34 und 36 bezeichneten Genehmigungen und Bestellungen in gleicher Weise zurückgenommen werden, wenn aus Handlungen oder Unterlassungen des Inhabers der Mangel derjenigen Eigenschaften, welche bei der Erteilung der Genehmigung oder Bestallung nach der Vorschrift dieses Gesetzes vorausgesetzt werden mußten, klar erhellt. Inwiefern durch die Handlungen oder Unterlassungen eine Strafe verwirkt ist, bleibt der richterlichen Entscheidung vorbehalten . . .[3]).

---

[1]) Diese Bestimmung gilt auch für Apothekenrealberechtigungen (Realprivilegien). Diese können demnach verpachtet werden, und ihre Verpachtung kann auf landesgesetzlichem Wege nicht verboten werden (K.G. 18. Mai 1912, Ph.Ztg. 1912 Nr. 76). Weiteres hierüber s. S. 289 ff.

[2]) In Übereinstimmung mit § 143 der Gew.O. ist hier ausgesprochen, daß die Entziehung der Approbationen der Ärzte und Apotheker wegen Verletzung ihrer Berufspflichten gegenwärtig als Nebenstrafe nicht mehr verhängt werden kann (s. auch die Anmerkung zu § 40). Durch die Zurücknahme der Approbation verliert der Apotheker die Befugnis zum selbständigen Betriebe des Apothekergewerbes und wird, wenn er das Gewerbe zu betreiben fortfährt, gemäß § 147, 1 bestraft.

[3]) Abs. 2 des § 53 kommt namentlich bei Zurücknahme der Giftkonzession gegenüber Drogisten und anderen Gifthändlern in Anwendung. Da in Preußen die Zuverlässigkeit des Gewerbetreibenden die erste Voraussetzung für Erteilung der Giftkonzession ist, so wird die Zurücknahme derselben durch wiederholte Verstöße gegen die giftpolizeilichen Vorschriften und damit bewiesene Unzuverlässigkeit gerechtfertigt (zahlreiche Entscheidungen des O.V.G.). Die preuß. Ausführungsanweisung zur Gew.O. vom 1. Mai 1904 sagt über den § 53 folgendes:

59. Zur Erhebung der Klage auf Untersagung des Gewerbebetriebes (§§ 35, 53 Abs. 3) und Zurücknahme von Approbationen, Genehmigungen und Bestallungen (§ 53 Abs. 1, 2) ist die Ortspolizeibehörde des Ortes, an dem das Gewerbe betrieben wird, mit der Maßgabe zuständig, daß sie zuvor die Ermächtigung des Regierungspräsidenten einzuholen hat, wenn die Klage abzielt . . . . auf Entziehung der Approbation eines Arztes oder Apothekers . . .

62. Ist die Zurücknahme der in den §§ 29, . . . 33, . . . 34, 36 bezeichneten Approbationen, Genehmigungen und Bestallungen rechtskräftig erfolgt, so hat die Ortspolizeibehörde die Auslieferung der Approbations-, Konzessionsurkunden, Prüfungs- und Befähigungszeugnisse usw. nötigenfalls auf dem in §§ 127 ff. L.V.G. bezeichneten Wege herbeizuführen.

Über die Zuständigkeit der Behörden im Falle des § 53 sagt das preuß. Gesetz über die Zuständigkeit der Verwaltungs- und Verwaltungsgerichtsbehörden vom 1. August 1883:

§ 119. Der Kreisausschuß, in Stadtkreisen und in den zu einem Landkreise gehörigen Städten mit mehr als 10000 Einwohnern der Bezirksausschuß, entscheidet auf Klage der zuständigen Behörde:

1. Über die Untersagung des Betriebes der im § 35 der R.Gew.O. . . . . gedachten Gewerbe;
2. über die Zurücknahme von Konzessionen . . . . zum Kleinhandel mit Branntwein und Spiritus sowie . . . . zum Handel mit Giften (§ 53 a. a. O.).

§ 120. Der Bezirksausschuß entscheidet auf Klage der zuständigen Behörde über die Zurücknahme:

1. der im vorstehenden § 119 Nr. 2 nicht gedachten im § 53 der Gew.O. aufgeführten Approbationen, Genehmigungen und Bestallungen . . . .

§ 54. Wegen des Verfahrens und der Behörden, welche in bezug auf die untersagte Benutzung einer gewerblichen Anlage (§ 51), auf die Untersagung eines Gewerbebetriebes (§ 35) und die Zurücknahme einer Approbation, Genehmigung oder Bestallung (§§ 33a, 53) maßgebend sind, gelten die Vorschriften der §§ 20 und 21[1]).

## Titel III. Gewerbebetrieb im Umherziehen.

§ 55. Wer außerhalb des Gemeindebezirkes seines Wohnortes oder der durch besondere Anordnung der höheren Verwaltungsbehörde dem Gemeindebezirk des Wohnortes gleichgestellten nächsten Umgebung desselben ohne Begründung einer gewerblichen Niederlassung und ohne vorgängige Bestellung in eigener Person

1. Waren feilbieten,
2. Warenbestellungen aufsuchen oder Waren bei anderen Personen als bei Kaufleuten, oder an anderen Orten als in offenen Verkaufsstellen zum Wiederverkauf ankaufen,
3. gewerbliche Leistungen anbieten will,

bedarf eines Wandergewerbescheines, soweit nicht für die in Ziffer 2 bezeichneten Fälle in Gemäßheit des § 44a eine Legitimationskarte genügt.

§ 56. Beschränkungen, vermöge deren gewisse Waren von dem Feilhalten im stehenden Gewerbebetriebe ganz oder teilweise ausgeschlossen sind, gelten auch für deren Feilbieten im Umherziehen.

Ausgeschlossen vom Ankauf oder Feilbieten im Umherziehen[2]) sind . . .

9. Gifte und gifthaltige Waren[3]), Arznei-[4]) und Geheimmittel[5]) sowie Bruchbänder.

---

[1]) Vgl. Fußnote 3 auf S. 16.

[2]) § 56 der Gew.O. schließt die daselbst genannten Waren vom „Ankauf oder Feilbieten" im Umherziehen aus. Der Begriff Ankauf ist klar. Als Feilbieten von Waren im Umherziehen hat das R.G. in mehreren Entscheidungen (26. September 1899, Joh. X, S. 196; 4. Juni 1894, R.G. A. I, S. 31; 24. Januar 1910, Med.A. 1910 S. 87) übereinstimmend „das käufliche Anbieten von Waren, welche der gewerbetreibende Umherzieher mit sich führt" definiert. Das bloße Aufsuchen von Bestellungen auf Arznei- und Geheimmittel ist dagegen aus § 56, 9 der Gew.O. nicht strafbar (R.G. 6. November 1884, Golt. 42, S. 152; 4. Juni 1894, R.G.A. I, S. 31; 25. Juni 1894, Reger XVI, S. 19; 6. Juni 1901, Ph.Ztg. 1901 Nr. 48). Eine Verurteilung wegen Zuwiderhandlung kann aber nur erfolgen, wenn gewerbsmäßiges Handeln vorliegt. (R.G. 13. Mai 1912, Ph.Ztg. 1912, Nr. 43.)

[3]) Als Gifte sind in erster Reihe die in dem den Vorschriften über den Handel mit Giften (s. Teil XIX) beigegebenen Verzeichnis der Gifte genannten Stoffe usw. zu verstehen, darüber hinaus aber auch alle sonstigen Körper, die, in kleiner Menge genommen, durch ihre Wirkung die Gesundheit bzw. das Leben zu zerstören geeignet sind.

[4]) Unter Arzneimittel im Sinne des § 56, 9 sind nach der Rechtsprechung (zahlreiche Urteile des R.G. und des O.V.G.) alle Mittel zu verstehen, welchen beim Handel die Eigenschaft einer Heilwirkung beigelegt wird, und zwar auch dann, wenn die Mittel zu den dem freien Verkehr überlassenen gehören und wenn sie nach ihrer Zusammensetzung für den Heilzweck vollständig wirkungslos sind.

[5]) Wie aus der amtlichen Begründung hervorgeht, wollte der Gesetzgeber durch die Einfügung der Geheimmittel in den § 56 auch Schönheitsmittel treffen. Als Geheimmittel im Sinne des § 56,9 ist demnach anzusehen, „ein zu Heil- oder kosmetischen Zwecken bei Menschen oder Tieren bestimmtes Mittel, über dessen Natur und Zusammensetzung nicht spätestens beim Feilbieten in qualitativer und quantitativer Beziehung vollständige und gemeinverständliche Angaben gemacht werden".

§ 56a. Ausgeschlossen vom Gewerbebetrieb im Umherziehen sind ferner:
1. die Ausübung der Heilkunde, insoweit der Ausübende für dieselbe nicht approbiert ist.

## Titel V. Taxen.

§ 80. Die Taxen für die Apotheker können durch die Zentralbehörden festgesetzt werden. Ermäßigungen derselben durch freie Vereinbarungen sind jedoch zulässig[1]).

Die Bezahlung der approbierten Ärzte usw. (§ 29 Abs. 1) bleibt der Vereinbarung überlassen. Als Norm für streitige Fälle im Mangel einer Vereinbarung können jedoch für dieselben Taxen von den Zentralbehörden festgesetzt werden.

## Titel X. Strafbestimmungen.

§ 143. Die Berechtigung zum Gewerbebetriebe kann, abgesehen von den in den Reichsgesetzen vorgesehenen Fällen ihrer Entziehung, weder durch richterliche noch administrative Entscheidung entzogen werden . . .

§ 144. Inwiefern, abgesehen von den Vorschriften über die Entziehung des Gewerbebetriebs (§ 143) Zuwiderhandlungen der Gewerbetreibenden gegen ihre Berufspflichten, außer den in diesem Gesetz erwähnten Fällen, einer Strafe unterliegen, ist nach den darüber bestehenden Gesetzen zu beurteilen[2]).

Jedoch werden aufgehoben die für die Medizinalpersonen bestehenden besonderen Bestimmungen, welche ihnen unter Androhung von Strafen einen Zwang zu ärztlicher Hilfe auferlegen.

§ 147. Mit Geldstrafe bis zu 300 RM und im Unvermögensfalle mit Haft wird bestraft:
1. wer den selbständigen Betrieb eines stehenden Gewerbes, zu dessen Beginn eine besondere polizeiliche Genehmigung (Konzession, Approbation, Bestallung) erforderlich ist, ohne die vorschriftsmäßige Genehmigung unternimmt oder fortsetzt oder von den in der Genehmigung festgesetzten Bedingungen abweicht[3]);

---

[1]) Über die Arzneitaxe vgl. Teil XV.

[2]) Durch § 144 sind insbesondere auch diejenigen landesrechtlichen Bestimmungen aufrechterhalten worden, welche den Apothekern die Ausübung der Heilkunde verbieten. (Urteile des K.G. vom 3. Februar 1887 und 18. November 1889, Joh. VII, S. 225 und X, S. 180.) Ein Apotheker, welcher sich mit Behandlung von Krankheiten befaßt, verletzt die besonderen Pflichten seines Berufes. Die hiergegen verordneten besonderen Strafen gehören zu denen, welche der § 144 der Gew.O. ausdrücklich bestehen läßt. (Preuß. Min.Erl. vom 23. September 1871.)

[3]) Unter diesen Paragraph fällt die unbefugte Ausübung des Apothekergewerbes durch einen Nichtapotheker, nicht aber die unbefugte Errichtung einer Apotheke durch einen Approbierten, da die Reichsgesetzgebung nur für die Erteilung der Approbation zuständig ist, während die Konzessionierung von Apotheken Landessache ist. (K.G. 27. April 1899, K.G.A. III, S. 377.)

Von einem unbefugten Apothekenbetrieb im Sinne des § 147, 1 kann indessen nicht ohne weiteres schon dann gesprochen werden, wenn jemand den Apotheken vorbehaltene Heilmittel verkauft. Ein unbefugter Apothekenbetrieb liegt vielmehr erst dann vor, wenn sich jemand Apotheker nennt und das Publikum in den Glauben versetzt, es handle sich bei seinem Geschäft um eine Apotheke (K.G. 23. Oktober 1905, Ph.Ztg. 1905 Nr. 86), bzw. wenn gewerbsmäßig Medikamente nach ärztlicher Vorschrift hergestellt werden (K.G. 6. April 1914, Ph.Ztg. 1914 Nr. 30; O.L.G. Köln 27. Juni 1904, Ph.Ztg. 1904

3. wer, ohne hierzu approbiert zu sein, sich als Arzt (Wundarzt, Augenarzt, Geburtshelfer, Zahnarzt, Tierarzt) bezeichnet oder sich einen ähnlichen Titel beilegt, durch den der Glaube erweckt wird, der Inhaber desselben sei eine geprüfte Medizinalperson[1]).

§ 148. Mit Geldstrafe bis zu 150 RM und im Unvermögensfalle mit Haft bis zu vier Wochen wird bestraft:

1. wer außer den im § 147 vorgesehenen Fällen ein stehendes Gewerbe beginnt, ohne dasselbe vorschriftsmäßig anzuzeigen;
4. wer der nach § 35 gegen ihn ergangenen Untersagung eines Gewerbebetriebes zuwiderhandelt oder die im § 35 vorgeschriebene Anzeige unterläßt;
5. wer ... den §§ 42a—44a zuwiderhandelt;
7a. wer dem § 56 Abs. 1, Abs. 2 Ziffer 1—5, 7—11 ... den §§ 56a oder 56b zuwiderhandelt;
8. wer bei dem Betriebe seines Gewerbes die durch die Obrigkeit oder durch Anzeige bei derselben festgelegten Taxen überschreitet...[2]);
9. wer die gesetzlichen Pflichten gegen die ihm anvertrauten Lehrlinge verletzt;
14. wer den Vorschriften des § 15a zuwiderhandelt.

§ 151. Sind bei der Ausübung des Gewerbes polizeiliche Vorschriften von Personen übertreten worden, welche der Gewerbetreibende zur Leitung des Betriebes oder eines Teiles desselben oder zur Beaufsichtigung bestellt hatte, so trifft die Strafe diese letzteren. Der Gewerbetreibende ist neben denselben strafbar, wenn die Übertretung mit seinem Vorwissen begangen ist, oder wenn er bei der nach den Verhältnissen möglichen eigenen Beaufsichtigung des Betriebs oder bei der Auswahl oder der Beaufsichtigung

---

Nr. 53). Ein Urteil des O.L.G. Hamburg vom 27. Februar 1911 (Ph.Ztg. 1911 Nr. 25) gelangt zu folgendem Ergebnis: „1. Zur Erfüllung des Tatbestandes des § 147, 1 der Gew.O. ist nur das Moment der Gewerbsmäßigkeit bei unerlaubtem Arzneiverkauf erforderlich; es ist nicht nötig, daß das betreffende Geschäft als Apotheke bezeichnet oder darin rezeptiert wird. 2. Ist die erstgenannte Voraussetzung gegeben, so kann gegen einen Drogisten gleichzeitig wegen Zuwiderhandlung gegen § 147, 1 Gew.O. und § 367, 3 Str.G.B. auf Strafe erkannt werden. 3. In solchen Fällen kann dann auch eine Einziehung der verbotswidrig feilgehaltenen Arzneimittel im Urteil ausgesprochen werden.“ Der einfache Verkauf von Arzneien, welche den Apothekern vorbehalten sind, ist nach § 367, 3 Str.G.B. zu bestrafen (s. S. 51).

[1]) Für die unbefugte Führung des Titels „Apotheker“ ist eine Strafbestimmung weder in der Gew.O. noch im Str.G.B. vorgesehen. Wohl aber kann auf Grund landesrechtlicher Bestimmungen (in Preußen gemäß Teil II Titel 17 § 10 des Allg. Landrechts, wonach die Erhaltung der öffentlichen Ordnung zu den Aufgaben der Polizei gehört), Gewerbetreibenden die öffentliche Beilegung des Titels Apotheker untersagt werden. Handelt es sich dabei um Gewerbetreibende, die nicht als Apotheker approbiert sind, so wird die Untersagung ohne weiteres möglich sein, in solchen Fällen ist auch eine Klage auf Grund des Wettbewerbgesetzes gegeben, da die Führung des Apothekertitels durch einen nicht als Apotheker Approbierten zu geschäftlichen Zwecken (!) gegen dieses Gesetz verstößt (R.G. 12. November 1912, Ph.Ztg. 1912 Nr. 92). Sind die Gewerbetreibenden dagegen im Besitz zwar der Approbation, aber nicht der Konzession zum Betriebe einer Apotheke, so ist die Möglichkeit eines Einschreitens nur dann gegeben, wenn durch die nähere im einzelnen zu prüfende Art und Weise der Titelbeilegung bei dem weniger urteilsfähigen Publikum der Irrtum hervorgerufen werden kann, als sei das Geschäft der betreffenden Person eine Apotheke. Urteile des O.V.G. u. a. vom 14. Dezember 1878 (Entsch. IV, S. 342), 5. Mai 1892 (Entsch. III, S. 442), 7. Juli 1900 (Ph.Ztg. 1900 Nr. 63 und 81), 10. Juni 1901 (Ph.Ztg. 1901 Nr. 49), 7. Juli 1904 (Ph.Ztg. 1904 Nr. 56), 8. Juni 1905 (Ph.Ztg. 1905 Nr. 47).

[2]) Vgl. hierüber Teil XV.

der Betriebsleiter oder Aufsichtspersonen es an der erforderlichen Sorgfalt hat fehlen lassen[1]).

Ist an eine solche Übertretung der Verlust der Konzession, Approbation oder Bestallung geknüpft, so findet derselbe auch als Folge der von dem Stellvertreter begangenen Übertretung statt, wenn diese mit Vorwissen des verfügungsfähigen Vertretenen begangen wurde[2]). Ist dies nicht der Fall, so ist der Vertretene bei Verlust der Konzession, Approbation usw. verpflichtet, den Stellvertreter zu entlassen.

### Schlußbestimmungen.

§ 154[3]). Von den Bestimmungen im Titel VII finden keine Anwendung:

1. die Bestimmungen der §§ 105—139m auf Gehilfen und Lehrlinge in Apotheken[4]);
3. die Bestimmungen der §§ 133g—139a auf Arbeiter in Apotheken[5]) ...

---

# III. Handelsrecht, Bürgerliches und Strafrecht.

Während die Gewerbeordnung nur zu einem Teil unmittelbar auf das Apothekergewerbe anwendbar ist, gelten die großen Reichsgesetze, das Handelsgesetzbuch, das Bürgerliche Gesetzbuch und das Strafgesetzbuch für das Deutsche Reich, in vollem Umfange auch für den Apothekerstand. In diesen Gesetzbüchern ist eine ganze Reihe von Bestimmungen enthalten, die für den Apotheker als Geschäftsmann von großer Bedeutung sind. Es sind dies folgende:

## Handelsgesetzbuch.

Vom 10. Mai 1897.

### Erstes Buch. Handelsstand.

#### Erster Abschnitt. Kaufleute.

§ 1. Kaufmann im Sinne dieses Gesetzbuches ist, wer ein Handelsgewerbe betreibt.

---

1) Vgl. hierzu Fußnote 1 auf S. 52.

2) Da weder reichsgesetzlich der Verlust der Approbation als Apotheker noch landesgesetzlich die Entziehung der Konzession zum Betriebe der Apotheke an eine Übertretung polizeilicher Vorschriften geknüpft ist, hat § 151 Abs. 2 für Apotheker keine Bedeutung.

3) § 154 in der Fassung des Gesetzes vom 28. Dezember 1908.

4) Die Ausnahmebestimmung in § 154 hat die Wirkung, daß die Apothekerassistenten und -praktikanten von allen sozialpolitischen Maßnahmen der Gew.O. ausgeschlossen sind. Die im § 154 enthaltene Ausnahme bezieht sich jedoch nur auf die eigentlichen pharmazeutisch-technischen „Gehilfen und Lehrlinge" mit bestimmter Vor- und Ausbildung (Assistenten und Praktikanten), umfaßt aber nicht sonstige kaufmännische oder gewerbliche Hilfskräfte, wie Buchhalter, Kassierer, Expedienten, Packer, Arbeiter usw., die in größeren Apotheken häufig neben dem technischen Personal angestellt sind. Diesen Grundsatz hat das Bayer. O.L.G. durch Urteil vom 10. Juli 1900 ausgesprochen (Ph. Ztg. 1900 Nr. 57). Auf das in Apotheken beschäftigte kaufmännische Personal finden also die Bestimmungen der Gew.O. über Sonntagsruhe, Ruhepausen, Abendschluß u. dgl. in vollem Umfange Anwendung.

5) Nicht aufgehoben für die in Apotheken beschäftigten Arbeiter, Hausburschen usw. ist somit u. a. der von den Fortbildungsschulen handelnde § 120 der Gew.O., der die Gewerbeunternehmer verpflichtet, ihren Arbeitern unter achtzehn Jahren, welche eine Fortbildungsschule besuchen, hierzu die nötige Zeit zu gewähren. In Preußen sind seit dem 1. Oktober 1923 zur Leistung von Schulbeiträgen die zur Gewerbesteuer veranlagten Gewerbetreibenden in der Regel verpflichtet, gleichviel ob sie berufsschulpflichtige Jugendliche beschäftigen oder nicht (G. vom 17. Oktober 1922, V. vom 30. August 1927).

Als Handelsgewerbe gilt jeder Gewerbebetrieb, der eine der nachstehend bezeichneten Arten von Geschäften zum Gegenstande hat:

1. die Anschaffung und Weiterveräußerung von beweglichen Sachen (Waren) oder Wertpapieren, ohne Unterschied, ob die Waren unverändert oder nach einer Bearbeitung oder Verarbeitung weiterveräußert werden . . .[1]).

§ 4. Die Vorschriften über die Firmen, die Handelsbücher und die Prokura finden auf Handwerker, sowie auf Personen, deren Gewerbebetrieb nicht über den Umfang des Kleingewerbes hinausgeht, keine Anwendung.

§ 7. Durch die Vorschriften des öffentlichen Rechts, nach welchen die Befugnis zum Gewerbebetrieb ausgeschlossen oder von gewissen Voraussetzungen abhängig gemacht ist, wird die Anwendung der die Kaufleute betreffenden Vorschriften dieses Gesetzbuches nicht berührt.

## Zweiter Abschnitt. Handelsregister.

§ 8. Das Handelsregister wird von den Gerichten geführt.

§ 13. Soweit nicht in diesem Gesetzbuch ein anderes vorgeschrieben ist, sind die Eintragungen in das Handelsregister und die hierzu erforderlichen Anmeldungen und Zeichnungen von Unterschriften sowie die sonst vorgeschriebenen Einreichungen zum Handelsregister bei jedem Registergericht, in dessen Bezirke der Inhaber der Firma eine Zweigniederlassung besitzt, in gleicher Weise wie bei dem Gerichte der Hauptniederlassung zu bewirken.

Eine Eintragung bei dem Gerichte der Zweigniederlassung findet nicht statt, bevor nachgewiesen ist, daß die Eintragung bei dem Gerichte der Hauptniederlassung geschehen ist.

§ 14. Wer verpflichtet ist, eine Anmeldung, eine Zeichnung der Unterschrift oder eine Einreichung von Schriftstücken zum Handelsregister vorzunehmen, ist hierzu von dem Registergerichte durch Ordnungsstrafen anzuhalten. Die einzelne Strafe darf den Betrag von 300 RM nicht übersteigen.

## Dritter Abschnitt. Handelsfirma.

§ 17. Die Firma eines Kaufmannes ist der Name, unter dem er im Handel seine Geschäfte betreibt und die Unterschrift abgibt. Ein Kaufmann kann unter seiner Firma klagen und verklagt werden.

§ 18. Ein Kaufmann, der sein Geschäft ohne Gesellschafter oder nur mit einem stillen Gesellschafter betreibt, hat seinen Familiennamen mit mindestens einem ausgeschriebenen Vornamen als Firma zu führen[2]).

Der Firma darf kein Zusatz beigefügt werden, der ein Gesellschaftsverhältnis andeutet oder sonst geeignet ist, eine Täuschung über die Art oder den Umfang des Geschäfts oder die Verhältnisse des Geschäftsinhabers herbeizuführen. Zusätze, die zur Unterscheidung der Person oder des Geschäfts dienen, sind gestattet[3]).

---

[1]) Da die Apotheker sich mit der Anschaffung und Weiterveräußerung von beweglichen Sachen (Waren), teils in unverändertem Zustande, teils nach erfolgter Bearbeitung oder Verarbeitung beschäftigen, sind sie als Kaufleute im Sinne des H.G.B. anzusehen und die von ihnen für ihren Geschäftsbetrieb geschlossenen Verträge nach den Bestimmungen des H.G.B. zu beurteilen. (R.G. 28. November 1893, Ph.Ztg. 1898 Nr. 77 und 7. Juni 1899, Ph.Ztg. 1901 Nr. 35.)

[2]) Eine hiermit übereinstimmende Forderung enthält § 15a der Gew.O. (s. S. 14).

[3]) Unter diese Bestimmung fällt u. a.: a. die Fortführung einer Apothekerfirma (Drogenhandlung) durch einen Nichtapotheker (Ph. Ztg. 1926 Nr. 9),

§ 19. Die Firma einer offenen Handelsgesellschaft hat den Namen wenigstens eines der Gesellschafter mit einem das Vorhandensein einer Gesellschaft andeutenden Zusatz oder die Namen aller Gesellschafter zu erhalten.

Die Firma einer Kommanditgesellschaft hat den Namen wenigstens eines persönlich haftenden Gesellschafters mit einem das Vorhandensein einer Gesellschaft andeutenden Zusatze zu enthalten.

Die Beifügung von Vornamen ist nicht erforderlich. Die Namen anderer Personen als der persönlich haftenden Gesellschafter dürfen in die Firma einer offenen Handelsgesellschaft oder einer Kommanditgesellschaft nicht aufgenommen werden.

§ 22. Wer ein bestehendes Handelsgeschäft unter Lebenden oder von Todes wegen erwirbt, darf für das Geschäft die bisherige Firma mit oder ohne Beifügung eines das Nachfolgeverhältnis andeutenden Zusatzes fortführen, wenn der bisherige Geschäftsinhaber oder dessen Erben in die Fortführung der Firma ausdrücklich willigen...

Wird ein Handelsgeschäft auf Grund eines Nießbrauchs, eines Pachtvertrags oder eines ähnlichen Verhältnisses übernommen, so finden diese Vorschriften entsprechend Anwendung.

§ 23. Die Firma kann nicht ohne das Handelsgeschäft, für welches sie geführt wird, veräußert werden.

§ 24. Wird jemand in ein bestehendes Handelsgeschäft als Gesellschafter aufgenommen oder tritt ein neuer Gesellschafter in eine Handelsgesellschaft ein oder scheidet aus einer solchen ein Gesellschafter aus, so kann ungeachtet dieser Veränderung die bisherige Firma fortgeführt werden. Bei dem Ausscheiden eines Gesellschafters, dessen Name in der Firma enthalten ist, bedarf es zur Fortführung der Firma der ausdrücklichen Einwilligung des Gesellschafters oder seiner Erben.

§ 25. Wer ein unter Lebenden erworbenes Handelsgeschäft unter der bisherigen Firma mit oder ohne Beifügung eines das Nachfolgeverhältnis andeutenden Zusatzes fortführt, haftet für alle im Betriebe des Geschäfts begründeten Verbindlichkeiten des früheren Inhabers. Die in dem Betriebe begründeten Forderungen gelten den Schuldnern gegenüber als auf den Erwerber übergegangen, falls der bisherige Inhaber oder seine Erben in die Fortführung der Firma gewilligt haben.

Eine abweichende Vereinbarung ist einem Dritten gegenüber nur wirksam, wenn sie in das Handelsregister eingetragen und bekanntgemacht oder von dem Erwerber oder dem Veräußerer dem Dritten mitgeteilt worden ist.

Wird die Firma nicht fortgeführt, so haftet der Erwerber eines Handelsgeschäfts für die früheren Geschäftsverbindlichkeiten nur, wenn ein besonderer Verpflichtungsgrund vorliegt, insbesondere, wenn die Übernahme der Verbindlichkeiten in handelsüblicher Weise von dem Erwerber bekanntgemacht worden ist.

§ 29. Jeder Kaufmann ist verpflichtet, seine Firma und den Ort seiner Handelsniederlassung bei dem Gericht, in dessen Bezirk sich die Niederlassung befindet, zur Eintragung in das Handelsregister

---

b. die Fortführung einer Doktorfirma durch einen nicht promovierten Erwerber derselben (K.G. 23. Dezember 1926, Ph. Ztg. 1927 Nr. 14),

c. die Firmierung Chemische Fabrik bei Unternehmen, die vorwiegend nur Handel treiben oder Erzeugnisse nur auf mechanischem Wege produzieren (K.G. 22. August 1925, Ph. Ztg. 1925 Nr. 78; L.G. I Berlin 1925, Ph. Ztg. 1925 Nr. 69).

anzumelden; er hat seine Firma zur Aufbewahrung bei dem Gericht zu zeichnen[1]).

§ 30. Jede neue Firma muß sich von allen an demselben Orte oder in derselben Gemeinde bereits bestehenden und in das Handelsregister eingetragenen Firmen deutlich unterscheiden...

§ 31. Eine Änderung der Firma oder ihrer Inhaber sowie die Verlegung der Niederlassung an einen anderen Ort ist nach den Vorschriften des § 29 zur Eintragung in das Handelsregister anzumelden. Das gleiche gilt, wenn die Firma erlischt. Kann die Anmeldung des Erlöschens einer eingetragenen Firma durch die hierzu Verpflichteten nicht auf dem im § 14 bezeichneten Wege herbeigeführt werden, so hat das Gericht das Erlöschen von Amts wegen einzutragen.

## Vierter Abschnitt. Handelsbücher.

§ 38. Jeder Kaufmann ist verpflichtet, Bücher zu führen[2]) und in diesen seine Handelsgeschäfte und die Lage seines Vermögens nach den Grundsätzen ordnungsmäßiger Buchführung ersichtlich zu machen[3]).

Er ist verpflichtet, eine Abschrift (Kopie oder Abdruck) der abgesendeten Handelsbriefe zurückzubehalten und diese Abschriften sowie die empfangenen Handelsbriefe geordnet aufzubewahren[4]).

§ 39. Jeder Kaufmann hat beim Beginn seines Handelsgewerbes seine Grundstücke, seine Forderungen und Schulden, den Betrag seines baren Geldes und seine sonstigen Vermögensgegenstände genau zu verzeichnen, dabei den Wert der einzelnen Vermögensgegenstände anzugeben und einen das Verhältnis des Vermögens und der Schulden darstellenden Abschluß zu machen.

Er hat demnächst für den Schluß eines jeden Geschäftsjahres ein solches Inventar und eine solche Bilanz aufzustellen; die Dauer des Geschäftsjahres darf zwölf Monate nicht überschreiten. Die Aufstellung des Inventars und der Bilanz ist innerhalb der einem ordnungsmäßigen Geschäftsgang entsprechenden Zeit zu bewirken.

---

[1]) Auch Apotheker sind danach zur Eintragung ihrer Firma ins Handelsregister verpflichtet. Nur solche Geschäfte, die nicht über den Umfang des Kleingewerbes hinausgehen, sind nach § 4 des H.G.B. von dieser Verpflichtung befreit. Die Eintragung ins Handelsregister hat für Apotheker auch die Zugehörigkeit zu den Handelskammern zur Folge. § 3 Ziff. 1 des preuß. Gesetzes über die Industrie- und Handelskammern vom 24. Februar 1870 bzw. 19. August 1897 in der Fassung der V. vom 1 April 1924 bestimmt:

§ 3. Die Mitglieder der Industrie- und Handelskammer werden gewählt. Berechtigt, an der Wahl teilzunehmen, und verpflichtet, zu den Kosten der Industrie- und Handelskammer beizutragen, sind, sofern sie zur Gewerbesteuer veranlagt sind, diejenigen Kaufleute (natürliche und juristische Personen), die als Inhaber einer Firma in einem der für den Bezirk der Industrie- und Handelskammer geführten Handelsregister eingetragen stehen.

Hierzu gehören also auch die Apotheker.

[2]) Die Nichterfüllung der dem Kaufmann in den §§ 38ff. auferlegten Verpflichtungen hat, wenn er seine Zahlungen einstellt oder in Konkurs gerät, strafrechtliche Folgen (§§ 239 und 240 der Konkursordnung).

[3]) Geeignete Muster zu einer praktischen Buchführung in Apotheken sind angegeben in Dr. Brieger: Die kaufmännische Apothekenführung und die Spezialitätenfabrikation, Dr. W. Mayer: Die kaufmännische Buchführung in der Apotheke, Dr. Th. Meinecke: Buchführung für Klein- und Großbetriebe, und Mylius-Brieger: Grundzüge der praktischen Pharmazie (sämtlich: Verlag von Julius Springer in Berlin).

[4]) Die Aufbewahrungszeit für die Handelsbücher und Handelsbriefe beträgt nach § 44 H.G.B. 10 Jahre.

Hat der Kaufmann ein Warenlager[1]), bei dem nach der Beschaffenheit des Geschäfts die Aufnahme des Inventars nicht füglich in jedem Jahre geschehen kann, so genügt es, wenn sie alle zwei Jahre erfolgt. Die Verpflichtung zur jährlichen Aufstellung der Bilanz wird hierdurch nicht berührt.

§ 40. Die Bilanz ist in Reichswährung aufzustellen.

Bei der Aufstellung des Inventars und der Bilanz sind sämtliche Vermögensgegenstände und Schulden nach dem Werte anzusetzen, der ihnen in dem Zeitpunkte beizulegen ist, für welchen die Aufstellung stattfindet.

Zweifelhafte Forderungen sind nach ihrem wahrscheinlichen Wert anzusetzen, uneinbringliche Forderungen abzuschreiben.

§ 41. Das Inventar und die Bilanz sind von dem Kaufmann zu unterzeichnen. Sind mehrere persönlich haftende Gesellschafter vorhanden, so haben sie alle zu unterzeichnen.

Das Inventar und die Bilanz können in ein dazu bestimmtes Buch eingeschrieben oder jedesmal besonders aufgestellt werden. Im letzteren Falle sind sie zu sammeln und in zusammenhängender Reihenfolge geordnet aufzubewahren.

§ 43. Bei der Führung der Handelsbücher und bei den sonst erforderlichen Aufzeichnungen hat sich der Kaufmann einer lebenden Sprache und der Schriftzeichen einer solchen zu bedienen.

Die Bücher sollen gebunden und Blatt für Blatt oder Seite für Seite mit fortlaufenden Zahlen versehen sein. An Stellen, die der Regel nach zu beschreiben sind, dürfen keine leeren Zwischenräume gelassen werden. Der ursprüngliche Inhalt einer Eintragung darf nicht mittels Durchstreichens oder auf andere Weise unleserlich gemacht, es darf nichts radiert, auch dürfen solche Veränderungen nicht vorgenommen werden, deren Beschaffenheit es ungewiß läßt, ob sie bei der ursprünglichen Eintragung oder erst später gemacht worden sind.

§ 44. Die Kaufleute sind verpflichtet, ihre Handelsbücher bis zum Ablauf von zehn Jahren, von dem Tage der darin vorgenommenen letzten Eintragung an gerechnet, aufzubewahren. Dasselbe gilt in Ansehung der empfangenen Handelsbriefe und der Abschriften der abgesendeten Handelsbriefe sowie in Ansehung der Inventare und Bilanzen[2]).

---

[1]) Für steuerliche Zwecke hat der Reichsfinanzmin. unter dem 4. März 1922 eine Schätzung des Warenlagers auf $^1/_5$ des Wertes des jährlichen Wareneinkaufs zugelassen.

[2]). Aus der Verpflichtung, die Geschäftsbücher und -briefe zehn Jahre lang aufzubewahren, folgt jedoch nicht ohne weiteres, daß diese Dokumente bei einem Besitzwechsel des Geschäfts vom Verkäufer dem Käufer mit übergeben werden müssen. Da bestehende Geschäfte in der Regel ohne Aktiva und Passiva, ohne Übernahme der Außenstände und ohne Verpflichtung, die Schulden zu bezahlen, veräußert werden, so gehen die Geschäftsbücher, soweit sie Eintragungen aus der Besitzzeit des Verkäufers enthalten, den neuen Erwerber nichts an. In derartigen Fällen wird man die Handlungsbücher keineswegs als Zubehör des Geschäftes betrachten können. Nur unter besonderen Umständen werden die Handlungsbücher auch aus der älteren Zeit als Zubehör des Geschäftes gelten können. Es können sich indessen Fälle ereignen, in welchen der Verkäufer, ohne zur Aushändigung der Bücher an den Käufer verpflichtet zu sein, es doch gestatten muß, daß der Käufer die Bücher einsieht, um Aufschluß über Rechtsverhältnisse zu gewinnen, in welche er als Rechtsnachfolger seines Vorgängers im Geschäft eingetreten ist. Eine Verpflichtung zur Vorlegung der Bücher lediglich zu dem Zwecke, um daraus den Umsatz des Geschäftes in verschiedenen Monaten und Jahren aus der früheren Besitzzeit des Verkäufers festzustellen, ist aber gesetzlich nicht zu konstruieren, falls nicht der Kaufvertrag dazu einen bestimmten Anhalt darbietet. In letzterem Sinne hat auch gelegentlich das O.L.G. Hamburg entschieden.

## Fünfter Abschnitt. Prokura und Handlungsvollmacht.

§ 48. Die Prokura kann nur von dem Inhaber des Handelsgeschäfts oder seinem gesetzlichen Vertreter und nur mittels ausdrücklicher Erklärung erteilt werden. Die Erteilung kann an mehrere Personen gemeinschaftlich erfolgen (Gesamtprokura).

§ 52. Die Prokura ist ohne Rücksicht auf das der Erteilung zugrunde liegende Rechtsverhältnis jederzeit widerruflich, unbeschadet des Anspruchs auf die vertragsmäßige Vergütung. Die Prokura ist nicht übertragbar. Die Prokura erlischt nicht durch den Tod des Inhabers des Handelsgeschäfts.

§ 53. Die Erteilung der Prokura ist von dem Inhaber des Handelsgeschäfts zur Eintragung in das Handelsregister anzumelden. Ist die Prokura als Gesamtprokura erteilt, so muß auch dies zur Eintragung angemeldet werden. Der Prokurist hat die Firma nebst seiner Namensunterschrift zur Aufbewahrung bei dem Gerichte zu zeichnen. Das Erlöschen der Prokura ist in gleicher Weise wie die Erteilung zur Eintragung anzumelden.

## Sechster Abschnitt. Handlungsgehilfen und Handlungslehrlinge.

§ 59. Wer in einem Handelsgewerbe zur Leistung kaufmännischer Dienste gegen Entgelt angestellt ist (Handlungsgehilfe)[1], hat, soweit nicht besondere Vereinbarungen über die Art und den Umfang seiner Dienstleistungen oder über die ihm zukommende Vergütung getroffen sind, die dem Ortsgebrauch entsprechenden Dienste zu leisten sowie die dem Ortsgebrauch entsprechende Vergütung zu beanspruchen. In Ermangelung eines Ortsgebrauchs gelten die den Umständen nach angemessenen Leistungen als vereinbart.

§ 60. Der Handlungsgehilfe darf ohne Einwilligung des Prinzipals weder ein Handelsgewerbe betreiben noch in dem Handelszweige des Prinzipals für eigene oder fremde Rechnung Geschäfte machen[2]).

Die Einwilligung zum Betrieb eines Handelsgewerbes gilt als erteilt, wenn dem Prinzipal bei der Anstellung des Gehilfen bekannt ist, daß er das Gewerbe betreibt, und der Prinzipal die Aufgabe des Betriebs nicht ausdrücklich vereinbart.

§ 61. Verletzt der Handlungsgehilfe die ihm nach § 60 obliegende Verpflichtung, so kann der Prinzipal Schadenersatz fordern; er kann

---

[1]) Die Rechtsprechung hat zumeist dahin entschieden, daß Apothekenassistenten und Apothekenpraktikanten, wenn sie nicht ausschließlich oder vorwiegend technische Dienste verrichten, als Handlungsgehilfen bzw. Handlungslehrlinge im Sinne des H.G.B. zu gelten haben (u. a. R.G. 7. Juni 1899, Ph. Ztg. 1901 Nr. 35, K.G. 28. Mai 1902, Ph. Ztg. 1902 Nr. 80). Hierzu faßte der preuß. Apotherkerkammerausschuß in seiner Sitzung vom 22. November 1904 folgende Resolution: „Der Apothekerkammerausschuß ist der Ansicht, daß die §§ 59—75 des H.G.B. vom 10. Mai 1897 sich auf Apothekergehilfen und Apothekerlehrlinge mitbeziehen." Hinsichtlich der Assistenten enthält auch der z. Z. geltende Tarifvertrag in § 1 Abs. 3 eine diesbezügliche Bestimmung (s. S. 176). Frühere Gerichtsurteile, welche die Anwendung der H.G.B. auf Apothekenassistenten ablehnten (O.L.G. Breslau 15. November 1904, Ph. Ztg. 1905 Nr. 16, O.L.G. Stuttgart 7. Juli 1914, Med.A. 1914 S. 368) sind danach praktisch bedeutungslos. Apothekenverwalter sind indessen nicht als Handlungsgehilfen anzusehen, sondern als zur Leistung an Diensten höherer Art Angestellte im Sinne §622 B.G.B. (O.L.G. Stuttgart 18. Dezember 1913, Med.A. 1914 S. 223).

[2]) Unter dieses Verbot würde vielleicht auch gehören, wenn den Angestellten in Apotheken von dem Fabrikanten eines pharmazeutischen Präparats ein dem Umsatz dieses Mittels in der betreffenden Apotheke entsprechender Gewinn zugesichert und gewährt wird.

statt dessen verlangen, daß der Handlungsgehilfe die für eigene Rechnung gemachten Geschäfte als für Rechnung des Prinzipals eingegangen gelten lasse und die aus Geschäften für fremde Rechnung bezogene Vergütung herausgebe oder seinen Anspruch auf die Vergütung abtrete.

Die Ansprüche verjähren in drei Monaten von dem Zeitpunkt an, in welchem der Prinzipal Kenntnis von dem Abschlusse des Geschäfts erlangt; sie verjähren ohne Rücksicht auf diese Kenntnis in fünf Jahren von dem Abschlusse des Geschäfts an.

§ 62. Der Prinzipal ist verpflichtet, die *Geschäftsräume* und die für den Geschäftsbetrieb bestimmten *Vorrichtungen* und *Gerätschaften* so einzurichten und zu unterhalten, auch den Geschäftsbetrieb und die Arbeitszeit so zu regeln, daß der Handlungsgehilfe gegen eine Gefährdung seiner Gesundheit, soweit die Natur des Betriebes es gestattet, geschützt und die Aufrechterhaltung der guten Sitten und des Anstandes gesichert ist.

Ist der Handlungsgehilfe in die häusliche Gemeinschaft aufgenommen, so hat der Prinzipal in Ansehung des *Wohn- und Schlafraums*, der Verpflegung sowie der Arbeits- und Erholungszeit diejenigen Einrichtungen und Anforderungen zu treffen, welche mit Rücksicht auf die Gesundheit, die Sittlichkeit und die Religion des Handlungsgehilfen erforderlich sind.

Erfüllt der Prinzipal die ihm in Ansehung des Lebens und der Gesundheit des Handlungsgehilfen obliegenden Verpflichtungen nicht, so finden auf seine Verpflichtung zum Schadenersatz die für unerlaubte Handlungen geltenden Vorschriften der §§ 842—846 des Bürgerlichen Gesetzbuches entsprechende Anwendung.

Die dem Prinzipal hiernach obliegenden Verpflichtungen können nicht im voraus durch Vertrag aufgehoben oder beschränkt werden.

§ 63. Wird der Handlungsgehilfe durch *unverschuldetes Unglück* an der Leistung der Dienste verhindert[1]), so behält[2]) er seinen Anspruch auf *Gehalt und Unterhalt*[3]), jedoch nicht über die Dauer von sechs Wochen hinaus.

---

[1]) § 63 des H.G.B. regelt die Fürsorge, die dem Handlungsgehilfen in *Krankheitsfällen* zuteil werden soll. Unter „unverschuldetem Unglück" ist in erster Reihe Krankheit zu verstehen. Wird der Handlungsgehilfe nicht durch unverschuldetes Unglück, sondern aus einem anderen von ihm nicht verschuldeten Grunde an der Verrichtung seiner Dienste verhindert, so regelt sich sein Anspruch auf Gehalt lediglich nach § 616 des B.G.B. (s. S. 41).

[2]) *Behält*, d. h. der Handlungsgehilfe hat den Anspruch, insoweit er ihn auch sonst haben würde. Endet das Dienstverhältnis daher infolge ordnungsmäßiger nicht wegen der Erkrankung erfolgter Kündigung auf Grund der §§ 66 und 67 vor Ablauf der sechs Wochen, so fällt mit dem Ablauf des Dienstverhältnisses auch der Anspruch auf Gehalt und Unterhalt. Das Kündigungsrecht des Prinzipals wird durch § 63 nicht berührt; insbesondere kann eine, wenn auch nur sechs Wochen anhaltende Krankheit des Gehilfen den Prinzipal zur sofortigen Lösung des Dienstverhältnisses nach § 72 Abs. 1 Ziff. 3 veranlassen, aber dem Gehilfen bleibt *in diesem Falle* unter allen Umständen der Anspruch aus § 63 (vgl. § 72 Abs. 2).

[3]) Handlungsgehilfen, welche in die häusliche Gemeinschaft des Prinzipals aufgenommen sind, haben im Erkrankungsfalle nach § 617 des B.G.B. (s. S. 41) auch Anspruch auf *Verpflegung und ärztliche Behandlung* bis zur Dauer von sechs Wochen, jedoch nicht über die Beendigung des Dienstverhältnisses hinaus, sofern nicht die Erkrankung von dem Verpflichteten vorsätzlich oder durch grobe Fahrlässigkeit herbeigeführt worden ist. Ein ausdrücklicher Anspruch auf *freie Arznei* ist im Gesetz nicht vorgesehen. Doch dürfte in den Fällen des § 617 B.G.B. in der hier zu leistenden Verpflegung auch die Gewähr freier Arznei mit enthalten sein. Aus der Fassung des Paragraphen, daß der Gehilfe seinen Anspruch auf Gehalt „*und Unterhalt*" behält, ergibt sich, daß Gehilfen, die nicht in die häusliche Gemeinschaft aufgenommen sind, also keinen Unterhalt beim Prinzipal genießen, auch nicht Ansprüche auf einen solchen „behalten" können. Sie haben nur Anspruch auf Fortzahlung des Gehaltes.

Der Handlungsgehilfe ist nicht verpflichtet, sich den Betrag anrechnen zu lassen, der ihm für die Zeit der Verhinderung aus einer Kranken- oder Unfallversicherung zukommt. Eine Vereinbarung, welche dieser Vorschrift zuwiderläuft, ist nichtig[1]).

§ 64. Die Zahlung des dem Handlungsgehilfen zukommenden Gehalts hat am Schluß jeden Monats zu erfolgen. Eine Vereinbarung, nach der die Zahlung des Gehaltes später erfolgen soll, ist nichtig.

§ 66. Das Dienstverhältnis zwischen dem Prinzipal und dem Handlungsgehilfen kann, wenn es für unbestimmte Zeit eingegangen ist[2]), von jedem Teile für den Schluß eines Kalendervierteljahrs unter Einhaltung einer Kündigungsfrist von sechs Wochen[3]) gekündigt werden[4]).

§ 67. Wird durch Vertrag eine kürzere oder längere Kündigungsfrist bedungen, so muß sie für beide Teile gleich sein; sie darf nicht weniger als einen Monat betragen.

Die Kündigung kann nur für den Schluß eines Kalendermonats zugelassen werden.

Die Vorschriften des Abs. 1 finden auch in dem Falle Anwendung, wenn das Dienstverhältnis für bestimmte Zeit mit der Vereinbarung eingegangen wird, daß es in Ermangelung einer vor dem Ablaufe der Vertragszeit erfolgten Kündigung als verlängert gelten soll.

Eine Vereinbarung, die diesen Vorschriften zuwiderläuft, ist nichtig.

---

[1]) Große Uneinigkeit herrscht in der Rechtsprechung darüber, ob nur die Bestimmung in Abs. 2 zwingendes, durch Verträge nicht abzuänderndes Recht ist, wie die Wortfassung dies andeutet, oder ob aus inneren Gründen der Passus: „Eine Vereinbarung, welche dieser Vorschrift zuwiderläuft, ist nichtig" — sich auch auf die in Abs. 1 enthaltene Pflicht zur sechswöchentlichen Gehaltszahlung bezieht. Die Reichsregierung hat s. Z. letztere Auffassung für irrig erklärt.

[2]) Das Dienstverhältnis kann auch auf bestimmte Zeit (z. B. drei Monate) eingegangen werden und endet dann mit dem Ablauf des betreffenden Zeitraumes ohne weiteres. Wird das Dienstverhältnis nach Ablauf dieses Zeitraumes stillschweigend fortgesetzt, so gilt es nunmehr auf unbestimmte Zeit eingegangen.

[3]) Die gesetzliche Kündigungsfrist beträgt sechs Wochen. Der letzte zulässige Kündigungstermin ist lediglich danach zu berechnen und fällt mit dem 15. des dem Quartalsschluß vorangehenden Monats nicht zusammen.

[4]) Hierzu erging unter dem 9. Juli 1926 folgendes Gesetz über die Fristen für die Kündigung von Angestellten:

§ 1. Die Vorschriften dieses Gesetzes finden Anwendung auf Angestellte, die nach § 1 des Versicherungsgesetzes für Angestellte versicherungspflichtig sind oder sein würden, wenn ihr Jahresarbeitsverdienst die Gehaltsgrenze nach § 3 des Versicherungsgesetzes für Angestellte nicht überstiege.

§ 2. Ein Arbeitgeber, der in der Regel mehr als zwei Angestellte, ausschließlich der Lehrlinge, beschäftigt. darf einem Angestellten, den er oder im Falle einer Rechtsnachfolge, er und seine Rechtsvorgänger mindestens fünf Jahre beschäftigt haben, nur mit mindestens drei Monaten Frist für den Schluß eines Kalendervierteljahres kündigen. Die Kündigungsfrist erhöht sich nach einer Beschäftigungsdauer von acht Jahren auf vier Monate, nach einer Beschäftigungsdauer von zehn Jahren auf fünf Monate und nach einer Beschäftigungsdauer von zwölf Jahren auf sechs Monate. Bei der Berechnung der Beschäftigungsdauer werden Dienstjahre, die vor Vollendung des fünfundzwanzigsten Lebensjahres liegen, nicht berücksichtigt.

Die nach Abs. 1 eintretende Verlängerung der Kündigungsfrist des Arbeitgebers gegenüber dem Angestellten berührt eine vertraglich bedungene Kündigungsfrist des Angestellten gegenüber dem Arbeitgeber nicht.

Unberührt bleiben die Bestimmungen über fristlose Kündigung.

Da die konditionierenden Apotheker der Angestelltenversicherung unterliegen, bezieht sich vorstehendes Gesetz auch auf sie.

§ 68. Die Vorschriften des § 67 finden keine Anwendung, wenn der Handlungsgehilfe einen Gehalt von mindestens 5000 *RM* für das Jahr bezieht...

§ 69. Wird ein Handlungsgehilfe nur zu vorübergehender Aushilfe angenommen, so finden die Vorschriften des § 67 keine Anwendung, es sei denn, daß das Dienstverhältnis über die Zeit von drei Monaten hinaus fortgesetzt wird. Die Kündigungsfrist muß jedoch auch in einem solchen Falle für beide Teile gleich sein.

§ 70. Das Dienstverhältnis kann von jedem Teile ohne Einhaltung einer Kündigungsfrist gekündigt werden, wenn ein wichtiger Grund vorliegt[1]).

Wird die Kündigung[2]) durch vertragswidriges Verhalten des anderen Teiles veranlaßt, so ist dieser zum Ersatz des durch die Aufhebung des Dienstverhältnisses entstehenden Schadens verpflichtet.

§ 71. Als ein wichtiger Grund, der den Handlungsgehilfen zur Kündigung ohne Einhaltung einer Kündigungsfrist berechtigt, ist es, sofern nicht besondere Umstände eine andere Beurteilung rechtfertigen, namentlich anzusehen[3]):

---

[1]) Die Auflösung des Dienstverhältnisses in den hier fraglichen Fällen bedarf nicht erst des Richterspruchs, sondern infolge der Kündigung (Rücktrittserklärung) tritt die Auflösung ohne weiteres ein, insofern dieselbe berechtigt war, worüber im Streitfalle der Richter zu entscheiden hat.

[2]) Kündigung ist hier im Sinne vorzeitiger Aufhebung des Dienstverhältnisses zu verstehen.

[3]) Die in den §§ 71 und 72 aufgeführten Fälle sind lediglich Beispiele, sollen aber nicht die Voraussetzungen für fristlose Kündigungen erschöpfend regeln. Es ist danach immer im Einzelfall zu beurteilen, ob ein wichtiger Grund zur fristlosen Kündigung gegeben ist.

Von den Gerichten sind u. a. als ausreichende Entlassungsgründe angesehen worden:

1. Ungebührliches renitentes Benehmen gegenüber dem Chef (K.G. 28. Mai 1902, Ph.Ztg. 1902 Nr. 80);
2. die Weigerung eines Apothekerassistenten, telephonische Bestellungen anzunehmen (A.G. Eberswalde 23. Januar 1903, Ph.Ztg. 1903 Nr. 30);
3. abfällige Äußerungen über die Kreditfähigkeit des Chefs (O.L.G. Hamm September 1904, Ph.Ztg. 1904 Nr. 81);
4. die Weigerung eines bei freier Wohnung engagierten Apothekenassistenten, diese freie Wohnung in der Apotheke auch zu benutzen (O.L.G. Celle 16. Oktober 1905, Ph.Ztg. 1905 Nr. 103, eine nicht zu billigende Entscheidung);
5. unpassendes grobes Benehmen eines Angestellten gegen das Publikum (Ph.Ztg. 1908 Nr. 19);
6. beharrliche Weigerung eines angestellten Apothekers, die von ihm vorgenommenen Verkäufe in ein Buch einzutragen (L.H. Hamburg 13. Juni 1913, Ph.Ztg. 1913 Nr. 57);
7. vorzeitiges Verlassen der Apotheke seitens eines Apothekenangestellten an einem Dienstsonntage, an dem er zusammen mit einem anderen Angestellten den Dienst zu versehen hat (L.G. Berlin 3. März 1924, Ph.Ztg. 1924 Nr. 27).
8. Weigerung eines mit der Bedingung der Unterzeichnung der Geschäftsordnung engagierten Apothekers, dieser Engagementsbedingung zu entsprechen, sowie Nichtvorlegung seiner Approbation innerhalb einer angemessenen Frist trotz mehrfacher diesbezüglicher Aufforderung (A.G. Hannover 8. Oktober 1926, Ph.Ztg. 1927 Nr. 11).

Dagegen ist die Weigerung eines nur für die Rezeptur engagierten Assistenten, auf Anordnung des Chefs auch abzufassen, kein triftiger Grund zur sofortigen Entlassung (O.L.G. Breslau 25. November 1904, Ph.Ztg. 1905 Nr. 16). Eine sofortige Entlassung begründet einen Rechtsanspruch auf Fortzahlung des Gehalts nur dann, wenn sie grundlos und in so schroffer Art erfolgt ist, daß dem Angestellten der angebotene Wiedereintritt in die Stellung nicht zugemutet werden kann (O.L.G. Celle November 1920, Ph.Ztg. 1920

1. wenn der Handlungsgehilfe zur Fortsetzung seiner Dienste unfähig wird;
2. wenn der Prinzipal den Gehalt oder den gebührenden Unterhalt nicht gewährt;
3. wenn der Prinzipal den ihm nach § 62 obliegenden Verpflichtungen nachzukommen verweigert;
4. wenn sich der Prinzipal Tätlichkeiten, erhebliche Ehrverletzungen oder unsittliche Zumutungen gegen den Handlungsgehilfen zuschulden kommen läßt, oder es verweigert, den Handlungsgehilfen gegen solche Handlungen eines anderen Angestellten oder eines Familienangehörigen des Prinzipals zu schützen.

§ 72. Als ein wichtiger Grund, der den **Prinzipal zur Kündigung** ohne Einhaltung einer Kündigungsfrist berechtigt, ist es, sofern nicht besondere Umstände eine andere Beurteilung rechtfertigen, namentlich anzusehen:

1. wenn der Handlungsgehilfe im Dienste untreu ist oder das Vertrauen mißbraucht oder die ihm nach § 60 obliegende Verpflichtung verletzt;
2. wenn er seinen Dienst während einer den Umständen nach erheblichen Zeit unbefugt verläßt oder sich beharrlich weigert, seinen Dienstverpflichtungen nachzukommen;
3. wenn er durch anhaltende Krankheit, durch eine längere Freiheitsstrafe oder Abwesenheit an der Verrichtung seiner Dienste verhindert wird;
4. wenn er sich Tätlichkeiten oder erhebliche Ehrverletzungen gegen den Prinzipal oder dessen Vertreter zuschulden kommen läßt.

Erfolgt die Kündigung, weil der Handlungsgehilfe durch unverschuldetes Unglück längere Zeit an der Verrichtung seiner Dienste verhindert ist, so wird dadurch der im § 63 bezeichnete Anspruch des Gehilfen nicht berührt.

§ 73. Bei der Beendigung des Dienstverhältnisses kann der Handlungsgehilfe ein schriftliches **Zeugnis** über die Art und Dauer der Beschäftigung fordern. Das Zeugnis ist **auf Verlangen** des Handlungsgehilfen auch auf die Führung und die Leistungen auszudehnen[1]).

Auf Antrag des Handlungsgehilfen hat die Ortspolizeibehörde das Zeugnis kosten- und stempelfrei zu **beglaubigen**.

§ 74[2]). Eine Vereinbarung zwischen dem Prinzipal und dem Handlungsgehilfen, die den Gehilfen für die Zeit nach Beendigung des Dienstverhältnisses in seiner gewerblichen Tätigkeit beschränkt (**Wettbewerbsverbot**), bedarf der Schriftform und der Aushändigung einer vom Prinzipal

---

Nr. 101). Ein **ungerechtfertigt entlassener** Handlungsgehilfe hat nicht nötig, um sich seine Gehaltsansprüche zu sichern, seine ferneren Dienstleistungen noch besonders anzubieten (O.L.G. Kiel November 1904, Ph.Ztg. 1904 Nr. 100).

Ob bei einem **Wechsel der Geschäftsinhaber** der Handlungsgehilfe Aufhebung des Dienstverhältnisses verlangen kann, ist nach der Lage des einzelnen Falles zu entscheiden. Ist danach anzunehmen, daß durch den Übergang des Geschäftes eine wesentliche Änderung des Vertragsinhaltes nicht stattfindet, so muß sich der Handlungsgehilfe die Vertragserfüllung seitens des neuen Geschäftsinhabers als die ihm im Vertrage gewährleistete gefallen lassen.

[1]) Die Vorschrift ist obligatorisch und unverzichtbar: zu beachten ist, daß dem Handlungsgehilfen nur auf sein Verlangen ein **Dienstzeugnis** über die Führung und die Leistungen auszustellen ist. Falsche Ausstellung von Zeugnissen wird nach § 363 Str.G.B. bestraft (s. S. 51). Vgl. ferner § 48 der preuß. Apothekenbetriebsordnung (s. S. 350).

[2]) §§ 74—76 Abs. 1 sowie § 82a in der Fassung des Gesetzes vom 10. Juni 1914.

unterzeichneten, die vereinbarten Bestimmungen enthaltenden Urkunde an den Gehilfen.

Das Wettbewerbsverbot ist nur verbindlich, wenn sich der Prinzipal verpflichtet, für die Dauer des Verbotes eine Entschädigung zu zahlen, die für jedes Jahr des Verbotes mindestens die Hälfte der von dem Handlungsgehilfen zuletzt bezogenen vertragsmäßigen Leistungen erreicht.

§ 74a. Das Wettbewerbsverbot ist insoweit unverbindlich, als es nicht zum Schutze eines berechtigten geschäftlichen Interesses des Prinzipals dient. Es ist ferner unverbindlich, soweit es unter Berücksichtigung der gewährten Entschädigungen nach Ort, Zeit oder Gegenstand eine unbillige Erschwerung des Fortkommens des Gehilfen enthält. Das Verbot kann nicht auf einen Zeitraum von mehr als zwei Jahren von der Beendigung des Dienstverhältnisses an erstreckt werden.

Das Verbot ist nichtig, wenn die dem Gehilfen zustehenden jährlichen vertragsmäßigen Leistungen den Betrag von 1500 RM nicht übersteigen. Das gleiche gilt, wenn der Gehilfe zur Zeit des Abschlusses minderjährig ist, oder wenn sich der Prinzipal die Erfüllung auf Ehrenwort oder unter ähnlichen Versicherungen versprechen läßt. Nichtig ist auch die Vereinbarung, durch die ein Dritter an Stelle des Gehilfen die Verpflichtung übernimmt, daß sich der Gehilfe nach der Beendigung des Dienstverhältnisses in seiner gewerblichen Tätigkeit beschränken werde.

Unberührt bleiben die Vorschriften des § 138 des Bürgerlichen Gesetzbuches über die Nichtigkeit von Rechtsgeschäften, die gegen die guten Sitten verstoßen.

§ 74b. Die nach § 74 Abs. 2 dem Handlungsgehilfen zu gewährende Entschädigung ist am Schlusse jedes Monats zu zahlen.

Soweit die dem Gehilfen zustehenden vertragsmäßigen Leistungen in einer Provision oder in anderen wechselnden Bezügen bestehen, sind sie bei der Berechnung der Entschädigung nach dem Durchschnitt der letzten drei Jahre in Ansatz zu bringen. Hat die für die Bezüge bei der Beendigung des Dienstverhältnisses maßgebende Vertragsbestimmung noch nicht drei Jahre bestanden, so erfolgt der Ansatz nach dem Durchschnitt des Zeitraumes, für den die Bestimmung in Kraft war.

Soweit Bezüge zum Ersatze besonderer Auslagen dienen sollen, die infolge der Dienstleistung entstehen, bleiben sie außer Ansatz.

§ 74c. Der Handlungsgehilfe muß sich auf die fällige Entschädigung anrechnen lassen, was er während des Zeitraumes, für den die Entschädigung gezahlt wird, durch anderweitige Verwertung seiner Arbeitskraft erwirbt oder zu erwerben böswillig unterläßt, soweit die Entschädigung unter Hinzurechnung dieses Betrages den Betrag der zuletzt von ihm bezogenen vertragsmäßigen Leistungen um mehr als ein Zehntel übersteigen würde. Ist der Gehilfe durch das Wettbewerbsverbot gezwungen worden, seinen Wohnsitz zu verlegen, so tritt an die Stelle des Betrages von einem Zehntel der Betrag von einem Viertel. Für die Dauer der Verbüßung einer Freiheitsstrafe kann der Gehilfe eine Entschädigung nicht verlangen.

Der Gehilfe ist verpflichtet, dem Prinzipal auf Erfordern über die Höhe seines Erwerbes Auskunft zu erteilen.

§ 75. Löst der Gehilfe das Dienstverhältnis gemäß den Vorschriften der §§ 70, 71 wegen vertragswidrigen Verhaltens des Prinzipals auf, so wird das Wettbewerbsverbot unwirksam, wenn der Gehilfe vor Ablauf eines Monats nach der Kündigung schriftlich erklärt, daß er sich an die Vereinbarung nicht gebunden erachte.

In gleicher Weise wird das Wettbewerbsverbot unwirkam, wenn der Prinzipal das Dienstverhältnis kündigt, es sei denn, daß für die Kündigung ein erheblicher Anlaß in der Person des Gehilfen vorliegt, oder daß sich der Prinzipal bei der Kündigung bereit erklärt, während der Dauer der Beschränkung dem Gehilfen die vollen, zuletzt von ihm bezogenen vertragsmäßigen Leistungen zu gewähren. Im letzteren Falle finden die Vorschriften des § 74b entsprechende Anwendung.

Löst der Prinzipal das Dienstverhältnis gemäß den Vorschriften der §§ 70, 72 wegen vertragswidrigen Verhaltens des Gehilfen auf, so hat der Gehilfe keinen Anspruch auf die Entschädigung.

§ 75a. Der Prinzipal kann vor der Beendigung des Dienstverhältnisses durch schriftliche Erklärung auf das Wettbewerbsverbot mit der Wirkung verzichten, daß er mit dem Ablauf eines Jahres seit der Erklärung von der Verpflichtung zur Zahlung der Entschädigung frei wird.

§ 75b. Ist der Gehilfe für eine Tätigkeit außerhalb Europas angenommen, so ist die Verbindlichkeit des Wettbewerbsverbots nicht davon abhängig, daß sich der Prinzipal zur Zahlung der im § 74 Abs. 2 vorgesehenen Entschädigung verpflichtet. Das gleiche gilt, wenn die dem Gehilfen zustehenden vertragsmäßigen Leistungen den Betrag von 8000 RM für das Jahr übersteigen; auf die Berechnung des Betrages der Leistungen finden die Vorschriften des § 74b Abs. 2, 3 entsprechende Anwendung.

§ 75c. Hat der Handlungsgehilfe für den Fall, daß er die in der Vereinbarung übernommene Verpflichtung nicht erfüllt, eine Strafe versprochen, so kann der Prinzipal Ansprüche nur nach Maßgabe der Vorschriften des § 340 des Bürgerlichen Gesetzbuches geltend machen. Die Vorschriften des Bürgerlichen Gesetzbuches über die Herabsetzung einer unverhältnismäßig hohen Vertragsstrafe bleiben unberührt[1]).

Ist die Verbindlichkeit der Vereinbarung nicht davon abhängig, daß sich der Prinzipal zur Zahlung einer Entschädigung an den Gehilfen verpflichtet, so kann der Prinzipal, wenn sich der Gehilfe einer Vertragsstrafe der im Abs. 1 bezeichneten Art unterworfen hat, nur die verwirkte Strafe verlangen; der Anspruch auf Erfüllung oder auf Ersatz eines weiteren Schadens ist ausgeschlossen.

§ 75d. Auf eine Vereinbarung, durch die von den Vorschriften der §§ 74—75c zum Nachteil des Handlungsgehilfen abgewichen wird, kann sich der Prinzipal nicht berufen. Das gilt auch von den Vereinbarungen, die bezwecken, die gesetzlichen Vorschriften über das Mindestmaß der Entschädigungen durch Verrechnungen oder auf sonstige Weise zu umgehen.

§ 75e. Die Entschädigung, die der Handlungsgehilfe auf Grund der Vorschriften der §§ 74—75d für die Zeit nach der Beendigung des Dienstverhältnisses beanspruchen kann, gehört zu den Dienstbezügen im Sinne des § 61 Nr. 1 der Konkursordnung.

Der Anspruch auf die Entschädigung kann zum Zwecke der Sicherstellung oder Befriedigung eines Gläubigers erst dann gepfändet werden, wenn der Tag, an dem sie zu entrichten war, abgelaufen ist, ohne daß der Gehilfe sie eingefordert hat. Die Pfändung ist jedoch zulässig, soweit die

---

[1]) § 343 B.G.B. bestimmt, daß, wenn eine verwirkte Strafe unverhältnismäßig hoch ist, sie auf Antrag des Schuldners durch Urteil auf den angemessenen Betrag herabgesetzt werden kann, daß bei der Beurteilung der Angemessenheit jedes berechtigte Interesse des Gläubigers, nicht bloß das Vermögensinteresse in Betracht zu ziehen ist und daß nach Entrichtung der Strafe die Herabsetzung ausgeschlossen ist.

Entschädigung allein oder zusammen mit den in den §§ 1, 3 des Gesetzes, betreffend die Beschlagnahme des Arbeits- oder Dienstlohnes, bezeichneten Bezügen die Summe von 1500 M. für das Jahr übersteigt. Die Vorschriften des § 2, des § 4 Nr. 2, 3 und des § 4a des bezeichneten Gesetzes finden entsprechende Anwendung.

§ 75f. Auf eine Vereinbarung, durch die sich ein Prinzipal einem anderen Prinzipal gegenüber verpflichtet, einen Handlungsgehilfen, der bei diesem im Dienste ist oder gewesen ist, nicht oder nur unter bestimmten Voraussetzungen anzustellen, findet die Vorschrift des § 152 Abs. 2 der Gew.O. Anwendung[1]).

§ 76. Die Vorschriften der §§ 60—63, 75f. gelten auch für Handlungslehrlinge[2]). Vereinbarungen, durch die diese für die Zeit nach der Beendigung des Lehr- oder Dienstverhältnisses in ihrer gewerblichen Tätigkeit beschränkt werden, sind nichtig.

Der Lehrherr ist verpflichtet, dafür zu sorgen, daß der Lehrling in den bei dem Betriebe des Geschäfts vorkommenden kaufmännischen Arbeiten unterwiesen wird; er hat die Ausbildung des Lehrlings entweder selbst oder durch einen geeigneten, audrücklich dazu bestimmten Vertreter zu leiten. Die Unterweisung hat in der durch den Zweck der Ausbildung gebotenen Reihenfolge und Ausdehnung zu geschehen.

Der Lehrherr darf dem Lehrlinge die zu seiner Ausbildung erforderliche Zeit und Gelegenheit durch Verwendung zu anderen Dienstleistungen nicht entziehen; auch hat er ihm die zum Besuche des Gottesdienstes an Sonntagen und Festtagen erforderliche Zeit und Gelegenheit zu gewähren. Er hat den Lehrling zur Arbeitsamkeit und zu guten Sitten anzuhalten.

§ 77. Die Dauer der Lehrzeit bestimmt sich nach dem Lehrvertrag, in Ermangelung vertragsmäßiger Festsetzung nach den örtlichen Verordnungen oder dem Ortsgebrauche[3]).

Das Lehrverhältnis kann, sofern nicht eine längere Probezeit vereinbart ist, während des ersten Monats nach dem Beginn der Lehrzeit ohne Einhaltung einer Kündigungsfrist gekündigt werden. Eine Vereinbarung, nach der die Probezeit mehr als drei Monate betragen soll, ist nichtig.

Nach dem Ablauf der Probezeit finden auf die Kündigung des Lehrverhältnisses die Vorschriften der §§ 70—72 Anwendung. Als ein wichtiger Grund zur Kündigung durch den Lehrling ist es insbesondere auch anzusehen, wenn der Lehrherr seine Verpflichtungen gegen den Lehrling in einer dessen Gesundheit, Sittlichkeit oder Ausbildung gefährdenden Weise vernachlässigt.

Im Falle des Todes des Lehrherrn kann das Lehrverhältnis innerhalb eines Monats ohne Einhaltung einer Kündigungsfrist gekündigt werden[4]).

---

[1]) § 152 Abs. 2 Gew.O. lautet:

Jedem Teilnehmer steht der Rücktritt von solchen Vereinigungen und Verabredungen frei, und es findet aus letzteren weder Klage noch Einrede statt.

[2]) Ferner gelten laut § 77 für Handlungslehrlinge die Vorschriften der §§ 70 bis 72 über die Kündigung.

[3]) Für Apothekerpraktikanten nach der Prüfungsordnung für Apotheker (s. S. 84).

[4]) Die Kündigung der Lehrlinge ist danach wesentlich anders geregelt wie die Kündigung der Handlungsgehilfen. Eine Kündigung des Lehrverhältnisses ist vom H.G.B. nur in folgenden Fällen vorgesehen:

a. innerhalb der in der Regel einen Monat währenden Probezeit jederzeit ohne Kündigungsfrist (§ 77 Abs. 2);

§ 78. Wird von dem gesetzlichen Vertreter des Lehrlings oder, sofern dieser volljährig ist, von ihm selbst dem Lehrherrn die schriftliche Erklärung abgegeben, daß der Lehrling zu einem anderen Gewerbe oder zu einem anderen Beruf übergehen werde, so endigt, wenn nicht der Lehrling früher entlassen wird, das Lehrverhältnis nach dem Ablauf eines Monats.

Tritt der Lehrling der abgegebenen Erklärung zuwider vor dem Ablauf von neun Monaten nach der Beendigung des Lehrverhältnisses in ein anderes Geschäft als Handlungslehrling oder als Handlungsgehilfe ein, so ist er dem Lehrherrn zum Ersatz des diesem durch die Beendigung des Lehrverhältnisses entstandenen Schadens verpflichtet. Mit ihm haftet als Gesamtschuldner der neue Lehrherr oder Prinzipal, sofern er von dem Sachverhalt Kenntnis hatte.

§ 79. Ansprüche wegen unbefugten Austritts aus der Lehre kann der Lehrherr gegen den Lehrling nur geltend machen, wenn der Lehrvertrag schriftlich geschlossen ist[1]).

§ 80. Bei der Beendigung des Lehrverhältnisses hat der Lehrherr dem Lehrling ein schriftliches Zeugnis über die Dauer der Lehrzeit und die während dieser erworbenen Kenntnisse und Fähigkeiten sowie über sein Betragen auszustellen[2]).

Auf Antrag des Lehrlings hat die Ortspolizeibehörde das Zeugnis kostenlos und stempelfrei zu beglaubigen.

§ 82. Wer die ihm nach § 62 Abs. 1, 2 oder nach § 76 Abs. 2, 3 dem Lehrlinge gegenüber obliegenden Pflichten in einer dessen Gesundheit, Sittlichkeit oder Ausbildung gefährdenden Weise verletzt, wird mit Geldstrafe bis zu 150 M. bestraft.

§ 82a. Auf Wettbewerbsverbote gegenüber Personen, die, ohne als Lehrlinge angenommen zu sein, zum Zwecke ihrer Ausbildung unentgeltlich mit kaufmännischen Diensten beschäftigt werden (Volontäre), finden die für Handlungsgehilfen geltenden Vorschriften insoweit Anwendung, als sie nicht auf das dem Gehilfen zustehende Entgelt Bezug nehmen.

§ 83. Hinsichtlich der Personen, welche in dem Betrieb eines Handelsgewerbes andere als kaufmännische Dienste leisten, be-

---

b. im Falle des Todes des Lehrherrn innerhalb eines Monats ohne Kündigungsfrist (§ 77 Abs. 4);
c. bei Eintritt zu einem anderen Gewerbe oder Berufe, Kündigungsfrist ein Monat (§ 78);
d. im übrigen jederzeit ohne Kündigungsfrist, wenn ein wichtiger Grund vorliegt (§ 77 Abs. 3). Als solche wichtige Gründe gelten dieselben wie bei den Handlungsgehilfen; nur ist zugunsten der Lehrlinge noch der Grund hinzugefügt, daß der Lehrherr seine Verpflichtungen gegen den Lehrling in einer dessen Gesundheit, Sittlichkeit oder Ausbildung gefährdenden Weise vernachlässigt.

Natürlich stehen diese Bestimmungen einer besonderen Regelung der Kündigungsverhältnisse im Lehrvertrage nicht entgegen. Als ein wichtiger Grund ist ferner anzusehen, wenn der Lehrherr zur Erfüllung der ihm vertragsgemäß obliegenden Verpflichtung unfähig wird. Der Übergang des Geschäfts auf einen neuen Inhaber ist unter Umständen für den Lehrling ein ausreichender Grund zur Auflösung des Lehrverhältnisses.

[1]) Der Lehrling aber kann auch bei mündlichem Lehrvertrage Ansprüche solcher Art gegen den Lehrherrn geltend machen.

[2]) Während das Zeugnis eines Gehilfen nach § 73 nur auf dessen Verlangen auch auf die Führung und Leistungen auszudehnen ist, hat sich das Entlassungszeugnis des Lehrlings ohne weiteres auch auf dessen Kenntnisse, Fähigkeiten und Betragen zu erstrecken.

wendet es bei den für das Arbeitsverhältnis dieser Personen geltenden Vorschriften[1]).

Der letzte Abschnitt des Handelsgesetzbuches über die Handlungsgehilfen und -lehrlinge findet in den Bestimmungen des Bürgerlichen Gesetzbuchs über den Dienstvertrag eine wichtige Ergänzung. Außerdem enthält das Bürgerliche Gesetzbuch noch eine Anzahl weiterer Festsetzungen, die aus besonderen Gründen für das Apothekergewerbe von Bedeutung sind.

## Bürgerliches Gesetzbuch.

Vom 18. August 1896.

## Erstes Buch. Allgemeiner Teil.

### Sachen.

§ 96. Rechte, die mit dem Eigentum an einem Grundstücke verbunden sind, gelten als Bestandteile des Grundstücks[2]).

§ 97. Zubehör sind bewegliche Sachen, die, ohne Bestandteile der Hauptsache zu sein, dem wirtschaftlichen Zwecke der Hauptsache zu dienen bestimmt sind und zu ihr in einem dieser Bestimmung entsprechenden räumlichen Verhältnisse stehen. Eine Sache ist nicht Zubehör, wenn sie im Verkehr nicht als Zubehör angesehen wird[3]).

---

[1]) Für die in Apotheken beschäftigten Arbeiter usw. gelten die Bestimmungen der Gew.O. (Kündigungsfrist laut § 122 14 Tage) mit gewissen Ausnahmen (s. S. 23), für technische Angestellte die Bestimmungen des B.G.B. (s. S. 41).

[2]) Diese Bestimmung hat für die Steuergesetzgbung Bedeutung. Aus ihr folgt, daß Apothekenprivilegien, die auf Grund der Verleihungsurkunde mit dem Eigentum an einem Grundstück verbunden sind, als Bestandteile des Grundstückes gelten und daher mit ihrem eigenen Wert denselben Steuern unterworfen sind wie die Grundstücke, deren Bestandteile sie bilden (zahlreiche Urteile des O.V.G.).

[3]) Wendet man diese Bestimmungen auf die Apotheken an, so folgt daraus, daß als Zubehör bzw. als Pertinenzstücke einer Apotheke anzusehen sind: alle Einrichtungsgegenstände, Maße, Gewichte, Gerätschaften, Gefäße usw. in den Apothekenräumen, alle Möbelstücke in den Kontors und auch alle Möbel und sonstigen Gerätschaften in denjenigen Räumen, welche mit dem Apothekenbetriebe in irgendeinem Zusammenhange stehen, also z. B. in dem Nachtdienst- und Assistentenzimmer; denn alle diese Sachen sind bestimmt, dem wirtschaftlichen Zweck der Hauptsache zu dienen und stehen auch zu der Hauptsache in einem der wirtschaftlichen Bestimmung entsprechenden Verhältnisse. Bezüglich der Warenvorräte entschied das O.L.G. Breslau unter dem 22. Januar 1913 (Ph.Ztg. 1913 Nr. 26):

„Nicht alle in einer Apotheke vorhandenen Warenvorräte sind als Zubehör im Sinne des § 97 B.G.B. anzusehen. Wieweit solche gehalten werden, wird vielfach von dem augenblicklichen Gutbefinden des Apothekers und von den sonstigen Ansprüchen des Publikums, denen er genügen will, abhängen. Anderseits gibt es aber eine ganze Anzahl von Waren, die in einer Apotheke auf Grund der bestehenden Verwaltungsvorschriften stets vorrätig gehalten werden müssen. Nur diese den eisernen Bestand einer Apotheke bildenden Warenvorräte sind Zubehör des Grundstücks, in dem eine Apotheke betrieben wird. Darüber hinaus vorhandene Warenbestände gelten aber nicht als Zubehör."

Dagegen besagt ein Urteil des R.G. vom 1. Mai 1914 (Ph.Ztg. 1915 Nr. 5):

„Nur die Einrichtung einer Apotheke ist Grundstückszubehör. Die zum Verkaufe bestimmten Waren dagegen sind nicht bestimmt, dem wirtschaftlichen Zwecke des Grundstücks zu dienen und können daher nicht als Zubehör angesehen werden."

Apothekenprivilegien, die nicht für ein Grundstück, sondern als selbständige Rechte verliehen, später aber auf dasselbe Grundbuchblatt als „Zubehör" des Grundstückes eingetragen sind, haben mit Inkrafttreten des B.G.B. die Zubehöreigenschaft verloren, da nach § 97 nur bewegliche Sachen als Zubehör gelten (R.G. 6. Juni 1910, Ph.Ztg. 1910 Nr. 89, und 30. März 1911, Ph.Ztg. 1911 Nr. 69).

Die vorübergehende Benutzung einer Sache für den wirtschaftlichen Zweck einer anderen begründet nicht die Zubehöreigenschaft. Die vorübergehende Trennung eines Zubehörstücks von der Hauptsache hebt die Zubehöreigenschaft nicht auf.

### Rechtsgeschäfte.

§ 134. Ein Rechtsgeschäft, das gegen ein gesetzliches Verbot verstößt, ist nichtig, wenn sich nicht aus dem Gesetz ein anderes ergibt.

§ 138. Ein Rechtsgeschäft, das gegen die guten Sitten verstößt, ist nichtig.

§ 139. Ist ein Teil eines Rechtsgeschäfts nichtig, so ist das ganze Rechtsgeschäft nichtig, wenn nicht anzunehmen ist, daß es auch ohne den nichtigen Teil vorgenommen sein würde.

### Vertrag.

§ 154. Solange nicht die Parteien sich über alle Punkte eines Vertrags geeinigt haben, über die nach der Erklärung auch nur einer Partei eine Vereinbarung getroffen werden soll, ist im Zweifel der Vertrag nicht geschlossen. Die Verständigung über einzelne Punkte ist auch dann nicht bindend, wenn eine Aufzeichnung stattgefunden hat.

Ist eine Beurkundung des beabsichtigten Vertrags verabredet worden, so ist im Zweifel der Vertrag nicht geschlossen, bis die Beurkundung erfolgt ist[1]).

§ 157. Verträge sind so auszulegen, wie Treu und Glauben mit Rücksicht auf die Verkehrssitte es erfordern.

### Verjährung[2]).

§ 196. In zwei Jahren verjähren die Ansprüche

1. der Kaufleute, Fabrikanten, Handwerker und derjenigen, welche ein Kunstgewerbe betreiben, für Lieferung von Waren, Ausführung

[1]) Die Frage, ob Kaufverträge über Apotheken der notariellen Errichtung bedürfen, ist folgendermaßen zu beantworten: Eine lediglich konzessionierte Apotheke ist zu den beweglichen Sachen zu rechnen, eine privilegierte Apotheke zu den unbeweglichen. Kaufverträge über privilegierte Apotheken bedürfen daher der für die Grundstücksverkäufe vorgesehenen besonderen notariellen oder gerichtlichen Errichtung. Kaufverträge über konzessionierte Apotheken sind dagegen an keine besonderen Form gebunden.

[2]) Über die Verjährung gilt folgendes:

Mit dem Ablauf jedes Jahres verjähren alle Forderungen der Apotheker für durch sie bewirkte Arzneilieferungen an Patienten usw., die in dem zwei Jahre zurückliegenden Jahre entstanden sind. Es verjähren ferner mit Ablauf jedes Jahres alle Forderungen der Apotheker für durch sie bewirkte Lieferungen für den Gewerbebetrieb des Schuldners (also an andere Apotheken, Groß- oder Kleindrogenhandlungen, gewerblich betriebene Krankenhäuser usw.), die in dem vier Jahre zurückliegenden Jahre entstanden sind, sowie alle Forderungen von Lieferanten für an Apotheken erfolgte Warenlieferungen, die in dem vier Jahre zurückliegenden Jahre entstanden sind, sowie Zins- und Miet- und Pachtforderungen aus dem gleichen Jahre.

Die Verjährung wird nicht unterbrochen durch einfaches Mahnverfahren, sondern nur 1. durch schriftliches Anerkenntnis der Berechtigung der Forderung seitens des Schuldners, womit man zweckmäßig eventuell die Festsetzung eines bestimmten Zahlungstermins verbindet; 2. durch Abzahlung bzw. Teilzahlung; 3. durch gerichtliche Klage bzw. Zahlungsbefehl oder gerichtlich geschlossenen und protokollierten Vergleich; 4. durch Anmeldung zum Konkurse. Das einfachste gerichtliche Verfahren besteht in der Beantragung eines Zahlungsbefehles. Der für vollstreckbar erklärte Zahlungsbefehl stellt ein rechtskräftiges Urteil dar, auf Grund dessen die Forderung erst nach 30 Jahren verjährt. Auch durch Umwandlung der Warenschuld in ein Darlehen gemäß § 607 Abs. 2 des B.G.B. kann die Verjährung mit der Wirkung unterbrochen werden, daß dann die 30jährige Verjährungsfrist eintritt.

von Arbeiten und Besorgung fremder Geschäfte, mit Einschluß der Auslagen, es sei denn, daß die Leistung für den Gewerbebetrieb des Schuldners erfolgt.

Soweit die im Abs. 1 Nr. 1, 2, 5 bezeichneten Ansprüche nicht der Verjährung von zwei Jahren unterliegen, verjähren sie in vier Jahren.

§ 197. In vier Jahren verjähren die Ansprüche auf Rückstände von Zinsen, mit Einschluß der als Zuschlag zu den Zinsen zum Zwecke allmählicher Tilgung des Kapitals zu entrichtenden Beträge, die Ansprüche auf Rückstände von Miet- und Pachtzinsen, soweit sie nicht unter die Vorschrift des § 196 Abs. 1 Nr. 6 fallen, und die Ansprüche auf Rückstände von Renten, Auszugsleistungen, Besoldungen, Wartegeldern, Ruhegehältern, Unterhaltsbeiträgen und allen anderen regelmäßig wiederkehrenden Leistungen.

## Zweites Buch. Recht der Schuldverhältnisse.

### Verpflichtung zur Leistung.

§ 276. Der Schuldner hat, sofern nicht ein anderes bestimmt ist, Vorsatz und Fahrlässigkeit zu vertreten. Fahrlässig handelt, wer die im Verkehr erforderliche Sorgfalt außer acht läßt[1])...

Die Haftung wegen Vorsatzes kann dem Schuldner nicht im voraus erlassen werden.

§ 278. Der Schuldner hat ein Verschulden seines gesetzlichen Vertreters und der Personen, deren er sich zur Erfüllung seiner Verbindlichkeit bedient, in gleichem Umfange zu vertreten wie eigenes Verschulden[2]). Die Vorschrift des § 276 Abs. 2 findet keine Anwendung.

### Kauf. Tausch.

§ 459. Der Verkäufer einer Sache haftet dem Käufer dafür, daß sie zu der Zeit, zu welcher die Gefahr auf den Käufer übergeht, nicht mit Fehlern behaftet ist, die den Wert oder die Tauglichkeit zu dem gewöhnlichen oder dem nach dem Vertrage vorausgesetzten Gebrauch aufheben oder mindern. Eine unerhebliche Minderung des Wertes oder der Tauglichkeit kommt nicht in Betracht.

---

[1]) Ein Apotheker, der einem Tierbesitzer ein starkwirkendes (kresolartiges) Räudemittel verabfolgt, ohne genaue Hinweise auf die mit dem Gebrauch desselben verbundenen Gefahren zu geben, handelt fahrlässig und ist für den durch das Mittel angerichteten Schaden haftbar (O.L.G. Königsberg 28. Mai 1918, Ph.Ztg. 1918 Nr. 45).

[2]) Das B.G.B. enthält über zivilrechtliche Haftung für Handlungen Angestellter zwei verschiedene Bestimmungen: § 278 und § 831, die scharf auseinanderzuhalten sind. § 278 behandelt die Haftung für den sog. Erfüllungsgehilfen, d. h. die Person, die sich der zu einer Leistung Verpflichtete (der Schuldner) zur Erfüllung seiner Verbindlichkeit bedient, § 831 betrifft die Haftung für den sog. Verrichtungsgehilfen, d. i. die Person, die durch ihre Leistung nicht eine Verpflichtung des Schuldners gegenüber einem Dritten, sondern nur die eigene Verpflichtung gegenüber dem Geschäftsherrn erfüllt. Der angestellte Apotheker, der bei Anfertigung einer Arznei ein Versehen begeht, ist Erfüllungsgehilfe, der Hausdiener, der beauftragt ist, die Schaufenster zu reinigen und dabei versehentlich einen Personen- oder Sachschaden verursacht, ist Verrichtungsgehilfe. Für ersteren haftet der Geschäftsherr (Apothekeninhaber) zivilrechtlich unbedingt (§ 278), für letzteren nur bedingt (§ 831). Vgl. den Artikel von Rechtsanwalt Dr. Werner in Ph.Ztg. 1925 Nr. 32. Die Anwendung des § 278 auf Rezeptversehen angestellter Apotheker haben u. a. folgende Urteile festgestellt: O.L.G. Hamm August 1912 (Ph.Ztg. 1912 Nr. 66), O.L.G. Königsberg 1914 (Ph.Ztg. 1914 Nr. 30), O.L.G. Celle 17. Januar 1918 (Ph.Ztg. 1918 Nr. 16).

Der Verkäufer haftet auch dafür, daß die Sache zur Zeit des Übergangs der Gefahr die zugesicherten Eigenschaften hat[1]).

§ 460. Der Verkäufer hat einen Mangel der verkauften Sache nicht zu vertreten, wenn der Käufer den Mangel bei dem Abschluß des Kaufes kennt. Ist dem Käufer ein Mangel der im § 459 Abs. 1 bezeichneten Art infolge grober Fahrlässigkeit unbekannt geblieben, so haftet der Verkäufer, sofern er nicht die Abwesenheit des Fehlers zugesichert hat, nur, wenn er den Fehler arglistig verschwiegen hat.

§ 462. Wegen eines Mangels, den der Verkäufer nach den Vorschriften der §§ 459, 460 zu vertreten hat, kann der Käufer Rückgängigmachung des Kaufes (Wandlung) oder Herabsetzung des Kaufpreises (Minderung) verlangen[2]).

§ 463. Fehlt der verkauften Sache zur Zeit des Kaufes eine zugesicherte Eigenschaft, so kann der Käufer statt der Wandlung oder der Minderung Schadenersatz wegen Nichterfüllung verlangen. Das gleiche gilt, wenn der Verkäufer einen Fehler arglistig verschwiegen hat.

---

[1]) Dieser sowie die folgenden Paragraphen können beim Besitzwechsel von Apotheken Bedeutung gewinnen. Es liegen darüber folgende Urteile vor:

1. Garantierung eines bestimmten Umsatzes. Für den Apotheker, der bei der Geschäftsführung an Standespflichten gebunden ist, kann nur der Umsatz maßgebend sein, der in standesgemäßer Weise erzielt ist, den er also bei Wahrung der Standespflichten weiter zu erzielen hoffen kann. Ist ihm unbekannt, daß der Umsatz zum Teil nicht standesgemäß erzielt ist, so versteht daher der redliche Verkehr die Garantie dahin, daß die Umsatzziffer durch standesgemäße Betriebsweise gewonnen ist (O.L.G. Jena 18. Mai 1911, Ph.Ztg. 1912 Nr. 16).

2. Zugesicherter Reingewinn. Nicht jede bei Gelegenheit von Verkaufsverhandlungen seitens des Verkäufers abgegebene Erklärung kann als eine Zusicherung im Sinne des § 459 des B.G.B. angesehen werden. Ebenso hat ein schriftlicher Vertrag die Vermutung der Vollständigkeit und Richtigkeit für sich, so daß alle bei Gelegenheit der Vorverhandlungen abgegebenen Erklärungen so lange nicht zu beachten sind, als nicht dargelegt wird, daß auch das mündlich Besprochene gelten solle. Handelt es sich bei Angabe des Reinverdienstes somit nicht um eine Zusicherung, sondern nur um eine Schätzung zwecks Rechtfertigung der Höhe des Kaufpreises, so können, wenn der Reinverdienst nicht erreicht wird, Minderungsansprüche hinsichtlich des Kaufpreises deshalb nicht geltend gemacht werden (R.G. 9. Februar 1911, Ph.Ztg. 1911 Nr. 28).

3. Unrichtige Umsatzangabe beim Apothekenverkauf. Der Nachweis, daß, wenn die gebuchten Umsätze richtig wären, bestimmte Außenstände hätten vorhanden sein müssen, im Verein mit der Feststellung, in welchem Umfange durch die falschen Buchungen die Umsätze zu hoch angegeben worden seien, genügt zur Annahme des Tatbestandes der arglistigen Täuschung und zur Rechtfertigung des darauf gegründeten Schadenersatzanspruches des Klägers (R.G. 17. Mai 1919, Ph.Ztg. 1920 Nr. 44).

4. Verkauf einer Apotheke in revisionsfähigem Zustande. Der Käufer einer Apotheke, der sich im Vertrage „die Übergabe des Geschäfts in ordentlichem, revisionsfähigem Zustande" ausbedingt, kann auch verlangen, daß etwaige Mängel gegenüber diesem Zustande vom Verkäufer beseitigt werden. Tut letzterer dies nicht, so kann der Käufer die Beseitigung der Mängel auf Kosten des Verkäufers vornehmen. Letzterer ist ihm in diesem Falle gemäß § 463 B.G.B. zum Schadenersatz verpflichtet (R.G. 16. Dezember 1911, Ph.Ztg. 1911 Nr. 101).

5. Wert des Warenlagers und Inventars. Der Wert einer Kaufsache ist nicht zu deren Eigenschaften im Sinne des Gesetzes zu zählen. Daher sind Wertangaben (wie über den Wert des Warenlagers und Inventars) nicht als Zusicherungen von Eigenschaften aufzufassen. Solange eine Erklärung über den Wert einer Sache nicht durch tatsächliche Anhaltspunkte begründet ist, geht sie über den Rahmen eines Urteils nicht hinaus (O.L.G. Celle 29. November 1912).

[2]) Hausschwamm ist nach der Rechtsprechung des R.G. ein Mangel des Grundstückes, bei dessen Vorhandensein der Käufer gemäß § 462 B.G.B. Wandlung oder Minderung verlangen kann.

## Dienstvertrag[1]).

§ 611. Durch den *Dienstvertrag* wird derjenige, welcher Dienste zusagt, zur Leistung der versprochenen Dienste, der andere Teil zur Gewährung der vereinbarten Vergütung verpflichtet.

Gegenstand des Dienstvertrages können Dienste jeder Art sein.

§ 612. Eine *Vergütung* gilt als stillschweigend vereinbart, wenn die Dienstleistung den Umständen nach nur gegen eine Vergütung zu erwarten ist.

Ist die Höhe der Vergütung nicht bestimmt, so ist bei dem Bestehen einer Taxe die taxmäßige Vergütung, in Ermangelung einer Taxe die übliche Vergütung als vereinbart anzusehen.

§ 613. Der zur Dienstleistung Verpflichtete hat die Dienste im Zweifel in *Person* zu leisten. Der Anspruch auf die Dienste ist im Zweifel nicht übertragbar.

§ 614. Die Vergütung ist nach der Leistung der Dienste zu entrichten. Ist die *Vergütung nach Zeitabschnitten* bemessen, so ist sie nach dem Ablauf der einzelnen Zeitabschnitte zu entrichten.

§ 615. Kommt der Dienstberechtigte mit der *Annahme der Dienste in Verzug*, so kann der Verpflichtete für die infolge des Verzugs nicht geleisteten Dienste die vereinbarte *Vergütung* verlangen, ohne zur Nachleistung verpflichtet zu sein. Er muß sich jedoch den Wert desjenigen *anrechnen* lassen, was er infolge des Unterbleibens der Dienstleistung erspart oder durch anderweitige Verwendung seiner Dienste erwirbt oder zu erwerben böswillig unterläßt.

§ 616. Der zur Dienstleistung Verpflichtete wird des Anspruchs auf die Vergütung nicht dadurch verlustig, daß er für eine *verhältnismäßig nicht erhebliche Zeit* durch einen in seiner Person liegenden Grund ohne sein Verschulden *an der Dienstleistung verhindert wird*[2]). Er muß sich jedoch den Betrag anrechnen lassen, welcher ihm für die Zeit der Verhinderung aus einer auf Grund gesetzlicher Verpflichtung bestehenden Kranken- oder Unfallversicherung zukommt[3]).

§ 617. Ist bei einem dauernden Dienstverhältnisse, welches die Erwerbstätigkeit des Verpflichteten vollständig oder hauptsächlich in Anspruch nimmt, der Verpflichtete in die häusliche Gemeinschaft aufge-

---

[1]) Für *Apothekenangestellte*, die weder als Handlungsgehilfen im Sinne des H.G.B. noch als Gewerbegehilfen im Sinne der Gew.O. anzusehen sind, bzw. von den Gerichten nicht als solche angesehen werden, also insbesondere für *Apothekenverwalter*, regeln sich ihre rechtlichen Verhältnisse lediglich nach den Bestimmungen des B.G.B. über den Dienstvertrag. Die Bestimmungen kommen aber auch ganz allgemein für Handlungsgehilfen insoweit in Betracht, als das H.G.B. in seinem sechsten Abschnitt nicht ein anderes angeordnet hat.

[2]) Der § 616 B.G.B. findet Anwendung: 1. auf solche Angestellte, die nicht zu den Handlungsgehilfen im Sinne des H.G.B. gehören, und 2. auf Handlungsgehilfen hinsichtlich solcher Unterbrechungen der Dienstzeit, die nicht in „unverschuldetem Unglück" (§ 63 H.G.B.) ihre Ursache haben. Der *Gehaltsanspruch* eines Angestellten ist nach § 616 B.G.B. nicht wie nach § 63 H.G.B. in jedem Falle unverschuldeten Unglücks, sondern nur dann begründet, wenn die Behinderung eine „verhältnismäßig nicht erhebliche Zeit" ausfüllt. Ob dies zutrifft oder nicht, beurteilt sich im einzelnen Falle nach dem Verhältnis, in dem die Länge der Unterbrechung zur Länge der Dienstzeit steht.

[3]) Während § 63 des H.G.B. den Handlungsgehilfen für nicht verpflichtet erklärt, sich den Betrag anrechnen zu lassen, der ihm für die Zeit der Verhinderung aus einer *Kranken- oder Unfallversicherung* zukommt, und eine dieser Vorschrift zuwiderlaufende Vereinbarung ausdrücklich für nichtig bezeichnet, ist im § 616 des B.G.B. gerade das Gegenteil angeordnet. Hier muß sich der zur Dienstleistung Verpflichtete einen solchen Betrag anrechnen lassen.

nommen, so hat der Dienstberechtigte ihm im Falle der Erkrankung die erforderliche Verpflegung und ärztliche Behandlung bis zur Dauer von sechs Wochen, jedoch nicht über die Beendigung des Dienstverhältnisses hinaus, zu gewähren, sofern nicht die Erkrankung von dem Verpflichteten vorsätzlich oder durch grobe Fahrlässigkeit herbeigeführt worden ist[1]). Die Verpflegung und ärztliche Behandlung kann durch Aufnahme des Verpflichteten in eine Krankenanstalt gewährt werden. Die Kosten können auf die für die Zeit der Erkrankung geschuldete Vergütung angerechnet werden. Wird das Dienstverhältnis wegen der Erkrankung von dem Dienstberechtigten nach § 626 gekündigt, so bleibt die dadurch herbeigeführte Beendigung des Dienstverhältnisses außer Betracht[2]).

Die Verpflichtung des Dienstberechtigten tritt nicht ein, wenn für die Verpflegung und ärztliche Behandlung durch eine Versicherung oder durch Einrichtung der öffentlichen Krankenpflege Vorsorge getroffen ist.

§ 618. Der Dienstberechtigte hat Räume, Vorrichtungen oder Gerätschaften, die er zur Verrichtung der Dienste zu beschaffen hat, so einzurichten und zu unterhalten und Dienstleistungen, die unter seiner Anordnung oder seiner Leitung vorzunehmen sind, so zu regeln, daß der Verpflichtete gegen Gefahr für Leben und Gesundheit soweit geschützt ist, als die Natur der Dienstleistung es gestattet.

Ist der Verpflichtete in die häusliche Gemeinschaft aufgenommen, so hat der Dienstberechtigte in Ansehung des Wohn- und Schlafraumes, der Verpflegung sowie der Arbeits- und Erholungszeit diejenigen Einrichtungen und Anordnungen zu treffen, welche mit Rücksicht auf die Gesundheit, die Sittlichkeit und die Religion des Verpflichteten erforderlich sind.

Erfüllt der Dienstberechtigte die ihm in Ansehung des Lebens und der Gesundheit des Verpflichteten obliegenden Verpflichtungen nicht, so finden auf seine Verpflichtung zum Schadenersatz die für unerlaubte Handlungen geltenden Vorschriften der §§ 842—846 entsprechende Anwendung.

§ 619. Die dem Dienstberechtigten nach den §§ 617, 618 obliegenden Verpflichtungen können nicht im voraus durch Vertrag aufgehoben oder beschränkt werden.

§ 620. Das Dienstverhältnis endigt mit dem Ablauf der Zeit, für die es eingegangen ist.

Ist die Dauer des Dienstverhältnisses weder bestimmt noch aus der Beschaffenheit oder dem Zwecke der Dienste zu entnehmen, so kann jeder Teil das Dienstverhältnis nach Maßgabe der §§ 621—623 kündigen[3]).

---

[1]) Zur Verpflegung und ärztlichen Behandlung dürfte auch die Gewährung freier Arznei zu rechnen sein. Doch treten alle diese Verpflichtungen des § 617 nur ein, wenn folgende Voraussetzungen erfüllt sind:

a. dauerndes Dienstverhältnis, welches die Erwerbstätigkeit des Verpflichteten vollständig oder hauptsächlich in Anspruch nimmt;
b. Aufnahme des Verpflichteten in die häusliche Gemeinschaft;
c. nicht vorsätzliche oder grob fahrlässige Herbeiführung der Erkrankung.

Angestellte, welche in die häusliche Gemeinschaft des Prinzipals aufgenommen sind, haben jedoch einen Anspruch auf Verpflegung und ärztliche Behandlung nur dann, wenn die Erkrankung während des Dienstverhältnisses sich eingestellt hat, also erst nachdem sie ihre Stellung angetreten haben (O.L.G. Kolmar 14. Februar 1905, Ph.Ztg. 1906 Nr. 16).

[2]) D. h. in diesem Falle (wenn infolge der Krankheit dem Angestellten gekündigt wird) ist die Verpflegung und ärztliche Behandlung auch über die Beendigung des Dienstverhältnisses hinaus auf volle sechs Wochen zu gewähren.

[3]) Für die Kündigung der Apothekenassistenten und -praktikanten gelten die Bestimmungen des H.G.B. (s. S. 31ff.).

§ 621. Ist die Vergütung nach Tagen bemessen, so ist die Kündigung an jedem Tage für den folgenden Tag zulässig.

Ist die Vergütung nach Wochen bemessen, so ist die Kündigung nur für den Schluß einer Kalenderwoche zulässig; sie hat spätestens am ersten Werktage der Woche zu erfolgen.

Ist die Vergütung nach Monaten bemessen, so ist die Kündigung nur für den Schluß eines Kalendermonats zulässig; sie hat spätestens am fünfzehnten des Monats zu erfolgen.

Ist die Vergütung nach Vierteljahren oder längeren Zeitabschnitten bemessen, so ist die Kündigung nur für den Schluß eines Kalendervierteljahres und nur unter Einhaltung einer Kündigungsfrist von sechs Wochen zulässig.

§ 622. Das Dienstverhältnis der mit festen Bezügen zur Leistung von Diensten höherer Art Angestellten, deren Erwerbstätigkeit durch das Dienstverhältnis vollständig oder hauptsächlich in Anspruch genommen wird, insbesondere der Lehrer, Erzieher, Privatbeamten, Gesellschafterinnen, kann nur für den Schluß eines Kalendervierteljahres und nur unter Einhaltung einer Kündigungsfrist von sechs Wochen gekündigt werden, auch wenn die Vergütung nach kürzeren Zeitabschnitten als Vierteljahren bemessen ist.

§ 623. Ist die Vergütung nicht nach Zeitabschnitten bemessen, so kann das Dienstverhältnis jederzeit gekündigt werden; bei einem die Erwerbstätigkeit des Verpflichteten vollständig oder hauptsächlich in Anspruch nehmenden Dienstverhältnis ist jedoch eine Kündigungsfrist von zwei Wochen einzuhalten.

§ 624. Ist das Dienstverhältnis für die Lebenszeit einer Person oder für längere Zeit als fünf Jahre eingegangen, so kann es von dem Verpflichteten nach dem Ablauf von fünf Jahren gekündigt werden. Die Kündigungsfrist beträgt sechs Monate.

§ 625. Wird das Dienstverhältnis nach dem Ablauf der Dienstzeit von dem Verpflichteten mit Wissen des anderen Teiles fortgesetzt, so gilt es als auf unbestimmte Zeit verlängert, sofern nicht der andere Teil unverzüglich widerspricht.

§ 626. Das Dienstverhältnis kann von jedem Teile ohne Einhaltung einer Kündigungsfrist gekündigt werden, wenn ein wichtiger Grund vorliegt[1]).

§ 627. Hat der zur Dienstleistung Verpflichtete, ohne in einem dauernden Dienstverhältnisse mit festen Bezügen zu stehen, Dienste höherer Art zu leisten, die auf Grund besonderen Vertrauens übertragen zu werden pflegen, so ist die Kündigung auch ohne die im § 626 bezeichnete Voraussetzung zulässig.

Der Verpflichtete darf nur in der Art kündigen, daß sich der Dienstberechtigte die Dienste anderweit beschaffen kann, es sei denn, daß ein wichtiger Grund für die unzeitige Kündigung vorliegt. Kündigt er ohne solchen Grund zur Unzeit, so hat er dem Dienstberechtigten den daraus entstehenden Schaden zu ersetzen.

§ 628. Wird nach dem Beginn der Dienstleistung das Dienstverhältnis auf Grund des § 626 oder des § 627 gekündigt, so kann der Verpflichtete einen seinen bisherigen Leistungen entsprechenden Teil der Vergütung verlangen. Kündigt er, ohne durch vertragswidriges Verhalten des anderen Teiles dazu veranlaßt zu sein, oder veranlaßt er durch sein vertragswidriges

---

[1]) Während das H.G.B. für die Beurteilung solcher „wichtiger Gründe" in den §§ 71 und 72 mehrfache Beispiele angibt, überläßt das B.G.B. die Würdigung dieser Fälle ganz dem richterlichen Ermessen.

Verhalten die Kündigung des anderen Teiles, so steht ihm ein Anspruch auf Vergütung insoweit nicht zu, als seine bisherigen Leistungen infolge der Kündigung für den anderen Teil kein Interesse haben. Ist die Vergütung für eine spätere Zeit im voraus zu entrichten, so hat der Verpflichtete sie nach Maßgabe des § 347 oder, wenn die Kündigung wegen eines Umstandes erfolgt, den er nicht zu vertreten hat, nach den Vorschriften über die Herausgabe einer ungerechtfertigten Bereicherung zurückzuerstatten.

Wird die Kündigung durch vertragswidriges Verhalten des anderen Teiles veranlaßt, so ist dieser zum Ersatze des durch die Aufhebung des Dienstverhältnisses entstehenden Schadens verpflichtet.

§ 629. Nach der Kündigung eines dauernden Dienstverhältnisses hat der Dienstberechtigte dem Verpflichteten auf Verlangen angemessene Zeit zum Aufsuchen eines anderen Dienstverhältnisses zu gewähren.

§ 630. Bei der Beendigung eines dauernden Dienstverhältnisses kann der Verpflichtete von dem anderen Teile ein schriftliches Zeugnis über das Dienstverhältnis und dessen Dauer fordern. Das Zeugnis ist auf Verlangen auf die Leistungen und die Führung im Dienste zu erstrecken[1]).

### Geschäftsführung ohne Auftrag[2]).

§ 677. Wer ein Geschäft für einen anderen besorgt, ohne von ihm beauftragt oder ihm gegenüber sonst dazu berechtigt zu sein, hat das Geschäft so zu führen, wie das Interesse des Geschäftsherrn mit Rücksicht auf dessen wirklichen oder mutmaßlichen Willen es erfordert.

§ 678. Steht die Übernahme der Geschäftsführung mit dem wirklichen oder dem mutmaßlichen Willen des Geschäftsherrn in Widerspruch und mußte der Geschäftsführer dies erkennen, so ist er dem Geschäftsherrn zum Ersatz des aus der Geschäftsführung entstehenden Schadens auch dann verpflichtet, wenn ihm ein sonstiges Verschulden nicht zur Last fällt.

§ 679. Ein der Geschäftsführung entgegenstehender Wille des Geschäftsherrn kommt nicht in Betracht, wenn ohne die Geschäftsführung eine Pflicht des Geschäftsherrn, deren Erfüllung im öffentlichen Interesse liegt, oder eine gesetzliche Unterhaltspflicht des Geschäftsherrn nicht rechtzeitig erfüllt werden würde.

§ 683. Entspricht die Übernahme der Geschäftsführung dem Interesse und dem wirklichen oder dem mutmaßlichen Willen des Geschäftsherrn, so kann der Geschäftsführer wie ein Beauftragter Ersatz seiner Aufwendungen verlangen. In den Fällen des § 679 steht dieser Anspruch dem Geschäftsführer zu, auch wenn die Übernahme der Geschäftsführung mit dem Willen des Geschäftsherrn in Widerspruch steht[3]).

### Unerlaubte Handlungen.

§ 823. Wer vorsätzlich oder fahrlässig das Leben, den Körper, die Gesundheit, die Freiheit, das Eigentum oder ein sonstiges Recht eines anderen widerrechtlich verletzt, ist dem anderen zum Ersatz des daraus entstehenden Schadens verpflichtet . . .

---

[1]) Dieser Paragraph entspricht dem § 73 des H.G.B. (s. S. 32).

[2]) Die Bestimmungen des B.G.B. über Geschäftsführung ohne Auftrag sind für solche Apotheken von Bedeutung, die für Krankenkassen usw., mit denen sie keinen Arzneilieferungsvertrag abgeschlossen haben, Arzneien auf Kredit liefern.

[3]) Haben Apotheken für Krankenkassen usw., mit denen sie in keinem Vertragsverhältnis stehen, Arzneien auf Kredit geliefert, und weigert sich die Kasse, die diesbezügliche Rechnung zu zahlen, so muß die Apotheke bei einer Klage auf Zahlung ihren Anspruch auf § 683 B.G.B. gründen.

§ 831. Wer einen anderen zu einer Verrichtung bestellt, ist zum Ersatz des Schadens verpflichtet, den der andere in Ausführung der Verrichtung einem Dritten widerrechtlich zufügt. Die Ersatzpflicht tritt nicht ein, wenn der Geschäftsherr bei der Auswahl der bestellten Person und, sofern er Vorrichtungen oder Gerätschaften zu beschaffen oder die Ausführung der Verrichtung zu leiten hat, bei der Beschaffung oder der Leitung die im Verkehr erforderliche Sorgfalt beobachtet oder wenn der Schaden auch bei Anwendung dieser Sorgfalt entstanden sein würde[1]).

Die gleiche Verantwortung trifft denjenigen, welcher für den Geschäftsherrn die Besorgung eines der im Abs. 1 Satz 2 bezeichneten Geschäfte durch Vertrag übernimmt.

Das Strafgesetzbuch enthält folgende für Apotheker wichtige Bestimmungen:

## Strafgesetzbuch für das Deutsche Reich.

Vom 15. Mai 1871.

### Teilnahme.

§ 47. Wenn mehrere eine strafbare Handlung gemeinschaftlich ausführen, so wird jeder als Täter bestraft.

§ 48. Als Anstifter wird bestraft, wer einen anderen zu der von demselben begangenen strafbaren Handlung durch Geschenke oder Versprechen, durch Drohung, durch Mißbrauch des Ansehens oder der Gewalt, durch absichtliche Herbeiführung oder Beförderung eines Irrtums oder durch andere Mittel vorsätzlich bestimmt hat[2]).

Die Strafe des Anstifters ist nach demjenigen Gesetze festzusetzen, welches auf die Handlung Anwendung findet, zu welcher er wissentlich angestiftet hat.

§ 49. Als Gehilfe wird bestraft, wer dem Täter zur Begehung des Verbrechens oder Vergehens durch Rat oder Tat wissentlich Hilfe geleistet hat[3]).

Die Strafe des Gehilfen ist nach demjenigen Gesetze festzusetzen, welches auf die Handlung Anwendung findet, zu welcher er wissentlich Hilfe geleistet hat, jedoch nach den über die Bestrafung des Versuches aufgestellten Grundsätzen zu ermäßigen.

### Vergehen wider die Sittlichkeit.

§ 184[4]). Mit Gefängnis bis zu einem Jahre und mit Geldstrafe bis zu 1000 RM oder mit einer dieser Strafen wird bestraft, wer

---

[1]) Vgl. hierzu die Fußnote zu § 278 (S. 39). Die Begrenzung der zivilrechtlichen Haftpflicht der Geschäftsinhaber für Versehen eines Verrichtungsgehilfen, welche § 831 des B.G.B. getroffen hat, entspricht im allgemeinen der Regelung, welche die strafrechtliche Haftbarkeit durch die Gesetzgebung und Rechtsprechung erfahren hat. In dieser Beziehung sind zu vergleichen § 151 Gew.O. und § 367, 5 Str.G.B. (s. S. 22 und 52).

[2]) Der Ankauf dem freien Verkehr entzogener Arzneimittel in Drogenhandlungen zwecks Erstattung einer Strafanzeige ist keine „Anstiftung" im Sinne des § 48. (L.G. Landsberg a. W. 21. Oktober 1881, L.G. Gera 25. März 1889, L.G. Hirschberg i. Schl. 1. März 1910, Ph.Ztg. 1910 Nr. 32, K.G.A. VI Seite 552, L.G. Zwickau 17. April 1912, Ph.Ztg. 1912 Nr. 37.)

[3]) Beihilfe ist somit nur bei Verbrechen und Vergehen, nicht aber bei Übertretungen strafbar.

[4]) § 184 in der Fassung der Gesetze vom 25. Juni 1900 und 18. Februar 1927.

3. Gegenstände, die zu unzüchtigem Gebrauch bestimmt sind[1]), an Orten, welche dem Publikum zugänglich sind, ausstellt oder solche Gegenstände dem Publikum ankündigt oder anpreist[2]).

3a. in einer Sitte oder Anstand verletzenden Weise Mittel, Gegenstände oder Verfahren, die zur Verhütung von Geschlechtskrankheiten dienen, öffentlich ankündigt, anpreist oder solche Mittel oder Gegenstände an einem dem Publikum zugänglichen Orte ausstellt.

---

[1]) Hierzu gehören auch antikonzeptionelle Mittel und Apparate (R.G. 14. Juni 1906, K.G.A. V S. 563; R.G. 25. Februar 1909, Ph.Ztg. 1909 Nr. 18; R.G. 21. Dezember 1909, K.G.A. VI S. 510 und zahlreiche weitere Urteile). Hinsichtlich hygienischer Spülapparate ist die Rechtsprechung des R.G. neuerdings eine mildere geworden. In einem Urteil vom 25. Februar 1927 (Ph.Ztg. 1927 Nr. 34) sagt das R.G.:

„Nach der älteren Rechtsprechung des R.G. ist ein Gegenstand im Sinne des § 184 Nr. 3 Str.G.B. ‚zu unzüchtigem Gebrauch bestimmt', wenn er sich zu solchem Gebrauch vermöge seiner besonderen Beschaffenheit eignet und erfahrungsgemäß hierzu verwendet zu werden pflegt. Dies gilt insbesondere für die zur Verhütung der Empfängnis geeigneten Mittel, da diese namentlich auch bei dem von der Rechtsprechung als unzüchtig erachteten außerehelichen Geschlechtsverkehr verwendet zu werden pflegen und ihn fördern. Der erörterte strenge Standpunkt hat nun allerdings in der neueren Rechtsprechung eine Milderung erfahren. Hiernach ist ein Gegenstand, der seiner Gattung nach in erster Linie und bestimmungsgemäß zur Förderung der Gesundheit dient, nicht als ein zu unzüchtigem Gebrauch bestimmter Gegenstand anzusehen, mag er auch zu unzüchtigen Zwecken verwendbar sein und mißbräuchlich vielfach hierzu verwendet werden (R.G.E. vom 23. Oktober 1913; 5. Mai 1914; 9. Juni 1914; 19. Dezember 1914; 31. Mai 1915; 5. Januar 1923). Wenn aber ein zur Reinigung der weiblichen Geschlechtsorgane und damit zur Gesundheitspflege verwendbarer und auch vielfach verwendeter Gegenstand gegenüber anderen, dem gleichen Zweck im gleichen Maß dienenden Gegenständen eine eigenartige Gestaltung aufweist, die seine weitere Zweckbestimmung zu unzüchtigem Gebrauch, insbesondere zur Verhütung der Empfängnis, besonders erkennbar macht, dann bleibt § 184 Nr. 3 Str.G.B. auch nach der neueren Rechtsprechung anwendbar (vgl. die oben angeführten Entscheidungen vom 5. Mai und 9. Juni 1814; ferner R.G.E. vom 16. September 1915)."

Auch Vorbeugungsmittel gegen Geschlechtskrankheiten hat das R.G. früher als „zu unzüchtigem Gebrauche bestimmt" und mithin ihre Ankündigung als strafbar angesehen. Nachdem indessen dem § 184 durch das Gesetz zur Bekämpfung der Geschlechtskrankheiten vom 18. Februar 1927 der oben angeführte Abs. 3a eingefügt ist, bleibt für diese Rechtsanschauung kein Raum mehr. Die öffentliche Ankündigung solcher Vorbeugungsmittel ist jetzt nur noch strafbar, wenn sie „in einer Sitte oder Anstand verletzenden Weise" erfolgt.

[2]) Strafbar ist nur die Ankündigung gegenüber „dem Publikum". Als eine solche hat das R.G. u. a. angesehen die Auslegung der Gegenstände oder von Prospekten darüber im Schaufenster (18. Februar 1913, Ph.Ztg. 1913 Nr. 16; 10. und 26. Juni 1914, Ph.Ztg. 1914 Nr. 48 und 52; 19. Januar 1915, Ph.Ztg. 1915 Nr. 10; 16. September 1915, Ph.Ztg. 1915 Nr. 78), im Geschäftslokal auf dem Ladentisch oder an einer sonst leicht sichtbaren Stelle (9. April 1914, Ph.Ztg. 1914 Nr. 34; 2. März 1915, Ph.Ztg. 1915 Nr. 22; 29. Dezember 1915, Ph.Ztg. 1916 Nr. 1), die Benutzung von Prospekten über solche Gegenstände als Einwickelpapier (22. März 1915, Ph.Ztg. 1915 Nr. 25), die Versendung von Broschüren, Prospekten, Preislisten od. dgl. über solche Mittel an eine unbestimmt große Zahl Ärzte, Apotheker, Drogisten, Hebammen u. dgl. (11. Dezember 1908, K.G.A. VI S. 506; 13. Januar 1910, Ph.Ztg. 1910 Nr. 6; 16. Dezember 1913, Ph.Ztg. 1913 Nr. 103; 3. Januar 1914, Ph.Ztg. 1914 Nr. 2; 2. November 1915, Ph.Ztg. 1915 Nr. 89), die Ankündigung in Fachzeitschriften der Ärzte, Apotheker, Drogisten, Bandagisten usw. (März 1914, Ph.Ztg. 1914 Nr. 26; K.G. 12. Mai 1926, Ph.Ztg. 1916 Nr. 69). Polizeiverordnungen, welche den gleichen Gegenstand betreffen, in ihren Anordnungen aber über die Bestimmung in § 184, 3 Str.G.B. hinausgehen, sind ungültig (K.G. 12. Dezember 1900, Ph.Ztg. 1900 Nr. 102).

Neben der Gefängnisstrafe kann auf Verlust der bürgerlichen Ehrenrechte sowie auf Zulässigkeit von Polizeiaufsicht erkannt werden.

### Verbrechen und Vergehen wider das Leben.

§ 218[1]). Eine Frau, die ihre Frucht im Mutterleibe oder durch Abtreibung tötet oder die Tötung durch einen anderen zuläßt, wird mit Gefängnis bestraft.

Ebenso wird ein anderer bestraft, der eine Frucht im Mutterleibe oder durch Abreibung tötet.

Der Versuch ist strafbar.

Wer die im Abs. 2 bezeichnete Tat ohne Einwilligung der Schwangeren oder gewerbsmäßig begeht, wird mit Zuchthaus bestraft. Ebenso wird bestraft, wer einer Schwangeren ein Mittel oder Werkzeug zur Abtreibung der Frucht gewerbsmäßig verschafft[2]). Sind mildernde Umstände vorhanden, so tritt Gefängnisstrafe nicht unter drei Monaten ein.

§ 222. Wer durch Fahrlässigkeit den Tod eines Menschen verursacht, wird mit Gefängnis bis zu drei Jahren bestraft.

Wenn der Täter zu der Aufmerksamkeit, welche er aus den Augen setzte, vermöge seines Amtes, Berufes oder Gewerbes besonders verpflichtet war, so kann die Strafe bis auf fünf Jahre Gefängnis erhöht werden[3]).

### Körperverletzung.

§ 229. Wer vorsätzlich einem anderen, um dessen Gesundheit zu beschädigen, Gift oder andere Stoffe beibringt, welche die Gesundheit zu zerstören geeignet sind, wird mit Zuchthaus bis zu zehn Jahren bestraft.

---

[1]) § 218 in der Fassung des Gesetzes vom 18. Mai 1926.

[2]) Die wissentliche Abgabe untauglicher Mittel zur Abtreibung der Leibesfrucht unter Vorspiegelung der Tauglichkeit ist Betrug. Ein Plenarbeschluß des R.G. vom 14. Dezember 1910 (Ph.Ztg. 1911 Nr. 17) besagt hierüber: „Eine Vermögensbeschädigung im Sinne des Betrugsparagraphen ist auch dann anzunehmen, wenn jemand glaubte, ein wirksames Abtreibungsmittel zu kaufen, aber ein unwirksames erhalten hat, ebenfalls ist in einem solchen Falle Irrtumserregung im Sinne des § 263 anzunehmen."

[3]) Das Str.G.B. behandelt im § 222 die fahrlässige Tötung und im § 230 die fahrlässige Körperverletzung. Beide Paragraphen erhöhen die Strafen, wenn der Täter zu der Aufmerksamkeit, welche er außer Augen setzte, vermöge seines Amtes, Berufes oder Gewerbes besonders verpflichtet war. Eine Körperverletzung (Tötung) kann ebensowohl durch eine fahrlässige Unterlassung, als durch eine fahrlässige Tätigkeit verursacht werden. Fahrlässigkeit ist nach der Judikatur des R.G. Außerachtlassen der pflichtgemäßen Sorgfalt bei Voraussehbarkeit des Erfolges. Der Kausalzusammenhang zwischen der die Verletzung einer Berufspflicht enthaltenden Handlung und dem eingetretenen rechtswidrigen Erfolge ist dann als ausgeschlossen zu erachten, wenn feststeht, daß der letztere auch ohne Vorliegen der ersteren eingetreten sein würde (R.G. 20. Dezember 1886).

Eine Verursachung des Todes eines Menschen durch Fahrlässigkeit ist dagegen angenommen worden, wenn ein Apotheker bei Verordnung eines starkwirkenden Giftes in übermäßigen, mit den Höchstgaben des Arzneibuches nicht im Einklang stehenden Dosen, die besondere Erklärung des Arztes nicht eingeholt hat (R.G. 27. März 1888, Rechtspr. X S. 518). Ferner sind auf Grund des § 222 einzelne Verurteilungen von Apothekern erfolgt wegen fahrlässiger Tötung durch Arzneiverwechselung. Auch die Abgabe eines starkwirkenden Arzneimittels (Chlorzink) ohne ärztliches Rezept kann, wenn die Anwendung des Mittels den Tod des betreffenden Person zur Folge gehabt hat, die Verurteilung des Apothekers wegen fahrlässiger Tötung herbeiführen (L.G. Trier, Oktober 1912, Ph.Ztg. 1912 Nr. 88). Die Bestimmung in § 222 Abs. 2 bzw. 230 Abs. 2 findet auch auf die Gehilfen des Geschäftsinhabers Anwendung (R.G. 8. April 1895, K.G.A. I S. 113).

Ist durch die Handlung eine schwere Körperverletzung verursacht worden, so ist auf Zuchthaus nicht unter fünf Jahren und, wenn durch die Handlung der Tod verursacht worden, auf Zuchthaus nicht unter zehn Jahren oder auf lebenslängliches Zuchthaus zu erkennen.

§ 230. Wer durch Fahrlässigkeit die Körperverletzung eines anderen verursacht, wird mit Geldstrafe bis zu 900 RM oder mit Gefängnis bis zu zwei Jahren bestraft.

War der Täter zu der Aufmerksamkeit, welche er aus den Augen setzte, vermöge seines Amtes, Berufes oder Gewerbes besonders verpflichtet, so kann die Strafe auf drei Jahre Gefängnis erhöht werden[1]).

§ 231. In allen Fällen der Körperverletzung kann auf Verlangen des Verletzten neben der Strafe auf eine an denselben zu erlegende Buße bis zum Betrage von 6000 RM erkannt werden.

Eine erkannte Buße schließt die Geltendmachung eines weiteren Entschädigungsanspruches aus.

Für diese Buße haften die zu derselben Verurteilten als Gesamtschuldner.

§ 232. Die Verfolgung leichter vorsätzlicher sowie aller durch Fahrlässigkeit verursachten Körperverletzungen (§§223, 230) tritt nur auf Antrag ein, insofern nicht die Körperverletzung mit Übertretung einer Amts-, Berufs- oder Gewerbepflicht begangen worden ist[2]).

## Betrug.

§ 263. Wer in der Absicht, sich oder einem Dritten einen rechtswidrigen Vermögensvorteil zu verschaffen, das Vermögen eines anderen dadurch beschädigt, daß er durch Vorspiegelung falscher oder durch Entstellung oder Unterdrükkung wahrer Tatsachen einen Irrtum erregt oder unterhält, wird wegen Betrugs mit Gefängnis bestraft, neben welchem auf Geldstrafe bis zu 3000 RM sowie auf Verlust der bürgerlichen Ehrenrechte erkannt werden kann[3]).

---

[1]) Vgl. hierzu die Fußnote zu § 222. Verurteilungen von Apothekern wegen fahrlässiger Körperverletzung sind namentlich einige Male anläßlich unerlaubter Abgabe von Morphium an Morphinisten und dadurch bedingter Gesundheitsschädigung derselben erfolgt (u. a. R.G. 12. Juli 1902, E. XXXV, S. 332; R.G. 6. Juli 1906, Ph.Ztg. 1906 Nr. 55; R.G. 15. April 1907, K.G.A. VI S. 324). Aber auch in anderen Fällen, wenn es sich um an sich zulässige Arzneiabgabe handelt, ist schon fahrlässige Körperverletzung angenommen worden, z. B. bei übermäßig oft wiederholter Anfertigung einer opiumhaltigen Arznei, trotzdem die Anfertigung des Rezeptes nach den Vorschriften über die Abgabe starkwirkender Arzneimittel zulässig war (R.G. 12. Juli 1902, Ph.Ztg. 1902 Nr. 87) (vgl. hierzu auch S. 201). Die meisten Verurteilungen von Apothekern wegen fahrlässiger Körperverletzung sind, ähnlich wie die auf § 222 sich gründenden Urteile, durch einfache Arzneiverwechselungen veranlaßt worden. Ferner ergingen folgende Urteile: Ein Apotheker, der Asthmakräuter abgibt, ohne durch schriftliche Gebrauchsanweisung darauf aufmerksam zu machen, daß dieselben nur äußerlich durch Einatmen anzuwenden sind, handelt fahrlässig und kann, wenn durch unrichtigen Gebrauch ein Schaden entsteht, wegen fahrlässiger Körperverletzung bestraft werden (RG. 24. April 1902, Ph.Ztg. 1902 Nr. 35). Der Apotheker, der ein Arzneimittel abgibt, ohne sich bei undeutlicher Verschreibweise des Arztes genau zu vergewissern, ob es auch wirklich das von ihm verlangte Mittel ist, kann für die Folgen, die sich aus der Abgabe eines falschen Mittels ergeben, strafrechtlich zur Verantwortung gezogen werden (Formalin statt Furunkulin) (L.G. I Berlin, 3. April 1908, Ph.Ztg. 1908 Nr. 29).

[2]) Fahrlässige Körperverletzungen, die in Apotheken begangen werden, sind demnach von Amts wegen zu verfolgen.

[3]) Als Betrug ist z. B. die absichtliche Verwendung billiger Surrogate der verordneten Mittel oder teilweise Fortlassung teurer Bestandteile einer Arznei bestraft worden (R.G. 30. Juni 1905, Ph.Ztg. 1905 Nr. 53). Ferner ist es als Betrug zu bestrafen, wenn ein Apotheker statt der auf Kassenrezepten verordneten Arzneien auf Wunsch der

Sind mildernde Umstände vorhanden, so kann ausschließlich auf die Geldstrafe erkannt werden. Der Versuch ist strafbar.

### Urkundenfälschung.

§ 267. Wer in rechtswidriger Absicht eine inländische oder ausländische öffentliche Urkunde oder eine solche Privaturkunde, welche zum Beweise von Rechten oder Rechtsverhältnissen von Erheblichkeit ist[1]), verfälscht oder fälschlich anfertigt und von derselben zum Zwecke einer Täuschung Gebrauch macht, wird wegen Urkundenfälschung mit Gefängnis bestraft.

§ 268. Eine Urkundenfälschung, welche in der Absicht begangen wird, sich oder einem anderen einen Vermögensvorteil zu verschaffen oder einem anderen Schaden zuzufügen, wird bestraft[2]), wenn

---

Überbringer Parfüms, Schokolade u. dgl. verabfolgt (R.G. 3. Februar 1927, Ph.Ztg. 1927 Nr. 12). Auch auf den Verkauf von wirkungslosen, schwindelhaften Geheimmitteln ist der Betrugsparagraph mit Erfolg angewendet worden (u. a. R.G. 11. Mai 1911, Ph.Ztg. 1911 Nr. 39). Auch Überschreitungen der Arzneitaxe können als Betrug bestraft werden. Hierüber ergingen folgende Entscheidungen:

1. „Ein Apothekenbesitzer kann durch Forderung und Annahme von die Arzneitaxe überschreitenden Preisen dann einen Betrug begehen, wenn nach seinem und des Käufers Willen die Taxe bei den Berechnungen der Arzneipreise zugrunde gelegt werden soll, sonach der Apotheker verpflichtet ist, nach der Arzneitaxe die Arzneien zu berechnen, und der Käufer dies zu erwarten berechtigt ist, der Apotheker aber in dem Bewußtsein, daß der Käufer die Forderung auf ihre Vertragsmäßigkeit nicht prüfe oder nicht prüfen könne, diese Umstände arglistig benutzt, um im Hinblick auf die Gepflogenheit des Käufers mittels seiner Forderungsaufstellung in diesem den Irrtum zu erregen oder zu erhalten, er könne sich auf den Rechnungsaussteller verlassen, dieser fordere nur, was er vertragsmäßig zu fordern berechtigt sei, nämlich die Preise nach der Taxe" (R.G. 22. Januar 1909).

2. „In § 148 Nr. 8 der Gew.O. sind Überschreitungen der Taxe mit besonderer Strafe bedroht. Trotzdem können sie auch als Betrug strafbar sein, falls im Einzelfall die Merkmale dieses Vergehens nachweisbar sind. Dies trifft, soweit die Täuschungsbehandlung in Frage kommt, namentlich dann zu, wenn die Anforderung eines bestimmten übersetzten Preises für ein der Taxe unterliegendes Arzneimittel nach den Begleitumständen als die bewußt wahrheitswidrige Behauptung aufzufassen ist, die Taxe, deren Bestehen dem Käufer bekannt ist, setze den für die Ware geforderten Preis fest, nicht den in Wirklichkeit festgesetzten, so daß der getäuschte Käufer den Taxpreis zu zahlen glaubt, während er tatsächlich nicht diesen, sondern mehr bezahlt" (R.G. 15. Dezember 1913, Ph.Ztg. 1913 Nr. 103).

3. „Die Lieferung minderwertiger Arzneimittel und Berechnung derselben nach dem für vollwertige ausgeworfenen Taxpreis ist als Betrug strafbar" (R.G. 6. März 1911, Ph.Ztg. 1911 Nr. 20).

[1]) Die Frage, ob das ärztliche Rezept eine Urkunde im strafrechtlichen Sinne ist, ist vom Reichsgericht in konstanter Praxis bejaht worden. Ärztliche Rezepte sind als Urkunden, und zwar als solche Privaturkunden anzusehen, welche geeignet und bestimmt sind, zum Beweise rechtserheblicher Tatsachen zu dienen (R.G. 8. Oktober 1901, K.G.A. IV, S. 212; R.G. 3. November 1913, Ph.Ztg. 1913 Nr. 90). Die Abschrift eines Rezeptes, die durch den Vermerk „Copia" und die Unterschrift „gez. Dr. X" erkennen läßt, daß es kein Originalrezept, sondern die Abschrift eines solchen ist, kann dagegen als beweiserhebliche Urkunde nicht angesehen werden. Die Änderung des Namens des Empfängers auf solcher Abschrift ist daher keine Urkundenfälschung (L.G. Lübeck 6. Januar 1911, Ph.Ztg. 1911 Nr. 52). Ebenso fallen berechtigte oder durch die Betriebsordnung dem Apotheker vorgeschriebene Ergänzungen und Veränderungen des ärztlichen Rezeptes, die keine Täuschung in sich schließen, nicht unter die strafgesetzlichen Bestimmungen der Urkundenfälschung.

[2]) Unter diese verschärfte Bestimmung fällt z. B. die betrügerische Änderung ärztlicher Kassenrezepte durch einen Apotheker zum Zwecke der Erzielung eines größeren Gewinnes (L.G. M.-Gladbach Mai 1910, Ph.Ztg. 1910 Nr. 43; L.G. Braunschweig Oktober 1923, Ph.Ztg. 1923 Nr. 87).

1. die Urkunde eine Privaturkunde ist, mit Zuchthaus bis zu fünf Jahren, neben welchem auf Geldstrafe bis zu 3000 *RM* erkannt werden kann;
2. die Urkunde eine öffentliche ist, mit Zuchthaus bis zu zehn Jahren, neben welchem auf Geldstrafe von 150—6000 *RM* erkannt werden kann.

Sind mildernde Umstände vorhanden, so tritt Gefängnisstrafe ein, welche bei der Fälschung einer Privaturkunde nicht unter einer Woche, bei der Fälschung einer öffentlichen Urkunde nicht unter drei Monaten betragen soll. Neben der Gefängnisstrafe kann zugleich auf Geldstrafe bis zu 3000 *RM* erkannt werden.

### Verletzung fremder Geheimnisse.

§ 300. Rechtsanwälte, Advokaten, Notare, Verteidiger in Strafsachen, Ärzte, Wundärzte, Hebammen, Apotheker sowie die Gehilfen dieser Personen werden, wenn sie unbefugt Privatgeheimnisse offenbaren, die ihnen kraft ihres Amtes, Standes oder Gewerbes anvertraut sind, mit Geldstrafe bis zu 1500 *RM* oder mit Gefängnis bis zu drei Monaten bestraft[1]).

Die Verfolgung tritt nur auf Antrag ein.

### Gemeingefährliche Verbrechen und Vergehen.

§ 324. Wer vorsätzlich Brunnen- oder Wasserbehälter, welche zum Gebrauche anderer dienen, oder Gegenstände, welche zum öffentlichen Verkaufe und Verbrauche bestimmt sind, vergiftet, oder denselben Stoffe beimischt, von denen ihm bekannt ist, daß sie die menschliche Gesundheit zu zerstören geeignet sind, ingleichen wer solche vergiftete oder mit gefährlichen Stoffen vermischte Sachen wissentlich oder mit Verschweigung dieser Eigenschaft verkauft, feilhält oder sonst in Verkehr bringt, wird mit Zuchthaus bis zu zehn Jahren und, wenn durch die Handlung der Tod eines Menschen verursacht worden ist, mit Zuchthaus nicht unter zehn Jahren oder mit lebenslänglichem Zuchthaus bestraft.

### Übertretungen[2]).

§ 360. Mit Geldstrafe bis zu 150 *RM* oder mit Haft wird bestraft:

8. wer unbefugt ... Titel[3]), Würden oder Adelsprädikate annimmt;

---

[1]) Nur das „unbefugte" Offenbaren von Privatgeheimnissen ist strafbar. Das Str.G.B. läßt also eine „befugte" Offenbarung zu, ohne diese Befugnis nach irgendeiner Richtung einzuschränken; sie kann mithin durch eine andere Berufspflicht gegeben sein (R.G. 16. Mai 1906). Der Besitz von Privatgeheimnissen im Sinne des § 300 des Str.G.B. berechtigt auch zur Verweigerung der Aussage als Zeuge im Zivil- und Strafverfahren.

[2]) Übertretungen werden laut § 153 der Strafprozeßordnung vom 22. März 1924 nicht verfolgt, „wenn die Schuld des Täters gering ist und die Folgen der Tat unbedeutend sind, es sei denn, daß ein öffentliches Interesse an der Herbeiführung einer gerichtlichen Entscheidung besteht".

[3]) Der Ausdruck „Titel" bezeichnet hier eine durch höhere Verleihung zu erwerbende Rangstellung, nicht aber eine wissenschaftliche oder gewerbliche Tätigkeit, auch wenn zu deren Ausübung eine amtliche Qualifikation, Approbation oder Konzession erforderlich ist. Der Arzttitel ist in § 147 der Gew.O. besonders geschützt, der Apothekertitel nicht (s. jedoch Fußnote 3 auf S. 54). Der Titel „Hofapotheker" ist dagegen an eine besondere Verleihung gebunden. Hierüber s. Fußnote 2 auf S. 306. Über den Doktortitel erging in Preußen eine V. betr. die Führung akademischer Grade vom 30. September 1924, die als wesentlichste Bestimmung die folgende enthält:

§ 1. Preußische Staatsangehörige, die einen akademischen Grad einer Hochschule außerhalb Preußens erworben haben, bedürfen zur Führung dieses Grades in Preußen der Genehmigung des Ministers für Wissenschaft, Kunst und Volksbildung. Diese Ge-

10. wer bei Unglücksfällen oder gemeiner Gefahr oder Not, von der Polizeibehörde oder deren Stellvertreter zur Hilfe aufgefordert, keine Folge leistet, obgleich er der Aufforderung ohne erhebliche eigene Gefahr genügen konnte[1]);

11. wer ungebührlicherweise ruhestörenden Lärm erregt oder wer groben Unfug verübt.

§ 363. Wer, um Behörden oder Privatpersonen zum Zwecke seines besseren Fortkommens oder des besseren Fortkommens eines anderen zu täuschen, ... Dienst- oder Arbeitsbücher oder sonstige auf Grund besonderer Vorschriften auszustellende Zeugnisse, sowie Führungs- oder Fähigkeitszeugnisse falsch anfertigt oder verfälscht, oder wissentlich von einer solchen falschen oder verfälschten Urkunde Gebrauch macht, wird mit Haft oder mit Geldstrafe bis zu 150 RM bestraft.

§ 367. Mit Geldstrafe bis zu 150 RM oder mit Haft wird bestraft:

3. wer ohne polizeiliche Erlaubnis Gift oder Arzneien, soweit der Handel mit denselben nicht freigegeben ist, zubereitet, feilhält, verkauft oder sonst an andere überläßt[2]).

---

nehmigung kann hinsichtlich der akademischen Grade bestimmter außerpreußischer Hochschulen allgemein erteilt werden. Eine Genehmigung ist nicht erforderlich, wenn es sich um den akademischen Grad einer deutschen Hochschule handelt, der auf Grund einer schon vor dem 1. Januar 1923 bestehenden Satzung verliehen worden ist.

Die Rechtsgültigkeit von Verordnungen dieser Art bestätigte ein Urteil des K.G. vom Juni 1904 (Ph.Ztg. 1904 Nr. 50). Im Anschluß an die V. haben sich im Wege der Vereinbarung die hauptsächlich in Betracht kommenden Landesregierungen dahin verständigt, nur solche im Auslande erworbenen Doktortitel zur Führung im Inlande zuzulassen, die nicht bloß gleichwertig, sondern auch gleichartig mit den von deutschen Universitäten verliehenen Doktortiteln sind.

[1]) Hier kommt auch die Hilfeleistung bei Bränden in Betracht. Ein preuß. Gesetz vom 21. Dezember 1904 ermächtigt die Polizeibehörden zum Erlasse von Polizeiverordnungen über die Verpflichtung zur Hilfeleistung bei Bränden. Daraufhin sind in mehreren preuß. Regierungsbezirken und Provinzen Verordnungen ergangen, welche die Hilfeleistung bei Bränden bzw. die Bildung von Pflichtfeuerwehren regeln. Apotheker sind dabei in der Regel von der Teilnahme an den Übungen und von der Löschpflicht ausdrücklich befreit.

[2]) Der § 367, 3 des Str.G.B. enthält eine Strafbestimmung zur Sicherung der leiblichen Wohlfahrt des Volkes. Er richtet sich ganz allgemein gegen den unbefugten Arznei- und Giftverkehr außerhalb der Apotheken, betrifft daher sowohl Drogenhändler, welche die für sie maßgebende V. vom 22. Oktober 1901 (s. S. 114) übertreten, wie auch Ärzte, Tierärzte, Krankenanstalten, Krankenkassen, Genossenschaften, Vereine u. dgl., die unerlaubterweise nichtfreigegebene Arzneien an ihre Patienten bzw. Mitglieder selbst abgeben. Krankenkassen, Genossenschaften und Vereinen gegenüber besteht außerdem als Ergänzung zu § 367, 3 Str.G.B. das positive Verbot in § 2b der V. vom 22. Oktober 1901 (s. S. 115). Welche Gifte nur mit polizeilicher Erlaubnis abgegeben werden dürfen, bestimmt laut § 34 Gew.O. die Landesgesetzgebung. Hierüber gilt die in allen Ländern gleichlautend erlassene Giftverordnung (s. S. 243).

Die Frage, wieweit das durch § 367, 3 Str.G.B. unter Strafe gestellte unerlaubte „Zubereiten" nichtfreigegebener Arzneien auf die fabrikatorische Herstellung von Arzneimitteln außerhalb der Apotheken Anwendung zu finden hat, ist umstritten. (Näheres hierüber besagen zwei Abhandlungen vom Apotheker Maaß, Hannover, in Ph.Ztg. 1927 Nr. 13 und 17.)

Den Begriff „an andere überlassen" erläutert neben zahlreichen anderen Entscheidungen treffend ein Urteil des Bayer. O.L.G. vom 15. Juni 1916 (Ph.Ztg. 1916 Nr. 64) wie folgt:

„Der § 367, 3 Str.G.B. bezweckt insbesondere den Schutz des Volkes gegen die Gefahren, welche durch den Mißbrauch und die unbefugte Abgabe von Gift und Arzneien entstehen können. Deshalb ist die Zubereitung, das Feilhalten, der Verkauf und über-

5. wer bei der Aufbewahrung oder bei der Beförderung von **Giftwaren**, Schießpulver oder Feuerwerken, oder bei der Aufbewahrung, Beförderung, Verausgabung oder Verwendung von Sprengstoffen oder anderen explodierenden Stoffen, oder bei Ausübung der Befugnis zur Zubereitung oder Feilhaltung dieser Gegenstände sowie der **Arzneien** die deshalb ergangenen Verordnungen nicht befolgt[1]);

---

haupt das Überlassen von Gift und Arzneien an andere, soweit nicht der Handel mit diesen Stoffen freigegeben ist, an die polizeiliche Genehmigung geknüpft. Die Worte: „oder sonst an andere überläßt" sind gewählt, um in umfassender Weise alle Vorgänge zu treffen, durch welche Gift und Arzneien von dem einen auf den anderen übertragen werden; sie haben nach dem Zwecke des Gesetzes und nach dem allgemeinen Sprachgebrauche die Bedeutung von „einräumen der tatsächlichen Verfügungsgewalt an einen anderen". Die Grundsätze des B.G.B. über den Besitz können zur Auslegung des Begriffs „Überlassen an andere" nicht herangezogen werden."

Die Auslieferung von im Auftrage dritter Personen aus einer Apotheke beschafften Arzneimitteln an die Besteller ist kein „Überlassen an andere" und somit zulässig. Dagegen ist die Verteilung der aus größeren Sammelbestellungen stammenden Arzneimittel an einzelne Patienten unzulässig (K.G. 17. März 1926, Ph.Ztg. 1926 Nr. 24).

Für Apotheker ist wichtig die folgende Entsch. des Bayer. O.L.G. vom 15./29. April 1926 (Ph.Ztg. 1926 Nr. 66):

„Die Abgabe nichtfreigegebener Arzneimittel an Zwischenpersonen, die selbständig und nicht lediglich in Botenfunktion die Verabfolgung an die Konsumenten bewirken, durch einen Apothekenbesitzer macht diesen der **Mittäterschaft** an der unerlaubten Arzneiabgabe schuldig und somit strafbar."

Ärzte und Heilpraktiker, die nichtfreigegebene Arzneimittel ihren Patienten nicht aushändigen, sondern sie nur bei ihnen durch Einspritzung, Einreibung u. dgl. **verwenden**, begehen damit **kein** strafbares „Überlassen", da sie die Verfügungsgewalt über die Mittel nicht übertragen (R.G. 16. Juni 1900, K.G.A. III S. 272; K.G. 19. Juni 1899, K.G.A. III S. 379). Gegenteilige Ansicht vertrat Bayer. O.L.G. 15. November 1887, K.G.A. II S. 295).

[1]) Der § 367, 5 des Str.G.B. bildet die allgemeine Grundlage, nach der Verstöße der Apotheker gegen ihre **Betriebsvorschriften** strafrechtlich geahndet werden (K.G. 8. Februar 1912, Ph.Ztg. 1912 Nr. 16). Unter der Herrschaft des früheren preuß. Str.G.B. vom 14. April 1851 wurden die besonderen Berufspflichten der Apotheker auf Grund des Medizinaledikts vom 27. September 1725 und der revidierten Apothekerordnung vom 11. Oktober 1801 im Disziplinarwege durch **Ordnungsstrafen** resp. Approbationsentziehung aufrechterhalten. Hierin ist durch das R.Str.G.B. insofern eine Änderung eingetreten, als § 367, 5 auch diese besonderen Berufspflichten der Apotheker umfaßt. Wenn daher ein Apotheker dieselben verletzt, so muß nunmehr die Staats- bzw. Amtsanwaltschaft angegangen werden, während es nicht mehr zulässig ist, daß wegen etwaiger Verstöße gegen diese Vorschriften Ordnungsstrafen verhängt werden. Diese Auffassung ist begründet in zwei Urteilen des preuß. O.V.G. vom 29. Juni 1898 und 26. Oktober 1903, sowie einem preuß. Min.Erl. vom 21. Januar 1902 (s. S. 5). Unter den „Verordnungen über die Ausübung der Befugnis zur Zubereitung oder Feilhaltung von Arzneien" sind die gesamten, den Apothekenbetrieb regelnden reichs- oder landesgesetzlichen Vorschriften zu verstehen, speziell in Preußen nicht nur Polizeiverordnungen, sondern, wie das K.G. am 24. September 1900 (Ph.Ztg. 1900 Nr. 78) entschied, auch Ministerialerlasse. Daher wurde auch die preuß. Apothekenbetriebsordnung (s. Teil XXI) vom K.G. unter dem 25. Juli 1901 (Ph.Ztg. 1901 Nr. 62) als rechtsgültige Verordnung im Sinne des § 367, 5 Str.G.B. erklärt. Über die Anwendbarkeit des § 367, 5 Str.G.B. auf das Arzneibuch s. S. 187.

Über die **strafrechtliche Verantwortlichkeit des Apothekenbesitzers** bei Zuwiderhandlungen seiner Angestellten gegen § 367, 5 Str.G.B. traf das K.G. unter dem 23. Februar 1893 (Ph.Ztg. 1906 Nr. 36) folgende Feststellungen:

1. Ein Apotheker ist für die von seinem Gehilfen in seiner Abwesenheit begangenen Übertretungen des § 367, 5 Str.G.B. und des § 148, 8 R.Gew.O. strafrechtlich verantwortlich.
2. Seine Strafbarkeit ist jedoch ausgeschlossen, wenn der Gehilfe als Stellvertreter im Sinne des § 45 a. a. O. und ohne Vorwissen des Apothekers handelt, oder wenn der Apotheker sowohl bei der Auswahl des Gehilfen als bei den demselben erteilten

5a. wer bei Versendung oder Beförderung von leicht entzündlichen oder ätzenden Gegenständen durch die Post die deshalb ergangenen Verordnungen nicht befolgt;

6. wer Waren, Materialien oder andere Vorräte, welche sich leicht von selbst entzünden oder leicht Feuer fangen, an Orten oder in Behältnissen aufbewahrt, wo ihre Entzündung gefährlich werden kann, oder wer Stoffe, die nicht ohne Gefahr einer Entzündung beieinanderliegen können, ohne Absonderung aufbewahrt[1]).

In den übrigen großen allgemeinen Reichsjustizgesetzen sind nur wenige Bestimmungen enthalten, die das Apothekergewerbe unmittelbar berühren. Es sind dies:

1. Nach § 61 der Konkursordnung, in der Fassung der Bk. vom 20. Mai 1898, gehören „die Forderungen der Ärzte, Wundärzte, Tierärzte, Apotheker, Hebammen und Krankenpfleger wegen Kur- und Pflegekosten aus dem letzten Jahre vor der Eröffnung des Verfahrens insoweit der Betrag der Forderungen den Betrag der taxmäßigen Gebührnisse nicht übersteigt"; zu den bevorrechtigten Konkursforderungen. Sie stehen an vierter Stelle in der Reihenfolge der Konkursforderungen.
2. Nach § 811 Nr. 9 der Zivilprozeßordnung, in der Fassung der Bk. vom 13. Mai 1924, sind die zum Betriebe einer Apotheke unentbehrlichen Geräte, Gefäße und Waren der Pfändung nicht unterworfen[2]).
3. Nach §§ 35 und 84 des Gerichtsverfassungsgesetzes, in der Fassung der Bk. vom 22. März 1924, dürfen „Apotheker, welche keine Gehilfen haben", die Berufung zum Amte eines Schöffen sowie eines Geschworenen ablehnen.
4. Das Gesetz gegen den unlauteren Wettbewerb vom 7. Juni 1909 sieht zivil- und strafrechtliche Maßnahmen gegenüber demjenigen vor, der über seine eigenen geschäftlichen Verhältnisse oder über die eines anderen unwahre zur Irreführung des Publikums sowie zur Schädigung des anderen geeignete Angaben verbreitet. Aus dem Gesetz seien folgende Bestimmungen besonders hervorgehoben:

---

Anweisungen alles ihm Mögliche getan hat, um für den Fall seiner Abwesenheit einem Mißgriff des Gehilfen vorzubeugen und Übertretungen desselben zu verhüten.

Diese Entscheidung bewegt sich auf der gleichen Grundlage wie § 151 der Gew.O. und § 831 des B.G.B. Natürlich bleibt die Verantwortlichkeit der Angestellten für ihre Verfehlungen dadurch unberührt. Auch ein Praktikant ist für seine Versehen unter Umständen selbständig haftbar (L.G. I Berlin, 18. Mai 1897, K.G.A. II S. 168; L.G. Posen 25. November 1913, Ph.Ztg. 1913 Nr. 98), ebenso ein Apothekenassistent (L.G. Köln 13. Juli 1907, Ph.Ztg. 1907 Nr. 75). Ferner erging folgendes Urteil: „Wenn eine Verurteilung eines Apothekers wegen Vorschriftswidrigkeiten in seiner Apotheke, die bei der Revision festgestellt worden sind, stattfinden soll, so muß ihm auch ein Verschulden nachgewiesen werden. Ohne eine solche Feststellung kann eine Verurteilung nicht eintreten. Auch müssen bestimmte Feststellungen hinsichtlich der Vorschriftswidrigkeiten getroffen werden. Allgemeinere Ausführungen reichen nicht aus" (K.G. 18. September 1911, Ph.Ztg. 1911 Nr. 76).

Die dem freien Verkehr überlassenen Arzneien fallen nicht unter § 367, 5 Str.G.B. Dieser betrifft vielmehr nur die Ausübung der Befugnis zur Zubereitung oder Feilhaltung der dem Apothekenzwang unterworfenen Arzneimittel (KG. 3. Februar 1887, Joh. VII S. 225; Bayer. O.L.G. 13. Mai 1911, Ph.Ztg. 1919 Nr. 37, und 27. März 1922, Ph.Ztg. 1926 Nr. 72).

[1]) Über den Verkehr mit leichtentzündlichen Flüssigkeiten, sog. Mineralölen, sind in Preußen besondere Polizeiverordnungen ergangen (s. S. 315).

[2]) Anders jedoch beim Konkursverfahren. Die Konkursordnung sagt hierzu in § 1 Abs. 2: „Die im § 811 Nr. 9 der Zivilprozeßordnung vorgesehenen Beschränkungen kommen im Konkursverfahren nicht in Anwendung."

## Gesetz gegen den unlauteren Wettbewerb.

Vom 7. Juni 1909.

§ 1. Wer im geschäftlichen Verkehre zu Zwecken des Wettbewerbes Handlungen vornimmt, die gegen die guten Sitten verstoßen, kann auf Unterlassung und Schadenersatz in Anspruch genommen werden[1]).

§ 3. Wer in öffentlichen Bekanntmachungen oder in Mitteilungen, die für einen größeren Kreis von Personen bestimmt sind, über geschäftliche Verhältnisse, insbesondere über die Beschaffenheit, den Ursprung, die Herstellungsart oder die Preisbemessung von Waren oder gewerblichen Leistungen, über die Art des Bezugs oder die Bezugsquelle von Waren, über den Besitz von Auszeichnungen, über den Anlaß oder den Zweck des Verkaufs oder über die Menge der Vorräte unrichtige Angaben macht, die geeignet sind, den Anschein eines besonders günstigen Angebots hervorzurufen, kann auf Unterlassung der unrichtigen Angaben in Anspruch genommen werden.

§ 4. Wer in der Absicht, den Anschein eines besonders günstigen Angebots hervorzurufen, in öffentlichen Bekanntmachungen oder in Mitteilungen, die für einen größeren Kreis von Personen bestimmt sind, über geschäftliche Verhältnisse[2]), insbesondere über die Beschaffenheit, den Ursprung, die Herstellungsart oder die Preisbemessung von Waren oder gewerblichen Leistungen, über die Art des Bezugs oder die Bezugsquelle von Waren, über den Besitz von Auszeichnungen, über den Anlaß oder den Zweck des Verkaufs oder über die Menge der Vorräte wissentlich unwahre und zur Irreführung geeignete Angaben macht, wird mit Gefängnis bis zu einem Jahre und mit Geldstrafe bis zu 5000 *RM* oder mit einer dieser Strafen bestraft[3]).

Werden die im Abs. 1 bezeichneten unrichtigen Angaben in einem geschäftlichen Betriebe von einem Angestellten oder Beauftragten ge-

---

[1]) Unterlassungsklagen auf Grund des Wettbewerbsgesetzes können seitens der Apotheker mit Erfolg auch gegen Drogisten angestrengt werden, welche zu Zwecken des Wettbewerbs gegen die guten Sitten verstoßende Handlungen vornehmen oder unrichtige Angaben, z. B. über Wert und Wirkung der von ihnen vertriebenen Arzneimittel, machen (L.G. Hamburg, 29. Mai 1911, Ph.Ztg. 1911 Nr. 67). Dagegen kann der Apotheker gegen einen Drogisten lediglich wegen Verkaufs nichtfreigegebener Arzneimittel eine Unterlassungsklage mit Strafandrohung nicht erheben, weil für eine unter öffentliche Strafe gestellte Handlung nur die öffentliche Strafe des Strafgesetzes in Betracht kommt (R.G. 28. September 1911, Ph.Ztg. 1911 Nr. 103).

Unter § 1 des Wettbewerbsgesetzes fällt auch die Preisunterbietung in Markenartikeln. Hierzu entschied das K.G. unter dem 6. Oktober 1914: „Das Verkaufen von Markenartikeln zu niedrigerem als dem von dem Fabrikanten festgesetzten Preis ist dann sittenwidrig, wenn sich der Händler die Waren auf Schleichwegen oder unter Mitwirkung beim Vertragsbruch oder sonst nach seinem gesamten Verhalten auf unlautere Weise beschafft hat. Der Händler kann daher zur Unterlassung der Preisunterbietung verurteilt werden.“ Ebenso urteilten L.G. Hamburg 28. Oktober 1926 (Ph.Ztg. 1926 Nr. 97) und L.G. I Berlin 26. Februar 1927 (Ph.Ztg. 1927 Nr. 25).

[2]) Hierunter fällt auch die Geschäftsbezeichnung als Fabrik seitens solcher Firmen, die in der Hauptsache Zwischen- oder Kleinhandel treiben und nur einen geringen Teil der verkauften Waren selbst herstellen (R.G. 1909, Ph.Ztg. 1909 Nr. 46).

[3]) Auf Grund von § 4 kann die Bestrafung von nichtapprobierten Heilkünstlern wegen unlauteren Wettbewerbs durch unwahre, übertriebene Anpreisung ihrer Leistungen oder von Heilmittelfabrikanten wegen irreführender, zu weitgehender Angaben über die Wirkung der von ihnen hergestellten Heilmittel erfolgen. (Zahlreiche Urteile des R.G.) Auch fällt unter die Strafbestimmung dieses Paragraphen die Führung des Apothekertitels zu geschäftlichen Zwecken durch Personen, welche nicht im Besitz der Approbation als Apotheker sind (R.G. 12. November 1912, Ph.Ztg. 1912 Nr. 92).

macht, so ist der Inhaber oder Leiter des Betriebes neben dem Angestellten oder Beauftragten strafbar, wenn die Handlung mit seinem Wissen geschah.

§ 5. Die Verwendung von Namen, die im geschäftlichen Verkehr zur Benennung gewisser Waren oder gewerblicher Leistungen dienen, ohne deren Herkunft bezeichnen zu sollen, fällt nicht unter die Vorschriften der §§ 3, 4.

Im Sinne der Vorschriften der §§ 3, 4 sind den dort bezeichneten Angaben bildliche Darstellungen und sonstige Veranstaltungen gleich zu achten, die darauf berechnet und geeignet sind, solche Angaben zu ersetzen.

§ 12. Mit Gefängnis bis zu einem Jahre und mit Geldstrafe bis zu 5000 ℛℳ oder mit einer dieser Strafen wird, soweit nicht nach anderen Bestimmungen eine schwerere Strafe verwirkt wird, bestraft, wer im geschäftlichen Verkehre zu Zwecken des Wettbewerbes dem Angestellten oder Beauftragten eines geschäftlichen Betriebes Geschenke oder andere Vorteile anbietet, verspricht oder gewährt, um durch unlauteres Verhalten des Angestellten oder Beauftragten bei dem Bezuge von Waren oder gewerblichen Leistungen eine Bevorzugung für sich oder einen Dritten zu erlangen.

Die gleiche Strafe trifft den Angestellten oder Beauftragten eines geschäftlichen Betriebes, der im geschäftlichen Verkehre Geschenke oder andere Vorteile fordert, sich versprechen läßt oder annimmt, damit er durch unlauteres Verhalten einem anderen bei dem Bezuge von Waren oder gewerblichen Leistungen im Wettbewerb eine Bevorzugung verschaffe.

Im Urteil ist zu erklären, daß das Empfangene oder sein Wert dem Staate verfallen sei.

§ 13. In den Fällen der §§ 1, 3 kann der Anspruch auf Unterlassung von jedem Gewerbetreibenden, der Waren oder Leistungen gleicher oder verwandter Art herstellt oder in den geschäftlichen Verkehr bringt, oder von Verbänden zur Förderung gewerblicher Interessen geltend gemacht werden, soweit die Verbände als solche in bürgerlichen Rechtsstreitigkeiten klagen können[1]). Auch können diese Gewerbetreibenden und Verbände denjenigen, welcher den §§ 6, 8, 10, 11, 12 zuwiderhandelt, auf Unterlassung in Anspruch nehmen.

Zum Ersatze des durch die Zuwiderhandlung entstehenden Schadens ist verpflichtet:

1. wer im Falle des § 3 die Unrichtigkeit der von ihm gemachten Angaben kannte oder kennen mußte . . .;
2. wer gegen die §§ 6, 8, 10, 11, 12 vorsätzlich oder fahrlässig verstößt.

Werden in einem geschäftlichen Betriebe Handlungen, die nach §§ 1, 3, 6, 8, 10, 11, 12 unzulässig sind, von einem Angestellten oder Beauftragten vorgenommen, so ist der Unterlassungsanspruch auch gegen den Inhaber des Betriebs begründet.

§ 14. Wer zu Zwecken des Wettbewerbs über das Erwerbsgeschäft eines anderen, über die Person des Inhabers oder Leiters des Geschäftes, über die Waren oder gewerblichen Leistungen eines anderen Tatsachen behauptet oder verbreitet, die geeignet sind, den Betrieb des Geschäftes oder den Kredit des Inhabers zu schädigen, ist, sofern die Tatsachen nicht erweislich wahr sind, dem Verletzten zum Ersatze des entstandenen Schadens verpflichtet. Der Verletzte kann auch den Anspruch geltend machen, daß die Behauptung oder Verbreitung der Tatsachen unterbleibe.

---

[1]) Vgl. die Anmerkung zu § 22.

Handelt es sich um vertrauliche Mitteilungen und hat der Mitteilende oder der Empfänger der Mitteilung an ihr ein berechtigtes Interesse, so ist der Anspruch auf Unterlassung nur zulässig, wenn die Tatsachen der Wahrheit zuwider behauptet oder verbreitet sind. Der Anspruch auf Schadenersatz kann nur geltend gemacht werden, wenn der Mitteilende die Unrichtigkeit der Tatsachen kannte oder kennen mußte.

Die Vorschrift des § 13 Abs. 3 findet entsprechende Anwendung.

§ 15. Wer wider besseres Wissen über das Erwerbsgeschäft eines anderen, über die Person des Inhabers oder Leiters des Geschäftes, über die Waren oder gewerblichen Leistungen eines anderen Tatsachen der Wahrheit zuwider behauptet oder verbreitet, die geeignet sind, den Betrieb des Geschäftes zu schädigen, wird mit Gefängnis bis zu einem Jahre und mit Geldstrafe bis zu 5000 RM oder mit einer dieser Strafen bestraft[1]).

Werden die im Abs. 1 bezeichneten Tatsachen in einem geschäftlichen Betriebe von einem Angestellten oder Beauftragten behauptet oder verbreitet, so ist der Inhaber des Betriebes neben dem Angestellten oder Beauftragten strafbar, wenn die Handlung mit seinem Wissen geschah.

§ 16. Wer im geschäftlichen Verkehr einen Namen[2]), eine Firma oder die besondere Bezeichnung eines Erwerbsgeschäfts, eines gewerblichen Unternehmens oder einer Druckschrift in einer Weise benutzt, welche geeignet ist, Verwechselungen mit dem Namen, der Firma oder der besonderen Bezeichnung hervorzurufen, deren sich ein anderer befugterweise bedient, kann von diesem auf Unterlassung der Benutzung in Anspruch genommen werden.

Der Benutzende ist dem Verletzenden zum Ersatze des Schadens verpflichtet, wenn er wußte oder wissen mußte, daß die mißbräuchliche Art der Benutzung geeignet war, Verwechselungen hervorzurufen.

Der besonderen Bezeichnung eines Erwerbsgeschäftes stehen solche Geschäftsabzeichen und sonstigen zur Unterscheidung des Geschäfts von anderen Geschäften bestimmten Einrichtungen gleich, welche innerhalb beteiligter Verkehrskreise als Kennzeichen des Erwerbsgeschäfts gelten. Auf den Schutz von Warenzeichen und Ausstattungen (§§ 1, 15 des Gesetzes zum Schutze der Warenbezeichnungen vom 12. Mai 1894) finden diese Vorschriften keine Anwendung.

Die Vorschrift des § 13 Abs. 3 findet entsprechende Anwendung.

§ 17. Mit Gefängnis bis zu einem Jahre und mit Geldstrafe bis zu 5000 RM oder mit einer dieser Strafen wird bestraft, wer als Angestellter, Arbeiter oder Lehrling eines Geschäftsbetriebes Geschäfts- oder Be-

---

[1]) Eine wichtige Anwendung hat dieser Paragraph auf die Verabfolgung von Ersatzpräparaten gefunden. Das R.G. hat unter dem 23. Januar 1912 (Ph.Ztg. 1912 Nr. 63) und 24. April 1917 (Ph.Ztg. 1917 Nr. 34) entschieden, daß die stillschweigende Verabfolgung eines identischen Ersatzmittels an Stelle des verlangten geschützten, auch ohne daß eine schriftliche Bezeichnung mit dem geschützten Namen stattfindet, einen Verstoß gegen § 15 des Wettbewerbsgesetzes darstellt. Ebenso ist das Anpreisen von Ersatzpräparaten unter Bezugnahme auf Markenartikel unzulässig (O.L.G. Hamburg 7. Dezember 1923, Ph. Ztg. 1924 Nr. 70).

Ferner erging folgendes Urteil des R.G. vom 19. Januar 1915 (Ph.Ztg. 1915 Nr. 35):

„Es verstößt gegen die guten Sitten, wenn eine Firma ihren Waren einen Namen gibt und sie mit einem Namen in den Verkehr bringt, der als auffälligen Bestandteil nicht den eigenen Namen, sondern den Namen eines Wettbewerbers, wenn auch in abgekürzter Form, enthält, ohne daß dieser letztere Name eine allgemeine Bezeichnung für Waren von bestimmter Eigenschaft geworden ist. Das gilt auch dann, wenn dem Namen des Wettbewerbers das Wort ‚Ersatz‘ hinzugefügt wird."

[2]) Vgl. vorstehende Fußnote.

triebsgeheimnisse, die ihm vermöge des Dienstverhältnisses anvertraut oder sonst zugänglich gemacht worden sind, während der Geltungsdauer des Dienstverhältnisses unbefugt an andere zu Zwecken des Wettbewerbes oder in der Absicht, dem Inhaber des Betriebes Schaden zuzufügen, mitteilt.

Gleiche Strafe trifft denjenigen, welcher Geschäfts- oder Betriebsgeheimnisse, deren Kenntnis er durch eine der im Abs. 1 bezeichneten Mitteilungen oder durch eine gegen das Gesetz oder die guten Sitten verstoßende eigene Handlung erlangt hat, zu Zwecken des Wettbewerbes unbefugt verwertet oder an andere mitteilt.

§ 18. Mit Gefängnis bis zu einem Jahre und mit Geldstrafe bis zu 5000 *RM* oder mit einer dieser Strafen wird bestraft, wer die ihm im geschäftlichen Verkehr anvertrauten Vorlagen oder Vorschriften technischer Art, insbesondere Zeichnungen, Modelle, Schablonen, Schnitte, Rezepte, zu Zwecken des Wettbewerbes unbefugt verwertet oder an andere mitteilt.

§ 19. Zuwiderhandlungen gegen die Vorschriften der §§ 17, 18 verpflichten außerdem zum Ersatz des entstandenen Schadens. Mehrere Verpflichtete haften als Gesamtschuldner.

§ 20. Wer zu Zwecken des Wettbewerbes es unternimmt, einen anderen zu einer Zuwiderhandlung gegen die Vorschriften des § 17 Abs. 1, § 18 zu bestimmen, wird mit Gefängnis bis zu neun Monaten und mit Geldstrafe bis zu 2000 *RM* oder mit einer dieser Strafen bestraft.

§ 22. Die Strafverfolgung tritt mit Ausnahme der in den §§ 6, 10, 11 bezeichneten Fälle nur auf Antrag ein. In den Fällen der §§ 4, 8, 12 hat das Recht, den Strafantrag zu stellen, jeder der im § 13 Abs. 1 bezeichneten Gewerbetreibenden und Verbände[1]).

Die Zurücknahme des Antrages ist zulässig.

§ 26. Neben einer nach Maßgabe dieses Gesetzes verhängten Strafe kann auf Verlangen des Verletzten auf eine an ihn zu erlegende Buße bis zum Betrage von 10000 *RM* erkannt werden. Für diese Buße haften die dazu Verurteilten als Gesamtschuldner. Eine erkannte Buße schließt die Geltendmachung eines weiteren Entschädigungsanspruches aus.

## IV. Sozialversicherung.

Unter Sozialversicherung versteht man den Schutz der arbeitenden Bevölkerung vor den Folgen von Krankheiten, Unfällen, Alter und Invalidität, sowie die Sorge für die Hinterbliebenen, für Arbeitslose, Kriegsbeschädigte und Rentenempfänger. Die Sozialversicherung beruht in erster Linie auf vier großen Reichsgesetzen:

1. Der Reichsversicherungsordnung, die die Gebiete der Krankenversicherung, der Unfallversicherung und der Invaliden- und Hinterbliebenenversicherung umfaßt;

[1]) Danach können gemäß § 13 Abs. 1 Ärzte und deren Verbände (Ärztekammern und -vereine) nur gegen Personen, die „Leistungen gleicher oder verwandter Art" in den geschäftlichen Verkehr bringen, also Personen, welche die Heilkunst ausüben, Strafantrag stellen. Das R.G. hat jedoch hierzu unter dem 27. Mai 1904 (Ph.Ztg. 1905 Nr. 22) und dem 11. Januar 1906 (Ph.Ztg. 1906 Nr. 68) folgenden Grundsatz aufgestellt: „Die Ankündigung eines Mittels gegen bestimmte Krankheiten ist eine der ärztlichen Leistung verwandte Tätigkeit. Demgemäß sind die Ärzte als Produzenten verwandter gewerblicher Leistungen berechtigt, auch gegen solche Ankündigungen von Heilmitteln auf Grund des Gesetzes gegen den unlauteren Wettbewerb Strafantrag zu stellen, welche von Personen ausgehen, die nicht die Heilkunde ausüben."

2. dem Reichsknappschaftsgesetz, das die gleichen Versicherungsmaßnahmen für die im Bergbau tätigen Personen regelt;
3. dem Angestelltenversicherungsgesetz, das den in gehobener Stellung tätigen Angestellten Ruhegehalt im Falle der Berufsunfähigkeit oder des gesetzlichen Alters sowie Hinterbliebenenrenten zusichert;
4. dem Gesetz über Arbeitsvermittlung und Arbeitslosenversicherung, das allen gegen Krankheit oder auf Grund des Angestelltenversicherungsgesetzes pflichtversicherten Personen im Falle der Arbeitslosigkeit einen Anspruch auf Arbeitslosenunterstützung gewährt[1]).

Die Fürsorge für Kriegsbeschädigte[2]) und Rentenempfänger ist durch besondere Verordnungen und Gesetze geregelt.

Das Interesse des Apothekerstandes an diesen Gesetzen ist ein doppeltes. Der Apotheker steht ihnen gegenüber einmal als Arbeitgeber, der in seinem Betriebe versicherungspflichtige Personen beschäftigt und zweitens als Lieferant der für die erkrankten Versicherten gebrauchten Arzneien.

## Reichsversicherungsordnung.

In der Fassung der Bk. vom 15. Dezember 1924 u. 9. Januar 1926, sowie der Gesetze vom 22. Januar 1925, 26. März 1926, 22. Mai 1926, 25. Juni 1926, 9. Juli 1926 u. 15. Juli 1927.

## Zweites Buch. Krankenversicherung.

### Zweiter Abschnitt. Gegenstand der Versicherung.

#### I. Leistungen im allgemeinen.

§ 179. Gegenstand der Versicherung sind die in diesem Buche vorgeschriebenen Leistungen der Krankenkassen (§ 225) an Krankenhilfe, Wochenhilfe, Sterbegeld und an Familienhilfe.

Diese Leistungen gelten als Regelleistungen der Kassen, und zwar auch dann, wenn die Satzung von den Vorschriften der §§ 188, 192 Gebrauch macht.

Gegenstand der Versicherung sind auch die durch die Satzung bestimmten Mehrleistungen; sie sind nur soweit zulässig, wie es dieses Buch vorsieht.

#### II. Krankenhilfe.

§ 182. Als Krankenhilfe wird gewährt:

1. Krankenpflege von Beginn der Krankheit an; sie umfaßt ärztliche Behandlung[3]) und Versorgung mit Arznei[4]), sowie

---

[1]) Siehe S. 78. Die anderen Gesetze sind vorher behandelt.

[2]) Nach dem Reichsversorgungsgesetz vom 31. Juli 1925 und 8. Juli 1926 haben dienstbeschädigte frühere Militärpersonen Anspruch auf Heilbehandlung. Diese umfaßt laut § 5 des Gesetzes u. a. „ärztliche Behandlung, Versorgung mit Arznei und anderen Heilmitteln". Nach § 5 wird die Heilbehandlung durch die Krankenkassen gewährt. Die ihnen überwiesenen früheren Militärpersonen bzw. Kriegsbeschädigten werden als „Zugeteilte" bezeichnet.

[3]) Die Kassen sind also zur Gewährung freier ärztlicher Behandlung verpflichtet. Behandlung durch Nichtärzte, Naturheilkundige usw. ist ausgeschlossen (§ 122). Daraus folgt auch, wie in einer Verfügung des Magistrats zu Magdeburg vom 23. Mai 1905 dargelegt wird, daß die Krankenkassen nicht berechtigt sind, ohne ärztliche Verordnung Arznei- und Heilmittel an Kassenmitglieder zum Bezuge aus Apotheken usw. selbst anzuweisen.

[4]) Die Versicherten haben nach § 182 einen Anspruch auf freie Gewährung von Arznei, d. h. aller vom Arzte zur Erzielung des Heilerfolges für nötig erachteten Arzneimittel. Das Gesetz kennt nur zwei Einschränkungen dieses Grundsatzes: a. der vom Versicherten gemäß § 182a zu tragende Kostenanteil, und b. die vom Reichsausschuß für Ärzte und Krankenkassen gemäß § 368e erlassenen Richtlinien gegen unnötige und übermäßige

Brillen, Bruchbändern[1]) und anderen kleineren Heilmitteln[2]), und

---

Inanspruchnahme der Krankenhilfe. Darüber hinausgehende Anweisungen oder Verbote bestimmter Arzneimittel zu treffen, ist der Kassenvorstand nicht befugt. Der von einzelnen Kassen den Ärzten gegenüber ausgeübte Zwang zur Verordnung besonders billiger Arzneimittel ist nach einem noch heute zutreffenden Urteile des L.G. I Berlin vom 13. Januar 1900 (K.G.A. III S. 124) ungesetzlich; der Arzt kann nach diesem Urteil für die Verordnung teuerer Medikamente als die Kassenanweisung vorschreibt, nicht haftbar gemacht werden. Vgl. hierzu den Artikel in Ph.Ztg. 1927 Nr. 61 und das abweichende Gutachten des R.V.A. vom 19. August 1927 (Ph. Ztg. 1927 Nr. 74). Verträge, wonach an Stelle verordneter wortgeschützter Präparate Ersatzmittel abzugeben sind, sind sittenwidrig (R.G. 15./22. November 1912, Ph. Ztg. 1912 Nr. 95 und 1913 Nr. 4).

Ähnliches gilt für die bei vielen Kassen übliche Rezeptnachprüfung. Vermerke von Rezeptrevisoren auf Krankenkassenrezepten sind nach einer Entscheidung des R.V.A. vom 12. Juni 1918 (Ph.Ztg. 1918 Nr. 65) zwar zulässig, aber für den die Arznei anfertigenden Apotheker unverbindlich, da sie nur die Bedeutung einer gutachtlichen Äußerung haben. Denn der pharmazeutische Berater einer Kasse ist nicht befugt, einem Apotheker Anweisungen über die Art der Ausführung eines Rezeptes zu erteilen.

Angesichts dieser Rechtslage ist auch die Krankenkasse nicht befugt, die Gewährung freier Arznei im Einzelfalle von ihrer Genehmigung abhängig zu machen, oder gar Änderungen auf den ärztlichen Rezepten vorzunehmen. Demgemäß wäre auch bei „Arzneien" ein Zwang, die Rezepte vorher der Kasse zwecks Abstempelung vorzulegen, unzulässig (vgl. die Fußnote zu § 376 Abs. 3). Berechtigt ist ein solches Verfahren nur bei Verordnung von „Heilmitteln", da diese nicht unbeschränkt zu gewähren sind (s. Fußnote 2 auf S. 71 und § 193).

Als „Arznei" gelten nicht nur die den Apotheken vorbehaltenen, sondern auch die dem freien Verkehr überlassenen Arzneimittel (s. Ph.Ztg. 1917 Nr. 3). Im übrigen ergingen zur Auslegung des Gesetzes folgende Entscheidungen: Malzextrakt, das zur Heilung und Wiederherstellung eines Kassenmitgliedes dienen soll, ist eine Arznei. Die Kosten dafür müssen daher von der Krankenkasse bezahlt werden (Sächsisches L.V.A. 1915, Ph.Ztg. 1915 Nr. 12). Wenn Sanatogen zur Bekämpfung von Blutarmut für ein Krankenkassenmitglied verordnet ist, so muß die Kasse die Kosten dafür tragen. Dieser Fall liegt immer vor, wenn Sanatogen während einer Erkrankung verordnet wird und nach Ansicht des Arztes geeignet erscheint, die Krankheit zu heilen oder zu lindern (Sächsisches L.V.A., 1. Juli 1916, Ph.Ztg. 1916 Nr. 64).

Bezüglich Wein und Kognak ging die Entscheidung der Gerichte zumeist dahin, daß Wein an sich zwar nicht zu den „Arzneien", wohl aber unter Umständen zu den „Heilmitteln" zu rechnen sei. Ein Zwang zur Gewährung von Wein liege daher nur dann vor, wenn dieser als Heilmittel und in einer Quantität gebraucht werde, die im Preise den Brillen und Bruchbändern einigermaßen gleichstände. So lauten die Entscheidungen des preuß. O.V.G. vom 19. Dezember 1887, des badischen V.G. vom 24. November 1897 und des bayerischen V.G. vom 28. April 1902 (Ph.Ztg. 1902 Nr. 90). Andere Gerichte, wie L.G. Bromberg, 11. April 1890 (Ph.Ztg. 1890 Nr. 59) und L.G. Hannover, 18. November 1897 (Ph.Ztg. 1897 Nr. 101) haben Wein unter Umständen auch als „Arznei" gelten lassen, also eine unbedingte Verpflichtung der Kassen zur Gewährung desselben anerkannt. Indessen sind auch Urteile ergangen, welche Wein weder als Arznei noch als Heilmittel ansehen, so L.G. Altona, 14. Juni 1897 (K.G.A. II S. 51) und L.G. Braunsberg, 25. Januar 1904 (Ph.Ztg. 1905 Nr. 103). Verbandstoffe und Fleischsaft erklärte ein Urteil des L.G. Bielefeld vom 27. November 1905 (Ph.Ztg. 1906 Nr. 15) als „Arzneien", Mineralwässer ein Urteil des L.G. Hannover vom Juli 1907 (Ph.Ztg. 1907 Nr. 56) als „Heilmittel".

[1]) Brillen und Bruchbänder sind nach einem Urteil des R.V.A. vom 8. November 1923 (Ph.Ztg. 1924 Nr. 8) gleich den Arzneien ohne Rücksicht auf die Kosten auch dann zu gewähren, wenn die Satzung für andere kleinere Heilmittel einen Höchstbetrag festgesetzt hat.

[2]) Die R.V.O. unterscheidet zwischen Arznei und Heilmitteln. Arznei ist stets und unbeschränkt zu gewähren, von Heilmitteln sind es nur die „kleineren". Unter „Heilmitteln" in diesem Sinne sind also nicht arzneiliche, medikamentöse Mittel, sondern beim Heilverfahren gebrauchte Hilfsmittel zu verstehen. Obligatorisch zu gewähren sind von diesen laut § 182 die „kleineren", nach § 193 kann aber auch ein Zuschuß zu „größeren" gewährt werden. Der Unterschied zwischen beiden dürfte danach vornehmlich im Kostenpunkte

2. Krankengeld in Höhe des halben Grundlohnes für jeden Kalendertag, wenn die Krankheit den Versicherten arbeitsunfähig macht; es wird vom vierten Krankheitstag an, wenn aber die Arbeitsunfähigkeit erst später eintritt, vom Tage ihres Eintritts an gewährt.

§ 182a[1]). Von den Kosten für Arznei, Heil- und Stärkungsmittel haben die Versicherten[2]) in allen Fällen zehn vom Hundert selbst zu tragen[3]).

Gefährden nach pflichtmäßiger Überzeugung des Kassenvorstandes die Ausgaben der Kasse für die im Abs. 1 genannten Leistungen die Leistungsfähigkeit der Kasse, so kann er beschließen, daß die Kassenmitglieder die Kosten bis zwanzig vom Hundert selbst zu tragen haben. Auf Verlangen der Mehrheit der Versichertenvertreter im Ausschuß muß der Kassenvorstand den Beschluß aufheben.

Der Reichsausschuß für Ärzte und Krankenkassen setzt die Ausnahmen von der Vorschrift der Abs. 1, 2 fest[4]).

---

liegen. „Kleinere" Heilmittel dürften, wie in Analogie eines Urteils des O.V.G. vom 19. Dezember 1887 anzunehmen ist, solche sein, die im Kostenpunkt den Brillen und Bruchbändern einigermaßen ähnlich sind. Nahrungs- und Stärkungsmittel fallen nur dann unter den Begriff „Heilmittel", wenn sie im Einzelfall nicht etwa nur der Erhaltung der Gesundheit, sondern unmittelbaren Heilzwecken zu dienen bestimmt sind (R.V.A. 26. November 1925, Ph.Ztg. 1916 Nr. 15).

[1]) Die Bestimmung beruht auf § 25 der V. über Krankenhilfe bei den Krankenkassen vom 30. Oktober 1923.

[2]) Auf die Mitglieder von Ersatzkassen (§§ 503ff. R.V.O.) findet diese Bestimmung nicht ohne weiteres Anwendung, sondern nur, sofern die Satzung eine diesbezügliche Anordnung enthält.

[3]) In der Praxis ist wegen der technischen Schwierigkeiten der Einziehung des Arzneikostenanteils der Versicherten zwischen Krankenkassen und Apotheken vielfach vereinbart worden, daß diese statt des prozentualen Anteils eine bestimmte feste Gebühr für jede verordnete Arznei oder für jedes Rezeptblatt erheben. Eine solche Verordnung hat der Reichsarbeitsminister durch Verfügung vom 12. Mai 1926 für nicht zulässig erklärt, weil nach ihr lediglich eine Formulargebühr erhoben wird, während § 182a R.V.O. die Einziehung bestimmter Hundertsätze von jedem Arzneikostenbetrag vorschreibt. Nur gegen die Vornahme kleinerer Abrundungen sei nichts einzuwenden. Vgl. ferner Fußnote 1 auf S. 61.

[4]) Diese Ausnahmen hat der Reichsausschuß für Ärzte und Krankenkassen unter dem 10. April 1924 und 7. Januar 1927 wie folgt festgesetzt:

A. Die Kassenmitglieder sind in folgenden Fällen von der Bezahlung des Anteils an den Kosten für Arzneien, Heil- und Stärkungsmitteln befreit:
1. bei Erkrankung infolge eines Unfalls;
2. bei Entbindungen;
3. bei Nachtverordnungen und allen von den Ärzten als „dringend" (cito) bezeichneten Verschreibungen.

B. Als „dringend" können Verschreibungen durch Ärzte erfolgen:
1. zur schleunigen Abwendung einer Gefahr für Leben oder Gesundheit;
2. zur Beseitigung von akuten Schmerzzuständen;
3. zur schleunigen Verhütung von Ansteckung oder Übertragung von Krankheiten.

Außerdem sind von der anteiligen Kostenzahlung befreit: die Erwerbslosen.

Für die „Zugeteilten" gelten die vom Herrn Reichsarbeitsminister erlassenen Bestimmungen.

Über die Befreiung der Zugeteilten (Kriegsbeschädigten) hat der Reichsarbeitsminister folgende Bestimmungen erlassen:

1. Nach einer Verf. des Reichsarbeitsministers vom 16. November 1923 ist die Bestimmung über den Anteil der Versicherten an den Kosten für Arznei-, Heil- und Stärkungsmittel auch auf Zugeteilte, die durch Vermittlung der Krankenkassen Heilbehandlung erhalten, entsprechend anzuwenden.

Der Kassenvorstand bestimmt, wie die Mitglieder mit ihrem Kostenanteile heranzuziehen sind[1]).

---

2. Verf. vom 2. April 1924: Ich habe nichts dagegen einzuwenden, daß in den Fällen, in denen Krankenkassen von der Erhebung des Arzneikostenanteils bei ihren Versicherten mit Rücksicht auf die technischen Schwierigkeiten der Erhebung vorübergehend allgemein absehen, auch von Zugeteilten dieser Anteil nicht erhoben wird. Die Krankenkassen können also in diesen Fällen die vollen Arzneikosten für Zugeteilte bei den Hauptversorgungsämtern anfordern.

3. Verf. vom 18. Dezember 1925: Unter „vorübergehenden technischen Schwierigkeiten" im Sinne des Erl. vom 2. April 1924 sind die Schwierigkeiten zu verstehen, welche die Weigerung des Apothekers, beim Einzug des Arzneikostenanteils mitzuwirken, hervorgerufen hat. Die Ausdehnung des Kassenbezirks allein entbindet die Krankenkasse nicht von der Verpflichtung, den Versicherten an den Arzneikosten zu beteiligen.

4. Nach einer Verf. des Reichsarbeitsministers vom 9. August 1926 kommt der Arzneikostenanteil der Zugeteilten auch dann in Fortfall, wenn die Zugeteilten Rente nach dem Reichsversorgungsgesetz oder eine laufende Rente für Erwerbsunfähigkeit (Berufsunfähigkeit, Invalidität) auf Grund der Vorschriften der R.V.O. des Angestelltenversicherungsgesetzes oder des Reichsknappschaftsgesetzes beziehen.

5. Verf. vom 6. Januar 1927: Es ist mir bekannt, daß verschiedentlich Krankenkassen mit Rücksicht auf die bei der Durchführung der Vorschrift des § 182a R.V.O. entstehenden Schwierigkeiten unter Duldung der Aufsichtsbehörden von dem Einzug des Arzneikostenanteils absehen. Um in solchen Fällen eine verschiedene Behandlung der beiden Gruppen — Versicherte und Zugeteilte — zu vermeiden, erkläre ich mich in Erweiterung des Erl. vom 2. April 1924 damit einverstanden, daß auch bei Zugeteilten von der Erhebung des Arzneikostenanteils überall da abgesehen wird, wo die Krankenkassen mit Duldung der Aufsichtsbehörden ihren Mitgliedern den Anteil — gleich aus welchen Gründen — erlassen.

[1]) Der Kassenvorstand kann natürlich nur den Versicherten gegenüber etwas „bestimmen", nicht den Arzneilieferanten gegenüber. Er kann also z. B. bestimmen, daß die Versicherten ihren Arzneikostenanteil sogleich bei Entnahme der Arznei zu bezahlen haben. Er kann aber nicht durch eine einfache Anordnung die Lieferanten zur Einziehung des Anteils verpflichten. Dazu bedarf es einer vertraglichen Vereinbarung. Liegt eine solche nicht vor, so gestaltet sich die Rechtslage wie folgt:

a. diejenigen Apotheken, die einen laufenden Vertrag mit den Krankenkassen haben, nach dem letztere verpflichtet sind, die ihren Mitgliedern gelieferten Arzneien den Apotheken zu bezahlen, können die direkte Verrechnung des Anteils mit den Mitgliedern ablehnen. Die Kasse müßte dann den Arzneikostenanteil von den Mitgliedern unmittelbar erheben.

b. Fehlt aber ein formeller Vertrag genannten Inhalts, so kann der Kassenvorstand seine Mitglieder verpflichten, ihren Anteil unmittelbar in der Apotheke zu bezahlen. Die Kasse kann dann den Apothekern gegenüber nach vorheriger Benachrichtigung ablehnen, mehr zu zahlen, als ihr gesetzlich obliegt. Die Apotheker müssen in diesem Falle, um in den Besitz der Mitgliederanteile zu gelangen, sich an diejenigen halten, die zur Tragung derselben gesetzlich verpflichtet sind, also an die Kassenpatienten selbst.

In letzterem Sinne entschieden A.G. Bochum, 11. März 1924 (Ph.Ztg. 1924 Nr. 48), A.G. Stuttgart, Februar 1925 (Ph.Ztg. 1925 Nr. 16). Ein Urteil des L.G. Kiel vom 26. Februar 1925 (Ph.Ztg. 1925 Nr. 47) nahm gleiches auch für den Fall a an, da durch die diesbezügliche gesetzliche Anordnung ein neues Moment geschaffen sei, das abweichende privatrechtliche Verträge insoweit aufhebe.

Daß nach Lage der gesetzlichen Bestimmungen von Amts wegen ein Zwang zur Einziehung des Arzneikostenanteils der Versicherten auf die Apotheker nicht ausgeübt werden kann, ist dargelegt in Verf. des Reichsarbeitsministers vom 15. März 1924 („wo die Apotheker sich weigern, muß es den Krankenkassen überlassen bleiben, in welcher Weise sie ihrerseits den Betrag von den Versicherten einziehen wollen"), des preuß. Min. für Volkswohlfahrt vom 13. Februar 1924 und 20. Mai 1924. Anderseits ist zwischen dem Deutschen Apothekerverein und den Spitzenverbänden der Krankenkassen in einer Bespre-

§ 187a. Die Krankenkasse darf über die den Erkrankten ausgehändigten *Arzneibehältnisse* verfügen[1]).

§ 193. Die Satzung kann mit Zustimmung des Oberversicherungsamtes für *kleinere Heilmittel* einen Höchstbetrag festsetzen.

Sie kann bei der Krankenpflege noch andere als kleinere Heilmittel, insbesondere Krankenkost oder einen Zuschuß hierfür, zubilligen...

### III. Wochenhilfe.

§ 195a. Weibliche Versicherte, die in den letzten zwei Jahren vor der Niederkunft mindestens zehn Monate hindurch, im letzten Jahre vor der Niederkunft aber mindestens sechs Monate hindurch auf Grund der Reichsversicherung oder bei dem Reichsknappschaftsvereine gegen Krankheit versichert gewesen sind, erhalten als Wochenhilfe

1. bei der Entbindung oder bei Schwangerschaftsbeschwerden Hebammenhilfe, *Arznei und kleinere Heilmittel*[2]), sowie, falls es erforderlich wird, ärztliche Behandlung.

### V. Familienhilfe.

§ 205a. *Wochenhilfe* erhalten auch die *Ehefrauen*, sowie solche Töchter, Stief- und Pflegetöchter der Versicherten, welche mit diesen in häuslicher Gemeinschaft leben, wenn

1. sie ihren gewöhnlichen Aufenthalt im Inland haben;
2. ihnen ein Anspruch auf Wochenhilfe nach § 195a nicht zusteht und
3. die Versicherten in den letzten zwei Jahren vor der Niederkunft mindestens zehn Monate hindurch, im letzten Jahre vor der Niederkunft aber mindestens sechs Monate hindurch auf Grund der Reichsversicherung oder bei dem Reichsknappschaftsvereine gegen Krankheit versichert gewesen sind.

Die Satzung kann mit Zustimmung des Oberversicherungsamts bestimmen, wieweit von der Voraussetzung des Abs. 1 Nr. 1 abzusehen ist.

Als Wochenhilfe werden die im § 195a Ab. 1 Nr. 1, 2, 3 und 4 bezeichneten Leistungen gewährt...

---

chung vom 16. November 1925 die folgende Vereinbarung getroffen worden: „Solange der § 182a der R.V.O. den Versicherten die Tragung eines Kostenanteils der Arzneien auferlegt, verpflichten sich die Apotheker, diesen Anteil nach bezirklich festzulegenden Grundsätzen auf Wunsch der Kassen einzuziehen.“

Die Einziehung des Arzneikostenanteils durch Apotheker kompliziert sich dadurch, daß die Apotheker gemäß § 376 R.V.O. den Krankenkassen für die Arzneien einen *Abschlag* von den Preisen der Arzneitaxe zu gewähren haben (s. S. 69). Da sich an dem Charakter der Lieferung der Apotheker an die Krankenkassen durch den Arzneikostenanteil der Versicherten nichts geändert hat — die Versicherten schulden ihren Anteil rechtlich den Kassen gegenüber —, ist auch der Arzneikostenanteil rabattpflichtig. Die Berechnung hat daher in der Weise zu erfolgen, daß von dem Taxpreise der Arznei zunächst der vorgeschriebene Abschlag (Rabatt) in Abzug gebracht wird. Von dem so verbleibenden Nettoarzneipreise haben die Versicherten ihren Anteil zu tragen, und der Restbetrag ist von der Kasse zu zahlen.

[1]) Hierzu entschied das R.V.A. unter dem 5. April 1924 (Ph.Ztg. 1924 Nr. 59): Die Aufnahme einer Bestimmung über das *Flaschenpfand* in die Krankenordnung ist zulässig, da die Mitwirkung der Versicherten an der Vermeidung unnötiger Ausgaben für die Krankenkasse erwartet werden muß und die Versorgung der Kassenmitglieder mit Arznei durch das Flaschenpfand nicht einschneidend beeinflußt wird.

[2]) Laut preuß. Min.-Erl. vom 16. Mai 1927 dürfen die Krankenkassen *Wochenbettpackungen* verabfolgen, die neben Verbandmaterial auch 150 g Kresolseife enthalten.

§ 205b. Die Satzung kann zubilligen:

1. Krankenpflege an solche Familienangehörige der Versicherten, welche darauf nicht anderweit nach diesem Gesetz Anspruch haben...[1])

## Dritter Abschnitt. Träger der Versicherung.

### I. Arten der Krankenkassen.

§ 225. Krankenkassen nach diesem Gesetze sind die Ortskrankenkassen, die Landkrankenkassen, die Betriebskrankenkassen und die Innungskrankenkassen.

Diesen Krankenkassen können die Mitglieder des Reichsknappschaftsvereins nicht angehören[2]).

### VII. Vereinigung, Ausscheidung, Auflösung, Schließung.

§ 291[3]). Den Beschluß des Oberversicherungsamts (§ 284 Abs. 1) hat der Vorstand der aufzunehmenden Kasse den Ärzten und den Zahnärzten, zu denen die Kasse in einem Vertragsverhältnisse steht, unverzüglich mitzuteilen. Der Arzt oder Zahnarzt kann sich darauf binnen 14 Tagen der aufnehmenden Kasse gegenüber bereit erklären, für sie tätig zu werden unter den Bedingungen, die er mit der aufgenommenen Kasse vereinbart hatte, oder unter den Bedingungen der aufnehmenden Kasse mit ihren Ärzten und Zahnärzten. Nimmt die aufnehmende Kasse den Antrag nicht unverzüglich an, so hat sie den Arzt oder Zahnarzt zu entschädigen. Hat sich der Arzt oder Zahnarzt nicht binnen vierzehn Tagen bereit erklärt, so kann von diesem Zeitpunkt ab das Vertragsverhältnis von beiden Seiten unter Einhaltung einer dreimonatigen Kündigungsfrist, jedoch frühestens zu dem Tage der Aufnahme, gekündigt werden. Vertragsmäßige Rechte, zu einem früheren Zeitpunkt zu kündigen, werden hierdurch nicht berührt.

Dies gilt entsprechend für Vertragsverhältnisse der Kasse mit Apothekenbesitzern und -verwaltern, Heilanstalten aller Art und den im § 122 aufgeführten Personen sowie mit Lieferanten.

§ 302[4]). Den Beschluß des Oberversicherungsamtes (§ 284 Abs. 1) hat der Vorstand der Kasse, die aufgelöst oder geschlossen wird, den Angestellten, den Ärzten und den Zahnärzten, mit denen die Kasse in einem Vertragsverhältnisse steht, unverzüglich mitzuteilen. Das Vertragsverhältnis endet drei Monate nach der Mitteilung, jedoch frühestens mit dem Tage der Auflösung oder Schließung. Hierauf ist in der Mitteilung hinzuweisen. Vertragsmäßige Rechte, zu einem früheren Zeitpunkt zu kündigen, werden hierdurch nicht berührt.

Dies gilt entsprechend für Vertragsverhältnisse der Kasse mit Apothekenbesitzern und -verwaltern, Heilanstalten aller Art und den im § 122 aufgeführten Personen sowie mit Lieferanten.

---

[1]) Häufig bestimmt die Satzung, daß die Krankenkasse die Arzneikosten für die Familienmitglieder nur zu einem Teil, in der Regel zur Hälfte, trägt. In solchem Falle ist auch nur der von der Kasse übernommene Anteil rabattpflichtig. Hierzu besagt ein Urteil des A.G. Sensburg vom 14. April 1926 (Ph.Ztg. 1927 Nr. 15): Eine Apothekerrechnung über Arzneilieferungen für Familienangehörige der Versicherten ist von der Krankenkasse nur in der durch die Kassensatzung vorgesehenen prozentualen Höhe zu begleichen.

[2]) Über die Knappschaftskassen s. das Reichsknappschaftsgesetz (S. 72).

[3]) § 291 betrifft die Vereinigung von Krankenkassen. Der im § 284 Abs. 1 erwähnte Beschluß des Oberversicherungsamtes betrifft die Festsetzung des Tages, mit dem die Änderung (Vereinigung oder Auflösung) in Kraft tritt.

[4]) § 302 betrifft die Auflösung und Schließung von Krankenkassen.

## Vierter Abschnitt. Verfassung.

### VI. Verhältnis zu Ärzten, Zahnärzten, Krankenhäusern und Apotheken.

§ 368. Die Beziehungen zwischen Krankenkassen und Ärzten werden durch schriftlichen Vertrag geregelt; die Bezahlung anderer Ärzte kann die Kasse, von dringenden Fällen abgesehen, ablehnen[1]).

§ 368a. Zur Regelung der Beziehungen zwischen den Krankenkassen und den Ärzten wird ein Reichsausschuß für Ärzte und Krankenkassen gebildet . . .

§ 368e. Zur Sicherung gleichmäßiger und angemessener Vereinbarungen zwischen den Kassen und Ärzten stellt der Reichsausschuß Richtlinien auf.

Diese Richtlinien können sich namentlich erstrecken auf

- die Zulassung der Ärzte zur Tätigkeit bei den Krankenkassen,
- den allgemeinen Inhalt der Arztverträge,
- die Art und Höhe der Vergütung für die ärztlichen Leistungen,
- die Einrichtungen, welche zur Sicherung der Kasse gegen eine unnötige und übermäßige Inanspruchnahme der Krankenhilfe erforderlich sind[2]),
- die Maßnahmen zur Sicherung gegen eine übermäßige Inanspruchnahme einzelner Ärzte . . .

Dem Reichsausschusse steht die Auslegung und Änderung dieser Richtlinien zu.

§ 368g. Verbände von Ärzten und Krankenkassen, die für den Bezirk eines Landes die Mehrheit der Ärzte und Krankenkassen umfassen, können die Bildung von Landesausschüssen für Ärzte und Krankenkassen vereinbaren. Kassen und Ärzte müssen in diesen Ausschüssen in gleicher Zahl vertreten sein. Auf gemeinsamen Antrag dieser Verbände kann die oberste Verwaltungsbehörde unparteiische Mitglieder für den Landesausschuß ernennen; die §§ 368b bis 368d gelten entsprechend.

§ 368h. Der Landesausschuß kann für seinen Bezirk Richtlinien aufstellen, welche die des Reichsausschusses ergänzen. Eine Abweichung soll nur insoweit stattfinden, als nach den besonderen Verhältnissen des Landes

---

[1]) Die Kasse kann also nach § 368 die „Bezahlung anderer Ärzte" als der vertraglich verpflichteten ablehnen, nicht aber die Bezahlung der Arznei lediglich deshalb, weil sie von einem „anderen" Arzte verschrieben ist. Bereits unter der früheren, den Kassen hierin mehr Freiheit lassenden Gesetzgebung traf ein Urteil des O.V.G. Dresden vom 28. Dezember 1907 (Ph.Ztg. 1908 Nr. 98) die Feststellung, daß die Krankenkasse verpflichtet ist, auch die Kosten für diejenigen Arzneimittel zu tragen, welche ein Nichtkassenarzt verschrieben und die der Kranke aus der Kassenapotheke bezogen hat. Die Voraussetzungen, unter denen eine Kasse die Bezahlung der (von irgendeinem Arzt einem Kassenmitglied verschriebenen) Arznei ablehnen darf, sind jetzt in § 375 R.V.O. genau angegeben. Indessen haben das Vers.Amt Liegnitz unter dem 16. August 1917 (Ph.Ztg. 1917 Nr. 93) und das Vers.-Amt München unter dem 12. April 1927 (Ph. Ztg. 1927 Nr. 60) entschieden, daß der Kassenvorstand, von dringenden Fällen abgesehen, die Bezahlung der von einem anderen Arzte als dem Kassenarzte verordneten Arzneien ablehnen darf. Dieser Standpunkt erscheint für den Fall, daß die Arznei notwendig und nicht teurer war, als die vom Kassenarzt verschriebene gewesen wäre, kaum haltbar (s. Ph.Ztg. 1927 Nr. 61).

[2]) Auf Grund dieser Bestimmung hat der Reichsausschuß für Ärzte und Krankenkassen unter dem 15. Mai 1925 „Richtlinien für wirtschaftliche Arzneiverordnung" aufgestellt. Dieselben sind für die ärztliche Behandlung von Kassenpatienten bindend. Sie enthalten nur allgemeine und spezielle Ratschläge und Mahnungen zur Sparsamkeit in bestimmter Richtung, aber keine Verbote einzelner Arzneimittel mit einziger Ausnahme eines Verbots der Verschreibung von Geheimmitteln.

nötig ist. Die Richtlinien sind dem Reichsausschuß vorzulegen. Er kann sie binnen drei Monaten beanstanden. Wird der Beanstandung nicht stattgegeben, so kann sein weiterer Ausschuß den Richtlinien ganz oder teilweise die Zustimmung versagen. Soweit dies geschieht, haben sie nicht die Wirkung des § 368m Abs. 2.

§ 370. Wird bei einer Krankenkasse die ärztliche Versorgung dadurch ernstlich gefährdet, daß die Kasse keinen Vertrag zu angemessenen Bedingungen mit einer ausreichenden Zahl von Ärzten schließen kann, oder daß die Ärzte den Vertrag nicht einhalten, so ermächtigt das Oberversicherungsamt (Beschlußkammer) die Kasse auf ihren Antrag widerruflich, statt der Krankenpflege oder sonst erforderlichen ärztlichen Behandlung eine bare Leistung bis zu zwei Dritteln des Durchschnittsbetrags ihres gesetzlichen Krankengeldes zu gewähren[1]) . . .

§ 372. Genügt bei einer Krankenkasse die ärztliche Behandlung oder Krankenpflege nicht den berechtigten Anforderungen der Erkrankten und Wöchnerinnen, so kann, vorbehaltlich des § 370, das Oberversicherungsamt nach Anhören der Kasse jederzeit anordnen, daß diese Leistungen noch durch andere Ärzte oder Krankenhäuser zu gewähren sind.

Diese Anordnung soll nur auf so lange getroffen werden, wie es ihr Zweck erfordert und bedarf, wenn sie über ein Jahr gelten soll, der Genehmigung der obersten Verwaltungsbehörde[2]).

§ 373. Wird die Anordnung nicht binnen der gesetzlichen Frist befolgt, so kann das Oberversicherungsamt selbst das Erforderliche auf Kosten der Kasse veranlassen. Verträge, welche die Kasse mit Ärzten oder Krankenhäusern bereits geschlossen hat, bleiben unberührt[2]) . . .

§ 375[3]). Die Satzung kann den Vorstand ermächtigen, wegen Lieferung der Arznei[4]) mit einzelnen Apothekenbesitzern oder -verwal-

[1]) In diesem Falle muß somit auch die freie Arznei fortfallen.

[2]) Die §§ 372 und 373 gelten auch für die Arzneiversorgung (s. § 375).

[3]) Die jetzige Fassung des § 375 beruht auf § 5 der V. über Krankenhilfe bei den Krankenkassen vom 30. Oktober 1923.

[4]) Über den Begriff „Arznei" s. Fußnote 4 auf S. 58.

Eine gesetzliche Verpflichtung zur Lieferung der Arznei auf Kredit an Krankenkassen besteht nicht. Doch ist die Gewährung von Kredit allgemeinüblich. Hinsichtlich der Form der Rechnungslegung und -bezahlung gilt folgendes:

a. Hinsichtlich der Rechnungslegung: Die Rezepte ist der Apotheker nicht verpflichtet, der Kasse vor Bezahlung der Rechnung herauszugeben. Er muß sie ihr aber zur Einsicht und Prüfung am Orte seines Wohnsitzes zur Verfügung stellen (O.L.G. Celle, 27. November 1906, Ph.Ztg. 1907 Nr. 8). Ein Urteil des L.G. Leipzig vom August 1909 hat jedoch den Apotheker für verpflichtet erklärt, die Rezepte der Kasse vor Bezahlung der Rechnung an ihrem Wohnsitz zur Prüfung vorzulegen. Das würde praktisch der Beifügung zur Rechnung gleichkommen.

b. Bezüglich der Bezahlung von Arzneirechnungen: Krankenkassen, Berufsgenossenschaften usw. haben nach den für öffentliche Kassen geltenden Bestimmungen in der Weise zu zahlen, daß der fällige Betrag entweder von dem Empfangsberechtigten bei der Kasse abgehoben oder dem Empfangsberechtigten auf dessen Gefahr und Kosten kassenseits übersendet wird (O.V.G. 1. April 1901 und 5. November 1903, desgl. L.G. I Berlin, 2. März 1903, Ph.Ztg. 1906 Nr. 93).

Die Lieferung von Arzneien an Krankenkassenmitglieder ist umsatzsteuerfrei.

**Umsatzsteuergesetz.** In der Fassung der Bk. vom 8. Mai 1926.

§ 2. Von der Besteuerung sind ausgenommen:

9. ärztliche und ähnliche Hilfeleistungen, Arznei-, Heil- und Hilfsmittel, soweit Entgelte dafür von den reichsgesetzlichen Versicherungsträgern, den Krankenkassen der selbständigen Handwerker und Gewerbetreibenden sowie den Er-

tern[1]) oder, soweit es sich um die dem freien Verkehr überlassenen Arzneimittel handelt, auch mit anderen Personen, die solche feilhalten[2]), Vorzugs-

satzkassen (§§ 503ff. der R.V.O.) zu zahlen sind. Dasselbe gilt auch für Heilanstalten und Krankenhäuser, soweit sie das Heilverfahren im Auftrag von reichsgesetzlichen Versicherungsträgern durchführen.

In den Durchführungsbestimmungen zum Umsatzsteuergesetz vom 25. Juni 1926 heißt es:

Zu § 2 Nr. 9 des Gesetzes (Sozialversicherungen).

§ 21. Versicherungsträger. (1) Von der Umsatzsteuer sind ausgenommen:

3. soweit die Entgelte von den reichsgesetzlichen Versicherungsträgern, den Krankenkassen der selbständigen Handwerker und Gewerbetreibenden sowie den Ersatzkassen (§§ 503ff. der R.V.O.) zu zahlen sind:
   a. ärztliche Hilfeleistungen,
   b. ähnliche Hilfeleistungen im Sinne der §§ 122, 123 der R.V.O.,
   c. Lieferungen von Arzneimitteln durch Apothekenbesitzer oder -verwalter oder, soweit es sich um die dem freien Verkehr überlassenen Arzneimittel handelt, durch andere Personen, die solche feilhalten (§ 375 der R.V.O.),
   d. Lieferungen von Heilmitteln, die zur Krankenpflege dienen,
   e. Lieferungen von Heilmitteln, die erforderlich sind, um den Erfolg der Heilbehandlung zu sichern oder die Folgen der Verletzung zu erleichtern (§ 558b der R.V.O.).

(2) Die Steuerbefreiung nach Abs. 1 Nr. 3 gilt sowohl dann, wenn die Tätigkeit der Versicherungsträger auf Grund eigener Verpflichtung gegenüber den Versicherten erfolgt, als auch dann, wenn sie auf Ersuchen eines anderen Versicherungsträgers geleistet wird.

(3) Die Bestimmungen der Abs. 1 Nr. 3 Abs. 2 gelten auch für Heilanstalten und Krankenhäuser, soweit sie das Heilverfahren im Auftrag von reichsgesetzlichen Versicherungsträgern durchführen und soweit von diesen die Entgelte für das Heilverfahren zu zahlen sind.

Auch der Arzneikostenanteil der Versicherten ist umsatzsteuerfrei. Hierüber besagt ein Erl. des Reichsfinanzmin. vom 27. Februar 1924/5. März 1924:

Nach § 25 der Verordnung über Ärzte und Krankenkassen vom 30. Oktober 1923 haben die Krankenversicherten von den Kosten für Arznei, Heil- und Stärkungsmittel 10 vH selbst zu tragen. Der Kassenvorstand kann die Kostenanteile bis zu 20 vH erhöhen. Er bestimmt auch die Art, wie die Mitglieder mit ihrem Kostenanteile heranzuziehen sind. In der Regel erfolgt die Einziehung der Kostenanteile von den Versicherten durch die Kassen nachträglich. Mehrfach haben die Kassen mit den Lieferern der Arzneien usw. die Vereinbarung getroffen, daß diese bei Abgabe der Gegenstände den Kostenanteil vom Versicherten einfordern. In beiden Fällen handelt es sich um ein Lieferungsgeschäft zwischen dem Lieferer (Apotheker usw.) und der Kasse. Der Lieferer (Apotheker) ist daher in beiden Fällen für die Lieferung vollständig umsatzsteuerfrei (§ 2 Nr. 9 U.St.G. und § 27 Nr. 3 Ausf.-Best.).

Nach einem Erl. des Reichsfinanzmin. vom 25. November 1920 „sind auch Entgelte, die die Krankenkassen an Ärzte für Hilfeleistungen und an Apothekenbesitzer oder -verwalter für Lieferungen von Arzneimitteln zugunsten von Militärversorgungsberechtigten zahlen, umsatzsteuerfrei". Dagegen erklärte ein Erl. des gleichen Min. vom 6. Oktober 1920 die von Apothekern, die als Rezeptrevisoren die von den Ärzten für die Kassenpatienten ausgestellten Rezepte auf wirtschaftliche und sparsame Verordnungsweise prüfen, vereinnahmten Entgelte für umsatzsteuerpflichtig.

[1]) Hierzu besagt ein preuß. Min.Erl. vom 6. Januar 1899:

Den Krankenkassen kann nicht gestattet werden, die Arzneimittel aus ausländischen Apotheken zu beziehen, da als Apotheken im Sinne des Krankenversicherungsgesetzes nur solche Verkaufsstellen für Arzneien zu verstehen sind, deren Einrichtungen den für das Inland erlassenen Vorschriften entsprechen und deren Geschäftsbetrieb der Aufsicht inländischer Behörden unterliegt.

[2]) Hinsichtlich der freigegebenen Arzneimittel ist die Zulässigkeit der Errichtung eigener Selbstabgabestellen der Krankenkassen mit der Wirkung anzuerkennen, daß die Mitglieder an die Entnahme der Arzneimittel aus diesen Bezugsstellen gebunden sind

bedingungen zu vereinbaren[1]). Der Vorstand kann **dann**, von dringenden Fällen abgesehen und vorbehaltlich des § 376 Abs. 3 die Bezahlung der von anderer Seite gelieferten Arznei ablehnen[2]).

---

und, von dringenden Fällen abgesehen, für die anderweit bezogenen Mittel einen Ersatzanspruch an die Kassen nicht haben. (O.V.G. 9. Juli 1908, Ph.Ztg. 1908, Nr. 82.)

Über das **Selbstdispensieren von Arzneimitteln durch Krankenkassen** ergingen nachstehende preuß. Min.Erlasse.:

a. Vom 31. Januar 1902: Einzelne Krankenkassenvorstände sind in neuerer Zeit dazu übergegangen, die Lieferung von Arzneimitteln an die Kassenmitglieder unter Übergehung der bestehenden Arzneiabgabestellen selbst zu bewirken. Insoweit es sich dabei um Arzneistoffe handelt, welche neben den Apotheken auch in anderen Geschäften feilgehalten und verkauft werden dürfen, wird sich gegen dieses Verfahren nichts einwenden lassen. Dagegen dürfen alle nach der Kaiserlichen Verordnung vom 27. Januar 1890 bzw. vom 1. April d. J. ab nach der Kaiserlichen Verordnung vom 22. Oktober 1901 den Apotheken vorbehaltenen Arzneimittel, sowie Arzneizubereitungen und Mischungen den Mitgliedern nur durch die Apotheken geliefert werden.

b. Vom 24. März 1914: In Übereinstimmung mit dem Krankenversicherungsgesetz verpflichtet die Reichsversicherungsordnung (§ 182) die Krankenkassen zur Versorgung ihrer Mitglieder in Krankheitsfällen mit Brillen, Bruchbändern und anderen kleinen Heilmitteln, ohne des näheren zu bestimmen, in welcher Weise sich die Krankenkassen bei Erfüllung dieser Verpflichtung zu verhalten haben. Sie überläßt vielmehr die Beschaffung der Heilmittel ihrem freien Ermessen mit der aus § 375 sich ergebenden Maßgabe, daß die Beschaffenheit der Heilmittel und die Art ihrer Verabfolgung, insbesondere hinsichtlich der fachlichen Tüchtigkeit der mit der Anpassung und Abgabe der Brillen, Bruchbänder usw. beauftragten Personen, einwandfrei sein müssen. Auch wird verlangt werden können, daß die Abgabestellen für die Kassenmitglieder ohne allzu großen Zeitaufwand erreichbar sind. Es erscheint aber rechtlich nicht zulässig, durch die Satzung, auf deren Gestaltung in dieser Hinsicht überdies von mir kein Zwang ausgeübt werden kann, oder im Aufsichtswege den Kassen die Selbstbeschaffung der kleinen Heilmittel im großen und ihre Abgabe an die Mitglieder zu verbieten, zumal aus der Vorschrift des § 23 R.V.O. die Verpflichtung der Kassen gefolgert werden kann, auf möglichst billigen Bezug der Heilmittel Bedacht zu nehmen.

Ich stimme der Handelskammer zwar darin bei, daß das auf Selbstbeschaffung der Heilmittel im Wege der eigenen Fabrikation oder des Bezuges im großen gerichtete Vorgehen einzelner Kassen eine Schädigung der Händler mit diesen Heilmitteln herbeizuführen geeignet ist, eine Abhilfe wird aber bei der gegenwärtigen Lage der Gesetzgebung nicht möglich sein.

Die Arzneiniederlagen der Krankenkassen fallen nach einem Urteil des K.G. vom 23. Dezember 1907 (Ph.Ztg. 1908 Nr. 4) nicht unter die preuß. Polizeiverordnungen über die Regelung des Verkehrs mit Arzneimitteln außerhalb der Apotheken, unterliegen also auch nicht den in letzteren gegebenen Bestimmungen über die Aufbewahrung und Signierung der Arzneimittel.

Krankenkassen, welche dem **freien Verkehr entzogene** Mittel an ihre Mitglieder selbst abgeben, machen sich dadurch einer Übertretung des § 367, 3 Str.G.B. (s. S. 51) und des § 2b der V. vom 22. Oktober 1901 (s. S. 115) schuldig. Dies gilt auch dann, wenn die Selbstabgabe auf Grund eines ärztlichen Rezeptes erfolgt (K.G. 7. September 1925, Ph.Ztg. 1925 Nr. 74 u. 75). Über die diesbezügliche wenig einheitliche frühere Rechtsprechung s. Ph.Ztg. 1925 Nr. 31. Bei der Anklageerhebung gegen Krankenkassen in solchen Fällen soll nach einer Verf. des preuß. Justizmin. vom 4. Juli 1908 die Anklage auch auf die unerlaubte „Zubereitung von Arzneien" im Sinne des § 367, 3 Str.G.B. ausgedehnt werden.

[1]) **Verträge mit Krankenkassen** über die Anfertigung der für die Kassenmitglieder verordneten Arzneien sind keine Werkverträge, sondern Lieferungsverträge (R.G. 16. Juni 1899, Ph.Ztg. 1900 Nr. 8).

[2]) § 375 regelt unbeschadet des Rechts der Selbstabgabe freigegebener Arzneimittel das Recht der Krankenkassen zur Zulassung bzw. **Ausschließung bestimmter Apotheken** (und Drogenhandlungen) **von der Arzneilieferung**. Danach gilt z. B. folgendes:

Genügt die Arzneiversorgung, die eine Kasse gewährt, nicht den berechtigten Anforderungen der Erkrankten, so gelten die §§ 372, 373 entsprechend[1]).

---

1. Die Bezahlung der von anderer Seite gelieferten Arznei darf nur dann abgelehnt werden, wenn die Kasse laut Satzung mit bestimmten Lieferanten Vorzugsbedingungen vereinbart hat (AG. Eupen, 9. Juni 1922, Ph.Ztg. 1922 Nr. 55/56, A.G. Stolp, 13. Februar 1925, Ph.Ztg. 1925 Nr. 20; A.G. Lüchow, 21. September 1926, Ph.Ztg. 1927 Nr. 8).
2. Dagegen darf die Bezahlung der von anderer Seite gelieferten Arznei nicht abgelehnt werden:
   a. wenn die Kasse über die Arzneilieferung überhaupt keine Vorzugsbedingungen vereinbart hat;
   b. in allen dringenden Fällen;
   c. auf Anordnung der höheren Verwaltungsbehörde darf bei Entnahme der Handverkaufsartikel aus Apotheken zu einem die amtliche Festsetzung nicht übersteigenden Preise die Bezahlung nicht deshalb abgelehnt werden, weil mit Drogisten niedrigere Preise vereinbart sind.

Als „dringend" sah ein Urteil des A.G. Stolp vom 13. Februar 1925 (Ph.Ztg. 1925 Nr. 20) alle Arzneilieferungen an, zu deren Beschaffung bei Lieferungsverweigerung durch die betreffende Apotheke dem Arzneiempfänger eine wesentliche Verzögerung oder Umständlichkeit der Beschaffung zugemutet wird. Ebenso können, wie ein Urteil des O.V.G. Dresden vom November 1908 (Ph.Ztg. 1908 Nr. 93) besagt, die Bestimmungen des Kassenstatuts, welche die Mitglieder zur Inanspruchnahme nur bestimmter Ärzte bzw. Apotheken verpflichten, der Natur der Sache nach nur für solche Mitglieder zwingende Geltung haben, die sich im Kassenbezirk oder wenigstens an einem Orte aufhalten, von dem aus der Sitz der Kasse leicht erreichbar ist.

Apotheker, die auf Grund von § 375 Anspruch auf Bezahlung der von ihnen gelieferten Arznei haben, die aber keinen Vertrag mit einer Kasse abgeschlossen haben, müssen gegenüber einer Kasse, der sie Kredit gewährt haben, die aber die Zahlung verweigert, ihren Anspruch auf Bezahlung der Arzneikosten auf die Bestimmungen des B.G.B. über Geschäftsführung ohne Auftrag (§§ 677—687, s. S. 44) gründen (L.G. Köln, 8. April 1903, L.G. Halle a. d. S., 17. Dezember 1906, Ph.Ztg. 1907 Nr. 32). Die Frage, ob Krankenkassen die Bezahlung der auf Kassenformularen verschriebenen Arzneien mit der Begründung verweigern dürfen, daß der Patient nicht oder nicht mehr Kassenmitglied sei, wird in einem Gutachten vom Rechtsanwalt Dr. Hamburger (in Ph.Ztg. 1925 Nr. 80) verneint. In Übereinstimmung hiermit ist zwischen dem Deutschen Apothekerverein und den Spitzenverbänden der Krankenkassen in einer Besprechung vom 16. November 1925 die folgende Vereinbarung getroffen worden: „Rezepte, die vom Arzt auf einem Kassenformular ausgestellt sind, sind von der betreffenden Kasse zu bezahlen. Der Apotheker ist in diesem Falle zu weiterer Prüfung der Kassenzugehörigkeit des Kranken nicht verpflichtet." Auch der amtliche bayrische Landesvertrag zwischen Apothekern und Krankenkassen enthält eine analoge Bestimmung.

[1]) D. h. das Oberversicherungsamt kann noch andere Apotheken zulassen. Anderseits greifen in solchen Fällen auch die Bestimmungen in §§ 26 und 28 der V. über Krankenhilfe bei den Krankenkassen vom 30. Oktober 1923 Platz, die lauten:

§ 26. Wenn die bei der Arzneilieferung für eine Krankenkasse beteiligten Apothekerbesitzer und -verwalter oder ein für die ausreichende Arzneiversorgung bei der Kasse unentbehrlicher Teil von ihnen

1. den mit der Kasse geschlossenen Vertrag nicht einhalten,
2. es ablehnen, die für die Kassenmitglieder oder ihre berechtigten Familienangehörigen verordneten Arzneien und sonstigen Heilmittel ohne sofortige Barzahlung abzugeben, oder
3. höhere als die durch die Deutsche Arzneitaxe vorgeschriebenen Preise erheben,

kann der Kassenvorstand allgemein oder für bestimmte Teile des Kassenbereichs beschließen, den Kassenmitgliedern und ihren Familienangehörigen statt freier Arznei und anderer Heilmittel Barleistungen in Höhe der nachgewiesenen Kosten bis zu einem von ihm festgesetzten angemessenen Höchstsatz zu gewähren.

§ 376. Die Apotheken[1]) haben den Krankenkassen[2]) für die Arzneien[3]) einen Abschlag von den Preisen der Arzneitaxe zu gewähren[4]). Die oberste Verwaltungsbehörde bestimmt seine Höhe[5]); sie kann ihn für die einzelnen Apotheken davon abhängig machen, daß die Kasse aus ihnen mindestens zu einem bestimmten Betrage bezieht[6]).

---

§ 28. Der Kassenvorstand hat den Beschluß (§ 26) sofort dem Oberversicherungsamt anzuzeigen. Dieses setzt den Beschluß außer Kraft, wenn seine Voraussetzungen nicht oder nicht mehr vorliegen.

Gegen eine solche Anordnung hat der Kassenvorstand binnen einer Woche die Beschwerde an die oberste Verwaltungsbehörde. Die Beschwerde bewirkt Aufschub.

[1]) Zu den Apotheken, die den Krankenkassen einen Abschlag von den Preisen der Arzneitaxe zu gewähren haben und die an die festzusetzende Handverkaufsliste gebunden sein sollen, sind nach einem preuß. Min.Erl. vom 20. Oktober 1913 auch die ärztlichen Hausapotheken zu rechnen.

[2]) Der Abschlag ist danach gemäß § 376 nur den Krankenkassen im Sinne der R.V.O. (s. § 225 S. 63) zu gewähren, also Orts-, Land-, Betriebs- und Innungskrankenkassen. Nicht aber privaten Kassen und Wohlfahrtsvereinen oder -anstalten. Als solche sind z. B. anzusehen die Krankenkasse der Postunterbeamten, der Verband deutscher Handlungsgehilfen, die verschiedenen Gesundheitspflegevereine. Auch die als Ersatzkassen nach den §§ 503 bis 525 der R.V.O. zugelassenen Versicherungsvereine auf Gegenseitigkeit (die früheren freien Hilfskassen) sind keine Krankenkassen im Sinne der R.V.O., wie das ein preuß. Min.-Bescheid vom 30. Januar 1914 ausdrücklich feststellt, haben also gesetzlich keinen Anspruch auf Rabatt. Bezüglich der Postkrankenkasse erging nachstehender Bescheid des O.V.A. Berlin vom 23. Juni 1914:

Die Postkrankenkasse für die Kaiserliche Oberpostdirektion Berlin stellt eine Betriebskrankenkasse im Sinne der Reichsversicherungsordnung dar und hat infolgedessen Anspruch auf die Vergünstigungen des § 376 R.V.O. Die Postkrankenkasse der übrigen Oberpostdirektionen sind ebenso wie die Berliner Postkrankenkasse gebildet, und steht daher auch ihnen das gleiche Recht zu. Die Krankenkasse für Postunterbeamte in Berlin stellt eine nicht unter die Kassen der Reichsversicherungsordnung fallende private Kasseneinrichtung dar.

Wohl aber gelten die „Besonderen Bestimmungen" der Deutschen Arzneitaxe sowie die Umsatzsteuerfreiheit auch für Ersatzkassen.

Durch die Einführungsverordnungen zur Deutschen Arzneitaxe (s. S. 194) ist indessen bestimmt, daß die Apotheker die gleichen Abschläge wie den Krankenkassen zu gewähren haben: a. den knappschaftlichen Krankenkassen; b. bei Arzneilieferungen auf Kosten des Reichs, der Länder, der Berufsgenossenschaften, der Landesversicherungsanstalten sowie der kommunalen Armen- und Wohlfahrtspflege.

[3]) Über den Begriff „Arznei" s. Fußnote 4 auf S. 58.

[4]) Über die Frage, ob bei barbezahlten (Privat-) Rezepten, die nachträglich auf Kassenrechnung übernommen werden, ein Rabattanspruch der Krankenkassen besteht, spricht sich ein Gutachten von Rechtsanwalt Dr. Hamburger (Ph.Ztg. 1924 Nr. 62) wie folgt aus: „Ein Apotheker, der Arzneien gegen Barzahlung verabfolgt und nach den für das Privatpublikum geltenden Grundsätzen berechnet hat, ist, wenn ihm nachher eine Krankenkasse nachweist, daß der Arzneiempfänger im Augenblicke der Anfertigung und Abgabe der Arznei bereits ihr Mitglied war und Anspruch auf Versorgung durch sie hatte, verpflichtet, der Krankenkasse den gesetzlichen bzw. vertraglichen Rabatt sowie die Differenz zu vergüten, die sich durch Niedrigerberechnung der Punktartikel und durch die Ausscheidung der Umsatzsteuer ergibt. Er braucht aber nicht nachträglich eine kleinere Spezialitätenpackung und ein einfacheres Gefäß als abgegeben waren, zu berechnen, sofern nicht bei Abgabe dieser die Absicht einer vorsätzlichen Schädigung der Kasse vorgelegen hat".

[5]) „Oberste Verwaltungsbehörde" sind die Ministerien der einzelnen Länder. Die gemäß § 376 R.V.O. zu gewährenden Rabatte sind jetzt in allen Ländern (eine Ausnahme macht nur Bayern) einheitlich geregelt und zumeist in den Einführungsverordnungen zur Deutschen Arzneitaxe enthalten (s. S. 194).

[6]) Das ist insofern geschehen, als monatliche Rechnungsbeträge bis zu 25 *RM* rabattfrei sind und der Abschlag erst von dem 25 *RM* übersteigenden Rechnungsbetrage

Die höhere Verwaltungsbehörde[1]) setzt unter Rücksicht auf die örtlichen Verhältnisse und die im Handverkauf üblichen Preise die Höchstpreise von solchen einfachen Arzneimitteln fest, welche sonst ohne ärztliche Verschreibung (im Handverkauf) abgegeben zu werden pflegen[2]).

---

zu gewähren ist (s. S. 194). Hieraus ergibt sich die Frage, ob bei Arzneien für Zugeteilte und Familienangehörige von Kassenmitgliedern eine besondere Staffelung vorgesehen ist oder ob sie hinsichtlich der Rabattgewährung als eine gemeinsame Rechnung mit den Arzneien für Kassenmitglieder zu behandeln sind. Die Behörden haben die Frage im letzteren Sinne entschieden. Es ergingen hierüber folgende Erlasse:

a. Verf. des Reichsarbeitsmin. vom 11. November 1924: Die Gewährung von Abschlägen auf die Arzneikostenrechnungen ist durch Ziff. 3 und 4 der Bekanntmachung des Herrn Preuß. Min. für Volkswohlfahrt vom 28. Mai 1924 einwandfrei festgelegt. Danach müssen die Apotheker auch bei Lieferungen für Zugeteilte den gleichen Abschlag gewähren, wie er für Kassenmitglieder vereinbart oder durch die Bekanntmachung bestimmt ist, weil die Krankenkassen nach dem Reichsversorgungsgesetz im Rahmen der Kassenleistungen auch die Zugeteilten mit Arzneimitteln zu versorgen haben. Für eine Sonderbehandlung der Zugeteilten gibt die Arzneitaxe keine rechtliche Handhabe, insbesondere widerspricht es den gesetzlichen Bestimmungen, wenn die Apotheker für jeden Zugeteilten eine besondere Rechnung aufstellen, weil damit in den wenigsten Fällen die abschlagspflichtige Grenze erreicht wird. Es muß unbedingt darauf gehalten werden, daß die Apotheker über ihre Forderung für Kassenmitglieder und Zugeteilte jeweils nur eine Rechnung vorlegen und nach deren Endbetrag den vereinbarten oder gesetzlichen Abschlag berechnen, der dann mit dem auf Zugeteilte entfallenden Anteil bei der Abrechnung der Krankenkassen mit dem Hauptversorgungsamt in voller Höhe gutzuschreiben ist.

b. Preuß. Min.Erl. vom 16. April 1923: Da es sich um die Verrechnung von Arzneien, die in bestimmten Zeitabschnitten für dieselbe Kasse geliefert werden, handelt, erfolgt die getrennte Aufführung der Lieferungen für Kassenmitglieder und für Familienhilfe der Versicherten in den Abrechnungen nur aus Zweckmäßigkeitsgründen auf zwei verschiedenen Rechnungsformularen, die jedoch zusammen die für die betreffenden Zeitabschnitte bestimmte Abrechnung mit jeder Kasse darstellen und somit m. E. unbedenklich als nur eine Rechnung im Sinne der in Rede stehenden Bestimmungen in meiner Bekanntmachung vom 29. Dezember 1922 angesehen werden können.

[1]) „Höhere Verwaltungsbehörde" ist in Preußen laut Min.Erl. vom 7. Dezember 1911 der Regierungspräsident. An seine Stelle tritt für den Stadtkreis Berlin im Falle des § 376 der Oberpräsident.

[2]) Danach wären die in § 376 Abs. 2 vorgesehenen Handverkaufslisten für Krankenkassen in Preußen von den einzelnen Regierungspräsidenten, in Bayern und Sachsen desgleichen, in den übrigen Ländern von den Ministerien zu erlassen. So ist es auch nach Inkrafttreten der R.V.O. zunächst geschehen. Die dabei zutage getretene Mannigfaltigkeit der einzelnen Bestimmungen führte zu einem praktisch unhaltbaren Zustand. Daher ist mit Wirkung ab 1. Januar 1922 die Deutsche Arzneitaxe einer dahingehenden Änderung unterzogen worden, daß sie als Einheitstaxe zugleich den Erfordernissen des § 376 Abs. 2 R.V.O. angepaßt wurde (preuß. Min.Erl. vom 23. Dezember 1921). Seit dieser Zeit werden keine besonderen Handverkaufslisten für Krankenkassen mehr erlassen, sondern in den Einführungsverordnungen zur Deutschen Arzneitaxe wird bestimmt (s. S. 195), „daß die Preise der Deutschen Arzneitaxe in Verbindung mit dem Abschlag als die nach § 376 Abs. 2 der R.V.O. festzusetzenden Höchstpreise gelten". Allerdings kann bei diesem Verfahren die in § 376 Abs. 2 vorgeschriebene „Rücksicht auf die örtlichen Verhältnisse" naturgemäß nur in bedingtem Maße genommen werden.

Darüber hinaus gilt für die Preisberechnung der an Kassenmitglieder gelieferten Arzneien folgender preuß. Min.Erl. vom 12. Mai 1916:

Aus wiederholt an mich gelangten Beschwerden geht hervor, daß in einzelnen Fällen Apotheken den Krankenkassen für Handverkaufsmittel höhere Preise in Rechnung gestellt haben als anderen Käufern. Ein solches Verfahren läßt sich mit dem Zweck der auf Grund des § 376 der R.V.O. getroffenen Festsetzungen nicht vereinen. In Ergänzung meines Runderlasses vom 5. Juni 1913 bestimme ich daher, daß in den Apotheken Arzneien und einzelne Arzneimittel für Krankenkassenmitglieder nicht zu höheren als den für die übrige Bevölkerung üblichen Preisen berechnet werden dürfen.

Diese Höchstpreise dürfen einen Betrag nicht überschreiten, der sich nach Abs. 1 ergibt. Die oberste Verwaltungsbehörde kann Näheres anordnen.

Beziehen die Berechtigten die im Abs. 2 bezeichneten Arzneimittel[1]) zu einem Preise, der die Festsetzung nicht übersteigt, aus einer Apotheke, so kann die höhere Verwaltungsbehörde anordnen, daß die Kasse die Bezahlung nicht deshalb ablehnen darf, weil sie nach § 375 mit Personen, die nicht Apothekenbesitzer oder -verwalter sind, niedrige Preise vereinbart hat[2]).

## Siebenter Abschnitt. Kassenverbände. Sektionen.

§ 406. Krankenkassen können sich durch übereinstimmenden Beschluß ihrer Ausschüsse zu einem Kassenverbande vereinigen, wenn sie ihren Sitz im Bezirke desselben Versicherungsamts haben . . .

§ 407. Der Kassenverband kann für die ihm angeschlossenen Kassen gemeinsam:

2. Verträge mit Ärzten, Zahnärzten, Zahntechnikern, Apothekenbesitzern und -verwaltern oder anderen Arzneimittelhändlern, Krankenhäusern, sowie über Lieferung von Heilmitteln und anderen Bedürfnissen der Krankenpflege vorbereiten oder abschließen[3]) . . .

---

[1]) Unter den Begriff der Arzneimittel im Sinne des § 376 Abs. 3 R.V.O. fallen alle zur unmittelbaren Krankheitsbehandlung nötigen oder üblichen Mittel, also auch Verbandstoffe (R.G. 25. März 1919, Ph.Ztg. 1919 Nr. 43).

[2]) Abs. 3 kommt nur für freigegebene Arzneimittel in Betracht und will verhüten, daß beim Bezuge solcher die Apotheken überhaupt ausgeschlossen werden. Doch ist zu beachten, daß diese Rechtsfolge nicht im Gesetz festgelegt ist, sondern nur dann gilt, wenn die höhere Verwaltungsbehörde es anordnet. Derartige Anordnungen sind seinerzeit ergangen in folgenden Ländern bzw. Bezirken: Anhalt, Baden, Bremen, Hessen, Mecklenburg-Schwerin, Oldenburg, Berlin, Hannover, Hildesheim, Arnsberg, Kassel, Köln, Düsseldorf, Koblenz, Reuß ä. L., Sachsen-Altenburg, Sachsen-Koburg-Gotha, Sachsen-Meiningen, Sachsen-Weimar, Schaumburg-Lippe, Schwarzburg-Rudolstadt, Schwarzburg-Sondershausen.

Auf den § 376 Abs. 3 R.V.O. bezieht sich nachstehende Verf. des Regierungspräsidenten in Düsseldorf vom 21. Dezember 1914 betr. die Rezeptformulare der Krankenkassen:

Die Herren Minister des Innern und für Handel und Gewerbe haben in einem an das Oberversicherungsamt Köln gerichteten Erlaß vom 18. Dezember d. J. zum Ausdruck gebracht, daß, wenn Krankenkassen nach den auf Grund des § 376, 3 R.V.O. getroffenen Anordnungen verpflichtet sind, die von Apotheken an Kassenmitglieder gelieferten, nach den amtlichen Festsetzungen berechneten Handverkaufsmittel zu bezahlen, ihnen nicht gestattet werden kann, Weisungen zu erteilen, die darauf abzielen, die im Interesse der erkrankten Kassenmitglieder ergangene Anordnung gegenstandslos zu machen.

Unter Bezugnahme auf diesen Erlaß und auf die Vorschrift in Ziff. 18 der Verordnung, betreffend den Bezug von Handverkaufsmitteln, vom 22. Dezember 1913 kann daher den Krankenkassen die Benutzung von Rezeptformularen nicht gestattet werden, welche durch ihren Vordruck für die Kassenmitglieder die Anordnung enthalten, die verordneten Arzneimittel aus den Drogerien zu beziehen, da hierdurch ein Druck auf die Kassenmitglieder auszuüben versucht wird, der mit meiner in Ziff. 18 a. a. O. getroffenen Anordnung im Widerspruch steht.

Ferner entschied das R.G. unter dem 25. März 1919 (Ph.Ztg. 1919 Nr. 43): „Ein von der Krankenkasse vorgeschriebener Abstempelungszwang der Rezepte schädigt sowohl die Interessen der Kassenmitglieder (Schnelligkeit der Versorgung) wie auch den Anspruch der Apotheken auf freie und ungehinderte Belieferung der Kassenmitglieder, und ist mithin dort, wo eine Verfügung des Reg.-Präsid. gemäß § 376 Abs. 3 der R.V.O. erfolgt ist, unzulässig."

[3]) Nach § 8 des Gesetzes betr. die Aufhebung des Hilfskassengesetzes vom 20. Dezember 1911 dürfen auch Versicherungsvereine auf Gegenseitigkeit (d. s. die früheren Hilfs-

§ 410. Was nach den §§ 368—376 für Krankenkassen gilt, ist auf Kassenverbände entsprechend anzuwenden[1]).

## Reichsknappschaftsgesetz.

In der Fassung der Bk. vom 1. Juli 1926.

### Dritter Abschnitt. Träger der Versicherung.

§ 7. Träger der Versicherung ist die Reichsknappschaft.

§ 9. (1) Die Reichsknappschaft umfaßt sämtliche knappschaftlich versicherten Betriebe.

2. Zur Durchführung der Versicherung errichtet die Reichsknappschaft Bezirksknappschaften und besondere Krankenkassen als Verwaltungsstellen.

§ 11. Die Reichsknappschaft erläßt eine Satzung; sie bestimmt über

2. Art und Umfang der Leistungen[2])...

---

kassen, sofern sie als kleinere Vereine anerkannt sind) sich zu einem Verbande vereinigen zu dem Zwecke der Abschließung gemeinsamer Verträge mit Ärzten, Apotheken, Krankenhäusern und Lieferanten von Heilmitteln und anderen Bedürfnissen der Krankenpflege.

[1]) Für die Apotheker ergibt sich aus den Vorschriften der R.V.O. über Kassenverbände folgendes:

1. Rechtsgültige Verträge über die Lieferung von Arznei können außer mit den einzelnen Kassen auch mit solchen Kassenverbänden abgeschlossen werden, welche dem § 406 entsprechen, also sich auf den Bezirk des Versicherungsamts beschränken, oder die, falls sie sich weiter erstrecken, ausdrücklich zugelassen sind.
2. Andere Kassenvereinigungen dürfen nur mit besonderer Genehmigung der obersten Verwaltungsbehörde solche Verträge abschließen, andernfalls nicht.
3. Für den Vertragsabschluß mit einem Kassenverbande gelten die gleichen Bestimmungen der R.V.O. (§§ 375 und 376) wie für die Arzneilieferung an einzelne Krankenkassen.

Nach einem preuß. Min.Erl. vom 26. August 1912 sind der Verband der Ortskrankenkassen (jetzt Hauptverband deutscher Krankenkassen) und die sog. Zentralkommissionen der Krankenkassen keine Kassenverbände im Sinne der §§ 406—413.

[2]) Die endgültige Bestimmung von Art und Umfang der Leistungen liegt somit bei der Satzung. Doch ergeben sich für die Arzneiversorgung nach der R.V.O., die laut §§ 20 und 204 maßgebend bleibt, dem Reichsknappschaftsgesetz usw. im ganzen folgende Grundsätze (vgl. O. Klimek in Ph.Ztg. 1926 Nr. 58):

1. Anspruch auf Arznei einschließlich Brillen, Bruchbänder und anderer kleinerer Heilmittel haben nur die Versicherten (Versicherte der Arbeiter- und Angestelltenabteilung);
2. Anspruch nur auf Arznei haben die Familienglieder der Arbeiter- und Angestelltenabteilung, sowie die Knappschaftinvaliden und Ruhegeldempfänger;
3. an den Arzneikosten mit 10 vH sind beteiligt die Versicherten sowie die Knappschaftsinvaliden und die Ruhegeldempfänger;
4. an den Arzneikosten mit 50 vH sind beteiligt die Familienmitglieder der Arbeiter- und Angestelltenabteilung;
5. von dem Kostenanteil befreit sind alle Arzneiempfangsberechtigten in den Fällen des § 182a Abs. 3 R.V.O.;
6. die Gefäßfrage evtl. in Form der Erhebung des Flaschenpfandes ist für alle Arzneiempfangsberechtigten durch die Krankenordnung bzw. durch Vereinbarungen mit den an der Arzneiversorgung beteiligten Lieferanten zu regeln;
7. die §§ 375 und 376 R.V.O. gelten entsprechend;
8. die „Besonderen Bestimmungen" der Deutschen Arzneitaxe (Ziff. 28—32) gelten auch für die knappschaftlichen Krankenkassen;
9. von der Umsatzsteuer ist die gesamte Lieferung einschließlich des Kostenanteils befreit.

## Vierter Abschnitt. Krankenversicherung.

§ 16... Gegenstand der Versicherung ist Krankenpflege[1]), Krankenhauspflege, Wochenhilfe, Sterbegeld und Familienhilfe...

§ 17. (1) Die Krankenversicherung wird im Auftrag der Reichsknappschaft durch die Bezirksknappschaft gewährt.

§ 20. Die Bezirksknappschaften und die besonderen Krankenkassen führen die Krankenversicherung nach den Vorschriften der Reichsversicherungsordnung und dieses Gesetzes durch.

§ 23. (1) Versicherten, die einer Bezirksknappschaft oder besonderen Krankenkasse mindestens drei Monate angehören, wird freie ärztliche Behandlung und Krankenhauspflege für ihre Ehefrauen und Kinder (§ 22), soweit diesen nicht selbst ein Anspruch auf Krankenpflege gegen einen Träger der reichsgesetzlichen Kranken- oder Unfallversicherung zusteht, in demselben Umfange gewährt, in welchem die Versicherten diese Leistungen beanspruchen. Daneben wird von den Kosten der Arznei die Hälfte erstattet. Die Sondervorschriften können bestimmen, daß von den Kosten der Arznei siebzig vom Hundert erstattet werden. In den Ausnahmefällen nach § 182a Abs. 3 der Reichsversicherungsordnung hat die Bezirksknappschaft oder besondere Krankenkasse die vollen Arzneikosten zu tragen.

(2) Die Vorschriften des Abs. 1 gelten für uneheliche Kinder nur, wenn sie mit dem Versicherten in häuslicher Gemeinschaft leben.

## Fünfter Abschnitt. Pensionsversicherung.

### A. Pensionsversicherung der Arbeiter.

#### III. Pflichtleistungen.

§ 34. (1) Die Leistungen der Arbeiterpensionskasse sind:
4. freie ärztliche Behandlung und Arznei für Knappschaftsinvaliden.

#### 3. Freie ärztliche Behandlung und Arznei für Knappschaftsinvaliden.

§ 43. (1) Knappschaftsinvaliden erhalten freie ärztliche Behandlung und Arznei von der Bezirksknappschaft, in deren Bezirk sie wohnen, und zwar höchstens in dem Umfang, in welchem die Bezirksknappschaft sie den wegen Krankheit Versicherten gewährt...

§ 44. Berechtigte haben keinen Anspruch auf freie ärztliche Behandlung und Arznei, soweit ihnen ein solcher Anspruch gegen einen Träger der reichsgesetzlichen Kranken- oder Unfallversicherung zusteht.

### B. Pensionsversicherung der Angestellten.

#### IV. Pflichtleistungen.

§ 56. (1) Die Leistungen der Angestelltenpensionskasse sind:
4. freie ärztliche Behandlung und Arznei für Ruhegeldempfänger.

#### 3. Freie ärztliche Behandlung und Arznei für Ruhegeldempfänger.

§ 64. Ruhegeldempfänger erhalten freie ärztliche Behandlung und Arznei von der Bezirksknappschaft, in deren Bezirk sie wohnen, und zwar

[1]) Über den Begriff „Krankenpflege" s. § 182 R.V.O. (S. 58).

höchstens in dem Umfang, in welchem die Bezirksknappschaft sie den gegen Krankheit Versicherten gewährt. Die Vorschriften des .... § 44 gelten entsprechend.

## Zwölfter Abschnitt. Verhältnis zu Ärzten, Zahnärzten, Krankenhäusern und Apotheken.

§ 204. (1) Das Verhältnis zu Ärzten, Zahnärzten, Zahntechnikern, Krankenhäusern und Apotheken regelt die Reichsknappschaft nach den örtlichen Verhältnissen der Bezirksknappschaften. Für das Verhältnis zu Apotheken gelten die Vorschriften der §§ 375, 376 der Reichsversicherungsordnung entsprechend[1]).

(2) Die Vorschriften der §§ 370, 370a, 372, 373 der Reichsversicherungsordnung gelten entsprechend. An Stelle des Oberversicherungsamtes ist die Aufsichtsbehörde, an Stelle der obersten Verwaltungsbehörde der Reichsarbeitsminister zuständig[2]).

## Versicherungspflicht des pharmazeutischen Apothekenpersonals.

Für die Beziehungen, die den Apothekenbesitzer bzw. -vorstand als Arbeitgeber mit der Sozialversicherung verbinden, sind lediglich die beiden Gesetze Reichsversicherungsordnung (s. S. 58) und Angestelltenversicherungsgesetz (letzteres in der Fassung der Bk. vom 28. Mai 1924, sowie der Gesetze vom 30. August 1924, 23. März 1925, 28. Juli 1925 und 25. Juni 1926) von Bedeutung. Aus ihnen ergibt sich folgendes:

### I. Krankenversicherung.

1. **Versicherungspflichtig** sind (und zwar in der Regel bei der zuständigen Ortskrankenkasse):
   a. Apothekerpraktikanten (und Handlungslehrlinge) in allen Fällen,
   b. Apothekenassistenten und -verwalter (sowie Handlungsgehilfen), wenn sie gegen Entgelt beschäftigt werden und ihr Jahresarbeitsverdienst an Entgelt 3600 RM nicht übersteigt. Als Assistenten gelten die vorgeprüften, die Kandidaten und die approbierten.
2. **Versicherungsfrei** sind:
   a. beamtete Apotheker bzw. Pharmazeuten in Betrieben oder im Dienste des Reiches, eines Landes, eines Gemeindeverbandes, einer Gemeinde oder eines Versicherungsträgers, wenn ihnen gegen ihren Arbeitgeber ein Anspruch mindestens entweder auf Krankenhilfe in Höhe und Dauer der Regelleistungen der Krankenkassen oder für die gleiche Zeit auf Gehalt, Ruhegeld, Wartegeld oder ähnliche Bezüge im anderthalbfachen Betrage des Krankengeldes gewährleistet ist,
   b. angestellte Apotheker bzw. Pharmazeuten der unter a bezeichneten Arbeitgeber, wenn sie auf Lebenszeit oder nach Landesrecht un-

---

[1]) Siehe S. 65ff.

[2]) Die Bestimmung, daß an Stelle des O.V.A. die Aufsichtsbehörde und an Stelle der obersten Verwaltungsbehörde der Reichsarbeitsminister zuständig ist, ist nur dem Abs. 2 des § 204 angefügt, der sich auf das Verhältnis zu den Ärzten bezieht. Beim ersten Absatz, der für das Verhältnis zu Apotheken auf die Vorschriften der §§ 375 und 376 R.V.O. verweist, fehlt es an einer solchen Bestimmung. Man muß daraus folgern, daß es die Absicht des Gesetzgebers war, an der Zuständigkeit der obersten und der höheren Verwaltungsbehörde in den Fragen der Arzneiversorgung der Knappschaftsmitglieder nichts zu ändern. Es sind auch tatsächlich für letztere keine besonderen Bestimmungen über Rezepturrabatt und Handverkaufspreise ergangen. Die diesbezüglichen Vorschriften der Einführungsverordnungen zur Deutschen Arzneitaxe gelten vielmehr ausdrücklich auch für die knappschaftlichen Krankenkassen (s. S. 194).

widerruflich oder mit Anrecht auf Ruhegehalt angestellt sind, unter der gleichen Voraussetzung wie bei a,

c. auf Antrag des Arbeitgebers Apothekerpraktikanten, solange sie im Betriebe ihrer Eltern beschäftigt sind.

3. **Versicherungsberechtigt** sind:

a. zur Weiterversicherung: Versicherte, die aus der versicherungspflichtigen Beschäftigung (z. B. durch Steigen des Gehaltes über 3600 *RM* oder durch Berufswechsel) ausscheiden, wenn sie in den vorangegangenen 12 Monaten mindestens 26 Wochen oder unmittelbar vorher mindestens 6 Wochen versichert waren,

b. zum freiwilligen Eintritt in die Versicherung: versicherungsfreie Apothekenangestellte sowie Apothekenbesitzer, die regelmäßig keine oder höchstens zwei Versicherungspflichtige beschäftigen. Voraussetzung ist in allen Fällen, daß das jährliche Gesamteinkommen 3600 *RM* nicht übersteigt.

## II. Unfallversicherung.

1. **Der Unfallversicherungspflicht** bei der Berufsgenossenschaft der chemischen Industrie unterliegen Apotheken dann, wenn

a. in ihnen Arbeiter, Gehilfen, Gesellen, Lehrlinge, Betriebsbeamte beschäftigt werden (dabei macht die rein zufällige Beschäftigung einer Hilfskraft, deren Heranziehung nicht vorausgesehen werden kann, einen Betrieb nicht versicherungspflichtig) oder

b. wenn die Satzung die Versicherungspflicht auch auf Betriebsunternehmer erstreckt hat.

Zu den versicherungspflichtigen Personen gehören außer Arbeitern und kaufmännischen Angestellten:

a. Das gesamte pharmazeutische Apothekenpersonal: Verwalter, Assistenten, Praktikanten, aber auch Vertreter, soweit deren Beschäftigung nicht nur eine ganz ausnahmsweise oder rein zufällige ist.

b. Familienangehörige des Unternehmens, die in dem Betriebe beschäftigt werden, mit Ausnahme der Ehefrau, die nur versicherungspflichtig ist, wenn die Satzung es vorschreibt.

Dienstboten der Gewerbetreibenden sind dann als unfallversicherungspflichtig anzusehen, wenn ihre Beschäftigung im Gewerbebetriebe, selbst wenn sie nebenher geschieht, ausdrücklich oder stillschweigend mit ausbedungen ist und sich der Lohn darauf mit bezieht, es sei denn, daß die Tätigkeit nur eine gelegentliche ist oder in einem unbedeutenden, nicht nennenswerten Umfange stattfindet.

2. **Versicherungsfrei** sind:

a. reichsbeamtete Pharmazeuten, für die § 1 des Unfallfürsorgegesetzes vom 18. Juni 1901 gilt,

b. beamtete Pharmazeuten, die mit festem Gehalt und Anspruch auf Ruhegeld in Betriebsverwaltungen eines Landes, eines Gemeindeverbandes oder einer Gemeinde angestellt sind,

c. andere beamtete Pharmazeuten eines Landes, eines Gemeindeverbandes oder einer Gemeinde, wenn für sie Fürsorge nach § 11 des vorbezeichneten Unfallfürsorgegesetzes getroffen ist,

d. auf Antrag Apothekenbesitzer und -pächter, die nach der Satzung der Versicherungspflicht unterliegen, aber keiner besonderen Unfallgefahr ausgesetzt sind.

3. **Versicherungsberechtigt** sind: Apothekenbesitzer und -pächter einschließlich ihrer Ehegatten.

## III. Invaliden- und Hinterbliebenenversicherung.

Die Invaliden- und Hinterbliebenenversicherung kommt praktisch nur noch für Arbeiter, nicht aber für die pharmazeutischen und kaufmännischen Angestellten in Frage, da diese sämtlich unter das Angestelltenversicherungsgesetz fallen und alle nach diesem Gesetze versicherungspflichtigen oder versicherungsfreien Personen der Invalidenversicherung nicht mehr unterliegen.

Zum freiwilligen Eintritt in die Versicherung sind bis zum vollendeten 40. Lebensjahre berechtigt Apothekenbesitzer und -pächter, die in ihren Betrieben regelmäßig keine oder höchstens zwei Versicherungspflichtige beschäftigen.

Durch Gesetz vom 8. April 1927 sind folgende Lohnklassen und Beiträge geschaffen worden:

| | | Wochenlohn | Beitrag |
|---|---|---|---|
| Klasse | I | bis zu 6 *RM* | 30 Pf. |
| " | II | von mehr als 6 bis zu 12 " | 60 " |
| " | III | " " " 12 " " 18 " | 90 " |
| " | IV | " " " 18 " " 24 " | 120 " |
| " | V | " " " 24 " " 30 " | 150 " |
| " | VI | " " " 30 " " 36 " | 180 " |
| " | VII | " " " 36 | 200 " |

Die neuen Klassen und Beiträge sind vom 27. Juni 1927 ab rechtsgültig. Vom 1. August 1927 ab sind auch Invalidenversicherungsbeiträge für die Zeit vor dem 27. Juni nach den neuen Vorschriften zu entrichten. Dagegen gelten die Lohnklasse VII und der dazugehörige Wochenbeitrag erst vom 1. Januar 1928 an. Bis dahin wird für Versicherte mit einem wöchentlichen Arbeitsverdienste von mehr als 36 *RM* der Wochenbeitrag nach der Lohnklasse VI erhoben.

## IV. Angestelltenversicherung.

1. **Versicherungspflichtig** sind Apothekenpraktikanten (Handlungslehrlinge), Apothekenassistenten und -verwalter[1]) (sowie Handlungsgehilfen), sofern sie nicht berufsunfähig und beim Eintritt in die versicherungspflichtige Beschäftigung noch nicht 60 Jahre alt sind, gegen Entgelt beschäftigt werden und ihr Jahresarbeitsverdienst 6000 *RM* nicht übersteigt.

2. **Versicherungsfrei** sind:
   a. Pharmazeuten, die ohne Entgelt oder nur gegen freien Unterhalt tätig sind[2]),
   b. Pharmazeuten, die in Betrieben oder im Dienste des Reiches, eines Landes, eines Gemeindeverbandes, einer Gemeinde oder eines Trägers der Reichsversicherung beschäftigt sind, wenn ihnen Anwartschaft auf Ruhegeld und Hinterbliebenenrenten im Mindestbetrage der ihrem Diensteinkommen entsprechenden Höhe gewährleistet ist,

[1]) Eine Versicherungspflicht von Apothekenverwaltern bei der Angestelltenversicherung liegt nach einer Entscheidung des R.V.A. vom 9. Oktober 1924 (Ph.Ztg. 1924 Nr. 10) vor, wenn die Apotheke nicht auf eigene Rechnung des Verwalters, sondern für Rechnung des Eigentümers verwaltet wird und der Verwalter für seine Dienste ein festes Gehalt bezieht, mithin in einem Verhältnis wirtschaftlicher und persönlicher Abhängigkeit zu einem bestimmten Arbeitgeber steht.

[2]) Nach einem Bescheid des Reichsarbeitsministers vom 16. Mai 1925 gilt ein neben dem freien Unterhalt oder ohne diesen an Lehrlinge bzw. Praktikanten gewährtes Taschengeld von monatlich nicht mehr als 10 *RM* nicht als die Versicherungspflicht bedingendes „Entgelt".

c. Pharmazeuten, die als Beamte des Reiches, der Länder, der Gemeindeverbände und der Gemeinden, sowie als vorläufig beschäftigte Beamte im Dienste des Reiches oder eines Landes tätig sind,

d. auf Antrag von der eigenen Beitragsleistung: angestellte Pharmazeuten, die beim Eintritt in die versicherungspflichtige Beschäftigung das 30. Lebensjahr überschritten haben und für die seit mindestens drei Jahren ein Versicherungsvertrag bei einer öffentlichen oder privaten Lebensversicherungsunternehmung geschlossen ist, wenn der Jahresbeitrag der Beiträge für diese Versicherungen beim Eintritt in die versicherungspflichtige Beschäftigung mindestens den ihren Gehaltsverhältnissen entsprechenden Beiträgen gleichkommt, die sie nach dem Angestelltenversicherungsgesetz zu tragen hätten (Halbversicherte). Für Halbversicherte entrichtet der Arbeitgeber die Beiträge, die dem halben Jahresarbeitsverdienst entsprechen.

e. Auf Antrag angestellte Pharmazeuten, die beim Eintritt in die versicherungspflichtige Beschäftigung das 55. Lebensjahr vollendet haben, wenn ihnen die Abkürzung der Wartezeit nicht gestattet wird oder nicht zugemutet werden kann.

3. **Versicherungsberechtigt** sind:

a. zur Weiterversicherung: angestellte Pharmazeuten, die aus einer versicherungspflichtigen Beschäftigung ausscheiden (z. B. durch Steigen des Gehaltes über 6000 RM oder durch Selbständigwerden) und mindestens vier Beitragsmonate auf Grund der Versicherungspflicht zurückgelegt haben. Dies gilt auch während eines Aufenthaltes im Ausland.

b. Zum freiwilligen Eintritt in die Versicherung:

α. angestellte Pharmazeuten, deren Jahresarbeitsverdienst 6000 RM übersteigt,

β. Apothekenbesitzer und -pächter,

γ. angestellte Pharmazeuten, die ohne Entgelt oder nur gegen freien Unterhalt tätig sind, oder die nur vorübergehende Dienstleistungen verrichten.

Die unter b Genannten können, wenn die Voraussetzungen für ihre Selbstversicherung weggefallen und mindestens vier Beitragsmonate auf Grund der Selbstversicherung zurückgelegt sind, die Selbstversicherung fortsetzen.

Die Gehaltsklassen und Beiträge betragen für Versicherungspflichtige:

| Klasse | Monatseinkommen | Monatsbeitrag |
|---|---|---|
| A | bis 50 RM | 2,— |
| B | von mehr als 50 „ 100 „ | 4,— |
| C | „ „ „ 100 „ 200 „ | 8,— |
| D | „ „ „ 200 „ 300 „ | 12,— |
| E | „ „ „ 300 „ 400 „ | 16,— |
| F | „ „ „ 400 | 20,— |

Für freiwillige Beitragsentrichtung treten hinzu die Beitragsklassen G und H mit den Monatsbeiträgen 25 und 30 RM.

Die Beiträge zu den vier verschiedenen Versicherungsarten sind stets durch die Arbeitgeber einzuzahlen, und zwar bei der Krankenversicherung als Mitgliederbeiträge der versicherten Angestellten an die Krankenkasse, bei der Unfallversicherung als eigene Mitgliederbeiträge an die Berufsgenossenschaft der chemischen Industrie, bei der Invalidenversicherung durch Einkleben von Marken in die Quittungskarten der Versicherten und bei der Angestelltenversicherung durch Einzahlung der Beiträge auf das Konto der Reichsversicherungsanstalt für Angestellte. Dabei darf der Arbeitgeber von dem Versicherten bei der Krankenversicherung zwei Drittel, bei der Invaliden- und Angestelltenversicherung die Hälfte der Beiträge bei der nächsten Gehaltszahlung in Abzug bringen. Die Beiträge für die Angestelltenversicherung der Praktikanten, sowie zur Unfallversicherung sind ganz von dem Unternehmer zu tragen.

Versicherungsfrei bleiben sowohl in der Kranken- wie in der Angestelltenversicherung vorübergehende Dienstleistungen, wenn sie von im übrigen nicht berufstätigen Personen nur gelegentlich, insbesondere zur gelegentlichen Aushilfe, ausgeführt werden, bei der Krankenversicherung indessen nur, wenn solche vorübergehende Dienstleistungen auf weniger als eine Woche beschränkt sind.

Zu den erwähnten Versicherungen ist seit 1. Oktober 1927 auf Grund des Gesetzes vom 16. Juli 1927 die Arbeitslosenversicherung getreten. Ihr unterliegen alle Arbeiter und Angestellte, die kranken- bzw. angestelltenversicherungspflichtig sind. Die Beiträge, die einen bestimmten Prozentsatz vom Grundlohn bzw. vom Gehalt betragen, sind vom Arbeitgeber und Arbeitnehmer zu gleichen Teilen zu tragen und vom Arbeitgeber, soweit es sich um krankenversicherungspflichtige Arbeitnehmer handelt, zugleich mit dem Krankenkassenbeitrag an die in Betracht kommende Krankenkasse abzuführen bzw., falls es sich um angestelltenversicherungspflichtige, der Krankenversicherung nicht unterliegende Angestellte handelt, an diejenige allgemeine Ortskrankenkasse einzuzahlen, bei der beim Vorliegen einer Versicherungspflicht der betreffende Angestellte hätte versichert werden müssen. Beitragsfrei ist die Beschäftigung auf Grund eines schriftlichen Lehrvertrages von mindestens zweijähriger Dauer für die ersten anderthalb Jahre der Lehrzeit.

---

# V. Maß- und Gewichtswesen.

Das Maß- und Gewichtswesen ist durch eine Reihe reichsgesetzlicher Bestimmungen geregelt, nämlich die Maß- und Gewichtsordnung vom 30. Mai 1908, die Eichordnung vom 8. November 1911 und 5. März 1925, in der Fassung vom 4. April 1925 mit Änderungen vom 18. Juni 1925 und 29. Oktober 1926, die Eichgebührenordnung vom 24. Mai 1924 und 10. Februar 1926 und die Vf. betr. die Verkehrsfehlergrenzen der Meßgeräte vom 18. Dezember 1911 und späteren Änderungen[1]).

[1]) Von älteren Bestimmungen haben noch die folgenden über die in Apotheken zulässigen Waagen und Gewichte Bedeutung (Vf. der Normaleichungskommission vom 6. Mai 1871, 17. Juni 1875 und 24. Oktober 1882):

1. Medizingewichte, d. h. alle solche Gewichte, welche auf den Präzisionswaagen der Apotheker in Anwendung kommen, gelten als Präzisionsgewichte im Sinne der Eichordnung. Alle die Präzisionsgewichte betreffenden Bestimmungen in der Eichordnung, der Gebührentaxe und den sonstigen Erlassen der Normaleichungskommisson finden auch auf die Medizinalgewichte Anwendung.
2. In den Offizinen (Arzneiverkaufslokalen der Apotheken) dürfen andere als Präzisionswaagen nicht vorhanden sein. In allen übrigen Geschäftsräumen der Apotheken sind neben den Präzisionswaagen solche Handelswaagen zulässig, bei welchen die größte einseitige Tragfähigkeit oder größte zulässige Last nicht weniger als ein Kilogramm beträgt.

Nach § 6 der Maß- und Gewichtsordnung dürfen zum Messen und Wägen im öffentlichen Verkehre, sofern dadurch der Umfang von Leistungen bestimmt werden soll, nur geeichte Maße, Gewichte und Waagen angewendet und bereit gehalten werden. Nach § 8 dürfen für den Verkauf weingeistiger Flüssigkeiten nach Stärkegraden nur geeichte Thermo-Alkoholometer angewendet und bereit gehalten werden.

Ferner besagt das Deutsche Arzneibuch 6. Ausgabe in Ziffer 22 der Allgemeinen Bestimmungen, daß bei den maßanalytischen Bestimmungen amtlich geprüfte und beglaubigte Meßgeräte zu verwenden sind.

Für die Eichpflicht der in Apotheken gebrauchten Meßgeräte ergibt sich somit folgendes:

I. Eichpflichtig sind in sämtlichen deutschen Apotheken:

1. alle Waagen und Gewichte,
2. Längenmäße, die zum Abmessen gestrichener Pflaster u. dgl. gebraucht werden,
3. Thermo-Alkoholometer, soweit sie für den Verkauf weingeistiger Flüssigkeiten nach Stärkegraden genutzt werden,
4. die maßanalytischen Meßgeräte[1]).

II. Nicht eichpflichtig sind dagegen:

1. Mensuren, da sie in den Apotheken nur als Hilfsinstrumente für den inneren Betrieb dienen sollen,
2. der Normaltropfenzähler,
3. Waagen nach Mohr oder Westphal zur Bestimmung des spezifischen Gewichts,
4. die chemische Waage für feinere analytische Wägungen nebst den zugehörigen Gewichten.

Die Eichung[2]) besteht in der vorschriftsmäßigen Prüfung und Stempelung der Meßgeräte durch die zuständige Behörde; sie ist entweder Neueichung oder Nacheichung. Für die Neueichung sind maßgebend die auf Grund von § 19 der Maß- und Gewichtsordnung von der Kaiserlichen Normaleichungskommission (jetzt Physikalisch-Technische Reichsanstalt, Abteilung I für Maß und Gewicht) in der Eichordnung festgesetzten Eichfehlergrenzen, bei der Nacheichung gelten die abweichenden auf Grund von § 13 der Maß- und Gewichtsordnung vom Bundesrat (jetzt Reichswirtschaftsministerium nach Zustimmung des Reichsrats) erlassenen Verkehrsfehlergrenzen. Meßgeräte, die über diese Verkehrsfehlergrenzen hinaus von der Richtigkeit abweichen, gelten als unrichtig und ihre Anwendung und Bereithaltung im eichpflichtigen Verkehr ist durch § 13 der Maß- und Gewichtsordnung untersagt.

Die Verkehrsfehlergrenzen der Gewichte und Waagen sind wie folgt geregelt:

---

[1]) Nach den Einführungsverordnungen zum Deutschen Arzneibuch, 6. Ausgabe (s. S. 188) dürfen die zu maßanalytischen Bestimmungen dienenden und nicht amtlich geprüften und beglaubigten Meßgeräte in bestehenden Apotheken noch bis zum 31. Dezember 1929 verwendet werden.

[2]) Laut § 97 der Eichordnung sind als Präzisionswaagen nur gleicharmige Balkenwaagen zulässig. Daher sind sog. Sattelwaagen als Präzisionswaagen nicht eichfähig und dürfen daher in den Apotheken nicht benutzt werden. Für Preußen hatte das schon ein Min.Erl. vom 30. November 1868 ausgesprochen.

Andererseits wurde durch preuß. Min.Erl. vom 28. Dezember 1897 gestattet, daß die sog. Normalgewichtssätze der Apotheker, die früher zur Nachprüfung der Präzisionsgewichte bei den Apothekenrevisionen dienten, weiterhin, ihre vorschriftsmäßige Eichung vorausgesetzt, als Präzisionsgewichte in den Offizinen verwendet werden dürfen.

## Verkehrsfehlergrenzen der Meßgeräte.

Bk. vom 18. Dezember 1911, 28. Oktober 1916, 3. Dezember 1921 und 13. Februar 1925.

§ 1. Die Verkehrsfehlergrenzen der Meßgeräte werden wie folgt festgesetzt, wobei die im einzelnen angegebenen Sätze sowohl im Mehr als im Minder gelten.

## V. Gewichte.

### A. Handels- und Präzisionsgewichte.

Die Fehlergrenzen betragen:

| für Gewichtsgrößen von | bei Handelsgewichten | bei Präzisionsgewichten |
|---|---|---|
| 50 Kilogramm | 20 Gramm | 5 Gramm |
| 20 „ | 8 „ | 4 „ |
| 10 „ | 5 „ | 2,5 „ |
| 5 „ | 2,5 „ | 1,25 „ |
| 2 „ | 1,2 „ | 0,600 „ |
| 1 „ | 0,8 „ | 0,400 „ |
| 500 Gramm | 500 Milligramm | 250 Milligramm |
| 250 „ | 250 „ | 130 „ |
| 200 „ | 200 „ | 100 „ |
| 125 „ | 140 „ | 70 „ |
| 100 „ | 120 „ | 60 „ |
| 50 „ | 100 „ | 50 „ |
| 20 „ | 60 „ | 30 „ |
| 10 „ | 40 „ | 20 „ |
| 5 „ | 32 „ | 12 „ |
| 2 „ | 24 „ | 6 „ |
| 1 „ | 20 „ | 4 „ |
| 500 Milligramm | | 2 „ |
| 200 „ | | 2 „ |
| 100 „ | | 2 „ |
| 50 „ | | 1 „ |
| 20 „ | | 1 „ |
| 10 „ | | 1 „ |
| 5 „ | | 0,5 „ |
| 2 „ | | 0,4 „ |
| 1 „ | | 0,2 „ |

## VI. Waagen.

### A. Handelswaagen.

Die Fehlergrenzen betragen: für die größte zulässige Last bei gleicharmigen Waagen mit einer größten zulässigen Last

von 100 Gramm und weniger . . . . . . . . . . 4 Milligramm
für jedes Gramm der größten zulässigen Last,
von mindestens 100 Gramm, aber nicht mehr als 200 Gramm . . . . . . . . . . . . . . . . . . 400 Milligramm
von mindestens 200 Gramm, aber nicht mehr als 5 Kilogramm . . . . . . . . . . . . . . . . 2 Milligramm
für jedes Gramm der größten zulässigen Last,
von mindestens 5 Kilogramm, aber nicht mehr als 10 Kilogramm . . . . . . . . . . . . . . . 10 Gramm

| | |
|---|---|
| von 10 Kilogramm und mehr . . . . . . . . . . für jedes Gramm | 1 Milligramm |
| oder . . . . . . . . . . . . . . . . . . . . . . für jedes Kilogramm der größten zulässigen Last; | 1 Gramm |
| bei ungleicharmigen Waagen . . . . . . . . . . . . für jedes Kilogramm der größten zulässigen Last; | 1,2 Gramm |
| bei Laufgewichtswaagen, und zwar einfachen Balkenwagen mit Laufgewicht und Skala . . . . . . . . für jedes Kilogramm der Höchstlast; | 2 Gramm |
| bei zusammengesetzten Balkenwaagen mit Laufgewicht und Skala und bei Brückenwaagen mit Laufgewicht und Skala mit einer Höchstlast von 12 Kilogramm und weniger . . . . . . . . . . . . . . für jedes Kilogramm der Höchstlast; | 2 Gramm |
| von mindestens 12 Kilogramm, aber nicht mehr als 20 Kilogramm . . . . . . . . . . . . . . . . . . | 24 Gramm |
| von 20 Kilogramm und mehr . . . . . . . . . . für jedes Kilogramm der Höchstlast. | 1,2 Gramm |

### B. Waagen für besondere Zwecke. I. Präzisionswaagen.

Die Fehlergrenzen betragen: für die größte zulässige Last bei Waagen mit einer größten zulässigen Last von

| | |
|---|---|
| 10 Gramm und weniger . . . . . . . . . . . . der unter A für gleicharmige Waagen vorgeschriebenen Fehlergrenze, | die Hälfte |
| mindestens 20 Gramm und weniger als 5 Kilogramm der unter A für gleicharmige Waagen vorgeschriebenen Fehlergrenze, | ein Viertel |
| 5 Kilogramm und mehr . . . . . . . . . . . . der unter A für gleicharmige Waagen vorgeschriebenen Fehlergrenze, | ein Fünftel |
| mindestens 10 Gramm und nicht mehr als 20 Gramm | 20 Milligramm. |

Mit Ausnahme ganz aus Glas hergestellter Meßgeräte, die laut Bk. des Reichskanzlers vom 18. Dezember 1911 von der Verpflichtung zur Nacheichung ausgenommen sind, sind laut § 11 der Maß- und Gewichtsordnung die dem eichpflichtigen Verkehre dienenden Meßgeräte innerhalb bestimmter Fristen zur Nacheichung zu bringen. Die Fristen betragen hinsichtlich der in Apotheken üblichen Meßgeräte bei Waagen für eine höchst zulässige Last von 3000 kg und darüber 3 Jahre, im übrigen (also fast in allen Fällen) 2 Jahre. Die Frist beginnt mit dem Ablauf desjenigen Kalenderjahres, in welchem die letzte Eichung vorgenommen worden ist.

Die Nacheichung der Apothekergeräte ist in Preußen fast überall so geregelt, daß dafür besondere Rundreisen der Eichbeamten stattfinden, wobei die Nacheichung in den Apothekenräumen selbst vorgenommen und das Ergebnis in einem Revisionsbuch vermerkt wird. Darüber erging nachstehender

## Min.Erl. betr. die Revision der Wiegegeräte der Apotheken.

Vom 29. Dezember 1910.

Für die staatlichen Eichämter in Berlin, Stettin, Breslau, Magdeburg und Kiel ist bereits versuchsweise genehmigt worden, daß, abweichend von den Bestimmungen der Bekanntmachung über die Prüfung der Waagen und Gewichte in den Apotheken vom 10. Juli 1895, die Revision der Wiegegeräte der Apotheken an Ort und Stelle vorgenommen wird.

Gegen die Ausdehnung einer solchen Genehmigung auf weitere Bezirke würde der Herr Minister für Handel und Gewerbe unter der Voraussetzung keine Bedenken zu erheben haben, daß Mehrkosten für die Staatskasse daraus nicht erwachsen und im Einzelfalle nicht etwa wegen der besonderen Verhältnisse des betreffenden Eichamts der Durchführung dieser Maßnahme Schwierigkeiten entgegenstehen.

Einer Änderung des § 24 der Apothekenbetriebsordnung vom 18. Februar 1902 bedarf es bis auf weiteres nicht.

Der hier erwähnte preuß. Min.Erl. betr. die Prüfung der Waagen und Gewichte in den Apotheken vom 10. Juli 1895 hat somit nur noch beschränkte Bedeutung. Seine wichtigsten Bestimmungen lauten:

## Min.Erl. betr. die Prüfung der Waagen und Gewichte in den Apotheken.

Vom 10. Juli 1895.

In betreff der Nachprüfung der Waagen und Gewichte der Apotheker bestimmen wir im Einverständnis mit der Kaiserlichen Normaleichungskommission folgendes:

1. Die Apothekenvorstände haben sämtliche in der Apotheke und den übrigen Geschäftsräumen in Gebrauch befindlichen Waagen und Gewichte alle zwei Jahre dem nächstgelegenen kgl. Eichungsamte zur Prüfung vorzulegen[1]).

2. Der Nachweis der erfolgten Vorlegung wird geführt durch die darüber von dem Eichamte auszustellende Bescheinigung. Damit die Frist von zwei Jahren möglichst nahe innegehalten wird, soll die Vorlegung alle zwei Jahre stets in demselben Halbjahre stattfinden, in welchem die erste Vorlegung stattgefunden hat. Die Einsendung der Waagen und Gewichte hat derartig rechtzeitig zu erfolgen, daß das Eichamt mindestens einen Monat zur Erledigung Zeit hat.

Zum Nachweise der Zugehörigkeit der in der Apotheke und den übrigen Geschäftsräumen vorhandenen Waagen und Gewichte zu den darüber ausgestellten eichamtlichen Bescheinigungen genügt es, wenn Art und Stückzahl der ersteren mit Art und Stückzahl der durch letztere als geprüft nachgewiesenen Gegenstände übereinstimmt.

3. Die kgl. Eichämter haben die ihnen alle zwei Jahre in demselben Halbjahr vorzulegenden Waagen und Gewichte der Apotheken nach erfolgter Prüfung oder Berichtigung und Neueichung binnen spätestens einem Monat zurückzugeben und darüber Befund- bzw. Eichscheine auszustellen[2]).

7. Bei Rückgabe unrichtiger und nicht mehr berichtigungsfähiger Waagen und Gewichte der Apotheker sind die der Eichungsinstruktion entsprechenden Rückgabescheine auszustellen. Außerdem sind,

---

[1]) Hierzu besagt ein preuß. Min.Erl. vom 25. Juni 1896:

Bei der Versendung von Waagen zur Nacheichung dürfen in keinem Fall solche Teile zurückgehalten werden, welche Pfannen enthalten. Es sind also die Schalen, Gehänge und die Ständer, sofern sie Pfannen tragen, mitzusenden. Dagegen sind Stative, welche zum Aufhängen von Waagen dienen, deren Balken in einer Schere spielt, nicht mit vorzulegen, ebensowenig Gegenstände wie Etuis, Pinzetten usw.

[2]) Durch Min.-Erl. vom 1. Oktober 1897 wurde verfügt, daß die Waagen fortan erst nach Verständigung mit den Besitzern zur Reparatur weitergegeben werden sollen.

ohne Erhebung von Gebühren, auch Rückgabescheine über diejenigen Waagen oder Gewichte auszustellen, welche nicht wegen Unrichtigkeit, sondern aus anderen Gründen unzulässig befunden worden sind.

8. Die Apothekenvorstände sind verpflichtet, alle notwendigen Berichtigungsarbeiten ausführen zu lassen und deren Kosten zu tragen. Eines Antrags auf Ausführung der notwendigen Berichtigungen beim Eichamte bedarf es nicht.

Mit kassiertem Stempel zurückgegebene Waagen oder Gewichte dürfen in die Apotheke und die übrigen Geschäftsräume überhaupt nicht mehr zurückgebracht werden, sondern sind sofort durch neue, vorschriftsmäßig geeichte zu ersetzen.

9. Dem Apothekenvorstand ist es unbenommen, nach erfolgter eichamtlicher Nachprüfung seiner im Gebrauch befindlichen Waagen oder Gewichte zu deren Vermehrung neue Waagen und Gewichte anzuschaffen. Die Neuheit dieser Gegenstände ist indessen durch Vorlegung der Rechnung nachzuweisen.

10. Die unter Ziffer 2 genannten eichamtlichen Bescheinigungen bestehen aus den in Ziffer 3 und 7 genannten Eich-, Befund- und Rückgabescheinen. Der Apothekenvorstand hat diese Bescheinigungen dem mit der Revision der Apotheke betrauten Beamten zur Prüfung ihres Datums und zur Vergleichung der in ihnen aufgeführten Waagen und Gewichte mit den vorrätigen vorzulegen. Die vorhandenen alten Waagen und Gewichte müssen mit den in den Eich- und Befundscheinen nachgewiesenen übereinstimmen. An Stelle der durch Rückgabescheine als ferner unbrauchbar nachgewiesenen Waagen oder Gewichte müssen neue vorhanden sein, und zwar darf der über die Beschaffung beigebrachte Nachweis kein späteres Datum aufweisen als sechs Wochen nach dem Datum des Rückgabescheines. Etwa seit der letzten Nachprüfung beschaffte neue Waagen oder Gewichte sind besonders vorzulegen nebst der in Ziffer 9 erwähnten Rechnung, welche ein späteres Datum als das der vorerwähnten eichamtlichen Bescheinigungen tragen muß[1]).

---

[1]) Hierzu erließ der Berliner Polizeipräsident nachstehende Verf. betr. den Nachweis der Waagen und Gewichte in den Apotheken vom 12. April 1911:

Bei den Apothekenbesichtigungen der letzten Zeit hat sich wiederholt ergeben, daß die Zahl der von meinen Bevollmächtigten vorgefundenen Waagen und Gewichte nicht mit den Ziffern übereinstimmte, die gelegentlich der Nachprüfung an Ort und Stelle in das Prüfungsbuch eingetragen waren, oder daß nicht mehr festzustellen war, welche Gegenstände dem Beamten tatsächlich vorgelegen hatten und welche ihm nicht zur Nachprüfung übergeben worden waren. Dieser Übelstand wird zum Teil dadurch behoben werden, daß fortan jede Waage und die größeren Gewichtsstücke bei jeder Nachprüfung einen Vermerk erhalten. Tatsächlich waren vom Apothekenvorstand aber auch nicht immer sämtliche Waagen und Gewichte vorgewiesen worden; nachweislich bleiben z.B. vielfach bezeichnete Sonderwaagen, Waagen des homöopathischen Schrankes und zur Zeit unbenutzte und auf Seite gelegte Waagen dem Beamten vorenthalten.

Ich mache deshalb aufmerksam:

1. daß sämtliche Waagen und Gewichte, die sich in Räumlichkeiten der Apotheke befinden, jedesmal der Nachprüfung unterworfen werden müssen;
2. daß für diese Nachprüfung selbst zwar der Beamte des Eichamtes verantwortlich ist, daß aber
3. der Apothekenvorstand dafür zu sorgen hat, daß dem Beamten die nachzuprüfenden Gegenstände ausnahmslos vorgewiesen werden und er
4. auch darauf zu sehen hat, daß meinen Bevollmächtigten zu jeder Zeit der Beweis der ordnungsmäßigen Erledigung dieser Aufgabe erbracht werden kann.

Sollten sich fernerhin in dieser Beziehung Mängel ergeben, die auf eine Versäumnis des Apothekenvorstandes zurückzuführen sind, so werde ich mich genötigt sehen, ihn zur Verantwortung zu ziehen.

11. Eine anderweite polizeiliche oder medizinalpolizeiliche Überwachung der Waagen und Gewichte in den Apotheken und deren Nebenräumen findet fernerhin nicht mehr statt[1]).

Nach den Einführungsverordnungen zum Deutschen Arzneibuch 6. Ausgabe (s. S. 188) Ziffer II, 3 dürfen in den Apotheken zur Messung der Temperaturen bei Herstellung und Prüfung von Arzneimitteln nur amtlich geprüfte und beglaubigte Thermometer verwendet werden.

Besondere reichsgesetzliche Bestimmungen (Gesetze vom 2. Mai 1921, 10. September 1924, 3. Mai 1926, Ausführungsver. vom 27. Januar 1925, Gebührenordnung vom 14. Mai 1925) regeln die Prüfung und Beglaubigung der Fieberthermometer. Nach § 1 des Gesetzes muß jedes Fieberthermometer, das verkauft oder sonstwie in den Verkehr gebracht werden soll, amtlich geprüft und für den Vertrieb im Inland außerdem durch amtlichen Stempel als den Prüfungsbedingungen genügend beglaubigt sein. Es muß in jedem Falle den Namen des Herstellers oder sein patentamtlich eingetragenes Warenzeichen oder einen Buchstaben und eine Zahl tragen, die von dem Prüfamt, bei dem die Prüfung erfolgen soll, für den Hersteller vorzuschreiben ist. Die Verpflichtung zur Herbeiführung der Prüfung liegt dem Hersteller ob. Amtliche Stellen für die Prüfung und Beglaubigung der Fieberthermometer sind zur Zeit die Physikalisch-Technische Reichsanstalt in Charlottenburg, das Thüringische Landesamt für Maß und Gewicht in Ilmenau und das Anhaltische Staatsprüfamt in Zerbst.

# VI. Prüfungswesen.

Die Bestimmungen über das Prüfungswesen der Apotheker beruhen auf dem § 29 der Reichsgewerbeordnung (s. S. 14). Auf Grund desselben erging die folgende

## Prüfungsordnung für Apotheker.

**Bk. des Reichskanzlers vom 18. Mai 1904. Mit Änderungen vom 7. Dezember 1910, 11. August 1919, 24. Juli 1920, 18. Juli 1921, 10. Dezember 1921, 5. April 1923, 23. Februar 1924.**

Der Bundesrat hat beschlossen, auf Grund der Bestimmungen im § 29 der Reichsgewerbeordnung der nachstehenden Prüfungsordnung für Apotheker seine Zustimmung zu erteilen.

### A. Zentralbehörden, welche Approbationen erteilen.

§ 1. Der selbständige Betrieb einer Apotheke erfordert eine Approbation.

Zur Erteilung einer Approbation als Apotheker für das Reichsgebiet sind befugt:

1. Die Zentralbehörden derjenigen Bundesstaaten, welche eine oder mehrere Landesuniversitäten haben, mithin zur Zeit die zuständigen

[1]) Diese Anordnung wurde in einem preuß. Min.Erl. vom gleichen Datum (10. Juli 1895) noch besonders wiederholt. Dabei wurde es als erstrebenswert bezeichnet, „daß diejenigen Wagebalken und Gewichte, welche für den Gebrauch in der Apotheke nicht wieder hergestellt werden können, aus dem Verkehr gezogen und vernichtet werden; dies darf jedoch nur mit Zustimmung des Apothekenvorstandes, welche in der Besichtigungsverhandlung zu erklären ist, geschehen".

Ministerien des Königreichs Preußen, des Königreichs Bayern, des Königreichs Sachsen, des Königreichs Württemberg, des Großherzogtums Baden, des Großherzogtums Hessen, des Großherzogtums Mecklenburg-Schwerin und in Gemeinschaft die Ministerien des Großherzogtums Sachsen und der sächsischen Herzogtümer[1]).

2. Das Herzoglich Braunschweigische Staatsministerium.

## B. Vorschriften über den Nachweis der Befähigung als Apotheker.

§ 2. Die Approbation wird demjenigen erteilt, welcher die pharmazeutische Prüfung vollständig bestanden und den Bestimmungen über die Assistentenzeit entsprochen hat[2]).

Der pharmazeutischen Prüfung hat die pharmazeutische Vorprüfung vorherzugehen.

Die Zulassung zu den Prüfungen sowie die Erteilung der Approbation ist zu versagen, wenn schwere strafrechtliche oder sittliche Verfehlungen vorliegen. Die Entscheidung erfolgt endgültig durch die Zentralbehörde des Bundesstaats, in dem die Zulassung nachgesucht wird; sie ist bindend für die übrigen in Betracht kommenden Zentralbehörden und diesen durch Vermittlung des Reichskanzlers mitzuteilen.

### I. Pharmazeutische Vorprüfung.

§ 3. Die Prüfungskommissionen für die Vorprüfung bestehen aus einem höheren Medizinalbeamten als Vorsitzenden und zwei Apothekern, von denen tunlichst einer am Sitz der Kommission als Apothekenbesitzer ansässig sein soll.

Der Sitz der Prüfungskommission wird von den Zentralbehörden der einzelnen Bundesstaaten bestimmt[3]).

Der Vorsitzende und die Mitglieder sowie deren Stellvertreter werden für drei Jahre von derjenigen Behörde ernannt, welche die Aufsicht über die Apotheken an dem Sitz der Prüfungskommission führt[4]).

Für die Prüfung von Praktikanten, welche von einem der prüfenden Apotheker ausgebildet worden sind, ist der Stellvertreter einzuberufen.

§ 4. Die Prüfungen werden in der zweiten Hälfte der Monate März, Juni, September und Dezember jeden Jahres an den von der Aufsichtsbehörde (§ 3) festzusetzenden Tagen abgehalten.

§ 5. Die Prüfung zur Zulassung erfolgt vorbehaltlich des § 2 Abs. 3 durch die Aufsichtsbehörde, in deren Bezirk die Praktikantenzeit beendet

---

[1]) Jetzt die Ministerien der Freistaaten Preußen, Bayern, Sachsen, Württemberg, Baden, Hessen, Mecklenburg-Schwerin und Thüringen.

[2]) Auch weibliche Personen können unter denselben Bedingungen wie Männer den Apothekerberuf ergreifen und die Approbation erwerben. In einem hierauf bezüglichen Erl. vom 6. April 1905 bemerkte der preuß. Medizinalminister, „daß es weiblichen Personen, welche die Bedingungen für die Zulassung zu den pharmazeutischen Prüfungen erfüllen, unbenommen ist, den Apothekerberuf zu ergreifen". Später sind durch mehrere Bundesrats- bzw. Reichsratsbeschlüsse die von bestimmten Studienanstalten (für Frauen) ausgestellten Zeugnisse als gleichwertig mit denen der Gymnasien, Realgymnasien oder Oberrealschulen hinsichtlich der Zulassung zum Apothekerberuf anerkannt worden (s. hierüber S. 86).

[3]) In Preußen besteht eine Prüfungskommission für jeden Regierungsbezirk am Amtssitz des Regierungspräsidenten (Min.Erl. vom 15. September 1904, s. S. 109).

[4]) Aufsichtsbehörde im Sinne der §§ 3 Abs. 3, 4 und 5 ist in Preußen der Regierungspräsident (Min.Erl. vom 15. September 1904, s. S. 109).

wird. Den Zulassungsantrag hat der ausbildende Apotheker spätestens bis zum 15. des vorhergehenden Monats einzureichen[1]); spätere Meldungen dürfen nur ausnahmsweise berücksichtigt werden.

§ 6. Der Meldung zur Prüfung sind beizufügen:

1.[2]) Das Zeugnis der Reife von einem deutschen[3]) Gymnasium, einem deutschen Realgymnasium oder einer deutschen Oberrealschule[4]).

---

[1]) Für die Form des Gesuchs um Zulassung zur Vorprüfung ist ein amtliches Muster vorgeschrieben (s. S. 104).

[2]) Dispensation zulässig (s. § 38).

[3]) Über die Anerkennung österreichischer Reifezeugnisse für die Apothekerlaufbahn erging folgender preuß. Min.Erl. vom 4. November 1922:

Für die Zulassung zu den ärztlichen und zahnärztlichen Vorprüfungen und Prüfungen sowie zur Apothekerlaufbahn in Preußen können Reifezeugnisse der österreichischen höheren Lehranstalten, die nach den geltenden Bestimmungen zum Vollstudium an reichsdeutschen Universitäten berechtigen, künftig von mir von Fall zu Fall als genügend im Sinne der Bestimmungen der Prüfungsordnungen für Ärzte, Zahnärzte und Apotheker angesehen werden, ohne daß jedesmal die Mitentschließung des Reichsministeriums des Innern herbeigeführt wird.

Bei der Durchführung dieser Maßnahme werde ich

1. Ausländer mit österreichischen Reifezeugnissen darauf hinweisen, daß sie durch die Ablegung der Prüfungen ein Anrecht auf spätere Erteilung der Approbation für das Gebiet des Deutschen Reiches nicht erwerben;
2. die Zulassung Reichsdeutscher mit österreichischen Reifezeugnissen zu Prüfungen von der Beibringung eines Nachweises darüber abhängig machen, daß sie durch zwingende äußere Gründe veranlaßt waren, ihre schulwissenschaftliche Vorbildung in Österreich zu erwerben, und
3. bei der Zulassung von Kandidaten der Pharmazie davon ausgehen, daß die pharmazeutische Lehrzeit und Gehilfenzeit vor dem Studium in Apotheken des Deutschen Reiches zurückgelegt ist.

[4]) Über die Berechtigung von Studienanstalten ergingen nachstehende Beschlüsse:

**Berechtigung von Studienanstalten.**

Bundesratsbeschlüsse vom 5. Dezember 1912, 5. März 1914, 14. Mai 1914, 11. Februar 1915, 2. September 1915, 9. März 1916, 4. Mai 1916, 11. Oktober 1917, 29. November 1917 und 8. Mai 1918, Reichsratsbeschluß vom 14. April 1921.

1. Die Reifezeugnisse
   a. der preußischen Studienanstalten,
   b. der sächsischen Studienanstalten,
   c. des Mädchengymnasiums (Lessingschule) zu Karlsruhe und der Mädchenoberrealschule (Lieselotteschule) zu Mannheim,
   d. der hessischen Studienanstalten (Oberrealschule),
   e. der Studienanstalt (Oberrealschule) in Sondershausen,
   f. der Studienanstalt (Oberrealschule für Mädchen) in Bremerhaven,
   g. der Jenaer Studienanstalt,
   h. der Gymnasialkurse bei den höheren Mädchenschulen in Bayern,
   i. der städtischen Studienanstalt in Braunschweig,
   k. der realgymnasialen Studienanstalt der Unterrichtsanstalten des Klosters St. Johannis und der mit dem Lyzeum in der Hansastraße verbundenen dreistufigen oberrealschulartigen Studienanstalt in Hamburg,
   l. der realgymnasialen Studienanstalt in Gera,
   m. der gymnasialen Studienanstalt in Rostock,
   n. der dem staatlichen Lyzeum in Rudolstadt angegliederten Oberrealschul-Studienanstalt

   werden als ausreichender Nachweis der wissenschaftlichen Vorbildung im Sinne des § 6, Nr. 1 Abs. 1 der Prüfungsordnung für Apotheker anerkannt.
2. Der Nachweis von Lateinkenntnissen gemäß § 6 Nr. 1 Abs. 2 der Prüfungsordnung für Apotheker kann durch das auf Grund einer Prüfung ausgestellte Zeugnis des Leiters

Inhaber des Reifezeugnisses einer Oberrealschule haben nachzuweisen, daß sie bereits bei der Zulassung zur Apothekerlaufbahn[1]) in der lateinischen Sprache die Kenntnisse besessen haben, welche für die Versetzung nach Obersekunda eines Realgymnasiums erforderlich sind. Als Nachweis hierfür dient entweder ein mindestens genügendes Urteil im Lateinischen im Reifezeugnis einer Oberrealschule mit wahlfreiem Lateinunterricht oder ein auf Grund einer Prüfung ausgestelltes Zeugnis des Leiters eines deutschen Gymnasiums oder Realgymnasiums[2]).

2.[3]) Das Zeugnis des ausbildenden Apothekers über die Dauer der Ausbildung, die Führung und die Leistungen des Praktikanten während der Ausbildungszeit nach beigefügtem Muster 1[4]). Das Zeugnis muß von dem zuständigen Medizinalbeamten (Kreisarzt, Bezirksarzt usw.) hinsichtlich der Dauer der Ausbildungszeit amtlich bestätigt sein. Die Ausbildung umfaßt einen Zeitraum von zwei Jahren und muß in Apotheken des Deutschen Reiches erfolgen[5]). In die Ausbildungs-

---

a. einer preußischen Studienanstalt mit gymnasialer und realgymnasialer Richtung,
b. einer sächsischen sechsklassigen Studienanstalt,
c. des Mädchengymnasiums (Lessingschule) zu Karlsruhe,
d. der städtischen Studienanstalt in Braunschweig (insoweit die zu Ostern 1915 erteilten Zeugnisse der Reife für die zweitoberste Klasse dieser Anstalt in Frage kommen)

erbracht werden.

Im Einvernehmen mit dem Reichsminister des Innern hat ferner der preuß. Minister für Volkswohlfahrt genehmigt, daß ein mindestens genügendes Urteil im Lateinischen im Reifezeugnis einer sächsischen dreiklassigen Studienanstalt für Mädchen mit wahlfreiem Lateinunterricht ausnahmsweise gleichfalls als Nachweis ausreichender Lateinkenntnisse im Sinne der Prüfungsordnung für Apotheker anerkannt wird (Min.Erl. vom 30. September 1920).

Die vorgenannten Beschlüsse lauten mit Ausnahme des letzten formell auf die „Zeugnisse der Reife für die zweitoberste Klasse". Nach Einführung der Maturität als Vorbildung für den Apothekerberuf durch den Reichsratsbeschluß vom 22. Juli 1920 (Bk. vom 24. Juli 1920) müssen sie jedoch auf die Reifezeugnisse der genannten Studienanstalten übertragen werden.

[1]) Die wissenschaftliche Vorbildung muß also auch hinsichtlich der Lateinkenntnisse schon vor Beginn der Apothekerlaufbahn erworben sein. Eine Genehmigung zur Erwerbung der Lateinkenntnisse während der Praktikantenzeit könnte nur im Wege des Dispenses erfolgen (vgl. § 38).

[2]) Über diese Prüfungen erging ein preuß. Min.Erl. vom April 1909 (Ph.Ztg. 1909 Nr. 32). Danach hat die Meldung zu den Prüfungen bei demjenigen Provinzialschulkollegium zu erfolgen, dessen Amtsbereich der Betreffende durch den Wohnort der Eltern oder durch den Ort der von ihm zuletzt besuchten Schule angehört. Es ist dabei das Zeugnis der lateinlosen Schule vorzulegen und bestimmt anzugeben, ob und wo der Antragsteller schon früher den Versuch gemacht hat, die Prüfung zu erledigen.

[3]) Dispensation zulässig (s. § 38).

[4]) In einer Verfügung vom 1. November 1904 bemerkte der Berliner Polizeipräsident hierzu: „daß Zeugnisse ohne die vorgeschriebenen Angaben über die Führung und die Leistungen, die eine Äußerung darüber enthalten müssen, wie die Lehrherren die Leistungen beurteilen, als den Vorschriften entsprechend nicht angesehen und demzufolge auch nicht kreisärztlich beglaubigt werden können". Über das Muster s. S. 105.

[5]) Ein preuß. Min.Erl. vom Januar 1920 besagt, „daß den Apothekerlehrlingen die Lehrzeit, die sie in einer Apotheke der vom preußischen Staate abzutretenden Gebietsteile verbracht haben, für die Zulassung zu den pharmazeutischen Prüfungen angerechnet wird, jedoch nur für die Zeit, in der die betreffenden Gebietsteile noch zum preußischen Staate gehörten". Weitergehende Ausnahmen können auf dem Dispenswege gemäß § 38 bewilligt werden.

zeit wird der Prüfungsmonat eingerechnet. Sie darf nicht unterbrochen sein; doch können Unterbrechungen, die in Urlaub oder Krankheit oder ähnlichen entschuldbaren Anlässen ihre Ursache haben, bis zur Gesamtdauer von acht Wochen in die Ausbildungszeit eingerechnet werden[1]).

---

Die Tätigkeit in einer Pharmazieschule, in der Apothekerpraktikanten für die Vorprüfung theoretisch vorbereitet werden, kann nach einem preuß. Min.Erl. vom 7. April 1893 nicht in Anrechnung kommen. In diesem Erl. heißt es:

Im Einverständnis mit dem Herrn Reichskanzler wird ausdrücklich darauf hingewiesen, daß nur diejenige Zeit auf die vorschriftsmäßig nachzuweisende Lehrzeit in Anrechnung gebracht werden darf, während welcher der Lehrling tatsächlich in der Apotheke beschäftigt gewesen ist, wogegen wirkliche Unterbrechungen dieser Beschäftigung durch längere Krankheit, durch längeren Urlaub, durch Besuch von Pharmazeutenschulen oder aus anderem Anlaß von der Gesamtlehrzeit abzurechnen sind.

Nach bekanntgewordenen Vorgängen scheint in den beteiligten Kreisen eine abweichende Ansicht namentlich hinsichtlich des Besuches der Pharmazeutenschulen zu bestehen, welcher, so empfehlenswert er für die theoretische Ausbildung des Lehrlings neben seiner praktischen Ausbildung in der Apotheke sein mag, doch diese letztere auch nur teilweise zu ersetzen nicht imstande sein dürfte.

Eine irrtümliche Auffassung des Begriffes der vorschriftsmäßigen, d. h. im Sinne der einschlägigen Bestimmungen anrechnungsfähigen Lehrzeit würde den Lehrling durch die selbstverständliche Hinausschiebung seiner Zulassung zur Gehilfenprüfung benachteiligen.

Das bewußte Verschweigen in Abrechnung zu bringender Unterbrechungen, sofern dadurch die Bestätigung eines wahrheitswidrigen Lehrzeugnisses herbeigeführt wird, kann den Tatbestand der intellektuellen Urkundenfälschung erfüllen und die Bestrafung des schuldigen Lehrherrn auf Grund des § 271 des Reichsstrafgesetzbuches zur Folge haben.

Die Tätigkeit in einer Lazarettapotheke kann nach einem preuß. Min.-Bescheid vom Jahre 1916 auf die Praktikantenzeit nicht in Anrechnung kommen.

[1]) Hierzu erging folgender preuß. Min.Erl., betr. Unterbrechungen der pharmazeutischen Praktikantenzeit vom 5. Februar 1908:

In § 6 Nr. 2 der Prüfungsordnung für Apotheker vom 18. Mai 1904 ist vorgeschrieben, daß die ... zweijährige Lehrzeit der Apothekerlehrlinge nicht unterbrochen werden darf, daß aber Unterbrechungen, die in Urlaub oder Krankheit und ähnlichen entschuldbaren Anlässen ihre Ursache haben, bis zur Gesamtdauer von acht Wochen in die Ausbildungszeit eingerechnet werden können.

Gemäß Nr. 7 des Erlasses vom 15. September 1904 waren bisher Gesuche um Einrechnung einer Unterbrechung der Lehrzeit in die Ausbildungszeit von den Regierungspräsidenten spätestens zwei Monate vor Ablauf der Lehrzeit mir zur Entscheidung vorzulegen.

Zur Vereinfachung des Geschäftsganges bestimme ich, daß künftig die Regierungspräsidenten in Fällen, bei denen eine Unterbrechung bis zur Gesamtdauer von acht Wochen in Frage kommt, selbst über die Zulassung des Lehrlings zur Prüfung zu befinden haben.

Zugleich bemerke ich, daß im allgemeinen derartigen Gesuchen zu entsprechen sein wird, und zwar unabhängig davon, ob die Unterbrechung auf ein Jahr der Lehrzeit entfällt oder auf die zwei Jahre der Lehrzeit sich verteilt, wofern

1. die Unterbrechung in Urlaub, ärztlich oder sonst zuverlässig bescheinigter Krankheit oder in anderen entschuldbaren Anlässen ihre Ursache hat, als welche z. B. gelten dürfen: verspäteter Eintritt in die Lehre infolge Schlusses des Schulunterrichtes erst nach Beginn des Kalendervierteljahres oder wegen Schwierigkeiten beim Ermitteln einer geeigneten Lehrstelle, verspätete Anmeldung des Lehrlings beim beamteten Arzt oder Zeitverlust bei Stellenwechsel,
2. die Zeugnisse des Lehrlings über Fleiß und Führung günstig lauten.

3. Das Tagebuch, welches der Praktikant während seiner Ausbildungszeit über die im Laboratorium unter Aufsicht des ausbildenden Apothekers oder Assistenten ausgeführten pharmazeutischen Arbeiten führen und das eine kurze Beschreibung der vorgenommenen Arbeiten und der Theorie der in Betracht kommenden chemischen Vorgänge enthalten muß. Dem Tagebuch ist eine Bescheinigung des ausbildenden Apothekers beizufügen, daß der Praktikant die Arbeiten selbst ausgeführt hat.

§ 7. Nach Empfang der Zulassungsverfügung, in welcher auch der Zeitpunkt der Prüfung bekanntgemacht wird, hat der ausbildende Apotheker dafür Sorge zu tragen, daß die von dem Praktikanten zu entrichtenden Prüfungsgebühren im Betrage von 24 *RM* an die von der Landesbehörde[1]) zu bestimmende Stelle eingezahlt werden, und den Praktikanten gleichzeitig dahin anzuweisen, daß er sich vor Antritt der Prüfung mit der Zulassungsverfügung und der Quittung über die eingezahlten Gebühren noch persönlich bei dem Vorsitzenden der Prüfungskommission zu melden hat.

§ 8. Die Prüfung zerfällt in drei Abschnitte:

I. die schriftliche Prüfung,
II. die praktische Prüfung und
III. die mündliche Prüfung.

§ 9. I. Zweck der schriftlichen Prüfung ist, zu ermitteln, ob der Praktikant die ihm zur Bearbeitung vorzulegenden Fragen, soweit dieses von ihm gefordert werden kann, beherrscht und seine Gedanken klar und richtig auszudrücken vermag.

Der Praktikant erhält drei Aufgaben, von denen eine dem Gebiet der pharmazeutischen Chemie, eine dem der Botanik oder Pharmakognosie und die dritte dem der Physik entnommen ist.

Die Aufgaben werden aus einer hierzu angelegten Sammlung[2]) durch das Los bestimmt und sind sämtlich so einzurichten, daß je drei von ihnen in sechs Stunden bearbeitet werden können.

Die Bearbeitung erfolgt unter ständiger Aufsicht ohne Benutzung von Hilfsmitteln.

§ 10. II. Zweck der praktischen Prüfung ist, zu ermitteln, ob der Praktikant das für die Tätigkeit eines Assistenten erforderliche Geschick sich angeeignet hat.

Der Prüfling hat:

1. drei ärztliche Verordnungen zu verschiedenen Arzneiformen zu lesen, anzufertigen und die Preise zu berechnen;
2. zwei galenische Zubereitungen und ein pharmazeutisch-chemisches Präparat des Deutschen Arzneibuchs anzufertigen;

---

Übrigens hat die Entscheidung über Einrechnung einer Unterbrechung nicht zu beliebiger Zeit während der Lehrzeit zu erfolgen, sondern immer erst dann, wenn der Lehrling, im Falle der Genehmigung des Gesuchs, zum nächsten Prüfungstermine zuzulassen ist. In Zweifelfällen ist auch künftig meine Entscheidung einzuholen. Stets hat dies wie bisher auch ferner zu geschehen bei Gesuchen um Anrechnung längerer als achtwöchiger Unterbrechung der Lehrzeit und um Befreiung von sonstigen Vorschriften des § 6 Nr. 2; ebenso unverändert bei Gesuchen um Dispens von den Bestimmungen des § 6 Nr. 1.

Über die Einreichung der Dispensationsgesuche s. die auf S. 102 abgedruckten Verfügungen.

[1]) Landesbehörde im Sinne des § 7 ist in Preußen der Regierungspräsident (Min.Erl. vom 15. September 1904, s. S. 109).

[2]) Siehe S. 111.

3. zwei chemische Präparate auf ihre Reinheit nach Vorschrift des Deutschen Arzneibuchs zu untersuchen.

Die Aufgaben zu 2 und 3 werden aus je einer hierzu angelegten Sammlung[1]) durch das Los bestimmt, die Verordnungen zu den Arzneiformen von den Examinatoren unter tunlichster Benutzung der Tagesrezeptur gegeben.

Die Lösung der Aufgaben geschieht unter ständiger Aufsicht je eines der beiden prüfenden Apotheker.

§ 11. III. Zweck der mündlichen Prüfung ist, zu ermitteln, ob der Praktikant die Arzneimittel kennt und sie von anderen Mitteln zu unterscheiden weiß, ob er die Grundlehren der Botanik, der pharmazeutischen Chemie und Physik beherrscht und ob er sich hinlänglich mit den gesetzlichen Bestimmungen bekannt gemacht hat, welche für die Tätigkeit eines Assistenten maßgebend sind.

Er hat:

1. mehrere frische und getrocknete Pflanzen zu bestimmen;
2. mehrere Drogen und pharmazeutisch-chemische Präparate zu erkennen und ihre Abstammung, ihre Anwendung zu pharmazeutischen Zwecken sowie die vorkommenden Verfälschungen zu erläutern;
3. Fragen aus den Grundlehren (Abs. 1) und aus der Apothekengesetzgebung zu beantworten.

Bei der Prüfung hat der Prüfling auch die während der Ausbildungszeit angelegte Pflanzensammlung nebst einer Bescheinigung des ausbildenden Apothekers vorzulegen, daß, soweit ihm bekannt, der Prüfling die Pflanzen selbst gesammelt hat.

§ 12. Für die Prüfung sind zwei Tage bestimmt.

In der Regel sind nicht mehr als vier Prüflinge zu einer mündlichen Prüfung zuzulassen.

§ 13. Über den Gang der Prüfung eines jeden Prüflings wird eine Niederschrift aufgenommen, welche von dem Vorsitzenden und den beiden Mitgliedern der Kommission zu unterzeichnen und zu den Akten der Aufsichtsbehörde zu nehmen ist.

§ 14. Für diejenigen Prüflinge, welche die Prüfung bestanden haben, wird unmittelbar nach Beendigung der Prüfung ein von den Mitgliedern der Prüfungskommission unterzeichnetes Zeugnis nach beigefügtem Muster 2[2]) ausgefertigt und nebst den gemäß § 6 vorgelegten Zeugnissen dem ausbildenden Apotheker zur Aushändigung an den Prüfling zugestellt.

In dem Prüfungszeugnis ist das Gesamtergebnis durch eine der Zensuren „sehr gut", „gut", „genügend" zu bezeichnen.

§ 15. Das Nichtbestehen der Prüfung hat die Verlängerung der Ausbildungszeit um drei bis sechs Monate zur Folge; nach dieser Frist muß die Prüfung vollständig wiederholt werden.

Über das Nichtbestehen ist von der Prüfungskommission ein Vermerk auf der im § 6 Ziffer 2 genannten Urkunde zu machen.

Wer bei der Benutzung unerlaubter Hilfsmittel während der Prüfung betroffen wird, ist auf drei Monate zurückzustellen. Die Prüfung gilt in diesem Falle als nicht bestanden.

Wer auch bei der zweiten Wiederholung nicht besteht, wird zu einer weiteren Prüfung nicht zugelassen[3]).

---

[1]) Siehe S. 111. [2]) Ist hier nicht mit abgedruckt.

[3]) Die Prüfung darf also im ganzen dreimal abgelegt werden, ehe der Ausschluß von weiterer Prüfung eintritt. Eine nochmalige Zulassung kann auf dem Wege des Dispenses bewilligt werden (s. § 38).

## II. Pharmazeutische Prüfung.

§ 16. Die pharmazeutische Prüfung kann vor jeder bei einer Universität oder einer Technischen Hochschule des Deutschen Reiches eingerichteten pharmazeutischen Prüfungskommission abgelegt werden. Die Prüfungskommissionen werden alljährlich von der zuständigen Behörde (§ 1) aus je einem Lehrer der Botanik, der Chemie, der Pharmazie[1]) und der Physik sowie einem oder zwei Apothekern gebildet. Der Lehrer der Chemie kann durch den Lehrer der Pharmazie ersetzt werden.

Der Vorsitzende der Kommission und dessen Stellvertreter werden von der zuständigen Behörde (§ 1) ernannt; sie können aus der Zahl der Mitglieder gewählt werden.

Der Vorsitzende leitet die Prüfung, ist berechtigt, ihr in allen Abschnitten beizuwohnen, achtet darauf, daß die Bestimmungen der Prüfungsordnung genau befolgt werden, bestimmt unter Beachtung der Vorschriften der Prüfungsordnung die Examinatoren für die einzelnen Prüfungsabschnitte, ordnet bei vorübergehender Behinderung eines Mitgliedes dessen Stellvertretung an, berichtet unmittelbar nach Abschluß einer jeden Prüfungsperiode der vorgesetzten Behörde über die Tätigkeit der Kommission und legt Rechnung über die Gebühren.

In jedem Jahre finden zweimal (im Sommer- und im Winterhalbjahr) Prüfungen statt.

§ 17. Die Gesuche um Zulassung zur Prüfung sind bei der zuständigen Behörde (§ 1) oder bei der von dieser bezeichneten Dienststelle einzureichen[2]).

Die Meldung zur Prüfung im Sommerhalbjahr muß spätestens bis zum 15. März, die Meldung zur Prüfung im Winterhalbjahr spätestens bis zum 15. August unter Beifügung der erforderlichen Zeugnisse eingehen. Spätere Meldungen dürfen nur ausnahmsweise berücksichtigt werden[3]).

---

[1]) Unter dem „Lehrer der Pharmazie" ist ein solcher der pharmazeutischen Chemie zu verstehen.

[2]) In einem an die Universitätskuratoren gerichteten Erl. vom 15. September 1904 bemerkte der preuß. Medizinalminister zu § 17 folgendes:

Die Anträge auf Zulassung zur Prüfung sind wie bisher an das Universitätskuratorium zu richten. Wenn bei Prüfung der Unterlagen sich keine Anstände ergeben, ist die Zulassung zu verfügen, der Kandidat zu benachrichtigen und dem Vorsitzenden der Prüfungskommission unter Übersendung der Akten Mitteilung zu machen. Bezüglich der Einzahlung und Verteilung der Prüfungsgebühren verbleibt es bei dem bisherigen Verfahren. Über die ausnahmsweise Berücksichtigung verspäteter Anträge ist dortseits Entscheidung zu treffen.

[3]) Über die Gesuche um Zulassung zur pharmazeutischen Prüfung besagt ein preußischer Min.Erl. vom 12. Januar 1924:

1. Gesuche um Zulassung zur pharmazeutischen Prüfung sind, um eine zweckmäßigere Bearbeitung zu ermöglichen und Anhäufungen oder Verzögerungen zu vermeiden, in Zukunft nicht mehr erst nach Erlangung des Universitätsabgangszeugnisses, sondern bereits im Laufe des letzten Semesters nach Belegung der Vorlesungen seitens der Kandidaten den Prüfungskommissionen vorzulegen. Den Gesuchen sind der Lebenslauf, die nach der Prüfungsordnung für Apotheker erforderlichen Zeugnisse — in der vorgeschriebenen Reihenfolge geheftet —, die Geburtsurkunde und Ausweise über etwaigen Kriegsdienst beizufügen. Über fehlende Unterlagen und Praktikantenscheine, die erst am Schluß des letzten Semesters erworben werden, ist ein entsprechender Vermerk im Zulassungsgesuch aufzunehmen. In diesem ist am Kopf der ersten Seite Name und Staatsangehörigkeit des Antragstellers anzugeben.
4. Von der Exmatrikulation der Kandidaten und der Beibringung des Universitätsabgangszeugnisses wird für die Ablegung der pharmazeutischen Prüfung in Zu-

Der Meldung sind die nach § 6 für die Zulassung zur pharmazeutischen Vorprüfung erforderlichen Nachweise sowie das Zeugnis über die bestandene pharmazeutische Vorprüfung (§ 14) beizufügen[1]).

Die Zulassung zur Prüfung ist außerdem bedingt durch den Nachweis:

1.[2]) einer nach bestandener pharmazeutischer Vorprüfung und vor Beginn des Universitätsstudiums (Ziffer 2) in Apotheken des Deutschen Reiches zugebrachten Assistentenzeit von mindestens einjähriger Dauer[3]);

2.[4]) eines durch ein Abgangszeugnis bescheinigten sachgemäßen Studiums von mindestens vier Halbjahren an einer Universität des Deutschen Reichs[5]). Insbesondere ist nachzuweisen, daß der Studierende während des Universitätsstudiums mindestens je zwei

---

kunft Abstand genommen, so daß die Kandidaten auch während der Prüfungszeit immatrikuliert bleiben und die Vergünstigungen der Studierenden genießen können. An Stelle des Universitätsabgangszeugnisses ist bei der Meldung zur pharmazeutischen Prüfung in Zukunft das letzte Anmeldebuch für die Vorlesungen (Testierbuch) beizubringen.

5. Ausländer, die nicht sämtlichen Bedingungen der Prüfungsordnung für Apotheker entsprechen (reichsdeutsches Reifezeugnis, reichsdeutsches Studium, reichsdeutsche Praktikanten- und Assistentenzeit, reichsdeutsche pharmazeutische Vorprüfung usw.), haben künftig den Gesuchen um Zulassung zur pharmazeutischen Prüfung eine unterschriftlich vollzogene Erklärung darüber beizufügen, daß sie im Falle ihrer Zulassung zur Prüfung auf die Erteilung der deutschen Approbation auch bei ihrer etwaigen späteren Einbürgerung ausdrücklich verzichten. Sämtliche Zulassungsgesuche von Ausländern ohne Rücksicht darauf, ob sie die Bedingungen der Prüfungsordnung für Apotheker erfüllen oder nicht, sind mir gemäß Ziffer 3 zur Entscheidung vorzulegen.

6. Die Bestimmungen des § 16 Abs. 4 der Prüfungsordnung für Apotheker vom 18. Mai 1904 über die Abhaltung der Prüfungen werden hierdurch nicht berührt.

[1]) Für die Form des Gesuches ist ein amtliches Muster vorgeschrieben (s. S. 106). Dispensation zulässig (s. § 38).

[2]) Dispensation zulässig (s. § 38).

[3]) Nichtapprobierte Apothekerassistenten können nach einem preußischen Min.Erl. vom 25. August 1914 in Krankenhausapotheken, die durch einen approbierten Apotheker verwaltet werden, unbedenklich beschäftigt werden. „Es ist dagegen nicht angängig, ihnen bei der Zulassung zur pharmazeutischen Prüfung die Zeit einer solchen Beschäftigung auf die gemäß § 17 Abs. 4 Ziff. 1 der Prüfungsordnung für Apotheker vom 18. Mai 1904 nachzuweisende Gehilfenzeit anzurechnen."

[4]) Dispensation zulässig (s. § 38).

[5]) Zu den früheren Prüfungsvorschriften für Ärzte und Apotheker hatte der Bundesrat nach einer Bekanntmachung des Reichskanzlers vom 24. April 1899 unter dem 20. April 1899 einen Beschluß gefaßt, der in den nachstehend angeführten Ziffern 1 und 2 noch jetzt Bedeutung hat.

Auf Grund der Bestimmungen im § 29 der Gew.O. für das Deutsche Reich hat der Bundesrat beschlossen, daß den Prüfungsordnungen für Ärzte, Zahnärzte und Apotheker fortan folgende Auslegung gegeben werde:

1. Als Universitätsstudium gilt auch die Zeit, in welcher die zur Prüfung sich Meldenden gastweise (als Hospitanten oder Hospitantinnen) an einer Universität — bei der Apothekerprüfung auch an einer gleichstehenden Lehranstalt — Vorlesungen besucht haben, sofern sie ungeachtet des Nachweises der für die Zulassung vorgeschriebenen schulwissenschaftlichen Vorbildung, sowie der erforderlichen sittlichen Führung aus Gründen der Universitätsverwaltung von der Immatrikulation ausgeschlossen waren, und die Einhaltung eines ordnungsmäßigen akademischen Studienganges nachgewiesen wird.

2. Als Universitätsabgangszeugnis gilt in den unter 1 bezeichneten Fällen jede Bescheinigung der Universitäts- oder Anstaltsbehörde über die vollständige Erledigung des Studiums.

Halbjahre an analytisch-chemischen und pharmazeutisch-chemischen Übungen[1]), mindestens ein Halbjahr an Übungen in der

---

Mit der Anrechnung von Gasthörsemestern oder eines Studiums mit der kleinen Matrikel nach den Prüfungsordnungen für Ärzte, Zahnärzte und Apotheker befaßt sich nachstehender preuß. Min.Erl. vom 8. April 1927:

Als Studium im Sinne der Prüfungsordnungen für Ärzte, Zahnärzte und Apotheker gilt grundsätzlich die von Studierenden der Medizin und der Zahnheilkunde bei der Medizinischen und von Studierenden der Pharmazie bei der Philosophischen Fakultät zurückgelegte Studienzeit nach der Vollimmatrikulation. Nur diese Zeit wird ohne weiteres auf das betreffende Studium angerechnet. Ausnahmen sind durch ... § 17 Abs. 4 Ziff. 2 (§ 38 Abs. 1) der Prüfungsordnung für Apotheker vom 18. Mai 1904 zugelassen. Hiernach darf mit Genehmigung der obersten Landesbehörde im Einvernehmen mit dem Reichsministerium des Innern diejenige Studienzeit ganz oder teilweise ausnahmsweise angerechnet werden, die vor Erlangung des Reifezeugnisses einem verwandten Universitätsstudium oder gleichwertigen Hochschulstudium gewidmet ist. Dabei handelt es sich nur um Gasthörsemester oder um ein Studium mit der kleinen Matrikel (auf vier Halbjahre bei der Philosophischen Fakultät).

Nach dem an die Herren Universitätskuratoren usw. gerichteten allgemeinen Erlasse des Herrn Ministers der geistl., Unterr.- u. Med.-Ang. vom 30. Mai 1899 ist auf Grund eines Beschlusses des Bundesrats vom 20. April 1899 durch Bekanntmachung des Herrn Reichskanzlers vom 24. April 1899 bestimmt worden, daß als Universitätsstudium im Sinne der Prüfungsordnungen für Ärzte, Zahnärzte und Apotheker „auch die Zeit gilt, in welcher die zur Prüfung sich Meldenden gastweise (als Hospitanten oder Hospitantinnen) an einer Universität — bei der Apothekerprüfung auch an einer gleichstehenden Lehranstalt — Vorlesungen besucht haben, sofern sie — ungeachtet des Nachweises der für die Zulassung zur Prüfung vorgeschriebenen schulwissenschaftlichen Vorbildung sowie der erforderlichen sittlichen Führung — aus Gründen der Universitätsverwaltung von der Immatrikulation ausgeschlossen waren und die Einhaltung eines ordnungsmäßigen akademischen Studienganges dargetan wird". Hiernach werden Gasthörsemester in der Regel nur in den seltensten Fällen anerkannt, wo der Vollimmatrikulation besondere in den Universitätsstatuten usw. begründete Hindernisse entgegenstehen, z. B. bei einem Staatsbeamten oder der Zugehörigkeit zu einer anderen (Technischen, Tierärztlichen, Landwirtschaftlichen usw.) Hochschule. Die Anrechnung wird mithin auf diejenigen Fälle beschränkt, in denen dem Betreffenden nach den Universitätsstatuten usw. die förmliche Vollimmatrikulation — ungeachtet des Nachweises genügender Vorbildung — aus Gründen versagt wird, welche außerhalb seiner freien Willensbestimmung liegen.

Wer demnach, obwohl er die Möglichkeit hatte, sich nach Erlangung des Reifezeugnisses vollimmatrikulieren zu lassen, keinen Gebrauch macht, kann auf Anrechnung von Gasthörsemestern oder eines Studiums mit der kleinen Matrikel nicht rechnen. Die Vollimmatrikulation ist auch durch die neue Fassung des § 5 der Vorschriften für die Studierenden der preußischen Landesuniversitäten vom 1. Oktober 1914 insofern erleichtert worden, als Reichs-, Staats-, Gemeinde- oder Kirchenbeamte sowie Personen, die dem Gewerbestand angehören, zum Studium zugelassen werden können, wenn nachgewiesen ist, daß sie durch Beurlaubung vom Dienst oder durch Befreiung von ihrer beruflichen Tätigkeit über so viel freie Zeit verfügen, daß die Durchführung eines gründlichen Studiums gesichert ist. Bei Beamten gilt der Nachweis als erbracht, wenn sie durch ihre Dienstbehörde mindestens von der halben Dienstzeit befreit sind.

Ich behalte mir in jedem Falle die Entscheidung vor, ob Gasthörsemester oder ein Studium mit der kleinen Matrikel auf die nach den Prüfungsordnungen für Ärzte, Zahnärzte und Apotheker nachzuweisende Studienzeit angerechnet werden sollen oder nicht, und ersuche ergebenst, mir die entsprechend begründeten Gesuche unter Beifügung des Reifezeugnisses nebst Lateinnachweis und sämtlicher bisher erworbener Studiennachweise (Universitätsabgangszeugnis, Anmeldebuch, Praktikantenscheine) zur Entscheidung einzureichen.

[1]) Hierzu bestimmt ein Erl. des preußischen Medizinalministers vom 9. August 1907, daß die Tätigkeit in einem P r i v a t l a b o r a t o r i u m die nach § 17 Abs. 4 Nr. 2 der Prüfungsordnung für Apotheker vom 18. Mai 1904 nachzuweisende Teilnahme an analytisch-chemischen und pharmazeutisch-chemischen Übungen bei Instituten der

mikroskopischen Untersuchung von Drogen und Pflanzenpulvern regelmäßig teilgenommen, auch sich mit den üblichen Sterilisationsverfahren vertraut gemacht hat; die Nachweise sind durch Bescheinigungen der zuständigen Universitätslehrer zu erbringen[1]).

Dem Besuch einer Universität steht der Besuch der Technischen Hochschulen zu Stuttgart, Karlsruhe[2]), Darmstadt und Braunschweig gleich.

Außerdem sind der Meldung beizufügen:

a. ein eigenhändig geschriebener Lebenslauf, in welchem der Gang der Universitätsstudien darzulegen ist, sowie

b. falls der Kandidat sich nicht alsbald nach dem Abgang von der Universität meldet, ein amtliches Zeugnis über seine Führung in der Zwischenzeit.

Die geforderten Nachweise nebst dem vorstehend zu b bezeichneten Zeugnis sind in Urschrift vorzulegen.

§ 18. Der Kandidat hat sich binnen einer Woche nach Behändigung der Zulassungsverfügung mit dieser Verfügung und der Quittung über die eingezahlten Gebühren (§ 33) bei dem Vorsitzenden der Prüfungskommission ohne besondere Aufforderung persönlich zu melden.

§ 19. Die Prüfung zerfällt in folgende Abschnitte:

I. die schriftliche Prüfung;

II. die praktische Prüfung:
  A. die analytisch-chemische Prüfung,
  B. die pharmazeutisch-chemische Prüfung;

III. die mündliche Prüfung:
  A. die allgemein-wissenschaftliche Prüfung,
  B. die pharmazeutisch-wissenschaftliche Prüfung.

## Schriftliche Prüfung.

§ 20. I. Zweck der schriftlichen Prüfung ist, zu ermitteln, ob der Kandidat die ihm zur Bearbeitung vorzulegenden Fragen vollständig beherrscht und seine Gedanken klar und richtig auszudrücken vermag.

---

Universität nicht ersetzen kann und daher auch nicht für die Zulassung zur pharmazeutischen Staatsprüfung in Gemäßheit der vorgedachten Bestimmung in Anrechnung gebracht werden darf.

Ferner wird in einem Erlaß des preußischen Ministers des Innern vom 30. Juni 1911 eine Belehrung der Studierenden der Pharmazie bei Beginn des Studiums dahingehend angeregt, „daß die ständige Beschäftigung mit der Chemie während sämtlicher Studienhalbjahre für eine gründliche Ausbildung der Pharmazeuten von besonderem Wert ist, daß ferner die Verteilung der vorgeschriebenen praktischen chemischen Übungen auf die vier Studienhalbjahre als Regel zu betrachten ist und endlich die analytisch-chemischen Übungen den pharmazeutisch-chemischen voranzugehen haben".

[1]) Hierzu erging folgender preuß. Min.Erl. vom 17. Oktober 1906:

Im § 17 Abs. 4 Ziffer 2 der Prüfungsordnung für Apotheker vom 14. Mai 1904 ist vorgeschrieben, daß behufs Zulassung zur pharmazeutischen Prüfung der Nachweis regelmäßiger Teilnahme an bestimmten Übungen zu erbringen sei. Hiernach können nur solche Zeugnisse als ausreichend für die Zulassung zur Prüfung betrachtet werden, in denen die Regelmäßigkeit der Teilnahme ausdrücklich bescheinigt ist. Ich ersuche deshalb ergebenst, bei der Zulassung zur Apothekerprüfung darauf zu achten, daß die von den Universitätslehrern ausgestellten Zeugnisse dem Wortlaute der Prüfungsordnung entsprechend den regelmäßigen Besuch der Pflichtübungen bescheinigen. Zeugnisse, welche diesen Vermerk nicht enthalten, sind als genügend nicht anzuerkennen. Die mit den Pflichtübungen betrauten Dozenten ersuche ich, auf vorstehende Bestimmung gefälligst aufmerksam zu machen.

Für die Fassung dieser Zeugnisse sind jetzt bestimmte Muster vorgeschrieben (s. S. 103).

[2]) In Karlsruhe besteht seit 1924 keine Möglichkeit mehr, Pharmazie zu studieren.

Der Kandidat erhält drei Aufgaben, von denen eine dem Gebiet der anorganischen, eine dem der organischen Chemie und eine dem der Botanik oder Pharmakognosie entnommen ist.

Die Aufgaben werden aus einer hierzu angelegten Sammlung[1]) durch das Los bestimmt und sind sämtlich so einzurichten, daß jede Aufgabe in längstens drei Stunden erledigt werden kann.

Die Bearbeitung erfolgt unter ständiger Aufsicht ohne Benutzung von Hilfsmitteln.

## Praktische Prüfung.

§ 21. II A. Zweck der analytisch-chemischen Prüfung ist, zu ermitteln, ob der Kandidat die in der analytischen Chemie erlangten wissenschaftlichen Kenntnisse nicht nur theoretisch sich angeeignet hat, sondern auch praktisch in dem erforderlichen Maße zu verwerten imstande ist. Insbesondere muß der Kandidat befähigt sein, folgende Aufgaben richtig zu lösen:

1. eine natürliche, ihren Bestandteilen nach dem Examinator bekannte chemische Verbindung oder eine künstliche, zu diesem Zweck besonders zusammengesetzte Mischung aus nicht mehr als sechs Stoffen qualitativ zu analysieren und außerdem drei einzelne dem Kandidaten zu bezeichnende Bestandteile einer chemischen Verbindung oder einfachen Mischung, deren Zusammensetzung dem Examinator bekannt ist, quantitativ zu bestimmen;
2. eine vergiftete organische oder anorganische Substanz, ein Nahrungsmittel oder eine Arzneimischung in der Weise zu untersuchen, daß die Ergebnisse über die Art des vorgefundenen Giftes oder der Verfälschung und, soweit dies nach der Beschaffenheit des vorgefundenen Giftes oder der Verfälschung verlangt werden kann, auch über die Menge des Giftes oder des verfälschten Stoffes eine möglichst zuverlässige Auskunft zu geben.

Die Aufgaben werden von den Examinatoren bestimmt und unter Aufsicht bearbeitet.

Der Examinator bestimmt die Fristen, innerhalb deren die Arbeiten auszuführen sind.

Über die Ausführung der Arbeiten hat der Kandidat innerhalb der vom Examinator zu bestimmenden Frist schriftlichen Bericht zu erstatten.

Der Examinator ist berechtigt, den Kandidaten auch mündlich über die Aufgaben zu prüfen.

Bei der Zensur haben die Examinatoren den Gegenstand der gestellten Aufgaben namhaft zu machen.

§ 22. II B. Zweck der pharmazeutisch-chemischen Prüfung ist, zu ermitteln, ob der Kandidat das für seinen Beruf erforderliche technische Geschick sich angeeignet hat.

Der Kandidat hat:

1. zwei pharmazeutisch-chemische Präparate anzufertigen;
2. die Prüfung und Wertbestimmung einer Droge auf mikroskopischem Wege, und
3. die Prüfung und Wertbestimmung je einer Droge oder eines galenischen Arzneimittels auf chemischem Wege auszuführen.

Die Aufgaben werden aus einer hierzu angelegten Sammlung durch das Los bestimmt und unter Aufsicht erledigt.

---

[1]) Die Feststellung dieser Sammlung liegt den einzelnen Prüfungskommissionen ob. Im Gegensatz zu der bei den Vorprüfungen zu verwendenden Sammlung (s. S. 111) ist hier ein allgemeines Muster derselben nicht veröffentlicht worden.

Der Examinator bestimmt die Fristen, innerhalb deren die Arbeiten auszuführen sind.

Über die Ausführung der Arbeiten hat der Kandidat innerhalb der von dem Examinator zu bestimmenden Frist schriftlichen Bericht zu erstatten.

Der Examinator ist berechtigt, den Kandidaten auch mündlich über die Aufgaben zu prüfen.

### Mündliche Prüfung.

§ 23. IIIA. Zweck der allgemein-wissenschaftlichen Prüfung ist, zu ermitteln, ob der Kandidat in der Chemie, Physik und Botanik wissenschaftlich soweit ausgebildet ist, wie es sein Beruf erfordert.

Die Prüfung wird von drei Mitgliedern der Prüfungskommission in Gegenwart des Vorsitzenden abgehalten.

In der Regel werden nicht mehr als vier Kandidaten zu einem Prüfungstermin zugelassen.

§ 24. IIIB. Die pharmazeutisch-wissenschaftliche Prüfung wird von den Lehrern der Botanik und Pharmazie und den Apothekern in Gegenwart des Vorsitzenden abgehalten.

Der Kandidat hat:

1. mindestens zehn frische oder getrocknete, offizinelle oder solche Pflanzen, welche mit den offizinellen verwechselt werden können, zu bestimmen und zu erklären;
2. mindestens zehn unzerkleinerte Drogen zu erkennen und ihre Abstammung und äußeren Merkmale sowie ihre Anwendung zu pharmazeutischen Zwecken und die vorkommenden Verfälschungen zu erläutern;
3. von mehreren chemischen Rohstoffen und pharmazeutisch-chemischen Präparaten die Eigenschaften, die Zusammensetzung, Darstellung, Prüfung und Wertbestimmung sowie die vorkommenden Verunreinigungen zu erklären;
4. ausreichende Kenntnisse in den das Apothekenwesen betreffenden gesetzlichen Bestimmungen darzulegen.

In der Regel werden nicht mehr als vier Kandidaten zu einem Prüfungstermin zugelassen.

§ 25. Über die mündlichen Prüfungen (§§ 23, 24) wird für jeden Kandidaten eine besondere Niederschrift unter Anführung der Prüfungsgegenstände aufgenommen und von den Examinatoren vollzogen.

§ 26. Über jede der in den Prüfungsabschnitten I, IIA und IIA (§§ 20 bis 22) zu fertigenden einzelnen Arbeiten sowie über den Ausfall eines jeden Teiles der Prüfungsabschnitte IIIA und IIIB (§§ 23 und 24) wird eine Zensur erteilt. Hierbei sind nur die Bezeichnungen sehr gut (1) — gut (2) — genügend (3) — ungenügend (4) — schlecht (5) zulässig. Die Zensur wird erteilt: in dem Abschnitt I von sämtlichen Mitgliedern der Kommission mit Einschluß des Vorsitzenden und mit Ausschluß des Lehrers der Physik, in den übrigen Abschnitten von den zuständigen Examinatoren. Ergibt sich bei der Erteilung der Zensur für die einzelnen Arbeiten im Abschnitt I Stimmengleichheit, so entscheiden die Stimmen, welche sich für die minder günstige Zensur aussprechen. Die Zensur wird bei den mündlichen Prüfungen in der Niederschrift (§ 25) vermerkt.

§ 27. Wird in den Abschnitten I, IIA oder IIB für eine Arbeit, in dem Abschnitt IIIB für einen Teil dieses Abschnitts die Zensur „ungenügend" (4) oder „schlecht" (5) erteilt, oder werden in dem Abschnitt IIIA eine Stimme für die Zensur „schlecht" (5) oder zwei Stimmen für die Zensur „ungenügend" (4) abgegeben, so gilt der betreffende Prüfungsabschnitt als nicht bestanden.

Wer bei der Benutzung unerlaubter Hilfsmittel während der Prüfung betroffen wird, ist auf sechs Monate zurückzustellen. Der Prüfungsabschnitt gilt in diesem Fall als nicht bestanden.

Tritt ein Kandidat ohne genügende Entschuldigung von einem bereits begonnenen Prüfungsabschnitt zurück, so kann durch einen mit Zustimmung des Vorsitzenden gefaßten Beschluß der Prüfungskommission der betreffende Prüfungsabschnitt für nicht bestanden erklärt werden.

Nach dem Ergebnis der Einzelzensuren wird die Zensur für jeden in allen Teilen bestandenen Prüfungsabschnitt in der Weise bestimmt, daß die Summe der Zensuren für die einzelnen Teile des Abschnitts durch die Anzahl der Teile dividiert wird. Ergibt sich bei der Division ein Bruch, so wird dieser bei Festsetzung der Zensur für den Abschnitt ohne Abrundung eingestellt.

§ 28. Ist nach § 27 ein Prüfungsabschnitt nicht bestanden, so muß er wiederholt werden. Die Festsetzung der Wiederholungsfrist geschieht durch den Vorsitzenden im Benehmen mit den zuständigen Examinatoren.

Die Wiederholung eines nicht bestandenen Prüfungsabschnitts darf bei der Zensur „ungenügend" (4) in der Regel erst nach drei Monaten, bei der Zensur „schlecht" (5) in der Regel erst nach sechs Monaten erfolgen, muß aber spätestens innerhalb der beiden folgenden Prüfungsjahre stattfinden, widrigenfalls auch die früher mit günstigem Erfolg zurückgelegten Prüfungen zu wiederholen sind. Das gleiche tritt ein, wenn ein Kandidat nach erfolgreicher Ablegung eines Prüfungsabschnitts die Fortsetzung der Prüfung ohne genügenden Entschuldigungsgrund über die nächsten zwei Prüfungsjahre hinaus verzögert[1]).

Wer auch bei der zweiten Wiederholung eines Prüfungsabschnitts nicht besteht, wird zu einer weiteren Prüfung nicht zugelassen[2]).

§ 29. Die einzelnen Prüfungen sind in der im § 19 angegebenen Reihenfolge ohne Unterbrechung zurückzulegen. Die Aufgaben für jeden Abschnitt sind erst bei Beginn der Prüfungen zu erteilen. Zwischen den einzelnen Abschnitten darf in der Regel nur ein Zeitraum von einer Woche liegen.

Zu dem Abschnitt II wird nur zugelassen, wer den Abschnitt I bestanden hat, zum Abschnitt IIIB nur, wer die sämtlichen früheren Abschnitte bestanden hat. Wer die Abschnitte IIA oder IIB nicht besteht, hat die Wahl, ob er sich den Prüfungen in den Abschnitten IIB und IIIA bzw. IIIA, sogleich oder erst nach Wiederholung der nicht bestandenen Abschnitte unterziehen will.

§ 30. Hat der Kandidat den Abschnitt IIIB bestanden, so wird unmittelbar nach dessen Beendigung die Gesamtzensur unter entsprechender Anwendung des § 27 Abs. 4 Satz 1 bestimmt. Ergibt sich bei der Gesamtzensur ein Bruch, so wird derselbe, falls er über 0,5 beträgt, als ein Ganzes gerechnet; andernfalls bleibt er unberücksichtigt.

Die Gesamtzensur wird in der Niederschrift über den Abschnitt IIIB (§ 24, 25) vermerkt.

Der Vorsitzende überreicht hierauf die vollständigen Prüfungsverhandlungen, einschließlich der die Meldung und Zulassung des Kandidaten betreffenden Urkunden, der zuständigen Behörde (§ 1). Diese erteilt das

---

[1]) Dispensation zulässig (s. § 38).

[2]) Dreimal darf somit ein Prüfungsabschnitt abgelegt werden, ehe der Ausschluß von weiterer Prüfung eintritt. Eine nochmalige Zulassung kann im Wege des Dispenses bewilligt werden (s. § 38).

Prüfungszeugnis unter Angabe der Gesamtzensur nach dem beigefügten Muster 3[1]).

§ 31. Wer sich nicht rechtzeitig gemäß den Bestimmungen des § 18 persönlich meldet oder die für die Anfertigung der Arbeiten oder für die mündlichen Prüfungen gesetzten Zeiten ohne hinreichende Gründe versäumt, kann auf Antrag des Vorsitzenden von der zuständigen Behörde (§ 1) bis zum folgenden Prüfungshalbjahr zurückgestellt werden.

§ 32. Die Prüfung darf nur bei der Kommission fortgesetzt oder wiederholt werden, bei welcher sie begonnen ist[2]).

Die mit dem Zulassungsgesuch eingereichten Zeugnisse (§ 17) sind dem Kandidaten erst nach vollständig bestandener Prüfung zurückzugeben. Verlangt er sie früher zurück, so sind die Behörden (§ 1) durch Vermittlung des Reichskanzlers zu benachrichtigen, daß der Kandidat die Prüfung begonnen, aber nicht beendigt hat, und daß ihm auf seinen Antrag die Zeugnisse zurückgegeben worden sind.

In die Urschrift des letzten Universitätsabgangszeugnisses ist ein Vermerk über den Ausfall der bisherigen Prüfung einzutragen.

§ 33. Die Gebühren für die gesamte Prüfung betragen 140 *RM* [3]).

Davon sind

| | |
|---|---|
| für die Abschnitte I, IIA, IIB und IIIA je 18 *RM* .......... | 72 *RM* |
| für Abschnitt IIIB ........................ | 24 ,, |
| für Verwaltungskosten, Anschaffung von Prüfungsgegenständen usw. | 44 ,, |

berechnet.

Bei Wiederholung einzelner Abschnitte sind nach diesen Sätzen auch die betreffenden Gebühren für Verwaltungskosten jedoch nur im Falle einer Wiederholung der Abschnitte IIA, IIB und IIIA je 20 *RM* nochmals zu entrichten.

---

1) Ist hier nicht mit abgedruckt.

2) Dispensation zulässig (s. § 38).

3) Laut Bk. vom 17. Januar 1927. Dazu bemerkt ein preuß. Min.Erl. vom 28. Januar 1927:

a. Vorstehende Gebührenregelung findet auf alle Prüflinge Anwendung, die nach dem 1. März 1927 eine der vorgenannten Gesamtprüfungen oder Wiederholungsprüfungen beginnen. Soweit die Prüfungen bereits vor dem 1. März 1927 begonnen haben, bleibt es bei der bisherigen Gebührenregelung.

b. Mit Rücksicht auf die allgemeine wirtschaftliche Notlage habe ich nichts dagegen einzuwenden, daß bei der ärztlichen, der zahnärztlichen und der pharmazeutischen Prüfung in einzelnen besonderen Fällen die Gebührenanteile für die Prüfer erlassen, ermäßigt oder in Teilzahlungen erhoben werden. Voraussetzung für die Gewährung solcher Vergünstigungen ist das Einverständnis sämtlicher Mitglieder des Prüfungsausschusses. Soweit dieses Einverständnis erteilt ist, sind grundsätzlich nur solche Kandidaten zu berücksichtigen, die ihre Bedürftigkeit durch amtliche Unterlagen nachweisen oder in den letzten Studienhalbjahren Vergünstigungen bei der Zahlung der Vorlesungsgebühren genossen haben und dies durch Beibringung des Anmeldebuchs oder einer Bescheinigung der Universitätskasse belegen. Bei Bewilligung von Teilzahlungen empfiehlt es sich, als erste Rate den vollen Gebührenanteil für sächliche und Verwaltungskosten und etwa die Hälfte der Gesamtgebühren für die Prüfer zu erheben. Der Rest dürfte in angemessener, dem Verlauf der Prüfung entsprechender Frist auf einmal, höchstens jedoch in zwei Teilbeträgen einzuziehen sein. Auf den allgemeinen Runderlaß vom 8. Juni 1925 nehme ich Bezug.

Erlaß, Ermäßigung oder Teilzahlungen der Gebührenanteile für sächliche und Verwaltungskosten kommen auf keinen Fall in Frage. Diese sind vielmehr vor Beginn der Prüfung in einer Summe zu entrichten.

Das Zeugnis über die bestandene Prüfung darf in allen Fällen erst ausgehändigt werden, wenn die festgesetzten oder ermäßigten Gebühren vollständig bezahlt sind

§ 34. Wer während der Prüfung zurücktritt oder zurückgestellt wird, erhält die nach § 33 zu berechnenden Gebühren für die noch nicht begonnenen Prüfungen zurück.

## III. Praktische Tätigkeit nach der Prüfung.

§ 35. Nach vollständig bestandener pharmazeutischer Prüfung[1]) und in der Regel[2]) im Anschluß an dieselbe hat der Kandidat weitere zwei Jahre als Assistent in Apotheken, darunter mindestens ein Jahr in Apotheken des Deutschen Reichs, sich praktisch zu betätigen[3]).

---

[1]) In einer Verfügung des Mecklenburgischen Ministeriums in Rostock, Abteilung für Medizinalangelegenheiten vom 30. Januar 1908 wird gesagt, daß es für Studierende der Pharmazie bei ihren späteren Gesuchen um Erteilung der Approbation unzulässig ist, eine Assistententätigkeit, die während der pharmazeutischen Prüfung nach dem Nichtbestehen eines Prüfungsteiles bis zu der Wiederholung ausgeübt wird, in irgendeiner Weise auf die prüfungsmäßige Assistententätigkeit von drei Jahren anzurechnen.

[2]) Die Prüfungsordnung sagt, daß die praktische Tätigkeit nach Bestehen der Staatsprüfung „in der Regel" im Anschluß an dieselbe und „in der Regel" ohne Unterbrechung zu erledigen ist. Ausnahmen, etwa zum Zwecke des Studiums als Nahrungsmittelchemiker oder der Doktorpromotion dürften also nicht ausgeschlossen sein. Doch besagt ein preuß. Min.Bescheid vom 12. Juli 1910, daß zu einer Unterbrechung der nach bestandener pharmazeutischer Prüfung vorgeschriebenen zweijährigen praktischen Tätigkeit die Genehmigung der zuständigen Zentralbehörde (preuß. Ministerium für Volkswohlfahrt) erforderlich ist.

Über eventuelle Unterbrechungen der Assistentenjahre erging ein bayerischer Min.Erl. vom 18. Oktober 1907, der „im Einverständnisse mit dem Reichsamte des Innern" folgendes verfügte:

Auf das eine Servierjahr vor dem Universitätsstudium darf eine Unterbrechung durch Urlaub bis zu 14 Tagen oder an deren Stelle eine Unterbrechung durch Krankheit bis zu 4 Wochen angerechnet werden. Auf die beiden Servierjahre nach dem Studium darf insgesamt eine vierwöchentliche Unterbrechung durch Urlaub oder an deren Stelle eine achtwöchentliche Unterbrechung durch Krankheit Anrechnung finden. Dauer und Grund derartiger Unterbrechungen sind in das von den ausbildenden Apothekern auszustellende Zeugnis über die Ableistung der Gehilfenzeit einzutragen.

[3]) Dispensation zulässig (s. § 38).

Über die Anrechnung anderweitiger Tätigkeit auf die zweijährige Kandidatenzeit gab ein Rundschreiben des Reichskanzlers vom 5. Januar 1911 folgende Anweisungen:

Zunächst ist grundsätzlich daran festzuhalten, daß die Kandidaten der Pharmazie vor Erteilung der Approbation eine außerhalb des Studiums zurückgelegte praktische Gehilfentätigkeit in Apotheken von mindestens dreijähriger Dauer nachweisen. Demgemäß wird nicht angerechnet eine Gehilfentätigkeit, die innerhalb des Studiums während der Universitätsferien abgeleistet wird. Ebensowenig gelangen auf die dreijährige Gehilfenzeit ein pharmazeutisches oder gleichartiges Universitätsstudium oder eine Tätigkeit als wissenschaftlicher Assistent zur Anrechnung, die nach vollständig bestandener pharmazeutischer Prüfung zurückgelegt sind. Eine den einjährigen Zeitraum übersteigende Gehilfenzeit vor Beginn des Studiums wird ganz oder teilweise nur solchen Kandidaten ausnahmsweise angerechnet, die nachgewiesenermaßen durch zwingende Umstände an dem rechtzeitigen Übergang zum Universitätsstudium gehindert waren; aber auch von diesen Kandidaten ist zu fordern, daß sie sich nach Ablegung der pharmazeutischen Prüfung während einer angemessenen Zeit — etwa für die Dauer eines Jahres — als Gehilfe in Apotheken betätigen. Der den einjährigen Zeitraum übersteigenden Gehilfenzeit vor Beginn des Studiums kann in besonderen Ausnahmefällen eine Gehilfenzeit gleichgeachtet werden, die während der Studienzeit, aber unter Unterbrechung des Studiums abgeleistet ist, falls durch ganz besonders ungünstige Unterhaltsverhältnisse die Unterbrechung des Studiums bedingt wurde.

Bei der Erledigung von Gesuchen dieser Art hat der Reichskanzler laut Verf. vom 23. Dezember 1915 auf seine Mitwirkung verzichtet.

Die Wahl der Apotheken steht dem Kandidaten frei, jedoch sind die Landesregierungen befugt, in besonderen Ausnahmefällen einzelne Apotheken als nicht geeignet zu bezeichnen[1]).

---

Zwecks **Anrechnung der an Universitätsinstituten verbrachten Zeit** auf die praktische Tätigkeit nach der Staatsprüfung empfahl ein Rundschreiben des Reichsamtes des Innern an die Regierungen der Länder vom 7. April 1913 folgende Auslegung des § 35 Abs. 1 der Prüfungsordnung:

Kandidaten, die nach abgelegter pharmazeutischer Prüfung zur Vertiefung ihrer wissenschaftlichen pharmazeutischen Ausbildung über das nach § 17 Abs. 4 Nr. 2 der Prüfungsordnung für Apotheker vom 18. Mai 1904 nachzuweisende Studium hinaus als Praktikant oder Assistent in einem pharmazeutischen, pharmazeutisch-chemischen oder botanisch-pharmakognostischen Hochschulinstitute regelmäßig und mit gutem Erfolg tätig gewesen sind und den Nachweis hierüber durch eine Bescheinigung der zuständigen Hochschullehrer erbringen, kann die auf die Tätigkeit als Praktikant oder Assistent tatsächlich aufgewendete Zeit auf die in § 35 Abs. 1 der Prüfungsordnung vorgeschriebene Betätigung als Gehilfe in Apotheken in Anrechnung gebracht werden. Praktikanten haben dabei außerdem noch den Nachweis zu erbringen, daß sie während der Universitätsferien in einer inländischen Apotheke praktisch tätig gewesen sind. Von den Assistenten wird dieser Nachweis nicht verlangt, da für ihre Tätigkeit in Apotheken nur die ihnen zustehende Urlaubszeit in Betracht kommt und diese für die notwendige Erholung bestimmte Zeit aus Billigkeitsgründen nicht zu beschränken ist. Eine Unterbrechung der wissenschaftlichen oder praktischen Tätigkeit kann auch den Praktikanten in die Ausbildungszeit dann angerechnet werden, wenn sie durch Krankheit oder andere unverschuldete Umstände bedingt oder zur Erholung notwendig wird und im Laufe eines Jahres die Dauer von vier Wochen nicht überschreitet.

Eine Bk. des Reichskanzlers vom 2. Februar 1917 teilte folgenden Bundesratsbeschluß vom gleichen Tage über **Anrechnung des Kriegsdienstes** mit:

Den Kandidaten der Pharmazie kann der Kriegsdienst bis zur Dauer eines Jahres auf die gemäß § 35 der Prüfungsordnung für Apotheker nach vollständig bestandener pharmazeutischer Prüfung nachzuweisende zweijährige praktische Gehilfenzeit in Apotheken angerechnet werden. Die Entscheidung über die Anrechnung des Kriegsdienstes erfolgt durch den Reichskanzler im Einvernehmen mit der zuständigen Landeszentralbehörde.

Nach einer ergänzenden Verfügung des Reichskanzlers vom 14. April 1917 ist bei Anrechnung von Heeresdienst auf die Kandidatenzeit der 2. Februar 1917 als der früheste Tag anzusehen, an dem die Bestimmungen über die Gehilfenjahre erfüllt sein können. Die sonstigen für Kriegsteilnehmer geschaffenen Vergünstigungen hinsichtlich der Praktikanten-, Assistenten- und der Studienzeit sind jetzt zumeist überholt.

Betreffs der Anrechnung einer Unterbrechung der Kandidatenzeit hat sich das Reichsministerium des Innern damit einverstanden erklärt, daß Kriegsteilnehmern eine bis zu vierwöchige Unterbrechung durch Krankheit auf die nach abgelegter pharmazeutischer Prüfung nachzuweisende Assistententätigkeit auch dann angerechnet wird, wenn diese Assistentenzeit unter Anwendung des Beschlusses des Bundesrats vom 2. Februar 1917 durch Anrechnung von Kriegsdienst eine Kürzung erfährt.

Zu diesem Bundesratsbeschluß vom 2. Februar 1917 hat das bayerische Ministerium d. J. unter dem 24. Februar 1917 im Einverständnis mit dem Reichsamte des Innern u. a. folgendes bekanntgegeben:

Eine Anrechnung soll auch dann nicht ausgeschlossen sein, wenn ein Fachstudium **noch nicht begonnen war**. Jedoch darf sich grundsätzlich aus der Anrechnung des Kriegsdienstes nicht der Vorteil ergeben, daß ein Kriegsteilnehmer seine Ausbildung in kürzerer Zeit beendet, als es ihm in Friedenszeiten möglich gewesen sein würde. Das gilt insbesondere für diejenigen Studierenden, welche aus Anlaß des Krieges vorzeitig ihr Schulreifezeugnis haben erwerben können.

[1]) Hierzu besagt ein preuß. Min.Erl. vom Januar 1915:

Kandidaten der Pharmazie haben wiederholt mit ihrem Gesuch um Erteilung der Approbation als Apotheker Zeugnisse über ihre praktische Tätigkeit als Gehilfe in einer Apotheke vorgelegt, während festgestellt werden konnte, daß sie in der gleichen Zeit ihr Universitätsstudium fortsetzten oder die Stellung eines Praktikanten oder Assistenten

Während dieser Assistentenzeit, welche in der Regel ohne Unterbrechung zu erledigen ist[1]), hat der Kandidat seine praktischen Kenntnisse und Fähigkeiten zu vertiefen und fortzubilden sowie auch ausreichendes Verständnis für die Aufgaben und Pflichten des Apothekerberufs zu zeigen. Den Nachweis, daß die Assistentenzeit mit Erfolg zurückgelegt worden ist, hat der Kandidat durch ein Zeugnis zu erbringen, das eine eingehende Würdigung seiner Tätigkeit enthält. Das Zeugnis ist von dem Apotheker, der die Ausbildung geleitet hat, nach dem Muster 4[2]) auszustellen und von dem zuständigen Medizinalbeamten zu beglaubigen[3]).

Gewinnt die zuständige Behörde (§ 1) nicht die Überzeugung, daß der Kandidat durch seine Beschäftigung den nach Abs. 3 zu stellenden Anforderungen entsprochen hat, so hat der Kandidat die Tätigkeit als Assistent während eines von der Behörde zu bestimmenden Zeitraums fortzusetzen.

## C. Erteilung der Approbation.

§ 36. Nach Ablauf der im § 35 vorgesehenen Assistentenzeit hat der Kandidat bei der zuständigen Behörde (§ 1) des Bundesstaats, in dem er die pharmazeutische Prüfung bestanden hat, die Erteilung der Approbation als Apotheker zu beantragen. Dabei sind einzureichen[4]):

das Prüfungszeugnis (§ 30), die Zeugnisse über die nach der pharmazeutischen Prüfung abgeleistete regelmäßige Tätigkeit als Assistent (§ 35) und die auf die Zeit seit Ablegung der pharmazeutischen Prüfung bezüglichen polizeilichen Führungszeugnisse sowie eine Geburtsurkunde.

Die Approbation wird nach dem beigefügten Muster 5[5]) erteilt[6]).

§ 37. Dem Reichskanzler werden von den Behörden (§ 1) Verzeichnisse der in dem abgelaufenen Jahr Approbierten eingereicht.

---

an einem chemischen Institut bekleideten. Die sich der falschen Beurkundung solcher Zeugnisse schuldig machenden Apotheker müssen in Zukunft als nicht geeignet zur praktischen Ausbildung der geprüften Kandidaten der Pharmazie bezeichnet werden.

[1]) Siehe Anm. 2 auf S. 99. [2]) Siehe S. 108.

[3]) Mit Bezug auf diese Bestimmung ersucht eine Verf. des preuß. Medizinalministers vom 14. September 1907 die Regierungspräsidenten, „die Apotheker des Bezirkes gefälligst anzuweisen, bei der Ausstellung solcher Zeugnisse sich genau an das vorgeschriebene Muster zu halten, auch sind die Kreisärzte zu veranlassen, bei der Beglaubigung dem Muster nicht entsprechende Zeugnisse zurückzuweisen oder deren Ergänzung zu verlangen". Ein weiterer preuß. Min.Erl. vom 22. März 1910 wiederholt diese Mahnung.

[4]) Für die Form des Gesuches um Erteilung der Approbation ist ein amtliches Muster vorgeschrieben (s. S. 109). Darin ist die Einreichung des Prüfungszeugnisses nicht mehr vorgesehen. Eine Rückgabe der dem Gesuch beigefügten Zeugnisse oder die Übersendung von Zeugnisabschriften seitens des Ministeriums erfolgt nicht, da die Zeugnisse im Originale bei den Akten bleiben müssen und Abschriften aus den Akten im allgemeinen nicht erteilt werden. Wer auf die Zeugnisse Wert legt, muß sich daher vor Einreichung der Urschrift eine beglaubigte Abschrift fertigen lassen und diese für den zukünftigen Gebrauch zurückbehalten. (Preuß. Min.Erl. vom 9. Januar 1909 und 5. Juni 1926, s. S. 103.)

[5]) Ist hier nicht mit abgedruckt.

[6]) Die preuß. Verwaltungsgebührenordnung vom 30. Dezember 1926 sieht hierbei folgende Gebühren vor:

Approbation der Apotheker a. nach Ablegung der vorgeschriebenen Prüfungen 10 *RM.* b. unter Befreiung von den vorgeschriebenen Prüfungen (§ 29 Gew.O.) 30—150 *RM.* Zu a und b. Bei Reichsausländern wird das Fünffache der Sätze erhoben, ausgenommen bei Deutschösterreichern, die einen entsprechenden Ausweis über ihre Staatsangehörigkeit beibringen, und bei Angehörigen der vom Deutschen Reiche abgetrennten Gebiete mit deutscher Abstammung und deutscher Muttersprache.

Über die Erteilung der Approbation an Kandidaten mit vorzeitigem Reifezeugnis erging folgender preuß. Min.Erl. vom 12. April 1921:

## D. Ausnahmen.

§ 38. Von den Vorschriften in § 6 Ziffer 1 und 2, § 15 Abs. 4, § 17 Abs. 3 sowie Abs. 4 Ziffer 1 und 2, § 28 Abs. 2 und 3, § 32 Abs. 1 und § 35 Abs. 1 kann das Reichsministerium des Innern in Übereinstimmung mit der zuständigen Landeszentralbehörde Ausnahmen zulassen[1]).

---

Nach dem Beschluß des Staatsausschusses vom 20. Juni 1919 (vgl. den Runderlaß vom 30. Juli 1919) gelten die während des Krieges erteilten Notreifezeugnisse im Sinne der Prüfungsordnungen für Ärzte, für Zahnärzte und für Apotheker mit der Maßgabe, daß die Approbation nicht eher erteilt werden darf, als sie bei Ablegung der regelrechten Reifeprüfung hätte erlangt werden können. Außer den Besitzern von Notreifezeugnissen gibt es jedoch — teils infolge Verkürzung des Schuljahres, teils aus anderen Gründen — eine Reihe von Studierenden, die zwar ein vorzeitiges, dabei aber regelrechtes Reifezeugnis erworben haben; diese würden, da der in dem genannten Beschluß des Staatenausschusses ausgesprochene Vorbehalt nicht ohne weiteres auf sie anwendbar ist, gegenüber anderen Studierenden einen Vorsprung in ihrer Ausbildungszeit erzielen, den auszugleichen eine Möglichkeit zur Zeit nicht besteht. Der Reichsrat hat daher in seiner Sitzung vom 22. März 1921 beschlossen, daß die Erteilung der Approbation an Studierende der Medizin, der Zahnheilkunde und der Pharmazie, die infolge Verkürzung des Schuljahrs oder aus anderen Gründen ein vorzeitiges Reifezeugnis erlangt haben, erst zu dem Zeitpunkt erfolgen darf, zu dem sie unter regelrechten Verhältnissen möglich gewesen wäre.

[1]) Nach diesem Paragraph sind Ausnahmen (Dispensationen) von den Bestimmungen der Prüfungsordnung nur in folgenden Fällen zulässig:

1. hinsichtlich der schulwissenschaftlichen Vorbildung;
2. hinsichtlich der Dauer der Ausbildungszeit und der Forderung einer Ausbildung in deutschen Apotheken;
3. hinsichtlich der Wiederholung einer auch bei der zweiten Wiederholung nicht bestandenen Vorprüfung;
4. hinsichtlich der bei der Meldung zur Staatsprüfung einzureichenden Nachweise einschließlich der einjährigen Assistentenzeit und des viersemestrigen Studiums;
5. hinsichtlich des Zeitraums der Wiederholung eines nicht bestandenen Abschnitts der Staatsprüfung;
6. hinsichtlich der Wiederholung einer auch bei der zweiten Wiederholung nicht bestandenen Staatsprüfung;
7. hinsichtlich der Wahl der Kommission für die Fortsetzung oder Wiederholung der Staatsprüfung;
8. hinsichtlich der zweijährigen praktischen Tätigkeit nach der Staatsprüfung.

Über Dispensationsgesuche von Apothekerpraktikanten sagt ein Bescheid des Reichskanzlers vom Jahre 1909, „daß Gesuche um Zulassung zur Apothekerlaufbahn unter Befreiung von den Bestimmungen der Prüfungsordnung für Apotheker vom 18. Mai 1904 bei der zuständigen Zentralbehörde desjenigen Bundesstaates einzureichen sind, in dessen Bezirk die Lehrzeit begonnen werden soll".

Dispensationsgesuche der Apothekerpraktikanten sind danach an das zuständige Ministerium zu richten, jedoch dem Regierungspräsidenten einzureichen. Gesuche, bei denen es sich um Unterbrechung der Praktikantenzeit bis zur Dauer von acht Wochen handelt, sind in Preußen laut Min.Erl. vom 5. Februar 1908 (s. S. 88) nur an den Regierungspräsidenten zu richten. Eine alljährlich erlassene Verfügung der Regierungspräsidenten sagt darüber in Übereinstimmung mit früheren Ministerialerlassen folgendes:

Apothekerpraktikanten, welche eine Dispensation von einzelnen Vorschriften der Prüfungsordnung betreffend die pharmazeutische Vorprüfung für Apotheker vom 18. Mai 1904 nachsuchen wollen, haben mit dem Gesuche alle zur Beurteilung desselben dienenden Unterlagen (Zeugnisse über die schulwissenschaftliche Vorbildung, Lehr- und Servierzeugnisse usw.) in Urschrift oder beglaubigter Abschrift einzureichen. Gesuche um Dispensation von dem Erfordernis einer ununterbrochenen Lehrzeit müssen in den ersten 14 Tagen des Vierteljahrs eingehen, an dessen Ende die Prüfung abgelegt werden soll. Später eingehende Gesuche haben keine Aussicht auf Berücksichtigung.

Einzelne Regierungspräsidenten verlangen, daß die Dispensationsgesuche von dem ausbildenden Apotheker eingereicht werden, und zwar unter Umständen schon drei Monate

Mit dem Gesuch um Dispensation von der Vorschrift des § 32 Abs. 2 ist zugleich eine Erklärung der bisherigen Prüfungskommission wegen etwaiger dem Wechsel der Kommission entgegenstehender Bedenken vorzulegen.

## E. Schluß- und Übergangsbestimmungen.

§ 39. Auf die Praktikanten-, Assistenten- und Studienzeit ist die Militärdienstzeit nicht anzurechnen.

§ 40. Vorstehende Bestimmungen treten am 1. Oktober 1904 in Kraft.

§ 41. Wer spätestens am 1. Januar 1921 als Praktikant eingetreten ist, wird zu den Prüfungen zugelassen, auch wenn er nur den Nachweis der bisher geforderten wissenschaftlichen Vorbildung erbringt. Die im § 6 Ziffer 2 vorgeschriebene Ausübungszeit umfaßt unter diesen Umständen gemäß den früheren Bestimmungen einen Zeitraum von 3 Jahren[1]).

In unmittelbarem Zusammenhange mit der Prüfungsordnung für Apotheker steht eine auf Grund einer Vereinbarung unter den Landesregierungen erlassene Verfügung des preußischen Ministers für Volkswohlfahrt, vom 5. Juni 1926, die für die auf die Prüfungsordnung bezüglichen Zeugnisse und Gesuche bestimmte Muster angibt. Die Verfügung lautet:

## Vordrucke für die Durchführung der pharmazeutischen Prüfungen.

Preuß. Min.Erl. vom 5. Juni 1926.

An Stelle der Muster, die durch die Prüfungsordnung für Apotheker vom 18. Mai 1904 und den allgemeinen Erlaß vom 14. Mai 1908 bestimmt sind, werden folgende Vordrucke für die Durchführung der pharmazeutischen Prüfungen eingeführt:

Vordruck I: Gesuch um Zulassung zur pharmazeutischen Vorprüfung,

Vordruck II: Zeugnis über die Tätigkeit als Apothekerpraktikant,

Vordruck III: Übersicht über die pharmazeutische Vorprüfung,

Vordruck IV: Zeugnis über die pharmazeutische Vorprüfung,

Vordruck V: Zeugnis über die Tätigkeit als Apothekerassistent nach der pharmazeutischen Vorprüfung,

Vordruck VI: Gesuch um Zulassung zur pharmazeutischen Prüfung,

Vordruck VII: Bescheinigung über die Teilnahme an analytisch-chemischen Übungen,

Vordruck VIII: Bescheinigung über die Teilnahme an pharmazeutisch-chemischen Übungen,

Vordruck IX: Bescheinigung über die Teilnahme an Übungen in der mikroskopischen Untersuchung von Drogen- und Pflanzenpulvern,

Vordruck X: Bescheinigung über Kenntnisse im Sterilisationsverfahren,

---

vor Ablauf der Ausbildungszeit. In diesem Falle sind die Gesuche dem Regierungspräsidenten gemäß § 49 der Dienstanweisung für Kreisärzte durch die Hand des zuständigen Kreisarztes vorzulegen.

Über Dispensationsgesuche von Studenten der Pharmazie äußerte sich ein Bescheid des Reichskanzlers vom 17. Januar 1902 dahin, „daß Gesuche um Dispensation von den Prüfungsvorschriften für Apotheker bei der zuständigen Zentralbehörde desjenigen Bundesstaates einzureichen sind, welchem die Prüfungskommission, bei der die Prüfung abgelegt werden soll, angehört".

[1]) Ein preuß. Min.Erl. vom 22. April 1921 besagt, „daß bei denjenigen Apothekerlehrlingen, die ausnahmsweise noch nach dem 1. Januar 1921 mit dem Zeugnisse der Reife für die Prima zur Apothekerlaufbahn zugelassen worden sind, die Ausbildungszeit, ebenso wie bisher, einen Zeitraum von drei Jahren umfaßt".

Vordruck XI: Übersicht über die pharmazeutische Prüfung,

Vordruck XII: Zeugnis über die pharmazeutische Prüfung,

Vordruck XIII: Zeugnis über die Tätigkeit als Apothekerassistent nach der pharmazeutischen Prüfung,

Vordruck XIV: Gesuch um Erteilung der Approbation als Apotheker,

Vordruck XV: Approbation als Apotheker.

Die durch den allgemeinen Erlaß vom 12. Januar 1924 Ziffer 2 eingeführte Aufstellung über den Verlauf der Ausbildung ist auf Seite 3 des Vordruckes VI vorgesehen und künftig, falls dieser Vordruck VI mit der Aufstellung verwendet wird, nicht mehr als besondere Beilage der Meldung beizufügen.

Die mit dem Approbationsgesuch vorzulegenden Zeugnisse über die Tätigkeit als Apothekerassistent nach der pharmazeutischen Prüfung (Vordruck XIII) und polizeilichen Führungszeugnisse werden, wie auch auf diesem Vordruck vermerkt ist, den Kandidaten von mir nicht mehr, wie bisher, zurückgegeben. Diesen wird deshalb empfohlen, vor Einreichung der Zeugnisse beglaubigte Abschriften davon für den künftigen Gebrauch zurückzubehalten, da solche hier nicht erteilt werden.

Die Vordrucke I bis X sowie XIII und XIV werden auf meine Anregung beim Deutschen Apothekerverein in Berlin NW 87, Levetzowstr. 16B, ständig vorrätig gehalten und können von dort zu einem mäßigen Preise bezogen werden. Der Vordruck XI wird von dem Ausschuß für die pharmazeutische Prüfung in Berlin W 66, Leipziger Straße 3, den übrigen preußischen Prüfungsausschüssen unentgeltlich abgegeben. Die Vordrucke XII und XV dienen zum Gebrauch in meinem Ministerium[1]).

## I. Gesuch um Zulassung zur pharmazeutischen Vorprüfung.

. . . . . . . . . ., den . . . . . 19. .

Des Prüflings

Name . . . . . . . . . . . . . . .

Wohnung. . . . . . . . . . . . . .

Geburtstag . . . . . . . . . . . .

---

[1]) Die nur für Behörden in Betracht kommenden Vordrucke Nr. III, IV, VII bis XII und XV sind hier nicht abgedruckt.

Zu den Gesuchsformularen ist folgendes zu bemerken:

1. Das Gesuch um Zulassung eines Praktikanten zur Vorprüfung ist seitens des ausbildenden Apothekers bei der Aufsichtsbehörde, in deren Bezirk die Ausbildungszeit beendet wird (das sind in Preußen die Regierungspräsidenten), spätestens bis zum 15. des der Prüfung vorhergehenden Monats einzureichen, also spätestens bis 15. Februar, Mai, August und November. Bei Dispensationsgesuchen von einzelnen Vorschriften der Prüfungsordnung muß dagegen die Einreichung schon in den ersten 14 Tagen des betreffenden Vierteljahres erfolgen.

2. Das Gesuch um Zulassung zur pharmazeutischen Staatsprüfung ist bei der zuständigen Behörde (Ministerium) oder bei der von dieser bezeichneten Dienststelle (in Preußen nur bei den Universitätskuratorien) einzureichen, und zwar im Laufe des letzten Semesters nach Belegung der Vorlesungen. Die pharmazeutische Prüfung kann vor jeder bei einer Universität oder einer technischen Hochschule des Deutschen Reiches eingerichteten pharmazeutischen Prüfungungskommission abgelegt werden.

3. Die Erteilung der Approbation als Apotheker ist sofort nach Ablauf der zweijährigen praktischen Tätigkeit beim Ministerium desjenigen Bundesstaates, in dem die pharmazeutische Prüfung bestanden worden ist, zu beantragen.

Geburtsort . . . . . . . . . . .
Provinz — bei preuß. Orten . . .
Land — bei außerpreuß. Orten . .
Staatsangehörigkeit . . . . . . . .

Ich bitte, den — in die meiner Apotheke beschäftigte . . Apothekerpraktikanten — Apothekerpraktikantin . . . . . . . . . . . . . . . .
auf Grund der urschriftlich beigefügten Nachweise:

1. des Zeugnisses der Reife von de . . . . . . . . . . . . . . . . . .
. . . . . . . . . . . in . . . . . . . . . . . . . . . . . .
vom . . . . . . . . . . . 19 . .
sowie des Zeugnisses über die für die Versetzung nach der Obersekunda eines Realgymnasiums notwendigen Kenntnisse in der lateinischen Sprache von de . . . . . . . . . . . in . . . . . . . .
vom . . . . . . . . . . . 19 . .[1]).
2. de . . Zeugnisse . . über die Dauer der Ausbildung, die Führung und die Leistungen als Apothekerpraktikant[2]),
3. des während der Ausbildungszeit geführten Tagebuchs nebst de . . Bescheinigung . ., daß der — die Praktikant . . die Arbeiten selbst ausgeführt hat,
zur Ablegung der pharmazeutischen Vorprüfung vor dem Prüfungsausschuß in . . . . . . . . . . . . . im . . . . . . . . . . . 19 . .
zulassen zu wollen.

(Name) . . . . . . . .
(Wohnung) . . . . . . .

An . . . . . . . . . . . . . . .
in . . . . . . . . . . . . .

## II. Zeugnis über die Tätigkeit als Apothekerpraktikant.

Dem — Der (Vor- und Zuname) . . . . . . . . . . . . . . . .
geboren am . . . . . . . . . 19 . . in . . . . . . . . . . . wird hiermit bescheinigt, daß er — sie vom . . . ten . . . . . . . . 19 . . bis zum . . . ten . . . . . . . . 19 . . in der von mir geleiteten Apotheke als Praktikant beschäftigt gewesen ist.

(Folgen die Angaben über die Führung und die Leistungen des Praktikanten während der Praktikantenzeit.)

. . . . . . . . . . . . , den . . ten . . . . . . . 19 . .
(Unterschrift des Apothekenvorstandes.)

Beglaubigt hinsichtlich der Zeitangabe.
. . . . . . . . . . . . , den . . ten . . . . . . . 19 . .

. . . . . . . . . . . . . . . . . . . . . . . . . . . . . . . . . . .
(Siegel und Unterschrift
des zuständigen staatlichen Gesundheitsbeamten.)

Verwaltungsgebühr: . . . . *RM.*

---

[1]) Nur bei Praktikanten auszufüllen, die im Besitze des Reifezeugnisses einer Lehranstalt mit wahlfreiem oder ohne Lateinunterricht (Oberrealschule usw.) sind und in dem Reifezeugnis einer Anstalt mit wahlfreiem Lateinunterricht nicht ein mindestens genügendes Urteil im Lateinischen nachweisen.

[2]) Vordruck II (zu beziehen durch den Deutschen Apothekerverein in Berlin).

## V. Zeugnis über die Tätigkeit als Apothekerassistent nach der pharmazeutischen Vorprüfung.

Dem — Der (Vor- und Zuname) . . . . . . . . . . geboren am . . . . . . . . . . . 19 . . in . . . . . . . . . . wird hiermit bescheinigt, daß er — sie nach vollständig bestandener pharmazeutischer Vorprüfung vom . . ten . . . . . . . . . . 19 . . bis zum . . ten . . . . . . . . . . . 19 . . in der von mir geleiteten Apotheke als Assistent beschäftigt gewesen ist.

(Folgen die Angaben über die Führung und die Leistungen des Assistenten während der Beschäftigungszeit.)

. . . . . . . . . ., den . . ten . . . . . . . 19 . .
(Unterschrift des Apothekenvorstandes.)

Beglaubigt hinsichtlich der Zeitangabe.
. . . . . . . . . . ., den . . ten . . . . . . 19 . .
. . . . . . . . . . . . . . . . . . . . . . . . . .
(Siegel und Unterschrift
des zuständigen staatlichen Gesundheitsbeamten.)

Verwaltungsgebühr: . . . . *RM*.

## VI. Gesuch um Zulassung zur pharmazeutischen Prüfung.

. . . . . . . . . . . ., den . . ten . . . . . . 19 . .

Name: . . . . . . . . . . . . . . .
Staatsangehörigkeit: . . . . . . .

Ich bitte, mich zur Ablegung der pharmazeutischen Prüfung vor dem Prüfungsausschuß in . . . . . . . . . . . . . . . . . . im $\frac{\text{Frühjahr}}{\text{Herbst}}$ d. Js. zulassen zu wollen und überreiche in Urschrift:

1. das Zeugnis der Reife von de . . . . . . . . . . . . . . . . . . . . . . . . . . . . . . . in . . . . . . . . . . . . . . . vom . . . . . . . . . . . 19 . .
   sowie das Zeugnis über die für die Versetzung nach der Obersekunda eines Realgymnasiums notwendigen Kenntnisse in der lateinischen Sprache von de . . . . . . . . . . . . . . . . . . . . in . . . . . . . . . . vom . . . . . . . . . . . 19 . .[1]),
2. d . . Zeugnis . . über die Dauer der Ausbildung, die Führung und die Leistungen als Apothekerpraktikant,
3. das während der Praktikantenzeit geführte Tagebuch nebst de . . Bescheinigung . ., daß ich die Arbeiten selbst ausgeführt habe,
4. das Zeugnis über die am . . . . . . 19 . . in . . . . . . . . ., bestandene pharmazeutische Vorprüfung,
5. d . . Nachweis . . über eine Assistentenzeit in Apotheken des Deutschen Reichs, und zwar
   vom . . . . . . 10 . . bis . . . . . . 19 . . in . . . . . .
6. d . . Nachweis . . über ein pharmazeutisches Studium von . . . . Halbjahren, und zwar

[1]) Nur von Kandidaten auszufüllen, die im Besitze des Reifezeugnisses einer Lehranstalt mit wahlfreiem oder ohne Lateinunterricht (Oberrealschule usw.) sind und in dem Reifezeugnis einer Anstalt mit wahlfreiem Lateinunterricht nicht ein mindestens genügendes Urteil im Lateinischen nachweisen.

an der Universität in . . . . . . . . . . vom . . . . . 19 . .
bis . . . . . . . . . . . 19 . .
an der Universität . . . . . . . . . vom . . . . . . 19 . .
bis . . . . . . . . . . . 19 . .,

7. d . . Nachweis . . über die Teilnahme an analytisch-chemischen Übungen während . . . . . Halbjahr . . in . . . . . . . . . .,
8. d . . Nachweis . . über die Teilnahme an pharmazeutisch-chemischen Übungen während . . . . . Halbjahr . . in . . . . . . . . . .,
9. d . . Nachweis . . über die Teilnahme an Übungen in der mikroskopischen Untersuchung von Drogen und Pflanzenpulvern während . . . . . Halbjahr . . in . . . . . . . . . . . . . . .
10. das Zeugnis des . . . . . . . . . . . . in . . . . . . . . . . . . vom . . . . . . . . . . . . . . ., daß ich mich den üblichen Sterilisationsverfahren vertraut gemacht habe,
11. die Geburtsurkunde,
12. einen eigenhändig geschriebenen Lebenslauf,
13. . . . amtliche . . Zeugnis . . über die Führung während der Zeit zwischen dem Abschluß der Universitätsstudien und der Meldung zur pharmazeutischen Prüfung[1]),
14. die Ausweise über den Kriegsdienst.

Die Nachweise zu . . . . . . . . . . . können erst nach Ablauf des . . . . . . . . Halbjahrs 19 . . beigebracht werden[2]).

(Name) . . . . . . . . . . . . . . . . . . . . . . .
(Wohnung) . . . . . . . . . . . . . . . . . . . . .
(Geburtstag) . . . . . . . . . . . . . . . . . . . .
(Geburtsort) . . . . . . . . . . . . . . . . . . . .
(Provinz — bei preuß. Orten) . . . . . . . . . . .
(Land — bei außerpreuß. Orten) . . . . . . . . . .
(Staatsangehörigkeit) . . . . . . . . . . . . . . .

An . . . . . . . . . . . . . . . . . .
in . . . . . . . . . . . . . . . . . .

Die Zeugnisse sind genau in der im Gesuche angegebenen Reihenfolge zu ordnen, zu heften und beizufügen. Gesuch und Lebenslauf bleiben lose.

**Aufstellung.**

Ordentliches Reifezeugnis (Datum): . . . . . . . . . . . . .
Besonderer Lateinnachweis (Art und Datum): . . . . . . . .

Praktikantenzeit:

| | | | | | | |
|---|---|---|---|---|---|---|
| in . . . . . . | vom . . . | bis . . . | = . . | Jahre . . | Monate . . | Tage |
| „ . . . . . . | „ . . . | „ . . . | = . . | „ . . | „ . . | „ |
| „ . . . . . . | „ . . . | „ . . . | = . . | „ . . | „ . . | „ |
| „ . . . . . . | „ . . . | „ . . . | = . . | „ . . | „ . . | „ |
| | | zusammen | . . | Jahre . . | Monate . . | Tage. |

Pharmazeutische Vorprüfung am . . . . . . . . . . . . .
in . . . . . . . . . . mit dem Gesamturteil . . . . . . . .

---

[1]) Diese Zeugnisse sind nur beizubringen, wenn die Meldung zur Prüfung nicht alsbald nach dem Abschluß der Universitätsstudien erfolgt.

[2]) Falls einzelne der vorstehenden Nachweise noch nicht im Besitz sind.

Assistentenzeit:

| | | | | | | |
|---|---|---|---|---|---|---|
| in . . . . . . | vom . . . | bis . . . | = . . | Jahre . . | Monate . . | Tage |
| „ . . . . . . | „ . . . | „ . . . | = . . | „ . . | „ . . | „ |
| „ . . . . . . | „ . . . | „ . . . | = . . | „ . . | „ . . | „ |
| „ . . . . . . | „ . . . | „ . . . | = . . | „ . . | „ . . | „ |
| „ . . . . . . | „ . . . | „ . . . | = . . | „ . . | „ . . | „ |
| „ . . . . . . | „ . . . | „ . . . | = . . | „ . . | „ . . | „ |
| | | zusammen . . | | Jahre . . | Monate . . | Tage. |

Pharmazeutisches Studium:

| | | |
|---|---|---|
| (Hochschule) | . . . . . . . . . . . . . | W.-H. . . ./. . . |
| „ | . . . . . . . . . . . . . | S.-H. . . . . . . |
| „ | . . . . . . . . . . . . . | W.-H. . . ./. . . |
| „ | . . . . . . . . . . . . . | S.-H. . . . . . . |
| „ | . . . . . . . . . . . . . | W.-H. . . ./. . . |
| „ | . . . . . . . . . . . . . | S.-H. . . . . . . |
| | zusammen | . . . . . Halbjahre. |

Im Heeresdienst vom . . . . . . 19. . bis . . . . . . 19. .

## XIII. Zeugnis über die Tätigkeit als Apothekerassistent nach der pharmazeutischen Prüfung.

. . . . . . . . . . ., den . . ten . . . . . 19. .

Dem Kandidaten — Der Kandidatin — der Pharmazie (Vor- und Zunahme) . . . . . . . . . ., geboren am . . . . . . 19 . . in . . . . . . . . . . . . . . . wird hiermit bescheinigt, daß er — sie nach vollständig bestandener pharmazeutischer Prüfung vom . . ten . . . 19. . bis zum . . ten . . . . 19. . in der von mir geleiteten Apotheke als Assistent beschäftigt gewesen ist.

(Folgt eine nähere Würdigung der Art der Beschäftigung, wobei anzugeben ist, inwieweit der Assistent in der bezeichneten Zeit seine praktischen Kenntnisse und Fähigkeiten vertieft und fortgebildet sowie ausreichendes Verständnis für die Aufgaben und Pflichten des Apothekerberufs gezeigt hat.)

. . . . . . . . . . ., den . . ten . . . . . . 19 . .

. . . . . . . . . . . . . . . . . . . . . . .
Unterschrift des Apothekenvorstandes.

Da dieses der obersten Landesbehörde vorzulegende Zeugnis von dieser nicht zurückgegeben wird, auch Abschriften im allgemeinen nicht erteilt werden, empfiehlt es sich, vor Einreichung des Zeugnisses eine beglaubigte Abschrift davon für den künftigen Gebrauch zurückzubehalten.

Beglaubigt hinsichtlich der Zeitangabe.

. . . . . . . . . . ., den . . ten . . . . . 19 . .

(Siegel und Unterschrift des zuständigen staatlichen Gesundheitsbeamten.)

Verwaltungsgebühr: . . . . RM.

## XIV. Gesuch um Erteilung der Approbation als Apotheker.

Auf Grund der beigefügten Nachweise:

1. der Zeugnisse über die nach der pharmazeutischen Prüfung zurückgelegte praktische Beschäftigung in Apotheken, und zwar:
   vom . . . . . . . . . 19 . . bis . . . . . . . . . . . . 19 . .
   in . . . . . . . . . . . . . . . . . . . . . . . . . . . . . . .,
2. de . . polizeilichen Führungszeugnisse . . für die Zeit seit Ablegung der pharmazeutischen Prüfung,
3. meiner Geburtsurkunde[1]),
4. der Ausweise über den Kriegsdienst[1]),

bitte ich, mir die Approbation als Apotheker erteilen zu wollen.

Die pharmazeutische Prüfung habe ich am
. . . . . . . . . . . 19 . . in . . . . . . . . . . . bestanden.

(Name) . . . . . . . . . . . . . . . . . . . . . . .
(Wohnung) . . . . . . . . . . . . . . . . . . . . .
(Geburtstag) . . . . . . . . . . . . . . . . . . . .
{(Geburtsort) . . . . . . . . . . . . . . . . . . . .
{(Provinz — bei preuß. Orten) . . . . . . . . . . .
{(Land — bei außerpreuß. Orten) . . . . . . . . . .
(Staatsangehörigkeit) . . . . . . . . . . . . . . . .

An . . . . . . . . . . . . . . .
d . . . . . . . . . . . . . . . . .
in . . . . . . . . . . . . .

Eine Allgemeine Ausführungsanweisung zur Prüfungsordnung ist unter dem 15. September 1904 vom preußischen Kultusminister erlassen worden. Sie lautet:

## Ausführungsanweisung zur Prüfungsordnung für Apotheker.

**Preuß. Min.Erl. vom 15. September 1904.**

Zu den Bestimmungen der neuen Prüfungsordnung bemerke ich im einzelnen folgendes:

1. Die nach § 3 Abs. 3, §§ 4, 5 und 7 der „Aufsichtsbehörde" und der „Landesbehörde" übertragenen Obliegenheiten sind von Ew. Hochwohlgeboren wahrzunehmen.

### Zu § 3.

2. Als Sitz der Prüfungskommission für die pharmazeutische Vorprüfung bestimme ich für jeden Regierungsbezirk den Amtssitz des Regierungspräsidenten (s. o. Ziffer 1).

Wegen Bildung der Prüfungskommsission für den dortigen Bezirk für die Zeit vom 1. Oktober 1904 bis Ende September 1907 ersuche ich das Erforderliche zu veranlassen.

Zum Vorsitzenden ist in der Regel der Regierungs- und Medizinalrat oder sein Stellvertreter zu ernennen.

---

[1]) Fällt fort, falls diese Zeugnisse bereits bei der Meldung zur Prüfung vorgelegt worden sind.

Zu § 5.

3. Über die ausnahmsweise Berücksichtigung verspäteter Meldungen ist dortseits Entscheidung zu treffen.

Zu § 6.

4. Die Kreisärzte sind anzuweisen, vor Erteilung des Zulassungszeugnisses als Apothekerlehrling (vgl. § 43 der Apothekenbetriebsordnung und § 51 der Dienstanweisung für die Kreisärzte vom 23. März 1901) an Inhaber eines Zeugnisses einer Oberrealschule sich zu überzeugen, ob der vorgeschriebene Nachweis der erforderlichen Kenntnisse in der lateinischen Sprache erbracht ist.

5. Ferner sind die Kreisärzte, wie schon in dem Runderlasse vom 25. Juli 1895 angeordnet, darauf hinzuweisen, daß Lehrzeugnisse, die ohne die vorgeschriebenen Angaben über die Führung und die Leistungen des Lehrlings zur Bestätigung vorgelegt werden, als ungeeignet zurückzuweisen sind.

6. Die Beglaubigungen der Lehr- und Servierzeugnisse (vgl. § 6 Ziffer 2, § 17 Abs. 4 Ziffer 1, § 35 Abs. 3 der Prüfungsordnung) durch die Medizinalbeamten sind stempelfrei[1]).

7. Anträge, welche eine Ausnahme von den Vorschriften des § 6 Ziffer 1 und 2 bezwecken, sind dortseits vorzuprüfen und nebst sämtlichen zur Beurteilung erforderlichen Zeugnissen und sonstigen Unterlagen mit einem sich zur Sache äußernden Begleitberichte rechtzeitig, und zwar, wenn es sich um eine Ausnahme von der Vorschrift des § 6 Ziffer 2 handelt — spätestens zwei Monate vor Ablauf der Lehrzeit — an mich einzureichen[2]).

Zu § 7.

8. Es wird sich empfehlen, mit der Vereinnahmung der Prüfungsgebühren die Regierungshauptkasse zu beauftragen. Aus den Prüfungsgebühren sind zunächst die bei der Prüfungskommission entstehenden sächlichen Ausgaben zu bestreiten. Der verbleibende Rest der Gebühren gelangt nach näherer Bestimmung von Ew. Hochwohlgeboren unter dem Vorsitzenden und den Mitgliedern der Prüfungskommission zur Verteilung.

9. Die den Zulassungsverfügungen beizulegenden Abdrücke der Prüfungsordnung sind dortseits zu beschaffen . . .

Zu §§ 9, 10.

10. Die bei der schriftlichen und praktischen Prüfung zu verwendende Aufgabensammlung habe ich von der technischen Kommission für die pharmazeutischen Angelegenheiten erneut zusammenstellen lassen und füge zwei Abdrücke der Zusammenstellung für die dortigen Akten und zur Übermittlung an den Vorsitzenden der Prüfungskommission bei.

Zu § 15.

11. Über die Dauer der Verlängerung der Ausbildungszeit bei Nichtbestehen der Prüfung hat der Vorsitzende nach Anhörung der Mitglieder der Prüfungskommission Entscheidung zu treffen.

---

[1]) An die Stelle des Stempels ist jetzt die Verwaltungsgebühr getreten (preuß. Verwaltungsgebührenordnung vom 30. Dezember 1926). Nach Ziffer 14 des Gebührentarifs wird für Beglaubigungen und andere Zeugnisse eine Gebühr von 1—5 *RM*, in der Regel von 2 *RM*, erhoben.

[2]) Diese Bestimmung ist durch den auf S. 88 abgedruckten Min.Erl. vom 5. Februar 1908 teilweise abgeändert worden.

Zu § 35.

Etwaige Anträge wegen Bezeichnung einer Apotheke als nicht geeignet für die praktische Betätigung der Kandidaten nach bestandener pharmazeutischer Prüfung sind mit eingehender Begründung an mich einzureichen.

An die Herren Regierungspräsidenten.

## Aufgaben für die pharmazeutischen Vorprüfungen in Preußen.

Preuß. Min.Erl. vom 19. Juni 1911.

### I. Pharmazeutische Chemie.

Acetum et Acidum aceticum.
Acidum arsenicosum et Liquor Kalii arsenicosi.
Acidum benzoicum.
Acidum boricum et Borax.
Acidum carbolicum[1]) et Kreosotum.
Acidum hydrochloricum.
Acidum hydrocyanicum[2]), Aqua Amygdalarum amararum et Oleum Amygdalarum aethereum[2]).
Acidum nitricum.
Acidum phosphoricum.
Acidum salicylicum.
Acidum sulfuricum.
Acidum tartaricum et Tartarus depuratus.
Aether et Aether aceticus.
Ammonium bromatum, Kalium bromatum, Natrium bromatum.
Aqua chlorata[2]) et Choralum hydratum.
Bismutum et ejus salia.
Calcium et ejus salia.
Chininum et ejus salia.
Chloroformium et Jodoformium.
Cuprum et ejus salia.
Emplastra et Sapones.
Ferrum et ejus salia.
Glycerinum.
Hydrargyrum et ejus salia.
Jodum et ejus salia.
Kalium et ejus salia.
Lithargyrum et Minium.
Magnesium et ejus salia.
Natrium et ejus salia.
Plumbum et ejus salia.
Spiritus.
Sulfur.
Zincum et ejus salia.

### II. Botanik und Pharmakognosie.

Adeps et Sebum.
Amylum et Dextrinum.
Balsamum peruvianum.
Benzoe.
Camphora.
Cetaceum.
Cortex Chinae.
Crocus.
Flores Arnicae.
Flores Chamomillae.
Flores Koso.
Flores Sambuci.
Flores Verbasci.
Folia Digitalis.
Folia Hyoscyami.
Folia Menthae piperitae.
Folia Sennae.
Folia Uvae Ursi.
Fructus Anisi et Fruct. Foeniculi.
Fructus Juniperi.
Gummi arabicum.
Lycopodium.
Manna.
Myrrha.
Oleum Amygdalarum.
Oleum Jecoris Aselli.
Oleum Ricini.
Oleum Sinapis.
Opium.
Radix Althaeae.

[1]) Jetzt laut D.A.B. 6: Phenolum.
[2]) Ist nicht mehr offizinell.

Radix Gentianae.
Radix Ipecacuanhae.
Radix Liquiritiae.
Radix Sarsaparillae.
Radix Senegae.
Radix Valerianae.
Rhizoma Calami.
Rhizoma Filicis.
Rhizoma Rhei.
Saccharum et Saccharum Lactis.
Secale cornutum.
Semen Lini.
Semen Sinapis.
Semen Strychni.
Tubera Jalapae.
Tubera Salep.

## III. Physik.

Thermometer.
Barometer.
Waagen.
Spezifisches Gewicht.
Freier Fall des Körpers.
Elektrizität.
Magnetismus.
Wärme.
Adhäsion, Kohäsion.
Mikroskop.
Dampfmaschine.
Luftpumpe.
Aggregatzustände der Körper.
Polarisation.
Apparate zur Maß-Analyse.
Telephon und Telegraph.

## IV. Galenische Zubereitungen.

Aqua Calcariae.
Aqua Foeniculi.
Aqua Menthae piperitae.
Cuprum aluminatum.
Electuarium e Senna[1]).
Emplastrum Cantharidum ordinarium.
Emplastrum Cantharidum perpetuum.
Emplastrum fuscum camphoratum.
Emplastrum Hydrargyri.
Emplastrum Lithargyri.
Emplastrum Lithargyri compositum.
Emplastrum saponatum.
Emulsio Olei Jecoris Aselli[2]).
Infusum Sennae compositum.
Liquor Ammonii anisatus.
Sirupus Althaeae.
Sirupus Amygdalarum[3]).
Tinctura Jodi.
Tinctura Rhei aquosa.
Unguentum diachylon.
Unguentum Glycerini.
Unguentum Hydrargyri rubrum.
Unguentum Kalii jodati.
Unguentum leniens.
Unguentum Paraffini[3]).
Unguentum Zinci.
Vinum camphoratum.

## V. Pharmazeutisch-chemische Präparate.

Acidum benzoicum.
Aqua chlorata[3]).
Aqua hydrosulfurata.
Bismutum subgallicum.
Bismutum subnitricum.
Ferrum sulfuricum.
Hydrargyrum bijodatum.
Hydrargyrum oxydatum via humida paratum.
Hydrargyrum praecipitatum album.
Liquor Kalii acetici.
Liquor Kalii arsenicosi.
Liquor Kalii carbonici[3]).
Liquor Plumbi subacetici.
Mixtura sulfurica acida[3]).
Sapo kalinus.
Sirupus Ferri jodati.

---

1) Jetzt laut D.A.B. 6: Electuarium Sennae.
2) Jetzt laut D.A.B. 6: Emulsio Olei Jecoris Aselli composita.
3) Ist nicht mehr offizinell.

## VI. Chemische Präparate zur Prüfung.

Acetanilidum.
Acidum aceticum.
Acidum benzoicum.
Acidum boricum.
Acidum carbolicum[1]).
Acidum citricum.
Acidum hydrochloricum.
Acidum nitricum.
Acidum phosphoricum.
Acidum salicylicum.
Acidum sulfuricum.
Acidum tannicum.
Acidum tartaricum.
Aether.
Aether aceticus.
Ammonium bromatum.
Ammonium chloratum.
Aqua Amygdalarum amararum.
Aqua chlorata[2]).
Balsamum Copaivae.
Balsamum peruvianum.
Bismutum subgallicum.
Bismutum subnitricum.
Bismutum subsalicylicum.
Bromoformium.
Calcaria chlorata.
Calcium phosphoricum.
Chininum ferro-citricum.
Chininum tannicum.
Chloralum formamidatum[2]).
Choralum hydratum.
Chloroformium.
Cocainum hydrochloricum.
Codeinum phosphoricum.
Ferrum lacticum.
Ferrum pulveratum.
Ferrum reductum.
Glycerinum.
Hydrargyrum bijodatum.
Hydrargyrum chloratum.
Hydrargyrum oxydatum.
Hydrargyrum praecipitatum album.
Jodoformium.
Kalium bromatum.
Kalium carbonicum.
Kalium chloricum.
Kalium jodatum.
Kalium nitricum.
Kreosotum.
Liquor Ammonii caustici.
Liquor Ferri sesquichlorati.
Liquor Kalii arsenicosi.
Magnesia usta.
Magnesium carbonicum.
Morphinum hydrochloricum.
Natrium bicarbonicum.
Natrium bromatum.
Natrium nitricum.
Natrium sulfuricum.
Phenacetinum.
Phenylum salicylicum.
Pyrazolonum phenyldimethylicum[3]).
Pyrazolonum phenyldimethylicum salicylicum[4]).
Stibium sulfuratum aurantiacum.
Sulfur praecipitatum.
Tartarus depuratus.
Tartarus natronatus.
Tartarus stibiatus.
Zincum oxydatum.
Zincum sulfuricum.

Als Ergänzung zur Prüfungsordnung für Apotheker sind zwei frühere Bundesratsbeschlüsse anzusehen, welche die Zulassung von Apothekerassistenten in deutschen Apotheken betreffen. Diese mit den Bekanntmachungen des Reichskanzlers vom 13. Januar 1883 und vom 12. Februar 1902 veröffentlichten Beschlüsse des Bundesrats bleiben zufolge Bundesratsbeschlusses vom 5. Mai 1904 durch die Prüfungsordnung für Apotheker unberührt. Sie lauten:

## Zulassung von Assistenten in deutschen Apotheken.

Bundesratsbeschlüsse vom 13. Januar 1883 und 12. Februar 1902.

Als Apothekergehilfe darf nur servieren, wer den maßgebenden Vorschriften über die Prüfung der Apothekergehilfen durchweg genügt hat.

[1]) Jetzt laut D.A.B. 6: Phenolum.
[2]) Ist nicht mehr offizinell.
[3]) Jetzt laut D.A.B. 6: Phenyldimethylpyrazolonum.
[4]) Jetzt laut D.A.B. 6: Phenyldimethylpyrazolonum salicylicum.

Der Reichskanzler wird ermächtigt, in Übereinstimmung mit der zuständigen Landeszentralbehörde in besonderen Fällen Personen, welche die Prüfung der Apothekergehilfen im Inlande nicht abgelegt haben, mit Rücksicht auf eine im Auslande abgelegte gleichartige Prüfung ausnahmsweise in einer deutschen Apotheke als Apothekergehilfen zuzulassen.

Apothekerassistenten, die in einem Bundesstaate das Vorprüfungszeugnis erworben haben, dürfen laut Bundesratsbeschluß vom 2. Februar 1874 in allen Bundesstaaten ihrem Beruf als Assistenten nachgehen.

---

## VII. Verkehr mit Arzneimitteln.

Nach § 6 Abs. 2 der Gew.O. (s. S. 12) soll durch Kaiserliche Verordnung bestimmt werden, welche Apothekerwaren dem freien Verkehr zu überlassen sind. Die auf Grund dieser Anordnung erlassenen Verordnungen haben stets umgekehrt, als hier vorgesehen, angegeben, welche Arzneimittel nur in Apotheken — bzw. außerhalb der Apotheken nicht — feilgehalten und verkauft werden dürfen, und haben damit die Grenze gezogen zwischen dem sog. Apothekenmonopol und dem freien Arzneiverkehr. Gegenwärtig maßgebend ist mit ihren verschiedenen Änderungen die nachstehende

### Verordnung betr. den Verkehr mit Arzneimitteln.

Vom 22. Oktober 1901. In der Fassung der Kaiserlichen Verordnung vom 31. März 1911 und der Verordnungen des Reichspräsidenten vom 18. Februar 1920, 21. April 1921, 31. Juli 1922, 13. Januar 1923, 21. Juni 1923, 16. November 1923, 9. Dezember 1924, 24. Dezember 1924, 27. März 1925.

Wir Wilhelm, von Gottes Gnaden Deutscher Kaiser, König von Preußen usw. verordnen im Namen des Reichs auf Grund der Bestimmungen im § 6 Abs. 2 der Gewerbeordnung, was folgt[1]):

§ 1. Die in dem angeschlossenen Verzeichnisse A aufgeführten Zubereitungen dürfen, ohne Unterschied, ob sie heilkräftige Stoffe enthalten oder nicht, als Heilmittel (Mittel zur Beseitigung oder Linderung von Krankheiten bei Menschen oder Tieren) außerhalb der Apotheken nicht feilgehalten oder verkauft werden.

Dieser Bestimmung unterliegen von den bezeichneten Zubereitungen, soweit sie als Heilmittel feilgehalten oder verkauft werden,

a. kosmetische Mittel[2]) (Mittel zur Reinigung, Pflege oder Färbung der Haut, des Haares oder der Mundhöhle), Desinfektionsmittel

---

[1]) Die gesamte Rechtsprechung zur Verordnung über den Verkehr mit Arzneimitteln ist zusammengestellt in der Schrift: „Freigegebene und nicht freigegebene Arzneimittel" von Ernst Urban, Verlag von Julius Springer in Berlin.

[2]) Für kosmetische Mittel gilt ferner das Gesetz betr. die Verwendung gesundheitsschädlicher Farben bei der Herstellung von Nahrungsmitteln, Genußmitteln und Gebrauchsgegenständen vom 5. Juli 1887. Es bestimmt das Folgende:

§ 1. Gesundheitsschädliche Farben dürfen zur Herstellung von Nahrungs- und Genußmitteln, welche zum Verkaufe bestimmt sind, nicht verwendet werden.

Gesundheitsschädliche Farben im Sinne dieser Bestimmung sind diejenigen Farbstoffe und Farbzubereitungen, welche Antimon, Arsen, Barium, Blei, Kadmium, Chrom, Kupfer, Quecksilber, Uran, Zink, Zinn, Gummigutti, Korallin, Pikrinsäure enthalten.

und Hühneraugenmittel nur dann, wenn sie Stoffe enthalten, welche in den Apotheken ohne Anweisung eines Arztes, Zahnarztes oder Tierarztes nicht abgegeben werden dürfen[1]), kosmetische Mittel außerdem auch dann, wenn sie Kreosot, Phenylsalizylat oder Resorzin enthalten;

b. künstliche Mineralwässer nur dann, wenn sie in ihrer Zusammensetzung natürlichen Mineralwässern nicht entsprechen und zugleich Antimon, Arsen, Baryum, Chrom, Kupfer, freie Salpetersäure, freie Salzsäure oder freie Schwefelsäure enthalten.

Auf Verbandstoffe (Binden, Gazen, Watten u. dgl.), auf Zubereitung zur Herstellung von Bädern, sowie auf Seifen zum äußerlichen Gebrauch findet die Bestimmung im Abs. 1 nicht Anwendung.

§ 2. Die in dem angeschlossenen Verzeichnis B aufgeführten Stoffe[2]) dürfen außerhalb der Apotheken nicht feilgehalten oder verkauft werden.

§ 2a. Die in dem Verzeichnis C aufgeführten Stoffe und Zubereitungen dürfen außerhalb der Apotheken nicht feilgehalten oder verkauft werden.

§ 2b. Soweit nach den §§ 1, 2, 2a Zubereitungen und Stoffe dem Verkehr außerhalb der Apotheken entzogen sind, dürfen sie auch von Krankenkassen,

---

§ 3. Zur Herstellung von kosmetischen Mitteln (Mittel zur Reinigung, Pflege oder Färbung der Haut, des Haares oder der Mundhöhle), welche zum Verkauf bestimmt sind, dürfen die im § 1 Abs. 2 bezeichneten Stoffe nicht verwendet werden.

Auf schwefelsaures Barium (Schwerspat, blanc fixe), Schwefelkadmium, Chromoxyd, Zinnober, Zinkoxyd, Zinnoxyd, Schwefelzink, sowie auf Kupfer, Zinn, Zink und deren Legierungen in Form von Puder findet diese Bestimmung nicht Anwendung.

Zuwiderhandlungen werden nach § 12 des Gesetzes mit Geldstrafe bis zu 150 *RM* oder mit Haft bestraft.

Zur Auslegung des § 3 betr. kosmetische Mittel hat die Rechtsprechung (u. a. R.G. 27. Februar 1899, K.G.A. II S. 375; K.G. 17. Juni 1909, Ph.Ztg. 1909 Nr. 51, 7. Oktober 1912, Ph.Ztg. 1912 Nr. 93, 9. Juni 1913, Ph.Ztg. 1913 Nr. 48, 3. Juli 1913, Ph.Ztg. 1913 Nr. 56, 27. Oktober 1914, 8. Juni 1915, Ph.Ztg. 1915 Nr. 51, 20. April 1925, Ph.Ztg. 1925 Nr. 36, O.L.G. Frankfurt a. M. 2. April 1914, Med.A. 1914 S. 456 und 6. Oktober 1925, Ph.Ztg. 1925 Nr. 75) zwei wichtige Grundsätze aufgestellt:

1. Unter Stoffen, die nach § 3 des Farbengesetzes in kosmetischen Mitteln nicht enthalten sein dürfen, sind nicht nur „Farbstoffe", sondern die im § 1 Abs. 2 des Gesetzes genannten Körper: Antimon, Arsen usw., als solche zu verstehen.

2. Die Bestimmung in § 3 erstreckt sich nicht nur auf die in § 1 Abs. 2 genannten Stoffe selbst, sondern auch auf deren chemische Verbindungen.

Da § 3 des Gesetzes auch für den Verkauf von kosmetischen Mitteln in Apotheken gilt, ist z. B. ein Verkauf von Sommersprossensalben, die Quecksilberpräzipitat enthalten, oder von sog. englischem Haarwasser, das unter Zusatz von Bleiazetat hergestellt ist, strafbar. Natürlich kommt das Farbengesetz nur dann in Betracht, wenn die Mittel lediglich zu kosmetischen Zwecken bestimmt sind. Präparate, die zu Heilzwecken dienen sollen, unterliegen bei ihrer Abgabe in Apotheken nicht dem Farbengesetz, sondern nur den Vorschriften über die Abgabe stark wirkender Arzneimittel (s. Teil XVI). Ferner sind Mittel zum Färben von totem Haar nicht als kosmetische Mittel im Sinne von § 3 anzusehen. (A.G. Magdeburg, 15. April 1909, Ph.Ztg. 1909 Nr. 90.)

Eine weitere Bestimmung über kosmetische Mittel enthält § 115 des Branntweinmonopolgesetzes (s. S. 141).

[1]) Siehe S. 199.

[2]) In Anlage B finden sich naturgemäß die Bezeichnungen in der Schreibweise der früheren Arzneibücher. Das ist unerheblich, da das Arzneibuch nach der Rechtsprechung für die Auslegung der Kaiserl. V. nicht maßgebend ist.

Genossenschaften, Vereinen oder ähnlichen Personengesamtheiten an ihre Mitglieder nicht verabfolgt werden[1]).

§ 3. Der Großhandel unterliegt den vorstehenden Bestimmungen nicht. Gleiches gilt für den Verkauf der im Verzeichnis B aufgeführten Stoffe an Apotheken oder an solche öffentliche Anstalten, welche Untersuchungs- oder Lehrzwecken dienen und nicht gleichzeitig Heilanstalten sind.

§ 5[2]). Die gegenwärtige Verordnung tritt mit dem 1. April 1902 in Kraft. Mit demselben Zeitpunkte treten die Verordnungen, betreffend den Verkehr mit Arzneimitteln, vom 27. Januar 1890, 31. Dezember 1894, 25. November 1895 und 19. August 1897 außer Kraft.

## Verzeichnis A.

1. Abkochungen und Aufgüsse (decocta et infusa);
2. Ätzstifte (styli caustici);
3. Auszüge in fester oder flüssiger Form (extracta et tincturae), ausgenommen:
   Arnikatinktur,
   Baldriantinktur, auch ätherische,
   Benediktineressenz,
   Benzoetinktur,
   Bischofessenz,
   Eichelkaffee-Extrakt,
   Fichtennadelextrakt,
   Fleischextrakt,
   Himbeeressig,
   Kaffee-Extrakt,
   Lakritzen (Süßholzsaft), auch mit Anis,
   Malzextrakt, auch mit Eisen, Lebertran oder Kalk,
   Myrrhentinktur,
   Nelkentinktur,
   Tee-Extrakt von Blättern des Teestrauchs,
   Vanilletinktur,
   Wacholderextrakt;
4. Gemenge, trockene, von Salzen oder zerkleinerten Substanzen oder von beiden untereinander, auch wenn die zur Vermengung bestimmten einzelnen Bestandteile gesondert verpackt sind (pulveres, salia et species mixta), sowie Verreibungen jeder Art (triturationes), ausgenommen:
   Brausepulver aus Natriumbikarbonat und Weinsäure, auch mit Zucker oder ätherischen Ölen gemischt,
   Eichelkakao, auch mit Malz,
   Hafermehlkakao,
   Riechsalz,
   Salizylstreupulver,
   Salze, welche aus natürlichen Mineralwässern bereitet od. den solchergestalt bereiteten Salzen nachgebildet sind,
   Schneeberger Schnupftabak mit einem Gehalt von höchstens 3 Gewichtsteilen Nieswurzel in 100 Teilen des Schnupftabaks;
5. Gemische, flüssige, und Lösungen (mixturae et solutiones) einschließl. gemischte Balsame, Honigpräparate und Sirupe, ausgenommen:
   Ätherweingeist (Hoffmannstropfen),
   Ameisenspiritus,
   Aromatischer Essig,

---

[1]) Vgl. hierzu Fußnote 2 auf S. 51.

[2]) § 4 der V., welcher den Reichskanzler ermächtigte, „weitere im einzelnen bestimmt zu bezeichnende Zubereitungen, Stoffe und Gegenstände von dem Feilhalten und Verkaufen außerhalb der Apotheken auszuschließen", ist durch Kaiserl. V. vom 31. März 1911 aufgehoben worden, nachdem das K.G. unter dem 6. Oktober 1910 (Ph.Ztg. 1910 Nr. 84) dessen Ungültigkeit ausgesprochen und entschieden hatte, daß die Grenzen des freien Arzneiverkehrs gemäß § 6 der Gew.O. nur durch Kaiserl. V. nicht aber durch Bk. des Reichkanzlers festgesetzt werden können.

Bleiwasser, mit einem Gehalt von höchstens 2 Gewichtsteilen Bleiessig in 100 Teilen der Mischung,
Eukalyptuswasser,
Fenchelhonig,
Fichtennadelspiritus (Waldwollextrakt),
Franzbranntwein m. Kochsalz,
Kalkwasser, auch mit Leinöl,
Kampferspiritus,
Karmelitergeist,
Lebertran mit ätherischen Ölen,
Mischungen von Ätherweingeist, Kampferspiritus, Seifenspiritus, Salmiakgeist und Spanischpfeffertinktur oder von einzelnen dieser fünf Flüssigkeiten untereinander zum Gebrauche für Tiere, sofern die einzelnen Bestandteile der Mischungen auf den Gefäßen, in denen die Abgabe erfolgt, angegeben werden,
Obstsäfte mit Zucker, Essig oder Fruchtsäuren eingekocht,
Pepsinwein,
Rosenhonig, auch mit Borax,
Seifenspiritus,
weißer Sirup;

6. Kapseln, gefüllte, von Leim (Gelatine) oder Stärkemehl (capsulae gelatinosae et amylacae repleteae), ausgenommen solche Kapseln, welche:
Brausepulver der unter Nr. 4 angegebenen Art,
Copaivabalsam,
Lebertran,
Natriumbikarbonat,
Rizinusöl oder
Weinsäure
enthalten;
7. Latwergen (electuaria);
8. Linimente (linimenta), ausgenommen flüchtiges Liniment;
9. Pastillen (auch Plätzchen und Zeltchen), Tabletten, Pillen und Körner (pastilli, rotulae et trochisci, tabulettae, pilulae et granula), ausgenommen:
aus natürlichen Mineralwässern oder aus künstlichen Mineralquellsalzen bereitete Pastillen,
einfache Molkenpastillen,
Pfefferminzplätzchen,
Salmiakpastillen, auch mit Lakritzen und Geschmackzusätzen, welche nicht zu den Stoffen des Verzeichnisses B gehören,
Tabletten aus Saccharin, Natriumbikarbonat oder Brausepulver, auch mit Geschmackzusätzen, welche nicht zu den Stoffen des Verzeichnisses B gehören;
10. Pflaster und Salben (emplastra et unguenta), ausgenommen:
Bleisalbe zum Gebrauche für Tiere,
Borsalbe zum Gebrauche für Tiere,
Cold-Cream, auch mit Glyzerin, Lanolin oder Vaselin,
Pechpflaster, dessen Masse lediglich aus Pech, Wachs, Terpentin und Fett oder einzelnen dieser Stoffe besteht,
Englisches Pflaster,
Heftpflaster,
Hufkitt,
Lippenpomade,
Pappelpomade,
Salizyltalg,
Senfleinen,
Senfpapier,
Terpentinsalbe zum Gebrauche für Tiere,
Zinksalbe zum Gebrauche für Tiere;
11. Suppositorien (suppositoria) in jeder Form (Kugeln, Stäbchen, Zäpfchen oder dgl.) sowie Wundstäbchen (cereoli).

## Verzeichnis B.

Bei den mit * versehenen Stoffen sind auch die Abkömmlinge der betreffenden Stoffe sowie die Salze der Stoffe und ihrer Abkömmlinge inbegriffen.

*Acetanilidum.
Acida chloracetica.
Acidum acetylosalicylicum (Aspirinum).
*— aethylphenylbarbituricum.
— benzoicum e resina sublimatum.
— camphoricum.
— cathartinicum.
— cinnamylicum.
— chrysophanicum.
*— diaethylbarbituricum.
*— diallylbarbituricum.
*— dibrompropyldiaethylbarbituricum.
*— dipropylbarbituricum.
Acidum hydrobromicum.
— hydrocyanicum.
*— lacticum.
*— osmicum.
— sclerotinicum.
*— sozojodolicum.
— succinicum.
*— sulfocarbolicum.
*— valerianicum.
*Aconitinum.
Actolum.
Adonidinum.
Aether bromatus.
— chloratus.
— jodatus.
Aethyleni praeparata.
Aethylidenum bichloratum.
Agaricinum.
Airolum.
Aleudrin.
Aluminium acetico-tartaricum.
Ammonium chloratum ferratum.
Amylenchloralum.
Amylenum hydratum.
Amylium nitrosum.
Anthrarobinum.
*Apomorphinum.
Aqua Amygdalarum amararum.
— Lauro-cerasi.
— Opii.
— vulneraria spirituosa.
*Arecolinum.
Argentaminum.
Argentolum.
Argoninum.
Aristolum.
Arsenium jodatum.
*Atropinum.
Betolum.
Bismutum bromatum.
— oxyjodatum.
— subgallicum (Dermatolum).
— subsalicylicum.
— tannicum.
Blatta orientalis.
Bromalum hydratum.
Bromoformium.
*Brucinum.
Bulbus Scillae siccatus.
Butylchloralum hydratum.
Camphora monobromata.
Cannabinonum.
*Cannabinum tannicum.
Cantharides.
Cantharidinum.
Cardolum.
Castoreum canadense.
— sibiricum.
Cerium oxalicum.
*Chinidinum.
*Chininum.
Chinoidinum.
Chloralose.
Chloralum formamidatum.
— hydratum.
Chloroformium.
Chrysarobinum.
*Cinchonidinum.
Cinchoninum.
*Cocainum.
*Coffeinum.
Colchicinum.
*Coniinum.
Convallamarinum.
Convallarinum.
Cortex Chinae.
— Condurango.
— Granati.
— Mezerei.
Cotoinum.
Cubebae.

Cuprum aluminatum.
— salicylicum.
Curare.
*Curarinum.
Delphininum.
*Dial.
*Dicodid (Dihydrokodeinon).
*Digitalinum.
*Digitoxinum.
Dihydromorphinum.
*Diogenal.
*Duboisinum.
Dulcin[1]).
*Emetinum.
*Eucainum.
Eucodal.
Euphorbium.
Europhenum.
Fel tauri depuratum siccum.
Ferratinum.
Ferrum arsenicicum.
— arsenicosum.
— carbonicum saccharatum.
— citricum ammoniatum.
— jodatum saccharatum.
— oxydatum dialysatum.
— oxydatum saccharatum.
— peptonatum.
— reductum.
— sulfuricum oxydatum ammoniatum.
— sulfuricum siccum.
Flores Cinae.
— Koso.
Folia Belladonnae.
— Bucco.
— Cocae.
— Digitalis.
— Jaborandi.
— Rhois toxicodendri.
— Stramonii.
Fructus Papaveris immaturi.
— — maturi ad usum humanum.
Fungus laricis.
Galbanum.
Glycopon.
*Guajacolum.
Hamamelis virginica.
Haemalbuminum.
Hedonal.
Herba Aconiti.
Herba Adonidis.
— Cannabis indicae.
— Cicutae virosae.
— Conii.
— Gratiolae.
— Hyoscyami.
— Lobeliae.
Holopon.
*Homatropinum.
Hydrargyrum aceticum.
— bijodatum.
— bromatum.
— chloratum.
— cyanatum.
— formamidatum.
— jodatum.
— oleinicum.
— oxydatum via humida paratum.
— peptonatum.
— praecipitatum album.
— salicylicum.
— tannicum oxydulatum.
*Hydrastininum.
*Hyoscyaminum.
Isopral.
Itrolum.
Jodoformium.
Jodolum.
Kairinum.
Kairolinum.
Kalium jodatum.
Kamala.
Kosinum.
Kreosotum (e ligno paratum).
Lactophenium.
Lactucarium.
Larginum.
Laudanon.
Lithium benzoicum.
— salicylicum.
Losophanum.
*Luminal.
Magnesium citricum effervescens.
— salicylicum.
Manna.
Medinal.
Methylenum bichloratum.
Methylsulfonalum (Trionalum).
Muscarinum.
Narcophin.
Natrium aethylatum.

[1]) Laut § 3 der V. über den Verkehr mit Süßstoff vom 4. August 1926 (s. S. 138).

Natrium benzoicum.
— jodatum.
— pyrophosphoricum ferratum.
— salicylicum.
— santoninicum.
— tannicum.
Nirvanol.
*Nosophenum.
Oleum Chamomillae aethereum.
— Chenopodii anthelminthici.
— Crotonis.
— Cubebarum.
— Matico.
— Sabinae.
— Santali.
— Sinapis.
— Valerianae.
Opium, ejus alcaloida eorumque salia et derivata eorumque salia (Codeinum, Heroinum, Morphinum, Narceinum, Narcotinum, Peroninum, Thebainum et alia).
*Optochin.
*Orexinum.
*Orthoformium.
Pantopon omniaque similia praeparata, quae alcaloidae Opii continent (Glycopon, Holopon etc.).
Paracodin.
Paracotoinum.
Paralaudin.
Paraldehydum.
Paramorfan.
Pasta Guarana.
*Pelletierinum.
*Phenacetinum.
*Phenocollum.
*Phenylum salicylicum (Salolum).
*Physostigminum (Eserinum).
Picrotoxinum.
*Pilocarpinum.
*Piperazinum.
Plumbum jodatum.
— tannicum.
Podophyllinum.
Praeparata organotherapeutica.
*Proponal.
Propylaminum.
Protargolum.
*Pyrazolonum phenyldimethylicum (Antipyrinum).
Radix Belladonnae.
Radix Colombo.
— Gelsemii.
— Ipecacuanhae.
— Rhei.
— Sarsaparillae.
— Senegae.
Resina Jalapae.
— Scammoniae.
Resorcinum purum.
Rhizoma Filicis.
— Hydrastis.
— Veratri.
Salia glycerophosphorica.
Salophenum.
*Salvarsan.
Santoninum.
*Scopolaminum.
Secale cornutum.
Semen Calabar.
— Colchici.
— Hyoscyami.
— St. Ignatii.
— Stramonii.
— Strophanthi.
— Strychni.
Sera therapeutica, liquida et sicca et eorum praeparata ad usum humanum.
*Sparteinum.
Stifte, Sonden oder Meißel aus Laminaria, Tupeloholz oder anderen quellfähigen Stoffen.
Stipites Dulcamarae.
*Strychninum.
*Sulfonalum.
Sulfur jodatum.
Summitates Sabinae.
Tannalbinum.
Tannigenum.
Tannoformium.
Tartarus stibiatus.
Terpinum hydratum.
Tetronalum.
*Thallinum.
*Theobrominum.
Thioformium.
*Tropacocainum.
Tubera Aconiti.
— Jalapae.
Tuberkuline, flüssige und trockene, sowie alle anderen aus oder unter Verwendung von Tuberkelbazillen gewonnenen Zube-

reitungen, soweit diese Tuberkuline und Zubereitungen zum Gebrauche beim Menschen bestimmt sind.
*Urea aethylphenylmalonylica.
*— diaethylmalonylica.
*— diallylmalonylica.
*— dibrompropyldiaethylmalonylica.
*— dipropylmalonylica.
*Urethanum.
*Urotropinum.
Vasogenum et ejus praeparata.
*Veratrinum.
*Veronal.
Xeroformium.
*Yohimbinum.
Zincum aceticum.
— chloratum purum.
— cyanatum.
— permanganicum.
— salicylicum.
— sulfoichthyolicum.
— sulfuricum purum.

## Verzeichnis C[1]).

### Abteilung A.

1. Adlerfluid.
2. Amarol (auch als Ingestol).
3. American coughing cure Lutzes.
4. Anticeltatabletten (auch als Anticelta-Tablets oder Fettreduzierungstabletten der Anticelta-Association).
5. Antidiabeticum Bauers.
6. Antiépileptique Uten.
7. Antigichtwein Duflots (auch als Antigichtwein Oswald Niers oder Vin Duflot).
8. Antihydropsin Bödikers (auch als Wassersuchtselixier oder Hydropsessenz Bödikers).
9. Antimellin (auch als Essentia Antimellini composita).
10. Antineurasthin (auch als Nervennahrung Hartmanns).
11. Antipositin Wagners (auch als Mittel des Dr. Wagner und Marlier gegen Korpulenz).
12. Asthmamittel Hairs (auch als Asthma cure Hairs).
13. Asthmapulver R. Schiffmanns (auch als Asthmador).
14. Asthmapulver Zematone, auch in Form der Asthmazigaretten Zematone (auch als antiasthmatische Pulver und Zigaretten des Apothekers Escouflaire).
15. Augenwasser Whites (auch als Dr. Whites Augenwasser von Ehrhardt).
16. Ausschlagsalbe Schützes (auch als Universalheilsalbe oder Universalheil- und Ausschlagsalbe Schützes).
17. Balsam Bilfingers.
18. Balsam Pagliano (auch als Tripperbalsam Pagliano).
19. Balsam Thierrys (auch als allein echter Balsam Thierrys, englischer Wunderbalsam oder englischer Balsam Thierrys).
20. Bede-Cur.
21. Beinschäden Indian Bohnerts.
22. Blutreinigungspulver Hohls.
23. Blutreinigungspulver Schützes.
24. Blutreinigungstee Wilhelms (auch als antiarthritischer und antirheumatischer Blutreinigungstee Wilhelms).

---

[1]) Der Inhalt des Verzeichnisses C entspricht genau den Anlagen A, B und C zu den im Reichsrat vereinbarten Vorschriften über den Verkehr mit Geheimmitteln und ähnlichen Arzneimitteln (s. S. 234ff.).

25. Bräune-Einreibung Lamperts (auch als Universal-Bräune-Einreibung und Diphtheritistinktur).
26. Bruchbalsam Tanzers.
27. Bruchsalbe des pharmazeutischen Bureaus Valkenberg (Valkenburg in Holland), auch als Pastor Schmits Bruchsalbe.
28. Chromonal-Erzeugnisse (auch als Neo-Chromonal).
29. Corliber.
30. Djoeat Bauers.
31. Elixir Godineau.
32. Embrocation Ellimans (auch als Universal embrocation oder Ellimans Universal-Einreibemittel für Menschen), ausgenommen Embrocation etc. for horses.
33. Entfettungstee Grundmanns.
34. Epilepsieheilmittel Quantes (auch als Spezificum oder Gesundheitsmittel Quantes).
35. Epilepsiepulver Cassarinis (auch als Polveri antiepileptische Cassarinis).
36. Eubalsol (auch als Radikalmittel Dr. Dammanns gegen Gonorrhoe).
37. Euergon.
38. Eukalyptusmittel Heß' (Eukalyptol und Eukalyptusöl Heß').
39. Eusanol (auch als Epilepsiemittel Dr. H. Seemanns oder Ueckers).
40. Excedol.
41. Ferrolin Lochers.
42. Frauenwohl Dr. Heys.
43. Fulgural (auch als Blutreinigungsmittel Steiners und Schulzes).
44. Gehöröl Schmidts (auch als verbessertes Gehöröl Schmidts).
45. Gloria tonic Smiths.
46. Glycosolvol Lindners (auch als Antidiabetikum Lindners).
47. Haematon Haitzemas.
48. Heiltränke Jakobis (auch als Heiltrankessenz, insbesondere Königstrank Jakobis).
49. Homeriana (auch als Brusttee Homeriana oder russischer Knöterich Polygonum aviculare Homeriana).
50. Hustentropfen Lausers.
51. Injection Brou (auch als Brousche Einspritzung).
52. Injection au matico (auch als Einspritzung mit Matiko).
53. Johannistee Brockhaus' (auch als Galeopsis ochroleuca vulcania der Firma Brockhaus).
54. Kalosin Lochers.
55. Kava Lahrs (auch als Kavakapseln Lahrs, Sanatol Lahrs mit Kavaharz oder Kavaharz Lahrs mit Sanatol).
56. Knöterichtee, russischer, Weidemanns (auch als russischer Knöterich- oder Brusttee Weidemanns).
57. Kräutergeist Schneiders (auch als wohlriechender Kräutergeist oder Luisafluid Schneiders).
58. Kräuterpillen Burkharts.
59. Krebsmittel Dr. Heys (auch als Krebskur Dr. Heys).
60. Kronessenz, Altonaer (auch als Kronessenz oder Menadiesche oder Altonaische Wunder-Kronessenz).
61. Kropfkur Haigs (auch als Goitre-cure oder Kropfmedizin Haigs).
62. Kurmittel Mayers gegen Zuckerkrankheit.
63. Lungenelixier Dr. Heys.
64. Magenpillen Tachts.
65. Magentropfen Bradys (auch als Mariazeller Magentropfen Bradys).

66. Magolan (auch als Antidiabeticum Braemers).
67. Margonal-Erzeugnisse (auch als Erzeugnisse der Margonal-Compagnie), und zwar: Boldo-Tee, Frauen-und Mutterkraut-Tee, Menstruations-, Badekraut-Tee, 63 Tees gegen 63 Krankheiten, Breboral-, Blut- und Nervennahrung (Breboral-Tabletten und -Tropfen), Injektion Trio, Kapseln gegen Harn- und Blasenleiden, Margoglykose, Mittel gegen chronischen Magenkatarrh und Schutzstäbchen.
68. Mother Seigels pills (auch als Mother Seigels Abführungspillen oder operating pills).
69. Mother Seigels syrup (auch als Mother Seigels curative syrup for dyspepsia, Extract of American roots oder Mutter Seigels heilender Sirup).
70. Naturmittel Pfarrer Jos. Schmidts, und zwar Anticonvulso, Anticorposan, Antigrassol, Cancrostoma, Diabetum, Diabetol, Oedemal, Oedemasan, Pulmone, Pulmospira, Regular, Renicura, Renicurol, Salvador, Salvadoria, Stomafortin, Stomasana, Urinator, Urinoxal.
71. Nervenfluid Dressels.
72. Nervenkraftelixier Liebers.
73. Nervenstärker Pastor Königs (auch als Pastor Königs Nerve Tonic).
74. Nervinum Dr. Weil.
75. Nervicin.
76. Nervol Rays.
77. Orffin (Baumann Orffsches Kräuternährpulver).
78. Oxallo (auch als Oxalka).
79. Pektoral Bocks (auch als Hustenstiller Bocks).
80. Pillen Beechams (auch als Patent pills Beechams).
81. Pillen, indische (auch als Antidysentericum).
82. Pillen Rays (auch als Darm- und Leberpillen Rays).
83. Pilules du Docteur Laville (auch als Pillen Lavilles).
84. Polypec (auch als Naturkräutertee Weidemanns).
85. Rad-Jo (auch als Radjovis-Gonie).
86. Reduktionspillen, Marienbader, Schindler-Barnaysche (auch als Marienbader Reduktionspillen für Fettleibige).
87. Regenerator Dr. Heys.
88. Regenerator Liebauts (auch als Regenerator nach Liebaut).
89. Renascin (auch als verbessertes Renascin).
90. Retterspitzwasser Schecks (auch als Heilwickelbäder von M. Retterspitz).
91. Rongoasalbe.
92. Saccharosalvol.
93. Safe remedies Warners (Safe cure, Safe diabetic, Safe nervine, Safe pills).
94. Sanjana-Präparate (auch als Sanjana-Spezifika).
95. Sarsaparillian Ayers (auch als Ayers zusammengesetzter und gemischter Sarsaparillenextrakt).
96. Sauerstoffpräparate der Sauerstoffheilanstalt Vitafer.
97. Sauerstoffpräparate des Instituts für Sauerstoffheilverfahren in Berlin (auch als Hämozonpräparate).
98. Schlagwasser Weißmanns.
99. Sirup Pagliano (auch als Sirup Pagliano Blutreinigungsmittel, Blutreinigungs- und Bluterfrischungssirup Pagliano des Prof. Girolamo Pagliano oder Sirup Pagliano von Prof. Ernesto Pagliano).
100. Spermatol (auch als Stärkungselixier Gordons).
101. Spezialtees Lücks (auch als Spezialkräutertees Lücks).

102. Sterntee Weidhaas' (auch als Sterntee des Kurinstituts „Spiro Spero").
103. Stroopal (auch als Heilmittel Stroops gegen Krebs-, Magen- und Leberleiden oder Stroops Pulver).
104. Tee Puhlmanns.
105. Tuberkeltod (auch als Eiweiß-Kräuterkognak-Emulsion Stickes).
106. Vater-Philipp-Salbe.
107. Venecin (auch als Venecin-Brunnen).
108. Vin Mariani (auch als Marianiwein).
109. Visnervin (auch in abgeänderter Form als Nervisan).
110. Vulneralcreme (auch als Wundcreme Vulneral).
111. Wunderbalsam jeder Art.
112. Zambakapseln Lahrs.

Abteilung B.

1. Antineon Lochers.
2. Asthmamittel Tuckers (auch als Asthma-Heilmethode [Spezific] Tuckers).
3. Asthmapulver M. Schiffmanns.
4. Augenheilbalsam, vegetabilischer, Reichels (auch als Ophthalmin Reichels).
5. Bandwurmmittel Friedrich Horns.
6. Bandwurmmittel Theodor Horns.
7. Bandwurmmittel Konetzkys (auch als Konetzkys Helminthenextrakt).
8. Bandwurmmittel Schneiders (auch als Granatkapseln Schneiders).
9. Bandwurmmittel Violanis.
10. Bromidia Battle und Komp.
11. Cathartic pills Ayers (auch als Reinigungspillen oder abführende Pillen Ayers).
12. Diphtherietropfen der Marie Osterberg (auch als Universaltropfen der Marie Osterberg oder des Laboratoriums Osterberg).
13. Diphtheritismittel Noortwycks (auch als Noortwycks antiseptisches Mittel gegen Diphtherie).
14. Gesundheitshersteller, natürlicher, Winters (auch als Nature health restorer Winters).
15. Gicht- und Rheumatismuslikör, amerikanischer, Latons (auch als Remedy Latons).
16. Gout and rheumatic pills Blairs.
17. Heilmittel des Grafen Mattei (auch als Graf Cesare Matteische elektrohomöopathische Heilmittel).
18. Heilmittel Kidds (auch als Heilmittel der Davis Medical Co.).
19. Kolkodin Heuschkels (auch als Mittel Heuschkels gegen Pferdekolik).
20. Komplexmittel, homöopathische, der Engelapotheke (Iso-Werks) in Regensburg (auch als zusammengesetzt homöopathische oder elektrohomöopathische Mittel System Mattei).
21. Kräutersaft, wunderbar wirkender, Sprengels.
22. Krebspulver, Frischmuths (auch als Mittel Frischmuths gegen Krebsleiden).
23. Liqueur du Docteur Laville (auch als Likör des Dr. Laville).
24. Lymphol Rices (auch als Bruchheilmittel Rices).
25. Magalia-Erzeugnisse Krahes (auch als Heilpräparate oder Medizinen Krahes), einschließlich Antitoxinal und Pulmersal.
26. Nalther-Tabletten.
27. Noordyl (auch als Noordyltropfen Noortwycks).
28. Oculin Carl Reichels (auch als Augensalbe Oculin).

29. Panthymagogum Dr. Heys.
30. Pillen Morisons.
31. Pillen Redlingers (auch als Redlingersche Pillen).
32. Pink-Pillen Williams' (auch als Pilules Pink pour personnes pâles du Dr. Williams).
33. Reinigungskuren Konetzkys (auch als Reinigungskuren der Kuranstalt Neuallschwil, Schweiz).
34. Remedy Alberts (auch als Rheumatismus- und Gichtheilmittel Alberts).
35. Sternmittel Genfer, Sauters (auch als elektro-homöopathische Sternmittel von Sauter in Genf oder Neue elektro-homöopathische Sternmittel usw.).
36. Vixol (auch als Asthmamittel des Vixol-Syndikate).

Abteilung C.

1. Mittel gegen Blutstockung, und zwar auch dann, wenn sie als Mittel gegen Regel-, Perioden- oder Menstruationsstörungen angekündigt werden (z. B. die Margonal-Erzeugnisse Frauen- und Mutterkraut-Tee, Menstruations-, Badekraut-Tee).
2. Mittel gegen Trunksucht (z. B. Mittel des Alkolin-Instituts. Mittel Burghardts — auch als Diskohol —. Mittel August Ernsts, Franks, Theodor Heintz', Konetzkys — auch als Kephalginpulver oder Mittel der Privatanstalt Villa Christina —, Mittel der Gesellschaft Sanitas, Josef Schneiders, Wessels, Cozapulver, Trinkerhilfe Richard Oldenburgs Kasankha).

Zubereitungen und Stoffe, welche nicht unter die Verordnung fallen, sind damit, sofern sie nicht zu den Giften gehören, dem freien Verkehr überlassen[1]).

Soweit die freigegebenen Zubereitungen und Stoffe aber zu den Giften gehören, dürfen sie außerhalb der Apotheken nur von konzessionierten Gifthändlern und nur unter den in der Giftverordnung angegebenen Bedingungen feilgehalten und verkauft werden (K.G. 11. Dezember 1899, K.G.A. III, S. 397. Näheres hierüber s. S. 243 ff.). Der Umfang des zugelassenen Gifthandels ist im übrigen nicht allgemein festgelegt, sondern richtet sich vielmehr danach, für welche Gifte im Einzelfalle die behördliche Genehmigung nachgesucht bzw. erteilt worden ist. Gifte, welche im Verzeichnis B der Verordnung vom 22. Oktober 1901 angeführt sind, bleiben natürlich unter allen Umständen vom Kleinhandel außerhalb der Apotheken ausgeschlossen (K.G. 10. Mai 1900, K.G.A. III, S. 379).

Übertretungen der Verordnung werden nach § 367, 3 des Strafgesetzbuches bestraft (s. S. 51).

# VIII. Verkehr mit Betäubungsmitteln.

Auf Grund des internationalen Opiumabkommens vom 23. Januar 1912, in dem die beteiligten Staaten vereinbarten, den Verkehr mit Opium und bestimmten anderen Betäubungsmitteln gleichartigen Beschränkungen zu unterwerfen, und dessen Ratifizierung dem Deutschen Reiche im Versailler Friedens-

[1]) Der Verkauf dieser Artikel erfolgt außer in den Apotheken in den sog. Drogenhandlungen bzw. Medizinal-Drogerien. Über den Geschäftsbetrieb dieser und ihre Überwachung bestehen besondere landesrechtliche Bestimmungen. Die preußischen sind zusammengesetzt und erläutert in dem Buch: „Betriebsvorschriften für Drogen- und Gifthandlungen in Preußen" von Ernst Urban. Verlag von Julius Springer in Berlin (dritte Auflage in Vorbereitung).

vertrag zur Pflicht gemacht worden ist, sind die nachstehenden reichsgesetzlichen Bestimmungen[1]) ergangen:

## Opiumgesetz.

Vom 30. Dezember 1920 und 21. März 1924.

(Gesetz zur Ausführung des internationalen Opiumabkommens vom 23. Januar 1912.)

§ 1. Rohopium, Opium für medizinische Zwecke, Morphium, Diazetylmorphin (Heroin), Rohkokain und Kokain, desgleichen alle Salze des Morphins, des Diazetylmorphins (Heroins) und des Kokains, sowie alle Zubereitungen, die mehr als 0,2 vH Morphin oder mehr als 0,1 vH Diazetylmorphin (Heroin) oder mehr als 0,1 vH Kokain enthalten[2]), unterliegen hinsichtlich der Einfuhr und Ausfuhr, der Herstellung und Verarbeitung sowie des Verkehrs einer behördlichen Aufsicht, die durch das Reichsgesundheitsamt ausgeübt wird.

Das Reichsgesundheitsamt ist berechtigt, die Örtlichkeiten, in denen die im Abs. 1 genannten Stoffe und Zubereitungen hergestellt, verarbeitet, aufbewahrt, feilgehalten oder abgegeben werden, zu besichtigen. Auf Verlangen ist ihm über Ort, Zeit und Menge der Ein- und Ausfuhr, über die Person des Lieferers oder Empfängers sowie über alle den Verkehr mit diesen Stoffen und Zubereitungen betreffenden Fragen Auskunft zu erteilen und Einsicht in die geschäftlichen Aufzeichnungen und Bücher zu gewähren.

Zur Durchführung der dem Reichsgesundheitsamt obliegenden Aufsicht über Ein- und Ausfuhr können auch die Zollabfertigungspapiere sowie die Ausfuhranmeldescheine benutzt werden.

Die den Landesregierungen zustehenden gesundheitspolizeilichen Befugnisse bleiben unberührt.

§ 2. Die Einfuhr und Ausfuhr der im § 1 genannten Stoffe und Zubereitungen, ihre gewerbsmäßige Herstellung und Verarbeitung, der Handel mit ihnen sowie ihr Erwerb und ihre Veräußerung ist nur den Personen gestattet, denen hierzu die Erlaubnis erteilt worden ist. Die Erteilung der Erlaubnis erfolgt, gegebenenfalls nach Anhörung der für den Ort der Niederlassung zuständigen Handelskammer, durch die Landeszentralbehörden[3]) im Einvernehmen mit dem Reichsministerium des Innern. In der Erlaubnis sind die Örtlichkeiten, für die sie erteilt wird, zu bezeichnen.

Die Erlaubnis kann auf bestimmte Mengen oder auf eine bestimmte Zeit beschränkt werden.

Die Erlaubnis kann versagt werden, wenn Bedenken des Gesundheitsschutzes oder persönliche Gründe ihrer Erteilung entgegenstehen. Die erteilte Erlaubnis kann aus den gleichen Gründen widerrufen werden.

---

[1]) Eine zusammenfassende Bearbeitung der ganzen Materie bietet die Schrift „Das Opiumgesetz und seine Ausführungsbestimmungen" von O. Anselmino. Verlag von Julius Springer in Berlin.

[2]) Über die Auslegung dieser Bestimmung vgl. die Ausführungen auf S. 135. Von den dem Apothekenhandverkauf entzogenen Arzneimitteln (s. S. 205) fallen unter das Opiumgesetz: Cocain. et ejus salia, Diacetylmorphin et ejus salia, Extract. Opii, Glycopon, Heroin et ejus salia, Holopon, Laudanon, Morphin. et ejus salia, Narcophin, Opium, Opium concentratum, Pantopon omniaque similia praeparata, quae alcaloidea Opii continent, Pulvis Ipecacuanhae opiatus (s. jedoch S. 132), Tinctura Opii crocata, Tinctura Opii simplex.

[3]) In Preußen durch das Ministerium für Volkswohlfahrt. Dafür wird laut Verwaltungsgebührenordnung vom 30. Dezember 1926 eine Gebühr von 3 bis 300 RM erhoben

In den Apotheken dürfen diese Stoffe und Zubereitungen ohne die im Abs. 1 bezeichnete Erlaubnis, jedoch nur als Heilmittel, erworben, hergestellt, verarbeitet oder abgegeben werden[1]).

---

[1]) Aus dieser Bestimmung zieht ein Urteil des R.G. vom 5. Oktober 1926 (Ph. Ztg. 1927 Nr. 3) folgende Schlüsse:

„1. Unter den Gebrauch zu Heilzwecken fällt die in ordnungsmäßigen Grenzen sich bewegende Anwendung zur Schmerzstillung sowie die allmählich abnehmende Verabreichung an Süchtige zur Vermeidung der bei plötzlicher Entziehung auftretenden üblen Erscheinungen, nicht aber die regelmäßige Fortgewährung an Süchtige, durch welche diesen Kranken nicht geholfen, sondern geschadet wird.

2. Erwerb und Abgabe von Kokain zu bloßen Genußzwecken sind auch dann unzulässig, wenn sie in Apotheken auf Grund ärztlicher Verordnung erfolgen. Gibt ein Apotheker Kokain wissentlich zu bloßen Genußzwecken ab, sei es von sich aus oder auf Grund einer von ihm als mißbräuchlich erkannten Anweisung, so ist er durch die Ausnahmevorschrift des § 2 Abs. 4 O.G. nicht mehr gedeckt, bringt also das Kokain ohne die im § 2 Abs. 1 O.G. vorgesehene Erlaubnis in Verkehr und ist hierwegen nach § 8 Abs. 1 Nr. 1 O.G. strafbar.

3. Stellt der Arzt eine Anweisung zu anderen als zu Heilzwecken, insbesondere zu bloßen Genußzwecken aus, so ist er durch § 2 Abs. 4 O.G. ebensowenig gedeckt wie der Apotheker, der auf Grund einer solchen Anweisung Kokain zu Genußzwecken abgibt. Er bringt dann das Kokain durch den Apotheker ohne Erlaubnis in den Verkehr und erfüllt hierdurch den äußeren Tatbestand des § 8 Abs. 1 Nr. 1 O.G.

4. Ist der Apotheker guten Glaubens, also ein schuldloses Werkzeug, dann ist der Arzt allein als mittelbarer Täter verantwortlich.

5. Handeln Arzt und Apotheker bei der Anweisung und Abgabe zu Genußzwecken im ausdrücklichen oder stillschweigenden Einverständnis, so sind entweder beide als Mittäter, oder der eine als Haupttäter, der andere als Gehilfe zu beurteilen. Mittäterschaft kommt nur dann in Frage, wenn jeder von beiden zugleich für den anderen tätig werden will.

6. Sind beide bösgläubig, hält aber der eine von ihnen den anderen für gutgläubig, dann haften beide als Nebentäter — der Arzt als mittelbarer, der Apotheker als unmittelbarer Täter.

7. Erteilt der Arzt eine Anweisung auf Kokain zu Genußzwecken in der Absicht, hierdurch eine Abgabe durch einen Apotheker an seinen Kunden zu erreichen, verweigert aber der Apotheker wegen der von ihm erkannten Unzulässigkeit die Abgabe, so ist der Arzt wegen Versuchs des unerlaubten Inverkehrbringens nach § 8 Abs. 1 Nr. 1 und Abs. 2 O.G. strafbar.

8. Außerdem kann sich der Arzt durch Ausstellung und Übergabe von Anweisungen auf Kokain an Kokainschnupfer auch der Beihilfe zum unerlaubten Erwerb von Kokain schuldig machen."

Der Apotheker ist danach unter allen Umständen berechtigt, Kokain, Morphium usw. abzugeben, wenn sie auf einem ärztlichen Rezept als Heilmittel verschrieben sind. Er ist weiterhin straffrei, wenn er das Mittel in dem guten Glauben abgibt, das vorgelegte Rezept sei zu Heilzwecken ausgestellt, auch wenn ihm tatsächlich ein anderer Zweck zugrunde liegt. Auf einen solchen guten Glauben wird sich der Apotheker mit Erfolg jedoch nur dann berufen können, wenn er zur Annahme desselben bei Anwendung der schuldigen Sorgfalt berechtigt war, oder mit anderen Worten, wenn die Annahme desselben nicht auf einer Fahrlässigkeit beruht. Sind besondere Umstände vorhanden, die in dem Apotheker den Verdacht hervorrufen müssen, das Betäubungsmittel sei in dem fraglichen Falle nicht zu Heilzwecken verordnet, und mußte er bei Anwendung der schuldigen Sorgfalt diese Umstände erkennen, dann ist es fraglich, ob ihm der Strafrichter noch den guten Glauben zuerkennen wird. Dem Apotheker obliegt danach zwar eine Prüfungspflicht, ob der Arzt auf dem zur Anfertigung vorgelegten Rezept das Betäubungsmittel zu Heil- oder zu anderen Zwecken verschrieben habe, nicht. Das ärztliche Rezept hat vielmehr die Vermutung der Verwendung der verschriebenen Arznei als Heilmittel für sich. Anderseits ist der Apotheker aber zur Anfertigung nicht berechtigt, wenn deutlich erkennbare Umstände gegen die Annahme einer Verschreibung als Heilmittel sprechen.

Die Bestimmung, daß narkotische Mittel auf ärztliches Rezept nur als Heilmittel abgegeben werden dürfen, ist nicht erst durch die Opiumgesetzgebung geschaffen worden,

Durch eine mit Zustimmung des Reichsrats ergehende Verordnung der Reichsregierung können über die Abgabe der genannten Stoffe und Zubereitungen in den Apotheken einschränkende Bestimmungen erlassen werden, die eine Überwachung der schriftlichen Anweisungen, die in den Apotheken zum Bezuge der genannten Stoffe und Zubereitungen vorgelegt werden, sowie des Verkehrs zwischen Apotheke und Verbraucher ermöglichen[1]).

§ 3. Die Abgabe der im § 1 bezeichneten Stoffe und Zubereitungen an Personen, die eine Erlaubnis gemäß § 2 besitzen, sowie an Apotheken ist nur zulässig auf Grund eines auf den Namen des Erwerbes lautenden Bezugsscheins[2]), in dem Art und Menge der abzugebenden Stoffe oder Zubereitungen genau zu bezeichnen sind. Der Bezugsschein wird von der der Aufsicht des Reichsgesundheitsamts unterstehenden Opiumstelle auf Antrag ausgestellt. In dem Antrag sind auch der noch vorhandene Bestand und der Lieferer, bei dem die Gegenstände bezogen werden sollen, anzugeben.

Durch eine mit Zustimmung des Reichsrats ergehende Verordnung der Reichsregierung kann bestimmt werden, welche der unter den § 1 fallenden Zubereitungen, die infolge ihrer sonstigen Zusammensetzung keinen Anlaß zu einem Mißbrauch geben können, ohne den im Abs. 1 vorgesehenen Bezugsschein und ohne die im § 2 Abs. 1 vorgeschriebene Erlaubnis abgegeben werden dürfen[3]).

Die beabsichtigte Ein- und Ausfuhr ist dem Reichsgesundheitsamt anzumelden, die erfolgte Ein- und Ausfuhr ist ihm nachzuweisen.

§ 4. Wer eine Erlaubnis gemäß § 2 erhalten hat, ist verpflichtet, ein Lagerbuch zu führen, in dem der Bestand, der Ein- und Ausgang sowie die Verarbeitung im eigenen Betriebe für jeden der im § 1 genannten Stoffe und Zubereitungen einzeln und nach Tag und Menge gesondert zu vermerken sind. Aus den Eintragungen über Ein- und Ausgang müssen auch Name und Wohnort der Lieferer oder Empfänger ersichtlich sein.

---

sondern findet sich schon seit Jahren im § 1 der Vorschriften über die Abgabe stark wirkender Arzneimittel (s. S. 199).

Werden Betäubungsmittel zu einem Zweck, der nach dem Reichsgerichtsurteil vom 5. Oktober 1926 nicht als Heilzweck angesehen ist, auf Kredit abgegeben, so kann zivilrechtlich ein Anspruch auf Bezahlung des gelieferten Mittels nicht geltend gemacht werden, da das Rechtsgeschäft, weil gegen ein gesetzliches Verbot verstoßend, nichtig ist. So entschied das O.L.G. Kassel in einem in Ph.Ztg. 1927 Nr. 22 abgedruckten Urteil.

[1]) Eine derartige Anordnung ist ergangen (s. die Ausführungsbest. II, 4 auf S. 131).

[2]) Vgl. hierzu S. 131 und 133. Ferner besagt ein Schreiben des Reichsministeriums des Innern vom April 1921, daß Tauschgeschäfte betr. Mittel, die unter das Opiumgesetz fallen, insbesondere von Morphium und Kokain, und die ohne Bezugsschein erfolgen, mit den Bestimmungen des Opiumgesetzes (§ 3) nicht vereinbar sind. „Es machen sich sowohl der Veräußerer als auch der Erwerber strafbar. Jeder Besitzwechsel der dem Opiumgesetz unterliegenden Betäubungsmittel ist an die Vorlage eines Bezugsscheins gebunden."
Ein Erl. des preuß. Landwirtschaftsministers vom 7. Juni 1921 ersucht „die Tierärzte des Bezirkes ausdrücklich auf die Bezugsscheinpflicht hinzuweisen und sie zur Beschaffung der Bezugsscheine anzuhalten, falls sie die verbotenen Betäubungsmittel in ihren Hausapotheken führen wollen. Die Tierärzte werden aber darauf aufmerksam zu machen sein, daß es für sie vielleicht zweckmäßiger und weniger umständlich ist, wenn sie die wenigen für sie in Betracht kommenden verbotenen Betäubungsmittel aus Apotheken beziehen, als wenn sie die mit der Beschaffung des Bezugsscheines verbundenen Umständlichkeiten auf sich nehmen."

[3]) Eine solche Bestimmung ist unter dem 1. Juli 1924 ergangen (s. S. 132).

Durch eine mit Zustimmung des Reichsrats ergehende Verordnung kann bestimmt werden, inwieweit die Vorschriften des Abs. 1 auch auf Apotheken Anwendung finden sollen[1]).

§ 5. Die Ein- und Ausfuhr der im § 1 bezeichneten Stoffe und Zubereitungen ist nur über bestimmte Orte zulässig. Der Reichsminister des Innern bestimmt diese Orte sowie die Bedingungen, unter denen die Ein- und Ausfuhr erfolgen darf.

Die Ausfuhr nach den Ländern, Besitzungen, Kolonien und Pachtgebieten der Mächte, die dem internationalen Opiumabkommen beigetreten sind, ist nur unter Beachtung der Bestimmungen zulässig, die von dem Einfuhrlande für die Einfuhr dieser Stoffe erlassen sind.

§ 6. Die Bestimmungen dieses Gesetzes können durch eine mit Zustimmung des Reichsrats ergehende Verordnung ausgedehnt werden auf jeden neuen Abkömmling des Morphins, des Kokains oder ihrer Salze oder auf jedes andere Alkaloid des Opiums, die nach wissenschaftlicher Feststellung die gleichen schädigenden Wirkungen ausüben können[2]).

§ 7. Die Einfuhr und Ausfuhr, die Herstellung sowie jegliches Inverkehrbringen von zubereitetem Opium (Rauchopium) ist verboten.

Unter das Verbot des Abs. 1 fallen auch der sog. Droß und alle anderen Rückstände von Rauchopium.

§ 8. Mit Gefängnis bis zu drei Jahren und mit Geldstrafe oder mit einer dieser Strafen wird, sofern nicht nach anderen Strafgesetzen eine schwerere Strafe verwirkt ist, bestraft,

1. wer die im § 1 Abs. 1 aufgeführten Stoffe und Zubereitungen ohne die im § 2 vorgesehene Erlaubnis einführt, ausführt, herstellt, verarbeitet, erwirbt, veräußert oder sonst in den Verkehr bringt oder sie in nicht genehmigten Örtlichkeiten[3]) herstellt, verarbeitet, aufbewahrt, feilhält oder abgibt[4]);
2. wer diese Stoffe und Zubereitungen ohne den im § 3 vorgesehenen Bezugsschein erwirbt oder veräußert oder von den in diesem Scheine festgesetzten Mengen oder sonstigen Bedingungen abweicht;
3. wer den auf Grund der §§ 5 oder 9 erlassenen Bestimmungen zuwiderhandelt;
4. wer die im § 1 Abs. 1 genannten Stoffe oder Zubereitungen entgegen den Bestimmungen der Weltpostvereinsverträge mit der Post nach dem Ausland versendet;
5. wer Rauchopium oder dessen Rückstände einführt, ausführt, herstellt oder in Verkehr bringt;
6. wer die Führung des Lagerbuchs unterläßt oder unrichtige oder unvollständige Eintragungen vornimmt oder der ihm obliegenden Auskunftspflicht nicht nachkommt.

[1]) Die Ausdehnung der Verpflichtung zur Führung eines Lagerbuchs auf Apotheken ist bisher nicht erfolgt.

[2]) Derartige Bestimmungen sind noch nicht ergangen.

[3]) Die Aufbewahrung der dem Opiumgesetz unterliegenden Betäubungsmittel in nicht angemeldeten und von der Behörde für diese Aufbewahrung als geeignet anerkannten Räumen ist nicht statthaft (K.G. 8. Juni 1925, Ph.Ztg. 1925 Nr. 56). Für einen Apothekenbesitzer ist indessen zur Entscheidung der Frage über die Zulässigkeit der von ihm getätigten Art der Aufbewahrung von Opium und seinen Derivaten nicht das Opiumgesetz, sondern die Apothekenbetriebsordnung maßgeblich (K.G. 12. August 1924, Ph.Ztg. 1924 Nr. 68).

[4]) Da in § 8 Nr. 1 des Opiumgesetzes im Gegensatz zu § 2 der „Handel" nicht erwähnt ist, ist die bloße Vermittlung von Handelsgeschäften betr. Betäubungsmittel ohne Erlaubnisschein nicht strafbar (K.G. 6. Dezember 1926 u. 8. August 1927, Ph.Ztg. 1927 Nr. 29 u. 65).

In den Fällen von Ziffer 1, 2, 3, 4 und 5 ist der Versuch strafbar.

Die Vorschriften der Abs. 1 und 2 gelten auch dann, wenn Gegenstände als Stoffe der im § 1 bezeichneten Art in den Verkehr gebracht werden, ohne solche Stoffe zu sein.

Neben der Strafe kann auf Einziehung der Gegenstände, auf die sich die strafbare Handlung bezieht, erkannt werden ohne Unterschied, ob sie dem Täter gehören oder nicht.

Ist der zu Freiheitsstrafe Verurteilte ein Ausländer, so ist die Landespolizeibehörde befugt, denselben aus dem Reichsgebiet zu verweisen.

§ 8a. Zur Deckung der Kosten, die aus der Durchführung dieses Gesetzes sich ergeben, wird nach näherer Bestimmung des Reichsministers des Innern eine Umlage auf die im § 1 genannten Stoffe und Zubereitungen erhoben. Die Umlage gilt nicht als Steuer im Sinne der Reichsabgabenordnung.

§ 9. Die zur Ausführung dieses Gesetzes erforderlichen Bestimmungen erläßt die Reichsregierung mit Zustimmung des Reichsrats, soweit es sich um den Verkehr in den Zollausschlüssen und Freibezirken handelt, mit Zustimmung der zuständigen Landesregierung.

§ 10. Das Gesetz tritt am 1. Januar 1921 in Kraft[1]). Gleichzeitig tritt die Verordnung über den Verkehr mit Opium und anderen Betäubungsmitteln vom 20. Juli 1920 außer Kraft. Eine auf Grund dieser Verordnung erteilte Erlaubnis behält jedoch Geltung bis zum 31. März 1921, es sei denn, daß sie vorher zurückgenommen wird.

Wer sich bereits mit der Herstellung der in § 1 Abs. 1 bezeichneten Stoffe und Zubereitungen befaßt hat, darf nach dem 31. März 1921 diesen Betrieb nur fortsetzen, wenn er hierzu die durch dieses Gesetz vorgesehene Erlaubnis besitzt.

## Ausführungsbestimmungen zum Opiumgesetz.

V. des Reichsmin. d. I. vom 5. Juni 1924.

I. (1) Die Erlaubnis zur Ein- und Ausfuhr der im § 1 des Gesetzes genannten Stoffe und Zubereitungen, zu ihrer gewerbsmäßigen Herstellung und Verarbeitung sowie zum Handel mit ihnen ist nur solchen Personen oder Firmen zu erteilen, die vorwiegend chemische Stoffe oder Arzneimittel herstellen oder mit ihnen im großen Handel treiben und ihre Waren, abgesehen von den Fällen des Abs. 2, nicht unmittelbar an den Verbraucher absetzen. Außer der persönlichen Zuverlässigkeit des Nachsuchenden ist auch die Bedürfnisfrage zu prüfen.

(2) Personen, die diese Stoffe nachweislich zu wissenschaftlichen Zwecken verwenden wollen, kann die Erlaubnis zum Erwerb erteilt werden, wenn sie vermöge ihrer Vorbildung und persönlichen Zuverlässigkeit eine Gewähr gegen mißbräuchliche Verwendung der Stoffe bieten. Zu anderen Zwecken darf die Erlaubnis nur in solchen Fällen erteilt werden, in denen der Nachweis erbracht wird, daß die Verwendung im öffentlichen Interesse geboten ist; auch hier ist die persönliche Zuverlässigkeit des Antragstellers nachzuprüfen.

(3) In dem Antrag sind die Tatsachen, die für die Erteilung der Erlaubnis von Bedeutung sind, anzuführen und die Örtlichkeiten, für die sie nachgesucht wird, zu bezeichnen.

(4) Über die erteilte Erlaubnis ist ein Erlaubnisschein auszustellen; Abschrift desselben ist dem Reichsgesundheitsamte mitzuteilen.

[1]) Das Gesetz zur Abänderung des Opiumgesetzes vom 21. März 1924 ist laut Artikel VII mit Wirkung vom 1. April 1924 in Kraft getreten.

(5) Die Bezeichnung der Örtlichkeiten, für die die Erlaubnis erteilt wird, hat nach Ort, Straße und Hausnummer zu erfolgen. Wird die Erlaubnis auf einzelne Gebäude oder auf einzelne Räume beschränkt, so sind auch diese genau zu bezeichnen.

(6) Die für Apotheken vorgesehene Befreiung von der Erlaubnis erstreckt sich sowohl auf den Erwerb durch den Apotheker zwecks Abgabe in der Apotheke als auch auf die Abgabe und den Erwerb auf Grund ärztlicher, zahnärztlicher oder tierärztlicher Verordnung, dagegen ist eine Abgabe durch den Apotheker zu anderen Zwecken nicht zulässig[1]).

II. (1) Der Bezugsschein nach § 3 des Gesetzes ist für jeden im Inland erfolgenden Wechsel der Verfügungsberechtigung, ausgenommen den auf Grund schriftlicher, ärztlicher, zahnärztlicher oder tierärztlicher Anweisung erfolgenden Erwerb in Apotheken, erforderlich[2]).

(2) Der Bezugsschein ist durch den Erwerber selbst bei der Opiumstelle schriftlich zu beantragen.

(3) Der Bezugschein ist, sofern der Antragsteller nichts anderes bestimmt, von der Opiumstelle[3]) an den in dem Antrag genannten Lieferer zu übersenden. Die in dem Bezugsschein angegebenen Mengen sind in einer Lieferung voll zu liefern und abzunehmen. Der Bezugsschein ist durch den Lieferer zurückzubehalten und dient als Beleg für den Verbleib der von ihm abgegebenen Mengen.

(4) Schriftliche Anweisungen eines Arztes oder Zahnarztes auf solche Arzneien, die die im § 1 des Gesetzes genannten Stoffe und Zubereitungen enthalten und nach den Vorschriften über die Abgabe stark wirkender Arzneimittel ohne erneute schriftliche Anweisung nicht wiederholt abgegeben werden dürfen, sind in der Apotheke zurückzubehalten[4]). Von den Anweisungen, die den Krankenkassen oder Krankenanstalten zurückzugeben sind, haben die Apotheker Abschrift zu nehmen, die außer der Verordnung das Datum, den Namen des Kranken, des Arztes und der Krankenkasse oder Krankenanstalt enthält. Die zurückzubehaltenden Anweisungen und die Abschriften sind nach Zeitabschnitten geordnet wenig-

---

[1]) Hierzu sagt das bereits auf S. 127 erwähnte Urteil des R.G. vom 5. Oktober 1926: „Die wenig glücklich gefaßte Ausführungsbestimmung, in welcher der Erwerb und die Abgabe ‚auf Grund ärztlicher Verordnung' der Abgabe ‚zu anderen Zwecken' gegenübergestellt ist, könnte für sich allein allerdings den Anschein erwecken, als ob die Abgabe auf Grund ärztlicher Verordnung unter allen Umständen zulässig wäre. Allein, abgesehen davon, daß jene Gegenüberstellung in sich unlogisch ist, konnte und wollte die Ausführungsbestimmung selbstverständlich die im Gesetz selbst enthaltene Beschränkung der Ausnahme nicht beseitigen. Den Gegensatz der Abgabe ‚zu anderen Zwecken' bildet bei Berücksichtigung der Bestimmung im § 2 Abs. 4 O.G. nicht die Abgabe auf Grund ärztlicher Verordnung schlechthin, sondern die Abgabe zu Heilzwecken auf Grund ärztlicher Verordnung. Erwerb und Abgabe von Kokain zu bloßen Genußzwecken sind daher auch dann unzulässig, wenn sie in Apotheken auf Grund ärztlicher Verordnung erfolgen."

[2]) Auf Grund dieser Bestimmung entschied das O.L.G. Königsberg unter dem 6. Dezember 1926: „Die Abgabe von Kokain, Morphin und anderen unter das Opiumgesetz fallenden Stoffen ohne ärztliches Rezept in einer Apotheke ist nicht als Übertretung des § 367, 5 Str.G.B., sondern als Vergehen gegen § 8 des Opiumgesetzes strafbar." Dem Urteil ist nicht beizutreten. Das Opiumgesetz knüpft ausdrücklich an die bestehenden Vorschriften über die Abgabe stark wirkender Arzneimittel an und hat nur die Erlaubnis- und Bezugsscheinpflicht neu eingeführt. Nach dem Opiumgesetz kann also nur wegen Abgabe ohne Erlaubnis- bzw. Bezugsschein, nicht aber wegen Abgabe ohne ärztliches Rezept Verurteilung erfolgen.

[3]) Die Opiumstelle befindet sich im Reichsgesundheitsamte, Berlin NW 23, Klopstockstraße 18.

[4]) Näheres hierüber s. S. 134 ff.

stens drei Jahre lang aufzubewahren und auf Verlangen an die Medizinalbehörde, der die Besichtigung des Bezirkes obliegt, oder an das Reichsgesundheitsamt einzusenden. Beanstandungen wegen ungenügenden Nachweises der verbrauchten, im § 1 des Opiumgesetzes aufgeführten Gifte haben die Medizinalbehörden dem Reichsgesundheitsamt mitzuteilen.

VI.[1]) Die Verpflichtung zur Lagerbuchführung liegt allen Personen und Firmen ob, die eine Erlaubnis auf Grund des § 2 des Gesetzes erhalten haben. Insbesondere haben auch die Personen, die zu wissenschaftlichen Zwecken die im § 1 des Gesetzes genannten Stoffe und Zubereitungen beziehen, Aufzeichnungen über deren Verwendung zu machen.

VIII. Die vorstehenden Ausführungsbestimmungen treten am 1. Juli 1924 in Kraft; gleichzeitig treten die Ausführungsbestimmungen vom 26. Februar 1921 in der Fassung der Verordnung über Abänderung der Ausführungsbestimmungen zum Opiumgesetze vom 23. Dezember 1923 außer Kraft.

## Abgabe von Betäubungsmitteln.

V. des Reichsmin. d. I. vom 1. Juli 1924.

Die nachstehend bezeichneten Zubereitungen dürfen ohne den im § 3 Abs. 1 des Gesetzes zur Ausführung des internationalen Opiumabkommens vom 23. Januar 1912 vom 30. Dezember 1920 vorgesehenen Bezugsschein und ohne die im § 2 Abs. 1 dieses Gesetzes vorgeschriebene Erlaubnis abgegeben werden:

1. Pulvis Ipecacuanhae opiatus — D. A. B. V. — (Pulvis Doveri P. I) Doversches Pulver (auch in Tablettenform).

2. Emplastrum Opii — Opiumpflaster, mit einem Opiumgehalt von höchstens 5 p. c.

3. Pilulae bechicae Heimii (Form. mag. berol.) mit einem Opiumgehalt von höchstens rund 6 p. c.

4. Pilulae contra tussim (Form. mag. berol.) mit einem Morphinsalzgehalt von höchstens rund 8,5 p. c.

6. Kokain-Atropin-Tabletten mit einem Gehalt von höchstens 0,0003 g Kokainsalz und mindestens 0,0003 g Atropinsalz.

7. Nerv-Ätzpasten, die neben Kokain- oder Morphinsalzen oder beiden mindestens 25 p. c. arsenige Säure enthalten, sofern sie mit einer zur Pastenkonsistenz erforderlichen Menge Kreosot oder Phenol hergestellt worden sind.

## Versorgung der Kauffahrteischiffe mit Betäubungsmitteln.

V. des Reichsmin. d. I. vom 13. November 1925.

§ 1. Die im § 1 Abs. 1 des Opiumgesetzes genannten Stoffe und Zubereitungen können, soweit sie nach der Bekanntmachung, betr. Krankenfürsorge auf Kauffahrteischiffen, vom 3. Juli 1905 zur Ausrüstung der Kauffahrteischiffe mit Arzneimitteln erforderlich sind, ohne ärztliche Anweisung unter Beachtung der für den betreffenden Hafen geltenden besonderen Vorschriften auf schriftliche Anforderung des Schiffseigners erworben werden.

Bei Anforderung des Bedarfs ist neben der angeforderten Menge auch die nach den Vorschriften über Krankenfürsorge auf Kauffahrteischiffen erforderliche Menge sowie der vorhandene Bestand anzugeben.

---

[1]) Die Ziffern III, IV, V und VII betreffen Einfuhr, Ausfuhr und Durchfuhr.

Über den Verbrauch an Betäubungsmitteln und die im Einzelfalle verwendeten Mengen sind im Schiffstagebuche bzw. in dem vom Schiffsarzt zu führenden Tagebuch Aufzeichnungen zu machen.

§ 2. Über die Lieferung von Betäubungsmitteln an Kauffahrteischiffe sind in den Apotheken Listen zu führen, in die der Lieferungstag, der Name des Schiffes und des Schiffseigners sowie die Art und Menge der gelieferten Waren einzutragen sind.

Für die Listen und Anforderungsschreiben gilt die Bestimmung von II Abs. 4 Satz 3 der Ausführungsbestimmungen zum Opiumgesetze vom 5. Juni 1924.

§ 3. Die Lieferung von Betäubungsmitteln für nichtdeutsche Schiffe ist nur auf Grund schriftlicher Anweisung des zuständigen beamteten Arztes unter Beachtung der für den betreffenden Hafen geltenden besonderen Vorschriften zulässig. Die gleiche Vorschrift gilt, wenn bei deutschen Schiffen die Ausrüstung des Schiffes während der Reise auf schriftliche Anforderung des Kapitäns vervollständigt werden soll.

## Ausstellung von Bezugsscheinen für Betäubungsmittel.

Bk. des Präsidenten des Reichsgesundheitsamts vom 6. August 1925.

Beim Reichsgesundheitsamt, das durch das Opiumgesetz mit der Beaufsichtigung des Verkehrs mit Betäubungsmitteln beauftragt ist, laufen Beschwerden darüber ein, daß die daselbst eingerichtete Opiumstelle nicht allen Anträgen auf Ausstellung von Bezugsscheinen für Opium, Morphin, Kokain usw. sofort entspricht, und daß die Ausstellung der Bezugsscheine nicht mit der Schnelligkeit erfolgt, die der Antragsteller erwartet.

Bisweilen geht die Beschwerde sogar früher ein als der Antrag selbst. Das kann vorkommen, wenn der Antrag von dem Reisenden einer Drogengroßhandlung an seine Firma und von dieser mit anderen zusammen an die Opiumstelle geschickt wird. Erfolgte der Antrag von dem Antragsteller unmittelbar an die Opiumstelle, so würde dies die Abfertigung wesentlich beschleunigen.

Meist wird die Ausstellung des Bezugsscheins durch undeutliche Schrift und undeutliche Bezeichnung der verlangten Stoffe und Zubereitungen verzögert, manchmal sogar unmöglich gemacht. Da die Bezugsscheine auf den Namen des Erwerbers auszustellen sind, muß dieser aus der Unterschrift und, was sehr zu empfehlen ist, auch aus einem deutlichen Abdruck des Firmenstempels zu erkennen sein. Ort und Datum sind nicht zu vergessen. Ebenso muß die Lieferfirma deutlich genannt werden, namentlich auch, wenn ein Zweiggeschäft die Lieferung ausführen soll.

Die Ausstellung wird ferner verzögert, wenn wegen des Fehlens der Angabe des noch vorhandenen Bestandes oder wegen der auffallenden Höhe der Bestellung erst eine Rückfrage gehalten werden muß. Die Abschaffung des Bezugsscheins kann nicht in Frage kommen, da dieser in dem Kampf gegen den Mißbrauch der Betäubungsmittel unentbehrlich ist. Aber die Zahl der Bezugsscheine wird sich wesentlich einschränken lassen, was zur Beschleunigung ihrer Ausstellung erheblich beitragen wird . . . Eine empfindliche Störung in dem Geschäftsbetrieb der Opiumstelle sind auch die allzu vielen, meist zwecklosen telephonischen Anfragen und die Entsendung von Boten, die sofort abgefertigt werden wollen, auch in nicht dringenden Fällen.

Die Opiumstelle ist angewiesen, auf Antrag Bezugsscheine für Mengen auszustellen, die voraussichtlich für $^1/_2$ Jahr ausreichen. Die Höhe dieser

Menge wird im Zweifelsfalle bemessen durch die Durchschnittsbezüge in den Vorjahren. Wenn z. B. eine Apotheke in den letzten 3 Jahren durchschnittlich 100 g Morphin im Jahre verbraucht hat, so kann die Opiumstelle auf Antrag 50 g für den mutmaßlichen Bedarf von 6 Monaten freigeben. Reicht diese Menge für den rechtmäßigen Bedarf nicht aus, so empfiehlt es sich, der Opiumstelle freiwillig Gründe für die Mehrforderung mit den nötigen Bescheinigungen und Belegen anzugeben.

Es sei noch darauf aufmerksam gemacht, daß der Erwerber von Betäubungsmitteln den Antrag selbst zu stellen hat, und daß er nicht der Lieferfirma oder deren Reisenden ein mit seinem Firmenstempel versehenes Blankoformular übergeben darf. Vielmehr muß er die verlangte Menge und den vorhandenen Bestand selbst angeben.

Alle Personen, die die Erlaubnis zum Handel mit Morphin, Kokain und sonstigen Betäubungsmitteln erhalten haben, und die Apotheken seien aber darauf hingewiesen, daß diese Stoffe und ihre Zubereitungen wegen der ungeheuren Gefahr, die ihr nicht rechtmäßiger Gebrauch für die Volksgesundheit bedeutet, Waren ganz besonderer Art sind, deren Verkehr daher auch ganz besonderen Maßregeln unterworfen werden muß. Dies führt mit Notwendigkeit zu einer gewissen Verzögerung in ihrem Bezuge, der aber die Erwerber der Betäubungsmittel vielfach dadurch zu begegnen vermögen, daß sie ihre Anträge rechtzeitig stellen und damit nicht warten, bis ihre Vorräte nahezu erschöpft sind.

## Opiumrezepte[1]).

Nach den Ausführungsbestimmungen zum Opiumgesetz vom 5. Juni 1924 sind auf Opium bzw. auf Betäubungsmittel lautende ärztliche und zahnärztliche Rezepte in folgenden Fällen zurückzubehalten bzw. abzuschreiben:

### I. Innerliche Arzneien, Einspritzungen jeder Art, Arzneien zur Aufbringung auf Schleimhäute einschließlich Klistiere und Suppositorien, sämtlich für Menschen.

A. Zurückzubehalten sind:

1. Alle ärztlichen und zahnärztlichen Privatrezepte, auf denen Opium, Morphin oder seine Salze, Diazetylmorphin (Heroin) oder seine Salze, Kokain oder seine Salze sowie Zubereitungen, die mehr als 0,2 vH Morphin oder mehr als 0,1 vH Diazetylmorphin (Heroin) oder mehr als 0,1 vH Kokain enthalten, verordnet sind.

---

[1]) Bei der Anfertigung von **Rezepten auf Betäubungsmittel** sind im ganzen folgende gesetzliche Bestimmungen zu beachten:

1. Die Vorschriften über die Abgabe stark wirkender Arzneimittel in der Fassung vom Dezember 1926 (s. S. 199), die festsetzten,
   a. welche Arzneimittel nur auf ärztliches Rezept, also nicht im Handverkauf abgegeben werden dürfen und
   b. welche ärztlichen Rezepte ohne erneute Unterschrift wieder angefertigt werden dürfen.
2. Die Bestimmungen des deutschen Arzneibuchs (6. Ausgabe) in Anlage VIII (s. S. 338), die den Apotheker verpflichten, bei Verschreibung der in Tabelle A enthaltenen Arzneimittel die Innehaltung der Maximaldosen zu kontrollieren, bzw. bei Überschreitung vom Arzte die vorgeschriebenen Angaben zu verlangen.
3. Die Bestimmungen des Opiumgesetzes, die den Apotheker berechtigen, die unter dieses Gesetz fallenden Stoffe und Zubereitungen ohne Erlaubnisschein auf Grund ärztlicher, zahnärztlicher oder tierärztlicher Verordnung, jedoch nur als Heilmittel, abzugeben

2. Abschriften aller derartiger Anweisungen, die den Krankenkassen oder Krankenanstalten zurückzugeben sind. Diese Abschriften müssen außer der Rezeptformel das Datum, den Namen des Kranken, des Arztes und der Krankenkasse oder Krankenanstalt enthalten.

B. Ausgenommen, also nicht zurückzubehalten sind:

1. Rezepte auf Arzneien, die Opium, Extr. Opii, Pulv. Jpecac. opiat., Tinct. Opii croc., Tinct. Opii simpl. enthalten, wenn die Wiederholung in der ursprünglichen Anweisung für zulässig erklärt und dabei vermerkt ist, wie oft und bis zu welchem Zeitpunkt sie stattfinden darf, oder wenn die Einzelgabe aus der Anweisung ersichtlich ist und der Gehalt der Einzelgabe an Opium 0,15 g, an Extr. Opii 0,075 g, an Pulv. Jpecac. opiat. 1,5 g, an Tinct. Opii croc. 1,5 g, an Tinct. Opii simpl. 1,5 g nicht übersteigt.

2. Verordnungen von Diazetylmorphin (Heroin) oder seinen Salzen, Morphin oder seinen Salzen, Laudanon, Narkophin und Pantopon oder allen ähnlichen Opiumzubereitungen (z. B. Opiumkonzentrat, Glykopon, Holopon), wenn es sich nicht um Einspritzungen unter die Haut handelt, und wenn diese Mittel nicht in einfachen Lösungen oder einfachen Verreibungen, sondern als Zusatz zu anderen arzneilichen Zubereitungen verschrieben sind und der Gesamtgehalt der Arznei an Diazetylmorphin (Heroin) oder seinen Salzen 0,015 g, an Morphin oder seinen Salzen, an Laudanon oder Narkophin 0,03 g, an Pantopon oder allen ähnlichen Opiumzubereitungen 0,06 g nicht übersteigt.

3. Rezepte auf homöopathische Verdünnungen oder Verreibungen, welche über die dritte Dezimalpotenz hinausgehen.

Die Ausnahmen unter 1 und 2 kommen in Fortfall, wenn der Arzt oder Zahnarzt die wiederholte Abgabe durch besonderen Vermerk auf dem Rezept untersagt hat.

## II. Äußerliche Arzneien für Menschen.

Verordnungen von Arzneien zum äußerlichen Gebrauch sind nur dann zurückzubehalten bzw. abzuschreiben, wenn die Arzneien mehr als 0,03 g an Kokain oder dessen Salzen oder mehr als 0,015 g an Diazetylmorphin (Heroin) oder dessen Salzen enthalten und entweder zur Einführung in die Nase bestimmt sind oder der Verwendungszweck nicht angegeben ist.

## III. Bemerkungen.

1. Unter „Zubereitungen, die mehr als 0,2 vH Morphin oder mehr als 0,1 vH Diazetylmorphin (Heroin) oder mehr als 0,1 vH Kokain enthalten" (s. I A 1), sind nicht die vom Apotheker ad hoc nach Rezept hergestellten Arzneizubereitungen (Lösungen oder Mischungen), sondern galenische Präparate dieser Art, wie Extr. Opii Tinct. Opii croc. und simpl., Pulv. Jpecac. opiat., oder fertige Handelspräparate, wie Eumecon, Trivalin, Laudanon und Pantopon, gemeint. Diese „Zubereitungen" gelten als einheitliche Körper und für ihre Zugehörigkeit zu den unter das Opiumgesetz

---

und die ihn verpflichten, bestimmte Rezepte in der Apotheke zurückzubehalten oder abzuschreiben.

4. Die Bestimmungen der Apothekenbetriebsordnung (s. S. 332 ff.), die den Apotheker verpflichten, ärztliche Verordnungen ohne Verzug auszuführen, auf Irrtümer und Höchstgabenüberschreitung zu achten, und die nähere Vorschriften über die Signatur enthalten.

5. Die Strafbestimmungen des Strafgesetzbuches über fahrlässige Körperverletzung und Tötung (s. S. 47 und 48).

6. Die Bestimmungen des Bürgerlichen Gesetzbuches über zivilrechtliche Haftung bei Verschulden (s. S. 39).

fallenden Stoffen ist ihr Prozentgehalt an Morphin (mehr als 0,2 vH), Diazetylmorphin (Heroin) (mehr als 0,1 vH) oder Kokain (mehr als 0,1 vH) entscheidend. Fallen sie unter das Opiumgesetz, so sind die diesbezüglichen Rezepte zurückzubehalten bzw. abzuschreiben, sofern nicht einer der unter I B genannten Ausnahmefälle vorliegt.

2. Bei einer vom Apotheker laut Rezept angefertigten Arzneizubereitung von Morphin oder Diazetylmorphin (Heroin) oder Kokain ist dagegen der Prozentgehalt dieser Arznei an Morphin usw. für die Frage, ob das Rezept zurückzubehalten oder abzuschreiben ist, völlig gleichgültig. Es kommt hierfür nur auf den Gesamtgehalt der Arznei an Morphin, Diazetylmorphin (Heroin) oder Kokain an (s. I B 2 und II).

3. Alle zurückzubehaltenden ärztlichen und zahnärztlichen Anweisungen und die Abschriften sind, nach Zeitabschnitten geordnet, drei Jahre aufzubewahren und auf Verlangen an die Medizinalbehörde, der die Besichtigung des Bezirks obliegt, oder an das Reichsgesundheitsamt einzusenden.

4. Tierärztliche Anweisungen brauchen nicht zurückbehalten und aufbewahrt werden. Der Präsident des Reichsgesundheitsamts hat jedoch den Apothekenvorständen empfohlen, auch über die für Tiere verabfolgten Betäubungsmittel genaue Aufschreibungen zu machen, weil sie sonst Gefahr laufen, daß ihnen das Reichsgesundheitsamt die Bezugsmenge kürzt.

5. Für die den Apotheken durch das Zurückbehalten bzw. Abschreiben der in Betracht kommenden ärztlichen Anweisungen entstehende Mühewaltung ist ihnen in Ziffer 7 der Deutschen Arzneitaxe eine Gebühr von 10 Pf. für jedes diesbezügliche Rezept zugebilligt worden, die von dem Arzneiempfänger bzw. der Krankenkasse oder -anstalt zu entrichten ist. Sofern es sich hier um „begünstigte Parteien" handelt, unterliegt diese Gebühr als nicht zum Arzneipreis gehörige Sondergebühr dem Rabattzwang nicht.

---

# IX. Verkehr mit Süßstoff.

Die deutsche Gesetzgebung über künstlichen Süßstoff, die vorwiegend durch die Interessen der Zuckerindustrie beeinflußt ist, hat sich im Laufe der Zeit von einer einfachen Verwendungsbeschränkung (Gesetz vom 6. Juli 1898) zu einer weitgegriffenen Verkehrbeschränkung einschließlich eines privaten Herstellungsmonopols (Gesetze vom 7. Juli 1902 und 8. April 1922) entwickelt. Nachdem indessen während des Kriegszustandes, infolge der Zuckerknappheit, weitgehende Erleichterungen für den Verkehr mit Süßstoff zugelassen werden mußten, ließen sich die strengen Einschränkungen nicht mehr rechtfertigen. So erging das folgende Gesetz, das das Herstellungsmonopol zwar beibehält und steuerlich ausnutzt, aber der Abgabe von Süßstoff nur noch geringe Schranken auferlegt.

## Süßstoffgesetz[1]).

Vom 14. Juli 1926.

§ 1. (1) Zur Herstellung und zur Einfuhr von Süßstoff ist nur der berechtigt, dem die Reichsregierung mit Zustimmung des Reichsrats die Erlaubnis hierzu erteilt.

---

[1]) Eine Zusammenfassung der Rechtslage hinsichtlich des Süßstoffverkehrs in Apotheken ist auf S. 140 gegeben.

(2) Die Erlaubnis ist jederzeit widerruflich.

§ 2. (1) Der Süßstoffsteuer unterliegt der Übergang von Süßstoff in den freien Verkehr.

(2) Dies gilt nicht für Süßstoff, der in kleinen Mengen zu wissenschaftlichen oder zu Probezwecken abgegeben wird.

§ 3. Die Steuer beträgt:

1. bei Benzoesäuresulfinid 2 Reichsmark,
2. bei Dulcin 5 Reichsmark 60 Reichspfennige für 1 kg reiner Süßstoff.

§ 4. Steuerschuldner ist der, für dessen Rechnung Süßstoff in den freien Verkehr übergeht.

§ 7. Die Süßstoffsteuer ist eine Verbrauchssteuer im Sinne der Reichsabgabenordnung.

§ 10. Wer Süßstoff herstellt oder einführt, ohne daß ihm die Reichsregierung die Erlaubnis hierzu erteilt hat, wird mit Gefängnis bis zu einem Jahre und mit Geldstrafe oder mit einer dieser Strafen bestraft. Außerdem ist auf Einziehung der Gegenstände zu erkennen, auf die sich die Zuwiderhandlung bezieht.

§ 12. Die zur Durchführung dieses Gesetzes erforderlichen Bestimmungen erläßt die Reichsregierung mit Zustimmung des Reichsrats. Dabei kann insbesondere verbindlich bestimmt werden, was im Sinne dieses Gesetzes als Süßstoff anzusehen ist. Ferner können der Absatz, der Vertrieb und die Verwendung von Süßstoff Beschränkungen unterworfen und gegen Zuwiderhandlungen Gefängnisstrafe bis zu einem Jahre und Geldstrafe oder eine dieser Strafen oder Haft angedroht werden.

§ 13. (1) Das Gesetz tritt am 1. September 1926 in Kraft.

(2) Mit dem gleichen Zeitpunkt tritt das Süßstoffgesetz vom 8. April 1922 außer Kraft.

## Durchführungsbestimmungen zum Süßstoffgesetz.

V. des Reichsmin. der Finanzen vom 24. Juli 1926.

### Zu § 1 des Gesetzes.

§ 1. Begriffsbestimmung. (1) Süßstoff im Sinne des Gesetzes sind alle auf künstlichem Wege gewonnenen Stoffe, die als Süßmittel dienen können und eine höhere Süßkraft als Saccharose (reiner Rüben- oder Rohrzucker), aber nicht entsprechenden Nährwert besitzen.

(2) Als Süßstoff gelten auch süßstoffhaltige Zubereitungen, die nicht zum unmittelbaren Genuß bestimmt sind, sondern nur als Mittel zur Süßung von Lebensmitteln dienen.

(3) Der Reichsminister der Finanzen kann bestimmen, ob und inwieweit die Vorschriften des Gesetzes auf Stoffe, die in einfacher Weise in Süßstoff umgewandelt werden können, Anwendung finden.

§ 2. Erlaubnis zur Herstellung. Unter Vorbehalt des jederzeitigen Widerrufs werden ermächtigt:

A. Zur Herstellung von Benzoesäuresulfinid:

1. die Saccharinfabrik, Aktien-Gesellschaft, vorm. Fahlberg, List & Co. in Magdeburg-Südost;
2. die Chemische Fabrik von Heyden, Aktien-Gesellschaft, in Radebeul bei Dresden;

B. Zur Herstellung von Dulcin:

J. D. Riedel, Aktien-Gesellschaft, in Berlin-Britz.

§ 3. Erlaubnis zur Einfuhr. Die im § 2 bezeichneten Betriebe erhalten unter Vorbehalt des jederzeitigen Widerrufs die Erlaubnis, ausländischen Süßstoff, den sie auf Grund einer mit ausländischen Süßstoffherstellern zur Regelung des Absatzes und zur Einschränkung des Wettbewerbes getroffenen Vereinbarung als Mehrlieferer abzunehmen verpflichtet sind, nach Maßgabe des § 23 in den Geltungsbereich des Gesetzes einzuführen. Daß es sich um Süßstoff dieser Art handelt, hat der Betriebsinhaber vor der Aufnahme des Süßstoffs in den Herstellungsbetrieb der für die Überwachung des Betriebs zuständigen Zollstelle nachzuweisen. Die etwa erforderlichen näheren Anordnungen trifft das Landesfinanzamt.

### Zu § 2 des Gesetzes.

§ 4. Abgabe von Süßstoff zu wissenschaftlichen oder zu Probezwecken. Nach näherer Anordnung des Landesfinanzamts darf Süßstoff, ohne daß eine Steuerschuld entsteht, zu wissenschaftlichen Zwecken oder als Probe bis zu einer Jahreshöchstmenge von insgesamt 15 kg reiner Süßstoff für jeden Betrieb in den freien Verkehr gebracht werden.

### Zu § 7 des Gesetzes.

§ 6. Süßstoff als steuerpflichtiges Erzeugnis. Süßstoff gilt als steuerpflichtiges Erzeugnis im Sinne der Reichsabgabenordnung.

### Schlußbestimmungen.

§ 30. Inkrafttreten. Diese Verordnung tritt am 1. September 1926 in Kraft.

## Verordnung über den Verkehr mit Süßstoff.

V. des Reichsmin. d. I. und für Ernährung vom 4. August 1926.

§ 1. Süßstoff im Sinne dieser Verordnung sind alle Erzeugnisse, die auf Grund des § 12 Satz 2 des Süßstoffgesetzes von der Reichsregierung als Süßstoff bezeichnet werden (vgl. § 1 der Durchführungsbestimmungen zum Süßstoffgesetze vom 24. Juli 1926).

§ 2. Benzoesäuresulfinid darf im Einzelhandel nur in Fabrikpackungen abgegeben werden; diese müssen eine für den Käufer leicht erkennbare Aufschrift tragen, die in deutscher Sprache enthält:

a. die Angabe des Inhalts nach deutschem Gewichte, bei Tabletten nach der Stückzahl,

b. eine Angabe darüber, welchen Mengen Zucker der Inhalt der Packung entspricht.

§ 3. Dulcin darf im Einzelhandel nur von Apotheken abgegeben werden, und zwar in Mengen über 1 g nur auf ärztliche Anweisung.

Die Abgabe darf nur in Fabrikpackungen erfolgen; diese müssen eine für den Käufer leicht erkennbare Aufschrift tragen, die in deutscher Sprache enthält:

a. die Angabe des Inhalts nach deutschem Gewichte,

b. eine Angabe darüber, welchen Mengen Zucker der Inhalt der Packung entspricht,

c. den Hinweis: „Zur strengen Beachtung! Dieser Süßstoff darf nur zur Süßung von Lebensmitteln in den hierzu erforderlichen Mengen verwendet werden. Für sich, in größeren Mengen genossen, kann er schädlich wirken.“

Den gleichen Hinweis muß ein innerhalb der Packung liegender Zettel tragen.

§ 4. Soweit nicht nach § 5 Ausnahmen zugelassen sind, ist es verboten:

a. Lebensmitteln (Nahrungsmitteln, Genußmitteln, Stärkungsmitteln, diätetischen Nährmitteln) und Arzneimitteln bei ihrer gewerblichen Herstellung Süßstoff zuzusetzen,

b. süßstoffhaltige Lebensmittel und Arzneimittel anzubieten, zum Verkauf vorrätig zu halten, feilzuhalten, zu verkaufen oder sonst in den Verkehr zu bringen.

§ 5. Benzoesäuresulfinid und Dulcin dürfen verwendet werden zur gewerblichen Herstellung von

1. Limonaden und Kunstlimonaden mit und ohne Kohlensäure, alkoholfreien Kalt- und Heißgetränken sowie Grundstoffen hierzu,
2. Essig,
3. Mostrich (Senf),
7. Röntgenkontrastmitteln,
8. Lebensmitteln, die zum Verbrauche durch Zuckerkranke bestimmt sind und ausdrücklich als solche bezeichnet werden,
9. Stärkungsmitteln, diätetischen Nährmitteln und Arzneimitteln, soweit dies bei Inkrafttreten dieser Verordnung zugelassen war oder von der Reichsregierung in Zukunft zugelassen wird.

§ 6. Bei der gewerbsmäßigen Herstellung der im § 5 bezeichneten Erzeugnisse mit Ausnahme der Arzneimittel darf nur so viel Dulcin verwendet werden, daß 1 l oder 1 kg des gebrauchsfertigen Erzeugnisses nicht mehr als 0,3 g Dulcin enthält.

§ 7. Die unter Verwendung von Süßstoff hergestellten Lebensmittel und Arzneimittel müssen, wenn sie in Packungen oder Umhüllungen an den Verbraucher abgegeben werden, die für den Verbraucher deutlich erkennbare, nicht verwischbare Aufschrift „Mit künstlichem Süßstoff zubereitet" tragen[1]).

Bei Stärkungsmitteln, diätetischen Nährmitteln und Arzneimitteln müssen die Art und die Menge des Süßstoffes, bei gleichzeitiger Verwendung von Zucker auch dessen Menge, sowohl auf den Packungen und Umhüllungen als auch in den Ankündigungen angegeben werden.

Arzneiliche Zubereitungen, die mehr als 0,3 g Dulcin in 1 l oder 1 kg enthalten, dürfen nur auf ärztliche Anweisung abgegeben werden.

§ 8. Wer den vorstehenden Bestimmungen zuwiderhandelt, wird mit Gefängnis bis zu einem Jahre und mit Geldstrafe oder mit einer dieser Strafen oder mit Haft bestraft.

§ 9. Diese Verordnung tritt am 1. September 1926 in Kraft.

Erzeugnisse, die vor Inkrafttreten dieser Verordnung entsprechend den bisherigen Bestimmungen unter Verwendung von Süßstoff hergestellt worden sind, dürfen noch bis zum 31. Dezember 1926 im Verkehr bleiben, auch wenn sie den Bestimmungen dieser Verordnung nicht genügen.

---

[1]) Zu dieser Bestimmung hat das Reichsministerium d. J. unter dem 20. Dezember 1926 nachstehende Erläuterung gegeben:

„§ 7 der Verordnung über den Verkehr mit Süßstoff bezieht sich lediglich auf diejenigen Arzneimittel, die der Apotheker entweder selbst herstellt und in abgabefertiger Packung an den Verbraucher abgibt, oder die er schon in abgabefertiger Packung vom Großhändler oder Fabrikanten bezieht (sog. Spezialitäten). Die Vorschrift dient dazu, dem Arzt darüber Aufschluß zu geben, ob die von ihm verordneten, in Packungen oder Umhüllungen in den Verkehr gelangenden Arzneimittel Süßstoff enthalten. Er muß beurteilen können, ob er einem Kranken ein mit Benzoesäuresulfinid oder mit Dulcin gesüßtes Präparat verordnen kann oder nicht, und ob die in dem Mittel enthaltenen Mengen mit der von ihm beabsichtigten Therapie in Einklang stehen."

Auf Arzneien, die auf Grund ärztlicher Rezepte angefertigt werden, bezieht sich die Forderung in § 7 Abs. 1 der Verordnung somit nicht.

## Verkehr mit Süßstoff in Apotheken.

Aus dem Süßstoffgesetz und seinen Ausführungsbestimmungen ergibt sich für den Süßstoffverkehr in Apotheken folgendes:

### 1. Der Bezug von Süßstoff

für die Apotheken unterliegt keiner Beschränkung oder Beaufsichtigung.

### 2. Abgabe und Verwendung reinen Süßstoffs.

a. Benzoesäuresulfinid: Die Abgabe darf im Einzelhandel nur in fertigen Fabrikpackungen erfolgen, auf denen die Gewichtsmenge, bei Tabletten die Stückzahl des Inhaltes, sowie die Zuckermenge angegeben sind, der die in der Packung enthaltene Süßstoffmenge entspricht. Die Abgabe von Benzoesäuresulfinid in diesen Packungen ist im übrigen an keinerlei Beschränkungen gebunden.

b. Dulcin. Die Abgabe darf im Einzelhandel nur in fertigen Fabrikpackungen erfolgen, auf denen die Gewichtsmenge des Inhalts, sowie die Zuckermenge angegeben sind, der die in der Packung enthaltene Süßstoffmenge entspricht. Außerdem muß die Packung folgenden Aufdruck tragen: „Zur strengen Beachtung! Dieser Süßstoff darf nur zur Süßung von Lebensmitteln in den hierzu erforderlichen Mengen verwendet werden. Für sich, in größeren Mengen genossen, kann er schädlich wirken.“ Den gleichen Hinweis muß ein innerhalb der Packung liegender Zettel tragen.

Die Abgabe von Dulcin darf nur in den Apotheken und in Mengen von mehr als 1 g nur auf ärztliches Rezept erfolgen.

Die Führung eines Süßstoffausgabebuches ist nicht mehr vorgeschrieben.

### 3. Gewerbsmäßige Herstellung und Abgabe von süßstoffhaltigen Lebensmitteln, Stärkungsmitteln, diätetischen Nährmitteln und Arzneimitteln.

a. Gemeinsame Vorschriften für Benzoesäuresulfinid und Dulcin: Die Verwendung beider Süßstoffe ist nur bei der Herstellung solcher Lebensmittel zulässig, die zum Verbrauche durch Zuckerkranke bestimmt sind und ausdrücklich als solche bezeichnet werden. Bei Stärkungsmitteln, diätetischen Nährmitteln und Arzneimitteln bleiben die unter der Geltung des Süßstoffgesetzes vom 8. April 1922 nach Maßgabe der Ausführungsbestimmungen vom 23. August 1922 erteilten Genehmigungen zur Verwendung von Süßstoff in Kraft. Über neue Anträge entscheidet die Reichsregierung. Die in Fertigpackungen zur Abgabe gelangenden Lebensmittel und Arzneimittel müssen die deutliche, nicht verwischbare Aufschrift „Mit künstlichem Süßstoff zubereitet“ tragen. Bei Stärkungsmitteln, diätetischen Nährmitteln und Arzneimitteln müssen die Art und die Menge des Süßstoffes, bei gleichzeitiger Verwendung von Zucker auch dessen Menge, sowohl auf den Packungen und Umhüllungen als auch in den Ankündigungen angegeben werden.

b. Sondervorschriften für Dulcin. Bei der Herstellung von Lebensmitteln, Stärkungsmitteln und diätetischen Nährmitteln darf nur so viel Dulcin verwendet werden, daß 1 l oder 1 kg des gebrauchsfertigen Erzeugnisses nicht mehr als 0,3 g Dulcin enthält.

Arzneiliche Zubereitungen, die mehr als 0,3 g Dulcin in 1 l oder 1 kg enthalten, dürfen nur auf ärztliche Anweisung abgegeben werden.

# X. Verkehr mit Branntwein.

Es gibt nur wenige Gebiete, auf denen die Reichsgesetzgebung so häufige und so starke Wandlungen durchgemacht hat, wie der Verkehr mit Branntwein (Spiritus). Aus der ursprünglichen Branntweinsteuer ist das jetzige Branntweinmonopol geworden, aus der früheren, zeitweise jedoch gänzlich aufgehobenen Steuerfreiheit des zu Heilzwecken dienenden Branntweins die jetzige Preisvergünstigung für derartigen Branntwein, die aber in dem neuen Spiritusmonopolgesetz, dessen Entwurf dem Reichstage bereits vorliegt, wieder beseitigt werden soll. Die gegenwärtig geltenden gesetzlichen Bestimmungen sind, soweit sie für den Apothekenbetrieb in Betracht kommen, folgende:

## Gesetz über das Branntweinmonopol.

Vom 8. April 1922.

### Erster Teil. Branntweinmonopol.

#### Verwertung des unverarbeiteten Branntweins.

§ 87. Die Reichsmonopolverwaltung bestimmt unter Berücksichtigung der zur Verfügung stehenden Branntweinbestände, in welcher Menge, zu welchen Zwecken und an wen Branntwein abzusetzen ist.

Der Branntwein darf zu anderen Zwecken, als er von der Reichsmonopolverwaltung abgegeben ist[1]), ohne besondere Genehmigung nicht verwendet werden. Die Reichsmonopolverwaltung ist befugt, Maßnahmen zur Sicherstellung der bestimmungsmäßigen Verwendung des Branntweins zu treffen; sie kann bei Zuwiderhandlungen gegen ihre Anordnungen weitere Lieferungen ablehnen.

Der zu ermäßigten Verkaufspreisen (§ 92) abzugebende Branntwein kann zur Sicherung gegen mißbräuchliche Verwendung vergällt werden. Die Vergällung des Branntweins ist entweder vollständig, d. h. derart, daß sie an sich als genügend erachtet wird, den Branntwein zum Trinkverbrauch unverwendbar zu machen, oder unvollständig, d. h. derart, daß außerdem weitere Maßnahmen zur Verhütung mißbräuchlicher Verwendung des Branntweins zu treffen sind. Die vollständige Vergällung des Branntweins steht ausschließlich der Reichsmonopolverwaltung zu.

§ 88. Die Reichsmonopolverwaltung verwertet den unverarbeiteten Branntwein zu regelmäßigen und zu ermäßigten Verkaufspreisen (§§ 90, 92).

§ 92. Zu ermäßigten Verkaufspreisen ist nach näherer Bestimmung des Reichsrats Branntwein abzugeben, der zur Bereitung von Speiseessig, zu Putz-, Heizungs-, Koch- und Beleuchtungszwecken oder zu gewerblichen Zwecken verwendet wird, soweit sie nicht im Abs. 2 aufgeführt sind.

Nach näherer Bestimmung des Reichsrats darf Branntwein auch zur Herstellung von Heilmitteln, Riech- und Schönheitsmitteln und Essenzen für alkoholfreie Getränke, Backzwecke und Zuckerwaren zu ermäßigten Verkaufspreisen abgegeben werden, sofern der Branntwein zu Genußzwecken unbrauchbar gemacht oder unter ständiger amtlicher Überwachung verarbeitet wird.

#### Methylalkohol.

§ 115. Nahrungs- und Genußmittel — insbesondere weingeisthaltige Getränke —, Heil-, Vorbeugungs- und Kräftigungsmittel, Riechmittel und Mittel zur Reinigung, Pflege oder Färbung der Haut, des

[1]) Siehe die Bezugsbedingungen auf S. 156.

Haares, der Nägel oder der Mundhöhle dürfen nicht so hergestellt werden, daß sie Methylalkohol enthalten[1]). Zubereitungen dieser Art, die Methylalkohol enthalten, dürfen nicht in den Verkehr gebracht oder aus dem Ausland eingeführt werden.

Die Vorschriften des Abs. 1 finden keine Anwendung

---

[1]) Mit der Verwendung von Isopropylalkohol bei Herstellung von Arzneimitteln, kosmetischen Mitteln usw. befassen sich folgende Verfügungen.

a. V. des Reichsministers d. I. vom 25. Mai 1926:

Hinsichtlich einer etwaigen Verwendung des Isopropylalkohols zu Duftstoffen, Riechmitteln und für die üblichen kosmetischen Mittel, wie Mund-, Zahnwässer, Nagelpolituren, Brillantinen, vielleicht auch Haarwasser, mögen begründete gesundheitliche Bedenken nicht bestehen. Dagegen reichen die bisherigen Erfahrungen nicht aus, um diesen Standpunkt auch hinsichtlich derjenigen kosmetischen Krankenpflege- und Einreibungsmittel einzunehmen, die wie Bayrum, Franzbranntwein, Sportmassagemittel usw. zur Einreibung großer Körperflächen nicht nur bei gesunden Erwachsenen, sondern auch bei Kindern und bei bettlägerigen Erwachsenen vielfach verwendet werden. Es kann nicht ohne weiteres angenommen werden, daß die Anwendung derartiger Mittel, wenn sie unter Verwendung von Isopropylalkohol hergestellt sind, in allen Fällen unschädlich ist.

Für Arzneimittel ganz allgemein sollte ein anderer Alkohol als der Weingeist nicht verwendet werden dürfen. Auch für die Händedesinfektion wird der Isopropylalkohol abzulehnen sein, nachdem hierfür in dem mit Holzgeist vergällten Branntwein und im Brennspiritus befriedigende und billige Ersatzmittel des Äthylalkohols den Ärzten zur Verfügung stehen. Ebensowenig könnte die Verwendung von Isopropylalkohol bei der Herstellung von Nahrungs- und Genußmitteln, insbesondere von berauschenden Getränken, verantwortet werden. Im Einvernehmen mit dem Reichsgesundheitsamte halte ich es daher für geboten, auf eine mögliche Gesundheitsgefährdung, die der Ersatz des Weingeistes in Arzneimitteln durch den im Preise niedrigeren, sonst aber durch keinen Vorzug ausgezeichneten Isopropylalkohol zur Folge haben kann, aufmerksam zu machen und der dortigen Erwägung anheimzustellen, die beteiligten Kreise in geeignet erscheinender Weise vor der allgemeinen Verwendung dieses Alkohols zu warnen.

b. Preuß. Min.Erl. vom 10. März 1926:

Auf das Schreiben vom 23. Januar 1926, betr. die Verwendung von Propylalkohol zu Heilzwecken, erwidere ich, daß nach dem Deutschen Arzneibuch nur Äthylalkohol (Spiritus, Weingeist) für Tinkturen oder andere mit Weingeist herzustellende Präparate verwendet werden darf. Arzneimittel, die abweichend von den Vorschriften des Deutschen Arzneibuches hergestellt sind, und die daher diesen Vorschriften nicht entsprechen, sowie Waren geringerer Güte dürfen von den Apotheken nicht geführt werden. Auch solche Tinkturen und mit Weingeist (Äthylalkohol) herzustellende Präparate, für die im Deutschen Arzneibuch keine Vorschriften enthalten sind, würden in den Apotheken zu beanstanden sein, wenn bei ihrer Zubereitung an Stelle von Weingeist Propylalkohol verwendet worden ist. Zudem wird bei der Bemessung der Preise der Arzneimittel in der Deutschen Arzneitaxe vorausgesetzt, daß die in Betracht kommenden Arzneimittel ordnungsgemäß mit Weingeist angefertigt werden.

In Drogenhandlungen und ähnlichen Verkaufsstellen, in denen Arzneimittel außerhalb der Apotheken feilgehalten werden, müssen die Arzneimittel nach den geltenden einschlägigen Polizeiverordnungen „echt" sein. Als „echt" können aber mit Propylalkohol hergestellte Arzneimittel nicht angesehen werden. Selbst wenn im Kleinhandel der Käufer der Ware auf den Ersatz des Weingeistes durch Propylalkohol in irgendeiner Weise aufmerksam gemacht werden sollte, würde er als Laie sich kein Urteil bilden können. Ich vermag daher vor dem Ersatz des Weingeistes bei der Herstellung von Arzneimitteln durch Propylalkohol (auch Isopropylalkohol) nur dringend zu warnen, zumal da die Wirkung des Propylalkohols sowie auch die des Isopropylalkohols auf den menschlichen Körper noch nicht genau bekannt ist. Ein Unterschied zwischen innerlich und äußerlich anzuwendenden Spirituspräparaten ist hierbei nicht zu machen. Falls Propylalkohol zu den in Rede stehenden Zwecken verwendet werden sollte, würde dagegen eingeschritten werden.

1. auf Formaldehydlösungen und auf Formaldehydzubereitungen, deren Gehalt an Methylalkohol auf die Verwendung von Formaldehydlösungen zurückzuführen ist,

2. auf Zubereitungen, in denen technisch nicht vermeidbare geringe Mengen von Methylalkohol sich aus darin enthaltenen Methylverbindungen gebildet haben oder durch andere mit der Herstellung verbundene natürliche Vorgänge entstanden sind.

Als Methylalkohol im Sinne dieser Vorschrift gilt auch Holzgeist[1]).

### Strafvorschriften[2]).

§ 120. Die Bestrafung wegen Hinterziehung tritt ein, ohne daß der Vorsatz der Hinterziehung festgestellt zu werden braucht:

8. Wenn von der Reichsmonopolverwaltung abgegebener Branntwein der Vorschrift im § 87 Abs. 2 zuwider verwendet wird.

9. Wenn aus vergälltem Branntwein das Vergällungsmittel ganz oder teilweise ausgeschieden oder dem vergällten Branntweine Stoffe beigefügt werden, durch die die Wirkung des Vergällungsmittels in bezug auf Geschmack, Geruch oder Aussehen vermindert wird, oder wenn derartig behandelter Branntwein feilgehalten oder verkauft wird[3]).

## Ausführungsbestimmungen zum Gesetz über das Branntweinmonopol vom 8. April 1922.

V. des Reichsmin. der Finanzen vom 12. September 1922 und 29. Juni 1925.

## C. Branntweinverwertungsordnung.

## Drittes Buch. Verwendung von Branntwein.

### 1. Abschnitt. Allgemeine Bestimmungen.

§ 78. Von der Reichsmonopolverwaltung abgegebener Branntwein, der zu anderen als den im § 79 angegebenen Zwecken verwendet wird, sowie Branntwein, aus dem Monopolerzeugnisse (§ 83 des Ges.) hergestellt werden, unterliegt dem regelmäßigen Verkaufspreis.

§ 79. (1) Zu ermäßigten Verkaufspreisen nach § 92 Abs. 1 des Gesetzes darf Branntwein nur abgegeben werden, wenn er vergällt wird. Der zur Bereitung von Speiseessig verwendete Branntwein unterliegt dem Essigbranntweinpreise, der zu den übrigen im § 92 Abs. 1 genannten Zwecken verwendete Branntwein dem allgemeinen ermäßigten Verkaufspreis.

(2) Zum ermäßigten Verkaufspreise nach § 92 Abs. 2 des Gesetzes (besonderer ermäßigter Verkaufspreis) darf Branntwein abgegeben werden, wenn er unter Beachtung der Bestimmungen im § 115ff. zu den dort angegebenen Zwecken verwendet wird.

---

[1]) Ein Verfahren für den Nachweis von Holzgeist in branntweinhaltigen Arzneimitteln war in einem preuß. Min.Erl. vom 20. Juni 1905 angegeben. An dessen Stelle sind jetzt die Anweisungen getreten, die das Deutsche Arzneibuch, 6. Ausgabe, in den Allgemeinen Bestimmungen Ziffer 33 enthält.

[2]) Für die von Angestellten verwirkten Geldstrafen und Kosten haften laut § 145 die Betriebsinhaber, es sei denn, daß sie ihre Schuldlosigkeit nachweisen können.

[3]) Die Vorschrift wird in § 80 der Ausführungsbestimmungen (s. S. 144) wiederholt. Nach einem Urteil des R.G. vom 2. Dezember 1926 (Ph.Ztg. 1926 Nr. 98) gilt § 120 Nr. 9 des Gesetzes nicht nur für den sog. vergällten Branntwein, sondern auch für den zur Herstellung von Heil- und Riechmitteln bestimmten Branntwein, der nur zu Genußzwecken unbrauchbar gemacht ist.

§ 80. Es ist verboten,

a. aus vergälltem oder zu Genußzwecken unbrauchbar gemachtem Branntwein oder aus den daraus hergestellten Erzeugnissen das **Vergällungsmittel** (§ 88) oder den Zusatzstoff (§ 117) ganz oder teilweise **auszuscheiden**, oder dem vergällten oder zu Genußzwecken unbrauchbar gemachten Branntwein oder den daraus hergestellten Erzeugnissen Stoffe beizufügen, die die Wirksamkeit des Vergällungsmittels oder des Zusatzstoffs in bezug auf Geschmack, Geruch oder Aussehen vermindern, oder einen in dieser Weise veränderten Branntwein zu verkaufen oder feilzuhalten[1]),

b. Mittel oder Einrichtungen anzubieten, anzupreisen und zu verkaufen, die nach dem Angebot oder der Anpreisung dazu bestimmt sind, die Wirkung der Vergällungsmittel oder Zusatzstoffe zu beseitigen oder abzuschwächen.

## 2. Abschnitt. Branntwein zum allgemeinen ermäßigten Verkaufspreis.

§ 83. Branntwein, der zum **allgemeinen ermäßigten Verkaufspreis** abgegeben ist, darf verwendet werden

a. zu Putz-, Heizungs-, Koch- und Beleuchtungszwecken,

b. zu gewerblichen Zwecken[2]).

§ 84. Als Verwendung zu Putzzwecken (§ 83 unter a) ist auch anzusehen die Verwendung zu Reinigungs-, Wasch- und Desinfektionszwecken.

§ 85. (1) Als Verwendung zu gewerblichen Zwecken (§ 83 unter b) ist auch anzusehen,

a. die Verwendung zu chemischen Untersuchungen aller Art, zum Ansetzen von Chemikalien, Lösungen usw., soweit dabei nicht eine Entgällung eintritt,

b. die Verwendung zur Herstellung von **Heilmitteln, die in fertigem Zustand Branntwein, Essigester oder Ameisenester nicht mehr enthalten.**

---

[1]) Hierzu besagt eine Bk. des Reichsmonopolamtes für Branntwein vom 19. Februar 1925:

Nach § 80 der Branntweinverwertungsordnung ist es verboten, die **Zusatzstoffe** zum Branntwein ganz oder teilweise wieder abzuscheiden. Dieses Verbot trifft auch für alle diejenigen Fälle zu, in denen durch das Herstellungsverfahren eine unbeabsichtigte Abscheidung des Zusatzstoffes stattfindet, wie beispielsweise bei der Fertigstellung der Erzeugnisse durch Destillation oder bei einer durch die Herstellungsvorschrift notwendigen Herabsetzung des Branntweins mit Wasser.

[2]) Über die Verwendung von **Brennspiritus zu Heilzwecken** erging ein preuß. Min.Erl. vom 10. November 1923:

Nach einer Mitteilung des Herrn Reichsministers des Innern sollen Ärzte und Tierärzte vielfach Brennspiritus zu Heilzwecken verordnen, obwohl dies nach den bestehenden Bestimmungen nicht zulässig ist.

Nach § 83 der Verordnung des Herrn Reichsministers der Finanzen vom 12. September 1922, betr. Ausführungsbestimmungen zum Gesetz über das Branntweinmonopol vom 8. April 1922 darf Branntwein, der zum allgemein ermäßigten Verkaufspreis abgegeben ist — hierzu gehört der Brennspiritus —, nur verwendet werden:

a. zu Putz-, Heizungs-, Koch- und Beleuchtungszwecken (zu Putzzwecken gehören auch Reinigungs-, Wasch- und Desinfektionszwecke),

b. zu gewerblichen Zwecken (hierzu gehört auch die Verwendung zur Herstellung von solchen Heilmitteln, die im fertigen Zustande Branntwein, Essigester oder Ameisensäureester nicht enthalten).

Mithin ist nach diesen Bestimmungen die Verwendung des zum allgemeinen ermäßigten Verkaufspreis abgegebenen Branntweins zu Heilzwecken weder für den Arzt noch für den Kranken zulässig.

(2) Zur Herstellung von nicht festen, zur Körperreinigung und -pflege bestimmten und geeigneten Seifen darf zum allgemeinen ermäßigten Verkaufspreis abgegebener Branntwein nur verwendet werden, wenn die Seife in Kleinverkaufspackungen mit einem Einzelgewichte von nicht mehr als 200 g in den Verkehr gebracht wird. Das Landesfinanzamt trifft erforderlichenfalls im Einvernehmen mit dem Reichsmonopolamt die näheren Bestimmungen über die Überwachung des Verpackungszwanges.

§ 86. Unzulässig ist die Verwendung des zum allgemeinen ermäßigten Verkaufspreise abgegebenen Branntweins zur Herstellung von

a. Nahrungs- und Genußmitteln einschließlich des Speiseessigs und solcher weingeisthaltiger Erzeugnisse, die zum menschlichen Genuß dienen können,
b. Erzeugnissen, die als Ersatz für Branntwein genossen werden können (insbesondere Estern, soweit für Ester nicht im § 110 Ausnahmen zugelassen sind),
c. Heilmitteln, die in fertigem Zustand Branntwein, Essigester oder Ameisenester enthalten;
d. Riech- und Schönheitsmitteln aller Art.

§ 89. (1) Die Verwendung des vollständig vergällten Branntweins unterliegt in der Regel keiner besonderen amtlichen Überwachung.

§ 90. Auf den Handel mit vollständig vergälltem Branntwein findet § 33 der Gewerbeordnung[1]) keine Anwendung.

§ 91. Wer mit vollständig vergälltem Branntwein handeln will, hat dies vor Eröffnung des Handels der Zollstelle und der nach den gewerbepolizeilichen Bestimmungen zuständigen örtlichen Behörde unter Bezeichnung der Verkaufsstelle anzumelden. Der Zollstelle ist die Bestätigung der örtlichen Behörde über die bei dieser eingereichte Anmeldung vorzulegen. Die Zollstelle trägt die Anmeldung in ein Verzeichnis ein und erteilt über die Anmeldung eine Bescheinigung, ohne die mit dem Handel nicht begonnen werden darf. Die Bescheinigung ist in der Verkaufsstelle aufzubewahren und den Beamten auf Verlangen vorzuzeigen. Liegen Tatsachen vor, welche die Unzuverlässigkeit des Gewerbetreibenden in Beziehung auf den Handel mit vergälltem Branntwein wahrscheinlich machen, so hat die Zollstelle vor Erteilung der Bescheinigung an das Hauptzollamt zu berichten.

§ 92. (1) Vollständig vergällter Branntwein darf im Kleinhandel nur in den von der Reichsmonopolverwaltung gelieferten und zugelassenen Behältnissen (Monopolbehältnisse) von 50, 20, 10, 5 und 1 L Raumgehalt feilgehalten werden, die mit einer Angabe der Weingeiststärke und mit einem besonderen Verschlusse versehen sind. Bei Abgabe im Kleinhandel darf der auf den Monopolbehältnissen aufgedruckte Verkaufspreis nicht überschritten werden. Eine Änderung des aufgedruckten Verkaufspreises auf den Monopolbehältnissen durch den Kleinhändler ist unzulässig.

(2) Das Hauptzollamt kann im Falle des Bedürfnisses für einzelne Händler zulassen, daß der Branntwein in Mengen von weniger als einem Liter in beliebigen, mit dem vorgeschriebenen Monopolverschlusse nicht versehenen Behältnissen abgeben wird, sofern folgende Bedingungen eingehalten werden: Der Branntwein muß in dem Verkaufsraum unter den Augen des Käufers in das für diesen bestimmte Behältnis aus einem vorschrifts-

[1]) Auszug aus § 33 der Gewerbeordnung: „Wer Gastwirtschaft, Schankwirtschaft oder Kleinhandel mit Branntwein oder Spiritus betreiben will, bedarf dazu der Erlaubnis."
Vgl. hierzu auch S. 160.

mäßig bezeichneten und verschlossenen Monopolbehältnisse von einem Liter Raumgehalt abgefüllt werden. Es darf nur ein angebrochenes Behältnis vorhanden sein. Aus Behältnissen von mehr als einem Liter Raumgehalt darf nicht abgefüllt werden. Im übrigen darf in dem Verkaufsraum und in den mit diesem in unmittelbarer Verbindung stehenden Räumen vollständig vergällter Branntwein nur in vorschriftsmäßig bezeichneten und verschlossenen Behältnissen aufbewahrt werden.

(3) Im Falle des Bedürfnisses kann der Reichsminister der Finanzen die Abgabe von vollständig vergälltem Branntwein im Kleinhandel abweichend von den vorstehenden Bestimmungen regeln.

§ 93. (1) In den Verkaufsräumen ist an einer in die Augen fallenden Stelle und in Druckschrift mit mindestens $^1/_2$ cm großen Buchstaben eine Bekanntmachung folgenden Inhalts auszuhängen:

1. Vollständig vergällter Branntwein darf im Kleinhandel nur in Monopolbehältnissen von 50, 20, 10, 5 und 1 L Raumgehalt feilgehalten werden, die nach Vorschrift verschlossen und mit einer Angabe der Weingeiststärke versehen sind.
2. Der auf den Monopolbehältnissen aufgedruckte Verkaufspreis darf weder überschritten, noch vom Kleinhändler abgeändert werden.
3. Es ist verboten, aus vergälltem Branntwein das Vergällungsmittel ganz oder teilweise auszuscheiden oder dem vergällten Branntwein Wasser oder sonstige Stoffe beizufügen, durch die der Weingeistgehalt oder die Wirksamkeit des Vergällungsmittels in Beziehung auf Geschmack, Geruch oder Aussehen vermindert wird, oder einen in dieser Weise veränderten Branntwein zu verkaufen oder feilzuhalten.
4. Zuwiderhandlungen gegen die vorstehenden Bestimmungen unterliegen den Strafvorschriften des Gesetzes über das Branntweinmonopol.

(2) Im Falle des § 92 Abs. 2 und 3 kann die Fassung des Aushanges entsprechend ergänzt oder geändert werden.

§ 94. (1) Das Hauptzollamt kann die Erteilung der Bescheinigung (§ 91) ablehnen oder die Fortsetzung des Handels mit vergälltem Branntwein untersagen, wenn Tatsachen vorliegen, die die Unzuverlässigkeit des Gewerbetreibenden wahrscheinlich machen. Die Entscheidung ist der Ortspolizeibehöde mitzuteilen.

§ 95. (1) Das Reichsmonopolamt bestimmt, mit welchen Mitteln und Wegen Branntwein unvollständig vergällt (§ 87 Abs. 3 des Ges.) und zu welchen Zwecken dieser Branntwein verwendet werden darf. Es kann ferner anordnen, daß der Branntwein nur von bestimmten Gewerbegruppen oder Personen verwendet werden darf.

(3) Die vom Reichsmonopolamt vorgeschriebenen Zusatzmengen stellen Mindestmengen dar.

§ 96. (1) Wer Branntwein unvollständig vergällen will, hat beim Hauptzollamt die Genehmigung hierzu schriftlich zu beantragen und dabei das Vergällungsmittel, den Verwendungszweck unter Bezeichnung der herzustellenden Erzeugnisse, die Art und Weise der Verwendung und den Ort der Lagerung des vergällten Branntweins anzugeben.

### 4. Abschnitt. Branntwein zum besonderen ermäßigten Verkaufspreis.

§ 115. Branntwein, der zum besonderen ermäßigten Verkaufspreis abgegeben ist, darf verwendet werden zur Herstellung von

a. Heilmitteln[1]) (§ 121),
b. Riech- und Schönheitsmitteln (§ 122),
c. Essenzen für alkoholfreie Getränke, Backzwecke und Zuckerwaren (§§ 123 bis 126).

§ 116. (1) Zur Herstellung der im § 115 unter b und c bezeichneten Waren darf Branntwein zum besonderen ermäßigten Verkaufspreis abgegeben werden, wenn er entweder zu Genußzwecken unbrauchbar gemacht (§ 117) oder unter ständiger amtlicher Überwachung verarbeitet wird (§ 118).

Zur Herstellung von Heilmitteln (§ 115 unter a) darf solcher Branntwein nur abgegeben werden, wenn er zu Genußzwecken unbrauchbar gemacht wird.

(2) Der Reichsminister der Finanzen kann anordnen, daß auch zur Herstellung von Erzeugnissen der im § 115 unter b und c bezeichneten Art, aus denen ohne besondere Schwierigkeiten durch Abtrieb reiner Branntwein erhalten werden kann, oder die ihrer Zusammensetzung nach als Ersatz für Trinkbranntwein oder als Zusatz bei der Herstellung von Trinkbranntwein Verwendung finden können, Branntwein zum besonderen ermäßigten Verkaufspreise nur abgegeben werden darf, wenn er zu Genußzwecken unbrauchbar gemacht wird[2]).

§ 117. (1) Das Reichsmonopolamt bestimmt, mit welchen Zusatzstoffen und Mengen der Branntwein zu Genußzwecken unbrauchbar zu machen ist und zu welchen der in § 115 angegebenen Zwecke dieser Branntwein verwendet werden darf.

---

[1]) Es sind somit zu unterscheiden:
a. der regelmäßige Verkaufspreis für alle Zwecke;
b. der allgemein ermäßigte Verkaufspreis für Heilmittel, die in fertigem Zustand Branntwein, Essigester oder Ameisenester nicht mehr enthalten;
c. der besondere ermäßigte Verkaufspreis für Heilmittel, die in fertigem Zustande Branntwein, Essigester oder Ameisenester enthalten. Der Branntwein zu b muß (vollständig oder unvollständig) vergällt, der zu c zu Genußzwecken unbrauchbar gemacht sein.
Eine Vf. der Reichsmonopolverwaltung vom 8. August 1927 besagt hierzu:
Für weingeisthaltige Heilmittel, die durch Abtrieb gewonnen werden, oder bei denen im Laufe des Herstellungsverfahrens Branntwein wiedergewonnen wird, wird Branntwein zum besonderen ermäßigten Verkaufspreise nicht mehr abgegeben. Es kommt für solche Erzeugnisse, wie beispielsweise einige weingeisthaltige aromatische Wässer, Spiritusse, Fluidextrakte usw. nur mehr Branntwein zum regelmäßigen Verkaufspreise in Betracht. Fingerhuttinktur — Tinctura Digitalis — ist künftig ebenfalls nur aus Branntwein zum regelmäßigen Verkaufspreise herzustellen.

[2]) Auf Grund dieser Bestimmung ergingen folgende Erlasse betr. Verwendung von Branntwein zur Herstellung von Franzbranntwein:
a. V. des Reichsmin. der Finanzen vom 20. Oktober 1924:
Zur Herstellung von Franzbranntwein und diesem in der Zusammensetzung ähnlichen Erzeugnissen darf Branntwein zum besonderen ermäßigten Verkaufspreise nicht abgegeben werden, wenn er unter ständiger amtlicher Überwachung (§ 118 der Branntweinverwertungsordnung) verarbeitet wird.
b. Bk. des Reichsmonopolamts für Branntwein vom 1. November 1924:
Auf Grund der Verordnung des Herrn Reichsministers der Finanzen vom 20. Oktober 1924 über die Verwendung von Branntwein zum besonderen ermäßigten Verkaufspreis zur Herstellung von Franzbranntwein wird Branntwein zu diesem Preise zur Herstellung von Franzbranntwein und diesem in der Zusammensetzung ähnlichen Erzeugnissen nur noch abgegeben, wenn der Branntwein zu Genußzwecken unbrauchbar gemacht wird. Als Zusatzstoffe kommen nur 1 kg Kampfer oder 0,5 kg Thymol auf je 100 l Weingeist in Betracht.

(2) Das Erfordernis der Unbrauchbarmachung zu Genußzwecken gilt auch als erfüllt, wenn nicht der Branntwein, sondern das daraus unter ständiger amtlicher Überwachung hergestellte Erzeugnis genußunbrauchbar gemacht wird.

(3) Im übrigen sind die Bestimmungen in den §§ 95 Abs. 2 und 3, 97 bis 109 sinngemäß anzuwenden[1]). Außerdem darf nach näherer Bestimmung des Reichsmonopolamts zu Genußzwecken unbrauchbar gemachter Branntwein von Apotheken an Ärzte, Tierärzte, Zahnärzte, Dentisten und Hebammen ohne Ankaufserlaubnisschein, sowie an Kranke gegen ärztliche Verordnung abgegeben werden[2]).

§ 119. (1) Wer Branntwein zur Herstellung von Heilmitteln, Riech- und Schönheitsmitteln oder Essenzen für alkoholfreie Getränke, Backzwecke und Zuckerwaren zum besonderen ermäßigten Verkaufspreise beziehen will, hat beim Hauptzollamt die Genehmigung hierzu schriftlich zu beantragen. Der Antrag ist in doppelter Ausfertigung einzureichen und muß enthalten:

1. die genaue Bezeichnung des Betriebes, in dem der Branntwein verwendet werden soll (Name oder Firma und Sitz des Betriebes, Name des verantwortlichen Betriebsleiters),
2. den Verwendungszweck des Branntweins unter genauer Bezeichnung der herzustellenden Erzeugnisse,
3. nähere Angaben über die Art und Weise der Herstellung der Erzeugnisse und über ihre Zusammensetzung, soweit diese Angaben für die amtliche Überwachung von Wichtigkeit sind,
4. eine Erklärung, ob der Branntwein unter ständiger amtlicher Überwachung verarbeitet oder zu Genußzwecken unbrauchbar gemacht werden soll; im letzteren Fall ist auch der Zusatzstoff anzugeben. Für Heilmittel kommt nur die letzte Angabe in Frage.
5. nähere Angaben, in welchen Räumen des Betriebes der Branntwein gelagert und verarbeitet wird und wo die fertigen Erzeugnisse lagern.

(2) Das Hauptzollamt hat zu prüfen, ob in dem Betrieb alle Einrichtungen getroffen sind, die die Einhaltung der vorgeschriebenen Bedingungen gewährleisten. Zu diesem Zwecke kann es weitere Aufschlüsse verlangen; insbesondere ist es auch berechtigt, Proben der herzustellenden Erzeugnisse in angemessenen Mengen zur Prüfung einzufordern. Die Proben sind vom Antragsteller unentgeltlich zu liefern.

---

[1]) Diese Bestimmungen beziehen sich auf unvollständig vergällten Branntwein und besagen u. a., daß die Vergällung bei der Zollstelle zu beantragen und in den Gewerberäumen des Antragstellers vorzunehmen ist, daß der unvollständig vergällte Branntwein nur zu dem genehmigten Zwecke verwendet und nur an dem angemeldeten Orte gelagert werden darf, daß über seine Verwendung vom Gewerbetreibenden ein Aufsichtsbuch zu führen ist und daß, wer unvollständig vergällten Branntwein beim Händler kaufen will, beim Hauptzollamt die Erteilung eines Ankaufserlaubnisscheins zu beantragen hat.

[2]) Satz 2 laut V. vom 16. Juli 1923. Hierzu besagt ferner eine Vf. des Reichsmonopolamtes für Branntwein am 19. Februar 1925:

Der zur Herstellung von Heilmitteln bezogene und ungenießbar gemachte Branntwein ist in wiederholten Fällen ohne weitere Verarbeitung an andere Firmen abgesetzt worden. So wurde ein mit 1 kg Kampfer auf je 100 l Weingeist ungenießbar gemachter Branntwein unter der Bezeichnung „Kampferspiritus" weiterverkauft, obwohl daraus erst „Kampferspiritus" hätte hergestellt werden sollen, der nach Vorschrift des Deutschen Arzneibuchs 5 in einem Branntwein von etwa 80 Raumhundertteilen etwa 10 vH Kampfer enthält. Gemäß § 117 Abs. 3 in Verbindung mit § 103 der Branntweinverwertungsordnung darf der ungenießbar gemachte Branntwein nur zu dem genehmigten Zweck, nur in der angemeldeten Art und Weise und nur von dem Antragsteller selbst verwendet werden.

(3) Sollen andere Erzeugnisse, als in dem ursprünglichen Antrag angegeben, hergestellt werden oder sollen die in dem ursprünglichen Antrag angegebenen Erzeugnisse eine andere Zusammensetzung erhalten, oder sind sonstige Veränderungen in der Verarbeitung des Branntweins beabsichtigt, so ist ein neuer Antrag einzureichen.

§ 120. (1) Über den Antrag (§ 119) wird vom Hauptzollamt ein schriftlicher Bescheid erteilt. Im Falle der Genehmigung ist der Bescheid doppelt auszufertigen.

(2) Aus der einen Ausfertigung der Genehmigung und der einen Ausfertigung des zugehörigen Antrages sowie aus dem sonstigen auf den Betrieb Bezug nehmenden Schriftwechsel mit der Zollbehörde ist ein Belegheft zu bilden, das dem Aufsichtsbuch (Muster 20) beizufügen ist.

(3) Die andere Ausfertigung der Genehmigung ist bei der erstmaligen Bestellung von Branntwein der Verwertungsstelle der Reichsmonopolverwaltung vorzulegen. Für die Bestellung von kleinen Mengen kann das Reichsmonopolamt besondere Anordnungen treffen.

§ 121. (1) Welche Erzeugnisse als Heilmittel im Sinne des § 92 Abs. 2 des Gesetzes anzusehen sind, entscheidet in Zweifelsfällen das Reichsmonopolamt nach Anhörung des Reichsgesundheitsamts.

(2) Geheimmittel dürfen aus dem zum besonderen ermäßigten Verkaufspreis abgegebenen Branntwein nicht hergestellt werden. Welche Erzeugnisse als Geheimmittel anzusehen sind, ist nach den Bestimmungen der Anleitung für die Zollabfertigung unter Teil III Nr. 105 zu beurteilen. Abs. 1 findet Anwendung[1]).

---

[1]) Die Fassung betr. Geheimmittel beruht auf V. vom 1. März 1927. Die Geheimmitteldefinition der Anleitung für die Zollabfertigung lautet:

(1) Für die Zollbehandlung als Geheimmittel im Sinne der Nr. 389 des Zolltarifs kommen solche zur Verhütung oder Heilung von Krankheiten, Leiden oder Körperschäden aller Art bei Menschen oder Tieren bestimmten Stoffe oder Zubereitungen in Frage, hinsichtlich deren die Annahme begründet erscheint, daß sie gesundheitsschädlich wirken (insbesondere auch dadurch, daß sie von dem Gebrauche geeigneter Heilmittel oder ärztlicher Hilfe abhalten), oder daß sie zur Ausbeutung oder zur Irreführung durch die Art ihrer Ankündigung oder Anpreisung dienen. In Betracht kommen hauptsächlich folgende Zubereitungen: Abkochungen und Aufgüsse, Asthmazigaretten, Ätzstifte, Auszüge in fester oder flüssiger Form, Cakes, Destillate, trockene Gemenge von Salzen oder zerkleinerten Substanzen oder von beiden untereinander, Verreibungen, flüssige Gemische und Lösungen einschließlich der gemischten Balsame, Honigpräparate und Sirupe, gefüllte Kapseln von Gelatine oder Stärkemehl, Latwergen, Linimente, Pastillen (auch Bonbons, Plätzchen und Zeltchen), Tabletten, Pillen und Körner, Pflaster und Salben, Suppositorien (Kugeln, Stäbchen, Zäpfchen od. dgl.) und Wundstäbchen.

(2) Umstände, nach denen die eine oder andere Annahme (Abs. 1) begründet erscheint, sind insbesondere darin zu erblicken, daß die Stoffe oder die Bestandteile der Zubereitungen und deren Mengenverhältnisse für jedermann geheimgehalten werden, daß die Bestandteile der Zubereitungen nach Art und Menge nicht bekannt sind oder nicht ohne weiteres feststehen, daß die Verbraucher über wesentliche Eigenschaften des Mittels im dunkeln gehalten werden, daß die Verbraucher durch Angabe über Herkunft, Ursprung oder Herstellungsweise des Mittels in den irrtümlichen Glauben an eine im besonderen Maße wirksame geheimnisvolle Heilkraft versetzt werden, oder daß beim Vertrieb des Mittels täuschende Angaben über die Heilkraft gemacht werden, daß erfahrungsgemäß die Zusammensetzung der Zubereitungen willkürlich gewechselt wird, daß von einer Heilwirkung bei den Stoffen oder Zubereitungen überhaupt nicht oder doch nicht gegenüber den in den Ankündigungen oder Anpreisungen angegebenen Krankheiten die Rede sein kann, daß der Preis im Verhältnisse zu den Herstellungskosten außergewöhnlich hoch ist.

(3) Heilmittel, die im Deutschen Arzneibuch aufgeführt sind, dürfen aus dem zum besonderen ermäßigten Verkaufspreis abgegebenen Branntwein unbeschadet der Bestimmung im § 117 Abs. 1 nur in der in diesem Arzneibuch angegebenen Zusammensetzung hergestellt werden. Das Reichsmonopolamt kann Ausnahmen zulassen.

§ 122. Als Riech- und Schönheitsmittel im Sinne des § 92 Abs. 2 des Gesetzes sind insbesondere anzusehen:

1. Die eigentlichen Riechmittel (Parfümerien),
2. kosmetische Mittel, z. B. Haarfärbemittel sowie Haut- und andere Verschönerungsmittel,
3. Kopf-, Mund- und Zahnwässer,
4. wohlriechende oder zur Verbreitung von Wohlgeruch dienende Auszüge (Essenzen, Extrakte, Tinkturen) und Wässer,
5. wohlriechender Essig.

In Zweifelsfällen entscheidet das Reichsmonopolamt.

## 5. Abschnitt. Branntwein zum regelmäßigen Verkaufspreis.

### 1. Verwendung.

§ 127. (1) Der zum regelmäßigen Verkaufspreis bezogene Branntwein darf zu beliebigen Zwecken verwendet werden, soweit nicht die Reichsmonopolverwaltung bei der Abgabe des Branntweins auf Grund des § 87 Abs. 2 des Gesetzes nur die Verwendung zu bestimmten Zwecken zugelassen hat.

(2) Branntwein, der dem Branntweinaufschlag oder dem regelmäßigen Monopolausgleich unterlegen hat, darf zu beliebigen Zwecken verwendet werden.

### 2. Überwachung des Verkehrs.

§ 127a. (1) Wer Branntwein herstellen, aufkaufen, lagern, vertreiben, bearbeiten oder weiterverarbeiten will, hat spätestens vierzehn Tage vor

---

Der Umstand, daß Zubereitungen stark wirkende Stoffe in nicht unbedeutender Menge enthalten, begründet für sich allein noch nicht die Verzollung als Geheimmittel.

(3) Als Geheimmittel sind nicht anzusehen solche Zubereitungen, welche

1. in das Arzneibuch für das Deutsche Reich aufgenommen sind und unter der dort angewandten Bezeichnung angeboten werden,
2. in der medizinischen Wissenschaft und Praxis als Heilmittel allgemeine Anerkennung gefunden haben,
3. lediglich als Desinfektionsmittel, kosmetische Mittel (Mittel zur Reinigung, Pflege oder Färbung der Haut, des Haares oder der Mundhöhle), Nahrungs- und Genußmittel oder Kräftigungsmittel angeboten werden.

(4) Als Geheimmittel sind insbesondere zollpflichtig die in dem am Schlusse abgedruckten Verzeichnis aufgeführten Stoffe und Zubereitungen. Das Verzeichnis enthält aber keineswegs alle zur Zeit im Verkehr befindlichen Geheimmittel, deren erschöpfende Aufzählung nicht tunlich ist. Außer den darin aufgeführten gibt es noch zahlreiche andere Geheimmittel, die überwiegend teils nur eine örtliche Bedeutung haben, teils verhältnismäßig selten im Gebrauche vorkommen. Auch kommen die im Verzeichnis aufgeführten Mittel bei im wesentlichen gleicher Zusammensetzung unter anderer Bezeichnung vor, wodurch ihre Zollbehandlung als Geheimmittel jedoch nicht ausgeschlossen wird.

(5) In allen Zweifelsfällen sind Sachverständige (Ärzte, Tierärzte oder Apotheker) zu befragen, ob die zur Abfertigung vorgeführten Stoffe oder Zubereitungen nach vorstehenden Gesichtspunkten als Geheimmittel anzusehen sind oder nicht.

Es folgt ein „Verzeichnis der wichtigeren Geheimmittel".

Beginn des Betriebs[1]) der zuständigen Stelle eine Anmeldung in doppelter Ausfertigung zu übergeben, die zu enthalten hat:

a. die genaue Bezeichnung des Betriebes, in dem der Branntwein hergestellt, gelagert, vertrieben, bearbeitet oder weiterverarbeitet oder für den er aufgekauft werden soll (Name oder Firma und Sitz des Betriebes, Name des verantwortlichen Betriebsleiters),

b. den Verwendungszweck des Branntweins unter näherer Bezeichnung der herzustellenden Erzeugnisse und der Weingeiststärke dieser Erzeugnisse,

c. nähere Angaben, in welchen Räumen des Betriebes der Branntwein hergestellt, gelagert und verarbeitet wird. Soweit diese Räume schon als Brennereiräume oder als Branntwein-Eigenlager angemeldet sind, genügt eine Bezugnahme auf diese Anmeldung.

(4) ... Die erste Ausfertigung bleibt bei der Zollstelle als Beleg zu dem Verzeichnis zurück, die zweite Ausfertigung ist dem Betriebsinhaber zurückzugeben und von diesem in einem Belegheft in den Betriebsräumen nach näherer Bestimmung des Aufsichtsoberbeamten aufzubewahren.

(6) Unter Branntwein im Sinne der §§ 127a bis 127h ist zu verstehen:

a. von der Reichsmonopolverwaltung zum regelmäßigen Verkaufspreise bezogener Branntwein.

§ 127b. Jede Änderung in den angemeldeten Betriebsverhältnissen, auch die Aufgabe des Betriebs, ist der Zollstelle binnen einer Woche nach Eintritt der Änderung anzuzeigen.

§ 127c. (1) Der Branntwein darf nur in den hierfür angemeldeten Räumen gelagert und weiterverarbeitet werden. Als Lager können statt abgesonderter Räume auch Teile von Räumen, die durch Tafeln mit entsprechender Aufschrift kenntlich gemacht sind, zugelassen werden.

(2) Der Branntwein ist getrennt nach der Warengattung und nach der Größe der Gefäße übersichtlich zu lagern, so daß die Aufsichtsbeamten jederzeit imstande sind, die Bestände festzustellen. Gefäße von über 25 Liter Fassungsvermögen sind mit der Angabe des Raumgehalts zu versehen. Andere Waren dürfen nur mit Genehmigung des Aufsichtsoberbeamten in die Lagerräume aufgenommen werden.

(3) Der Aufsichtsoberbeamte kann Erleichterungen zulassen.

§ 127d. (1) Die im § 127a genannten Betriebe, Unternehmen oder Personen haben über den Zugang und Abgang an Branntwein ein Branntweinvertriebsbuch nach Muster 26b zu führen.

(2) In dem Vertriebsbuch ist noch am gleichen Tage jeder Zugang in dem Betriebe anzuschreiben und jede im eigenen Betriebe verarbeitete oder unverarbeitet aus dem Betriebe abgegebene Menge, letztere mit Ausnahme der Kleinmengen (§ 217e Abs. 3) unter Angabe des Empfängers, abzuschreiben. Das Vertriebsbuch ist für das Betriebsjahr zu führen und fortlaufend aufzurechnen. Es ist vom Betriebsinhaber am Schlusse des Betriebsjahres abzuschließen. Dabei ist durch Absetzen des Abgangs vom

[1]) Hierzu besagt eine V. des Reichsmin. der Finanzen vom 29. Juni 1925:

Die am 1. August 1925 vorhandenen Betriebe, Unternehmen oder Personen der im § 127a Abs. 1 der Branntwein-Verwertungsordnung bezeichneten Art haben spätestens am 8. August 1925 die nach § 127a Abs. 1 a. a. O. vorgeschriebene Anmeldung der zuständigen Zollstelle zu übergeben und die vorhandenen Bestände an Branntwein (§ 127a Abs. 6 der Branntwein-Verwertungsordnung) nach dem Stande vom 8. August 1925 in das Branntweinvertriebsbuch als Zugang einzutragen.

Das Branntweinvertriebsbuch ist erstmals für die Zeit vom 8. August 1925 bis 30. September 1926 zu führen.

Zugang der Sollbestand zu bilden und dieser in das neue Buch zu übertragen. Das alte Buch ist noch weitere drei Monate im Betriebe auszulegen und sodann der Zollstelle einzureichen.

§ 127e. (1) Wird Branntwein unverarbeitet abgegeben, so ist der Branntwein spätestens am Tage der Abgabe bei der für den abgebenden Betrieb zuständigen Zollstelle in einem doppelt anzufertigenden Vordruck nach Muster 26c anzumelden. Vor der Abgabe des Branntweins hat sich der Anmelder davon zu überzeugen, daß der Empfänger nach den Bestimmungen des § 127a bei seiner Zollstelle angemeldet ist. Er hat sich zu diesem Zweck den zollamtlich ausgestellten Ausweis (§ 127a Abs. 5) vorlegen zu lassen. Die Nummer des Ausweises ist im Vertriebsbuch zu vermerken. Als unverarbeitet im Sinne dieser Bestimmung gelten auch noch nicht fertiggestellte Trinkbranntweine oder sonstige noch nicht fertige Brandweinerzeugnisse, insbesondere auch Rohbranntwein und Sprit, der lediglich durch Herabsetzen mit Wasser weiterverarbeitet ist. In Zweifelsfällen entscheidet die Reichsmonopolverwaltung.

(2) Die Zollstelle übersendet eine Ausfertigung der Anmeldung der für den Empfänger zuständigen Zollstelle, die wegen Prüfung der Anschreibung des Branntweins im Vertriebsbuch das Weitere veranlaßt. Die andere Ausfertigung gibt sie mit dem Abgabevermerk versehen dem Anmelder zurück, der sie dem Branntweinvertriebsbuch als Beleg beizufügen hat. Für Betriebe, in denen derartige Abgaben häufiger vorkommen, und für Abgaben innerhalb desselben Hebebezirks kann das Hauptzollamt Erleichterungen zulassen.

(3) Bei der Abgabe von unverarbeitetem Branntwein unmittelbar an Verbraucher bedarf es weder der Vorlage eines Ausweises (§ 127a Abs. 5) noch der Übersendung einer Anmeldung (Abs. 1). Bei Abgabe von nicht mehr als 10 Liter Weingeist kann auch die Eintragung des Namens und des Wohnorts des Empfängers im Vertriebsbuch unterbleiben; diese Kleinmengen können täglich in einer Summe abgeschrieben werden (Kleinverkauf[1]).

---

[1]) Über die Buchführung über Branntwein in Apotheken ergingen folgende Erlasse des Reichsmin. der Finanzen:

a. Vom 31. Juli 1925:

Nach § 127c Abs. 1 Satz 2 der Branntwein-Verwertungsordnung können statt abgesonderter Räume auch Teile von Räumen als Lager für den in Betracht kommenden Branntwein zugelassen werden. Es würde also auch nichts im Wege stehen, auch Teile der Offizin oder des Laboratoriums, z. B. das Regal oder den Schrank, wo der Branntwein aufgewahrt wird, als Lagerraum anzumelden. Die Genehmigung, auch andere Waren in die Lagerräume aufzunehmen, kann der Aufsichtsoberbeamte auf Grund der Bestimmung im § 127c Abs. 2 letzter Satz a. a. O. erteilen. Von dieser Ermächtigung und der Ermächtigung im Abs. 3 a. a. O., Erleichterungen zuzulassen, werden die Aufsichtsoberbeamten bei Apotheken, gegen deren Zuverlässigkeit Bedenken nicht bestehen, Gebrauch machen.

Was die Buchführung über den Branntwein anlangt, so dürfte die Anschreibung des Zugangs von Branntwein im Branntweinvertriebsbuch ohne Schwierigkeiten bewirkt werden können. Die Notierung jeder kleinsten Branntweinmenge bei der Rezeptur und der Herstellung branntweinhaltiger Apothekerwaren und die Aufrechnung der Einzelmengen für die Eintragung der Tagesmenge an verarbeitetem Branntwein in die Abteilung Abgang des Vertriebsbuchs (s. Nr. 3 der Anleitung zum Gebrauche des Branntweinvertriebsbuchs Muster 26b) ist allerdings schwer durchführbar. Ich habe daher nichts dagegen einzuwenden, daß der aus dem Hauptlagerraum zur Verarbeitung in die in der Offizin oder im Laboratorium befindlichen Standflaschen verbrachte Branntwein in seiner Gesamtheit als zur Verarbeitung im eigenen Betriebe entnommen vermerkt und am Tages-

§ 127f. (1) Die Bestände an Branntwein sind jährlich mindestens einmal amtlich festzustellen und mit dem abzuschließenden Vertriebsbuch zu vergleichen. Die Bestände können probeweise ermittelt werden. Der Zeitpunkt der Bestandsaufnahme ist im Benehmen mit dem Betriebsinhaber festzusetzen. Zu der Aufnahme ist der Betriebsinhaber zuzuziehen. In Verdachtsfällen können unvermutete Bestandsaufnahmen vorgenommen werden.

(2) Das Hauptzollamt kann anordnen, daß der Betriebsinhaber eine Bestandsanmeldung abzugeben hat; darin ist jedes Behältnis mit Zeichen und Nummer und mit der Litermenge des darin befindlichen Weingeists einzeln aufzuführen.

§ 127g. Über die Ausführung und das Ergebnis der Bestandsaufnahme ist eine Verhandlung aufzunehmen, die von den Aufnahmebeamten und dem zugezogenen Betriebsinhaber oder seinem Stellvertreter zu unterschreiben ist. Die Aufnahmebeamten haben in der Bestandsaufnahmeverhandlung den ermittelten Bestand sowie die Fehl- oder Mehrmenge ersichtlich zu machen und nach Anhörung des Betriebsinhabers sich über die Ursache der Fehl- oder Mehrmenge zu äußern. Die Verhandlung ist dem Hauptzollamt zur Entscheidung vorzulegen. Das Vertriebsbuch, dem die Bestandsaufnahmeverhandlung als Beleg beizufügen ist, ist nach der Bestandsaufnahme nötigenfalls durch Anschreibung der Mehrmenge oder Abschreibung der Fehlmenge zu berichtigen.

Muster 26 b  
(Vw. O. § 127 d)

Zollstelle ....

**Branntweinvertriebsbuch**

der Firma ...... in ......  
für das Betriebsjahr 19.../19...

Enthält ... Blätter, die mit einer  
angesiegelten Schnur durchzogen sind.

......, den ...... 19...

(Siegel) Unterschrift.

---

schlusse im Branntweinvertriebsbuch in Abgang gestellt wird. Diese Erleichterung setzt allerdings voraus, daß dieser Branntwein, der im eigenen Betriebe verarbeitet werden soll, nach der Entnahme aus dem Lager in besonderen entsprechend bezeichneten Gefäßen, getrennt von dem unverarbeitet abzugebenden Branntwein aufbewahrt wird. Die Abgabe unverarbeiteten Branntweins wird schon wegen des hohen Preises nicht so groß sein, daß die einzelnen Mengen nicht für jeden Tag buchmäßig festgehalten werden könnten. Die Einzelmengen von nicht mehr als 5 l Weingeist können überdies täglich in einer Summe ohne Angabe des Empfängers im Vertriebsbuch abgeschrieben werden (zu vgl. § 127e Abs. 3 der Branntwein-Verwertungsordnung).

b. Vom 9. Dezember 1926:

Aus Kreisen der Apotheker und Drogisten ist der Wunsch laut geworden, die Erleichterungen des § 127e Abs. 3 a. a. O. auch dann zuzulassen, wenn Weingeist in Mengen von nicht mehr als 5 l im Einzelfalle an Drogisten abgegeben wird. Ich habe keine Bedenken, daß Apotheker und Drogisten in diesem Falle als Verbraucher im Sinne des § 127e Abs. 3 a. a. O. behandelt werden. Von der Pflicht der Anmeldung nach § 127a und der Führung eines Branntweinvertriebsbuches nach § 127d a. a. O. sind Apotheker und Drogisten jedoch nur dann befreit, wenn sie weder selbst Branntwein herstellen noch Weingeist auch in größeren Mengen als 5 l im Einzelfall beziehen. Dagegen ist die Vergünstigung nicht davon abhängig gemacht, daß der Apotheker oder Drogist den Branntwein ausschließlich an Verbraucher zum unmittelbaren Genuß abgibt.

Inzwischen ist durch V. vom 27. August 1927 die Grenzmenge für Kleinverkauf von 5 auf 10 Liter erhöht worden (s. S. 152, § 127e Abs. 3).

## Anleitung zum Gebrauche.

1. Jede in den Betrieb oder in das Lager aufgenommene Branntweinmenge ist noch am Tage der Aufnahme unter einer besonderen Nummer (Spalte 1) in den Spalten 2 bis 8 unter Beachtung der Überschriften einzutragen.
2. Wird Branntwein unverarbeitet wieder aus dem Betrieb oder dem Lager entfernt, so ist er noch am gleichen Tage unter Ausfüllung der Spalten 9, 10, 12, 13, 14 unter Vorlage einer Anmeldung nach Muster 26c bei der Hebestelle in Abgang zu stellen. Bei der Abgabe von unverarbeitetem Branntwein unmittelbar an Verbraucher bedarf es der Ausfüllung der Spalte 13 nicht[1]); bei der Abgabe in Einzelmengen von nicht mehr als 10 Litern genügt in Spalte 12 die Angabe „Kleinverkauf".

**Linke Seite.**

| 1 | 2 | 3 | 4 | | 5 | | 6 | 7 | | 8 | |
|---|---|---|---|---|---|---|---|---|---|---|---|
| Zugang | | | | | | | | | | | |
| Lfd. Nr. | Tag der Eintragung (des Zugangs) | Der Branntwein ist bezogen | | | | | Der Branntwein | | | | |
| | | aus der Monopolstelle in | von der Firma | | je 1 W. zum Preise von | | stammt aus der eigenen Brennerei Art des Branntweins | ist nachgewiesen im Branntwein-Abnahmebuch | | enthält | |
| | | | Name | Sitz | RM | Pf. | | für das Viertel d. Betriebsjahres | unter Nr. | L W. | $^1/_{10}$ |
| | | | | | | | | | | | |

**Rechte Seite.**

| 9 | 10 | 11 | | 12 | | 13 | | 14 | | 15 | 16 |
|---|---|---|---|---|---|---|---|---|---|---|---|
| Abgang | | | | | | | | | | | Bemerkungen |
| Lfd. Nr. | Tag der Eintragung (des Abgangs) | Zur Verarbeitung im eigenen Betriebe | | Art des Abgangs zur Versendung oder Abgabe an | | Der Empfänger (Sp. 12) hat laut Ausweis den Betrieb angemeldet | | Abgegebene Weingeistmenge | | Gesamtabgang (Sp. 11+14) | |
| | | L W. | $^1/_{10}$ | Firma | Ort | bei der Zollstelle | unter Nr. | L W. | $^1/_{10}$ | | |
| | | | | | | | | | | | |

3. Die im Betriebe täglich verarbeiteten Weingeistmengen sind am Tagesschluß mittels einer Eintragung in Spalte 9, 10 und 11 in Abgang zu stellen.
4. Das Branntweinvertriebsbuch ist für das Betriebsjahr zu führen und fortlaufend aufzurechnen. Es ist vom Betriebsinhaber am Schlusse des Betriebsjahres (30. September) abzuschließen. Dabei ist die Summe der Spalte 15 von der Summe der Spalte 8 des neuen Vertriebsbuches vorzutragen. Das abgeschlossene Vertriebsbuch ist noch ein Vierteljahr im Betriebe auszulegen und sodann an die Zollstelle einzureichen.
5. Bei Bestandsaufnahmen innerhalb des Betriebsjahres ist das Vertriebsbuch zwar in An- und Abschreibung aufzurechnen, der Bestand aber nicht im Vertriebsbuche selbst, sondern in der aufzunehmenden Verhandlung in der unter Nr. 4 bezeichneten Weise zu berechnen.

[1]) In diesem Falle bedarf es gemäß § 127e Abs. 3 auch der Übersendung einer *Anmeldung* nach Muster 26c *nicht*.

## Technische Bestimmungen zu den Ausführungsbestimmungen zum Gesetz über das Branntweinmonopol.

Bk. des Reichsmonopolamts für Branntwein vom 26. Juni 1923.

### Vierter Teil.
### Vergällung und Genußunbrauchbarmachung von Branntwein.

#### § 24. Verzeichnis der Mittel zur unvollständigen Vergällung von Branntwein. (Vw.O. § 95 Abs. 1.)

I. Allgemeine Bestimmungen.

Dem zu vergällenden Branntwein sind die angegebenen Mengen der Vergällungsmittel auf je 100 Liter Weingeist zuzusetzen.

II. Art und Menge der Vergällungsmittel.

Für die unvollständige Vergällung von Branntwein werden zugelassen:

1. zu gewerblichen Zwecken aller Art mit Ausnahme der unter Ziff. 2 und 3 genannten Zwecke[1]), jedoch einschließlich der Herstellung von Essigester, Ameisenester und Kollodium (§ 29 Abschnitt IV) zu technischen Zwecken, von Heilmitteln, die im fertigen Zustand Branntwein, Essigester oder Ameisenester nicht mehr enthalten, sowie von Lacken, Polituren usw. (§ 29 Abschnitt III) mit Ausnahme von Lacken, die bei der Herstellung von Nahrungs- und Genußmitteln verwendet werden: 2,5 Liter Holzgeist oder 1 Liter Pyridinbasen oder 0,025 Liter Tieröl oder 1 Liter Terpentinöl oder 2 Liter Toluol oder 2 Liter gereinigtes Lösungsbenzol II oder 0,5 kg Centralit;

4. Sofern die unter Ziffer 1 bezeichneten Mittel für die nachstehenden besonderen Verwendungszwecke zwar zulässig, aber teilweise ungeeignet sind, werden außerdem zugelassen:

c. zur Herstellung von Heilmitteln, die im fertigen Zustand Branntwein, Essigester oder Ameisenester nicht mehr enthalten, Teerfarbstoffen einschließlich der zu ihrer Gewinnung bestimmten Hilfs- und Zwischenstoffe sowie Lösungen von Teerfarbstoffen für die Zeugdruckerei und chemischen Erzeugnissen aller Art, die Branntwein nicht mehr enthalten: 1,5 Liter Tetrachlorkohlenstoff;

d. zur Herstellung von Chlorsilber-, Bromsilber-, Jodsilber-Kollodium, von Chlorsilber-, Bromsilber-, Jodsilber-Gelatine und ähnlichen Zubereitungen sowie photographischen Papieren und Trockenplatten: 1 Liter verflüssigte Karbolsäure oder 10 Liter Äther;

e. zur Herstellung von Verbandstoffen, Nähstoffen für Heilzwecke (Nähseide, gedrehte Darmschnüre usw.) und zum Auffüllen der Gläschen, in denen Nähseide, gedrehte Darmschnüre usw. aufbewahrt und feilgehalten werden: 10 Liter Äther;

f. zur Herstellung von Chloroform, Bromoform, Jodoform, Chloräthyl und Bromäthyl sowie von brom- und jodhaltigen Fetten zu Heilzwecken (Jodipin, Morrhuol usw.): 0,3 kg Chloroform oder 0,2 kg Jodoform oder 0,5 kg Chloräthyl oder 0,3 kg Bromäthyl;

h. zur Herstellung wissenschaftlicher (medizinischer, zoologischer, botanischer) Präparate zu Lehrzwecken sowie zur Vornahme von chemischen Untersuchungen aller Art, zum Ansetzen von Chemikalien, Lösungen usw.: 1 Liter Petroleumbenzin oder 1 Liter verflüssigte Karbolsäure;

---

[1]) Herstellung von Speiseessig und von Brauglasur.

i. zur Herstellung von Seifen und seifenähnlichen Erzeugnissen (§ 29 Abschnitt V und VI): 1 kg Rizinusöl und 0,4 kg Lauge (Natron- oder Kalilauge);

k. zur Herstellung von Wollfetten (Lanolin) und Wollspickölen (§ 29 Abschnitt VII) (Spinnölen, Walkfetten, Schmälzfetten) sowie Galalith: 5 Liter Petroleumbenzin.

### § 25. Verzeichnis der Zusatzstoffe zur Unbrauchbarmachung von Branntwein zu Genußzwecken. (Vw.O. § 117 Abs. 1.)

I. Allgemeine Bestimmungen.

Dem zu Genußzwecken unbrauchbar zu machenden Branntwein sind die angegebenen Mengen der Zusatzstoffe auf je 100 Liter Weingeist zuzusetzen.

II. Art und Menge der Zusatzstoffe.

Für die Unbrauchbarmachung von Branntwein zu Genußzwecken werden zugelassen:

1. zur Herstellung von Riech- und Schönheitsmitteln: 1 Liter Phthalsäurediäthylester[1]) oder 1 Liter Terpentinöl oder 0,5 kg Thymol;

2.[2]) zur Herstellung von Heilmitteln zum äußerlichen Gebrauch: 1 kg Kampfer oder 0,5 kg Thymol.

## Bezugsbedingungen B für unverarbeiteten Branntwein jeder Art in Mengen von 280 Liter und weniger (Kleinverkauf).

Bk. der Reichsmonopolverwaltung für Branntwein vom 1. Dezember 1925.

I. Bestellungen sind mit Einschreibbrief an die für den Abnehmer zuständige Lieferstelle der Reichsmonopolverwaltung zu richten. Bezieher von Branntwein zum regelmäßigen Verkaufspreise haben der Lieferstelle

[1]) Den früher in weiterem Umfange zugelassenen mit Phthalsäurediäthylester versetzten Branntwein betreffen zwei Verfügungen der Reichsmonopolverwaltung für Branntwein vom 19. Mai 1924:

I. Die durch Bekanntmachung der Reichsmonopolverwaltung vom 15. August 1923 den Apothekern zugestandene Befugnis, mit hauptzollamtlicher Genehmigung vom Reichsmonopolamt zum Handel zugelassenen mit 1 Liter Phthalsäurediäthylester auf je 100 Liter Weingeist ungenießbar gemachten Branntwein zum besonderen ermäßigten, für die Herstellung von Heilmitteln festgesetzten Verkaufspreise an Ärzte, Tierärzte, Zahnärzte, Dentisten und Hebammen ohne Ankaufserlaubnisschein sowie an Kranke gegen ärztliche Verordnung abzugeben, wird zurückgezogen.

II. Mangels hinreichenden Bedürfnisses wird der Phthalsäurediäthylester:

a. Als Mittel zur unvollständigen Vergällung von Branntwein zum allgemeinen ermäßigten Verkaufspreise für Waschungs-, Desinfektions- und ähnliche Zwecke sowie gleichzeitig auch zur Herstellung von wissenschaftlichen Präparaten und zur Vornahme von chemischen Untersuchungen (T.B. § 24 II 4g und h),

b. Als Mittel zur Genußunbrauchbarmachung von Branntwein zum besonderen ermäßigten Verkaufspreise zur Herstellung von Heilmitteln (T.B. § 25 II, 2b), nicht mehr zugelassen.

[2]) Ziffer 2 laut Bk. vom 29. Mai 1925. Außerdem hat die Reichsmonopolverwaltung solche Stoffe auf besonderes Ansuchen als Genußunbrauchbarmachungsmittel zugelassen, die für das betreffende Heilmittel ohnehin als Bestandteil in Betracht kommen. Im Laufe der Zeit wurde daraus eine Liste, die Hunderte solcher Stoffe umfaßt. Es empfiehlt sich, Anträge auf Bewilligung derartiger Genußunbrauchbarmachung in der Weise zu fassen, daß aus ihnen ersehen werden kann, welche Heilmittel hergestellt werden sollen, und welche Zusatzstoffe und Zusatzmengen nach Ansicht des Antragstellers auf je 100 Liter Weingeist Verwendung finden sollen. Nach einem Min.-Erl. vom 8. August 1922 ist die Unbrauchbarmachung von Branntwein zum Genuß in der Regel in den Gewerberäumen des Antragstellers vorzunehmen, und sie ist gebührenpflichtig.

erstmalig den zollamtlichen Ausweis über die Anmeldung ihres Betriebes vorzulegen und in jeder späteren Bestellung die Nummer des Ausweises und die ausstellende Zollstelle anzugeben.

II. 1. Die Zahlung ist gleichzeitig mit der Bestellung an die Lieferstelle zu leisten.

2. Von Schecks werden in Zahlung genommen:

a. bestätigte Reichsbankschecks,

b. von Banken ausgestellte Schecks,

c. sonstige Schecks, sofern sie bei einer Bank am Orte der Lieferstelle zahlbar sind.

Als Zahltag (siehe Nr. III, 1—2) gilt bei Schecks nach a der Tag des Einganges des Schecks, bei Schecks nach b und c der Tag des Einganges des Geldbetrages für den Scheck bei der Lieferstelle.

3. Der eingezahlte Betrag wird von der Lieferstelle mit $6\,^1/_2$ vH[1]) vom Tage des Geldeinganges bis zum Tage der Lieferung des Branntweins verzinst, sofern die Lieferung später als drei Tage nach dem Geldeingang erfolgt.

III. 1. Das Kaufgeld wird zu dem am Tage des Zahlungseinganges (Zahltag) geltenden Kleinverkaufspreis in Reichsmark (regelmäßiger Verkaufspreis, allgemeiner ermäßigter Verkaufspreis, besonderer ermäßigter Verkaufspreis, Essigbranntweinpreis) berechnet.

2. Als Zahltag gilt, soweit nicht Nr. II, 2 in Frage kommt, der Tag, an dem das Kaufgeld auf dem Konto der Reichsbank oder des Postscheckamts der Lieferstelle erscheint.

3. Ist das Kaufgeld für die Bestellung nicht voll gedeckt, so hat die Reichsmonopolverwaltung die Wahl, Branntwein nur bis zu der der Deckung entsprechenden Menge zu liefern oder den Rest des Kaufgeldes nachzufordern.

4. Geht die Bestellung später als am Zahltage ein, so ist der Eingangstag der Bestellung bei der zuständigen Lieferstelle für die Berechnung des Kaufgeldes maßgebend.

IV. 1. Die Reichsmonopolverwaltung behält sich vor, allgemein und im Einzelfall die Annahme von Bestellungen ganz oder teilweise abzulehnen.

2. Die Lieferstelle ist berechtigt, die bestellten und bezahlten Mengen bei der Lieferung gegen entsprechende Nach- oder Rückzahlung bis zu 5 vH zu überschreiten oder zu unterschreiten.

V. 1. Lieferungstag ist der Tag, an dem der Branntwein dem Abnehmer oder dem von ihm bezeichneten Frachtführer übergeben ist.

2. Der mit dem allgemeinen Mittel vergällte und der mit Holzgeist vergällte Branntwein wird geliefert:

an Abnehmer am Orte der Lieferstelle,

an Abnehmer außerhalb frachtfrei Eisenbahnstation des Abnehmers.

Wünscht der Abnehmer Eilgutverfrachtung, so erfolgt der Versand unfrankiert; der Abnehmer hat nur Anspruch auf Vergütung der sich aus der Versendung zum gewöhnlichen Frachtsatz ergebenden Kosten.

Alle übrigen Branntweingattungen werden geliefert ab Lieferstelle.

3. Die Gefahr der Versendung einschließlich der Rücksendung der Füllgefäße trägt der Abnehmer.

4. Der Abnehmer ist verpflichtet, auf Verlangen der Lieferstelle die erforderlichen Gefäße in gereinigtem und füllfähigem Zustande zur Füllung zu stellen. Die Fässer sind zur Vermeidung von Verwechslungen mit deut-

---

[1]) Zinssatz laut Bk. vom 4. Oktober 1927.

lichen Zeichen und Nummern zu versehen. Soweit die Lieferstelle Füllgefäße stellt, werden sie nur geliehen und dienen lediglich zum Versand zwischen Lieferstelle und Empfangsstelle des Abnehmers, eine anderweitige Verwendung wie auch die Benutzung zu Einlagerungszwecken ist nicht zulässig.

5. Für die Gestellung der Fässer durch die Lieferstelle werden dem Abnehmer *Leihgebühren* berechnet, die bis auf weiteres 0,30 RM je Hektoliter, mindestens jedoch 0,50 RM je Faß betragen. Angefangene Hektoliter werden als volle berechnet.

6. Leihfässer sind innerhalb 10 Tagen, vom Tage des Eintreffens an gerechnet, in gutem Zustande an die Lieferstelle zurückzusenden. Geschieht dies nach einmaliger schriftlicher Mahnung binnen 4 Tagen nach Zurpostgabe der Mahnung nicht, so wird dem Abnehmer nach Ablauf dieser Frist für jedes Faß, gleichviel welcher Art und Größe, eine Gebühr von 0,30 RM für jeden folgenden Tag berechnet.

7. In den Fässern der Lieferstelle darf Branntwein *nicht vergällt* werden; im Falle der Zuwiderhandlung hat der Abnehmer für den Schaden aufzukommen, der durch die widerrechtliche Benutzung der Fässer zur Vergällung mittelbar oder unmittelbar entsteht.

8. Gelatinierte Fässer dürfen nicht mit Wasser gespült werden und sind sofort nach Entleerung durch sorgfältigen dauerhaften Verschluß vor dem Eindringen von Feuchtigkeit zu schützen. Für alle durch Verstöße gegen diese Bestimmung entstehenden mittelbaren oder unmittelbaren Schäden ist Abnehmer haftbar, zum mindesten jedoch für die Kosten der Neugelatinierung.

VI. 1. Falls der Branntwein mit *Begleitschein* versandt werden soll, wird der Begleitschein von der Lieferstelle aus geschrieben; dabei ist in jedem Falle der Abnehmer Begleitscheinabnehmer. Die Lieferstelle gibt in seinem Namen die Annahmeerklärung ab und vollzieht die für ihn als Begleitscheinnehmer erforderlichen Unterschriften.

2. Bei Bestellungen von Branntwein zu einem ermäßigten Verkaufspreise ist der Lieferstelle eine *zollamtliche Bescheinigung* über die Zulässigkeit des Bezugs zum ermäßigten Verkaufspreise beizubringen.

VII. Für die *Berechnung* gilt die für den Versand durch die Zollbeamten oder durch die Lieferstelle ermittelte Weingeistmenge.

VIII. *Mängelrügen* können nur berücksichtigt werden, wenn sie unverzüglich nach Ankunft der Sendung unter gleichzeitiger Einsendung einer in Gegenwart eines Zeugen entnommenen Probe des beanstandeten Branntweins an die Lieferstelle erfolgen und sich der Branntwein in unverändertem Zustande in den Liefergefäßen befindet.

IX.[1]) Der von der Reichsmonopolverwaltung bezogene Branntwein ist ausschließlich im eigenen Betriebe des Abnehmers *zu verarbeiten*, soweit nicht die Reichsmonopolverwaltung Ausnahmen ausdrücklich zugelassen hat[2]). *Preisbegünstigter Branntwein darf nur zu dem Zwecke Verwendung finden, für den er bezogen wurde.* Den Trinkbranntweinherstellern ist gestattet, unverarbeiteten Branntwein mit unverändertem Weinsteingehalt in Mengen bis zu 5 Litern im Einzelfall abzugeben.

X. Wegen der Behandlung von *Fehlmengen* und *Mehrmengen*, die sich bei der Schlußabfertigung des mit Begleitschein versandten Brannt-

---

[1]) Ziffer IX in der Fassung der Bk. vom 10. Juli 1926.
[2]) Vgl. hierzu S. 159.

wein ergeben, wird auf die Bestimmungen der Branntweinverwertungsordnung verwiesen.

XI. Mündliche Abreden haben nur Geltung, wenn sie schriftlich bestätigt sind.

XII. Ein Verstoß gegen die Bezugsbedingungen zieht nach § 109 des Gesetzes über das Branntweinmonopol eine Geldbuße (Sicherungsgeld) nach sich, deren Höhe das Reichsmonopolamt bestimmt.

XIII. Erfüllungsort (§ 29 der Z.P.O.) für beide Teile ist Berlin.

XIV. Diese Bestimmungen treten am 1. Dezember 1925 in Kraft. Gleichzeitig werden die bisherigen Bezugsbedingungen aufgehoben.

## Bezug und Abgabe von Branntwein in Apotheken.

### I. Allgemeines.

Die Apotheker können Branntwein zum regelmäßigen und zum allgemeinen ermäßigten sowie zum besonderen ermäßigten Verkaufspreise beziehen. Über Bezug und Verwendung der beiden letztern ist auf S. 144 ff. das Nähere gesagt. Über Bezug und Nachweisung von unverarbeitetem Branntwein zum regelmäßigen Verkaufspreise gelten die auf S. 150 angeführten Bestimmungen. Dieser Branntwein darf laut Ziffer IX der Bezugsbedingungen (s. S. 158) im Apothekenbetriebe zu Arzneimitteln und Arzneien (wozu auch die auf ärztlichen Rezepten zu Heilzwecken verschriebenen Mengen gehören) verarbeitet werden. Über seine Abgabe in unverarbeitetem Zustande zu häuslichen Zwecken im Handverkauf gelten besondere Bestimmungen, die in folgender Bk. des Reichsmonopolamtes für Branntwein niedergelegt sind:

#### Bezug und Abgabe von unverarbeitetem Branntwein an Privatpersonen in Apotheken.

Bk. des Reichsmonopolamtes für Branntwein vom 14. April 1924.

Wir genehmigen bis auf weiteres, daß auch Apotheken Primasprit, der zum regelmäßigen Verkaufspreis für den Kleinverkauf bezogen ist, in unverarbeitetem Zustande an Privatpersonen für häusliche Zwecke, in Mengen bis zu je 1 Liter monatlich abgeben. Apotheken, die diesen Weiterverkauf ausüben wollen, haben einen diesbezüglichen Antrag unmittelbar an die Reichsmonopolverwaltung für Branntwein, Verwertungsstelle — Abteilung Verkauf A — Berlin W 9, Schellingstraße 14/15, zu richten. Sie erhalten daraufhin einen Verpflichtungsschein zur Vollziehung. Nach Rückkunft des Verpflichtungsscheines erhalten die Antragsteller einen Jahresbezugsschein, der folgenden Wortlaut hat:

„Die Firma . . . ist berechtigt, bis auf weiteres in jedem Monat bis höchstens 280 Liter Sprit auf Grund der Bezugsbedingungen der Monopolverwaltung gegen Bezahlung des festgesetzten Kleinverkaufspreises (Basis regelmäßiger Verkaufspreis) zu bestellen und verpflichtet, den gelieferten Sprit ausschließlich an Privatpersonen für häusliche Zwecke in Mengen bis zu je 1 Liter abzugeben. Der bisherige Bezug von Branntwein zum regelmäßigen Verkaufspreise zum Zwecke der Weiterverarbeitung wird hiervon nicht berührt.

Dieser Bezugsschein ist unverkäuflich und nicht übertragbar. Er ist zusammen mit der Bestellung und Bezahlung der zuständigen Lieferstelle der Reichsmonopolverwaltung für Branntwein einzureichen. Die bezogenen Mengen sind von der Lieferstelle auf der Rückseite des Bezugsscheines einzutragen.

Sollte seitens der Monopolverwaltung eine Sperre für die Annahme von Bestellungen angefordert werden, so verliert der Bezugsschein für die Dauer der Sperre die Gültigkeit. Er erlischt ohne weiteres am 30. September 1924."

Unsere Lieferstellen sind von vorstehender Genehmigung in Kenntnis gesetzt. Wir bemerken hierzu noch, daß die Apotheken auch berechtigt sind, ihrem zur Verarbeitung im eigenen Betriebe bezogenen, zum regelmäßigen Verkaufspreise bezahlten Primasprit die zum Verkauf an Privatpersonen benötigten Mengen zu entnehmen.

Wie die Reichsmonopolverwaltung Anfang 1925 mitgeteilt hat, ist infolge der Einstellung der Rationierung von Branntwein zum regelmäßigen Verkaufspreise mit Schluß des Betriebsjahres 1923/24 der Bezugsschein in Fortfall gekommen. Zum Bezuge von Branntwein für den angegebenen Zweck ist mithin nur noch die Unterzeichnung des Verpflichtungsscheines erforderlich, dessen Fassung z. B. wie folgt lautet:

„Ich verpflichte mich, den mir von der Reichsmonopolverwaltung für Branntwein bzw. deren Verkaufsstellen auf Grund der Bezugsbedingungen der Monopolverwaltung zum regelmäßigen Verkaufspreis gelieferten Sprit mit unverändertem Alkoholgehalt ausschließlich an Privatpersonen für häusliche Zwecke in Mengen bis zu je 5 Liter monatlich abzugeben.

Es ist mir bekannt, daß der Handel mit Branntwein nur mit Genehmigung der Reichsmonopolverwaltung gestattet ist (§ 106 des Gesetzes über das Branntweinmonopol vom 8. April 1922) und daß ein Verstoß gegen vorstehende Verpflichtung nach § 109 des Gesetzes über das Branntweinmonopol eine Geldbuße (Sicherungsgeld), deren Höhe das Reichsmonopolamt bestimmt, nach sich zieht."

Die Branntweinhöchstmenge, die monatlich an Privatpersonen abgegeben werden darf, ist somit von 1 auf 5 Liter erhöht worden. Nur diejenigen Apotheker dürfen jedoch solchen Branntwein an Privatpersonen für häusliche Zwecke abgeben, die einen diesbezüglichen Antrag unmittelbar an die Reichsmonopolverwaltung gerichtet und den entsprechenden Verpflichtungsschein unterzeichnet haben.

## II. Kleinhandel mit Branntwein und Spiritus.

Die vorstehend dargelegte Rechtslage gilt für jede Abgabe von unverarbeitetem Branntwein im Apothekenhandverkauf, d. h. ohne ärztliches Rezept, gleichviel ob der Spiritus zu Heil- oder anderen Zwecken verwendet werden soll. Bei der Abgabe zu Heilzwecken bzw. als Arzneimittel kommen auch weitere Bestimmungen nicht in Betracht (s. unter III). Soll jedoch verarbeiteter oder unverarbeiteter Branntwein in den Apotheken zu anderen als arzneilichen oder Heilzwecken, insbesondere zu Trink- oder Genußzwecken, zu technischen oder gewerblichen Zwecken gewerbsmäßig abgegeben werden, so ist dazu nach § 33 der Reichsgewerbeordnung eine Erlaubnis der Verwaltungsbehörden erforderlich[1]). Diese Erlaubnis darf nur erteilt werden,

[1]) Die Konzessionspflicht ist gegeben, wenn der Kleinhandel erfolgt: zu Trinkzwecken (K.G. 12. März 1906, Ph.Ztg. 1906 Nr. 22), zu Genußzwecken (K.G. 10. Juni 1907, Ph.Ztg. 1907 Nr. 49), zu gewerblichen Zwecken (K.G. Oktober 1907, Ph.Ztg. 1907, Nr. 86), zu technischen Zwecken (K.G. 31. Januar 1907, Ph.Ztg. 1907 Nr. 12), oder überhaupt zu anderen als Heilzwecken (K.G. 22. Januar 1906, Ph.Ztg. 1906 Nr. 8). Ein Verkauf als Genußmittel liegt vor, sobald die Anwendung zu diesem Zwecke als wahrscheinlich anzunehmen ist, auch wenn der Käufer einen anderen Verwendungs-

wenn ein Bedürfnis nachzuweisen ist[1]). Die Konzession kann zurückgenommen werden, wenn eine der Voraussetzungen des § 53 Gew.O. vorliegt (s. S. 19).

Für die Erlaubnis sind verschiedene Gebühren[2]) und zumeist eine jährliche Betriebssteuer zu zahlen. Auch ist der Kleinhandel nach erfolgter Genehmigung noch besonders bei der zuständigen Behörde anzumelden. (K.G. März 1900, Ph.Ztg. 1900 Nr. 27).

Als Kleinhandel mit Branntwein und Spiritus wird in Preußen nach der preußischen Ausführungsanweisung zur Gewerbeordnung jeder Vertrieb angesehen, der anders als in Mengen (Gebinden oder Flaschen) von mindestens 5 Litern erfolgt.

Als Branntwein gelten auch Liköre, Kognak und ähnliche destillierte Getränke (K.G. 17. Juli 1909, Ph.Ztg. 1909 Nr. 64), dagegen nicht Likör- bzw. Kognakessenzen, die erst zur Bereitung von Branntweinen dienen sollen und daher nur als Halbfabrikate anzusehen sind (O.L.G. Hamburg November 1906, Ph.Ztg. 1906 Nr. 96).

Der Kleinhandel mit vollständig vergälltem Branntwein unterliegt vorstehenden Bestimmungen nicht. Er ist weder erlaubnis- noch steuerpflichtig, sondern nur anzumelden (s. S. 145).

## III. Branntwein und Spiritus zu Heilzwecken.

Wie schon erwähnt, gelten die unter II angeführten Bestimmungen für die Abgabe von Branntwein oder Spiritus zu Heilzwecken nicht, und zwar aus folgendem Grunde:

Da die Gew.O. nach § 6 auf den Verkauf von Arzneimitteln nur insoweit Anwendung findet, als sie ausdrückliche Bestimmungen darüber enthält, § 33 solche ausdrückliche Bestimmungen aber nicht trifft, ist der Verkauf von Brannt-

---

zweck angegeben hat (K G. 11. Dezember 1905, Ph.Ztg. 1905 Nr. 100; K.G. 15. Dezember 1910, Ph.Ztg. 1911 Nr. 4; K.G. 19. Mai 1913, Ph.Ztg. 1913 Nr. 43; O.L.G. Dresden 31. März 1892). Eine Bestrafung wegen Kleinhandels mit Branntwein oder Spiritus zu anderen als Heilzwecken ohne Konzession kann jedoch nur erfolgen, wenn Gewerbsmäßigkeit festgestellt ist (K.G. 2. Januar 1913, Ph.Ztg. 1913 Nr. 6).

[1]) Über die Behörden, welche die Genehmigung erteilen, bestimmt das preuß. Gesetz über die Zuständigkeit der Verwaltungs- und Verwaltungsgerichtsbehörden vom 1. August 1883 folgendes:

§ 114. Über Anträge auf Erteilung der Erlaubnis zum Betriebe der Gastwirtschaft oder Schankwirtschaft, zum Kleinhandel mit Branntwein oder Spiritus, sowie . . . zum Handel mit Giften (§§ 33, 34 der R.Gew.O.) beschließt der Kreis(Stadt)ausschuß.

Wird die Erlaubnis versagt, so steht dem Antragsteller innerhalb zwei Wochen der Antrag auf mündliche Verhandlung im Verwaltungsstreitverfahren vor dem Kreis(Stadt)ausschusse zu.

Über Anträge auf Erteilung der Erlaubnis . . . zum Kleinhandel mit Branntwein oder Spiritus ist zunächst die Gemeinde- und die Ortspolizeibehörde zu hören. Wird von einer dieser Behörden Widerspruch erhoben, so darf die Erteilung der Erlaubnis nur auf Grund mündlicher Verhandlung im Verwaltungsstreitverfahren erfolgen.

Die Entscheidung des Bezirksausschusses ist endgültig. In den zu einem Landkreise gehörigen Städten mit mehr als 10000 Einwohnern tritt an die Stelle des Kreisausschusses der Magistrat (kollegialischer Gemeindevorstand).

[2]) Die preuß. Verwaltungsgebührenordnung vom 30. Dezember 1926 sieht hierzu in Ziffer 30 des Gebührentarifes folgende Gebühren vor:

Genehmigungen, Erlaubniserteilungen, Konzessionen usw. . . . zum Betrieb einer Gastwirtschaft, Schankwirtschaft oder eines Kleinhandels mit Branntwein oder Spiritus (§ 33 Gew.O) $^1/_{10}$ p. c. des Anlage- und Betriebskapitals, mindestens jedoch 10 *RM*, Bewilligung von Fristverlängerungen und Fristungen (§ 49 Gew.O.) $^1/_4$ der vorstehenden Gebühr.

wein (Kognak) und Spiritus, sofern diese als Arzneimittel dienen sollen, nicht konzessionspflichtig (Erl. des preußischen Finanz-Min. vom 10. April 1897 sowie zahlreiche Urteile des K.G.[1])). Bezüglich Spiritus mit einem Alkoholgehalt von 80° Tralles und darüber hat das K.G. in einem Urteil vom 2. Januar 1913 (Ph.Ztg. 1913 Nr. 6) auf Grund eines Min.Erl. vom 2. November 1858 angenommen, daß solcher Spiritus ein Arzneimittel ist, und daß infolgedessen die Apotheker zur Abgabe desselben einer Branntweinkonzession gemäß § 33 Gew.O. nicht bedürfen, auch wenn im Einzelfalle der Verwendungszweck des Spiritus nicht festgestellt ist.

Hierzu erging folgende vom preußischen Finanz-, Medizinal-, Handels- und Minister des Innern unterzeichnete Verfügung:

**Min.Erl. betr. die Betriebssteuerpflicht des Verkaufs von alkoholhaltigen Arzneimitteln seitens der Apotheker. Vom 20. Juli 1907.**

Auf die an den mitunterzeichneten Finanzminister gerichtete Eingabe vom 16. Juli 1906, betr. die Betriebssteuerpflicht des Verkaufs von Arzneimitteln mit einem Alkoholgehalt von weniger als 86 vH Tralles, erwidern wir folgendes:

Die Reichsgewerbeordnung findet auf den „Verkauf von Arzneimitteln" nur insoweit Anwendung, als sie ausdrückliche Bestimmungen darüber enthält. Unter Arzneimitteln versteht die Rechtsprechung in Übereinstimmung mit der Wissenschaft alle „Substanzen, Präparate und Zubereitungen, welche in der medizinischen Wissenschaft als Heilstoffe bzw. Heilmittel gelten und in Anwendung kommen". Welche Branntweinpräparate in der medizinischen Wissenschaft als Heilstoffe gelten und in Anwendung kommen, wird im einzelnen einstweilen zweifelhaft sein und muß auf Grund wissenschaftlicher Gutachten entschieden werden, ohne daß es dabei auf den Prozentsatz des Alkoholgehaltes ankommt.

Keinem Zweifel aber kann die Qualifizierung als Arzneimittel bei denjenigen Branntweinpräparaten unterliegen, welche in das Deutsche Arzneibuch aufgenommen sind. Diese sind unzweifelhaft „Arzneimittel" im Sinne des § 6 der Reichsgewerbeordnung und unterliegen der Konzessionspflicht — mithin auch der Meldepflicht aus § 52 und der Betriebssteuerpflicht gemäß § 59 des Gewerbesteuergesetzes — nicht.

Kognak gehört zu den in das Arzneibuch aufgenommenen Präparaten. Sofern derselbe als Heilmittel in Anwendung kommen soll, ist daher sein Verkauf gemäß § 6 der Reichsgewerbeordnung von den Vorschriften der Gew.O. befreit. Ein zu technischen oder Genußzwecken erfolgender Verkauf würde dagegen, auch wenn er in der Apotheke erfolgt, den Vorschriften der Reichsgewerbeordnung, mithin auch dem § 33 a. a. O., unterliegen und eine Betriebssteuerpflicht begründen.

Urteile des K.G. vom 21. September 1914 (Ph.Ztg. 1915 Nr. 28) und 22. Oktober 1915 (Ph.Ztg. 1916 Nr. 2) besagen dazu:

„Die Abgabe von Kognak und Rum bedarf nur dann nicht der Erlaubnis und der Anmeldung zur Steuer, wenn die Verabfolgung nur zu arzneilichen, insbesondere also zu Heilzwecken erfolgt. Eine solche liegt aber nicht in allen Fällen vor, wo Kognak gegen irgendein Übel gefordert und gegeben wird, sondern nur dann, wenn ein besonderer, außerhalb der regelmäßigen Bestimmung des Branntweins liegender arzneilicher Zweck, etwa die Mischung mit einem anderen Arzneimittel oder die Belebung gesunkener Herztätigkeit, erreicht werden soll."

[1]) u. a. K.G. 23. Oktober 1905, Ph.Ztg. 1905 Nr. 86; 22. Januar 1906, Ph.Ztg. 1906 Nr. 8; 8. Oktober 1906, Ph.Ztg. 1906 Nr. 82; 31. Januar 1907, Ph.Ztg. 1907 Nr. 12; 15. Dezember 1910, Ph.Ztg. 1911 Nr. 4; 3. Januar 1927, Ph.Ztg. 1927 Nr. 51.

# XI. Verkehr mit Wein.

Im Gegensatz zu der für den Apothekenbetrieb sehr wichtigen Branntweinmonopolgesetzgebung haben die gesetzlichen Bestimmungen über den Verkehr mit Wein, die nicht wie erstere steuerliche, sondern gesundheitliche Zwecke verfolgen, für Apotheken nur geringere Bedeutung. Aus dem geltenden Weingesetz und dessen Ausführungsbestimmungen kommen vornehmlich folgende Anordnungen in Frage:

## Weingesetz.

Vom 7. April 1909/1. Februar 1923.

§ 1. Wein ist das durch alkoholische Gärung aus dem Safte der frischen Weintraube hergestellte Getränk[1]).

§ 6. Im gewerbsmäßigen Verkehre mit Wein dürfen geographische Bezeichnungen nur zur Kennzeichnung der Herkunft verwendet werden[2]).

§ 9. Es ist verboten, Wein nachzumachen[3]).

---

[1]) Auf weinhaltige Arzneimittel, sog. Arzneiweine, wie China-, Pepsin-, Kampfer-, Rhabarberwein usw., bezieht sich das Gesetz nicht.

[2]) Danach darf z. B. unter der Bezeichnung Tokaier oder Medizinal-Tokaier nur ein Wein in Verkehr gebracht werden, der aus Tokaier Trauben hergestellt ist, mithin aus dem Tokaier Weinbaubezirk stammt. Der Verkauf eines anderen Ungarweins als Tokaier stellt nach einem Urteil des R.G. vom 1. Oktober 1907 (Ph.Ztg. 1907 Nr. 80 und 89) auch einen Verstoß gegen das Warenzeichengesetz dar.

Ebenso darf nach § 6 des Weingesetzes die Bezeichnung „Medizinal-Ungarwein" nur für Wein, der tatsächlich aus Ungarn stammt, angewendet werden. Seit 1. Januar 1909 ist aber in Ungarn die Herstellung von Süßweinen außerhalb des Tokaier Weinbaugebiets und seit 1. Januar 1910 auch der Handel damit in Ungarn untersagt. Daher kommt auch die Bezeichnung „Medizinal-Ungarwein" für andere als Tokaier Süßweine nicht mehr in Frage. Mit anderen Bezeichnungen von Weinen befaßt sich nachstehender auf ein Rundschreiben des Reichskanzlers vom 10. Mai 1912 sich stützender preuß. Erlaß:

**Min.Erl. betr. die Bezeichnung von Weinen als Medizinalwein, Blutwein u. dgl. vom 24. September 1912.**

Ein Begriff „Medizinalwein", „Medizinalsüßwein" u. dgl. wird von seiten der Wissenschaft nicht anerkennt, so daß sich also eine wissenschaftliche Begriffsbestimmung für derartige Weine nicht geben läßt. Nachdem sich die Bezeichnungen aber seit einer Reihe von Jahren eingebürgert haben, können sie als zulässig angesehen werden bei konzentrierten, ungezuckerten Süßweinen von besonderer Güte und Reinheit, die nach Herstellung und Beschaffenheit dem deutschen Weingesetz und den im Ursprungslande geltenden gesetzlichen Vorschriften entsprechen.

Der Name „Blutwein", mag er auch ursprünglich von der Farbe des Weines herrühren, erweckt im Verkehr die Annahme, daß der Wein besondere blutbildende oder blutverbessernde Eigenschaften besitzt. Da solche Eigenschaften keinem Weine mit Sicherheit beigelegt werden können, muß die Bezeichnung als auf Täuschung berechnet und zur Irreführung der Käufer berechnet angesehen werden. Im Interesse der Verbraucher und des einwandfreien Weinhandels ist demnach dem Gebrauche von Bezeichnungen wie „Blutwein" und ähnlichen („Kraftwein" u. dgl.) entgegenzutreten. Sollte gezuckerter Wein unter einem solchen Namen in den Verkehr gebracht werden, so kann auf Grund der §§ 5, 28 Ziff. 1 des Weingesetzes vorgegangen werden. Im übrigen wird sich in den meisten Fällen die Möglichkeit bieten, auf Grund der §§ 3, 4 des Gesetzes gegen den unlauteren Wettbewerb, unter Umständen auch des § 263 Strafgesetzbuch, einzuschreiten.

[3]) Daher ist es z. B. unzulässig, mit den sog. Bierka-Hefen Weine aus Traubenmaische, Traubenmost, Rückständen der Weinbereitung oder aus getrockneten Weinbeeren zu bereiten (Rundschreiben des Reichsmin. d. J. vom 21. Januar 1926 und 25. No-

§ 10. Unter das Verbot des § 9 fällt nicht die Herstellung von dem Weine ähnlichen Getränken aus Fruchtsäften, Pflanzensäften oder Malzauszügen[1]).

Der Bundesrat ist ermächtigt, die Verwendung bestimmter Stoffe bei der Herstellung solcher Getränke zu beschränken oder zu untersagen[2]).

Die im Abs. 1 bezeichneten Getränke dürfen im Verkehr als Wein nur in solchen Wortverbindungen bezeichnet werden, welche die Stoffe kennzeichnen, aus denen sie hergestellt sind.

§ 16. Die Reichsregierung kann mit Zustimmung des Reichsrats die Verwendung bestimmter Stoffe bei der Herstellung von weinhaltigen Getränken, Schaumwein, dem Schaumwein ähnlichen Getränken, Weinbrand und Weinbrandverschnitt beschränken oder untersagen sowie bestimmen, welche Stoffe bei der Herstellung solcher Getränke Verwendung finden dürfen, und Vorschriften über die Verwendung erlassen[3]).

§ 18. Trinkbranntwein, dessen Alkohol ausschließlich aus Wein gewonnen und der nach Art des Kognaks hergestellt ist, darf im geschäftlichen Verkehr als Weinbrand bezeichnet werden. Trinkbranntwein, der neben Weinbrand Alkohol anderer Art enthält, darf als Weinbrandverschnitt bezeichnet werden, wenn mindestens ein Zehntel des Alkohols aus Weinbrand stammt. Andere Getränke und Grundstoffe zu solchen dürfen nicht als Weinbrand oder mit einer das Wort Weinbrand enthaltenen Wortverbindung oder Wortzusammensetzung bezeichnet werden, auch darf das Wort Weinbrand kein Bestandteil anderer Angaben der Flaschenaufschrift sein.

Weinbrand und Weinbrandverschnitt dürfen nur mit den für den Verkehr innerhalb des Ursprungslandes vorgeschriebenen Begleitscheinen in das Deutsche Reich eingeführt werden.

Weinbrand, der nach französischem Rechte die Bezeichnung Cognac tragen darf und in trinkfertigem Zustand, entweder in Frankreich oder unter deutscher Zollaufsicht auf Flaschen gefüllt, mit den für den Verkehr innerhalb des Ursprungslandes vorgeschriebenen Begleitscheinen zur Einfuhr gelangt und unverändert geblieben ist, darf als Kognak (Cognac) bezeichnet werden[4]). Andere Getränke und Grundstoffe zu solchen dürfen nicht als Kognak (Cognac) oder mit einer das Wort als Kognak (Cognac) enthaltenden Wortverbindung oder Wortzusammensetzung bezeichnet werden, auch darf das Wort Kognak (Cognac) kein Bestandteil anderer Angaben der Flaschenaufschrift sein.

Die Anwendung der im Abs. 1, 3 enthaltenen Vorschriften wird auch durch Abweichungen nicht ausgeschlossen, wenn trotz dieser Abweichungen die Gefahr einer Verwechslung besteht.

---

vember 1926, preuß. Min.Erl. vom 5. November 1926). Wohl aber ist es gemäß § 10 gestattet, mit solchen Hefen weinähnliche Getränke aus Fruchtsäften, Pflanzensäften oder Malzauszügen zu erzeugen (Rundschreiben des Reichsmin. d. J. vom 22. April 1927, preuß. Min.Erl. vom 24. Mai 1927). Nach den genannten Erlassen sind indessen unter Fruchtsäften nicht Auszüge aus getrockneten Früchten, sondern nur aus frischen Früchten gepreßte Säfte zu verstehen.

[1]) Die Bezeichnung „Maltonwein" für ein weinähnliches Getränk aus Malzauszügen stellt keinen Verstoß gegen das Weingesetz dar (O.L.G. Hamburg 30. Juli 1913, Ph.Ztg. 1914 Nr. 6).

[2]) Von dieser Ermächtigung hat der Bundesrat Gebrauch gemacht. Vgl. Artikel 3 der Ausführungsbestimmungen (S. 167).

[3]) Vgl. hierzu Artikel 3 der Ausführungsbestimmungen (S. 167).

[4]) Die Bezeichnung Medizinal-Kognak ist zulässig, soweit die Ware nach § 18 des Weingesetzes als Kognak bezeichnet werden darf.

Weinbrand und Weinbrandverschnitt müssen in 100 Raumteilen mindestens 38 Raumteile Alkohol enthalten[1]).

Trinkbranntwein, der in Flaschen oder ähnlichen Gefäßen unter der Bezeichnung Kognak, Weinbrand oder Weinbrandverschnitt gewerbsmäßig verkauft oder feilgehalten wird, muß zugleich eine Bezeichnung tragen, welche das Land erkennbar macht, in dem er für den Verbrauch fertiggestellt worden ist. Die näheren Vorschriften erläßt die Reichsregierung mit Zustimmung des Reichsrats[2]).

Die von der Reichsregierung vorgeschriebenen Bezeichnungen sind auch in die Preislisten und Weinkarten sowie in die sonstigen im geschäftlichen Verkehr üblichen Angebote mit aufzunehmen.

§ 19. Wer *Trauben zur Weinbereitung*, Traubenmaische, Traubenmost oder *Wein* gewerbsmäßig in Verkehr bringt oder gewerbsmäßig Wein zu Getränken weiterverarbeitet, ist verpflichtet, *Bücher zu führen*[3]), aus denen zu ersehen ist,

1. ... welche Mengen von Traubenmaische, Traubenmost oder Wein er ... von anderen bezogen, und welche Mengen er an andere abgegeben ... hat;
3. welche Mengen der im § 10 bezeichneten dem Weine ähnlichen Getränke er ... von anderen bezogen und welche Mengen er an andere abgegeben ... hat.

Die Zeit des Geschäftsabschlusses, die *Namen der Lieferanten* und, soweit es sich um Abgabe im Fasse oder in Mengen von mehr als einem

---

[1]) Eine Angabe des Alkoholgehaltes auf den Etiketten ist nicht erforderlich (O.L.G. Düsseldorf Dezember 1924, Ph.Ztg. 1925 Nr. 1).

[2]) Vgl. hierzu Artikel 8 der Ausführungsbestimmungen (S. 168).

[3]) Da in jeder Apotheke, wenn auch teilweise in geringem Umfange, Wein (z. B. Medizinal-Ungarwein) in Verkehr gebracht wird, erstreckt sich die Verpflichtung zur *Buchführung* auch auf Apotheker. Mit der *Weinbuchführung* befassen sich zwei preuß. Min.-Erlasse:

a. Vom 26. November 1926. Nachdem durch das Gesetz über Steuermilderungen zur Erleichterung der Wirtschaftslage vom 31. März 1926 das Weinsteuergesetz in der Fassung des Gesetzes zur Änderung der Verbrauchssteuern vom 10. August 1925 mit Wirkung vom 1. April 1926 ab außer Kraft getreten ist, sind auch die in den Ausführungsbestimmungen zum Weinsteuergesetze vom 20. August 1925 enthaltenen Vorschriften über die Führung eines Weinsteuerbuches und seine Zulassung als Ersatz für die nach den Bestimmungen zur Ausführung des Weingesetzes vom 1. Dezember 1925 zu führenden Weinbücher mit dem 1. April 1926 außer Kraft gesetzt. Hierdurch verliert auch der Erlaß vom 30. Juli 1920 seine Bedeutung.

Ich ersuche ergebenst, in den Regierungsamtsblättern und in anderer geeigneter Weise die Fachkreise darauf hinzuweisen, daß die nach § 19 des Weingesetzes vom 7. April 1909 / 1. Februar 1923 vorgeschriebenen Weinbücher wieder ordnungsgemäß zu führen sind.

b. Vom 13. Juli 1919. Gelegentlich der am 30. Juni und 1. Juli 1911 in Mainz abgehaltenen Beratungen der im Hauptberuf bestellten Weinkontrolleure ist zur Sprache gekommen, ob Zweiggeschäfte zu der in § 19 des Weingesetzes vorgeschriebenen Buchführung verpflichtet seien. Die Frage ist inzwischen durch Urteile des Landgerichts und des Oberlandesgerichts Dresden vom 21. Juli bzw. 11. September 1911 und des Landgerichts Potsdam vom 23. November 1912 entschieden worden. Diese Erkenntnisse sprechen sich ebenso wie das Urteil des Oberlandesgerichts Darmstadt vom 11. Mai 1911 dahin aus, daß in jeder einzelnen Verkaufsstelle, von der aus Wein vertrieben wird, also sowohl in dem Hauptgeschäft wie in den räumlich von ihm getrennten Filialen Buch geführt werden müsse, da nur dann der Verpflichtung, die Bücher bei der Kontrolle vorzulegen, genügt werden könne. Diese Auffassung wird dem Sinne und Wortlaut des Gesetzes wie auch den Anforderungen des praktischen Lebens entsprechen.

Hektoliter im einzelnen Falle handelt, auch der Abnehmer, sind in den Büchern einzutragen.

Die Bücher sind nebst den auf die einzutragenden Geschäfte bezüglichen Geschäftspapieren bis zum Ablaufe von fünf Jahren nach der letzten Eintragung aufzubewahren.

Die näheren Bestimmungen über die Einrichtung und die Führung der Bücher trifft der Bundesrat; er bestimmt, in welcher Weise und innerhalb welcher Frist die bei dem Inkrafttreten dieses Gesetzes vorhandenen Bestände in den Büchern vorzutragen sind[1]).

§ 21. Die Beobachtung der Vorschriften dieses Gesetzes ist durch die mit der Handhabung der Nahrungsmittelpolizei betrauten Behörden und Sachverständigen zu überwachen.

Zur Unterstützung dieser Behörden sind für alle Teile des Reichs Sachverständige im Hauptberufe zu bestellen.

§ 22. Die zuständigen Beamten und Sachverständigen (§ 21) sind befugt, außerhalb der Nachtzeit und, falls Tatsachen vorliegen, welche annehmen lassen, daß zur Nachtzeit gearbeitet wird, auch während dieser Zeit, in Räumen, in denen Traubenmost, Wein oder dem Wein ähnliche Getränke hergestellt, verarbeitet, feilgehalten oder verpackt werden[2]) und bei gewerbsmäßigem Betrieb auch in die zugehörigen Lager- und Geschäftsräume, ebenso in die Geschäftsräume von Personen, die gewerbsmäßig Geschäfte über Traubenmaische, Traubenmost, Wein, Schaumwein, weinhaltige, dem Weine ähnliche Getränke oder Weinbrand vermitteln, einzutreten,

---

[1]) Vgl. hierzu Artikel 9 der Ausführungsbestimmungen (S. 168).

[2]) Die einzelnen Geschäftsbetriebe, welche der Kontrolle unterliegen, sind für Preußen in einem auf Grund des früheren Weingesetzes ergangenen, aber auch auf das jetzige Gesetz anwendbaren Min.Erl. vom 28. Juli 1903 folgendermaßen gekennzeichnet:

Nicht nur Räume, in welchen Wein gekeltert und auf anderem Wege hergestellt wird, sind in der vorgeschriebenen Weise durch geeignete Sachverständige zu überwachen, sondern alle Räume, in denen Wein, weinhaltige oder weinähnliche Getränke gewerbsmäßig hergestellt, aufbewahrt, feilgehalten oder verpackt werden, sind der Kontrolle zu unterwerfen.

Über die Frage, inwieweit Apotheken, Drogenhandlungen und ähnliche Geschäfte der Weinkontrolle unterliegen, wurde in einem preuß. Min.Erl. vom 11. November 1904 gesagt,

daß die Ausdehnung der Kontrolle auf Flaschenlager in Krämereien, Drogenhandlungen und ähnlichen Geschäften nicht erforderlich ist, falls kein Bezug von Wein in Fässern stattfindet. Für die gebrauchsfertigen Flaschen genügt alsdann der glaubwürdige Nachweis, daß dieselben in einem der regelmäßigen polizeilichen Kontrolle unterstellten Betriebe abgefüllt worden sind. Apotheken unterliegen der Kontrolle im Sinne des Weingesetzes nur dann, wenn in denselben ein Nebenhandel mit Wein betrieben wird, für welchen die angeführten Bedingungen nicht in Betracht kommen.

Ein weiterer preuß. Min.Erl. vom 19. Juli 1905 betont, daß die Beibringung eines Nachweises über die Herkunft der Flaschenweine nicht durch polizeiliche Anordnung erzwungen werden kann, sondern den Händlern nur anheimgestellt ist, um dadurch Befreiung von der eingehenden Weinkontrolle zu erzielen.

Apotheker, die Weine lediglich im eigentlichen Apothekenbetriebe verwenden zur Darstellung von weinhaltigen Heilmitteln oder zur Benutzung in der Rezeptur, können daher nach dem erwähnten Min.Erl. der Beaufsichtigung überhaupt nicht unterworfen werden, gleichgültig, wie und woher sie den Wein bezogen haben. Nur sofern ein wenn auch unbedeutender Nebenhandel mit Wein vorliegt, ist die Berechtigung der Weinkontrolle gegeben. Sie tritt jedoch auch dann nur in zwei Fällen ein, nämlich a. wenn der Wein in Fässern bezogen ist oder b. wenn der Bezug zwar in gebrauchsfertigen Flaschen erfolgte, jedoch nicht der glaubwürdige Nachweis erbracht werden kann, daß die Flaschen in einem der regelmäßigen polizeilichen Kontrolle unterstellten Betriebe abgefüllt sind.

daselbst Besichtigungen vorzunehmen, geschäftliche Aufzeichnungen, Frachtbriefe und Bücher einzusehen, auch nach ihrer Auswahl Proben zum Zwecke der Untersuchung[1]) zu fordern oder selbst zu entnehmen. Über die Probenahme ist eine Empfangsbescheinigung zu erteilen. Ein Teil der Probe ist amtlich verschlossen oder versiegelt zurückzulassen. Auf Verlangen ist für die entnommene Probe eine angemessene Entschädigung zu leisten.

Die Nachtzeit umfaßt in dem Zeitraume vom 1. April bis 30. September die Stunden von 9 Uhr abends bis 4 Uhr morgens und in dem Zeitraume vom 1. Oktober bis 31. März die Stunden von 9 Uhr abends bis 6 Uhr morgens.

§ 26. Mit Gefängnis bis zu 6 Monaten und mit Geldstrafe bis zu 3000,—M. oder mit einer dieser Strafen wird bestraft:

3. wer Stoffe, deren Verwendung bei der Herstellung, Behandlung oder Verarbeitung von Wein, Schaumwein, Weinbrand, Weinbrandverschnitt, weinhaltigen, weinähnlichen oder schaumweinähnlichen Getränken unzulässig ist, zu diesen Zwecken ankündigt, feilhält, verkauft oder an sich bringt, desgleichen wer einen diesen Zwecken dienenden Verkauf solcher Stoffe vermittelt[2]).

§ 34 Abs. 3. Der Verkehr mit Getränken, die bei der Verkündung dieses Gesetzes nachweislich bereits hergestellt waren, ist nach den bisherigen Bestimmungen zu beurteilen.

## Bestimmungen zur Ausführung des Weingesetzes.

Bk. des Reichsministers d. I. vom 1. Dezember 1925.

Artikel 3 (zu §§ 10, 16).

Die nachbezeichneten Stoffe:

lösliche Aluminiumsalze (Alaun u. dgl.), Ameisensäure, Bariumverbindungen, Benzoesäure, Borsäure, Eisenzyanverbindungen (Blutlaugensalze), jedoch mit Ausnahme von chemisch reinem Ferrozyankalium zur Klärung (Schönung), sofern der Zusatz so bemessen wird, daß in den geklärten Getränken keine Ferrozyanverbindungen gelöst verbleiben, Farbstoffe mit Ausnahme von kleinen Mengen gebrannten Zuckers (Zuckercouleur), Fluorverbindungen, Formaldehyd und solche Stoffe, die bei ihrer Verwendung Formaldehyd abgeben, Glyzerin[3]), Kermesbeeren, Magnesiumverbindungen, Oxalsäure, Salizylsäure, unreiner (freien Amylalkohol enthaltender) Sprit, unreiner Stärkezucker,

---

[1]) Für die Untersuchung des Weines ist die vom Reichsminster d. J. unter dem 9. Dezember 1920 bekanntgegebene Anweisung zur chemischen Untersuchung des Weines maßgebend.

[2]) Der Schwerpunkt dieser Bestimmung liegt in den Worten „zu diesem Zwecke". Nur das zum Zwecke der Verwendung bei der Herstellung, Behandlung oder Verarbeitung von Wein usw. erfolgende Ankündigen, Feilhalten, Verkaufen usw. dieser Stoffe soll verboten sein. Werden die genannten Stoffe zu anderen, technischen oder medizinischen Zwecken angekündigt, feilgehalten oder verkauft, so kann die obige Vorschrift des Weingesetzes niemals in Frage kommen.

[3]) Das Verbot des Glyzerinzusatzes ist deshalb interessant, weil das Deutsche Arzneibuch bei Pepsinwein einen Gehalt von 2 Prozent Glyzerin vorschreibt. Solange der Pepsinwein nur als Heilmittel dienen soll — und das ist die Regel —, ist ein Konflikt mit dem Weingesetz ausgeschlossen. Soll er aber als weinhaltiges Getränk dienen, so würde die Abgabe eines nach der offiziellen Vorschrift hergestellten Präparates gegen das Weingesetz verstoßen.

Stärkesirup, Strontiumverbindungen, Wismutverbindungen, Zimtsäure, Zinksalze, Salze und Verbindungen der vorbezeichneten Säuren sowie der schwefligen Säure (Sulfite u. dgl.), jedoch mit Ausnahme von technisch reinem Kaliumpyrosulfit, auch in Tablettenform, sofern durch seine Verwendung nur kleine Mengen von schwefliger Säure oder Schwefelsäure in die Flüssigkeiten gelangen,

dürfen bei der Herstellung der im § 10 des Gesetzes bezeichneten dem Weine ähnlichen Getränke, von weinhaltigen Getränken, deren Bezeichnung die Verwendung von Wein andeutet, oder von Schaumwein nicht verwendet werden.

Bei der Herstellung von dem Weine ähnlichen Getränken aus Malzauszügen ist außerdem die Verwendung von Zucker und Säuren jeder Art, ausgenommen Tannin als Klärmittel, sowie von zuckerhaltigen und säurehaltigen Stoffen untersagt. Nur bei Getränken, die Dessertweinen ähnlich sind und mehr als 10 g Alkohol in 100 ccm Flüssigkeit enthalten, ist der Zusatz von Zucker gestattet; doch darf das Gewicht des Zuckers nicht mehr als das 1,8fache des Malzes betragen. Wasser darf höchstens in dem Verhältnis von 2 Gewichtsteilen Wasser auf 1 Gewichtsteil Malz verwendet werden; soweit der Zusatz von Zucker zugelassen ist, wird das Gewicht des Zuckers dem des Malzes zugerechnet.

### Artikel 8 (zu § 18).

Kognak oder anderer Weinbrand, der in Flaschen gewerbsmäßig verkauft oder feilgehalten wird, ist nach dem Lande, in dem er fertiggestellt ist, als Deutscher, Französischer usw. Weinbrand, Weinbrandverschnitt als Deutscher, Französischer usw. Weinbrandverschnitt zu bezeichnen.

Hat im Ausland hergestellter Weinbrand oder Weinbrandverschnitt in Deutschland lediglich einen Zusatz von destilliertem Wasser erhalten, um unbeschadet der Vorschrift des § 18 Abs. 5 des Gesetzes den Alkoholgehalt auf die übliche Trinkstärke herabzusetzen, so ist er als Französischer usw. Weinbrand (Weinbrandverschnitt) in Deutschland fertiggestellt zu bezeichnen.

Die Bezeichnung muß bei Weinbrand in schwarzer, bei Weinbrandverschnitt in roter Farbe auf weißem Grunde deutlich und nicht verwischbar auf einem bandförmigen Streifen in lateinischer Schrift aufgedruckt sein. Die Schriftzeichen müssen bei Flaschen, welche einen Raumgehalt von 350 ccm oder mehr haben, mindestens 0,5 cm hoch und so breit sein, daß im Durchschnitt je 10 Buchstaben eine Fläche von mindestens 3,5 cm Länge einnehmen. Die Inschrift darf, falls sie einen Streifen von mehr als 10 cm Länge beanspruchen würde, auf zwei Zeilen verteilt werden. Der Streifen, der eine weitere Inschrift nicht tragen darf, ist an einer in die Augen fallenden Stelle der Flasche, und zwar gegebenenfalls zwischen dem den Flaschenkopf bedeckenden Überzug und der die Bezeichnung der Firma enthaltenden Inschrift, dauerhaft zu befestigen. Wird der Streifen im Zusammenhange mit dieser oder einer anderen Inschrift hergestellt, so ist er gegen diese mindestens durch einen 1 mm breiten Strich deutlich abzugrenzen.

### Artikel 9 (zu § 19).

Wer durch § 19 des Gesetzes verpflichtet ist, Bücher zu führen, hat sich hierbei sowie bei allen mit der Buchführung zusammenhängenden Aufzeichnungen der deutschen Sprache zu bedienen. Die Landeszentralbehörde kann die Verwendung einer anderen Sprache gestatten.

Die Bücher müssen gebunden und Blatt für Blatt oder Seite für Seite mit fortlaufenden Zahlen versehen sein. Die Zahl der Blätter oder Seiten ist vor Beginn des Gebrauchs auf der ersten Seite des Buches anzugeben. Ein Blatt aus dem Buche zu entfernen, ist verboten.

An Stellen, die der Regel nach zu beschreiben sind, dürfen keine leeren Zwischenräume gelassen werden. Der ursprüngliche Inhalt einer Eintragung darf nicht mittels Durchstreichens oder auf andere Weise unleserlich gemacht, es darf nichts radiert, auch dürfen solche Veränderungen nicht vorgenommen werden, deren Beschaffenheit es ungewiß läßt, ob sie bei der ursprünglichen Eintragung oder erst später gemacht worden sind.

Die Bücher und Belege sind sorgfältig aufzubewahren und auf Verlangen jederzeit den nach § 21 des Gesetzes zur Kontrolle berechtigten Beamten oder Sachverständigen vorzulegen. Sind die Geschäftsräume von den Kellereien oder sonstigen Lagerräumen getrennt, so sind die Bücher auf Verlangen auch in den zu kontrollierenden Räumen vorzulegen.

Im einzelnen ist den Vorschriften des Gesetzes nach den den Mustern A bis G beigefügten Anweisungen mit folgender Maßgabe zu genügen:

Es haben Buch zu führen:

c. Schankwirte, Lebensmittelhändler, Krämer und sonstige Kleinverkäufer, die Traubenmost oder Wein nur in fertigem Zustande beziehen und unverändert wieder abgeben, nach Muster F[1]);

---

[1]) Das hier angeführte Muster eines Weinbuchs ist für alle Kleinverkäufer von Wein, mithin auch für die Apotheker, maßgebend. Ein auf Grund dieses Musters bearbeitetes „Weinbuch für Apotheker und sonstige Kleinverkäufer von Wein" ist im Verlage von Julius Springer in Berlin erschienen. Von dem Abdruck des Musters F ist deshalb hier abgesehen. Über die Handhabung der Weinbuchführung seitens der Apotheker ergibt sich aus dem Gesetz und den Ausführungsbestimmungen im ganzen folgendes:

1. Zur Führung des Weinbuches sind alle Apotheker verpflichtet, da alle in ihrem Geschäfte Wein, zum mindesten Medizinal-Ungarwein als solchen, verkaufen. Wie viele Flaschen sie im Jahre verkaufen, ist dabei gleichgültig.

2. Die Bücher sind in deutscher Sprache zu führen.

3. Die Bücher müssen gebunden und Blatt für Blatt oder Seite für Seite mit fortlaufenden Zahlen versehen sein. Die Zahl der Blätter oder Seiten ist vor Beginn des Gebrauchs auf der ersten Seite des Buches anzugeben. Ein Blatt aus dem Buche zu entfernen, ist verboten.

4. An Stellen, die der Regel nach zu beschreiben sind, dürfen keine leeren Zwischenräume gelassen werden. Der ursprüngliche Inhalt einer Eintragung darf nicht mittels Durchstreichens oder auf andere Weise unleserlich gemacht, es darf nichts radiert, auch dürfen solche Veränderungen nicht vorgenommen werden, deren Beschaffenheit es ungewiß läßt, ob sie bei der ursprünglichen Eintragung oder erst später gemacht worden sind.

5. Die Buchführung erstreckt sich auf alle stillen Weine (Weißwein, Rotwein, Ungarwein, Sherry, Südweine usw.), sowie auf dem Weine ähnliche Getränke aus Fruchtsäften (Johannisbeerwein, Erdbeerwein usw.), Pflanzensäften (Wermutwein, Birkenwein) oder Malzauszügen (Maltonwein). Auf weinhaltige Arzneimittel, sog. Arzneiweine (Pepsin-, China-, Rhabarber-, Condurangoweine oder Ullrichs Kräuterwein usw.) ist die Verpflichtung zur Buchführung nicht ausgedehnt. Ebensowenig auf Kognak und Schaumwein.

6. Bei Einrichtung des Weinbuchs sind zunächst alle vorhandenen Bestände an Wein aufzunehmen und in dem Buche unter Eingang als Bestand vorzutragen.

7. Nach Vortragung der Bestandsaufnahme ist im Weinbuch unter Eingang jeder Zugang an Wein in Gebinden, Korbflaschen oder einzelnen Flaschen spätestens acht Tage nach dem Eingange zu buchen. Dabei sind die Zeit des Geschäftsabschlusses und die Namen der Lieferanten anzugeben. Bei Selbstabfüllung von Wein in Flaschen ist das abgefüllte Quantum nach Litern unter Ausgang zu vermerken, während die eingefüllten Flaschen nach Zahl unter Eingang einzutragen sind.

Die bei dem Inkrafttreten des Gesetzes vorhandenen Bestände sind längstens bis zum 1. Oktober 1909 in den Büchern vorzutragen. Mit Rücksicht auf die Vorschrift des § 34 Abs. 3 des Gesetzes ist bei Getränken, soweit sich dies nicht aus dem Eintrag ohne weiteres ergibt, in der Spalte für Bemerkungen anzugeben, wann sie hergestellt sind.

Den zur Buchführung Verpflichteten ist gestattet, nach Bedarf ihrer Betriebe die Bücher auch zu anderen, in dem Vordrucke der Muster nicht vorgesehenen geschäftlichen Aufzeichnungen zu benutzen und den Vordruck entsprechend zu ergänzen, soweit es unbeschadet der Übersichtlichkeit geschehen kann.

Die Verwendung der Muster A—G darf außerdem unterbleiben, wenn die vorgeschriebenen Angaben in Bücher anderer Form eingetragen werden, die nach den Grundsätzen ordnungsmäßiger Buchführung geführt werden, doch sind die Muster zu verwenden, wenn die von der Landespolizeibehörde hierfür bestimmte Behörde festgestellt hat, daß die geführten Bücher keine genügende Übersicht gewähren. Die Behörde entscheidet hierüber auf Anrufen des Betriebsinhabers oder des nach § 21 Abs. 2 des Gesetzes zur Kontrolle bestellten Sachverständigen endgültig.

---

8. Unter Ausgang ist spätestens innerhalb acht Tagen zu buchen: a. die Verarbeitung von Wein (Sherry, Weißwein usw.) zur Darstellung weinhaltiger Arzneimittel (Pepsin-, China-, Condurango-, Rhabarber- usw. Wein), b. die Abfüllung von Gebinden oder Korbflaschen auf einzelne Flaschen (wobei letztere als Eingang einzutragen sind); c. die Verwendung von Wein in der Rezeptur; d. der Verkauf von einzelnen Flaschen im Geschäft; e. der Selbstverbrauch im Haushalt. Die Eintragungen unter c—e können monatlich im Gesamtbetrage, nach Weinsorten gesondert, spätestens bis zum zehnten Tage des folgenden Monats erfolgen.

9. Die Eintragung des im Haushalt verbrauchten Weins in das Weinbuch ist in dem Schema desselben ausdrücklich vorgeschrieben. Sie könnte höchstens unterbleiben, wenn der für den Privatgebrauch bestimmte Wein unabhängig von dem für die Apotheke dienenden gekauft und in ganz anderen Räumen gelagert wird, so daß beide Bestände voneinander völlig getrennt sind.

10. Es ist nicht nötig, daß die Flaschengröße der einzelnen Weinsorten untereinander gleich groß ist. Aber bei jeder Weinsorte darf unter $^1/_1$ $^1/_2$ und $^1/_3$-Flaschen nur eine bestimmte Flaschengröße verstanden werden.

11. Die Bezeichnung „Weißwein" oder „Rotwein" genügt im Weinbuch nicht. Es ist vielmehr die genaue Marke und die Bezugsquelle zu vermerken.

12. Gezuckert sind in der Regel nur Mosel- und Rheinweine, Südweine nicht. Der Vermerk „gezuckert" wäre also nur bei ersteren zu bejahen.

13. Das Weinbuch ist in jedem Jahre einmal abzuschließen. Die vorhandenen Vorräte sind unter Eingang, nach Weinsorten gesondert, neu einzutragen.

14. Da für die Weinbuchführung vorgeschrieben ist, daß keine leeren Zwischenräume bleiben sollen, ist zu empfehlen, von der Anlage eines besonderen Blattes für jede Weinsorte abzusehen.

15. Wenn neben der Apotheke eine besondere Großweinhandlung geführt wird, so hat für letztere eine besondere Buchführung zu erfolgen. Alsdann genügt es, wenn in dem Weinbuch der Apotheke nur die zu letzterer gehörigen Bestände an Wein eingetragen werden.

16. Den zur Buchführung Verpflichteten ist gestattet, nach Bedarf ihrer Betriebe die Bücher auch zu anderen, in dem Vordrucke der Muster nicht vorgesehenen geschäftlichen Aufzeichnungen zu benutzen und den Vordruck entsprechend zu ergänzen, soweit es unbeschadet der Übersichtlichkeit geschehen kann.

17. Die Bücher und Belege sind sorgfältig bis zum Ablauf von 5 Jahren nach der letzten Eintragung aufzubewahren und auf Verlangen jederzeit den zur Kontrolle berechtigten Beamten oder Sachverständigen in den kontrollierten Räumen vorzulegen.

# XII. Arzneibeförderung durch Eisenbahn und Post.

Seit dem Jahre 1905 bestanden bei den preußisch-hessischen Staatsbahnen Bestimmungen über eine vereinfachte Beförderung von Arzneimitteln auf Eisenbahnen. Sie sind gegenwärtig in etwas veränderter Fassung enthalten als Anhang zu dem ab 1. November 1925 gültigen Personen- und Gepäcktarif Teil II der Deutschen Reichsbahn-Gesellschaft und lauten wie folgt:

## Bedingungen für die regelmäsige Beförderung von Arzneimitteln auf Eisenbahnen.

§ 1. Gegenstand der Beförderung. Antrag des Absenders.

Arzneimittel werden zur regelmäßigen Beförderung nach höchstens 25 km entfernten Stationen angenommen, wo sich keine Apotheke befindet. Anträge sind spätestens 8 Tage vor Beginn des Versandes bei der Gepäckabfertigung der Versandstation nach dem am Schluß abgedruckten Muster einzureichen.

Über die Genehmigung des Antrages entscheidet die von der Eisenbahnverwaltung bestimmte Stelle.

§ 2. Art der Verpackung und Inhalt der Kasten. Nachnahme.

1. Die Arzneimittel sind in dauerhaften, handlichen und gutschließenden Kasten zu verpacken; die zu einer Sendung gehörigen Kasten dürfen zusammen mit dem Inhalt höchstens 10 kg schwer sein. Die Kasten müssen den Namen und Ort der Apotheke, die deutliche Anschrift des Empfängers und die Namen der Versand- und Empfangsstation tragen. Die Angaben müssen auf den Kasten dauerhaft angebracht, und es darf nur ein Empfänger angegeben werden.
2. Wein und Mineralwässer gelten als Arzneimittel, wenn sie ärztlich verordnet sind. Die Eisenbahnverwaltung kann verlangen, daß die Kasten geöffnet und die ärztlichen Verordnungen vorgelegt werden.
3. Die ärztlichen Verordnungen dürfen weder mit der Anschrift einer bestimmten Apotheke noch mit Buchstaben, Zahlen u. dgl. versehen sein, die eine bestimmte Apotheke kennzeichnen.
   Briefliche Mitteilungen jeder Art sind ausgeschlossen.
4. Nachnahmen werden nicht zugelassen.

§ 3. Beförderungsgebühr.

1. Die Beförderungsgebühr beträgt für sämtliche innerhalb eines Kalendermonats beförderten Sendungen, einschließlich der Rückbeförderung der nicht innerhalb 48 Stunden abgeholten Kasten (siehe § 6), der leeren oder mit leeren Arzneibehältern und Verordnungen gefüllten Kasten und für jede Empfangsstation 4,50 RM.
2. Die Beförderungsgebühr ist für den Kalendermonat zuerst nach Bewilligung des Antrages (§ 1) und sodann am 1. des folgenden Monats jedesmal vor Auflieferung der ersten Sendung zu zahlen.

§ 4. Verwägen. Frachtzuschlag.

Die Arzneikasten werden nicht regelmäßig gewogen. Die Versandstation wird sich durch Verwägen einzelner Sendungen überzeugen, daß das Gewicht der Kasten 10 kg nicht übersteigt. Ist das Höchstgewicht überschritten oder befinden sich andere Gegenstände als Arzneimittel oder Verordnungen oder vorschriftswidrige Verordnungen (§ 2 Ziff. 3) im Kasten, so wird für die Sendung ein Frachtzuschlag von 7,50 RM erhoben, und zwar auch dann, wenn nicht beabsichtigt war, Fracht zu hinterziehen.

§ 5. Auflieferung gefüllter und leerer Kasten.

1. Gefüllte oder leer zurückgehende Kasten können noch unmittelbar vor Abfahrt des Zuges aufgeliefert werden.
2. Die Kasten werden ohne Begleitpapiere bei der Gepäckabfertigung oder, wenn diese geschlossen ist, bei der Station aufgegeben.
   Sollen sie mit einem Güterzug befördert werden, so kann die Eisenbahnverwaltung die Auflieferung bei der Güterabfertigung verlangen.
3. Die Kasten werden mit dem nächsten auf der Bestimmungsstation haltenden Personen- oder Güterzug befördert, wenn nicht die Beförderung mit bestimmten Zügen vereinbart ist. Die Eisenbahn übernimmt keine Gewähr dafür, daß die Kasten stets mit den vereinbarten Zügen befördert werden.

§ 6. Auslieferung gefüllter Kasten.

Der Empfänger hat den Kasten am Zug oder bei der Gepäck- (Güter-) Abfertigung abzuholen, ohne daß er über die Ankunft benachrichtigt wird. Wird der Kasten nicht innerhalb 48 Stunden abgeholt, so wird der Versender hiervon durch Vermittlung der Versandstation benachrichtigt. Ist der Kasten auch nach weiteren 48 Stunden nicht abgeholt, so wird er an den Versender zurückgeschickt.

§ 7. Auslieferung leerer Kasten.

Die Ankunft der zurückgesandten leeren Kasten wird der Apotheke nicht mitgeteilt. Sie sind binnen 24 Stunden abzuholen. Nach Ablauf von 24 Stunden ist das tarifmäßige Lagergeld für Expreßgut zu entrichten.

§ 8. Haftpflicht für Verlust, Minderung, Beschädigung und verspätete Ankunft.

Für die Haftung bei Verlust, Minderung, Beschädigung und verspäteter Ankunft gelten die Bestimmungen für Expreßgut in § 43 des Deutschen Eisenbahn-Personen- und Gepäcktarifs, Teil I; bei Verlust, Minderung oder Beschädigung werden höchstens 4,50 RM für jede Sendung erstattet.

§ 9. Aufhebung der Beförderung.

Eine Kündigung ist jederzeit für das Ende des laufenden Monats zulässig. Die Kündigung ist an die von der Eisenbahnverwaltung bestimmte Stelle zu richten (§ 1).

Bei unpünktlicher Zahlung der Gebühren oder bei Mißbrauch der Einrichtung kann die Eisenbahn die Beförderung sofort einstellen. In diesem Fall wird auch kein Teil der Monatsgebühr zurückgezahlt.

**Anmeldung zur regelmäßigen Beförderung von Arzneimitteln.**

Die unterzeichnete Apotheke beantragt die regelmäßige Beförderung von Arzneimitteln von ......................................
nach .................. vom .... ten ..................... an
und erkennt die vorstehenden Bedingungen an. Die Beförderung der gefüllten Arzneikasten wird mit Zug ......, der leeren mit Zug ...... gewünscht.

................., den .... ten ................

## Postverkehr mit Arzneien und Urinproben.

Zur Erleichterung und Beschleunigung der Arzneiversorgung des platten Landes hat die Postverwaltung durch Verf. vom 21. Oktober 1906 die Ober-Postdirektionen ermächtigt, in geeigneten Fällen, bei wirklichem Bedürfnis, auf Antrag die nachstehend angegebenen Maßnahmen zu treffen:

### A. Die Briefe mit Rezepten[1]) werden:

1. Von den Landzustellern, Beförderern der Botenposten, Führern der Privat-Personenfuhrwerke usw. sogleich bei oder nach der Rückkehr vom Zustellgang usw. in der Apotheke abgegeben;
2. den Kastenleerern zur Ablieferung in der Apotheke mitgegeben;
3. auf Benachrichtigung mit Fernsprecher durch einen Boten der Apotheke von der Post abgeholt.

### B. Die Sendungen mit Arzneien werden:

1. Auf Ersuchen der Apotheke von den Landzustellern, Botenpostbeförderern, den die Bahnhofsgänge besorgenden unteren Beamten, den Führern der Privat-Personenfuhrwerke aus der Apotheke abgeholt;
2. den Landzustellern usw. durch einen Boten der Apotheke oder durch Vermittlung anderer unterer Beamten (Kastenleerer usw.) mitgegeben (außerhalb der Schalterstunden);
3. von den Apotheken den Bahnposten unmittelbar zugeführt;
4. mit Landbriefträgerposten befördert, die sonst nur zur Beförderung von Briefkartenschlüssen dienen;
5. auch Sonntags von den Landzustellern abgetragen;
6. auf jedesmaligen vorhergehenden Antrag bei der Ankunft auf dem Bahnhof ausgesondert und nicht in den Güterpostwagen, sondern auf dem Bockplatz des Wagens befördert und von dem Empfänger an einer verabredeten Stelle entgegengenommen;
7. ohne Paketkarte angenommen und befördert. Die Paketgebühr wird in diesen Fällen auf den Sendungen selbst verrechnet; die Wertzeichen werden, sofern die Einlieferung nicht beim Postamt erfolgt, durch die Zusteller usw. oder die Bahnposten entwertet.

---

[1]) Bei der Versendung von Rezepten ist das Postgesetz zu beachten. Nach einem Urteil des R.G. vom 19. Oktober 1904 (Ph.Ztg. 1906 Nr. 21) sind Rezepte, wenn ihre Übersendung eine Mitteilung des Absenders an den Empfänger dahingehend bedeutet, daß das angeschlossene Arzneimittel in seiner Zusammenstellung und Herstellungsart dem Rezepte entspricht, als Briefe im Sinne des Postgesetzes anzusehen. Ihre Übermittlung durch eine Privatbeförderungsanstalt ist daher unzulässig. Sie darf außer durch die Post nur durch einen expressen Boten, d. h. einen vom Absender an den Empfänger der Arznei direkt gesandten Boten, erfolgen. In ähnlichem Sinne entschied auch O.L.G. Kiel 4. März 1903 (K.G.A. IV, S. 261). Ebenso verstößt die Zusendung von Arzneirechnungen in einem Sammelkuvert an Personen in umliegenden Orten dann, wenn diese die Rechnungen, ohne mit ihnen weitere relevante Manipulationen vorzunehmen, einfach an die Adressaten austragen, gegen das Postgesetz (Bayer. OLG. 28. Oktober 1911 und 19. Oktober 1912, Ph.Ztg. 1911 Nr. 89 und 1912 Nr. 86). Auch die Beförderung von Prospekten über ein Mittel durch einen Reisenden in einem Paket von einem Ort nach einem anderen, wo sie zur Post gegeben und unter Ortsporto befördert werden, stellt einen Verstoß gegen das Postgesetz dar. (R.G. 7. März 1911, Ph.Ztg. 1911 Nr. 20), desgleichen die Verteilung von Reklameprospekten in verschlossenen Briefumschlägen durch ein Boteninstitut (R.G. 10. Oktober 1912, Ph.Ztg. 1912 Nr. 83).

Nach einer Entscheidung des Reichspostministeriums ist für Arzneisendungen, die bei den Postanstalten unter „Einschreiben" oder als Paket (wenn auch ohne Paketkarte) außerhalb der Schalterstunden eingeliefert werden, die besondere Einlieferungsgebühr zu erheben.

In offenen Umschlägen, Kästchen, Säckchen usw. verpackte Arznei- und Heilmittel dürfen, auch wenn sie mit einer durch Siegelmarke oder sonst verschlossenen Hülle versehen sind, seitens vertrauenswürdiger Firmen als Warenproben versandt werden. Bedingung ist, daß der Absender bereit ist, die infolge einer Prüfung, ob die Sendung den Vorschriften entspricht und insbesondere keine verbotenen schriftlichen Mitteilungen enthält, etwa unbrauchbar gewordenen Gegenstände auf seine Kosten durch neue zu ersetzen. Die Zulassung erfolgt auf Widerruf.

### Versendung von Urinproben.

In Paketen dürfen Proben von Urin und ähnlichen Ausscheidungsstoffen versandt werden, wenn die Stoffe in dickwandigen Glasgefäßen mit festschließendem Stöpsel, der mit feuchter Tierblase oder Kautschukstoff überzogen ist, enthalten sind. Die Gefäße müssen in festen, undurchlässigen, mit Watte, Stroh, Werg oder dergleichen ausgefüllten Behältern verpackt sein.

Die Beförderung von Urinproben und ähnlichen Ausscheidungsstoffen mit der Briefpost soll laut Verf. vom September 1920 und Ausf.-Best. zu § 5 der Postordnung vom 22. Dezember 1921 versuchsweise nicht beanstandet werden, wenn die nachstehenden Bestimmungen eingehalten sind:

1. Die Sendungen müssen als Briefe oder Päckchen — also nicht als Warenproben — aufgeliefert werden.

2. Die Verpackung muß so eingerichtet sein, daß der Behälter gegen Bruch und Auslaufen genügend geschützt ist, und daß selbst bei einem Bruch des Behälters die austretende Flüssigkeit durch Watte oder dergleichen vollständig aufgesogen wird.

3. Der Inhalt ist in der Aufschrift durch Druck oder Schrift in hervortretender Weise ersichtlich zu machen, z. B. „Urinprobe".

4. In der Aufschrift müssen auch Name und Wohnung des Absenders angegeben sein.

5. Die Sendungen sind nicht durch den Briefkasten, sondern am Schalter oder beim Landzusteller einzuliefern.

Briefsendungen und Päckchen mit Proben von Urin oder ähnlichen Ausscheidungsstoffen, die diesen Bedingungen nicht entsprechen, sind von der Postbeförderung auszuschließen.

Auch die Schiffahrt hat Beziehungen zum Arzneiverkehr. Es handelt sich hierbei um die Krankenfürsorge auf Kauffahrteischiffen, die durch Bekanntmachung des Reichskanzlers vom 3. Juli 1905, 21. Mai 1909 und 7. April 1911 geregelt ist. Danach sind die Kauffahrteischiffe je nach der Ausdehnung ihrer Fahrt mit Arznei- und anderen Hilfsmitteln zur Krankenpflege nach Maßgabe bestimmter Verzeichnisse auszurüsten. Die Arzneimittel sind laut § 7 der Bk. unter Beachtung der auf Grund des § 6 der Gewerbeordnung erlassenen Verordnungen betr. den Verkehr mit Arzneimitteln im Inlande zu beziehen. Sie müssen den Anforderungen des Deutschen Arzneibuches entsprechen, soweit nicht eine andere Zusammensetzung in den Arzneimittelverzeichnissen vorgesehen ist. In Notfällen ist die Beschaffung von Arzneimitteln im Auslande zulässig.

# XIII. Tarifrecht.

Für die allgemeinen Rechtsverhältnisse der pharmazeutischen Apothekenangestellten (Anstellung, Kündigung, Gehaltsanspruch bei Krankheit usw.) sind die Bestimmungen des Handelsgesetzbuches, für die besonderen Rechtsverhältnisse (Arbeitszeit, Gehalt, Urlaub) diejenigen des zwischen den Verbänden der Arbeitgeber und Arbeitnehmer (Deutscher Apotheken-Verein bzw. Verband deutscher Apotheker, Reichsfachgruppe des Gewerkschaftsbundes der Angestellten) abgeschlossenen und für allgemeinverbindlich erklärten Tarifvertrages maßgebend. Die versicherungsrechtliche Stellung regelt sich nach den Sozialversicherungsgesetzen (Reichsversicherungsordnung, Angestelltenversicherungsgesetz). Der für die besonderen Rechtsverhältnisse der pharmazeutischen Apothekenangestellten maßgebende Tarifvertrag für Apotheker gründet sich auf die nachstehende Verordnung des Rates der Volksbeauftragten:

## Verordnung über Tarifverträge.

Vom 23. Dezember 1918.

§ 1. Sind die Bedingungen für den Abschluß von Arbeitsverträgen zwischen Vereinigungen von Arbeitnehmern und einzelnen Arbeitgebern oder Vereinigungen von Arbeitgebern durch schriftlichen Vertrag geregelt (Tarifvertrag), so sind Arbeitsverträge zwischen den beteiligten Personen insoweit **unwirksam**, als sie von der tariflichen Regelung abweichen. Abweichende Vereinbarungen sind jedoch wirksam, soweit sie im Tarifvertrage grundsätzlich zugelassen sind, oder soweit sie eine Änderung der Arbeitsbedingungen zugunsten des Arbeitnehmers enthalten und im Tarifvertrag nicht ausdrücklich ausgeschlossen sind. An die Stelle unwirksamer Vereinbarungen treten die entsprechenden Bestimmungen des Tarifvertrages.

Beteiligte Personen im Sinne des Abs. 1 sind Arbeitgeber und Arbeitnehmer, die Vertragsparteien des Tarifvertrages oder **Mitglieder der vertragschließenden Vereinigungen** sind oder bei Abschluß des Arbeitsvertrages gewesen sind, oder die den Arbeitsvertrag unter Berufung auf den Tarifvertrag abgeschlossen haben.

§ 2. Das Reichsarbeitsamt kann Tarifverträge, die für die Gestaltung der Arbeitsbedingungen des Berufskreises in dem Tarifgebiet überwiegende Bedeutung erlangt haben, für **allgemeinverbindlich** erklären[1]). Sie

---

[1]) Über das Wesen und die Wirkung einer **Verbindlicherklärung** des Tarifvertrages haben sich zwei verschiedene Ansichten herausgebildet. Die eine, die sog. Gesetzestheorie, sieht in der Verbindlicherklärung eine gesetzliche Norm, die tarifvertragliche Vereinbarungen zum Gesetz erhebt und mithin so lange in gesetzlicher Geltung läßt, bis diese wieder durch einen gleichen Akt derselben Stelle, die die Verbindlicherklärung ausgesprochen hat, aufgehoben wird. Die andere, die sog. Vertragstheorie, vertritt die Meinung, daß der Vertragscharakter der tariflichen Vereinbarungen auch durch die Verbindlicherklärung nicht berührt oder beseitigt wird, so daß letztere nur im Rahmen der vertraglichen Abmachung, also auch nur innerhalb deren zeitlicher Begrenzung, besteht, mithin mit Aufhören eines Tarifvertrages automatisch ihr Ende findet. In letzterem Sinne liegt eine Entscheidung des L.G. I Berlin vom 12. Mai 1921 (Ph.Ztg. 1921 Nr. 95) vor. Aber auch ein auf den früheren Tarifvertrag für Apotheker bezügliches Urteil des R.G. vom 2. Juli 1926 (Ph.Ztg. 1926 Nr. 60), welches in dem Grundsatz gipfelt, daß mit dem Ablauf eines (für allgemeinverbindlich erklärten) Tarifvertrages auch das vereinbarte Schiedsgericht entfällt, läßt sich nur im Sinne der Vertragstheorie deuten.

Die Wirkung der Verbindlicherklärung besagt in jedem Falle, daß die tariflichen Abmachungen der Vertragsteilnehmer auch für die Dienstverhältnisse der sog. Außenseiter gelten. Nur würde diese Konsequenz bei der Gesetzestheorie bis zur Aufhebung der Versind dann innerhalb ihres räumlichen Geltungsbereichs für Arbeitsverträge, die nach der Art der Arbeit unter den Tarifvertrag fallen, auch dann verbindlich im Sinne des § 1, wenn der Arbeitgeber oder der Arbeitnehmer oder beide an dem Tarifvertrage nicht beteiligt sind[1]).

Für Apotheker gelten z. B. folgende Tarifvereinbarungen:

## Tarifvertrag der Tarifvertragsgemeinschaft deutscher Apotheker.

Vom 13. August 1927.

Der Deutsche Apotheker-Verein (D. Ap.-V.) für seine Mitglieder Abteilung A und der Gewerkschaftsbund der Angestellten (G. D. A.), vertreten durch seine Reichsfachgruppe Verband deutscher Apotheker (V. d. A.) schließen folgenden Tarifvertrag ab:

### Tarifvertrag.

§ 1. Der Zweck des Vertrages ist, die Dienst- und Anstellungsverhältnisse der in den Apotheken als Assistenten tätigen approbierten und nichtapprobierten Pharmazeuten und Pharmazeutinnen durch einen Tarifvertrag zu regeln[2]).

Verwalter sind grundsätzlich von der tarifvertraglichen Gehaltsregelung ausgenommen[3]). Für den Fall jedoch, daß bei der Gehaltsvereinbarung keine Einigung zwischen dem Apothekeninhaber und dem Verwalter zu erreichen ist, kann der Kreisausschuß (§ 10) angerufen werden, gegen dessen Spruch Berufung beim Gauausschuß (§ 10) eingelegt werden kann, der endgültig entscheidet. Bei der Verhandlung ist auf die besonderen wirtschaftlichen Verhältnisse der Apotheke Rücksicht zu nehmen.

Für das Dienstverhältnis sind, soweit dieser Vertrag nicht weitergehende Bestimmungen vorsieht, die Vorschriften des Handelsgesetzbuches maßgebend[4]).

### Dauer des Vertrages.

§ 2. Dieser Vertrag wird zunächst auf die Dauer eines Jahres abgeschlossen. Er tritt am 1. Januar 1925 in Kraft und kann erstmalig bis zum

---

bindlicherklärung, bei der Vertragstheorie lediglich bis zum Ablauf oder bis zur Änderung des Tarifvertrages dauern. Dabei ist jedoch zu berücksichtigen, daß der Inhalt eines für allgemeinverbindlich erklärten Tarifvertrages Gegenstand der Einzelverträge geworden ist und daher, auch wenn der Tarifvertrag selbst eine bindende Wirkung nicht mehr ausübt, als Einzelvertrag weiter gilt, sofern er nicht als solcher aufgehoben oder geändert ist.

[1]) Danach gilt ein Tarifvertrag für alle Arbeitgeber und Arbeitnehmer eines Berufskreises nur dann, wenn er vom Reichsarbeitsamt (jetzt Reichsarbeitsministerium) für allgemeinverbindlich erklärt ist. Ist das nicht geschehen, so gilt ein Tarifvertrag, wie sich aus dem Vertragscharakter (Gesamtvertrag an Stelle des Einzelvertrages) ergibt, nur für solche Dienstverhältnisse, bei denen sowohl der Arbeitgeber wie der Arbeitnehmer Mitglied der für ihn in Betracht kommenden vertragschließenden Vereinigung ist oder die ausdrücklich unter Berufung auf den Tarifvertrag abgeschlossen sind.

[2]) An sich werden von dem Tarifvertrage nur solche Dienstverhältnisse erfaßt, bei denen sowohl Arbeitgeber wie Arbeitnehmer den am Tarifvertrag beteiligten Verbänden angehören oder die ausdrücklich unter Berufung auf den Tarifvertrag abgeschlossen sind. Über die Verbindlicherklärung des Tarifvertrages für Apotheker vgl. die Ausführungen auf S. 185 und 186.

[3]) Anders jedoch bei der Zuschußkasse (vgl. § 11).

[4]) Siehe S. 28ff.

1. Oktober 1925 durch eingeschriebenen Brief zum 31. Dezember 1925 gekündigt werden. Erfolgt keine Kündigung, so verlängert sich die Vertragsdauer jeweilig um ein Vierteljahr. Die Kündigung hat dann mit dreimonatiger Frist zum Vierteljahrsende durch eingeschriebenen Brief zu erfolgen.

### Regelung der Arbeitszeit.

§ 3. Die Arbeitszeit für das pharmazeutische Personal beträgt 50 Stunden in der Woche, wobei den Angestellten mindestens ein halber freier Tag in der Woche zu gewähren ist. Ferner ist der mit den besonderen Aufgaben der Apotheke gewöhnlich verbundene Sonntags- und Nachtdienst zu leisten. Als gewöhnlich gilt

a. für den Sonntagsdienst:

1. in Orten mit einer Apotheke: Dienst an jedem zweiten Sonntag bzw. Feiertag;

2. in Orten mit zwei, vier und fünf Apotheken: von je vier Sonntagen bzw. Feiertagen einen ganzen, einen halben Tag Dienst;

3. in Orten mit drei, sechs und mehr Apotheken: von je sechs Sonntagen bzw. Feiertagen einen ganzen Tag, zwei halbe Tage Dienst; ist der ganztägige Sonntagsschluß der Apotheken durchgeführt, einen ganzen, einen halben Tag Dienst.

Durch die nach Abs. 1 zu gewährenden Freizeiten gilt die als Ausgleich für Sonntagsdienst nach der Verordnung über Sonntagsruhe im Handelsgewerbe und in Apotheken vom 5. Februar 1919 zu gewährende Freizeit als abgegolten, wenn nicht öfter als jeden zweiten Sonn- oder Festtag mehr als 6 Stunden Dienst zu leisten sind. Im übrigen gelten die Bestimmungen der obengenannten Verordnung[1]).

b. für den Nachtdienst:

1. in Orten mit einer Apotheke: jede zweite Nacht Dienstbereitschaft;

2. in Orten mit zwei, vier und fünf Apotheken: jede vierte Nacht Dienstbereitschaft.

3. In Orten mit drei, sechs und mehr Apotheken: jede sechste Nacht Dienstbereitschaft.

Der Kreisausschuß hat das Recht, in Orten mit mehr als zwei Apotheken, in denen der ganztägige Sonntagsschluß durchgeführt ist, den Dienst der angestellten Apotheker an Sonn- und Feiertagen in anderer Weise festzusetzen.

An den Wochentagen beträgt die Mittagspause mindestens zusammenhängend zwei Stunden. Wird Mittagskost im Hause gewährt, so beträgt die Mittagspause in der Regel zusammenhängend $1^1/_2$ Stunden. Die Kreisausschüsse können auf Antrag eine anderweitige Regelung der Mittagspause vornehmen.

---

[1]) Siehe S. 18. Ferner wurde hierzu in der Sitzung des Reichsausschusses der Tarifvertragsgemeinschaft Deutscher Apotheker vom 26. September 1925 folgender Beschluß gefaßt:

Fällt in die Woche ein Feiertag, so gilt der auf diesen Wochenfeiertag fallende freie Tag als abgegolten, wenn der betreffende angestellte Herr an diesem Feiertage ganz frei hat.

Unter „freier Tag" ist hier der gemäß Abs. 1 zu gewährende halbe freie Tag zu verstehen. Nach Ansicht der Tarifparteien ist dieser halbe freie Tag stets zu gewähren, also auch dann, wenn die Arbeitszeit in der Woche infolge eines Wochenfeiertages 50 Stunden nicht erreicht. Was in dem Beschluß von dem angestellten „Herrn" gesagt ist, gilt natürlich auch für die angestellte „Dame".

### Regelung der Gehaltsbezüge.

§ 4. Das Gehalt der Assistenten und Assistentinnen wird vom Reichsausschuß (§ 10) in der Regel vierteljährlich festgesetzt[1]). Bei einer sich zeigenden erheblichen Veränderung der Teuerungsverhältnisse kann der Reichsausschuß auf Antrag einer Partei über eine Neufestsetzung des Tarifgehalts entscheiden.

Die Gehaltsverhandlungen müssen bis zum 5. des ersten Monats jedes Vierteljahres aufgenommen sein. Der Reichsausschuß muß auf Verlangen von zwei Beisitzern unter Hinzuziehung eines Unparteiischen verhandeln. Ist über die Person des zu bestellenden Unparteiischen keine Einigung herbeizuführen, so hat der amtliche Schlichter den Unparteiischen zu bestellen.

Der Arbeitgeber ist arbeitsvertraglich verpflichtet, dem Angestellten an Gehalt zu zahlen:

a. an den Angestellten selbst: das tarifliche Gehalt (§ 4 Abs. 1 Satz 1) vermindert um den vom Reichausschuß zugunsten der Zuschußkasse (§ 11) jeweils festgesetzten Lohnabzug[2]);

b. an die Zuschußkasse: den vom Reichsausschuß zugunsten der Zuschußkasse (§ 11) jeweils festgesetzten Lohnabzug;

c. an die Zuschußkasse: die gleiche Summe wie zu b aus eigenen Mitteln (§ 11).

Die Gehaltsvereinbarung zu b und c ist ein Vertrag zugunsten Dritter im Sinne des § 328 BGB., und zwar zugunsten der Zuschußkasse (§ 11).

Das Gehalt wird für folgende Gruppen festgesetzt:

a. für Assistenten mit Vorprüfung;
b. für Kandidaten;
c. für approbierte Assistenten mit weniger als 5 Dienstjahren nach der Approbation (Approbierte I);
d. für approbierte Assistenten mit mehr als 5 Dienstjahren nach der Approbation (Approbierte II).

Für die Ortsklasseneinteilung gilt das Ortsklassenverzeichnis zum Reichsbesoldungsgesetz[3]).

Vergütungen für vorübergehende Mehrleistungen in Form längerer Arbeitszeit (Überstunden) und besonderer Dienstbereitschaft sind vom Reichsausschuß festzusetzen.

Assistenten mit Vorprüfung gelangen nach je 5 Dienstjahren in den Genuß des Gehalts der nächsthöheren Stufe bis zum Gehalt für approbierte Assistenten unter 5 Dienstjahren nach der Approbation.

---

[1]) Die letzte unter dem 2. Februar 1927 getroffene Vereinbarung sieht mit Wirkung ab 1. Januar 1927 folgende Gehaltssätze vor:

a. Die Gehälter betragen ab 1. Januar 1927:

| | Appr. II | Appr. I | Kandidaten | Assist. m. Vorpr. |
|---|---|---|---|---|
| Sonderklasse ....... | 405 | 365 | 300 | 220 RM |
| Ortsklasse A ....... | 370 | 330 | 270 | 200 „ |
| „ B ..... | 330 | 300 | 245 | 180 „ |
| „ C ....... | 310 | 280 | 225 | 170 „ |
| „ D ....... | 295 | 265 | 210 | 160 „ |

b. Soweit das bisherige Gesamteinkommen aus tariflichen und sonstigen Abmachungen über Gehälter und Leistungszulagen höher ist als das vorstehend vereinbarte Gehalt, verbleibt es bei dem bisherigen höheren Gesamteinkommen.

[2]) Nach einer Entscheidung des Reichsmin. d. Finanzen vom 4. August 1925 ist bei angestellten Apothekern dem Steuerabzug vom Arbeitslohn der volle Betrag des vereinbarten Gehaltes ohne Abzug der Beiträge zur Zuschußkasse zugrunde zu legen. Zum Gehalt gehört auch der Arbeitgeberanteil (s. oben § 4 Abs. 3c).

[3]) Das Ortsklassenverzeichnis ist im Pharm. Kalender, Teil III, abgedruckt.

### Naturalleistungen.

§ 5. Werden Naturalleistungen gewährt, so wird der Betrag für diese nach dem ortsüblichen Wert unter Berücksichtigung des tatsächlich Geleisteten auf das Gehalt angerechnet.

Bei Streitigkeiten über den Wert der Naturalleistungen entscheidet der Kreisausschuß.

### Kriegsteilnehmer.

§ 6. Kriegsheeresdienst, durch den die Berufstätigkeit unterbrochen wurde, rechnet als Berufstätigkeit.

Voraussetzung ist der Eintritt in den Beruf vor der Einberufung zum Kriegsdienst, sowie daß der Betreffende bei gewöhnlichem Ausbildungsgange die beanspruchte Gehaltsstufe erreicht hätte.

### Mindestsätze, Unterbietung und Ausnahmen.

§ 7. Die jeweils tariflich vereinbarten Sätze stellen Mindestsätze dar, die nicht unterboten werden dürfen. Zuwiderhandlungen haben für beide Teile nach fruchtloser Mahnung durch den zuständigen Gauausschuß eine Vertragsstrafe zur Folge, deren Höhe der Gauausschuß bestimmt[1]). Die Strafe muß für den Apothekenvorstand für jeden Fall mindestens das Zehnfache des zu wenig gezahlten Gehaltes betragen. Die Strafen fließen einer bezirklich zu gründenden Unterstützungskasse zu.

Erbringt der Apothekeninhaber den Nachweis, daß er wirtschaftlich nicht in der Lage ist, das tarifmäßige Gehalt zu zahlen, oder lassen besondere Umstände Ausnahmen von dem Verbot des Absatz 1 gerechtfertigt erscheinen, so ist für die Zahlung untertariflicher Bezüge die Zustimmung des zuständigen Kreisausschusses einzuholen, gegen dessen Entscheidung Berufung an den Gauausschuß zulässig ist.

### Versicherungsbeiträge.

§ 8. Beiträge zu gesetzlichen Versicherungen sind vom Arbeitgeber und Arbeitnehmer nach Maßgabe der einschlägigen Bestimmungen zu entrichten. Wurden solche Beiträge bisher vom Arbeitgeber ganz oder über das auf ihn fallende Maß hinaus geleistet, so kann eine Anrechnung ohne Zustimmung des Angestellten nicht erfolgen.

### Urlaub.

§ 9. Anspruch auf Urlaub hat der Angestellte, wenn er sechs Monate hintereinander in derselben Apotheke tätig gewesen ist. Die Dauer des Urlaubs ist für Assistenten mit Vorprüfung 10 Kalendertage; für Kandidaten und Approbierte I und II 14 Kalendertage, nach dreijähriger Tätigkeit in derselben Apotheke für alle Gruppen 21 Kalendertage jährlich.

Bei Auflösung des Arbeitsverhältnisses im Laufe eines Jahres, für welches Urlaub zusteht, muß der Urlaub anteilig gewährt werden.

Während des Urlaubs läuft das Gehalt weiter; der sonst für die Naturalleistungen mit Ausnahme der Wohnung angerechnete Betrag wird den Angestellten erstattet.

---

[1]) Diese Vereinbarung über eine Vertragsstrafe dürfte der Rechtsgültigkeit entbehren. Von der Verbindlicherklärung wird sie jedenfalls nicht erfaßt, da eine Vertragsstrafe nicht zu den „Arbeitsbedingungen" gehört, auf welche sich die Verbindlicherklärung beschränkt. Aber auch für die Mitglieder der am Tarifvertrag beteiligten Verbände kann sie nicht gelten, da ihre Festsetzung weder in der V. über Tariferträge, die ebenfalls nur Arbeitsverträge zum Gegenstand hat, noch in den Satzungen der betreffenden Verbände eine Unterlage findet.

Der Urlaub ist in der Regel zusammenhängend in der üblichen Urlaubszeit zu gewähren.

Gibt der Angestellte durch sein Verhalten rechtlich begründeten Anlaß zur fristlosen Entlassung, so verliert er damit jeden Anspruch auf etwa noch ausstehenden Urlaub. Zuviel erhaltener Urlaub kann in diesem Falle, sowie auch bei vorzeitiger Aufgabe der Stellung bei der Gehaltszahlung entsprechend in Abzug gebracht werden.

### Durchführung des Vertrages.

§ 10. Zur Durchführung dieses Vertrages werden Kreis- und Gauausschüsse sowie ein Reichsausschuß gebildet. Die Abgrenzung der den einzelnen Ausschüssen unterstehenden Tarifgebiete erfolgt in beiderseitigem Einvernehmen der Vertragsparteien.

Die Kreis- und Gauausschüsse bestehen aus je drei Vertretern der vertragschließenden Parteien. Je zwei Vertreter müssen Apothekenleiter bzw. angestellte Apotheker sein. Der Dritte muß dem Stande angehören, braucht aber nicht in der Apotheke praktisch tätig zu sein.

Darüber hinaus hat jede Partei die Berechtigung, ihre Interessen durch einen Mundanwalt vertreten zu lassen.

Der Vorsitz in den Kreis- und Gauausschüssen wird, falls nicht ein Unparteiischer zugezogen ist, wechselseitig von den Vertragsparteien geführt.

Die Kreisausschüsse verhandeln über die sich aus dem Dienstverhältnis ergebenden Streitfälle ohne Hinzuziehung eines Unparteiischen, Stimmengleichheit gilt als Ablehnung.

Die Gauausschüsse wirken als endgültige Berufungsinstanzen den Kreisausschüssen gegenüber. Sie müssen auf Verlangen von zwei Beisitzern unter Hinzuziehung eines Unparteiischen verhandeln. Gelingt eine Einigung über die Person des Unparteiischen nicht, so hat der amtliche Schlichter denselben zu bestellen.

Der Reichsausschuß wird am Sitze der Vertragsparteien gebildet und besteht aus drei dem D. Ap.-V. angehörigen Arbeitgebern und drei dem G. D. A. angehörigen Arbeitnehmern.

Der Reichsausschuß setzt entsprechend den Bestimmungen des § 4 dieses Vertrages die Gehälter für das gesamte Reichsgebiet fest. Er entscheidet, nötigenfalls unter Vorsitz eines vom Reichsarbeitsministerium zu stellenden Unparteiischen, über Streitigkeiten, die grundsätzliche Bedeutung für das gesamte Tarifgebiet haben, endgültig. Er kann zur Schlichtung von grundsätzlichen Streitigkeiten nur von den Vertragsparteien angerufen werden. Der Vorsitz wird, falls nicht ein Unparteiischer hinzugezogen wird, wechselseitig von den Vertragsparteien geführt.

Für die Geschäftsführung in den Ausschüssen gelten im übrigen sinngemäß die Vorschriften der Verordnung über das Schlichtungswesen und ihrer Ausführungsbestimmungen.

Die Einberufung der Ausschüsse erfolgt wechselseitig spätestens 5 Tage nach Eingang eines durch eine der Vertragsparteien gestellten Antrages.

Die Entscheidungen der Ausschüsse sind Schiedssprüche im Sinne der Zivilprozeßordnung.

Die Kosten des Verfahrens in den Kreis- und Gauausschüssen bei der Schlichtung von Einzelstreitigkeiten können einer oder beiden Parteien ganz oder teilweise auferlegt werden. Im übrigen hat jede Vertragspartei die Kosten für ihre Beisitzer zu tragen; weitere Unkosten sind zu gleichen Teilen von den Vertragsparteien zu übernehmen.

### Zuschußkasse.

§ 11. Die Tarifvertragsparteien bilden zu dem hauptsächlichen Zweck, die erhöhten Ausgaben der verheirateten und älteren Angestellten auszugleichen, eine Zuschußkasse der Tarifgemeinschaft deutscher Apotheker als Wohlfahrtseinrichtung. Die Zuschußkasse ist eine Gesellschaft des bürgerlichen Rechts, deren Gesellschafter die Tarifvertragsparteien sind. Die Gesellschafter vereinbaren eine Satzung, die Inhalt dieses Tarifvertrages ist.

Die Mittel für die Zuschußkasse werden dadurch aufgebracht, daß die auf Grund des § 4, Abs. 3 arbeitsvertraglich verpflichteten Arbeitgeber von dem Gehalte jedes pharmazeutischen vollbeschäftigten Angestellten für den Monat eine bestimmte, vom Reichsausschuß festzusetzende Summe abziehen, die gleiche Summe aus eigenen Mitteln zuschießen und die für drei Monate in Frage kommenden Abzüge und Zuschüsse spätestens bis zum 30. jedes 1. Quartalmonats in einer Summe im voraus an die Zuschußkasse abführen.

Assistenten und Verwalter der Apotheken in den abgetretenen oder entrissenen Gebieten, sofern sowohl Arbeitgeber wie Arbeitnehmer Mitglied der für sie zuständigen vertragschließenden Parteien sind, oder sofern der Tarifvertrag staatlicherseits oder von den betreffenden Arbeitgeber- und Arbeitnehmervereinigungen anerkannt worden ist, können Mitglieder der Zuschußkasse werden.

Die Zuschußberechtigung besteht für alle Arbeitnehmer, die unter den Tarifvertrag fallen oder deren Arbeitsverträge durch Allgemeinverbindlichkeitserklärung dem Tarifvertrag unterworfen sind. Im übrigen bestimmen sich die Voraussetzungen der Zuschußberechtigung nach der Satzung der Zuschußkasse.

Die Zuschußkasse tritt am 1. Januar 1927 in Wirksamkeit. Sie übernimmt die Rechte und Pflichten der bisherigen Verheiratetenzuschußkasse.

§ 12. Beide Parteien verpflichten sich, spätestens innerhalb acht Tagen nach Unterzeichnung dieses Vertrages die Allgemeinverbindlichkeitserklärung zu beantragen.

### Zusatzerklärung.

Die vertragschließenden Parteien sind sich darüber einig, daß für den Fall der Einführung einer staatlichen Pensionskasse für die angestellten Apotheker in Bayern auf beiderseitigen Antrag der bayerischen Vertreter der vertragschließenden Parteien die Möglichkeit einer für Bayern gesonderten Gehaltsfestsetzung gegeben werden soll. In diesem Fall wäre der Gauausschuß Bayern für die Gehaltsvereinbarung zuständig.

## Satzung der Zuschußkasse der Tarifvertragsgemeinschaft Deutscher Apotheker (Z. K.).

Vom 13. August 1927.

### Zweck.

§ 1. Die Parteien des Tarifvertrages vom 2. Februar 1927, allgemeinverbindlich erklärt am 13. April 1927 mit Wirkung vom 1. Januar 1927, bilden eine Zuschußkasse der Tarifvertragsgemeinschaft Deutscher Apotheker als Wohlfahrtseinrichtung. Die Zuschußkasse ist eine Gesellschaft des bürgerlichen Rechts, deren Gesellschafter die Tarifvertragsparteien sind. Diese Satzung ist Inhalt des Tarifvertrages.

§ 2. Die Zuschußkasse bezweckt in der Hauptsache, die erhöhten Ausgaben der verheirateten und älteren Angestellten auszugleichen. Zuschüsse werden nach den einschlägigen Bestimmungen (§§ 12—15) gewährt.

### Verwaltung.

§ 3. Die Zuschußkasse wird von einem dreigliedrigen Verwaltungsrat (§ 4) geleitet und von einem Aufsichtsrat überwacht. Die Zuschußkasse wird in allen rechtlichen Angelegenheiten vom Verwaltungsrat vertreten.

§ 4. Der Verwaltungsrat wird gebildet vom 1. und 2. Vorsitzenden des Reichsausschusses und dem Geschäftsführer. Der Aufsichtsrat bestimmt von Fall zu Fall die zur Stellvertretung notwendigen Ersatzmänner.

Der Geschäftsführer erledigt die laufenden Geschäfte gemäß den ihm erteilten Vollmachten.

Zahlungsanweisungen bedürfen stets zweier Unterschriften.

§ 5. Der Aufsichtsrat wird vom Reichsausschuß der Tarifvertragsgemeinschaft Deutscher Apotheker in seiner Gesamtheit gebildet. Denjenigen Arbeitgebern und Arbeitnehmern, die einer der vertragschließenden Parteien nicht angehören, steht in ihrer Gesamtheit das Recht zu, zu dem Aufsichtsrat je einen Arbeitgeber und Arbeitnehmer als Mitglied vorzuschlagen. Die beiden Vorgeschlagenen sind in den Aufsichtsrat zu übernehmen. Die Tarifvertragsparteien verpflichten sich, alle geeigneten Maßnahmen zu treffen, um unverzüglich die Aufnahme der benannten Persönlichkeiten in den Aufsichtsrat durchzuführen.

§ 6. Der Verwaltungsrat erhält eine vom Aufsichtsrat der Zuschußkasse zu bestimmende Aufwandsentschädigung sowie Ersatz der baren Auslagen. Der Aufsichtsrat erhält eine Entschädigung der baren Auslagen.

### Abrechnung und Prüfung.

§ 7. Dem Aufsichtsrat sind mindestens einmal jährlich genaue Abrechnungen vorzulegen. Dieselben müssen von einem vereidigten Bücherrevisor geprüft sein.

Eine Prüfung der Bücher, Kassenbestände sowie des gesamten Betriebes kann jederzeit von den beiden Vorsitzenden vorgenommen werden, sie muß durch den gesamten Aufsichtsrat erfolgen, wenn zwei Mitglieder desselben einen derartigen Antrag stellen.

### Aufbringung der Mittel.

§ 8. Die Mittel für die Zuschußkasse werden dadurch aufgebracht, daß die auf Grund des § 4, Abs. 3 des Tarifvertrages arbeitsvertraglich verpflichteten Arbeitgeber von dem Gehalt jedes pharmazeutischen vollbeschäftigten Angestellten für den Monat eine bestimmte, vom Reichsausschuß festzusetzende Summe abziehen, die gleiche Summe aus eigenen Mitteln zuschießen und die für drei Monate in Frage kommenden Abzüge und Zuschüsse spätestens bis zum 30. jedes 1. Quartalsmonats in einer Summe im voraus an die Zuschußkasse abführen.

### Höhe der Abzüge.

§ 9. Der Aufsichtsrat stellt nach Anhörung des Verwaltungsrates die Höhe der an die Zuschußkasse einzusendenden Abzüge und Beiträge fest. Dieselben gelten bis zum Widerruf. Neue Sätze für die Abzugs- und Beitragszahlung müssen bis zum 15. des letzten Monats des der Inkrafttretung vorhergehenden Vierteljahrs bekanntgegeben sein[1]).

### Rückforderungen und Gutschriften.

§ 10. Hat der Personalbestand nach Einzahlung der Beiträge eine Veränderung erfahren, so muß die Nachzahlung oder evtl. Gutschriftsforderung spätestens bei der nächsten Beitragszahlung erfolgen. Einsprüche von seiten der Apothekenvorstände oder der Angestellten müssen innerhalb von 4 Wochen eingereicht werden.

### Beitragsverweigerung.

§ 11. Wird die Leistung der Beiträge verweigert, so sind die Tarifvertragsparteien oder in ihrer Vertretung der Verwaltungsrat zur Erhebung und Durchführung der Klage berechtigt. Der Verwaltungsrat kann mit seiner Vertretung ein einzelnes Mitglied oder eine dritte Person beauftragen. Gerichtsstand für alle Klagen ist Berlin-Mitte.

Weigert sich ein Apothekenangestellter, dem Verwaltungsrat notwendig erscheinende Unterlagen zur Führung einer Klage zu überreichen, so kann ihm der Zuschuß gesperrt oder entzogen werden.

### Zuschußberechtigung und Ausnahme.

§ 12. Zuschußberechtigt sind die im § 11, Abs. 4 Satz 1 des Tarifvertrages genannten Arbeitnehmer, die unter folgende Gruppen fallen:

1. alle verheirateten vollbeschäftigten Assistenten und Verwalter öffentlicher Apotheken,
2. alle unverheirateten Assistenten und Verwalter mit der Maßgabe, wie sie sich aus § 15 Abs. 4 ergibt,
3. alle Assistenten und Verwalter mit mehr als 8 Dienstjahren nach der Approbation,
4. alle Assistenten und Verwalter mit mehr als 5 Dienstjahren nach der Approbation ununterbrochen in derselben Apotheke,
5. alle Assistenten mit Vorprüfung gemäß § 12 letzter Absatz.

Die Höhe der Zuschüsse setzt der Aufsichtsrat fest, sinngemäß gelten die Bestimmungen des § 9.

Die Standesangehörigen, die in Apothekerorganisationen tätig sind, können auf Antrag mit Genehmigung des Reichsausschusses der Zuschußkasse beitreten, wenn die Arbeitgeber sich schriftlich verpflichten, für alle in ihrem Betriebe tätigen pharmazeutischen Angestellten die satzungsmäßigen Beiträge beizusteuern.

Vorgeprüfte Assistenten haben keinen Anspruch auf die Dienstalterszulage, die Stellenzulage erhalten sie nach den für approbierte Assistenten geltenden Grundsätzen.

§ 13. Zuschuß wird gezahlt:

a. Kindern unter 18 Jahren ohne eigenes Einkommen (Pflegekindern nur bei erfolgter gesetzlicher Annahme an Kindes Statt);

---

[1]) Die Abzüge betragen zur Zeit:

| | | | | | |
|---|---|---|---|---|---|
| für Approbierte II | pro Monat | 25 RM, | vierteljährlich | 75 RM |
| für Approbierte I | „ „ | 20 „ | „ | 60 „ |
| für Kandidaten | „ „ | 15 „ | „ | 45 „ |
| für Assistenten mit Vorprüfung | „ „ | 10 „ | „ | 30 „ |

sinngemäß gilt § 4, letzter Absatz des Tarifvertrages.

b. Kindern, die in der Berufsausbildung begriffen sind und kein eigenes Einkommen besitzen, bis zum 21. Lebensjahre;

c. dem lebenden Ehegatten;

d. Witwern, falls Kinder vorhanden sind, und zwar wenn die Kinder im eigenen Hausstand des Vaters untergebracht sind, so wird neben dem Zuschuß für die Kinder auch der für die Ehefrau bestimmte Zuschuß gezahlt. Sind die Kinder in Pflege untergebracht, so kann neben dem Zuschuß für die Kinder auch der für die Ehefrau bestimmte Zuschuß bis zur Gesamthöhe oder teilweise gezahlt werden;

e. Geschiedenen: 1. für die geschiedene Ehefrau nur dann, falls sie selbst oder der Ehemann nicht wieder verheiratet und letzterer zum Unterhalt verpflichtet ist; 2. für die Kinder wie bei Witwern; erhält jedoch die geschiedene Ehefrau einen Zuschuß, so kann für Kinder, auch wenn sie im Hause des Vaters oder in Pflege sich befinden, nur der Kinderzuschuß gezahlt werden;

f. Assistenten und Verwalter mit mehr als 8 Dienstjahren nach der Approbation;

g. Assistenten und Verwalter mit mehr als 5 Dienstjahren nach der Approbation ununterbrochen in derselben Apotheke;

h. allen Assistenten mit Vorprüfung gemäß § 12 letzter Absatz.

Bei Geschiedenen oder in Scheidung begriffenen steht es dem Aufsichtsrat frei, die Auszahlung an die ihm richtig erscheinende Person, evtl. auch an die Pfleger der Kinder zu bewirken.

§ 14. Für durch Krankheit oder geistige oder körperliche Gebrechen erwerbsunfähige Kinder kann auf Antrag an den Aufsichtsrat der Zuschuß auch über das 18. Lebensjahr hinaus gewährt werden.

§ 15. Praktikanten, Vertreter[1]), Aushilfen, Pächter und unter pachtähnlichen Bedingungen arbeitende Verwalter sind nicht zuschußberechtigt.

Nur solchen Angestellten, die sonst stets in ständiger Stellung waren oder vorübergehend durch zwingende Gründe keine feste Stellung finden konnten und vorübergehend Vertretungen annehmen mußten, kann auf Beschluß des Aufsichtsrates ein anteiliger Zuschuß gewährt werden.

In besonders dringenden Fällen kann auf Beschluß des Aufsichtsrates Angestellten, die durch längere Krankheit vorübergehend an der Ausübung des Berufes verhindert sind, ein anteiliger Zuschuß gewährt werden. Ebenso kann Angestellten, die wegen nachgewiesener Krankheit oder Gebrechen nur teilweise Dienst tun, ein anteiliger Zuschuß durch den Aufsichtsrat zugebilligt werden.

Unverheirateten Angestellten kann der Zuschuß für Verheiratete ohne Kinder durch den Aufsichtsrat nach Vorlage eines begründeten Gesuches bewilligt werden.

§ 16. Der Zuschuß wird in der Regel in den letzten Tagen des Vierteljahrs durch Postscheck überwiesen, und zwar für die Zeit, in der der Angestellte berechtigten Anspruch auf Zahlung des tarifmäßigen Gehaltes hat.

Stirbt der Zuschußempfänger, so wird der Witwe und den Kindern der Zuschuß für das laufende Vierteljahr gezahlt.

§ 17. Änderungen im Familienstande können erst vom folgenden Vierteljahr ab Berücksichtigung finden, sind aber sofort von dem Zuschußberechtigten zu melden (siehe § 18, Abs. 3).

---

[1]) Als Vertreter gelten nur solche Arbeitnehmer, die entweder nur stundenweise tätig oder nicht länger vollbeschäftigt sind als 4 Wochen.

Werden infolge unrichtiger oder verspäteter Meldung erhöhte Zuschüsse gezahlt, so ist der Empfänger verpflichtet, den Mehrbetrag, ohne eine entsprechende Aufforderung abzuwarten, der Zuschußkasse zurückzuzahlen. Unterlassungen haben nicht nur die Einklagung des Betrages, sondern strafrechtliche Ahndung zur Folge und berechtigen auch zu ständigem oder teilweisem Ausschluß von dem Bezuge des Zuschusses.

### An- und Abmeldungen.

§ 18. Jeder Zu- und Abgang von Angestellten ist vom Vorstande der Apotheke unter Benutzung der vorgeschriebenen Formulare innerhalb 8 Tagen anzumelden.

Der Apothekenvorstand ist für die rechtzeitige An- und Abmeldung des pharmazeutischen Personals verantwortlich. Tätigt der Apothekenvorstand die An- und Abmeldung nicht oder nicht rechtzeitig, so kann der Aufsichtsrat auf Antrag des Verwaltungsrates eine Strafe gegen den Apothekenvorstand bzw. den Inhaber der Apotheke festsetzen[1]).

Veränderungen im Familienstande sind von den Angestellten selbst innerhalb 8 Tagen bekanntzugeben, und zwar vermittels schriftlicher, vom Apothekenvorstande oder amtlicher Seite bestätigter Meldung. (Abs. 2 gilt sinngemäß.)

### Satzungsänderungen.

§ 19. Änderungen dieser Satzung (ausgenommen Festsetzung der Beiträge und Zuschüsse) erfolgen gemäß § 11 des Tarifvertrages durch den Reichsausschuß.

### Auflösung.

§ 20. Beim Eingehen der Zuschußkasse gehen etwa verbleibende Vermögenswerte an die Unterstützungskasse der vertragschließenden Parteien in einer vom Aufsichtsrat festzusetzenden Verteilungsart über.

Jedoch sind auch die Arbeitnehmer und die Arbeitgeber, die einer der Tarifvertragsparteien nicht angehören, bei der Verteilung zu berücksichtigen.

Der Tarifvertrag ist in der bisherigen unter dem 10. März 1925, 14. April 1926 und 2. Februar 1927 vereinbarten Fassung durch Entscheidungen des Präsidenten der Reichsarbeitsverwaltung (Tarifabteilung) vom 5. September 1925, 26. Juni 1926 und 13. April 1927 mit Wirkung ab 1. Juli 1925 bzw. (für die späteren Änderungen) ab 1. Mai 1926 bzw. 1. Januar 1927 für das Gebiet des Deutschen Reiches für allgemeinverbindlich erklärt worden. Er galt von dem genannten Zeitpunkt ab somit nicht nur für die Mitglieder der vertragschließen den Verbände, sondern für alle in deutschen Apotheken als Assistenten tätigen approbierten oder nichtapprobierten Pharmazeuten und Pharmazeutinnen. Die neue Fassung vom 13. August 1927 harrt noch der Verbindlicherklärung.

In der Vk. vom 5. September 1925 heißt es: „Die allgemeine Verbindlichkeit erstreckt sich nur auf die Bestimmungen, welche die Arbeitsbedingungen regeln." Aus diesem Passus kann nach einer Erklärung des Präsidenten der Reichsarbeitsverwaltung (Tarifabteilung) vom 2. Oktober 1925 „nicht gefolgert werden, daß die Absicht bestanden hätte, die Satzungen der Verheirateten-Zuschußkasse als solche von der allgemeinen Verbindlichkeit auszunehmen". Es liegen auch drei Entscheidungen Berliner Gerichte (A.G. Berlin-Mitte, 7. Juli 1926 und 29. September 1926, L.G. I Berlin, 4. November

---

[1]) Die Festsetzung einer solchen Strafe muß als unzulässig angesehen werden. Vgl. Fußnote 1 auf S. 179.

1926, Ph.Ztg. 1926 Nr. 65, 82 und 99) vor, die Apothekeninhaber zur Zahlung rückständiger Beiträge an die damalige Verheirateten-Zuschußkasse verurteilt und damit die Verpflichtung der Apotheker zur Abführung der betreffenden Gehaltsabzüge an die Kasse festgestellt haben. Später änderte sich jedoch die Rechtsprechung. Ein Urteil des L.G. I Berlin vom 17. Januar 1927 (Ph.Ztg. 1927 Nr. 16), welches den Bestimmungen des Tarifvertrages über die Verheirateten-Zuschußkasse die Allgemeinverbindlichkeit absprach, wurde vom K.G. unter dem 22. April 1927 (Ph.Ztg. 1927, Nr. 46) bestätigt, und zwar abweichend von der Vorinstanz, mit der Begründung, daß den Außenseitern in der Organisation der Verheirateten-Zuschußkasse eine genügende Vertretung nicht gesichert sei. Diesem Einwand hat die neue Satzung der jetzigen Zuschußkasse, in die die frühere Verheirateten-Zuschußkasse ab 1. Januar 1927 umgewandelt worden ist, Rechnung getragen (vgl. § 5), so daß mit Inkrafttreten der neuen Satzung (20. August 1927) das für die Stellungnahme des K.G. ausschlaggebende Moment in Fortfall gekommen sein dürfte.

Soweit die Allgemeinverbindlichkeit der Bestimmungen des Tarifvertrages über den Gehaltsabzug zugunsten einer Kasse nicht besteht oder nicht anzuerkennen ist, haben Angestellte, die der am Tarifvertrag beteiligten Arbeitnehmerorganisation nicht angehören und ihren Dienstvertrag nicht unter Berufung auf den Tarifvertrag abgeschlossen haben, sofern gleichwohl ein Gehaltsabzug bei ihnen vorgenommen worden ist, nach einem Urteil des L.G. Essen vom 13. Mai 1927 (Ph.Ztg. 1927 Nr. 48) gegen den Arbeitgeber ein klagbares Recht auf Rückzahlung der zugunsten der Kasse abgezogenen Beträge.

Für Streitigkeiten aus dem Arbeitsverhältnis ist folgender Beschluß von Bedeutung:

### Beschluß des Reichsausschusses der Tarifvertragsgemeinschaft Deutscher Apotheker vom 12. Januar 1927.

Es besteht Übereinstimmung zwischen den beiden Vertragsparteien (D.Ap.-V. und V.d.A., Reichsfachgruppe d. G.D.A.), daß gemäß § 91 des Arbeitsgerichtsgesetzes vom 23. Dezember 1926 bürgerliche Rechtsstreitigkeiten aus dem Arbeitsverhältnis nach dem Tarifvertrag vom 10. März 1925 nicht der Arbeitsgerichtsbarkeit unterliegen. Die Entscheidung soll durch ein Schiedsgericht erfolgen (gemäß § 11 vorletzten Abschnittes des Tarifvertrages).

Durch diesen Beschluß wird das Arbeitsgerichtsgesetz vom 23. Dezember 1926, welches für Streitigkeiten aus dem Arbeitsverhältnis eine besondere Gerichtsbarkeit (Arbeitsgerichte als erste, Landesarbeitsgerichte als zweite und ein Reichsarbeitsgericht als Revisionsinstanz) geschaffen hat, für pharmazeutische Angestellte ausgeschlossen, soweit es sich um Streitigkeiten hinsichtlich der durch den Tarifvertrag geregelten Arbeitsverhältnisse handelt. Ein solcher Ausschluß ist nach § 91 des Gesetzes zulässig, er gilt aber nicht für die Parteien eines Dienstverhältnisses, die dem Tarifvertrage nur durch die Erklärung seiner allgemeinen Verbindlichkeit unterworfen sind, also nicht für die sogenannten Außenseiter.

# B. Im Reichsgebiet einheitliche landesrechtliche Bestimmungen.

## XIV. Arzneibuch.

Das Deutsche Arzneibuch ist ein Spezialgesetzbuch für Apotheken. Es enthält Vorschriften über die Darstellung, Beschaffenheit und Prüfung und verschiedentlich über Aufbewahrung und Abgabe der wichtigsten Arzneimittel. Es ist bearbeitet im Reichsgesundheitsamt und von einem Ausschusse des diesem Amte zur Seite stehenden Reichsgesundheitsrates und in seiner endgültigen Fassung vom Reichsrat genehmigt. Z. Z. gilt die sechste Ausgabe des Deutschen Arzneibuches, über die folgende Bekanntmachung vorliegt:

### Deutsches Arzneibuch, 6. Ausgabe 1926.

Bk. des Reichsmin. d. I. vom 2. August 1926.

Der Reichsrat hat in der Sitzung vom 1. Juli 1926 beschlossen, daß das Deutsche Arzneibuch, 6. Ausgabe 1926, vom 1. Januar 1927 ab an Stelle der zur Zeit in Geltung befindlichen 5. Ausgabe tritt.

Dies wird hierdurch mit dem Bemerken zur öffentlichen Kenntnis gebracht, daß das Arzneibuch in R. v. Deckers Verlag (G. Schenck) zu Berlin erscheinen und im Wege des Buchhandels zum Ladenpreise von 35 RM für ein in Indanthren-Ganzleinen gebundenes Exemplar zu beziehen sein wird.

Eine unmittelbare rechtliche Wirkung hat diese Bk. indessen nicht, da es in der Reichsgesetzgebung an einer Bestimmung, auf die sie sich gründet, fehlt. Das Deutsche Arzneibuch erlangt daher erst durch die Einführungsverordnungen der Landesregierungen in den einzelnen Ländern Gesetzeskraft[1]). Für diese Einführungsverordnungen zur sechsten Ausgabe hat das Reichsministerium d. J. unter dem 1. September 1926 den Landesregierungen nachstehende Fassung empfohlen.

---

[1]) Eine Strafbestimmung für Zuwiderhandlungen gegen die Vorschriften des Arzneibuches gibt es nicht, da das Arzneibuch als solches eine „Verordnung" im Sinne von § 367 Nr. 5 Str.G.B. (s. S. 52) nicht darstellt. Als derartige „Verordnungen" gelten dagegen die Einführungsverordnungen der Länder zum Arzneibuch, die landesrechtlichen Apothekenbetriebsordnungen und die sonstigen Ministerialverordnungen über den Apothekenbetrieb. Soweit von diesen einzelne Bestimmungen des Arzneibuches übernommen sind, sind auch Verstöße dagegen auf Grund von § 367 Nr. 5 Str.G.B. strafbar. Soweit sie nicht übernommen sind, bleibt hinsichtlich der Strafbarkeit eine Lücke. Soweit die genannten landesrechtlichen Verordnungen Bestimmungen enthalten, die von denen des Arzneibuches abweichen, gelten weiterhin die ersteren, da das Arzneibuch keine „Verordnung" ist, und sein Inhalt mithin rechtsgültige „Verordnungen" nicht alterieren kann. Vgl. den Artikel in Ph.Ztg. 1927 Nr. 72.

# Muster der Einführungsverordnung zum Deutschen Arzneibuch, 6. Ausgabe 1926.

## I. Übergangsbestimmungen.

1. Arzneimittel, die beim Inkrafttreten des D.A.B. 6. Ausgabe in den Apotheken vorhanden sind und den neuen Anforderungen nicht entsprechen, dürfen bis zum 31. März 1927 vorrätig gehalten und verabfolgt werden. Es ist den Apothekern gestattet, bereits vom Erscheinen des neuen Arzneibuches ab die den Anforderungen desselben entsprechenden Arzneimittel vorrätig zu halten und zu verabfolgen.

2. Die zu maßanalytischen Bestimmungen dienenden und nicht amtlich geprüften und beglaubigten Meßgeräte dürfen noch bis 31. Dezember 1929 verwendet werden. Soweit diese nach dem Mohrschen System geeicht sind, dürfen sie bei maßanalytischen Bestimmungen nicht neben amtlich geprüften und beglaubigten Meßgeräten benutzt werden. In den während dieser Übergangszeit neu errichteten Apotheken sowie nach dem 1. Januar 1930 auch in allen übrigen Apotheken dürfen bei maßanalytischen Bestimmungen nur amtlich geprüfte und beglaubigte Meßgeräte verwendet werden.

3. Die der bisherigen amtlichen Bezeichnung entsprechenden Aufschriften auf den Behältnissen können bis auf weiteres beibehalten werden. In den nach dem Inkrafttreten des Arzneibuchs 6. Ausgabe neu errichteten Apotheken dürfen nur die neuen amtlichen Bezeichnungen auf den Behältnissen angebracht sein.

4. In bestehenden Apotheken dürfen die Gefäße der Reagenzien, die die bisher übliche Bezeichnung des Reagenz mit dem lateinischen Namen tragen, bis auf weiteres beibehalten werden.

## II. Einführungsbestimmungen.

1. Vom 1. Januar 1927 ab muß in jeder Voll-, Zweig-, Krankenhaus- und ärztlichen Hausapotheke mindestens ein Deutsches Arzneibuch 6. Ausgabe (erschienen in R. v. Deckers Verlag — G. Schenck — in Berlin) vorhanden sein.

Selbstdispensierende Tierärzte müssen von demselben Zeitpunkt ab gleichfalls im Besitze des neuen Arzneibuches sein[1]).

Es wird dringend empfohlen, daß die Apothekenvorstände sich das neue Arzneibuch unmittelbar nach seinem Erscheinen beschaffen.

2. Zur Bestimmung der Dichte, sofern diese vermittels der Mohrschen Waage vorgenommen wird, sind neue Gewichte zu beschaffen.

3. Zur Messung der Temperaturen dürfen nur amtlich geprüfte und beglaubigte Thermometer verwendet werden.

4. Die Siebe dürfen nicht aus Kupfer-, Messing- oder Bronzedraht gefertigt sein.

5. Bei Anfertigung von Arzneien ist der in den „Allgemeinen Bestimmungen" unter Ziffer 14 erwähnte Normaltropfenzähler zu verwenden.

6. Zur Herstellung der Extrakte ist ein Apparat zum Eindampfen im luftverdünnten Raume zu verwenden. Soweit die hierzu erforderlichen Einrichtungen (insbesondere der Wasserdruck) nicht oder nur mit unver-

---

[1]) Falls es nicht für angängig erachtet wird, den selbstdispensierenden Tierärzten im Verordnungswege eine solche Verpflichtung aufzuerlegen, wird nachstehende Fassung empfohlen:

„Es ist erwünscht, daß selbstdispensierende Tierärzte von diesem Zeitpunkt ab gleichfalls im Besitze des neuen Arzneibuches sind."

hältnismäßig hohen Kosten zu beschaffen sind, sind die Extrakte[1]) aus einer Apotheke zu beziehen, die zu ihrer Herstellung nach dem neuen Verfahren in der Lage ist.

7. Die Vorschrift in der Neuausgabe des Arneibuches, daß Schweinerotlauf- und Geflügelcholeraserum nur in den Handel gebracht werden dürfen, nachdem sie in den amtlichen Prüfungsstellen auf ihren Gehalt, ihre Unschädlichkeit usw. geprüft und zum Verkauf zugelassen worden sind, findet auf die Sera keine Anwendung, die in einer anderen als dort angegebenen amtlichen Stelle geprüft sind, wenn sie unmittelbar an Tierärzte abgegeben werden.

8. Für diejenigen Reagenzien, die in gebrauchsfertigem Zustand im Verkehrsraum aufgestellt sind, oder die nur bei Bedarf hergestellt werden sollen, sind besondere Standgefäße nicht erforderlich.

9. Die Reagenzien für ärztliche Untersuchungen (Anlage IV) brauchen nicht vorrätig gehalten zu werden.

10. Bis auf weiteres gelten die Vorschriften des D.A.B. 5, bezüglich der Folia Digitalis und Tinctura Digitalis[2]).

**Zusammenstellung der zur Prüfung der Arzneimittel und zu maßanalytischen Bestimmungen notwendigen Geräte sowie der sonst im Laboratorium benötigten Apparate usw.[3]).**

1. Ein Meßkolben zu 1 Liter,
2. ein Meßkolben zu 500 ccm,
3. ein Meßkolben zu 100 ccm,
4. ein Meßkolben zu 50 ccm,
5. ein Kassiakölbchen von 100 ccm Inhalt (nach Ziffer 15 der Allgemeinen Bestimmungen),
6. ein Azetylierungskölbchen (nach Ziffer 15 der Allgemeinen Bestimmungen),
7. sechs Vollpipetten von 5, 10, 20, 25, 30 und 50 ccm,
8. zwei Meßpipetten von 5 und 10 ccm Inhalt, in $^1/_{10}$ ccm abgeteilt,
9. zwei Büretten von 25 bis 50 ccm Inhalt, in $^1/_{10}$ ccm abgeteilt, mit Glasverschluß,
10. eine Feinbürette von 10 ccm Inhalt, in $^1/_{50}$ ccm abgeteilt, mit Glasverschluß (nach Ziffer 22, Abs. 3d der Allgemeinen Bestimmungen),
11. Scheidetrichter von 200, 500, 1000, 2000 ccm Inhalt,
12. drei Glaszylinder mit eingeriebenem Glasstopfen von 100, 200 und 300 ccm Inhalt, in $^1/_1$ ccm abgeteilt,
13. ein Glaszylinder mit eingeriebenem Glasstopfen von 50 ccm Inhalt, in $^1/_1$ ccm abgeteilt, dessen Gradeinteilung 14 cm lang ist,
14. ein Glaszylinder mit eingeriebenem Glasstopfen von 25 ccm Inhalt, in 0,1 ccm abgeteilt,
15. Kolben mit eingeriebenem Glasstopfen von etwa 100 ccm Inhalt,
16. Glasflaschen mit eingeriebenem Glasstopfen von etwa 200 ccm Inhalt,

---

[1]) In Preußen, Anhalt und Braunschweig findet sich hier der Zusatz: „ausgenommen Extractum Opii".

[2]) Inzwischen sind für beide Präparate die Vorschriften des D.A.B. 6 mit Wirkung ab 1. Januar 1828 in Kraft gesetzt worden. Siehe die preuß. V. auf S. 227.

[3]) Das Geräteverzeichnis im Muster des Reiches ist lückenhaft. Es fehlt eine große Anzahl von Geräten, die im Arzneibuchtext für die Vornahme der Prüfungen vorgesehen sind. Eine vollständige Liste aller zur Ausführung der vom Arzneibuch vorgeschriebenen Prüfungen erforderlichen Geräte ist in Ph.Ztg. 1927 Nr. 5 abgedruckt.

17. mehrere Siedekolben, Kolben aus Jenaer Glas, sowie mehrere Bechergläser verschiedener Größe,
18. Glasschälchen, darunter zylindrisch geformte von 4 cm Durchmesser und 2 cm Höhe,
19. Porzellanschalen verschiedener Größe,
20. Trichter verschiedener Größe,
21. Probierrohre von 15 mm Weite, Uhrgläser mit Klemme,
22. Porzellantiegel verschiedener Größe,
23. ein Glaskühler, etwa 55 cm langer, dessen Mantel etwa 22 cm lang ist,
24. mehrere Glasrohre aus Kaliglas, mindestens 75 cm lang und ungefähr 5 mm weit,
25. Glasstäbe,
26. ein Platindraht und ein Platinblech,
27. ein Kupferblech,
28. ein Siedethermometer, amtlich geprüft und beglaubigt,
29. eine Einrichtung zur Bestimmung des Schmelzpunktes,
30. eine Einrichtung zur Bestimmung des Siedepunktes und der Alkoholzahl,
31. eine Waage zur Bestimmung des spezifischen Gewichts und für feinere Wägungen, die bei 100 g Belastung noch 0,001 g erkennen läßt,
32. ein Exsikkator,
33. ein Trockenschrank,
34. eine Einrichtung zum Trocknen von übergebranntem Kalk,
35. ein Perkolator,
36. eine Einrichtung zum Destillieren im luftverdünnten Raume,
37. ein Mikroskop, das eine mindestens 350fache Linearvergrößerung leistet und mit einem Okularmikrometer ausgestattet ist,
38. eine Lupe mit 6facher Linearvergrößerung.

In der Mehrzahl der Länder ist dieses Muster ohne nennenswerte Änderungen als Einführungsverordnung erlassen worden. In den größeren Ländern finden sich dagegen etliche Abweichungen, zumeist allerdings äußerer Art[1]). Unter dem 3. November 1926 ersuchte dann das Reichsministerium d. J. die Landesregierungen, zwei Druckfehler in der 6. Ausgabe des Arzneibuches zu berichtigen.

1. Auf Seite 262 ist bei dem Artikel Flores Chamomillae in Zeile 6 von oben anstatt Hochkelch „Hüllkelch“ zu setzen und

[1]) Die Verschiedenheiten betreffen hauptsächlich die Übergangsbestimmungen. Über die diesbezüglichen Termine in den Ländern gibt nachstehende Tabelle Auskunft:

| Land | Termin zur Beschaffung der neuen Geräte für das Laboratorium usw., ausgenommen die der Spalte 3 | Termin zur Beschaffung der amtlich geprüften und beglaubigten Meßgeräte | Termin, bis zu dem noch vorrätige Arzneimittel nach dem D.A.B. 5 abgegeben werden dürfen |
|---|---|---|---|
| Preußen ...... | 31. März 1927 | 31. Dezember 1929 | 31. März 1927 |
| Bayern ....... | nicht angegeben | 31. Dezember 1929 | nicht angegeben |
| Sachsen ....... | 31. März 1927 | 31. Dezember 1929 | 31. März 1927 |
| Württemberg .. | 31. März 1927 | 31. Dezember 1929 | 31. März 1927 |
| Thüringen ..... | 31. Dezember 1927 | 31. Dezember 1929 | 31. Dezember 1927 |
| übrige Länder . | 31. März 1927 | 31. Dezember 1929 | 31. März 1927 |

2. die an sich entbehrliche, nur zum leichteren Verständnis beigefügte Formel in Anlage III des Arzneibuchs Seite 784 Zeile 9 von oben

$$FAS_4O_4 = FJ \cdot \frac{20}{\text{verbrauchte Anzahl ccm } {}^1/_{10}\text{-Normal-Jodlösung}}$$

muß lauten:

$$FAS_4O_6 = FJ \cdot \frac{\text{verbrauchte Anzahl ccm } {}^1/_{10}\text{-Normal-Jodlösung}}{20}$$

Ferner ergingen auf Grund von Rundschreiben des Reichsmin. d. J. vom 3. November 1926, 15. und 23. Dezember 1926 in den Ländern Nachtragsverordnungen folgenden Inhalts:

1. Für Semen Strophanthi und Tinctura Strophanthi bleiben bis auf weiteres die Vorschriften des Deutschen Arzneibuches 5. Ausgabe in Geltung.

2. Salvarsanpräparate, die hinsichtlich ihrer äußeren Aufmachung den Vorschriften des Deutschen Arzneibuches 6. Ausgabe nicht entsprechen, dürfen noch bis zum 31. Dezember 1927 in den Apotheken vorrätig gehalten und verabfolgt werden.

3. Der Artikel Opium concentratum des Deutschen Arzneibuches 6. Ausgabe tritt bis auf weiteres nicht in Kraft.

Die preußische Einführungsverordnung zum D.A.B. 6, die diese Nachträge bereits berücksichtigt, lautet wie folgt:

## Preußische Einführungsverordnung zum Deutschen Arzneibuch, 6. Ausgabe 1926.

Min.Erl. vom 21. Dezember 1926.

Unter Hinweis auf § 367 Ziff. 5 des Strafgesetzbuchs sowie unter Bezugnahme auf den Beschluß des Reichsrats vom 1. Juli 1926 und die Bekanntmachung des Herrn Reichsministers des Innern vom 2. August 1926 bestimme ich, daß das Deutsche Arzneibuch, 6. Ausgabe 1926, mit Wirkung vom 1. Januar 1927 ab an Stelle der zur Zeit in Geltung befindlichen 5. Ausgabe tritt, und ordne zugleich folgendes an:

### I. Einführungsbestimmungen.

1. Vom 1. Januar 1927 ab muß in jeder Voll-, Zweig-, Krankenhaus- und ärztlichen Hausapotheke ein Deutsches Arzneibuch, 6. Ausgabe (erschienen in R. v. Deckers Verlag, G. Schenck zu Berlin), vorhanden sein.

2. Zur Bestimmung der Dichte, sofern diese mit der Mohrschen Waage vorgenommen wird, sind gegebenenfalls den Vorschriften des neuen Arzneibuchs entsprechende Gewichte zu beschaffen.

3. Zur Messung der Temperaturen dürfen nur amtlich geprüfte und beglaubigte Thermometer verwendet werden.

4. Zur Herstellung der Extrakte ist ein Apparat zu verwenden, der das Eindampfen im luftverdünnten Raume gestattet. Soweit die hierzu erforderlichen Einrichtungen (insbesondere der Wasserdruck) nicht oder nur mit unverhältnismäßig hohen Kosten beschafft werden können, sind die Extrakte, ausgenommen Extractum Opii, aus einer Apotheke zu beziehen, die zu ihrer Herstellung nach dem neuen Verfahren in der Lage ist.

5. Die Vorschrift in der Neuausgabe des Arzneibuches, daß Schweinerotlauf- und Geflügelcholeraserum nur in den Handel gebracht

werden dürfen, nachdem sie in den amtlichen Prüfungsstellen auf ihren Gehalt, ihre Unschädlichkeit usw. geprüft und zum Verkauf zugelassen worden sind, findet auf solche Sera keine Anwendung, die nicht in einer der im Arzneibuch angegebenen amtlichen Stellen, sondern in einer anderen geprüft sind, wenn diese Sera unmittelbar an Tierärzte abgegeben werden.

6. Die Vorschriften der 5. Ausgabe des Deutschen Arzneibuches gelten bis auf weiteres für Folia Digitalis und Tinctura Digitalis[1]) sowie für Semen Strophanthi und Tinctura Strophanti. Der Artikel Opium concentratum in der 6. Ausgabe des Deutschen Arzneibuches tritt bis auf weiteres nicht in Kraft.

11.[2]) Alle entgegenstehenden Bestimmungen werden mit dem 1. Januar 1927 aufgehoben.

## II. Übergangsbestimmungen.

1. Arzneimittel, die beim Inkrafttreten des Deutschen Arzneibuchs, 6. Ausgabe, in den Apotheken vorhanden sind, und zwar den bisherigen, aber nicht den neuen Anforderungen entsprechen, dürfen bis zum 31. März 1927, Salvarsanpräparate in Packungen, die noch nicht den Bestimmungen des neuen Arzneibuchs entsprechen, jedoch bis zum 31. Dezember 1927 vorrätig gehalten und verabfolgt werden.

2. Soweit die neu vorgeschriebenen Geräte und Apparate nicht vorhanden sind, müssen sie bis zum 31. März 1927 beschafft werden.

3. Die zu maßanalytischen Bestimmungen dienenden und nicht amtlich geprüften und beglaubigten Meßgeräte dürfen noch bis zum 31. Dezember 1929 verwendet werden. Soweit diese nach dem Mohrschen System geeicht sind, dürfen sie bei maßanalytischen Bestimmungen nicht neben amtlich geprüften und beglaubigten Meßgeräten benutzt werden. In den während dieser Übergangszeit neu eingerichteten Apotheken, sowie nach dem 1. Januar 1930 auch in allen übrigen Apotheken, dürfen bei maßanalytischen Bestimmungen nur amtlich geprüfte und beglaubigte Meßgeräte verwendet werden.

4. Die der bisherigen amtlichen Bezeichnung entsprechenden Aufschriften auf den Behältnissen können bis auf weiteres beibehalten werden. In den nach dem Inkrafttreten des Arzneibuchs 6. Ausgabe neu errichteten Apotheken dürfen nur die neuen amtlichen Bezeichnungen auf den Behältnissen angebracht werden.

5. In bestehenden Apotheken dürfen die Gefäße der Reagenzien, die die bisher übliche Bezeichnung des Reagenzes mit dem lateinischen Namen tragen, bis auf weiteres beibehalten werden.

---

[1]) Diese Bestimmung ist inzwischen durch den preuß. Min.Erl. betr. Fingerhutblätter vom 22. Juni 1927 (s. S. 227) geändert. Danach sind die Bestimmungen des D.A.B. 6 über Folia Digitalis und Tinctura Digitalis mit Wirkung ab 1. Januar 1928 in Kraft gesetzt worden.

[2]) Die Ziffern 7—10 enthalten Änderungen der Apothekerbetriebsordnung, die beim Abdruck der Betriebsordnung (s. Teil XXI) berücksichtigt sind.

# XV. Arzneitaxe.

Im § 80 der Reichsgewerbeordnung (s. S. 21) ist bestimmt, daß die Taxen für die Apotheker durch die Zentralbehörden festgesetzt werden können. Danach ruht das Recht zum Erlasse von Arzneitaxen nicht bei den Reichsbehörden, sondern bei den Ministerien der Länder. Um jedoch die Arzneipreise im Deutschen Reiche einheitlich zu gestalten, hat man seit 1. April 1905 den Ausweg beschritten, eine im Reichsgesundheitsamt ausgearbeitete und von einem Ausschuß des Reichsgesundheitsrates beratene Deutsche Arzneitaxe durch Reichsratsbeschluß zu vereinbaren und diese dann durch Einführungsverordnungen der einzelnen Länder in Kraft zu setzen. Die Rechtslage ist also hier, auch hinsichtlich der Zweifel an der Rechtsgültigkeit der Deutschen Arzneitaxe (s. den Artikel in Ph.Ztg. 1927 Nr. 72), die gleiche wie beim Deutschen Arzneibuch. Über die erste Einführung der Deutschen Arzneitaxe erging nachstehende Bekanntmachung:

## Einführung einer einheitlichen Deutschen Arzneitaxe.

Bk. des Reichskanzlers vom 23. Februar 1905.

Zufolge einer unter den Bundesregierungen getroffenen Verständigung wird vom 1. April d. J. ab in den Bundesstaaten eine einheitliche Arzneitaxe eingeführt werden. Den Bundesregierungen ist es überlassen geblieben, einen Preisnachlaß (Rabatt) für Arzneilieferungen an öffentliche Anstalten und Kassen und an solche Vereine und Anstalten, welche der öffentlichen Armenpflege dienen, sowie für Tierarzneien vorzuschreiben.

Die Deutsche Arzneitaxe erscheint in der Regel alljährlich zum 1. Januar in neuer Ausgabe. Von dem bei ihrer Vereinbarung den Bundesstaaten vorbehaltenen Rechte, Preisnachlasse für Kassen und Tierarzneien vorzuschreiben, haben die einzelnen Regierungen zunächst in sehr verschiedenartiger Weise Gebrauch gemacht. Später ist auch in dieser Hinsicht durch Vereinbarung der Länder eine gewisse Einheitlichkeit erzielt worden, nachdem § 376 Abs. 1 der Reichsversicherungsordnung (s. S. 69), der laut § 204 des Reichsknappschaftsgesetzes vom 1. Juli 1926 (s. S. 74) auch für knappschaftliche Kassen gilt, bestimmt hat, daß die Apotheken den reichsgesetzlichen und knappschaftlichen Krankenkassen (d. s. Orts-, Betriebs-, Land- und Innungskrankenkassen sowie knappschaftliche Krankenkassen, jedoch nicht Ersatzkassen und sonstige der Arzneiversorgung dienende Kassen und Vereine) einen Abschlag von den Preisen der Arzneitaxe zu gewähren haben, dessen Höhe von den obersten Verwaltungsbehörden (Ministerien der Länder) festgesetzt wird. Diese Abschläge und die sonstigen Bestimmungen über Preisnachlässe sind in der Regel in den Einführungsverordnungen der Länder zur Deutschen Arzneitaxe enthalten, die wieder auf einem vom Reichsministerium d. J. vorgeschlagenen Muster beruhen. Die letzte diesbezügliche preußische Verordnung[1]) lautet:

---

[1]) Über die Beziehungen der Arzneitax-Einführungsverordnung zur Apothekenbetriebsordnung äußert sich ein preuß. Min.Erl. vom 11. November 1924 wie folgt:

Die Apothekenbetriebsordnung vom 18. Februar 1902 sowie die hierzu später ergangenen Verordnungen sind durch den hierfür zuständigen preußischen Minister erlassen worden. Dasselbe gilt für die bisherigen Deutschen Arzneitaxen, da diese erst durch die einschlägigen landesrechtlichen Erlasse (vgl. § 80 Abs. 1 der Reichsgewerbeordnung usw.) für die preußischen Apotheker verbindlich werden. Mithin ist jedesmal die von mir zuletzt in Kraft gesetzte Deutsche Arzneitaxe für die preußischen Apotheken maßgeblich. Sollten in diesen Vorschriften Bestimmungen enthalten sein, die

## Preußische Einführungsverordnung zur Deutschen Arzneitaxe 1927.

Min.Erl. vom 29. Dezember 1926.

Auf Grund des § 80 Abs. 1 der Gewerbeordnung für das Deutsche Reich, des § 376 Abs. 1 und 2 der Reichsversicherungsordnung sowie des § 204 des Reichsknappschaftsgesetzes[1]) bestimme ich mit Wirkung vom 1. Januar 1927:

1. Die durch den Reichsratsbeschluß vom 16. Dezember festgesetzte Deutsche Arzneitaxe 1927[2]) tritt an Stelle der Arzneitaxe 1925 in Kraft.

2. Bei Lieferungen für reichsgesetzliche[3]) und knappschaftliche Krankenkassen gelten folgende Bestimmungen:

a. Bei monatlichen Rechnungsbeträgen[4]) bis zu 25 Reichsmark braucht der Apotheker einen Abschlag nicht zu gewähren. Von dem 25 Reichsmark übersteigenden Rechnungsbetrage hat er 7 vH nachzulassen[5]),

---

mit der früher erlassenen Apothekenbetriebsordnung nicht vollständig im Einklang stehen, so erfahren diese durch die zuletzt erlassenen Bestimmungen über die Arzneitaxe ohne weiteres eine entsprechende Änderung.

[1]) § 376 R.V.O. s. S. 69. In § 204 des Reichsknappschaftsgesetzes in der Fassung vom 1. Juli 1926 (s. S. 74) ist bestimmt, daß die §§ 375 und 376 R.V.O. für die knappschaftlichen Kassen entsprechend gelten.

[2]) Auf Grund eines Rundschreibens des Reichsministerium d. J. vom 26. Februar 1927 wurden seitens der Regierungen der Länder nachstehende Berichtigungen der Deutschen Arzneitaxe 1927 bekanntgegeben:

1. In der Preisliste der Arzneimittel der Deutschen Arzneitaxe 1927 befinden sich zwei Druckfehler. Der Preis für 1 g Acidum phenylchinolincarbonicum beträgt statt 0,55 *RM* 0,15 *RM*, der Preis für 10 g Ammonium sulfo-ichthyolicum statt 0,75 *RM* 0,65 *RM*.

2. In Nr. 26 Abs. 2 der textlichen Bestimmungen ist an Stelle von Nr. 30 zu setzen Nr. 31.

3. Nr. 33 der textlichen Bestimmungen erhält folgende Fassung:

„Bei der Abgabe von Arzneien auf Kosten der reichsgesetzlichen Versicherungsträger, der Krankenkassen der selbständigen Handwerker und Gewerbetreibenden, der Ersatzkassen (§§ 503ff. der R.V.O.) darf keine Umsatzsteuer angerechnet werden. Dasselbe gilt auch für Heilanstalten und Krankenhäuser, soweit sie das Heilverfahren im Auftrage von reichsgesetzlichen Versicherungsträgern durchführen."

Zur Auslegung von Ziffer 29 der Arzneitaxe betr. Spezialitätenpackungen hat das L.G. Hannover im April 1924 (Ph.Ztg. 1924 Nr. 37) entschieden: Maßgebend ist ausschließlich, ob die Möglichkeit gegeben ist, die ärztliche Verordnung durch Lieferung von Packungen restlos zur Ausführung zu bringen. Wenn das möglich ist, so weicht die verordnete Menge vom Inhalt der Packung nicht ab.

[3]) Reichsgesetzliche Krankenkassen sind laut § 225 R.V.O. (s. S. 63) nur die Orts-, Land-, Betriebs- und Innungskrankenkassen.

[4]) Ein preuß. Min.Erl. vom 23. Juli 1923 bemerkt hierzu, daß, falls auch jetzt noch vierteljährlich Rechnungen ausgestellt werden sollten, zweifellos die für monatliche Rechnungen verordneten Abschläge sinngemäß Anwendung zu finden haben.

[5]) Die Nachttaxgebühr ist laut Bk. des Reichskanzlers (Reichsamt d. J.) vom 4. Januar 1916 nicht gemäß § 376 Abs. 1 R.V.O. rabattpflichtig.

Eine gewisse Ergänzung hat diese amtliche Bestimmung erfahren durch ein zwischen dem Deutschen Apothekerverein und den Hauptverbänden der Krankenkassen am 16. November 1925 getroffenes Abkommen, das aber nur unverbindliche Richtlinien für die zwischen den bezirklichen bzw. örtlichen Organisationen der beiden Parteien abzuschließenden Lieferungsverträge enthält. In dem Abkommen ist u. a. folgendes vorgesehen:

2. Beide Parteien treten dafür ein, daß der Zwangsabschlag nach § 376 R.V.O. auf 7 p. c. festgesetzt wird. Ein Abschlag in gleicher Höhe wird den Krankenkassen auch auf den Teil der Lieferungen der Apotheker gewährt, der dem Zwangsabschlag nicht unterliegt. Von jeder einzelnen Rechnung bleibt ein Betrag bis zu 25 M. monatlich frei von

wenn die Rechnung innerhalb 10 Tagen nach ihrem Eingang bei der Kassenstelle beglichen wird[1]). Ebenso sind diejenigen Rechnungen zu behandeln, die die Lieferungen für mehrere Krankenkassen enthalten, die in einem Verbande zusammengeschlossen sind, wenn die Rechnung auf einem Blatt ohne Trennung der einzelnen Kassen ausgestellt ist.

b. Werden Arzneien nur gegen Barzahlung abgegeben, so sind von dem Verkaufspreise in jedem Fall 7 vH nachzulassen.

c. Von den Preisen des Diphtherieserums, Meningokokkenserums und Tetanusserums, der Salvarsane sowie der Insuline und der entsprechenden aus der Bauchspeicheldrüse hergestellten, zur Einspritzung unter die Haut bestimmten Präparate braucht der Apotheker einen Abschlag nicht zu gewähren. Die Preise dieser Mittel bleiben bei der Feststellung des abschlagfreien Rechnungsbetrages nach a unberücksichtigt.

3. Die Apotheker haben bei Lieferungen von Arzneien auf Kosten des Reichs, der Länder, der Berufsgenossenschaften, der Landesversicherungsanstalten sowie der kommunalen Armen- und Wohlfahrtspflege[2]) die gleichen Bedingungen wie bei Lieferungen an Krankenkassen einzuhalten.

4. Die höheren Verwaltungsbehörden werden angewiesen, entsprechend der durch Nr. 4 meiner Bekanntmachung vom 23. November 1924 getroffenen Regelung weiterhin die Preise der Deutschen Arzneitaxe in Verbindung mit dem Abschlag (s. vorstehend unter Nr. 2) als die nach § 376 Abs. 2 der Reichsversicherungsordnung festzusetzenden Höchstpreise gelten zu lassen.

5. Der Herr Reichsminister des Innern wird auch weiterhin etwa notwendig werdende Änderungen der Preise in der Preisliste der Arzneimittel und Gefäße vornehmen und diese unmittelbar im Reichsanzeiger veröffentlichen. Diese so veröffentlichten Preise gelten als Preisfestsetzungen im Sinne des § 80 Abs. 1 der Reichsgewerbeordnung.

6. Die Bestimmungen der Deutschen Arzneitaxe finden nur auf Arzneimittel und Arzneien Anwendung, nicht aber auf solche Mittel und Gegenstände, die nicht oder nicht vorwiegend als Arzneimittel Verwendung finden z. B. diätetische und kosmetische Mittel, Seifen, Verbandstoffe u. dgl.[3]).

---

jedem Abschlag, auch von dem nach Ziff. 3 zu gewährenden Sonderabschlag. Die Preise des Diphtherieserums, Meningokokkenserums und Tetanusserums sowie der Salvarsane unterliegen den Abschlägen nicht und bleiben bei der Feststellung des abschlagfreien Rechnungsbetrages unberücksichtigt.

3. Wenn die Krankenkassen auf Selbstabgabe in jeglicher Form verzichten, oder solche nicht einführen, und den Apotheken die Alleinlieferung übertragen, soll ihnen auf die gesamte Lieferung ein Sonderabschlag von 8 p. c. gewährt werden. In begründeten Fällen können die bezirklichen Organisationen zugunsten einzelner kleiner Apothekenbetriebe, insbesondere für Apotheken mit einem Jahresumsatz bis zu 15000 M., einen geringeren Sonderabschlag festsetzen. Verzichten die Kassen nur auf die Selbstabgabe von Arzneimitteln, so ist die Höhe des Sonderabschlages bezirklich bzw. örtlich zu vereinbaren.

[1]) Diese Bindung der Rabattgewährung an Zahlungsfristen hat das A.G. Liegnitz unter dem 10. Oktober 1922 (Ph.Ztg. 1922 Nr. 17) für rechtsungültig erklärt, da sie in dem grundlegenden § 367 R.V.O. (s. S. 69) nicht vorgesehen sei.

[2]) Träger der kommunalen Armen- und Wohlfahrtspflege sind nach einem preußischen Min.Erl. vom 21. Februar 1925 die Kommunalverbände, also die Gemeinden, Kreise und Provinzen. „Entscheidend ist demnach, ob Arzneimittel und Arzneien auf Kosten von Kommunalverbänden für die angegebenen Zwecke bezogen werden."

[3]) Daß die Arzneitaxe nur für Arzneien bzw. Arzneimittel gilt, ist selbstverständlich. Für die obengenannten anderen Artikel (diätetische und kosmetische Mittel, Seifen u. dgl.)

## Landesrechtliche Bestimmungen zur Deutschen Arzneitaxe.

Da die Rechtskraft der Deutschen Arzneitaxe auf den Verordnungen der Länder beruht, haben es diese in der Hand, einzelne Bestimmungen der Arzneitaxe zu ändern, was gelegentlich vorgekommen ist. Gleiches gilt natürlich auch hinsichtlich der Vereinbarungen über den Preisnachlaß für Krankenkassen und des Kreises der sonst noch begünstigten Parteien. Für die Deutsche Arzneitaxe 1927 gelten in dieser Hinsicht folgende Abweichungen:

1. Hinsichtlich des **Rabattes**: In **Bayern** (V. vom 31. Dezember 1926 und 31. Januar 1927) ist für die der Arbeitsgemeinschaft bayrischer Krankenkassenverbände angeschlossenen Krankenkassen ein einheitlicher Abschlag von 6 vH, sofern die Rechnung über 10 RM beträgt und innerhalb 10 Tagen bezahlt wird, bestimmt, bei Barzahlung 10 vH.

Ferner hat **Mecklenburg-Strelitz** (V. vom 23. Dezember 1926) für die Apotheken in Wesenberg, Feldberg und Mirow den Nachlaß abweichend wie folgt festgesetzt: bei Monatsrechnungen bis 50 RM 0 vH, darüber hinaus und bei Barzahlungen 2 vH.

2. Der Kreis der außer den reichsgesetzlichen (Orts-, Betriebs-, Land- und Innungskrankenkassen) sowie den knappschaftlichen Krankenkassen **begünstigten Parteien** ist in folgenden Ländern abweichend von der Norm (Ziffer 3 der preußischen V.) festgesetzt:

In **Baden** (V. vom 5. Januar 1927) sind hinzugetreten die Kreise, Gemeindeverbände (Bezirksfürsorgeverbände), Gemeinden, Schutzpolizei, milde Fonds.

---

bestehen demnach amtliche Preisbindungen überhaupt nicht (nachdem die aus der Kriegsgesetzgebung stammende Preistreibereiverordnung durch Gesetz vom 19. Juli 1926 aufgehoben ist). Sie können also, soweit nicht vertragliche Bindungen vorliegen, auch zu höheren Preisen verkauft werden. Bedenklich erscheint aber die Annahme, daß **Verbandstoffe** nicht zu den Arzneimitteln gehören. In dieser Allgemeinheit läßt sich der Satz kaum aufrechterhalten. Imprägnierte Verbandstoffe sind zweifellos Arzneimittel. Aber auch reine Verbandwatte und Verbandmull, die auch das Arzneibuch in der Liste der Arzneimittel anführt, werden als solche zu gelten haben, da sie nicht nur, wie Binden, mechanische, sondern heilende Zwecke verfolgen.

Auf die Frage einer Landesregierung, ob **Verbandstoffe** und **Arzneigefäße** rabattpflichtig sind, hat der Reichsmin. d. J. im August 1922 folgende Antwort erteilt:

Die Abschlagspflicht der Apotheken bei Lieferungen auf Kosten der reichsgesetzlichen Krankenkassen, das heißt Orts-, Land-, Betriebs- und Innungskrankenkassen, ist in § 376, 1 der R.V.O. begründet. Danach haben die Apotheken den Krankenkassen für die Arzneien einen Abschlag von den Preisen der Arzneitaxe zu gewähren, dessen Höhe von der obersten Verwaltungsbehörde bestimmt wird. Aus diesem Wortlaut folgt, daß eine Abschlagspflicht nur dann besteht, wenn es sich um Arzneien handelt, und auch dann nur, wenn diese nach der Arzneitaxe berechnet werden.

Der Begriff ‚Arznei' im Sinne der Arzneitaxe wird in den allgemeinen Bestimmungen der Arzneitaxe erläutert. Da zu dem Verkaufspreis einer vom Apotheker zur Abgabe hergerichteten Arznei (Nr. 1 der allgemeinen Bestimmungen) auch der Preis des Gefäßes gehört, in dem sie abgegeben wird, unterliegen die Preise der Gefäße als Teil des Verkaufspreises der Arznei der Abschlagspflicht, wenn es sich um die Abgabe einer nach der Arzneitaxe berechneten Arznei handelt. Sollte die dortige Fragestellung so aufzufassen sein, daß es sich um die wohl nur sehr seltene Verordnung eines Arzneigefäßes, also ohne Inhalt, handelt, so dürfte, da es sich um keine ‚Arznei' handelt, ein Zwang zur Abschlagsgewährung nicht vorliegen. Verbandstoffe und ähnliche Gegenstände der Krankenpflege, Bruchbänder usw., sind **keine** Arzneien und werden vom Zwangsabschlag nach § 376, 1 der R.V.O nicht betroffen.

Ein Urteil des L.G. Bielefeld vom 27. November 1905 (Ph.Ztg. 1906 Nr. 15) erklärte Verbandstoffe für Arzneien.

In Braunschweig (V. vom 27. Dezember 1926) sind statt der kommunalen Armen- und Wohlfahrtspflege die Fürsorgeverbände genannt.

In Hessen (V. vom 29. Dezember 1926) sind hinzugetreten die Staats- und Gemeindekassen.

In Thüringen (V. vom 24. Dezember 1926) sind als begünstigte Parteien angeführt das Reich, die Berufsgenossenschaften, die thüringische Landesversicherungsanstalt, die thüringische Landespolizei, die Armenverbände und Wohlfahrtsämter.

In Württemberg (V. vom 27. Dezember 1926) sind an Stelle der kommunalen Armen- und Wohlfahrtspflege genannt: Öffentliche Anstalten, Krankenhäuser und solche Vereine, die der öffentlichen Fürsorge und der Wohltätigkeit dienen. Bei diesen gilt jedoch die Gleichstellung hinsichtlich des Rabattes nur, sofern nicht anderweitige Vereinbarungen getroffen sind.

3. Bei Tierarzneien ist ein besonderer Nachlaß vorgeschrieben in Braunschweig (15 vH) und Württemberg (10 vH bei Barzahlung). In Baden ist außerdem laut § 35 der Apothekenbetriebsordnung bei Tierarzneimitteln, deren Bezahlung durch eine Ortsviehversicherungsanstalt erfolgt, ein Nachlaß von 10 vH zu gewähren.

4. In der Arzneitaxe selbst (Ziffern 28 bis 32) ist der Kreis der begünstigten Parteien wieder ein anderer. Die Taxsonderbestimmungen der Ziffern 28 bis 32 gelten für das Reich, die Länder, die reichsgesetzlichen und knappschaftlichen Krankenkassen oder Ersatzkassen, die Berufsgenossenschaften, die Landesversicherungsanstalten und die kommunale Armen- und Wohlfahrtspflege. (Neu sind hier die Ersatzkassen.) Die Bestimmung in Ziffer 31 über die Abgabegefäße gilt außerdem für solche Vereine und Anstalten, die der öffentlichen Wohlfahrtspflege dienen.

Über die Befreiung gewisser Parteien von der Umsatzsteuer[1]) vgl. die auf S. 65 und 66 angeführten Bestimmungen des Umsatzsteuergesetzes sowie die auf S. 194 mitgeteilte Berichtigung zu Ziffer 33 der Arzneitaxe.

Die Anwendbarkeit der Arzneitaxe erläuterte ein preußischer Min.Erl. betr. die Berechnung von Handverkaufsartikeln vom 17. Mai 1904 dahin,

> daß der Apotheker nicht verhindert werden kann, sowohl beim Vorliegen einer ärztlichen Verordnung wie auch bei der Abgabe auf mündliches oder schriftliches Erfordern die Arzneien nach den Ansätzen der Arzneitaxe zu berechnen. Nur die Überschreitung der Arzneitaxe ist unstatthaft.

---

[1]) Über die Berechnung der Umsatzsteuer bei Lieferung von Arzneien im Privatverkehr (z. B. 0,75 vH) erging folgender Erlaß des Reichsministers der Finanzen vom 8. März 1920:

> Nach § 12 Abs. 1 des neuen Umsatzsteuergesetzes vom 24. Dezember 1919 kann der Steuerpflichtige die Steuer neben dem Entgelte gesondert in Rechnung stellen, wenn als Entgelt für eine Leistung eine gesetzlich bemessene Gebühr angesetzt wird. Diese Vorschrift, die sich in erster Linie auf Rechtsanwälte und andere Angehörige freier Berufe bezieht, die an feste Gebühren gebunden sind, ist auch auf Apotheker anzuwenden, soweit Arzneien, die nach der Deutschen Arzneitaxe abgegeben werden, in Frage kommen. Denn obwohl der Apotheker nicht zu den freien Berufen, sondern zu den Gewerbetreibenden zu rechnen ist, ist er doch hinsichtlich der dem Apothekenzwang unterliegenden Waren an die Arzneitaxe allenthalben gebunden, diese ist aber auf Grund von § 80 Abs. 1 der Reichsgewerbeordnung festgesetzt und daher einer gesetzlich bemessenen Gebühr gleichzuachten.

Die in dem Erlaß angezogene Bestimmung steht jetzt in § 11 Abs. 1 des Umsatzsteuergesetzes vom 8. Mai 1926 (s. S. 66). Die Berechnung der Steuer ist inzwischen in Ziffer 5 der Arzneitaxe in einfacherer Weise geregelt.

Die Arzneitaxe ist also für den Apotheker insofern bindend, als sie nicht überschritten werden darf. Überschreitungen der Taxe werden gemäß § 148, 8 der Gew.O. (s. S. 22) oder als Betrug (s. S. 49) bestraft[1]). Unterhalb der Taxe zu verkaufen, ist dem Apotheker indes nicht verwehrt, und er kann von dieser Erlaubnis sowohl im Einzelverkehr als bei Abschluß von Arzneilieferungsverträgen Gebrauch machen. In diesem Sinne ist der zweite Satz des § 80 der Gew.O. „Ermäßigungen durch freie Vereinbarung sind zulässig" zu verstehen.

## XVI. Verkehr mit stark wirkenden Arzneimitteln.

Die Frage, welche Arzneimittel in den Apotheken im Handverkauf, d. h. ohne ärztliches Rezept abgegeben und welche ärztlichen Rezepte ohne erneute Unterschrift wieder angefertigt werden dürfen, erfordert aus Zweckmäßigkeitsgründen eine einheitliche Gestaltung im Reichsgebiet, denn es geht nicht an, daß in einem Staate ein Arzneimittel im Handverkauf oder ohne erneute ärztliche Anweisung erhältlich ist, für das in einem anderen ein ärztliches Rezept erforderlich ist. Da die Reichsgesetzgebung eine Grundlage für eine diesen Gegenstand regelnde Reichsverordnung nicht bot, wählte man hier, ebenso wie beim Verkehr mit Geheimmitteln und mit Giften, den Weg, durch Bundesratsbeschluß einen Vorschriftenentwurf zu vereinbaren, nach dem dann in den Einzelstaaten gleichlautende Vorschriften erlassen wurden. Das ist bezüglich der stark wirkenden Arzneimittel erstmalig unter dem 2. Juli 1891 geschehen. Diese Vorschriften wurden dann durch einen neuen unter dem 13. Mai 1896 im Bundesrat vereinbarten Entwurf ersetzt, und dieser später mehrfach geändert und ergänzt. Im Dezember 1926 wurden die so zustande gekommenen Vorschriften einer redaktionellen Anpassung an die sechste Ausgabe des Deutschen Arzneibuches unterzogen[2]) und den Landesregierungen in dieser Form zwecks Neuerlasses

[1]) Selbständige Änderung der Arzneitaxe durch Apotheker, d. h. Neuberechnung der Preise der Arzneimittel nach den derzeitigen Einkaufspreisen auf Grund der allgemeinen Bestimmungen der Arzneitaxe, ist nach Verfügungen des Reichsministeriums d. I. vom 20. April 1920 und 3. Mai 1920 und einem Urteil des L.G. M.-Gladbach vom 20. Oktober 1923 (Ph.Ztg. 1923 Nr. 86) als strafbare Taxüberschreitung anzusehen. Die gegenteilige Ansicht vertritt ein Rechtsgutachten von Geh. Justizrat Dr. J. Heimberger, o. Prof. an der Universität Bonn (Ph.Ztg. 1920 Nr. 44). Die Überschreitung der Arzneitaxe als solche zu bestrafen dürfte jedoch wegen ungenügender Publizierung der Taxe z. B. nicht angängig sein (s. S. 193).

[2]) Vollständig ist die Anpassung an das D.A.B. 6 allerdings nicht durchgeführt. Denn bei folgenden Mitteln stimmen die in den Vorschriften angeführten Repetitionsdosen mit den Höchstgaben des Arzneibuches nicht überein:

| | Vorschriften | D. A. B. 6 |
|---|---|---|
| Bromoformium | 0,3 | 0,5 |
| Diacetylmorphinum | 0,015 | 0,005 |
| Fructus Colocynthidis | 0,5 | 0,3 |
| Gutti | 0,5 | 0,3 |
| Heroin | 0,015 | 0,005 |
| Hydrargyrum cyanatum | 0,02 | 0,01 |
| Kreosotum | 0,2 | 0,5 |
| Strychninum nitricum | 0,01 | 0,005 |
| Tartarus stibiatus | 0,2 | 0,1 |
| Veratrinum | 0,005 | 0,002 |

überwiesen. Der Vorschriftenentwurf, der danach ein im wesentlichen einheitliches Recht im Reichsgebiet schafft, ist nachstehend in einer gegenüber der amtlichen insofern etwas veränderten Fassung wiedergegeben, als das eine Verzeichnis dieser des besseren Verständnisses halber in drei Verzeichnisse zerlegt ist.

## Vorschriften betr. die Abgabe stark wirkender Arzneimittel sowie die Beschaffenheit und Bezeichnung der Arzneigläser und Standgefäße in den Apotheken.

Amtliche Neufassung vom 3. Dezember 1926 auf Grund der Bundesratsbeschlüsse vom 13. Mai 1896, 22. März 1898, 6. Februar 1908, des Reichsratsbeschlusses vom 12. Februar 1920 und der Verordnungen aus den Jahren 1899, 1901, 1906, 1922, 1923, 1924, 1926. Gültig ab 1. Januar 1927[1]).

§ 1. Die in dem beiliegenden Verzeichnis A aufgeführten Drogen und Präparate, sowie die solche Drogen oder Präparate enthaltenden Zubereitungen[2]) dürfen nur auf schriftliche, mit Datum und Unterschrift versehene Anweisung (Rezept) eines Arztes, Zahnarztes oder Tierarztes[3]) —

---

[1]) In Preußen sind die Vorschriften als Min.Erl. vom 18. Dezember 1926 erlassen. Der Anfang des Erl. lautet:

Unter Hinweis auf § 367 Ziff. 5 des Strafgesetzbuches ordne ich an, daß mit Wirkung vom 1. Januar 1927 ab an Stelle der Bekanntmachung vom 22. Juni 1896 und der dazu ergangenen Nachträge folgende Vorschriften über die Abgabe stark wirkender Arzneimittel sowie die Beschaffenheit und Bezeichnung der Arzneigläser und Standgefäße in den Apotheken gelten:

Über § 367 Ziffer 5 Str.G.B. s. S. 52.

[2]) Die Verordnung unterscheidet deutlich die drei Begriffe Drogen, Präparate und Zubereitungen. Unter „Präparaten" sind hier offenbar die chemischen Präparate verstanden, unter „Zubereitungen" die galenischen. Da jedoch in dem beigegebenen Verzeichnis, welches laut § 1 der Verordnung nur „Drogen und Präparate" enthält, auch eine große Anzahl galenischer Mittel des Arzneibuches (z. B. Extrakte, Tinkturen usw.) angeführt ist, so ist anzunehmen, daß die im Verzeichnis nicht genannten offizinellen (!) galenischen Präparate, auch wenn sie aus stark wirkenden Mitteln bereitet sind, wie z. B. Oleum Hyoscyami, Sirupus Ipecacuanhae, Tinctura Opii benzoica, dem Apothekenhandverkauf überlassen sind.

[3]) Nach einem preuß. Min.Erl. vom 20. Oktober 1906 ist unter „Arzt" im Sinne des § 1 der V. lediglich derjenige zu verstehen, welcher gemäß § 29 der Gew.O. das Recht erworben hat, sich als Arzt zu bezeichnen. Die der Abgabe auf ärztliche Anweisung vorbehaltenen Arzneien dürfen danach nur auf Rezept eines deutschen, nicht auch eines fremdländischen Arztes abgegeben werden. Auch auf Anordnung eines nicht approbierten Vertreters eines Arztes dürfen solche Arzneien nicht verabfolgt werden. (Min.Erl. vom 21. April 1893.)

Ferner ergingen hierzu folgende Entscheidungen: Der Apotheker, der ein stark wirkende Mittel enthaltendes Medikament anfertigt und abgibt, ohne sich zu vergewissern, ob die ordinierende Person ein approbierter Arzt ist, handelt fahrlässig (K.G. 25. April 1904, Ph.Ztg. 1904 Nr. 35). Für den Apotheker liegt eine ärztliche Verordnung vor, wenn dieselbe die Unterschrift einer ihm als Arzt bekannten Person bzw. in der bekannten Schrift des ausstellenden Arztes trägt (Reg.-Präsid. in Posen, A.G. Schwerin a. W. 16. Oktober 1901, Ph.Ztg. 1901 Nr. 89).

Nach einem preuß. Min.Erl. vom 26. Mai 1906 hat der Apotheker beim Vorliegen einer Verordnung eines stark wirkenden Arzneimittels „sich Sicherheit darüber zu verschaffen, daß der Aussteller Arzt ist". Man wird freilich die Gewährleistungspflicht des Apothekers für die Echtheit einer ärztlichen Verordnung nur so weit annehmen können, als ihre Außerachtlassung eine Fahrlässigkeit in sich schließen würde. Das würde z. B. dann der Fall sein, wenn das Rezept durch seinen Inhalt (auffallende Dosierung, ungewöhnliche Zusammensetzung usw.) oder seine Form (ungeübte Handschrift usw.) zu Bedenken Anlaß gibt, oder wenn der Unterin letzterem Falle jedoch nur zum Gebrauch in der Tierheilkunde — als Heilmittel[1]) an das Publikum[2]) abgegeben werden[3]).

§ 2. Die Bestimmungen im § 1 finden nicht Anwendung auf solche Zubereitungen, welche nach den auf Grund des § 6 Abs. 2 der Gewerbeordnung erlassenen Verordnungen auch außerhalb der Apotheken als Heilmittel feilgehalten und verkauft werden dürfen (vgl. § 1 der Verordnung vom 22. Oktober 1901[4]).

---

zeichner dem Apotheker nicht als approbierter Arzt bekannt und im Adreßbuch oder dem Medizinalkalender nicht als solcher verzeichnet ist, oder wenn schließlich in der Fachpresse oder in Vereinen auf Rezeptfälschungen in der Form des vorgelegten Rezeptes bereits hingewiesen worden ist. In allen diesen Fällen könnte und müßte der Apotheker bei Anwendung der ihm obliegenden Sorgfalt das Vorliegen einer Fälschung erkennen.

[1]) Die Vorschriften sagen, daß die Abgabe der Mittel des Verzeichnisses nur dann der angeordneten Beschränkung unterliegt, wenn ihre Verwendung als Heilmittel in Frage kommt. Es ist das Verbot der Abgabe der genannten Mittel im Handverkauf also kein absolutes. Fordert jemand eins oder mehrere der genannten Mittel zu anderen als Heilzwecken, so ist der Apotheker unter Beobachtung der etwa in Frage kommenden Vorschriften über den Verkehr mit Giften berechtigt, die geforderten Mittel abzugeben.

[2]) „An das Publikum" heißt an die Konsumenten, hier Patienten. „Unter Publikum versteht die Verordnung nur diejenigen Personen, welche die Heilmittel an sich selbst verwenden wollen, nicht aber Personen, die sie bei Ausübung des Heilgewerbes an anderen anwenden." (Preuß. O.V.G. 8. März 1915, Ph.Ztg. 1915 Nr. 42.) Ebenso entschieden sächsisches O.V.G. 10. Februar 1914 (Ph.Ztg. 1914 Nr. 24) und bad. V.G. 6. Juli 1915 (Ph.Ztg. 1915 Nr. 66).

Daher gehören zum „Publikum" weder Ärzte, Zahnärzte, Tierärzte, Dentisten, die solche Mittel für ihre Praxis benötigen, noch andere Apotheken. Für die Abgabe stark wirkender Mittel an Dentisten oder andere Apotheken sind, da es sich hierbei nur um gewerbliche Zwecke handelt, nur die Bestimmungen der Giftverordnung maßgebend (s. S. 243), für die Abgabe an Ärzte, Zahn- und Tierärzte, für deren Praxis gibt es überhaupt keine besonderen Vorschriften, da hier ein „gewerblicher" Zweck nicht vorliegt (Ärzte sind nicht Gewerbetreibende). In diesen Fällen ist die Abgabe auch auf mündliches Anfordern zulässig. Die unter das Opiumgesetz (s. S. 126) fallenden Mittel dürfen indessen in jedem Falle nur entweder gegen schriftliches Rezept oder gegen Erlaubnisschein abgegeben werden.

[3]) Im Zusammenhang mit diesen Vorschriften steht der folgende preußische

**Min.-Erl., betr. die Arzneiverordnung durch Fernsprecher. Vom 7. Februar 1902.**

In Übereinstimmung mit den Ausführungen des Berichtes vom 2. September v. J. halte auch ich es für unerwünscht, daß die Arzneiverordnung durch Fernsprecher weitere Ausbreitung findet, weil dabei Mißverständnisse nicht ausgeschlossen sind.

Stark wirkende Arzneimittel dürfen nach § 1 der Vorschriften über die Abgabe solcher Arzneimittel vom 22. Juni 1896 ohne Vorlegung einer schriftlichen, mit Datum und Unterschrift versehenen Anweisung eines Arztes nicht abgegeben werden. Nur wenn Lebensgefahr durch Verordnung mittels Fernsprechers abgewandt werden kann, ist der Gebrauch des Fernsprechers als zulässig zu erachten.

In solchen Fällen hat aber zur Vermeidung von Irrtümern die Ablieferung der stark wirkende Mittel enthaltenden Arznei nur gegen Aushändigung der schriftlichen ärztlichen Anweisung zu erfolgen.

Es steht im übrigen dem Apotheker frei, durch Fernsprecher übermittelte Verordnungen von Arzneien, welche dem freien Verkehr überlassen sind, auf eigene Verantwortung abzugeben.

In anderen Ländern ist die Arzneiabgabe auf telephonische Verordnung des Arztes moderner geregelt.

[4]) Siehe S. 114. Grundsätzlich dürfen alle dem freien Verkehr außerhalb der Apotheken überlassenen Arzneimittel auch innerhalb der Apotheken ohne Beschränkung abgegeben werden.

§ 3. Die wiederholte Abgabe von Arzneien zum inneren Gebrauch[1]), welche in dem beiliegenden Verzeichnis B aufgeführte Drogen oder Präparate enthalten, ist unbeschadet der Bestimmungen in §§ 4 und 5 ohne jedesmal erneute, ärztliche oder zahnärztliche[2]) Anweisung nur gestattet,

1. insoweit die Wiederholung in der ursprünglichen Anweisung für zulässig erklärt und dabei vermerkt ist, wie oft und bis zu welchem Zeitpunkte sie stattfinden darf, oder
2. wenn die Einzelgabe[3]) aus der Anweisung ersichtlich ist und deren[4]) Gehalt an den bezeichneten Drogen und Präparaten die Gewichtsmenge, welche in dem beiliegenden Verzeichnis B für die betreffenden Mittel angegeben ist, nicht übersteigt[5]).

§ 4. (1) Die wiederholte Abgabe von Arzneien zum inneren Gebrauch, welche in dem beiliegenden Verzeichnis C aufgeführte Stoffe enthalten, darf nur auf jedesmal erneute schriftliche, mit Datum und Unterschrift versehene Anweisung eines Arztes oder Zahnarztes erfolgen.

---

[1]) Bei der Abgabe im Handverkauf, also ohne ärztliches Rezept (§ 1), erstrecken sich die Beschränkungen in gleicher Weise auf Arzneien zum innerlichen wie zum äußerlichen Gebrauch; bei der wiederholten Abgabe auf Rezept ohne jedesmal erneute Unterschrift (§§ 3 und 4) jedoch nur auf Arzneien zum inneren Gebrauch. Rezepte, die auf äußerlich anzuwendende Zwecke lauten, dürfen also, abgesehen von den für Kokain, Diazetylmorphin und Heroin in § 4 Abs. 3 getroffenen Ausnahmen, ohne erneute Unterschrift wieder angefertigt worden. Die Begriffe „äußerlich" und „innerlich" erläutert § 11.

[2]) Tierärztliche Rezepte zum Gebrauch bei Tieren dürfen also stets ohne erneute Unterschrift repetiert werden. Hierzu erging folgendes Urteil: Die wiederholte Anfertigung eines tierärztlichen Rezeptes ohne erneute Unterschrift des Tierarztes ist auch dann zulässig, wenn das ursprüngliche Originalrezept nicht beigebracht wird. Es genügt, daß der Apotheker sich in einwandfreier Weise (z. B. aus der Kopie im Rezeptjournal) davon überzeugt, daß das ursprüngliche Rezept von einem Tierarzt ausgestellt worden ist (L.G. Aachen, 25. September 1913, Ph.Ztg. 1913 Nr. 87).

[3]) Bei Berechnung der Einzelgabe ist die Bestimmung in Tabelle A (Anlage VIII) des Arzneibuches zu berücksichtigen, lautend:

Wenn der Apotheker bei Berechnung der größten Gaben auf ärztliche Angaben stößt, wie Tee- oder Kaffeelöffel, Kinder- oder Dessertlöffel, oder Eßlöffel, so hat er für 1 Tee- oder Kaffeelöffel 5 ccm, für 1 Kinder- oder Dessertlöffel 10 ccm und für 1 Eßlöffel 15 ccm in Rechnung zu stellen.

[4]) Das Wort „deren" bezieht sich nicht auf „Anweisung", sondern auf „Einzelgabe". Der Gehalt der Einzelgabe der Arznei darf also die in dem beigegebenen Verzeichnis angeführten Gewichtsmengen nicht übersteigen, wenn die Repetition zulässig sein soll. Die übermäßig oft wiederholte Anfertigung einer Arznei aus stark wirkenden Stoffen kann jedoch, auch wenn sie nach obenstehenden Vorschriften zulässig ist, das Delikt einer fahrlässigen Körperverletzung in sich schließen (R.G. 12. Juli 1902, Ph.Ztg. 1902 Nr. 87 f. S. 48). Ferner erging folgende Entscheidung: Selbst wo spezielle Instruktionsvorschriften fehlen, darf der Apotheker stark wirkende Gifte, welche in außergewöhnlichen, übermäßigen Dosen verschrieben sind, nicht ohne besondere Erklärung des Arztes verabfolgen (R.G. 27. September 1888, Rechtspr. X, S. 518). Für die unter das Opiumgesetz fallenden Mittel gelten weitergehende Beschränkungen (s. S. 126).

[5]) Über die Repetition ärztlicher Rezepte auf Grund des § 3 der Verordnung hat das R. G. durch Urteil vom 7. November 1912 (Ph.Ztg. 1912 Nr. 91) folgenden Grundsatz aufgestellt: „Der Apotheker darf Arzneien, welche stark wirkende Stoffe enthalten, deren wiederholte Abgabe jedoch auf das einmal verschriebene ärztliche Rezept hin ohne erneute Unterschrift desselben zulässig ist, nicht in mehrfachen Quanten zugleich an den betreffenden Arzneiempfänger abgeben, sondern nur die einmal verschriebene Dosis wiederholen. Es ist ein Unterschied zwischen „wiederholter Abgabe" der einfachen (verschriebenen) Menge und Abgabe einer mehrfachen Menge auf einmal. Nur die erstere ist in der Verordnung zugelassen."

(2) Jedoch ist die wiederholte Abgabe von Diazetylmorphin oder dessen Salzen, Dicodid (Dihydrokodeinon) oder dessen Salzen, Dilaudid (Dihydromorphinon) oder dessen Salzen, Eukodal, Heroin oder dessen Salzen, Laudanon, Morphin oder dessen Salzen, Narcophin, Pantopon oder allen ähnlichen, Opiumalkaloide enthaltenden Zubereitungen (z. B. Opiumkonzentrat, Glycopon, Holopon), Paracodin, Paralaudin und Paramorfan (Dihydromorphin) zum inneren Gebrauch ohne erneute ärztliche Anweisung gestattet, wenn diese Mittel nicht in einfachen Lösungen oder einfachen Verreibungen[1]), sondern als Zusatz zu anderen arzneilichen Zubereitungen verschrieben sind und der Gesamtgehalt der Arznei an

Diazetylmorphin oder dessen Salzen 0,015 g,
Dicodid (Dihydrokodeinon) oder dessen Salzen 0,03 g,
Dilaudid (Dihydromorphinon) oder dessen Salzen 0,01 g,
Eukodal 0,03 g,
Heroin oder dessen Salzen 0,015 g,
Laudanon 0,03 g,
Morphin oder dessen Salzen 0,03 g,
Narcophin 0,03 g,
Pantopon oder allen ähnlichen Opiumalkaloide enthaltenden Zubereitungen (z. B. Opiumkonzentrat, Glycopon, Holopon) 0,06 g,
Paracodin 0,03 g,
Paralaudin 0,03 g,
Paramorfan (Dihydromorphin) 0,03 g

nicht übersteigt. Auf Arzneien, welche zu Einspritzungen unter die Haut bestimmt sind, findet dies keine Anwendung.

(3) Die wiederholte Abgabe von Kokain oder dessen Salzen, Diazetylmorphin oder Heroin oder deren Salzen, sowie von Arzneien, die Kokain, Diazetylmorphin oder Heroin oder deren Salze in solchen Mengen

---

[1]) Die Begriffe „einfache Lösungen" und „einfache Verreibungen" erläutert nachstehende Bk. des Präsidenten des Reichsgesundheitsamtes vom 28. Juli 1896:

Die im § 4 der Bundesratsvriorschften, betr. die Abgabe stark wirkender Arzneimittel usw. (Beschluß vom 13. Mai 1896), vorgesehene Erleichterung hinsichtlich der Abgabe von Morphin oder dessen Salzen zum inneren Gebrauche beruht auf der Erwägung, daß Morphin und Salze desselben nicht selten (z. B. bei Bronchialkatarrhen) anderen Arzneimitteln lediglich in der Absicht zugesetzt werden, um neben der sonstigen Wirkung der Arznei auch noch die beruhigenden und schmerzlindernden Wirkungen des Morphins dem Patienten zu verschaffen. Es handelt sich dabei stets nur um geringfügige Mengen, welche in dieser Zusammensetzung die Gefahr des Morphiummißbrauchs durch zu häufige Wiederholung der Arznei ohne Vorwissen des Arztes nicht bieten. Anders steht es mit den einfachen Lösungen und den einfachen Verreibungen des Morphins. Hier sind die hinzugesetzten Stoffe nur die Träger des Morphins bzw. seiner Salze und sollen namentlich die zuverlässige Dosierung des bereits in wenigen Zentigrammen stark wirkenden Medikaments erleichtern. Eine wesentliche arzneiliche Wirkung kommt dem Zusatze im Verhältnis zu dem Morphin nicht zu. Meist werden Stoffe wie Wasser, Weingeist, Zucker, Milchzucker, Gummi arabicum, Stärkemehl verwendet, es kommt aber auch vor, daß der Zusatz an sich bereits aus verschiedenen Stoffen zusammengesetzt ist, z. B. Brausepulver, ohne daß dadurch die ausschlaggebende Bedeutung des Morphins als wesentlicher Bestandteil der Arznei vermindert wird.

Hieraus ergibt sich, daß im Sinne des § 4 a. a. O. als einfache Lösungen oder Verreibungen nicht ausschließlich derartige Zubereitungen des Morphins mit anderen einfachen Stoffen, vielmehr solche Zubereitungen aufzufassen sind, bei denen die Zusätze im wesentlichen nur die Lösungs- und Verreibungsmittel für das Morphin bilden. In zweifelhaften Fällen wird dem Apotheker zu empfehlen sein, eine erneute ärztliche Anordnung zu verlangen.

enthalten, daß der Gesamtgehalt der Arznei an Kokain oder dessen Salzen 0,03 g, an Diazetylmorphin oder Heroin oder deren Salzen 0,015 g übersteigt, zum äußeren Gebrauch ist ohne jedesmal erneute schriftliche, mit Datum und Unterschrift versehene Anweisung eines Arztes oder Zahnarztes nur gestattet, wenn die bestimmungsgemäße Anwendung aus der Anweisung zu ersehen ist. Die wiederholte Abgabe ist ohne erneute ärztliche oder zahnärztliche Anweisung nicht gestattet, wenn diese Mittel oder Arzneien zur Einführung in die Nase bestimmt sind[1]).

§ 5. Die wiederholte Abgabe von Arzneien in den Fällen der §§ 3 und 4 Abs. 2 ist nicht gestattet, wenn sie von dem Arzte oder Zahnarzte durch einen auf die Anweisung beigesetzten Vermerk untersagt worden ist.

§ 6. Die wiederholte Abgabe von Arzneien auf Anweisungen der Tierärzte zum Gebrauch in der Tierheilkunde ist den Beschränkungen der §§ 3—5 nicht unterworfen.

§ 7. Homöopathische Zubereitungen in Verdünnungen oder Verreibungen, welche über die dritte Dezimalpotenz hinausgehen, unterliegen den Vorschriften der §§ 1—5 nicht[2]).

---

[1]) Der letzte noch aus früherer Zeit stammende Satz im § 4 Abs. 3 ist durch die jetzige Fassung in § 11 überholt. Da nach letzterem Arzneien zur Aufbringung auf die Schleimhäute hinsichtlich der wiederholten Abgabe stets den Arzneien zu innerlichem Gebrauche gleichgestellt sind, ergibt sich, daß Kokain, Diazetylmorphin und Heroin sowie solche Mittel enthaltende Arzneien zur Einführung in die Nase ohne erneute ärztliche Unterschrift in keinem Falle wiederholt abgegeben werden dürfen. Dies gilt also auch für Arzneien, deren Gesamtgehalt an den genannten Mitteln kleiner ist als oben angegeben.

Die Rechtslage bezüglich der wiederholten Abgabe von Kokain, Diazetylmorphin und Heroin bzw. deren Salzen in Substanz oder als Arzneibestandteil ist demnach folgende:

1. Zu „innerem" Gebrauch (zum Einnehmen, Einspritzen und zur Aufbringung auf die Schleimhäute) ist die Wiederholung a. für Kokain in jedem Falle unzulässig, b. für Heroin und Diazetylmorphin zu Einspritzungen unter die Haut, sowie in einfachen Lösungen und Verreibungen unzulässig, als Zusatz in Mengen von nicht mehr als 0,015 g zu anderen arzneilich wirksamen Arzneien erlaubt.

2. Zu rein „äußerem" Gebrauch ist die Wiederholung zulässig: a. für alle kokain-, heroin- und diazetylmorphinhaltigen Arzneien, unabhängig von ihrem Gehalt an den genannten Stoffen, einschließlich der Verabfolgung der reinen Substanzen, „wenn die bestimmungsgemäße Anwendung aus der Anweisung ersichtlich ist", b. für alle kokain-, heroin- und diazetylmorphinhaltigen Arzneien mit einem Gesamtgehalt bis zu 0,03 g Kokain oder dessen Salzen bzw. bis zu 0,015 g Heroin, Diazetylmorphin oder deren Salzen auch beim Fehlen einer Angabe der bestimmungsgemäßen Anwendung in der Anweisung. In diesem Falle muß die Verwendung zu rein äußerem Gebrauch auf anderem Wege festgestellt sein.

Das Ausdispensieren von Kokain, das dem Auftraggeber gehört, in kleinere Mengen, verstößt gegen die Vorschriften über die Abgabe stark wirkender Arzneimittel (K.G. 5. September 1924, Ph.Ztg. 1924 Nr. 74).

[2]) Nach dem Vorschriftenentwurf soll es den Landesregierungen überlassen bleiben, eine Bestimmung obigen Inhalts zu treffen. Das ist jedoch überall geschehen. Die Vorschriften nennen nur die homöopathischen Zubereitungsformen der Verdünnungen und Verreibungen, lassen daher die Frage offen, ob auch homöopathische Streukügelchen der Vergünstigung des § 7 unterliegen. Streukügelchen werden in der Weise hergestellt, daß Zuckerkügelchen mit einer geringen Menge der entsprechenden flüssigen Verdünnung getränkt und dann getrocknet werden. Sie stellen also lediglich eine andere Darreichungsform der Verdünnungen dar und können also auch in gesetzlicher Beziehung nicht gut anders beurteilt werden als die Verdünnungen, mit denen sie bereitet sind. Deshalb muß man annehmen, daß sie in höheren Potenzen als D 3 dem Handverkauf ebenfalls überlassen sind.

§ 8. Die Vorschriften über den Handel mit Giften[1]) werden durch die Bestimmungen der §§ 1—7 nicht berührt.

§ 9. (1) Die von einem Arzte, Zahnarzte oder Wundarzte zum inneren Gebrauch verordneten flüssigen Arzneien dürfen nur in runden Gläsern mit Zetteln von weißer Grundfarbe, die zum äußeren Gebrauch verordneten flüssigen Arzneien dagegen nur in sechseckigen Gläsern, an welchen drei nebeneinanderliegende Flächen glatt und die übrigen mit Längsrippen versehen sind[2]), mit Zetteln von roter Grundfarbe abgegeben werden[3]).

(2) Flüssige Arzneien, welche durch die Einwirkung des Lichtes verändert werden, sind in gelbbraun gefärbten Gläsern abzugeben.

§ 10. (1) Die Standgefäße sind, sofern sie nicht stark wirkende Mittel enthalten, mit schwarzer Schrift auf weißem Grunde —, sofern sie Mittel enthalten, welche in Tabelle B des Deutschen Arzneibuchs aufgeführt sind, mit weißer Schrift auf schwarzem Grunde —, sofern sie Mittel enthalten, welche in Tabelle C ebenda aufgeführt sind, mit roter Schrift auf weißem Grunde zu bezeichnen[4]).

(2) Standgefäße für Mineralsäuren, Laugen, Brom und Jod dürfen mittels Radier- oder Ätzverfahrens hergestellte Aufschriften auf weißem Grund haben[5]).

§ 11. Arzneien, welche zu Einspritzungen in und unter die Haut und Schleimhaut, in die Muskulatur und andere Organe, in die Blutbahn, in den Rückenmarkkanal, in geschlossene Körperhöhlen, zur Einverleibung durch Suppositorien, zur Aufbringung auf die Schleimhäute, insbesondere durch Einstäubung, Einpinselung, Eintropfung, Eingießung, auch durch Klistier, dienen sollen, werden hinsichtlich der Zulässigkeit der wiederholten Abgabe (§§ 3 und 4) den Arzneien für den inneren Gebrauch, hinsichtlich der Beschaffenheit und Bezeichnung der Abgabegefäße (§ 9) den Arzneien für den äußeren Gebrauch gleichgestellt[6]).

---

[1]) S. Abschnitt XIX.

[2]) Die Bestimmung über die sechseckigen Gläser gilt nur für die Rezeptur und nur für Arzneien, die von einem Arzte, Zahnarzte oder Wundarzte verordnet, also zum Gebrauche bei Menschen bestimmt sind. Im Handverkauf, d. h. bei nur mündlicher Anforderung eines Mittels, liegt eine Verpflichtung zur Verwendung sechseckiger Gläser nicht vor (L.G. Schneidemühl, 2. Januar 1904, Ph.Ztg. 1904 Nr. 16), ebensowenig bei Tierarzneien.

[3]) Ein preußischer Min.Erl. vom 8. Mai 1899 bestimmt in Ergänzung hierzu, „daß auch Schachteln, welche äußerlich anzuwendende Mittel erhalten, mit einer Signatur von roter Grundfarbe zu versehen sind."

[4]) Gleiches gilt laut §§ 10 und 11 der preußischen Apothekenbetriebsordnung (s. S. 311 und 312) für alle in den Tabellen B und C des Arzneibuches nicht verzeichneten Mittel von gleicher Wirkung.

[5]) Eine gleiche Bestimmung findet sich in § 4 der Vorschriften über den Handel mit Giften (s. S. 243).

[6]) Diese Gleichstellung bestimmter Arzneien mit denjenigen für den äußeren Gebrauch gilt jedoch nur hinsichtlich der Zulässigkeit der wiederholten Abgabe. Wenn in den beigegebenen Verzeichnissen bestimmte Mittel zu äußeren Zwecken ausgenommen sind, so ist als äußerer Zweck im Sinne des Verzeichnisses jede nicht zum Einnehmen bestimmte Anwendungsform anzusehen. Für Mittel, die laut Verzeichnis zu äußeren Zwecken ausgenommen sind, gibt es demzufolge auch hinsichtlich der wiederholten Abgabe keine Beschränkung, eben weil sie zu äußeren Zwecken (im weiteren Sinne) überhaupt nicht mehr unter die Vorschriften fallen.

## Verzeichnis A,

enthaltend diejenigen Arzneimittel, die nur auf ärztliches, zahnärztliches oder tierärztliches Rezept abgegeben werden dürfen[1]).

Acetanilidum.
Acetum Digitalis.
Acidum agaricinicum.
— diaethylbarbituricum et ejus salia.
— diallylbarbituricum et ejus salia.
— dibrompropyldiaethylbarbituricum et ejus salia.
— dipropylbarbituricum et ejus salia.
— hydrocyanicum et ejus salia.
— osmicum et ejus salia.
— phenylaethylbarbituricum et ejus salia.
Aconitinum, Aconitini derivata et eorum salia.
Aether bromatus.
Aethyleni praeparata, ausgenommen zum äußeren Gebrauch in Mischungen mit Öl oder Weingeist, welche nicht mehr als 50 Gewichtsteile des Aethylenpräparates in 100 Gewichtsteilen Mischung enthalten.
Aethylidenum bichloratum.
Aethylmorphinum et ejus salia (Dionin etc.).
Aleudrin.
Amylenchloralum.
Amylenum hydratum.
Amylium nitrosum.
Apomorphinum et ejus salia.
Aqua Amygdalarum amararum[2]).
— Laurocerasi.
Arecolinum et ejus salia.
Argentum nitricum, ausgenommen zum äußeren Gebrauch.
Arsenium et ejus praeparata.
Aspidinolfilicinum oleo solutum (Filmaronöl etc.).
Atropinum et ejus salia.
Auro-Natrium chloratum.
Bromoformium.
Brucinum et ejus salia.
Butyl-chloralum hydratum.
Cannabinonum.
Cannabinum tannicum.
Cantharides, ausgenommen zum äußeren Gebrauch.
Cantharidinum.
Carboneum tetrachloratum, ausgenommen zum äußeren Gebrauch.
Chloralose.
Chloralum hydratum.

---

[1]) Durch besondere Verordnungen sind dem Apothekenhandverkauf ferner entzogen: Diphtherieserum, Meningokokkenserum, Tetanusserum, Impfstoff (Lymphe) (s. Teil XVII), Dulcin in Mengen über 1 g (s. S. 138), sowie die Geheimmittel der Anlage B (s. S. 237). Dabei dürfen die Geheimmittel auf Anweisung eines Arztes, Zahnarztes oder — beim Gebrauch für Tiere — Tierarztes, Tetanusserum auf Verordnung eines Arztes oder Tierarztes, die übrigen Mittel nur auf Anweisung eines Arztes abgegeben werden.

Ferner ist durch besondere Verordnungen (Verf. des Reichskanzlers vom 19. August 1918, preuß. Min.Erl. vom 7. Oktober 1918 und 4. Oktober 1921) festgestellt, daß Eumecon und Trivalin (wegen des Gehalts an Morphin und Kokain) dem Apothekenhandverkauf entzogen sind.

Eine tabellarische Übersicht aller Beschränkungen des Apothekenhandverkaufs auf Grund der Vorschriften über den Verkehr mit stark wirkenden Arzneimitteln, mit Betäubungsmitteln, mit Geheimmitteln und ähnlichen Arzneimitteln, mit Heilsera, Tuberkulinen, Impfstoff, Süßstoff und Quellstiften ist unter der Bezeichnung „Die Beschränkungen der Arzneiabgabe in Apotheken ab 1. Januar 1927" im Verlage von Julius Springer in Berlin erschienen.

[2]) Entsprechend den Vorschriften des § 1 unterliegt es keinem Zweifel, daß eine Arznei, welche Aqua Amygdalarum amararum diluta enthält, nur auf ärztliches Rezept als Heilmittel in den Apotheken abgegeben werden darf (O.L.G. Breslau, 30. Dezember 1902, Ph.Ztg. 1903 Nr. 18).

Chloroformium, ausgenommen zum äußeren Gebrauch in Mischungen mit Öl oder Weingeist, welche nicht mehr als 50 Gewichtsteile Chloroform in 100 Gewichtsteilen Mischung enthalten.
Cocainum et ejus salia.
Codeinum et ejus salia omniaque alia alcaloidea Opii hoc loco non nominata eorumque salia.
Colchicinum.
Coniinnm et ejus salia.
Cuprum salicylicum, ausgenommen zum äußeren Gebrauch.
— sulfocarbolicum, ausgenommen zum äußeren Gebrauch.
Curare et ejus praeparata.
Daturinum.
Diacetylmorphinum et ejus salia.
Dial et ejus salia.
Dicodid (Dihydrokodeinon) et ejus salia.
Digitalinum, Digitalini derivata et eorum salia.
Dihydromorphinum.
Dilaudid (Dihydromorphinon) et ejus salia.
Diogenal et ejus salia.
Emetinum et ejus salia.
Eukodal.
Extractum Aconiti.
— Belladonnae, ausgenommen in Pflastern und Salben.
— Calabar Seminis.
— Cannabis Indicae, ausgenommen zum äußeren Gebrauch.
— Colocynthidis.
— — compositum.
— Conii, ausgenommen in Salben.
— Digitalis, ausgenommen in Salben.
— Filicis.
— Hydrastis.
— — fluidum.
— Hyoscyami, ausgenommen in Salben.
— Ipecacuanhae.
— Lactucae virosae.
Extractum Opii, ausgenommen in Salben.
— Pulsatillae.
— Sabinae, ausgenommen in Salben.
— Scillae.
— Secalis cornuti.
— — — fluidum.
— Stramonii.
— Strychni.
Folia Belladonnae, ausgenommen in Pflastern und Salben und als Zusatz zu erweichenden Kräutern.
— Digitalis[1]).
— Hyoscyami.
— Stramonii, ausgenommen zum Rauchen und Räuchern.
Fructus Colocynthidis.
— — praeparati.
— Papaveris immaturi.
— — maturi.
Glandulae Thyreoideae siccatae.
Gutti.
Hedonal.
Herba Conii, ausgenommen in Pflastern und Salben und als Zusatz zu erweichenden Kräutern.
— Hoyscyami, ausgenommen in Pflastern und Salben und als Zusatz zu erweichenden Kräutern.
— Lobeliae, ausgenommen zum Rauchen und Räuchern.
Heroin et ejus salia.
Homatropinum et ejus salia.
Hydrargyri praeparata postea non nominata, ausgenommen als graue Quecksilbersalbe mit einem Gehalt von nicht mehr als 10 Gewichtsteilen Quecksilber in 100 Gewichtsteilen Salbe, sowie Quecksilberpflaster.
Hydrargyrum bichloratum.
— bijodatum.
— chloratum.
— cyanatum.
— jodatum.
— nitricum (oxydulatum).
— oxycyanatum.

[1]) Digalen ist ein wäßriges Digitalisextrakt. Es muß somit als eine Zubereitung der Digitalisblätter angesehen werden und fällt deshalb ebenso unter die Verordnung bzw. den Rezepturzwang wie Dialysalum Digitalis Golaz, Digipuratum und die meisten anderen modernen Digitalispräparate.

Hydrargyrum oxydatum, ausgenommen als rote Quecksilbersalbe mit einem Gehalt von nicht mehr als 5 Gewichtsteilen Quecksilberoxyd in 100 Gewichtsteilen Salbe.
— praecipitatum album, ausgenommen als weiße Quecksilbersalbe mit einem Gehalt von nicht mehr als 5 Gewichtsteilen Präzipitat in 100 Gewichtsteilen Salbe.
— salicylicum.
Hydrastininium chloratum.
Hyoscinum (Duboisinum) et ejus salia.
Hyoscyaminum (Duboisinum) et ejus salia.
Insuline und andere entsprechende aus der Bauchspeicheldrüse (Pankreas) hergestellte Präparate, wie Pankreashormon Norgina usw., sofern sie zu Einspritzungen unter die Haut bestimmt sind.
Isopral.
Kalium dichromicum.
Kreosotum, ausgenommen zum äußeren Gebrauch in Lösungen, welche nicht mehr als 50 Gewichtsteile Kreosot in 100 Gewichtsteilen Lösung enthalten.
Lactucarium.
Laudanon.
Liquor Kalii arsenicosi.
Lobelinum et ejus salia.
Luminal et ejus salia.
Medinal.
Methylsulfonalum.
Morphinum et ejus salia.
Narcophin.
Natrium diaethylbarbituricum.
— nitrosum.
— salicylicum.
Nicotinum et ejus salia, ausgenommen in Zubereitungen zum äußeren Gebrauch bei Tieren.
Nirvanol.
Nitroglycerinum.
Oleum Amygdalarum aethereum, sofern es nicht von Cyanverbindungen befreit ist.
— Chenopodii anthelminthici.
— Crotonis.
Oleum Sabinae.
Opium, ausgenommen in Pflastern und Salben.
Optochin ejusque salia et derivata.
Pantopon omniaque similia praeparata, quae alcaloidea Opii continent (Opium concentratum, Glycopon, Holopon etc.).
Papaverinum et ejus salia.
Paracodin.
Paralaudin.
Paraldehydum.
Paramorfan.
Phosphorus.
Physostigminum et ejus salia.
Picrotoxinum.
Pilocarpinum et ejus salia.
Plumbum aceticum.
— jodatum.
Podophyllinum.
Proponal et ejus salia.
Pulvis Ipecacuanhae opiatus.
Radix Ipecacuanhae.
Resina Jalapae, ausgenommen in Jalapenpillen, welche nach Vorschrift des Deutschen Arzneibuchs angefertigt sind.
— Scammoniae.
Rhizoma Filicis.
— Veratri, ausgenommen zum äußeren Gebrauch für Tiere.
Santoninum, ausgenommen in Zeltchen, Pastillen, Tabletten und anderen gebrauchsfertigen dosierten Arzneiformen zum Einnehmen, welche nicht mehr als je 0,05 g Santonin enthalten.
Scopolaminum hydrobromicum.
Secale cornutum.
Semen Colchici.
— Strychni.
Stifte, Sonden oder Meißel aus Laminaria, Tupeloholz oder anderen quellfähigen Stoffen[1]).
Strophanthina omnia.
Strychninum et ejus salia.
Sulfonalum.
Sulfur jodatum.
Summitates Sabinae.
Suprarenin (Adrenalin, Epirenan etc.).

[1]) Abgabe auf zahnärztliches Rezept nicht gestattet.

Tartarus stibiatus.
Tetronal.
Thallinum et ejus salia.
Theophyllinum et ejus salia (Theocin etc.).
Thyreoidea praeparata (Glandulae thyreoideae siccatae).
Tinctura Aconiti.
— Belladonnae.
— Cannabis Indicae.
— Cantharidum.
— Colchici.
— Colocynthidis.
— Digitalis.
— — aetherea.
— Gelsemii.
— Ipecacuanhae.
— Jalapae resinae.
— Jodi, ausgenommen zum äußeren Gebrauch.
— Lobeliae.
— Opii crocata, ausgenommen in Lösungen, welche in 100 Gewichtsteilen nicht mehr als 10 Gewichtsteile safranhaltige Opiumtinktur enthalten.
— Opii simplex, ausgenommen in Lösungen, welche in 100 Gewichtsteilen nicht mehr als 10 Gewichtsteile einfache Opiumtinktur enthalten.
— Scillae.
— — kalina.
— Secalis cornuti.
— Stramonii.
— Strophanthi.
— Strychni.
— — aetherea.
Tinctura Veratri, ausgenommen zum äußeren Gebrauch.
Trional.
Tubera Aconiti.
— Jalapae, ausgenommen in Jalapenpillen, welche nach Vorschrift des Deutschen Arzneibuchs angefertigt sind.
Tuberkuline, flüssige und trockene, sowie alle anderen aus Tuberkelbazillen oder unter Verwendung von Tuberkelbazillen hergestellten Mittel und deren Zubereitungen, soweit sie zum Gebrauche für Menschen bestimmt sind[1]).
Urea diaethylmalonylica et ejus salia.
— diallylmalonylica et ejus salia.
— dibrompropyldiaethylmalonylica et ejus salia.
— dipropylmalonylica et ejus salia.
— phenylaethylmalonylica et ejus salia.
Urethanum.
Veratrinum et ejus salia.
Veronal et ejus salia[2]).
Vinum Colchici.
— Ipecacuanhae.
— stibiatum.
Yohimbinum et ejus salia[3]).
Zincum aceticum.
— chloratum.
— lacticum omniaque Zinci salia hoc loco non nominata, quae sunt in aqua solubilia.
— sulfocarbolicum, ausgenommen bei Verwendung der vorgenannten und der übrigen in Wasser löslichen Zinksalze zum äußeren Gebrauch.

---

[1]) Abgabe auf zahnärztliches Rezept nicht gestattet.

[2]) Veramon fällt nach einem Gutachten der staatlichen Nahrungsmitteluntersuchungsanstalt in Berlin vom 2. Juni 1926 nicht unter die Vorschriften betr. die Abgabe stark wirkender Arzneimittel, da es nicht als eine freies Veronal enthaltende Zubereitung anzusehen ist, sondern aus einer Additionsverbindung von je 1 Molekel Veronal und Pyramidon sowie außerdem aus 1 Molekel freiem Pyramidon besteht.

[3]) Die V. führt nur Yohimbin an, nicht aber Yohimberinde. Mithin steht der Abgabe dieser Droge oder irgendwelcher aus ihr hergestellten Zubereitungen als Heilmittel bei Menschen nichts im Wege. Hierbei ist der Umstand, daß die Yohimberinde ihrerseits Yohimbin als wirksamen Inhaltsstoff enthält, ohne Bedeutung, da es darauf ankommt, welcher Stoff bei Herstellung der Zubereitung benutzt worden ist. Andererseits beschränkt sich der Rezeptzwang für Yohimbin und yohimbinhaltige Zubereitungen auf die Abgabe als Heilmittel, also z. B. zur Beseitigung krankhafter Insuffizienz. Yohimbinhaltige Brunstmittel für Tiere können im Apothekenhandverkauf verabfolgt werden, da sie nur wirtschaftliche Zwecke verfolgen.

## Verzeichnis B,

enthaltend diejenigen Arzneimittel, deren wiederholte Abgabe zum inneren Gebrauch auf Rezept ohne ursprüngliche diesbezügliche Erlaubnis oder ohne jedesmal erneute ärztliche oder zahnärztliche Anweisung nur bis zu den angegebenen Einzelgaben zulässig ist.

Acetanilidum 0,5.
Acetum Digitalis 2,0.
Acidum agaricinicum 0,1.
— hydrocyanicum et ejus salia 0,001.
— osmicum et ejus salia 0,001.
Aconitinum, Aconitini derivata et eorum salia 0,001.
Aether bromatus 0,5.
Aethylidenum bichloratum 0,5.
Aethylmorphinum et ejus salia (Dionin etc.) 0,1.
Amylium nitrosum 0,2.
Apomorphinum et ejus salia 0,02.
Aqua Amygdalarum amararum 2,0.
— Laurocerasi 2,0.
Arecolinum et ejus salia.
Argentum nitricum 0,03.
Arsenium et ejus praeparata 0,005. (Liquor Kalii arsenicosi 0,5).
Aspidinolfilicinum oleo solutum (Filmaronöl etc.) 20,0.
Atropinum et ejus salia 0,001.
Auro-Natrium chloratum 0,05.
Bromoformium 0,3.
Brucinum et ejus salia 0,01.
Butyl-chloralum hydratum 1,0.
Cannabinonum 0,1.
Cannabinum tannicum 0,1.
Cantharides 0,05.
Cantharidinum 0,001.
Carboneum tetrachloratum.
Chloroformium 0,5.
Codeinum et ejus salia omniaque alia alcaloidea Opii hoc loco non nominata eorumque salia 0,1.
Colchicinum 0,002.
Coniinum et ejus salia 0,001.
Cuprum salicylicum 0,1.
— sulfocarbolicum 0,1.
Curare et ejus praeparata 0,001.
Daturinum 0,001.
Digitalinum, Digitalini derivata et eorum salia 0,001.
Emetinum et ejus salia 0,05.
Extractum Aconiti 0,02.
— Belladonnae 0,05.
— Calabar Seminis 0,02.
— Cannabis Indicae 0,1.
— Colocynthidis 0,05.
— — compositum 0,1.
— Conii 0,2.
— Digitalis 0,2.
— Filicis 10,0.
— Hydrastis 0,5.
— — fluidum 1,5.
— Hyoscyami 0,15.
— Ipecacuanhae 0,3.
— Lactucae virosae 0,5.
— Opii 0,075.
— Pulsatillae 0,2.
— Sabinae 0,2.
— Scillae 0,2.
— Secalis cornuti 0,2.
— — — fluidum 1,0.
— Stramonii 0,1.
— Strychni 0,05.
Folia Belladonnae 0,2.
— Digitalis 0,2.
— Hyoscyami 0,4.
— Stramonii 0,2, ausgenommen zum Rauchen und Räuchern.
Fructus Colocynthidis 0,5.
— — praeparati 0,5.
— Papaveris immaturi 3,0.
— — maturi 3,0.
Glandulae Thyreoideae siccatae 0,5.
Gutti 0,5.
Herba Conii 0,5.
Hyoscyami 0,5.
— Lobeliae 0,1, ausgenommen zum Rauchen und Räuchern.
Homatropinum et ejus salia 0,001.
Hydrargyri praeparata postea non nominata 0,1.
Hydrargyrum bichloratum 0,02.
— bijodatum 0,02.
— chloratum 0,1 für Einspritzungen, 1,0 für andere innere Zwecke.
— cyanatum 0,02.

Hydrargyrum jodatum 0,05.
— nitricum (oxydulatum) 0,02.
— oxycyanatum 0,01.
— oxydatum 0,02.
— praecipitatum album 0,5.
— salicylicum 0,15.
Hydrastininium chloratum 0,05.
Hyoscinum (Duboisinum) et ejus salia 0,001.
Hyoscyaminum (Duboisinum) et ejus salia 0,001.
Insuline und andere entsprechende aus der Bauchspeicheldrüse (Pankreas) hergestellte Präparate, wie Pankreas hormon Norgina usw., sofern sie zu Einspritzungen unter die Haut bestimmt sind.
Kalium dichromicum 0,01.
Kreosotum 0,2.
Lactucarium 0,3.
Liquor Kalii arsenicosi 0,5.
Lobelinum et ejus salia.
Natrium nitrosum 0,3.
— salicylicum 2,0.
Nicotinum et ejus salia 0,001.
Nitroglycerinum 0,001.
Oleum Amygdalarum aethereum 0,2, sofern es nicht von Cyanverbindungen befreit ist.
— Chenopodii anthelmint. 0,5.
— Crotonis 0,05.
— Sabinae 0,1.
Opium 0,15.
Papaverinum et ejus salia 0,2.
Phosphorus 0,001.
Phyostigminum et ejus salia 0,001.
Picrotoxinum 0,001.
Pilocarpinum et ejus salia 0,02.
Plumbum aceticum 0,1.
— jodatum 0,2.
Podophyllinum 0,1.
Pulvis Ipecacuanhae opiatus 1,5.
Radix Ipecacuanhae 1,0.
Resina Jalapae 0,3, ausgenommen in Jalapenpillen, welche nach Vorschrift des Deutschen Arzneibuchs angefertigt sind.
— Scammoniae 0,3.
Rhizoma Filicis 20,0.
— Veratri 0,3.
Santoninum 0,1, ausgenommen in Zeltchen, Pastillen, Tabletten und anderen gebrauchsfertigen dosierten Arzneiformen zum Einnehmen, welche nicht mehr als je 0,05 g Santonin enthalten.
Scopolaminum hydrobromicum 0,001.
Secale cornutum 1,0.
Semen Colchici 0,3.
— Strychni 0,1.
Strophanthina omnia 0,001.
Strychninum et ejus salia 0,01.
Sulfur jodatum 0,1.
Summitates Sabinae 1,0.
Suprarenin (Adrenalin, Epirenan etc.) 0,001.
Tartarus stibiatus 0,2.
Thallinum et ejus salia 0,5.
Theophyllinum et ejus salia (Theocin etc.) 0,5.
Thyreoideae praeparata (Glandulae Thyreoideae siccatae 0,5).
Tinctura Aconiti 0,5.
— Belladonnae 1,0.
— Cannabis Indicae 2,0.
— Cantharidum 0,5.
— Colchici 2,0.
— Colocynthidis 1,0.
— Digitalis 1,5.
— — aetherea 1,0.
— Gelsemii 1,0.
— Ipecacuanhae 1,0.
— Jalapae resinae 3,0.
— Jodi 0,2.
— Lobeliae 1,0.
— Opii crocata 1,5, ausgenommen in Lösungen, welche in 100 Gewichtsteilen nicht mehr als 10 Gewichtsteile safranhaltige Opiumtinktur enthalten.
— Opii simplex 1,5, ausgenommen in Lösungen, welche in 100 Gewichtsteilen nicht mehr als 10 Gewichtsteile einfache Opiumtinktur enthalten.
— Scillae 2,0.
— — kalina 2,0.
— Secalis cornuti 1,5.
— Stramonii 1,0.
— Strophanthi 0,5.
— Strychni 1,0.
— — aetherea 0,5.
— Veratri 3,0.

Tubera Aconiti 0,1.
— Jalapae 1,0, ausgenommen in Jalapenpillen, welche nach Vorschrift des Deutschen Arzneibuchs angefertigt sind.
Veratrinum et ejus salia 0,005.
Vinum Colchici 2,0.
— Ipecacuanhae 5,0.
Vinum stibiatum 2,0.
Yohimbinum et ejus salia 0,03.
Zincum aceticum 1,2.
— chloratum 0,002.
— lacticum omniaque Zinci salia hoc loco non nominata, quae sunt in aqua solubilia 0,05.
— sulfocarbolicum 0,05.

## Verzeichnis C,

enthaltend diejenigen Arzneimittel, deren wiederholte Abgabe zum inneren Gebrauch auf Rezept in der Regel nur auf jedesmal erneute schriftliche ärztliche oder zahnärztliche Anweisung erfolgen darf.

Acidum diaethylbarbituricum et ejus salia.
— diallylbarbituricum et ejus salia.
— dibrompropyldiaethylbarbituricum et ejus salia.
— dipropylbarbituricum et ejus salia.
— phenylaethylbarbituricum et ejus salia.
Aethyleni praeparata.
Aleudrin.
Amylenchloralum.
Aymlenum hydratum.
Chloralose.
Chloralum hydratum.
Cocainum et ejus salia.
Diacetylmorphinum et ejus salia.
Dial et ejus salia.
Dicodid (Dihydrokodeinon) et ejus salia.
Dihydromorphinum.
Dilaudid (Dihydromorphinon) et ejus salia.
Diogenal et ejus salia.
Eukodal.
Hedonal.
Heroin et ejus salia.
Isopral.
Laudanon.
Luminal et ejus salia.
Medinal.
Methylsulfonalum.
Morphinum et ejus salia.
Narcophin.
Natrium diaethylbarbituricum.
Nirvanol.
Optochin ejusque salia et derivata.
Pantopon omniaque similia praeparata, quae alcaloidea Opii continent (Opium concentratum, Glycopon, Holopon etc.).
Paracodin.
Paralaudin.
Paraldehydum.
Paramorfan.
Proponal et ejus salia.
Stifte, Sonden oder Meißel aus Laminaria, Tupeloholz oder anderen quellfähigen Stoffen[1]).
Sulfonalum.
Tetronal.
Trional.
Tuberkuline, flüssige und trockene, sowie alle anderen aus Tuberkelbazillen oder unter Verwendung von Tuberkelbazillen hergestellten Mittel und deren Zubereitungen, soweit sie zum Gebrauch für Menschen bestimmt sind[1]).
Urea diaethylmalonylica et ejus salia.
— diallylmalonylica et ejus salia.
— dibrompropyldiaethylmalonylica et ejus salia.
— dipropylmalonylica et ejus salia.
— phenylaethylmalonylica et ejus salia.
Urethanum.
Veronal et ejus salia.

---

[1]) Abgabe auf zahnärztliche Anweisung nicht gestattet.

In der vorstehend abgedruckten Fassung der Vorschriften sind bereits zwei Anordnungen mit berücksichtigt, die eigentlich nicht als Ergänzungen zu den genannten Vorschriften, sondern als selbständige Verordnungen in den Ländern ergangen sind. Die eine betrifft die Abgabe von Quellstiften und lautet:

**Preuß. Min.Erl. betr. die Abgabe von Quellstiften in Apotheken. Vom 18. Januar 1922.**

§ 1. Stifte, Sonden oder Meißel aus Laminaria, Tupeloholz oder anderen quellfähigen Stoffen dürfen nur auf schriftliche, mit Datum und Unterschrift versehene Anweisung (Rezept) eines Arztes oder Tierarztes — in letzterem Falle jedoch nur zum Gebrauch in der Tierheilkunde — zu Heilzwecken abgegeben werden.

§ 2. Ihre wiederholte Abgabe darf — außerhalb der Tierheilkunde — nur auf jedesmal erneute, schriftliche, mit Datum und Unterschrift versehene Anweisung eines Arztes erfolgen.

§ 3. Zuwiderhandlungen werden nach § 367[5] Strafgesetzbuchs bestraft.

§ 4. Diese Bestimmungen treten am 1. Februar 1922 in Kraft.

Die andere Maßnahme hat die Abgabe von Tuberkulinen in den Apotheken zum Gegenstand. Der diesbezügliche preuß. Min.Erl. vom 29. Januar 1923 ist im folgenden Abschnitt „Verkehr mit staatlich geprüften Arzneimitteln" auf S. 221 abgedruckt.

---

# XVII. Verkehr mit staatlich geprüften Arzneimitteln.

Eine staatliche Prüfung bzw. der Bezug aus einer amtlichen Herstellungsstätte ist zuerst vorgeschrieben worden für Impfstoff, die Heilsera und die Tuberkuline. Später wurde dieses Verfahren auf die Salvarsanpräparate und die Fingerhutblätter ausgedehnt. Die hierüber geltenden Vorschriften sind folgende:

## Impfstoff für Menschen.

**Bundesratsbeschlüsse zur Ausführung des Impfgesetzes. Vom 22. März 1917.**

Der Bundesrat hat in seiner Sitzung vom 22. März 1917 sich mit nachstehenden Beschlüssen und Vorschriften zum Impfgesetz vom 8. April 1874 einverstanden erklärt; sie treten an die Stelle der Beschlüsse vom 28. Juni 1899 und der durch diese Beschlüsse genehmigten Bestimmungen und Vordrucke.

2. Beschlüsse betr. die ausschließliche Verwendung von Tierlymphe zur Impfung.

§ 4. Für den Handel mit Impfstoff in den Apotheken gelten folgende Vorschriften:

a. Der Impfstoff muß aus staatlichen Impfanstalten oder aus deren Niederlagen bezogen werden. Ein Bezug von Impfstoff aus privaten Anstalten bedarf der Genehmigung der Landesbehörden.
b. Der Impfstoff ist vor Licht geschützt und kühl aufzubewahren.
c. Der Impfstoff darf nur auf ärztliches Erfordern[1]) und nur in der von der Impfanstalt gelieferten Verpackung abgegeben werden. Diese

---

[1]) Ein schriftliches Rezept des Arztes wird also nicht verlangt. Aber der Apotheker muß die Gewißheit haben, daß ein Arzt es ist, der den Impfstoff fordert oder fordern läßt, und er muß auch dessen Namen kennen, da dieser im Geschäftsbuch, soweit ein solches zu führen ist, angegeben werden muß. Vgl. Fußnote 3 auf S. 199.

muß so beschaffen sein, daß sie nicht ohne Zerreißen oder Zerbrechen des Verschlusses geöffnet werden kann.

Auf jeder Verpackung müssen außen angegeben sein: der Name der Anstalt, die den Impfstoff geliefert hat, die Nummer des Versandbuchs, der Tag der Abnahme des Impfstoffs, der Tag, bis zu dem der Impfstoff verwendet werden darf, und die Zahl der in der Verpackung enthaltenen Portionen. Zugleich mit dem Impfstoff sind eine mit dem Dienststempel der Anstalt versehene Postkarte sowie eine Gebrauchsanweisung abzugeben. Letztere hat den Wortlaut der §§ 5 bis 12 der Vorschriften, die von den Ärzten bei der Ausführung der Impfung zu befolgen sind, zu enthalten. Die Postkarte dient zur Mitteilung an die Impfanstalt darüber, mit welchem Erfolge der übersandte Impfstoff verimpft worden ist.

d. Impfstoff, der vor mehr als drei Monaten abgenommen ist, darf nicht abgegeben werden.

e. Über den Empfang und die Abgabe des Impfstoffs ist ein Buch zu führen, in welchem der Tag des Empfanges, die Bezeichnung der Anstalt, in welcher der Impfstoff gewonnen ist, der Tag der Abgabe, der Name des verordnenden Arztes einzutragen sind.

Für Preußen ist der nachstehende besondere Min.Erl. ergangen:

**Grundsätze für die Einrichtung und den Betrieb von Niederlagen der Königlichen Impfanstalten[1]) in Apotheken[2]). Vom 23. Januar 1910.**

1. Niederlagen der Königlichen Impfanstalten können in allen Apotheken eingerichtet werden, die einen bezüglichen Antrag an die zuständige Impfanstalt richten.

2. In den Apotheken ist der Impfstoff vor Licht geschützt kühl aufzubewahren[3]). Impfstoff, welcher von der Impfanstalt vor mehr als drei Monaten hergestellt worden ist, darf von den Apotheken nicht mehr abgegeben werden[4]).

3. Die Impfanstalten haben die einzelnen Impfstoffgefäße in einer Pakkung zu liefern, welche so verschlossen ist, daß sie nicht ohne Zerreißen oder Zerbrechen des Verschlusses geöffnet werden kann. Auf der Packung selbst müssen angegeben sein:

a. der Name der Impfanstalt,

b. die Nummer des Versandbuches,

---

[1]) Jetzt staatliche Impfanstalten.

[2]) In einem Erl. vom 31. Januar 1910 bestimmte der Minister der Med.-Angelegenheiten dazu, daß die neuen Grundsätze „auch auf solche Apotheken, welche aus außerpreußischen staatlichen oder aus privaten Anstalten zur Gewinnung tierischen Impfstoffes bezogenen Impfstoff vertreiben, fortan Anwendung zu finden haben".

[3]) Über die Aufbewahrung des Impfstoffes in Apotheken besagt eine Verf. des Vorstehers der staatlichen Impfanstalt zu Berlin vom 26. April 1927, „daß die dreimonatige Verwendungsfrist der Lymphe nur unter der Bedingung gültig ist, daß die Lymphe im Eisschrank aufgehoben wird. Aufbewahren im Keller genügt nicht. Wenn aus äußeren Gründen die Aufbewahrung im Eisschrank nicht möglich sein sollte, so ist die Verwendungsfrist vom Tage der Ankunft in der Apotheke an auf vier Wochen zu beschränken".

[4]) In zwei Min.Erl. vom 22. März 1910 und 15. Oktober 1912 wurden die Vorsteher der Impfanstalten angewiesen, „an Apotheken, welche eine Impfstoffniederlage übernommen haben, mit Rücksicht auf Ziffer 2 der ‚Grundsätze für die Einrichtung und den Betrieb von Niederlagen der Königlichen Impfanstalten in Apotheken' immer möglichst frische Lymphe zu verabfolgen".

c. der Tag der Abnahme des Impfstoffes,
d. der Tag, bis zu welchem der Impfstoff verkauft werden darf,
e. die Zahl der in der Packung enthaltenen Impfstoffportionen,
f. der Preis, für den die Lymphe von den Apotheken abzugeben ist.

Auch eine Gebrauchsanweisung und eine zur Mitteilung über die Wirksamkeit der Lymphe seitens des impfenden Arztes an die Impfanstalt bestimmte Postkarte müssen in der Packung enthalten sein.

4. Die Apotheken haben den Impfstoff nur auf ärztliches Erfordern[1]) und in der Originalpackung der Impfanstalt abzugeben.

Sie haben ein Geschäftsbuch zu führen[2]), welches folgende Spalten enthält:

a. laufende Nummer,
b. Datum des Empfanges der Packung aus der Impfanstalt,
c. Zahl der in der Packung enthaltenen Impfstoffportionen,
d. Tag der Herstellung des Impstoffes in der Anstalt,
e. Tag, bis zu welchem der Impfstoff von der Apotheke abgegeben werden darf,
f. Datum des Verkaufs,
g. Namen des verordnenden Arztes.

5. Apotheken, welche eine Impfstoffniederlage einer Königlichen Impfanstalt übernommen haben, dürfen keinen Impfstoff aus einer anderen Bezugsquelle vertreiben. Sie dürfen den aus der Königlichen Impfanstalt bezogenen Impfstoff, abgesehen von anderen Apotheken, nicht an Wiederverkäufer abgeben. Auch haben sie sich jeglicher Reklame mit dem Impfstoff zu enthalten. Dagegen ist es ihnen gestattet, den Ärzten ihres Vertriebsbezirks durch einen Aushang in der Apotheke oder in sonst geeigneter Weise anzuzeigen, daß ihnen eine amtliche Niederlage einer Königlichen Impfanstalt übertragen sei.

6. Die Apotheken haben an die Königlichen Impfanstalten für eine Packung zu einer Portion 25, für eine solche zu 5 Portionen 60 Pf. zu entrichten. Sie dürfen eine Packung zu 1 Portion für 50 Pf., eine solche zu 5 Portionen für 1 M. verkaufen. Eine Zurücknahme nichtverkauften Impfstoffes seitens der Königlichen Impfanstalten findet nicht statt[3]).

---

[1]) Siehe Fußnote 1 S. 212.

[2]) Die Verpflichtung zur Buchführung über Impfstoff erstreckt sich nur auf solche Apotheken, die eine offizielle Niederlage zum Vertrieb von Impfstoff haben. Apotheker, die lediglich im Bedarfsfalle aus einer mit einer anderen Apotheke verbundenen Niederlage Lymphe zur sofortigen Weitergabe besorgen, brauchen kein Geschäftsbuch zu führen. Aber die Bestimmungen über die Abgabe des Impfstoffes (Ziff. 2 und 4 Abs. 1) gelten für alle Apotheker.

[3]) Über die Preise für Lymphe gilt z. B. der folgende Min.Erl. vom 4. Mai 1927:

In Abänderung der Erlasse vom 15. und 28. Dezember 1923 setze ich die Preise für Lymphlieferungen aus den staatlichen Impfanstalten mit sofortiger Wirkung anderweit wie folgt fest:

| | |
|---|---|
| Für Ärzte beim unmittelbaren Bezuge aus den Impfanstalten | |
| Einzelportion | 0,50 RM |
| Fünferportion | 1,— „ |
| Für Apotheken | |
| Einkaufspreis, Einzelportion | 0,60 „ |
| Abgabepreis an das Publikum | 1,— „ |
| Einkaufspreis, Fünferportion | 1,20 „ |
| Abgabepreis an das Publikum | 2,— „ |

7. Die Impfstoffniederlagen sind von den Apotheken-Besichtigungskommissionen gelegentlich der vorgeschriebenen Apothekenbesichtigungen und von den Kreisärzten gelegentlich der jährlichen Apothekenmusterungen einer Besichtigung zu unterziehen.

In Ergänzung hierzu bestimmt ein

**Preuß. Min.Erl. betr. Aufbewahrung und Umtausch von Lymphe. Vom 31. Mai 1922.**

Die Aufbewahrung der Lymphe in den Apotheken ist nach Wahrnehmungen nicht immer einwandfrei. Die Lymphe muß kühl aufbewahrt werden, am besten in einem Eisschrank. Bei den Apothekenrevisionen bitte ich, hierauf ein Augenmerk richten zu lassen.

Pockenlymphe, die nach Ablauf der Gewährdauer von den Apotheken nicht abgegeben worden ist, ist auf Antrag durch die liefernde Impfanstalt an sich kostenfrei umzutauschen. Lediglich die durch Hin- und Rücksendung der Lymphe entstehenden Portokosten fallen den Apotheken zur Last.

Wird in der Impfanstalt eine vorzeitige Abschwächung der Lymphe festgestellt, so ist deren Einziehung durch die Impfanstalt in geeigneter Weise — gegebenenfalls durch Bekanntgabe in der Apothekerpresse — gänzlich kostenfrei herbeizuführen.

## Impfstoffe für Tiere.

Von geringerer Bedeutung für die praktischen Apotheker sind die Bestimmungen über den Verkehr mit Impfstoffen gegen Viehseuchen. Dieselben sind enthalten in den unter dem 7. Dezember 1911 beschlossenen Ausführungsvorschriften des Bundesrats zum Viehseuchengesetz (Bk. des Reichskanzlers vom 25. Dezember 1911) und für Preußen durch (Landwirtsch.) Min.Erl. vom 1. Mai 1912 eingeführt. Die wichtigsten dieser Bestimmungen lauten:

**Viehseuchenpolizeiliche Anordnung. Vom 1. Mai 1912.**

Herstellung und Verwendung von Impfstoffen.

§ 78. Wer gewerbsmäßig zum Zwecke des Verkaufs Impfstoffe herstellen will, die zum Schutze gegen Viehseuchen oder zu deren Heilung bestimmt sind, bedarf hierzu besonderer Erlaubnis. Die Erlaubnis ist für Anstalten von Körperschaften des öffentlichen Rechts vom Minister, im übrigen vom Regierungspräsidenten zu erteilen. Sie darf nur solchen Personen gewährt werden, welche die erforderliche Zuverlässigkeit und Sachkunde nachweisen.

---

Für Lymphlieferungen an das Heer, die Marine und an Polizeiformationen:

| | |
|---|---|
| 1 Portion | 0,50 RM |
| 5 bis 10 Portionen | 1,— „ |
| 20 Portionen | 2,— „ |
| 30 Portionen | 3,— „ |
| 50 Portionen | 5,— „ |
| 100 Portionen | 10,— „ |

Die für die Übersendung der Lymphe entstehenden Portokosten sind von den Bestellern, wie auch jetzt, außerdem zu tragen.

Hinsichtlich der Berichtskarten, der Aufbewahrung und des Umtausches usw. der Lymphe verbleibt es weiterhin bei den bestehenden Anordnungen.

§ 83. Es bleibt vorbehalten, die Abgabe oder Anwendung bestimmter Impfstoffe zu verbieten oder von dem Ergebnis einer staatlichen Prüfung abhängig zu machen.

§ 86. (1) Von einer Anstalt, die der staatlichen Prüfung unterstellte Impfstoffe in den Verkehr bringt, dürfen gleichartige ungeprüfte Impfstoffe nicht abgegeben werden.

(2) Die Gefäße, in denen die staatlich geprüften Impfstoffe in den Verkehr gebracht werden, müssen mit Kennzeichen und Vermerken versehen sein, aus denen die Kontrollnummer, der Tag der staatlichen Prüfung, die Herstellungs- und Prüfungsstätte, sowie die längste Dauer der Verwendung des Impfstoffes zu ersehen sind; auch müssen sie die deutliche Aufschrift tragen: „Staatlich geprüft". Ferner sind den Impfstoffen gedruckte Anweisungen für die Art ihrer Verwendung und Aufbewahrung und die bei ihrer Anwendung etwa besonders zu beachtenden Vorsichtsmaßregeln beizugeben.

§ 88. Impfstoffe, die lebende Erreger von Viehseuchen enthalten, dürfen nur an Tierärzte abgegeben und nur von Tierärzten zur Impfung benutzt werden[1]). Der Regierungspräsident kann Ausnahmen, insbesondere für wissenschaftliche Anstalten, zulassen.

## Sera.

Das Deutsche Arzneibuch führt folgende Schutz- und Heilsera an: Diphtherieserum, Meningokokkenserum (Genickstarreserum), Tetanusserum, Schweinerotlaufserum, Geflügelcholeraserum. Sie unterliegen, bevor sie in den Handel gebracht werden dürfen, sämtlich der staatlichen Prüfung im Staatsinstitut für experimentelle Therapie in Frankfurt a. M.[2]); bei den beiden zuletzt genannten Tiersera kann die Prüfung auch durch das Hygienische Institut der Tierärztlichen Hochschule in Berlin erfolgen[3]). Über die Beschaffenheit, die Verpackung, Beschriftung und Aufbewahrung der Sera sind alle für Apotheken in Betracht kommende Bestimmungen jetzt im Arzneibuch (Artikel Sera) zusammengefaßt. Die diesbezüglichen zahlreichen früheren Einzelerlasse sind insoweit überholt. Hinsichtlich der Abgabe beschränkt sich das Arzneibuch auf den Vermerk, daß Schutz- und Heilsera einer bestimmten Kontroll-

---

[1]) Durch Verordnungen, die im Jahre 1926 in allen Ländern ergingen (in Preußen unter dem 10. April 1926) wurde die Abgabe und Anwendung von Rotlaufbazillenextrakt verboten.

[2]) Mit der staatlichen Aufsicht und Prüfung von Impfstoffen und Sera befaßt sich der folgende preußische Min.Erl. vom 16. Mai 1922:

Zur Begegnung etwa entgegengesetzter Auffassungen mache ich darauf aufmerksam, daß die Bestimmungen und Vorschriften, nach denen bestimmte Impfstoffe und Sera der staatlichen Aufsicht und Prüfung unterliegen, sowohl für Präparate, die im Inland zu Ausfuhrzwecken hergestellt werden, als auch für die entsprechenden aus dem Ausland zur Einführung gelangenden Präparate Gültigkeit haben, da sie ganz allgemein dahin gehen, daß die der staatlichen Aufsicht und Prüfung unterworfenen Präparate nicht in den Handel und Verkehr gebracht und nicht feilgehalten und verkauft werden dürfen, bevor sie nicht der staatlichen Prüfung unterworfen und für brauchbar befunden bzw. zum Verkauf zugelassen sind.

[3]) In der preußischen Einführungsverordnung zum Deutschen Arzneibuch 6 (s. S. 191) vom 21. Dezember 1926 wird hierzu bestimmt:

Die Vorschrift in der Neuausgabe des Arzneibuches, daß Schweinerotlauf- und Geflügelcholeraserum nur in den Handel gebracht werden dürfen, nachdem sie in den amtlichen Prüfungsstellen auf ihren Gehalt, ihre Unschädlichkeit usw. geprüft und zum Verkauf zugelassen worden sind, findet auf solche Sera keine Anwendung, die nicht in einer der im Arzneibuch angegebenen amtlichen Stellen, sondern in einer anderen geprüft sind, wenn diese Sera unmittelbar an Tierärzte abgegeben werden.

nummer, deren Einziehung verfügt wurde, nicht abgegeben werden dürfen. Hierzu treten ergänzend die folgenden Bestimmungen früherer preußischer Erlasse, deren Inhalt sich auch in der Gesetzgebung der übrigen Länder findet:

### Preuß. Min.Erl. betr. Diphtherieheilserum. Vom 25. Februar 1895.

3. Auf das Diphtherieserum finden die Bestimmungen in den §§ 1 und 3 der Vorschriften, betreffend die Abgabe stark wirkender Arzneimittel usw. in den Apotheken, vom 4. Dezember 1891[1]) Anwendung, so daß dasselbe hinfort nur gegen ärztliches Rezept verabfolgt werden darf.

Ein preußischer Min.Erl. vom 24. November 1904 besagt, daß Diphtherieserum „von jetzt ab nur in ganzen Fläschchen abgegeben werden darf".

### Preuß. Min.Erl. betr. festes Diphtherieheilserum. Vom 16. August 1898.

5. Der Vertrieb des geprüften und plombierten Serums darf nur in den Apotheken geschehen. Das Mittel darf von den Apothekern an Nichtärzte nur auf schriftliche, mit Datum und Unterschrift versehene Anweisung (Rezept) eines Arztes und, soweit auf dem Rezept nicht anderes vorgeschrieben ist, nur in Lösung verabfolgt werden. Die Lösung soll mittels destillierten sterilisierten Wassers von 1 ccm auf je 250 Immunisierungseinheiten in dem Originalfläschchen jedesmal frisch bereitet werden; sie soll, bis auf kleine Eiweißflöckchen, von klarem Aussehen sein und in den Originalfläschchen abgegeben werden.

### Preuß. Min.Erl. betr. Meningokokkenserum. Vom 13. November 1915.

Die für den Verkehr bestimmten Meningokokkensera — Genickstarresera — werden hiermit vom 1. Januar 1916 nach Maßgabe der anliegenden Bestimmungen der staatlichen Prüfung im Königlichen Institut für experimentelle Therapie in Frankfurt a. M. unterstellt. Die Abgabe erfolgt von diesem Zeitpunkte ab nur in den Apotheken gegen ärztliches Rezept, und zwar in 2 Packungen: a. zu 10, b. zu 20 ccm.

### Preuß. Min.Erl. betr. Tetanusheilserum. Vom 10. Mai 1910.

Tetanusheilserum darf nur abgegeben werden, nachdem es staatlich geprüft und zum Verkauf zugelassen ist. Die Abgabe erfolgt nur auf Verordnung eines Arztes oder Tierarztes.

Die Verkaufspreise der vorgenannten Sera sind durch Ziffer 2 der Deutschen Arzneitaxe geregelt.

Über die Einziehung von Sera bestimmte ein preußischer Min.Erl. vom 19. März 1907, „daß fortan sämtliche Proben von Diphtherieheilserum drei Jahre nach Ausführung ihrer ersten staatlichen Prüfung serienweise der laufenden Kontrollnummer nach einzuziehen sind". Und zwar sind nach einem weiteren Min.Erl. vom 19. Juni 1907 „vom 1. Januar 1908 ab vierteljährlich alle über drei Jahre alten Sera seitens des Direktors des Instituts für experimentelle Therapie in Frankfurt a. M. zur serienweisen Einziehung anzumelden". Durch Min.Erl. vom 9. August 1921 wurde „im Einvernehmen mit dem Herrn Reichsminister des Innern die Gewährsdauer für antitoxische Sera von drei auf fünf Jahre" verlängert.

---

[1]) Jetzt sind die auf S. 199 abgedruckten Vorschriften an die Stelle des obengenannten Erlasses getreten.

Vorher war über den Umtausch eingezogener Sera folgender preußischer Min.Erl. ergangen:

**Preuß. Min.Erl. betr. den Umtausch eingezogener Sera. Vom 25. Mai 1921.**

Serum, das wegen vorzeitiger Abschwächung zur Einziehung bestimmt ist, wird wie bisher kostenlos umgetauscht, vorausgesetzt, daß dieser Umtausch innerhalb 4 Wochen nach Bekanntgabe der Einziehung in den Fachblättern unter portofreier Sendung der umzutauschenden Sera an die Herstellungsstätten beantragt wird.

Serum, dessen Gewährsdauer abgelaufen ist, wird — vorbehaltlich einer Erhöhung dieser Gewährsdauer auf 5 Jahre — in Zukunft innerhalb 4 Wochen nach Bekanntgabe der Einziehung in den Fachblättern gegen eine Umtauschgebühr von 10 vH des zur Zeit des Umtausches gültigen Einkaufspreises und Tragung aller Portokosten durch die Apotheken umgetauscht.

## Verzeichnis der eingezogenen Heilsera (1. Oktober 1927).

### a. Diphtheriesera.

Aus dem Verkehr gezogen sind bis jetzt die Diphtheriesera

1. Aus den Höchster Farbwerken: Nr. 1—2774, 2835—2840.
2. Aus der Merckschen Fabrik in Darmstadt: Nr. 1—416, 433, 434, 436, 437.
3. Aus dem Serumlaboratorium Ruete-Enoch in Hamburg: Nr. 1—714.
4. Aus der chemischen Fabrik vormals E. Schering in Berlin: Nr. 1—279.
5. Aus dem Sächsischen Serumwerk in Dresden: Nr. 1—131, 133—301, 303—348.
6. Aus den Behringwerken in Marburg: Nr. 1—615, 618—726.
7. Aus dem Seruminstitut Bram in Oelzschau: Nr. 1—10, 12.
8. Aus dem Schweizer Seruminstitut in Bern: Nr. 5 und 7.
9. Aus dem Pharmazeutischen Institut L. W. Gans in Oberursel: Nr. 3, 5—11, 13, 29, 31, 32.

### b. Dysenteriesera.

Aus dem Verkehr gezogen sind bis jetzt die Dysenteriesera
Aus dem Seruminstitut Bram in Oelzschau: Nr. 3 und 5.

### c. Meningokokkensera.

Aus dem Verkehr gezogen sind bis jetzt die Meningokokkensera

1. Aus den Höchster Farbwerken: Nr. 1—120.
2. Aus der Merckschen Fabrik in Darmstadt: Nr. 1—52.
3. Aus dem Sächsischen Serumwerk in Dresden: Nr. 1—10.
4. Aus dem Seruminstitut Bram in Oelzschau: Nr. 1, 3, 4, 8.
5. Aus den Behringwerken in Marburg: Nr. 4—37.
6. Aus dem Serumlaboratorium Ruete-Enoch in Hamburg: Nr. 1.
7. Aus dem Pharmazeutischen Institut L. W. Gans in Oberursel: Nr. 1—4.

### d. Tetanussera.

Aus dem Verkehr gezogen sind bis jetzt die Tetanussera

1. Aus den Höchster Farbwerken: Nr. 1—177, 179—205, 207—222, 224 bis 243, 246, 248—272, 274—293, 296—305, 309—316, 318—345, 349—2322.
2. Aus den Behringwerken in Marburg: Nr. 1—1426, 1428—1509.
3. Aus dem Sächsischen Serumwerk in Dresden: Nr. 1—32, 34—475, sowie die Auslandssera A—Z und AA, BB.
4. Aus dem Serumlaboratorium Ruete-Enoch in Hamburg: Nr. 1, 2 und 4—9.

5. Aus dem Pharmazeutischen Institut L. W. Gans in Oberursel: Nr. 1—5 und 7—15.

6. Aus dem Seruminstitut Bram in Oelzschau: Nr. 1—21, 24 und 28.

7. Aus dem Seruminstitut Dr. Schreiber in Landsberg a. W.: Nr. 1.

Neuerdings ergingen auf Grund eines Rundschreibens des Reichsmin. d. J. vom 11. Juni 1927 in Preußen nachstehende Bestimmungen über Diphtherie-Toxin-Antitoxingemische, der gleichlautende in den übrigen Ländern folgen dürften:

**Preuß. Min.Erl. betr. Diphtherie-Toxin-Antitoxingemische. Vom 22. Juli 1927.**

§ 1. Als zur Schutzimpfung gegen Diphtherie dienende Diphtherie-Toxin-Antitoxingemische dürfen in den Apotheken in Zukunft nur solche Impfstoffe geführt werden, die nach Maßgabe der anliegenden Vorschriften in der Herstellungsstätte vorgeprüft sind und die der in diesen Vorschriften angegebenen Prüfung in dem Staatlichen Institut für experimentelle Therapie in Frankfurt a. M. unterlegen haben.

§ 2. Durch amtliche Bekanntmachung zur Einziehung bestimmte Diphtherie-Toxin-Antitoxingemische dürfen in Apotheken nicht vorrätig gehalten oder abgegeben werden.

§ 3. Diese Verordnung tritt mit dem 1. Oktober 1927 in Kraft.

**Anlage.**

**Prüfungsvorschriften für Diphtherie-Toxin-Antitoxingemische.**

§ 1. Die Impfstoffe für die zur Schutzimpfung dienenden Diphtherie-Toxin-Antitoxingemische unterliegen, bevor sie in den Handel gebracht werden, der staatlichen Prüfung im Staatlichen Institute für experimentelle Therapie in Frankfurt a. M. Dieser staatlichen Prüfung hat eine Vorprüfung in der Herstellungsstätte vorauszugehen.

§ 13, Die staatliche Prüfung erstreckt sich auf die Feststellung der Keimfreiheit und der Unschädlichkeit sowie auf die Feststellung der Bestandteile des Impfstoffs.

§ 21. Aus den Aufschriften der Versandgefäße muß ersichtlich sein: 1. die Herstellungsstätte, 2. die genaue Bezeichnung des Präparats, 3. die Kontrollnummer, 4. die Bezeichnung: „Staatlich geprüft“ sowie Ort und Tag der Prüfung, 5. der späteste Zeitpunkt der Verwendbarkeit des Präparats.

§ 24. Drei Jahre nach der Freigabe (Zulassung) werden sämtliche Impfstoffe wegen Aufhörens der Gewährdauer auf Antrag des Prüfungsinstituts durch die zuständigen Behörden serienweise eingezogen.

Eine besondere Regelung hat der Verkehr mit Schweinepestserum erfahren. Hierüber ergingen im Jahre 1926 in den Ländern (in Preußen unter dem 2. Januar 1926) gleichlautende Verordnungen folgenden Inhalts:

**Verkehr mit Schweinepestserum.**

1. Serum, das zur Impfung gegen Schweinepest bestimmt ist, wird zur Einfuhr aus dem Auslande erst dann endgültig zugelassen, wenn es einer staatlichen Prüfung unterworfen und für brauchbar erklärt worden ist. Prüfungsstelle für aus dem Auslande kommendes Schweinepestserum sind die Bakteriologischen Laboratorien der Veterinärabteilung des Reichsgesundheitsamtes in Berlin-Dahlem, Unter den Eichen 82/84.

2. Schweinepestserum darf nur in Verkehr gebracht werden, wenn es staatlich geprüft und hierbei den vorgeschriebenen Bedingungen entsprechend befunden worden ist.

3. Staatlich geprüftes und vorschriftsmäßig gekennzeichnetes Schweinepestserum genießt ohne Rücksicht auf sein Herkunftsland Freizügigkeit im Reiche.

4. Über zwei Jahre altes Schweinepestserum wird von Amts wegen eingezogen und darf nicht weiter im allgemeinen Verkehr abgegeben werden.

5. Ungeprüftes Schweinepestserum, das sich bei Veröffentlichung dieser Bestimmungen bereits im Handel befindet, darf noch bis 1. April 1926 abgegeben werden.

Im übrigen treten die vorstehenden Bestimmungen am 1. Februar 1926 in Kraft.

## Tuberkuline.

Auch die Bestimmungen über Beschaffenheit, Verpackung, Behandlung und Aufbewahrung von Tuberkulinen sind jetzt sämtlich in dem Artikel Tuberkuline des Deutschen Arzneibuches, 6. Ausgabe, vereinigt. Von den früheren Verfügungen besitzt lediglich der folgende preußische Erlaß, der in einigen Punkten über die Vorschriften des Arzneibuches hinausgeht, noch jetzt Bedeutung.

### Preuß. Min.Erl. betr. Tuberkulinverdünnungen. Vom 7. April 1902.

... Die zur Anwendung des Tuberkulins erforderlichen Verdünnungen können einwandfrei nur vermittels sterilisierter Meßzylinder und Pipetten hergestellt werden, die nicht im Besitz eines jeden Arztes, wohl aber in den Apotheken vorhanden zu sein pflegen; seitens der letzteren soll deshalb das Tuberkulin fortan auch in verdünntem Zustande abgegeben werden dürfen. Da aber das Tuberkulin in Verdünnungen schnell verdirbt, wenn zur Verdünnung nicht ein entwicklungshemmendes Mittel, am besten eine schwache Karbolsäurelösung, verwendet wird, so bestimme ich, daß die Verdünnungen nur mit 0,5prozentiger Karbolsäurelösung geschehen, in der Regel erst kurz vor Anwendung des Mittels vorgenommen und nicht länger als vier Wochen vorrätig gehalten werden dürfen. Die zur Herstellung der Verdünnungen bestimmten Meßzylinder und Pipetten, sowie die zur Aufnahme der Verdünnungen bestimmten Arzneigläser — sechseckige Gläser mit weitem Halse und eingeschliffenem Glasstöpsel — sind unmittelbar vor der Herstellung im Trockenschrank bei 150° C zu sterilisieren. Zunächst wird durch Vermischung von einem Raumteil Tuberculinum Kochii mit neun Raumteilen einer 0,5prozentigen Karbolsäurelösung eine 10prozentige Tuberkulinlösung hergestellt, welche als Stammlösung für weitere Verdünnungen dienen kann. Das Aufnahmegefäß ist mit dem Gehalt der Lösung an Tuberkulin und dem Tage der Herstellung zu signieren. Die Stammlösung darf jedoch nicht länger als vier Wochen vorrätig gehalten werden.

Die weiteren Verdünnungen sind so herzustellen, daß von der Stammlösung ein Volumteil mit 9 T. 0,5 prozentiger Karbolsäurelösung und von der so gewonnenen Lösung wieder ein Volumteil mit 9 T. 0,5 prozentiger Karbolsäurelösung vermischt wird usw.

Diese weiteren Verdünnungen dürfen jedoch immer nur auf schriftliche Anweisung (Rezept) eines approbierten Arztes angefertigt und nur an diesen selbst oder eine von ihm beauftragte Person abgegeben werden.

Das Deutsche Arzneibuch, 6. Ausgabe, führt drei Tuberkuline an, die der Prüfung durch das Staatsinstitut für experimentelle Therapie in Frankfurt a. M. unterliegen: Tuberkulin Koch (Alttuberkulin), Tuberkulin A. F. (albumosefreies Tuberkulin) und Bovotuberkulin Koch (Perlsuchttuberkulin). Nach preußischen Min.Erlassen vom 28. Februar 1909 und 29. März 1911 erstreckt sich der Prüfungszwang durch das genannte Staatsinstitut auch auf die im Institut Pasteur in Lille von Professor Calmette hergestellten Tuberkulinpräparate sowie auf das Tuberkulinpräparat Endotin.

Mit der Abgabe und Aufbewahrung der Tuberkuline befassen sich die beiden folgenden preußischen Verfügungen, von denen die erstere (schon auf S. 212 erwähnte) in gleicher Fassung in allen übrigen deutschen Ländern ergangen ist:

**Preuß. Min.Erl. betr. die Abgabe von Tuberkulinen in den Apotheken. Vom 29. Januar 1923.**

§ 1. Flüssige und trockene Tuberkuline sowie alle anderen aus oder unter Verwendung von Tuberkelbazillen hergestellten Mittel und deren Zubereitungen, soweit sie zum Gebrauche für Menschen bestimmt sind, dürfen in den Apotheken nur auf schriftliche, mit Datum und Unterschrift versehene Anweisung (Rezept) eines Arztes zur arzneilichen Verwendung (zur Beseitigung, Linderung oder Erkennung von Krankheiten oder zum Schutze gegen Krankheiten) abgegeben werden[1]).

§ 2. Ihre wiederholte Abgabe darf nur auf jedesmal erneute, schriftliche, mit Datum und Unterschrift versehene Anweisung eines Arztes erfolgen.

§ 3. Zuwiderhandlungen werden nach § 367[5] des Strafgesetzbuchs bestraft.

§ 4. Diese Verordnung tritt am 1. Februar 1923 in Kraft.

**Preuß. Min.Erl. betr. die Aufbewahrung der Tuberkuline. Vom 7. Juni 1923.**

Mit Bezug auf die Rundverfügung vom 29. Januar d. J., mit welcher die Bekanntmachung vom gleichen Tage, betr. die Abgabe von Tuberkulinen in den Apotheken, dorthin mitgeteilt worden ist, mache ich ergebenst darauf aufmerksam, daß die älteren einschlägigen Erlaßbestimmungen vom 1. März 1891, 25. November 1896 und vom 30. Juni 1897 als durch die Neuregelung überholt, außer Kraft getreten sind. Hinsichtlich der Aufbewahrung der Tuberkuline bestimme ich, daß diese weiterhin unter den Separanden vor Licht geschützt zu erfolgen hat.

## Salvarsanpräparate.

Im Deutschen Arzneibuch werden 6 Salvarsanpräparate angeführt, die sämtlich nur in den Handel gebracht werden dürfen, „nachdem sie einer staatlichen Prüfung in dem Staatsinstitut für experimentelle Therapie in

[1]) Auf Anweisung eines Tierarztes dürfen also Tuberkuline nicht abgegeben werden. Das durch die Verordnung vom 1. März 1891 vorgeschriebene Buch, welches der Apotheker über Ankauf und Abgabe von Tuberkulin führen sollte, ist durch den Min.Erl. vom 25. November 1896 aufgehoben worden. In dem der Anweisung für die amtliche Besichtigung der Apotheken vom 18. Februar 1902 (s. Teil XXII) beigegebenen Schema wird jedoch das „Buch über Tuberkulinverkauf" irrtümlicherweise noch erwähnt.

Frankfurt a. M. nach den erlassenen besonderen Bestimmungen unterzogen und zum Verkaufe zugelassen sind". Die hier erwähnten besonderen Bestimmungen gab folgender preußischer Erlaß bekannt:

**Preuß. Min.Erl. betr. die Prüfung der Salvarsanpräparate. Vom 26. August 1926.**

Es hat sich als notwendig herausgestellt, die Prüfung der Salvarsanpräparate nach einheitlichen Gesichtspunkten allgemein zu regeln. Im Einvernehmen mit dem Herrn Reichsminister des Innern werden daher die anliegenden Bestimmungen erlassen

**Anlage.**

**Vorschriften über Schutz- und Heilmittel, die einer staatlichen Prüfung unterliegen.**

Allgemeine Bestimmungen.

§ 1. Die nachstehend aufgeführten Arsenobenzolverbindungen — Salvarsan, Neosalvarsan, Salvarsannatrium, Silbersalvarsan, Neosilbersalvarsan, Sulfoxylsalvarsan — müssen, ehe sie in den Handel gebracht werden dürfen, in dem Staatlichen Institut für experimentelle Therapie in Frankfurt a. M. nach den darüber erlassenen besonderen Bestimmungen einer staatlichen Prüfung unterworfen werden. Die Entscheidung, inwieweit noch andere Schutz- und Heilmittel einer staatlichen Prüfung zu unterstellen, welche Prüfungsstellen für die Vornahme der Prüfung zuständig und welche Prüfungsverfahren dabei anzuwenden sind, wird vorbehalten.

§ 2. Jeder von einer Fabrik hergestellte handelsfertige Ansatz (Herstellungsnummer) eines der in § 1 bezeichneten Erzeugnisse ist nach seiner Fertigstellung einem Kontrollbeamten zu übergeben, der von der zuständigen Behörde mit entsprechender Anweisung versehen und vereidigt ist. Der Kontrollbeamte hat die das betreffende Erzeugnis enthaltenden Gefäße oder Behälter nach Entnahme der für die Prüfung benötigten Mengen zu plombieren und in einem von der Fabrik zur Verfügung gestellten Raum unter sicherem, sachgemäßem Verschluß aufzubewahren, bis von der Prüfungsstelle bezüglich der Freigabe oder einer anderweitigen Behandlung des Erzeugnisses Entscheidung getroffen worden ist.

§ 3. Nach Abschluß der Prüfung und Eingang des Prüfungsergebnisses gibt der Kontrollbeamte die betreffende Herstellungsnummer zur Abfüllung frei, wenn sie als einwandfrei erkannt ist, oder veranlaßt, je nach der Entscheidung der Prüfungsstelle, ihre Umarbeitung zu einem erneut zur Prüfung zu stellenden Erzeugnis bzw. ihre sonstige Verwendung oder ihre Vernichtung.

§ 4. Die Abfüllung eines als einwandfrei zum Verkehr zugelassenen Erzeugnisses darf nur unter Überwachung des Kontrollbeamten erfolgen.

§ 5. Die Einzeldosenbehälter (Ampullen usw.), in denen die einzelnen Herstellungsnummern der Erzeugnisse in den Handel gebracht werden, und ihre Umhüllungen sowie die Umhüllungen der Sammelpackungen müssen außer der genauen Bezeichnung der Herstellungsstätte und des Erzeugnisses in lichtechtem Metallstempelaufdruck die Angabe der Dosis und der Herstellungsnummer, den Vermerk „Staatlich geprüft am .....", das Hoheitszeichen des Staates und, soweit erforderlich, die Angabe über die Zeit der Verwendbarkeit tragen. Zur Kennzeichnung der erfolgten Prüfung sind die Einzeldosenbehälter mit einer das Hoheitszeichen des Staates tragenden Plombe oder einem entsprechenden Ätzstempel zu versehen.

§ 6. Der Kontrollbeamte ist verpflichtet, über seine Tätigkeit Buch zu führen. Aus diesem muß ersichtlich sein:

1. Genaue Bezeichnung und Menge der ihm übergebenen und von ihm unter Verschluß genommenen Herstellungsnummern der einzelnen Präparate.
2. Tag der Übernahme.
3. Tag der Probeentnahme und der Einsendung an die Prüfungsstelle.
4. Tag des Eingangs des Prüfungsergebnisses.
5. Entscheidung der Prüfungsstelle auf Grund der Prüfung.
6. Tag der Abfüllung.
7. Zahl und Größe der jeweils abgefüllten Einzeldosen.

§ 7. Ich behalte mir vor, die Herstellungsstätten von Erzeugnissen der in § 1 bezeichneten Art durch besondere Sachverständige besichtigen zu lassen. Zu diesen Besichtigungen wird ein Mitglied der Prüfungsstelle hinzugezogen werden.

§ 8. Etwa notwendig werdende besondere Bestimmungen über eine zeitliche Begrenzung der Verwendbarkeit von Erzeugnissen der in § 1 bezeichneten Art und in besonderen Fällen über die vorzeitige Einziehung bestimmter Herstellungsnummern solcher Erzeugnisse behalte ich mir vor.

§ 9. Die Bestimmungen der §§ 1—8 finden auf die aus dem Ausland eingeführten Erzeugnisse der in § 1 bezeichneten Art entsprechende Anwendung.

Es folgen die umfangreichen Einzelvorschriften über die Prüfung der genannten 6 Salvarsanpräparate. Einziehungen von Salvarsanpräparaten einer bestimmten Kontrollnummer sind noch nicht verfügt worden.

In nichtpreußischen Staaten ist im Herbst 1926 vielfach eine Verordnung nach folgendem Muster erlassen worden.

## Verkehr mit Salvarsanpräparaten.

§ 1. Folgende Arsenobenzolverbindungen: Salvarsan, Neosalvarsan, Salvarsannatrium, Silbersalvarsan, Neosilbersalvarsan und Sulfoxylsalvarsan müssen, ehe sie in den Handel gebracht werden dürfen, im Staatlichen Institut für experimentelle Therapie in Frankfurt a. M. nach den darüber erlassenen besonderen Bestimmungen einer staatlichen Prüfung unterworfen werden. Die Entscheidung, inwieweit noch andere Schutz- und Heilmittel einer staatlichen Prüfung zu unterstellen, welche Prüfungsstellen für die Vornahme der Prüfung zuständig und welche Prüfungsverfahren dabei anzuwenden sind, trifft der Minister des Innern im Einvernehmen mit der Reichsregierung auf Vorschlag des Reichsgesundheitsrats.

§ 2. Die Einzeldosenbehälter (Ampullen usw.), in denen die in § 1 genannten Salvarsanpräparate in den Handel gebracht werden, und ihre Umhüllungen sowie die Umhüllungen der Sammelpackungen müssen außer der genauen Bezeichnung der Herstellungsstätte und des Erzeugnisses in lichtechtem Metallstempelaufdruck die Angabe der Dosis und der Herstellungsnummer, den Vermerk „Staatlich geprüft am Staatlichen Institut für experimentelle Therapie in Frankfurt a. M.", das Hoheitszeichen des preußischen Staates und, soweit erforderlich, die Angabe über die Zeit der Verwendbarkeit tragen. Zur Kennzeichnung der erfolgten Prüfung sind die Einzeldosenbehälter mit einer das Hoheitszeichen des preußischen Staates tragenden Plombe oder einem entsprechenden Ätzstempel zu versehen.

§ 3. Der Minister des Innern kann im Einvernehmen mit der Reichsregierung die Verwendbarkeit von Erzeugnissen der in § 1 bezeichneten

Art auf einen bestimmten Zeitraum begrenzen und in besonderen Fällen die Einziehung bestimmter Herstellungsnummern solcher Erzeugnisse auch vor Ablauf von deren Verwendungszeit anordnen.

§ 4. Die Bestimmungen der §§ 1—3 finden auf die aus dem Auslande eingeführten Erzeugnisse der in § 1 bezeichneten Art entsprechende Anwendung.

Mit dem Verkehr mit Salvarsan in Apotheken befassen sich folgende preußischen Erlasse:

**Preuß. Min.Erl. betr. die Abgabe von Salvarsan in Apotheken. Vom 19. März 1919.**

Wie hier bekanntgeworden, wird Salvarsan zur Zeit in verschiedenen Apotheken in alkalischer Lösung oder als Fettölsuspension abgegeben. Mit Rücksicht darauf, daß die Salvarsanpräparate in Lösungen sehr schnell der Oxydation unterliegen und dadurch giftiger werden, bestimme ich nach Anhörung von Sachverständigen, daß die Apotheken das Salvarsan fortan nur in den Originalpackungen abgeben dürfen. Es muß den Ärzten überlassen bleiben, sich die Salvarsanlösung unmittelbar vor dem Gebrauch kunstgerecht mit frisch destilliertem Wasser selbst herzustellen und sogleich nach der Lösung einzuspritzen.

Ich ersuche ergebenst, die Apotheken des Bezirks gefälligst alsbald mit entsprechender Weisung zu versehen und sie gleichzeitig darauf aufmerksam zu machen, daß sie ihre Bestellungen auf Salvarsan bei dem Grossisten, von dem sie die Salvarsanpräparate bisher bezogen haben, tunlichst frühzeitig machen, da die Herstellungsstätte, die Höchster Farbwerke in Höchst a. M., im besetzten Gebiet liegt und die für Salvarsanpräparate vorgeschriebene Transportgenehmigung erst etwa in 3 Wochen zu erlangen ist. Zu beachten sind bei den Nachbestellungen ferner die jetzigen ungünstigen Verkehrsverhältnisse bei der Post und der Eisenbahn.

**Preuß. Min.Erl. betr. den Schleichhandel mit Salvarsanpräparaten. Vom 17. Januar 1920.**

In letzter Zeit mehren sich die Fälle, in denen Salvarsanpräparate im Schleichhandel vertrieben werden. Nur zum Teil handelt es sich hierbei um echte Salvarsanpräparate, nicht selten jedoch um Fälschungen, die in einer der echten täuschend ähnlichen Verpackung vertrieben werden. Häufig leiden aber auch bei dem Hin- und Hertransport im Schleichhandel die Glasampullen, in denen die Salvarsanpräparate luftdicht eingeschmolzen sind; sie bekommen Sprünge, und die durch diese in die Ampullen dringende Luft führt Zersetzungen der echten Salvarsanpräparate herbei, so daß deren Anwendung bei Patienten schwere Vergiftungserscheinungen, ja den Tod zur Folge haben kann.

Da die Salvarsanpräparate als arsenhaltige Heilmittel zu den Medikamenten gehören, deren Abgabe den Apotheken vorbehalten ist, so ersuche ich im Einvernehmen mit dem Herrn Minister des Innern ergebenst, alle nichtberechtigten Personen, denen Handel mit Salvarsanpräparaten nachgewiesen wird, unnachsichtlich zur Anzeige zu bringen. Bevor die endgültig beschlagnahmten Salvarsanpräparate nach Abschluß des Verfahrens wieder an den Handel abgegeben werden, ersuche ich, die gesamte Menge an die Farbwerke vormals Meister Lucius & Brüning in Höchst a. M. zu senden, die die Präparate und Glasampullen einer Prüfung unterziehen werden. Die Farbwerke werden die als gut befundenen Packungen an diejenigen Apotheken oder Großdrogenhandlungen abgeben, die ihnen von den Stellen bezeichnet werden, die die Beschlagnahme verfügt haben.

**Preuß. Min.Erl. betr. Salvarsanfälschungen. Vom 29. Juli 1920.**

Es sind verschiedentlich Salvarsanfälschungen im Handel vorgekommen, die nicht ohne weiteres als solche zu erkennen waren, da auch die Verpackung täuschend nachgeahmt war. Ich ersuche ergebenst, die Apotheker darauf aufmerksam zu machen und ihnen größte Vorsicht beim Einkauf von Salvarsan und dessen Bezug nur aus Quellen, die als durchaus zuverlässig bekannt sind, von der herstellenden Firma selbst oder aber ihren Niederlagen, jedoch niemals von unbekannten Händlern, zu empfehlen. Gleichzeitig ersuche ich, die Apotheker nachdrücklich darauf hinzuweisen, daß die Abgabe von Salvarsan nur auf ärztliche Anordnung erfolgen darf. Die Rezepte sind einer eingehenden Prüfung zu unterziehen, auch wird empfohlen, vor Abgabe größerer Mengen Salvarsan sich zunächst mit dem verordnenden Arzt ins Einvernehmen zu setzen.

**Preuß. Min.Erl. betr. Belieferung von Krankenanstalten mit Salvarsan. Vom 21. Juni 1920.**

Die Farbwerke vormals Meister Lucius & Brüning in Höchst a. M. haben sich, um den bei dem Herrn Minister für Handel und Gewerbe und bei mir vorgebrachten Klagen der Knappschaftskrankenhäuser und anderer Krankenanstalten über Mangel an Salvarsan und den verwandten Präparaten abzuhelfen, bereit erklärt, fortan Salvarsanbestellungen dieser Anstalten, soweit sie eine eigene Apotheke besitzen, die unter der Leitung eines approbierten Apothekers steht, unmittelbar auszuführen. Soweit Krankenanstalten eine eigene Apotheke nicht besitzen, müssen sie ihren Bedarf an Salvarsanpräparaten wie bisher durch Vermittlung einer Apotheke decken, die jedoch ebenfalls von den Höchster Farbwerken unmittelbar beliefert werden wird, falls sie auf Schwierigkeiten beim Bezug der Salvarsanpräparate durch ihre bisherige Bezugsquelle stößt.

Das Deutsche Arzneibuch 6 enthält auch genaue Vorschriften über die äußere Aufmachung der Salvarsanpräparate. Präparate, die diesen Bestimmungen nicht entsprechen, dürfen nach den auf S. 191 erwähnten Verordnungen bis zum 31. Dezember 1927 in den Apotheken vorrätig gehalten und verkauft werden.

## Fingerhutblätter.

Das Deutsche Arzneibuch, 6. Ausgabe, sagt im Artikel „Folia Digitalis", daß Fingerhutblätter den amtlich vorgeschriebenen pharmakologisch ermittelten Wirkungswert aufweisen müssen. Die Vorschriften über die amtliche Ermittlung dieses Wirkungswertes sind den Landesregierungen vom Reichsministerium d. J. durch Rundschreiben vom 7. Juli und 21. Dezember 1926 überwiesen worden und lauten in ihrem allgemeinen Teil wie folgt:

**Vorschriften über die amtliche Prüfung der Folia Digitalis (Fingerhutblätter).**

Allgemeine Vorschriften.

§ 1. Jeder von einer Firma für den Verkauf an die Apotheken hergestellte handelsfertige Vorrat an einheimischen oder aus dem Ausland eingeführten Folia Digitalis-Fingerhutblättern ist unter Angabe des Ergebnisses der pharmakognostischen Untersuchung und einer etwa vorgenommenen pharmakologischen Auswertung einem Kontrollbeamten zu übergeben, der von der zuständigen Behörde mit entsprechender Dienstanweisung versehen und vereidigt ist. Der Kontrollbeamte hat die Gefäße oder Behälter, die das betreffende Erzeugnis enthalten, nach Entnahme der für die Prüfung erforderlichen Mengen zu plombieren und in einem von der Firma zur Verfügung gestellten Raum unter sicherem Verschluß sachgemäß aufzubewahren, bis von der Prüfungsstelle bezüglich der Freigabe oder einer anderweitigen Behandlung des Erzeugnisses Entscheidung getroffen worden ist. Diese Entscheidung muß mit tunlichster Beschleunigung erfolgen.

§ 2. Nach Abschluß der Prüfung und Eingang des Prüfungsergebnisses gibt der Kontrollbeamte den betreffenden Vorrat des Arzneimittels zur Abfüllung frei, wenn er von der Prüfungsstelle als einwandfrei erkannt ist, oder überwacht, je nach der Entscheidung der Prüfungsstelle, seine Weiterverarbeitung.

§ 3. Die Abfüllung der als einwandfrei zum Verkehr zugelassenen Vorräte an Folia Digitalis-Fingerhutblättern darf nur unter Überwachung des Kontrollbeamten erfolgen und muß sachgemäß sein.

§ 4. Die *Gefäße* (Flaschen und Ampullen) müssen eine *Aufschrift* tragen, die außer der Inhaltsangabe Angaben über die Herstellungsstätte, die Kontrollnummer und die Jahreszahl der Prüfung enthält. Die Flaschen müssen staatlich plombiert, die Ampullen staatlich gestempelt sein. Plombe und Stempel müssen das Zeichen der amtlichen Prüfungsstelle tragen. Nach Möglichkeit sollen auch die Umhüllungen und die Umhüllungen der Sammelpackungen derartige Kennzeichen aufweisen.

§ 5. Der Kontrollbeamte ist verpflichtet, über seine Tätigkeit Buch zu führen. Aus diesem muß ersichtlich sein:

1. Genaue Bezeichnung und Menge der ihm übergebenen und von ihm unter Verschluß genommenen Herstellungsnummern der einzelnen Partien,
2. Tag der Übernahme,
3. Tag der Probeentnahme und der Einsendung an die Prüfungsstelle,
4. Tag des Eingangs des Prüfungsergebnisses,
5. Entscheidung der Prüfungsstelle auf Grund der Prüfung,
6. Tag der Abfüllung,
7. Zahl und Größe der jeweils abgefüllten Packungen (Flaschen und Ampullen).

§ 6. Die Reichsregierung kann im Benehmen mit den Landesregierungen die *Verwendbarkeit* des genannten Arzneimittels auf einen bestimmten *Zeitraum* begrenzen.

Die nun folgenden besonderen Vorschriften enthalten den Prüfungsgang.

Die amtliche Prüfung besteht aus:

1. der pharmakognostischen Prüfung, a. der Prüfung auf Trockenrückstand bzw. Wassergehalt und Verbrennungsrückstand, b. der botanischen Untersuchung,

2. der pharmakologischen Prüfung.

Für die pharmakognostische Prüfung sind die allgemeinen analytischen Vorschriften und die Vorschriften des Artikels Folia Digitalis des Deutschen Arzneibuches maßgebend.

Für die pharmakologische Auswertung gelten die im einzelnen gegebenen Vorschriften. Als amtliche Prüfungsstellen sind die pharmakologischen Institute der Universitäten Berlin, München, Leipzig bestimmt worden.

Am 2. März 1927 hat im Reichsgesundheitsamt eine Besprechung über die Durchführung der amtlichen Prüfung der Folia Digitalis — Fingerhutblätter des Deutschen Arzneibuchs 6. Ausgabe stattgefunden, deren

Ergebnis in bestimmten Beschlüssen zusammengefaßt worden ist, die das Reichsministerium d. J. in einem Rundschreiben vom 22. April 1927 den Landesregierungen mitgeteilt hat. Darauf ergingen in Preußen nachstehende Verfügungen:

**Preuß. Min.Erl. betr. Fingerhutblätter als Arzneimittel. Vom 22. Juni 1927.**

Unter Hinweis auf § 367 Ziff. 5 des Strafgesetzbuches und unter Bezugnahme auf meine Bekanntmachung vom 21. Dezember 1926, betr. die Einführung des Deutschen Arzneibuches, 6. Ausgabe 1926, bestimme ich:

1. In den Apotheken dürfen vom 1. Januar 1928 ab nur solche Fingerhutblätter (Folia Digitalis) vorrätig gehalten, verwendet oder abgegeben werden, die den Anforderungen des Deutschen Arzneibuches, 6. Ausgabe 1926, entsprechen und amtlich geprüft sind. Die amtliche Prüfung erfolgt nach den Vorschriften, die im Amtsblatt des Ministeriums für Volkswohlfahrt „Volkswohlfahrt" veröffentlicht werden.

2. Durch amtliche Bekanntmachung für unbrauchbar erklärte Ware darf in den Apotheken nicht vorrätig gehalten, verwendet oder abgegeben werden.

3. Die Vorschriften des Deutschen Arzneibuches, 6. Ausgabe 1926, treten für Fingerhuttinktur (Tinctura Digitalis) am 1. Januar 1928 in Kraft. Fingerhuttinktur, die entsprechend diesen Vorschriften hergestellt ist, darf jedoch bereits vom 1. November 1927 ab in den Apotheken vorrätig gehalten und abgegeben werden.

**Preuß. Min.Erl. betr. die amtliche Prüfung der Fingerhutblätter. Vom 22. Juni 1927.**

In der Anlage übersende ich ergebenst meine Bekanntmachung, betr. Fingerhutblätter als Arzneimittel (Reichsanzeiger Nr. 145)[1]) sowie die dazu ergangenen Ausführungsvorschriften, die in meinem Ministerialblatt „Volkswohlfahrt" bekanntgegeben werden. Erläuternd bemerke ich noch folgendes:

Eine Anfertigung amtlich geprüfter Arzneibuchware Fingerhutblätter (Folia Digitalis) aus der Rohdroge dürfte nur an wenigen Stellen erfolgen.

Als Kontrollbeamter soll, wenn angängig, ein geeigneter Fachmann (Apotheker) bestimmt werden; falls ein Fachmann nicht zur Verfügung steht, kann auch eine andere zuverlässige Persönlichkeit zum Kontrollbeamten bestellt werden. Die Bestellung eines Angestellten der in Betracht kommenden Firma als Kontrollbeamter soll möglichst vermieden werden.

Stempel und Plombenzange des Kontrollbeamten sind nötigenfalls amtlich zu beschaffen und aus dortigen Mitteln zu bezahlen.

Durch das Mahlen der Rohdroge wird nach den gemachten Beobachtungen eine gleichmäßige Durchmischung gewährleistet. Es ist daher nicht erforderlich, aus allen Gefäßen, auf die die aus der gleichen Mahlung stammende Droge verteilt worden ist, Untersuchungsproben zu entnehmen. Dem Kontrollbeamten ist vor der Entnahme der Probe durch das Betriebskontrollbuch nachzuweisen, daß es sich um einen Mahlgang handelt.

Als Aufbewahrungsgefäße für die Droge eignen sich am besten gutschließende Blechgefäße bis 200 kg Inhalt.

Die Tätigkeit des Kontrollbeamten ist als vorläufig beendet anzusehen, wenn er die entnommenen Proben versiegelt und Proben sowie Begleitschein dem Inhaber der herstellenden Firma übergeben hat. Die Überwachung der Verpackung und des Versendens der Probe durch den Kontrollbeamten ist nicht erforderlich.

---

[1]) Siehe oben.

Als sachgemäßer Aufbewahrungsort für die unter Kontrolle des Aufsichtsbeamten befindlichen Vorräte ist nach Möglichkeit ein besonderer verschließbarer und trockener Raum zur Verfügung zu stellen. Fehlt ein solcher, so genügt ein verschließbarer, gut gesicherter Lattenverschlag in einem trockenen Raum. Der Kontrollbeamte entscheidet darüber, ob der Raum als angemessener Aufbewahrungsraum anzusehen ist. Der Schlüssel bleibt in seinem Gewahrsam. Falls nur ganz geringe Mengen der Droge zur Prüfung gelangen, genügt es, wenn die Gefäße mit der Droge während der Prüfung unter Plombenverschluß gehalten werden.

Über die zu erwartenden Prüfungen sollen die in Betracht kommenden Firmen der Prüfungsstelle eine Voranmeldung zugehen lassen, damit sie die für die Prüfung erforderlichen Vorbereitungen rechtzeitig treffen kann. Falls das eine der drei in den Vorschriften genannten Institute überlastet oder vorübergehend an der Vornahme der Prüfung behindert ist, wird es die Proben unmittelbar an eines der beiden andern Institute übersenden und die Firma verständigen.

Das internationale, im Katzenversuch geprüfte Standardpräparat wird im Reichsgesundheitsamt und von dem Leiter des Pharmakologischen Instituts der Universität München im Froschversuch eingestellt und gilt als nationales deutsches Standardpräparat. Proben davon werden den drei genannten pharmakologischen Instituten sowie den beteiligten Firmen zur Verfügung gestellt. Das deutsche Standardpräparat wird im Reichsgesundheitsamt aufbewahrt.

Das Ergebnis der Prüfung der übersandten Muster wird in jedem Falle (also auch bei einer Ablehnung der Ware) möglichst innerhalb einer Frist von drei Wochen der antragstellenden Firma mitgeteilt werden. Die Prüfungsgebühr ist nach näherer Anweisung des Leiters der Prüfungsstelle einzusenden. Soweit dies verantwortet werden kann, braucht während des Abfüllens und der Verpackung der geprüften Ware der Kontrollbeamte nicht ständig anwesend zu sein.

Die Ampullen mit dem Arzneimittel sollen nach Möglichkeit einen Hals besitzen, um beim Durchfeilen das Eindringen von Glassplittern in den Inhalt zu verhüten. Die Flaschenschilder dürfen einschließlich der notwendigen Angaben gedruckt werden. Einzelheiten sind in zweckmäßiger Weise zu regeln.

Die Ampullen dienen im Apothekenbetriebe lediglich zur Herstellung von Aufgüssen (Infusa), jedoch darf auch der Inhalt von Flaschen hierzu verwendet werden[1]).

Ich bemerke, daß vom 1. Januar 1928 ab gemäß den Bestimmungen des Arzneibuches Fingerhuttinktur (Tinctura Digitalis) von den Apothekern im eigenen Apothekenbetrieb herzustellen ist. Ich

---

[1]) Diese Bestimmung bedeutet eine Milderung gegenüber den im Reichsgesundheitsamt vereinbarten Grundsätzen. Diese besagen bezüglich des vorliegenden Punktes nach dem Rundschreiben des Reichsmin. d. J. vom 22. April 1927 folgendes:

Die Apotheker sind darauf hinzuweisen, daß der Inhalt der Ampulle zur Herstellung des Infuses zu verwenden ist und daß zur Herstellung von Pillen, Pulvern usw. sich die Entnahme der Droge aus einer Flasche empfiehlt.

Demgemäß findet sich in den entsprechenden Verordnungen anderer Länder (z. B. Hamburg, Hessen, Braunschweig) die folgende Bestimmung:

Zur Herstellung des Infuses ist der Inhalt der Ampullen zu verwenden, zur Herstellung von Pillen, Pulvern usw. empfiehlt es sich, die Droge aus einer Flasche zu entnehmen.

Sachsen schreibt für die gesamte Rezeptur Ampullenverwendung vor.

ersuche, die Bevollmächtigten für die amtlichen Besichtigungen der Apotheken anzuweisen, daß sie die Apotheken bei den Besichtigungen auf die Beachtung dieser Vorschrift überwachen. Die Festsetzung einer Übergangsfrist für die Einführung der Bestimmungen der 6. Ausgabe des Deutschen Arzneibuches über Fingerhutblätter ist nicht erforderlich, da die den weitergehenden Bestimmungen der 6. Ausgabe entsprechende Ware ohne weiteres auch den Vorschriften der 5. Ausgabe, die bis zum 31. Dezember 1927 gelten, genügt, was bei Fingerhuttinktur nicht der Fall ist.

Weiter weise ich noch darauf hin, daß nach der Verordnung vom 22. Oktober 1901, betreffend den Verkehr mit Arzneimitteln, Fingerhutblätter oder deren Zubereitungen als Heilmittel nur in den Apotheken abgegeben werden dürfen. Es wird somit nach der nunmehr getroffenen Regelung vom 1. Januar 1928 ab nur pharmakologisch geprüftes und eingestelltes Fingerhutblätterpulver zur Anfertigung rezepturmäßiger Zubereitungen auf ärztliche Verordnung sowie zur Herstellung von Tinktur gebraucht. Die Prüfung einer solchen Droge, die zur Herstellung chemisch-pharmazeutischer Präparate (Spezialitäten), für die Vorschriften im Arzneibuch nicht enthalten sind, in der Industrie Verwendung findet, ist jedoch nicht erforderlich.

**Anlage.**

## Vorschriften über die amtliche Prüfung der Fingerhutblätter (Folia Digitalis).

1. Wer Fingerhutblätter (Folia Digitalis), die den Anforderungen des Deutschen Arzneibuches, 6. Ausgabe 1926, entsprechen, aus der Rohdroge herstellen und in den Verkehr bringen will, hat dies zwecks Herbeiführung der amtlichen Prüfung des Erzeugnisses dem zuständigen Regierungspräsidenten anzuzeigen. Dieser bestimmt unter Berücksichtigung des Vorschlages des Herstellers des Erzeugnisses einen Kontrollbeamten, der durch Eid zu verpflichten ist. Der Regierungspräsident ist jedoch nicht an den Vorschlag des Herstellers gebunden. Die Gebühr, die der Kontrollbeamte von dem Hersteller für seine Mühewaltung erhält, setzt der Regierungspräsident fest.

2. Die gemahlene Droge, die geprüft werden soll, ist mit dem Ergebnis einer Vorprüfung dem Kontrollbeamten zu übergeben. Dieser hat je 4 Proben zu je 10 g für die Prüfung zu entnehmen, sachgemäß in gut verschließbare Glasgefäße einzufüllen und mit genauer Aufschrift zu versehen. Der Kontrollbeamte übergibt die Proben mit ausgefülltem Begleitschein nach dem anliegenden Muster I[1]) in doppelter Ausfertigung dem Hersteller zwecks Übersendung an die Prüfungsstelle. Über seine Tätigkeit führt der Kontrollbeamte Buch. Aus diesem muß ersichtlich sein:

1. Genaue Bezeichnung und Menge der ihm übergebenen und von ihm unter Verschluß genommenen Herstellungsnummern der einzelnen Partien,
2. Tag der Übernahme,
3. Tag der Probeentnahme und der Einsendung an die Prüfungsstelle,
4. Tag des Eingangs des Prüfungsergebnisses,
5. Entscheidung der Prüfungsstelle auf Grund der Prüfung,
6. Tag der Abfüllung,
7. Zahl und Größe der jeweils abgefüllten Packungen (Flaschen und Ampullen).

---

[1]) Ist hier nicht mit abgedruckt.

3. Die Gefäße, in denen die zu prüfende Ware enthalten ist, sind während der Vornahme der Prüfung unter Plombenverschluß zu halten oder in einem besonderen, verschließbaren, trockenen Raum oder gut gesicherten Lattenverschlag unter Aufsicht des Kontrollbeamten zu halten. Der Schlüssel zu dem Raum oder Verschlag bleibt während der Prüfung in Gewahrsam des Kontrollbeamten.

4. Die amtliche Prüfung der Fingerhutblätter erfolgt in den Pharmakologischen Instituten der Universitäten Berlin, Leipzig und München, wobei jedoch in Berlin und München die botanische Untersuchung der Droge von den Lehrern der Pharmakognosie an den dortigen Universitäten ausgeführt wird.

Die amtliche Prüfung besteht aus

1. der pharmakognostischen Prüfung
   a. der Prüfung auf Trockenrückstand (bzw. Wassergehalt) und Verbrennungsrückstand,
   b. der botanischen Untersuchung,
2. der pharmakologischen Auswertung.

Für die pharmakognostische Prüfung sind die Vorschriften des Deutschen Arzneibuches, 6. Ausgabe 1926, maßgebend; die pharmakologische Auswertung erfolgt nach der in der Anlage bekanntgegebenen amtlichen Anweisung. Die Prüfungsgebühr beträgt für jedes zur Prüfung eingesandte Muster 100 *RM*.

Über das Ergebnis der amtlichen Prüfung wird ein Prüfungsschein nach dem anliegenden Muster II[1]) ausgestellt, welcher der die Prüfung beantragenden Firma sowie in Abschrift dem Kontrollbeamten übermittelt wird. Das Prüfungsergebnis ist von dem Leiter des pharmakologischen Instituts oder seinem Vertreter zu zeichnen; für die botanische Prüfung trägt gegebenenfalls der Lehrer der Pharmakognosie die Verantwortung.

5. Der Kontrollbeamte gibt den geprüften Vorrat der Droge zur Abfüllung frei, falls die Droge von der Prüfungsstelle als vorschriftsmäßig bezeichnet worden ist. Falls dies nicht der Fall sein sollte, überwacht der Kontrollbeamte die Weiterverarbeitung.

6. Die Abfüllung der als einwandfrei zum Verkehr zugelassenen Vorräte an Fingerhutblättern (Folia Digitalis) darf nur unter Überwachung des Kontrollbeamten erfolgen und muß sachgemäß sein. Die Gefäße (Flaschen und Ampullen) müssen eine Aufschrift tragen, die außer der Inhaltsangabe Angaben über die Herstellungsstätte, die Kontrollnummer und die Jahreszahl der Prüfung enthält. Die Flaschen müssen staatlich plombiert, die Ampullen staatlich gestempelt sein. Nach Möglichkeit sollen auch die Umhüllungen und die Umhüllungen der Sammelpackungen derartige Kennzeichen aufweisen.

Die Plombierung der Flaschen und die Stempelung der Ampullen erfolgt unter Aufsicht des Kontrollbeamten, der die Plombenzange und den Stempel in Verwahrung zu halten hat.

7. Die weiteren Anordnungen über die Tätigkeit des Kontrollbeamten trifft der zuständige Regierungspräsident.

Es folgt als weitere Anlage: „Amtliche Anweisung für die pharmakologische Auswertung der Fingerhutblätter, Folia Digitalis."

---

[1]) Ist hier nicht mit abgedruckt.

# XVIII. Verkehr mit Geheimmitteln und ähnlichen Arzneimitteln.

Über den Verkehr mit bestimmten Arzneispezialitäten, die in drei Listen eingeteilt sind, sind im Reichsgebiete auf Grund von Bundesrats- und Reichsratsbeschlüssen gleichlautende Verordnungen ergangen, und zwar in den außerpreußischen Ländern in Form von Ministerialerlassen, in Preußen teils als Ministerialerlasse (vom 19. Dezember 1924 und 20. Januar 1925), teils als Provinzialpolizeiverordnungen. Auf diese, wenn auch recht umständliche und unübersichtliche Weise ist im Reichsgebiet ein wenigstens nahezu einheitlicher Rechtszustand hinsichtlich der in den Listen verzeichneten Mittel geschaffen[1]. Die Vorschriften lauten in der jetzt geltenden Fassung wie folgt:

## Vorschriften über den Verkehr mit Geheimmitteln und ähnlichen Arzneimitteln.

**Bundesratsbeschlüsse vom 23. Mai 1903 und 27. Juni 1907. Reichsratsbeschlüsse vom 21. Dezember 1922 und 13. November 1924.**

§ 1. Auf den Verkehr mit denjenigen Geheimmitteln und ähnlichen Arzneimitteln, welche in den Anlagen A, B und C[2]) aufgeführt sind[3]), finden die nachstehenden Vorschriften Anwendung; die Ergänzung der Anlagen bleibt vorbehalten.

Die Anwendung der nachstehenden Vorschriften auf diese Mittel wird dadurch nicht ausgeschlossen, daß deren Bezeichnung bei im wesentlichen gleicher Zusammensetzung geändert wird.

§ 2. Die Gefäße und die äußeren Umhüllungen, in denen diese Mittel abgegeben werden, müssen mit einer Inschrift versehen sein, welche den Namen des Mittels und den Namen oder die Firma des Verfertigers deutlich ersehen läßt. Außerdem muß die Inschrift auf den Gefäßen oder den äußeren Umhüllungen den Namen oder die Firma des Geschäfts, in welchem das Mittel verabfolgt wird, und die Höhe des Abgabepreises enthalten; diese Bestimmung findet auf den Großhandel keine Anwendung[4]).

---

[1]) Aber nur hinsichtlich dieser Mittel. Leider hat der Bundesrat bei Erlaß der Vorschriften die Landesregierungen ermächtigt (Beschluß vom 23. Mai 1903), die schon bestehenden weitergehenden landesrechtlichen Bestimmungen über den Verkehr mit Geheimmitteln usw. in Geltung zu lassen. So kommt es, daß auf dem ganzen Gebiete sich ein sehr verworrener, uneinheitlicher Rechtszustand entwickelt hat. Eine Übersicht über alle diesbezüglichen Verordnungen ist gegeben bei Urban: „Die gesetzlichen Bestimmungen über Arzneimittelankündigung und Geheimmittelverkehr". Berlin: Verlag von Julius Springer.

[2]) Die Anlagen A, B und C enthalten die gleiche Aufzählung derselben Mittel, die in der Verordnung über den Verkehr mit Arzneimitteln, Verzeichnis C, Abt. A, B, C aufgeführt sind (s. S. 121). Sämtliche den Vorschriften unterliegenden Geheimmittel und ähnliche Arzneimittel sind also gleichzeitig dem freien Verkehr außerhalb der Apotheken entzogen.

[3]) Die sämtlichen Bestimmungen beziehen sich also nur auf die in den Anlagen genannten Mittel. Sie sind dabei auf alle Mittel anzuwenden, welche unter einer der in den Anlagen aufgeführten Bezeichnungen zur Abgabe bereit gehalten oder verkauft werden. Es kommt nicht darauf an, ob die Mittel in ihrer Zusammensetzung wirklich den in den Verzeichnissen aufgeführten Bezeichnungen entsprechen (K.G. 28. September 1905, K.G.A. V, S. 544). Anderseits finden durch § 1 Abs. 2 die Vorschriften auf die Listenmittel auch dann Anwendung, wenn deren Bezeichnung bei im wesentlichen gleicher Zusammensetzung geändert wird.

[4]) Über die Beschaffenheit der Gefäße und äußeren Umhüllungen, in denen die Listenmittel abgegeben werden, gelten folgende Bestimmungen:

Es ist verboten, auf den Gefäßen oder äußeren Umhüllungen, in denen ein solches Mittel abgegeben wird, Anpreisungen, insbesondere Empfehlungen, Bestätigungen von Heilerfolgen, gutachtliche Äußerungen oder Danksagungen, in denen dem Mittel eine Heilwirkung oder Schutzwirkung zugeschrieben wird, anzubringen[1]) oder solche Anpreisungen, sei es bei der Abgabe des Mittels, sei es auf sonstige Weise zu verabfolgen[2]).

§ 3. Der Apotheker ist verpflichtet, sich Gewißheit darüber zu verschaffen, inwieweit auf diese Mittel die Vorschriften über die Abgabe stark wirkender Arzneimittel[3]) Anwendung finden.

Die in der Anlage B aufgeführten Mittel, sowie diejenigen in den Anlagen A und C aufgeführten Mittel, über deren Zusammensetzung der Apotheker sich nicht soweit vergewissern kann, daß er die Zulässigkeit der Abgabe im Handverkaufe zu beurteilen vermag, dürfen nur auf schriftliche, mit Datum und Unterschrift versehene Anweisung eines Arztes, Zahnarztes oder Tierarztes, im letzteren Falle jedoch nur beim Gebrauch für Tiere, verabfolgt werden. Die wiederholte Abgabe ist nur auf jedesmal erneute derartige Anweisung gestattet.

Bei Mitteln, welche nur auf ärztliche Anweisung verabfolgt werden dürfen, muß auf den Abgabegefäßen oder den äußeren Umhüllungen die Inschrift „Nur auf ärztliche Anweisung abzugeben" angebracht sein[4]).

---

1. Die Gefäße und die äußeren Umhüllungen müssen enthalten:
   a. den Namen des Mittels,
   b. den Namen oder die Firma des Verfertigers.
2. Die Gefäße oder die äußeren Umhüllungen müssen enthalten:
   c. den Namen oder die Firma des verabfolgenden Geschäftes,
   d. die Höhe des Abgabepreises und
   e. bei den Mitteln der Anlage B und denjenigen der Anlagen A und C, welche stark wirkende Stoffe enthalten, die Inschrift: „Nur auf ärztliche Anweisung abzugeben."
3. Die Gefäße oder äußeren Umhüllungen dürfen nicht enthalten Anpreisungen, Empfehlungen oder dergleichen, in denen dem Mittel eine Heil- oder Schutzwirkung zugeschrieben wird. Auch dürfen solche Anpreisungen nicht auf sonstige Weise verabfolgt werden.

Die Anordnungen unter 1 und 3 gelten auch für den Großhandel. Nach einem Urteil des K.G. vom 28. September 1905 (Ph.Ztg. 1905 Nr. 79) müssen die Gefäße bzw. Umhüllungen schon dann mit den geforderten Angaben versehen sein, wenn die betr. Mittel feilgehalten werden. Es genügt nicht, die Angaben erst beim Verkauf anzubringen.

[1]) Nur solche Anpreisungen und Empfehlungen, in welchen den Mitteln Heil- oder Schutzwirkungen zugeschrieben werden, sind verboten. Empfehlungen anderer Art anzubringen ist nicht strafbar (K.G. 7. Januar 1907, Ph.Ztg. 1907 Nr. 5).

[2]) Empfehlungen der in den Listen genannten Mittel dürfen auch unabhängig von der Abgabe auf direktes Verlangen nicht verabfolgt werden (K.G. 12. Februar 1906, Ph.Ztg. 1906 Nr. 14). Auch die nicht öffentliche Verabfolgung (so auch Versendung durch die Post) von Anpreisungen der auf den Listen stehenden Mittel ist dadurch untersagt (O.L.G. Jena, 8. November 1906).

[3]) Diese Vorschriften sind auf S. 199ff. abgedruckt.

[4]) Schon aus den Vorschriften über die Abgabe stark wirkender Arzneimittel (s. S. 199ff.) ergibt sich, daß Zubereitungen, die stark wirkende Stoffe im Sinne jener Vorschriften enthalten, nur auf ärztliche Anweisung verabfolgt werden dürfen. Über diese Grundregel geht aber die Geheimmittelverordnung noch in vierfacher Beziehung hinaus, indem sie folgendes bestimmt:

a. Nicht nur Mittel, bei denen der Apotheker die Anwesenheit stark wirkender Stoffe konstatiert hat, sondern auch schon diejenigen, bei denen die Abwesenheit solcher Stoffe nicht mit Sicherheit erwiesen werden kann, sollen dem Abgabeverbot unterliegen;

b. die in der Anlage B genannten Mittel dürfen überhaupt nur auf ärztliches Rezept verabfolgt werden;

§ 4. Die öffentliche Ankündigung oder Anpreisung[1]) der in den Anlagen A, B und C aufgeführten Mittel ist verboten[2]).

---

c. bei allen denjenigen Mitteln, deren erstmalige Abgabe ohne ärztliche Anweisung nicht gestattet ist, ist auch die wiederholte Abgabe nur auf jedesmal erneute derartige Anweisung zulässig;

d. bei allen Mitteln, welche nur auf ärztliche Anweisung verabfolgt werden dürfen, muß auf den Abgabegefäßen oder den äußeren Umhüllungen die Inschrift „Nur auf ärztliche Anweisung abzugeben" angebracht sein.

Nach der Zusammensetzung der Mittel (Näheres darüber siehe in dem auf S. 231 genannten Kommentar von Urban) dürfen folgende Mittel der Anlagen A und C, und zwar teils, weil sie stark wirkende Stoffe enthalten, teils weil ihre Zusammensetzung bisher unbekannt geblieben ist, nur auf ärztliche Verordnung (im Wiederholungsfalle nur auf jedesmal erneute derartige Verordnung) abgegeben werden, und es muß auf den Abgabegefäßen oder den äußeren Umhüllungen derselben die Inschrift: „Nur auf ärztliche Anweisung abzugeben" angebracht sein:

Anlage A.

Nr. 3. American coughing cure Lutzes.

Nr. 14. Asthmapulver Zematone, auch in Form der Asthmazigaretten Zematone (auch als antiasthmatische Pulver und Zigaretten des Apothekers Escouflaire).

Nr. 16. Ausschlagsalbe Schützes (auch als Universalheilsalbe oder Universalheil- und Ausschlagsalbe Schützes).

Nr. 61. Kropfkur Haigs (auch als Goitre-cure oder Kropfmedizin Haigs).

Nr. 67. Von den Margonalerzeugnissen (auch als Erzeugnisse der Margonal-Compagnie) die folgenden: Frauen- und Mutterkrauttee, Menstruationstee, Badekrauttee, 63 Tees gegen 63 Krankheiten, Injektion Trio, Mittel gegen chronischen Magenkatarrh, Schutzstäbchen.

Nr. 99. Sirup Pagliano (auch als Sirup Pagliano Blutreinigungsmittel, Blutreinigungs- und Bluterfrischungssirup Pagliano des Prof. Girolamo Pagliano oder Sirup Pagliano von Prof. Ernesto Pagliano).

Anlage C.

Nr. 2. Trunksuchtsmittel Franks,
Trunksuchtsmittel Wessels,
Trinkerhilfe Richard Oldenburgs Kasankha.

Dazu kommen noch die 36 Präparate der Anlage B, in Braunschweig auch alle Mittel der Anlage C.

Von Wichtigkeit ist hierbei folgendes Urteil des K.G. vom 7. Mai 1903 (Ph.Ztg. 1903 Nr. 38): Ein Apotheker, der eine pharmazeutische Spezialität im Handverkauf abgibt, welche nach den Erklärungen des Fabrikanten und den bisherigen Angaben der Literatur keine stark wirkenden Stoffe enthält, handelt nicht schuldhaft und ist nicht strafbar, auch wenn sich später ergeben sollte, daß doch dem Handverkauf entzogene Stoffe in ihr enthalten waren.

[1]) Nur die öffentliche Ankündigung oder Anpreisung ist laut § 4 verboten, die nichtöffentliche, sich nur an eine bestimmte, begrenzte Zahl von Einzelpersonen, nicht an eine unbestimmte Mehrheit wendende also erlaubt. Doch verstößt die öffentliche und auch nichtöffentliche „Verabfolgung von Anpreisungen" der Mittel gegen § 2 Abs. 2. Als „öffentlich" gilt nach der Rechtsprechung (u. a. K.G. 13. Juli 1899, K.G.A. III S. 452) jede Kundgebung, die bewirkt, daß eine Mitteilung zur Kenntnis eines größeren nach Zahl und Art nicht bestimmt begrenzten Personenkreises gelangt. So ist z. B. eine Reklame gegenüber sämtlichen deutschen Ärzten und Apothekern vom R.G. (18. September 1903, Ph.Ztg. 1903 Nr. 79) als öffentlich angesehen worden. Als öffentlich gilt insbesondere jede Handlung, die an einem öffentlichen, d. h. dem Publikum ohne Beschränkung auf bestimmte individuelle Personenkreise zugänglichen Orte begangen wird (O.L.G. Breslau, 1. Februar 1898, K.G.A. II S. 330). Daher ist als „öffentlich" zu erachten jede Ankündigung in Zeitungen und allgemein zugänglichen Fachzeitschriften, an Anschlagplätzen, in Schaufenstern und auch in den Verkaufsräumen selbst. Wichtig ist ferner die Bestimmung in § 4 Abs. 2. Die hier dem Begriff „öffentliche Ankündigung" gegebene Auslegung bzw. Ausdehnung entspricht den Grundsätzen der Rechtsprechung.

[2]) Die Verordnungen, welche die öffentliche Ankündigung der in den Listen genannten Mittel verbieten, sind vom K.G. wiederholt (u. a. 21. November 1904, Ph.Ztg. 1904

Der öffentlichen Ankündigung oder Anpreisung der Mittel steht es gleich, wenn in öffentlichen Ankündigungen auf Druckschriften oder sonstige Mitteilungen verwiesen wird, welche eine Anpreisung der Mittel enthalten.

**Anlage A.**

1. Adlerfluid.
2. Amarol (auch als Ingestol).
3. American coughing cure Lutzes.
4. Anticeltabletten (auch als Anticelta-Tablets oder Fettreduzierungstabletten der Anticelta-Association).
5. Antidiabeticum Bauers.
6. Antiépileptique Uten.
7. Antigichtwein Duflots (auch als Antigichtwein Oswald Niers oder Vin Duflot).
8. Antihydropsin Bödikers (auch als Wassersuchtselixier oder Hydrops-Essenz Bödikers).
9. Antimellin (auch als Essentia Antimellini composita).
10. Antineurasthin (auch als Nervennahrung Hartmanns).
11. Antipositin Wagners (auch als Mittel des Dr. Wagner und Marlier gegen Korpulenz).
12. Asthmamittel Hairs (auch als Asthma cure Hairs).
13. Asthmapulver R. Schiffmanns (auch als Asthmador).
14. Asthmapulver Zematone, auch in Form der Asthmazigaretten Zematone (auch als antiasthmatische Pulver und Zigaretten des Apothekers Escouflaire).
15. Augenwasser Withes (auch als Dr. Whites Augenwasser von Ehrhardt).
16. Ausschlagsalbe Schützes (auch als Universalheilsalbe oder Universalheil- und Ausschlagsalbe Schützes).
17. Balsam Bilfingers.
18. Balsam Pagliano (auch als Tripperbalsam Pagliano).
19. Balsam Thierrys (auch als allein echter Balsam Thierrys, englischer Wunderbalsam oder englischer Balsam Thierrys).
20. Bede-Cur.
21. Beinschäden Indian Bohnerts.
22. Blutreinigungspulver Hohls.
23. Blutreinigungspulver Schützes.
24. Blutreinigungstee Wilhelms (auch als antiarthritischer und antirheumatischer Blutreinigungstee Wilhelms).
25. Bräune-Einreibung Lamperts (auch als Universal-Bräune-Einreibung und Diphtheritistinktur).

---

Nr. 96, K.G. 3. Mai 1909, Ph.Ztg. 1909 Nr. 38) für rechtsgültig erklärt worden. Das in ihnen enthaltene Ankündigungsverbot ist ein bedingungsloses und absolutes und bezieht sich auf alle in den Listen genannten Mittel, nicht nur auf solche, die sich als „Geheimmittel oder ähnliche Arzneimittel" darstellen. Es ist deshalb unerheblich, ob die Mittel in Wirklichkeit eine dieser beiden Bezeichnungen verdienen (K.G. 21. November und 22. Dezember 1904, K.G.A. IV, S. 703 und V, S. 543). Desgleichen erstreckt sich das Verbot auch auf Warnungen vor dem Gebrauch von Nachahmungen (K.G. 2. März, 8. und 18. Mai 1905, Ph.Ztg. 1905 Nr. 19, 38, 41, K.G. 15. März 1906, Ph.Ztg. 1906 Nr. 23, K.G. 20. August und 27. Oktober 1910, Ph.Ztg. 1910 Nr. 70 und 91) sowie auf verschleierte Ankündigungen, d. h. wenn lediglich die „Fabrikate" einer Firma angepriesen werden. eins oder mehrere derselben aber auf der Liste stehen (K.G. 21. Februar und 18. April 1907, Ph.Ztg. 1907 Nr. 17 und 34). Auch ist es irrelevant, ob die Bestandteile angegeben werden oder nicht (K.G. 11. Januar 1906, Ph.Ztg. 1906 Nr. 5).

26. Bruchbalsam Tanzers.
27. Bruchsalbe des pharmazeutischen Bureaus Valkenberg (Valkenbur) in Holland (auch als Pastor Schmits Bruchsalbe).
28. Chromonal-Erzeugnisse (auch als Neo-Chromonal).
29. Corliber.
30. Djoeat Bauers.
31. Elixir Godineau.
32. Embrocation Ellimans (auch als Universal embrocation oder Ellimans Universal-Einreibemittel für Menschen), ausgenommen Embrocation etc. for horses.
33. Entfettungstee Grundmanns.
34. Epilepsieheilmittel Quantes (auch als Spezificum oder Gesundheitsmittel Quantes).
35. Epilepsiepulver Cassarinis (auch als Polveri antiepilettiche Cassarinis).
36. Eubalsol (auch als Radikalmittel Dr. Dammanns gegen Gonorrhoe).
37. Euergon.
38. Eukalyptusmittel Heß' (Eukalyptol und Eukalyptusöl Heß').
39. Eusanol (auch als Epilepsiemittel Dr. H. Seemanns oder Ueckers).
40. Excedol.
41. Ferrolin Lochers.
42. Frauenwohl Dr. Heys.
43. Fulgural (auch als Blutreinigungsmittel Steiners und Schultzes).
44. Gehöröl Schmidts (auch als verbessertes Gehöröl Schmidts).
45. Gloria tonic Smiths.
46. Glycosolvol Lindners (auch als Antidiabeticum Lindners).
47. Haematon Haitzemas.
48. Heiltränke Jakobis (auch als Heiltrankessenz, insbesondere Königstrank Jakobis).
49. Homeriana (auch als Brusttee Homeriana oder russischer Knöterich Polygonum aviculare Homeriana).
50. Hustentropfen Lauers.
51. Injection Brou (auch als Brousche Einspritzung).
52. Injection au matico (auch als Einspritzung mit Matiko).
53. Johannistee Brockhaus' (auch als Galeopsis ochroleuca vulcania der Firma Brockhaus).
54. Kalosin Lochers.
55. Kava Lahrs (auch als Kavakapseln Lahrs, Sanatol Lahrs mit Kavaharz oder Kavaharz Lahrs mit Sanatol).
56. Knöterichtee, russischer, Weidemanns (auch als russischer Knöterich- oder Brusttee Weidemanns).
57. Kräutergeist Schneiders (auch als wohlriechender Kräutergeist oder Luisafluid Schneiders).
58. Kräuterpillen Burkharts.
59. Krebsmittel Dr. Heys (auch als Krebskur Dr. Heys).
60. Kronessenz, Altonaer (auch als Kronessenz oder Menadiesche oder Altonaische Wunder-Kronessenz).
61. Kropfkur Haigs (auch als Goitre-cure oder Kropfmedizin Haigs).
62. Kurmittel Mayers gegen Zuckerkrankheit.
63. Lungenelixier Dr. Heys.
64. Magenpillen Tachts.
65. Magentropfen Bradys (auch als Mariazeller Magentropfen Bradys).
66. Magolan (auch als Antidiabeticum Braemers).

67. Margonal-Erzeugnisse (auch als Erzeugnisse der Margonal-Compagnie), und zwar: Boldo-Tee, Frauen- und Mutterkraut-Tee, Menstruations-, Badekraut-Tee, 63 Tees gegen 63 Krankheiten, Breboral-, Blut- und Nervennahrung (Breboral-Tabletten und Tropfen), Injektion Trio, Kapseln gegen Harn- und Blasenleiden, Margoglykose, Mittel gegen chronischen Magenkatarrh und Schutzstäbchen.
68. Mother Seigels pills (auch als Mother Seigels Abführungspillen oder operating pills).
69. Mother Seigels syrup (auch als Mother Seigels curative syrup for dyspepsia, Extract of American roots oder Mutter Seigels heilender Sirup).
70. Naturmittel Pfarrer Jos. Schmidts, und zwar Anticonvulso, Anticorposan, Antigrassol, Cancrostoma, Diabetum, Diabetol, Oedemal, Oedemasan, Pulmone, Pulmospira, Regular, Renicura, Renicurol, Salvador, Salvadoria, Stomofortin, Stomasana, Urinator, Urinoxal.
71. Nervenfluid Dressels.
72. Nervenkraftelixier Liebers.
73. Nervenstärker Pastor Königs (auch als Pastor Königs Nerve Tonic).
74. Nervinum Dr. Weil.
75. Nervicin.
76. Nervol Rays.
77. Orffin (Baumann Orffsches Kräuternährpulver).
78. Oxallo (auch als Oxalka).
79. Pektoral Bocks (auch als Hustenstiller Bocks).
80. Pillen Beechams (auch als Patent pills Beechams).
81. Pillen, indische (auch als Antidysentericum).
82. Pillen Rays (auch als Darm- und Leberpillen Rays).
83. Pilules du Docteur Laville (auch als Pillen Lavilles).
84. Polypec (auch als Naturkräutertee Weidemanns).
85. Rad-Jo (auch als Radjovis-Gonie[1]).
86. Reduktionspillen, Marienbader, Schindler-Barnaysche auch als Marienbader Reduktionspillen für Fettleibige).
87. Regenerator Dr. Heys.
88. Regenerator Liebauts (auch als Regenerator nach Liebaut).
89. Renascin (auch als verbessertes Renascin).
90. Retterspitzwasser Schecks (auch als Heilwickelbäder von M. Retterspitz).
91. Rongoasalbe.
92. Saccharosalvol.
93. Safe remedies Warners (Safe cure, Safe diabetic, Safe nervine, Safe pills).
94. Sanjana-Präparate (auch als Sanjana-Spezifika).
95. Sarsaparillian Ayers (auch als Ayers zusammengesetzter und gemischter Sarsaparilleextrakt).
96. Sauerstoffpräparate der Sauerstoffheilanstalt Vitafer.
97. Sauerstoffpräparate des Instituts für Sauerstoffheilverfahren in Berlin (auch als Hämozonpräparate).

---

[1]) Da Radjosan nach einwandfreier Feststellung dieselben Bestandteile enthält wie Rad-Jo, fällt es wie dieses unter die Geheimmittelvorschriften (K.G. 30. Oktober 1925, Ph.Ztg. 1925 Nr. 90). Entgegengesetzt entschied A.G. Hamburg 15. Februar 1927 (Ph.Ztg. 1927 Nr. 56). In diesem Urteil wird auch ausgeführt, daß Rad-Jo weder als Geheimmittel, noch als Arznei- oder Heilmittel anzusehen ist und somit den Geheimmittel-Vorschriften nicht unterliegt. Über die abweichende Rechtsauffassung des KG. s. Fußnote 2 auf S. 233.

98. Schlagwasser Weißmanns.
99. Sirup Pagliano (auch als Sirup Pagliano Blutreinigungsmittel, Blutreinigungs- und Bluterfrischungssirup Pagliano des Prof. Girolamo Pagliano oder Sirup Pagliano von Prof. Ernesto Pagliano).
100. Spermatol (auch als Stärkungselixier Gordons).
101. Spezialtees Lücks (auch als Spezialkräutertees Lücks).
102. Sterntee Weidhaas' (auch als Sterntee des Kurinstituts „Spiro Spero").
103. Stroopal (auch als Heilmittel Stroops gegen Krebs-, Magen- und Leberleiden oder Stroops Pulver).
104. Tee Puhlmanns.
105. Tuberkeltod (auch als Eiweiß-Kräuterkognak-Emulsion Stickes).
106. Vater-Philipp-Salbe.
107. Venecin (auch als Venecin-Brunnen).
108. Vin Mariani (auch als Marianiwein).
109. Visnervin (auch in abgeänderter Form als Nervisan[1]).
110. Vulneralcreme (auch als Wundcreme Vulneral).
111. Wunderbalsam jeder Art.
112. Zambakapseln Lahrs.

**Anlage B.**

1. Antineon Lochers.
2. Asthmamittel Tuckers (auch als Asthma-Heilmethode [Spezific] Tuckers).
3. Asthmapulver M. Schiffmanns.
4. Augenheilbalsam, vegetabilischer, Reichels (auch als Ophthalmin Reichels).
5. Bandwurmmittel Friedrich Horns.
6. Bandwurmmittel Theodor Horns.
7. Bandwurmmittel Konetzkys (auch als Konetzkys Helminthenextrakt).
8. Bandwurmmittel Schneiders (auch als Granatkapseln Schneiders).
9. Bandwurmmittel Violanis.
10. Bromidia Battle und Komp.
11. Cathartic pills Ayers (auch als Reinigungspillen oder abführende Pillen Ayers).
12. Diphtherietropfen der Marie Osterberg (auch als Universaltropfen der Marie Osterberg oder des Laboratoriums Osterberg).
13. Diphtheritismittel Noortwycks (auch als Noortwycks antiseptisches Mittel gegen Diphtherie).
14. Gesundheitshersteller, natürlicher, Winters (auch als Nature health restorer Winters).
15. Gicht- und Rheumatismuslikör, amerikanischer, Latons (auch als Remedy Latons).
16. Gout and rheumatic pills Blairs.
17. Heilmittel des Grafen Mattei (auch als Graf Cesare Matteische elektrohomöopathische Heilmittel[2]).

---

[1]) Nach Verordnungen mehrerer Länder fällt unter Nr. 109 auch Nervosin. Auch das O.L.G. Stuttgart entschied unter dem 23. September 1925 (Ph.Ztg. 1925 Nr. 16), daß Nervosin wegen seiner Identität mit Nervisan unter die Geheimmittelvorschriften fällt.

[2]) Als Geheimmittel sind lediglich die in Bologna hergestellten sog. Matteischen elektrohomöopathischen Mittel zu betrachten, welche als solche auch in der Liste B der Geheimmittelverordnung angeführt sind, wogegen die Regensburger elektro-homöopathischen Mittel frei im Handverkauf verabfolgt werden dürfen (L.G. Würzburg, März 1924, Ph.Ztg. 1924 Nr. 24).

18. Heilmittel Kidds (auch als Heilmittel der Davis Medical Co.).
19. Kolkodin Heuschkels (auch als Mittel Heuschkels gegen Pferdekolik).
20. Komplexmittel, homöopathische, der Engelapotheke (Iso-Werks) in Regensburg (auch als zusammengesetzt homöopathische oder elektrohomöopathische Mittel System Mattei).
21. Kräutersaft, wunderbar wirkender, Sprengels.
22. Krebspulver Frischmuths (auch als Mittel Frischmuths gegen Krebsleiden).
23. Liqueur du Docteur Laville (auch als Likör des Dr. Laville).
24. Lymphol Rices (auch als Bruchheilmittel Rices).
25. Magalia-Erzeugnisse Krahes (auch als Heilpräparate oder Medizinen Krahes), einschließlich Antitoxinal und Pulmersal.
26. Nalther-Tabletten.
27. Noordyl (auch als Noordyltropfen Noortwycks[1]).
28. Oculin Carl Reichels (auch als Augensalbe Oculin).
29. Panchymagogum Dr. Heys.
30. Pillen Morisons.
31. Pillen Redlingers (auch als Redlingersche Pillen).
32. Pink-Pillen Williams (auch als Pilules Pink pour personnes pâles du Dr. Williams).
33. Reinigungskuren Konetzkys (auch als Reinigungskuren der Kuranstalt Neuallschwil, Schweiz).

---

[1]) Über das dem Mittel Noordyl beigegebene Reklamematerial entschied das K.G. unter dem 5. Juni 1913 (Ph.Ztg. 1913 Nr. 65): Die Bemerkung auf den Umhüllungen der Gefäße von Noordyl: „Indiziert bei Halsleiden usw." ist keine durch § 2 der Geheimmittelverordnung verbotene Anpreisung. „Anpreisung" eines Heilmittels im Gegensatze zur bloßen „Ankündigung" ist eine besondere Hervorhebung der angeblichen Vorzüge des Mittels in der Absicht, das Publikum zum Kauf zu verlocken. Der Ansicht, nach welcher auch eine bloße Angabe der durch ein Heilmittel zu beseitigenden Krankheiten und der Anwendungsweise des Mittels eine Anpreisung enthält, ist nicht beizutreten. Die bloße Ankündigung eines Heilmittels ist nach § 4 der Polizeiverordnung nur dann strafbar, wenn sie öffentlich erfolgt.

Mit Noordyl befaßt sich ferner folgender Erl. des Berliner Polizeipräsidenten vom 2. August 1916:

Nach § 3 Abs. 2 der Polizeiverordnung vom 14. November 1907 darf „Noortwycks Noordyl" nur auf schriftliche, mit Datum und Unterschrift versehene Anweisung eines Arztes usw. verabfolgt werden. Wie mir bekanntgeworden ist, fügt die dieses Geheimmittel vertreibende Firma jedem Behältnis außer einer 16 Seiten langen Drucksache ein Rezept des früher in Schöneberg, jetzt in Berlin wohnhaften Arztes Dr. H. Geyer bei, das teils in Letterndruck, teils im Umdruck hergestellt ist und auf welches das Datum mit einem blauen Stempel aufgetragen ist. Die Unterschrift „Dr. Geyer" ist offenbar handschriftlich vollzogen; die Anweisung lautet einfach: „D. S. nach Verordnung". Der Zweck ist, daß jeder Abnehmer einer Flasche sofort für sich oder andere eine Anweisung für den Bezug einer neuen Flasche erhält.

Dieses Verfahren entspricht nicht den Anforderungen der angezogenen Vorschrift. Außerdem kommt hinzu, daß nach Tit. III § 2a der Revidierten Apothekerordnung vom 11. Oktober 1801 jedes Rezept — außer dem Datum, der Jahreszahl und dem eigenhändig geschriebenen Namen des Arztes — auch den Namen des Patienten tragen muß. Apotheker, welche „Noordyl" auf unvorschriftsmäßige Rezepte hin abgeben, machen sich somit strafbar.

Diese Auffassung erscheint nicht haltbar. Wenn das fragliche Rezept, wie nicht zu bestreiten, eine schriftliche, mit Datum und Unterschrift versehene Anweisung eines in Deutschland approbierten Arztes darstellt, darf es ausgeführt werden. Die rev. Ap.O. behandelt an der fraglichen Stelle (s. S. 302) nur Rezepte zur Anfertigung einer Arznei, nicht zur Abgabe einer Spezialität. Für letzten Fall gilt die Spezialvorschrift der Geheimmittelverordnung

34. Remedy Alberts (auch als Rheumatismus- und Gichtheilmittel Alberts).
35. Sternmittel. Genfer, Sauters (auch als elektro-homöopathische Sternmittel von Sauter in Genf oder Neue elektro-homöopathische Sternmittel usw.).
36. Vixol (auch als Asthmamittel der Vixol-Syndicate).

**Anlage C.**

1. Mittel gegen Blutstockung, und zwar auch dann, wenn sie als Mittel gegen Regel-, Perioden- oder Menstruationsstörungen angekündigt werden (z. B. die Margonal-Erzeugnisse Frauen- und Mutterkraut-Tee, Menstruations-, Badekraut-Tee).
2. Mittel gegen Trunksucht (z. B. Mittel des Alkolin-Instituts. Mittel Burghardts — auch als Diskohol —. Mittel August Ernsts, Franks, Theodor Heintz'. Konetzkys — auch als Kephalginpulver oder Mittel der Privatanstalt Villa Christina —, Mittel der Gesellschaft Sanitas, Josef Schneiders. Wessels, Cozapulver, Trinkerhilfe Richard Oldenburgs Kasankha).

## Ankündigung von Arznei- und Geheimmitteln.

Neben dem in § 4 der Vorschriften über den Verkehr mit Geheimmitteln und ähnlichen Arzneimitteln enthaltenen Verbot der öffentlichen Ankündigung und Anpreisung der in den Verzeichnissen A, B und C angeführten Mittel bestehen im Deutschen Reiche noch zahlreiche Sonderbestimmungen über die Ankündigung von Arznei- und Geheimmitteln, die zumeist seitens der Landesregierungen, in Preußen seitens der Ober- und Regierungspräsidenten, erlassen sind. Die gesamte Rechtslage hierüber läßt sich an der Hand der auf S. 231 erwähnten Broschüre von Urban wie folgt zusammenfassen (wobei z. T. noch auf die früheren politischen Grenzen Bezug genommen werden muß).

Es sind verboten:

1. Die öffentliche Ankündigung der in den Verzeichnissen A, B und C (s. S. 234ff.) aufgeführten Geheimmittel und ähnlichen Arzneimittel:
   im ganzen Reichsgebiet mit Ausnahme von Baden und Hessen.

2. Die öffentliche Ankündigung von Geheimmitteln, welche dazu bestimmt sind, zur Verhütung oder Heilung menschlicher Krankheiten zu dienen:
   in Hessen, mit Ausnahme des Kreises Gießen, in Schaumburg-Lippe, Lippe und Bremen.

3. Die öffentliche Ankündigung von Geheimmitteln, welche dazu bestimmt sind, zur Verhütung oder Heilung tierischer Krankheiten zu dienen:
   in den preußischen Provinzen Ostpreußen, Westpreußen, Grenzmark Posen-Westpreußen, Brandenburg-Berlin, Pommern, Schlesien, Sachsen, Westfalen und Rheinprovinz (außer Hohenzollern), ferner in Oldenburg (einschließlich Lübeck und Birkenfeld), Sachsen-Coburg-Gotha, Anhalt, Schwarzburg-Rudolstadt, Schwarzburg-Sondershausen, Reuß j. L., Schaumburg-Lippe, Lippe, Lübeck und Bremen.

4. Die öffentliche Ankündigung von Geheimmitteln, welche dazu bestimmt sind, zur Verhütung oder Heilung von Pflanzenkrankheiten zu dienen:
   in Preußen mit Ausnahme von Pommern und Hohenzollern, ferner in Braunschweig, Sachsen-Meiningen, Sachsen-Altenburg, Sachsen-Coburg-Gotha, Anhalt, Waldeck und Pyrmont, Reuß ä. L., Reuß j. L., Schaumburg-Lippe, Lippe und Lübeck.

5. Die öffentliche Ankündigung von Geheimmitteln allgemein:
im preußischen Regierungsbezirk Kassel, ferner in Hamburg.

6. Die öffentliche Ankündigung der dem freien Verkehr entzogenen Arzneimittel:
in der preußischen Provinz Westpreußen, im Landespolizeibezirk Berlin und den Regierungsbezirken Potsdam, Stettin, Köslin, Oppeln, Merseburg, Erfurt, Kassel, Düsseldorf, Koblenz und Sigmaringen, ferner in Baden; doch findet das Verbot in den Bezirken Merseburg und Sigmaringen auf Inhaber von Apotheken und den Großhandel keine Anwendung, in Baden nicht auf ärztliche und pharmazeutische Fachzeitschriften.

7. Die öffentliche Ankündigung derjenigen dem freien Verkehr entzogenen Arzneimittel, die ihrer Beschaffenheit nach geeignet sind, Gesundheitsschädigungen hervorzurufen:
in den preußischen Provinzen Hannover und Rheinprovinz, doch gilt das Verbot nicht für ärztliche, tierärztliche und pharmazeutische Fachzeitschriften sowie für Aushänge von Ankündigungen in Apotheken.

8. Die öffentliche Ankündigung von Reklamemitteln (Mitteln, denen besondere Wirkungen fälschlich beigelegt werden, um über ihren Wert zu täuschen):
in den preußischen Regierungsbezirken Stettin, Merseburg, Kassel, Koblenz und Sigmaringen.

9. Die Ankündigung von Arzneimitteln durch Apotheker:
in Württemberg, Mecklenburg-Schwerin, Braunschweig, Sachsen-Coburg und Bremen (hier nur Geheimmittel).

10. Die öffentliche Ankündigung des Audiphon Bernards, der Voltamittel, von Dr. Sandens elektrischem Gürtel, des Elektrovitalizers, von Wöhrles Bruchheilmittel und Adolph Winters Gichtkette:
in Württemberg.

11. die öffentliche Ankündigung von Gegenständen, Vorrichtungen, Methoden oder Mitteln, welche zur Verhütung, Linderung oder Heilung von Menschen- oder Tierkrankheiten bestimmt sind, wenn

a. den Gegenständen, Vorrichtungen, Methoden oder Mitteln besondere, über ihren wahren Wert hinausgehende Wirkungen beigelegt werden oder das Publikum durch die Art ihrer Anpreisung irregeführt [oder belästigt[1])] wird, oder wenn

b. die Gegenstände, Vorrichtungen, Methoden oder Mittel ihrer Beschaffenheit nach geeignet sind, Gesundheitsbeschädigungen hervorzurufen:
in Preußen, ferner in Sachsen, in den hessischen Kreisen Darmstadt und Bensheim, in Oldenburg (einschl. Lübeck und Birkenfeld), Sachsen-Altenburg, Anhalt, Waldeck und Pyrmont, Reuß j. L., Schaumburg-Lippe, Lübeck, Bremen und Hamburg; doch ist in den preußischen Provinzen Schlesien und Sachsen, den Regierungsbezirken Königsberg, Marienwerder, Frankfurt, Köslin, Stralsund, Bromberg, Breslau, Hannover, Arnsberg, Kassel, Köln, Koblenz und Sigmaringen sowie in Oldenburg (einschl. Lübeck und Birkenfeld), Waldeck und Pyrmont, Reuß j. L. und Lübeck dieses Verbot nach seinem Wortlaut oder nach der Überschrift der Verordnung auf solche Ankündigungen beschränkt, die von nichtapprobierten Krankenbehandlern ausgehen.

---

[1]) In manchen Verordnungen sind diese Worte gestrichen worden, nachdem das R.G. sie durch Urteil vom 3. Mai 1906 (R.G.A. V, S. 549) für rechtsungültig erklärt hat.

12. Die öffentliche Ankündigung von Mitteln, Gegenständen oder Verfahren zur Heilung oder Linderung von Geschlechtskrankheiten außer an Ärzte oder Apotheker oder berechtigte Händler oder in wissenschaftlichen, ärztlichen oder pharmazeutischen Fachzeitschriften:

im ganzen Reichsgebiete.

13. Die öffentliche Ankündigung von Mitteln, Gegenständen oder Verfahren zur Verhütung von Geschlechtskrankheiten in einer Sitte oder Anstand verletzenden Weise:

im ganzen Reichsgebiete.

14. Die öffentliche Ankündigung von Gegenständen, die zu unzüchtigem Gebrauche bestimmt sind (das sind insbesondere antikonzeptionelle Mittel und Gegenstände):

im ganzen Reichsgebiete; besondere Verbote bestehen außerdem in Berlin und Lübeck, sowie hinsichtlich der Ankündigung von Mitteln zur Verhütung der Empfängnis: in Baden.

15. Ankündigungen, die versuchten Betrug, unlauteren Wettbewerb oder groben Unfug darstellen:

im ganzen Reichsgebiete.

Die Bestimmungen, auf denen das unter Nr. 12 angeführte Ankündigungsverbot beruht, lauten nach dem Gesetz zur Bekämpfung der Geschlechtskrankheiten vom 18. Februar 1927 (gültig ab 1. Oktober 1927) wie folgt:

**Gesetz zur Bekämpfung der Geschlechtskrankheiten. Vom 18. Februar 1927.**

§ 11. Wer zum Zwecke der Heilung oder Linderung von Geschlechtskrankheiten Mittel, Gegenstände oder Verfahren öffentlich oder durch Verbreitung von Schriften, Abbildungen oder Darstellungen, wenn auch in verschleierter Weise, ankündigt oder anpreist oder solche Mittel oder Gegenstände an einem allgemein zugänglichen Orte ausstellt, wird mit Gefängnis bis zu sechs Monaten und mit Geldstrafe oder mit einer dieser Strafen bestraft.

Straflos ist, soweit nicht anderweitige reichs- oder landesrechtliche Vorschriften entgegenstehen, die Ankündigung oder Anpreisung dieser Mittel oder Gegenstände an Ärzte oder Apotheker oder an Personen, die mit solchen Mitteln oder Gegenständen erlaubterweise Handel treiben, oder in wissenschaftlichen ärztlichen oder pharmazeutischen Fachzeitschriften.

Die unter Nr. 13 und 14 angeführten Ankündigungsverbote beruhen auf § 184 Str.G.B. (s. S. 45), das Verbot Nr. 15 auf dem Str.G.B. §§ 263 und 360 Nr. 11 sowie dem Wettbewerbsgesetz (s. S. 48, 51 und 54).

Der Begriff „Geheimmittel" im Sinne der Ankündigungsverbote Nr. 2, 3 und 5 ist nach der Rechtsprechung (überaus zahlreiche Urteile, besonders des preußischen Kammergerichts) wie folgt zu definieren:

„Ein Geheimmittel ist ein in Arzneiform dem menschlichen oder tierischen Körper einzuführendes, zur Verhütung, Linderung oder Beseitigung von Krankheiten, Körperschäden oder Leiden jeder Art bestimmtes Mittel, dessen Natur bzw. Zusammensetzung nicht spätestens bei der Ankündigung in qualitativer und quantitativer Beziehung vollständig und gemeinverständlich bekanntgegeben wird."

Auch die Verwaltungsbehörden haben Verfügungen über eine einheitliche Handhabung des Begriffes Geheimmittel im Sinne der genannten Ankündigungsverbote ergehen lassen. Es geschah das auf Grund eines Rundschreibens des Reichskanzlers vom 4. November 1897. In einem daraufhin erschienenen preußischen Min.Erl. vom 20. Januar 1898 war u. a. gesagt:

**Preuß. Min.Erl. betr. den Begriff Geheimmittel. Vom 20. Januar 1898.**

Es kann von dem Grundsatz ausgegangen werden, daß ein Heilmittel seiner Eigenschaft als Geheimmittel höchstens dadurch entkleidet wird, daß seine Bestandteile und Gewichtsmengen sofort bei der Ankündigung in gemeinverständlicher und für jedermann erkennbarer Weise vollständig und sachentsprechend zur öffentlichen Kenntnis gebracht werden. Angaben, aus denen nur ein Sachverständiger ein Urteil über das Mittel sich bilden kann, sind als ausreichend nicht zu erachten, insbesondere nicht die Bezeichnung der Bestandteile des Mittels in lateinischer Sprache. Hiermit steht im wesentlichen auch im Einklange die Rechtsprechung, nach welcher ein Geheimmittel jedenfalls dann vorliegt, wenn die Bestandteile und das Mengenverhältnis der Zubereitung „nicht ausreichend", „nicht deutlich für das Publikum", „nicht für jedermann zweifellos" bei der Ankündigung erkennbar gemacht sind. Daß auch die Bereitungsweise eines Mittels aus der Veröffentlichung ersichtlich zu sein hat, wenn dasselbe nicht als Geheimmittel gelten soll, wird nicht gefordert zu werden brauchen, da mit dem Erlaß des in Frage stehenden Ankündigungsverbots nur beabsichtigt gewesen ist, bei den zur öffentlichen Ankündigung zugelassenen Arzneimitteln dem Publikum die Möglichkeit zu bieten, ein eigenes Urteil über Heilkraft und Geldwert der einzelnen Mittel sich zu bilden, nicht aber auch die Möglichkeit, solche Mittel nach dem veröffentlichten Rezepte sich selbst anzufertigen.

Nach der neueren Rechtsprechung des Kammergerichts (u. a. 13., 16. und 20. Oktober, 20. November, 4. und 15. Dezember 1913, Ph.Ztg. 1913 Nr. 85, 87, 91, 95, 101 und 103; 25. September 1925, Ph.Ztg. 1925 Nr. 84; 10. Juni 1927 Ph.Ztg. 1927 Nr. 58) müssen die unter Nr. 3, 4 und 6 angeführten Ankündigungsverbote für Preußen als rechtsungültig angesehen werden, da mit ihrem Erlaß die Kompetenzen des Polizeiverordnungsrechtes überschritten worden sind.

Einzelne der in vorstehender Übersicht berücksichtigten Verordnungen enthalten außerdem die Bestimmung, daß die Geheimmittel, deren öffentliche Ankündigung verboten ist, auch nicht verkauft werden dürfen. Das ist der Fall im oldenburgischen Landesteil Birkenfeld gegenüber Geheimmitteln zur Verhütung oder Heilung tierischer Krankheiten, in den Regierungsbezirken Stettin und Erfurt gegenüber Geheimmitteln gegen Krankheiten oder Körperschäden von Menschen und Tieren, sowie in Hessen gegenüber Geheimmitteln gegen Krankheiten oder zur Verschönerung des Körpers. Diese Verkaufsverbote entbehren der Rechtswirksamkeit. Nach Entscheidungen der höchsten Gerichte (R.G. 21./28. November 1887. E. XVI S. 359; R.G. 13. Februar 1893. E. XXIII S. 428; K.G. 28. Juli 1898, K.G.A. II S. 240; K.G. 4. Mai 1899, K.G.A. III S. 378; K.G. 16. Juni 1898, K.G.A. II S. 239 und 276; K.G. 5. September 1901, K.G. 16. Dezember 1901, Joh. XXIII C. S. 56; K.G. 10. Juni 1927, Ph.Ztg. 1927 Nr. 58; O.L.G. Hamm, 10. Juni 1901, K.G.A. III S. 473) darf der Verkauf von Geheimmitteln, gleichviel welcher Art, durch Polizeiverordnungen nicht verboten werden. Soweit es sich um Geheimmittel handelt, die dem freien Verkehr außerhalb der Apotheken überlassen sind, sind landesrechtliche Verkaufsverbote oder -beschränkungen überhaupt unzulässig bzw. ungültig. Bei den den Apotheken vorbehaltenen Geheimmitteln wäre landesrechtlich wohl eine Verkehrsregelung (z. B. Unterstellung unter Rezeptzwang), aber auch kein völliges Abgabeverbot möglich.

# XIX. Verkehr mit Giften.

Giftige Stoffe werden in Apotheken teils als Arzneimittel (zu Heil- und Vorbeugungszwecken), teils als Gifte (zu gewerblichen, wirtschaftlichen, wissenschaftlichen oder künstlerischen Zwecke) abgegeben. Im ersteren Falle richtet sich die Abgabe nach den in früheren Abschnitten behandelten Vorschriften über stark wirkende Arzneimittel, über Betäubungsmittel, teilweise auch nach dem Arzneibuch, in letzterem sind die Vorschriften über den Handel mit Giften maßgebend, die auf Grund mehrerer Bundesratsbeschlüsse in den Ländern gleichlautend erlassen sind und für den Giftverkehr sowohl in den Apotheken wie außerhalb derselben gelten. Diese Vorschriften lauten:

## Vorschriften über den Handel mit Giften.

**Bundesratsbeschlüsse vom 29. November 1894, 17. Mai 1901, 1. Februar 1906. Reichsratsbeschluß vom Dezember 1925. Verordnungen von 1927[1]).**

§ 1. Der gewerbsmäßige Handel mit Giften unterliegt den Bestimmungen der §§ 2—18.

Als Gifte im Sinne dieser Bestimmungen gelten die in Anlage I aufgeführten Drogen, chemischen Präparate und Zubereitungen[2]).

### Aufbewahrung der Gifte.

§ 2. Vorräte von Giften müssen übersichtlich geordnet, von anderen Waren getrennt und dürfen weder über noch unmittelbar neben Nahrungs- oder Genußmitteln aufbewahrt werden.

§ 3. Vorräte von Giften, mit Ausnahme der auf abgeschlossenen Giftböden verwahrten giftigen Pflanzen und Pflanzenteile (Wurzeln, Kräuter usw.) müssen sich in dichten, festen Gefäßen befinden, welche mit festen, gut schließenden Deckeln oder Stöpseln versehen sind.

In Schiebladen dürfen Farben sowie die übrigen in den Abteilungen 2 und 3 der Anlage I aufgeführten festen, an der Luft nicht zerfließenden oder verdunstenden Stoffe aufbewahrt werden, sofern die Schiebladen mit Deckeln versehen, von festen Füllungen umgeben und so beschaffen sind, daß ein Verschütten oder Verstäuben des Inhalts ausgeschlossen ist.

Außerhalb der Vorratsgefäße darf Gift, unbeschadet der Ausnahmebestimmung im Absatz 1 sich nicht befinden.

§ 4.[3]) Die Vorratsgefäße müssen mit der Aufschrift „Gift", sowie mit der Angabe des Inhaltes unter Anwendung der in Anlage I enthaltenen

---

[1]) In Preußen beruhen die Giftvorschriften auf Min.P.V. vom 22. Februar 1906, 9. Februar 1926 und 22. August 1927.

[2]) Die Gifte, auf welche sich die Vorschriften erstrecken, sind nach dem Grade ihrer Gefährlichkeit in drei Gruppen geteilt. Die Vorschriften für die Abgabe der Gifte der Abteilungen 1 und 2 sind im wesentlichen die gleichen; doch unterliegen die Gifte der Abteilung 1 strengeren Bestimmungen bezüglich der Aufbewahrung. Die Gifte der Abteilung 3 erfahren im Vergleiche zu denen der Abteilungen 1 und 2 wieder erhebliche Erleichterungen in bezug auf die Abgabe.

[3]) Auf Apotheken findet § 4 laut § 9 nur hinsichtlich der Bestimmung im Schlußsatz von Abs. 1 (Beschilderung der Vorratsgefäße für Mineralsäuren, Laugen, Brom und Jod) Anwendung. Eine gleiche Anordnung findet sich auch im § 10 Abs. 2 der Vorschriften über die Abgabe stark wirkender Arzneimittel (s. S. 204) sowie in § 8 der preußischen Apothekenbetriebsordnung (s. S. 310).

Namen, außer denen nur noch die Anbringung der ortsüblichen Namen in kleinerer Schrift gestattet ist, und zwar bei Giften der Abteilung 1 in weißer Schrift auf schwarzem Grunde, bei Giften der Abteilungen 2 und 3 in roter Schrift auf weißem Grunde deutlich und dauerhaft bezeichnet sein. Vorratsgefäße für Mineralsäuren, Laugen, Brom und Jod dürfen mittels Radier- und Ätzverfahrens hergestellte Aufschriften auf weißem Grunde haben.

Diese Bestimmung findet auf Vorratsgefäße in solchen Räumen, welche lediglich dem Großhandel dienen, nicht Anwendung, sofern in anderer Weise für eine Verwechslungen ausschließende Kennzeichnung gesorgt ist. Werden jedoch aus derartigen Räumen auch die für eine Einzelverkaufsstätte des Geschäftsinhabers bestimmten Vorräte entnommen, so müssen, abgesehen von der im Geschäfte sonst üblichen Kennzeichnung, die Gefäße nach Vorschrift des Abs. 1 bezeichnet sein.

§ 5. Die in Abteilung 1 der Anlage I genannten Gifte müssen in einem besonderen, von allen Seiten durch feste Wände[1]) umschlossenen Raume (Giftkammer) aufbewahrt werden, in welchem andere Waren als Gifte sich nicht befinden. Dient als Giftkammer ein hölzerner Verschlag, so darf derselbe nur in einem vom Verkaufsraum getrennten Teile des Warenlagers angebracht sein.

Die Giftkammer muß für die darin vorzunehmenden Arbeiten ausreichend durch Tageslicht erhellt und auf der Außenseite der Türe mit der deutlichen und dauerhaften Aufschrift „Gift" versehen sein.

Die Giftkammer darf nur dem Geschäftsinhaber und dessen Beauftragten zugänglich und muß außer der Zeit des Gebrauches verschlossen sein.

§ 6. Innerhalb der Giftkammer müssen die Gifte der Abteilung 1 in einem verschlossenen Behältnisse (Giftschrank) aufbewahrt werden[2]).

Der Giftschrank muß auf der Außenseite der Tür mit der deutlichen und dauerhaften Aufschrift „Gift" versehen sein.

Bei dem Giftschranke muß sich ein Tisch oder eine Tischplatte zum Abwiegen der Gifte befinden[3]).

Größere Vorräte von einzelnen Giften der Abteilung 1 dürfen außerhalb des Giftschrankes aufbewahrt werden, sofern sie sich in verschlossenen Gefäßen befinden.

§ 7. Phosphor und mit solchem hergestellte Zubereitungen müssen außerhalb des Giftschrankes, sei es innerhalb oder außerhalb der Giftkammer, unter Verschluß an einem frostfreien Orte in einem feuerfesten Behältnisse, und zwar gelber (weißer) Phosphor unter Wasser aufbewahrt werden. Ausgenommen sind Phosphorpillen: auf diese finden die Bestimmungen der §§ 5 und 6 Anwendung[4]).

---

[1]) Für Apotheken sind im § 9 auch Lattenverschläge zugelassen. Vgl. S. 245.

[2]) Über die Einrichtung der Giftkammer und des Giftschrankes vgl. die §§ 10 und 17 der preußischen Apothekenbetriebsordnung (s. S. 311 und 315).

[3]) Dieser Tisch bzw. die Tischplatte muß sich nach einer Entscheidung des K.G. vom 17. November 1898 (K.G.A. II S. 327) ebenso wie der Giftschrank innerhalb der verschlossenen Giftkammer befinden.

[4]) Andere Zubereitungen von Phosphor, wie z. B. Phosphorpaste, müssen dagegen an dem gleichen Ort wie Phosphor selbst, außerhalb des Giftschrankes aufbewahrt werden (K.G. 3. August 1899, K.G.A. II S. 323). Vgl. hierzu Fußnote 1 auf S. 319.

Kalium und Natrium sind unter Verschluß, wasser- und feuersicher und mit einem sauerstofffreien Körper (Paraffinöl, Steinöl od. dgl.) umgeben, aufzubewahren.

§ 8. Zum ausschließlichen Gebrauch für die Gifte der Abteilung 1 und zum ausschließlichen Gebrauch für die Gifte der Abteilung 2 und 3 sind besondere Geräte (Waagen, Mörser, Löffel u. dgl.) zu verwenden, welche mit der deutlichen und dauerhaften Aufschrift „Gift" in den dem § 4 Abs. 1 entsprechenden Farben versehen sind[1]). In jedem zur Aufbewahrung von giftigen Farben dienenden Behälter muß sich ein besonderer Löffel befinden[2]). Die Geräte dürfen zu anderen Zwecken nicht gebraucht werden und sind mit Ausnahme der Löffel für giftige Farben stets rein zu halten. Die Geräte für die im Giftschranke befindlichen Gifte sind in diesen aufzubewahren. Auf Gewichte finden diese Vorschriften nicht Anwendung.

Der Verwendung besonderer Waagen bedarf es nicht, wenn größere Mengen von Giften unmittelbar in den Vorrats- oder Abgabegefäßen gewogen werden.

§ 9. Hinsichtlich der Aufbewahrung von Giften in den Apotheken greifen nachfolgende Abweichungen von den Bestimmungen der §§ 4, 5 und 8 Platz[3]).

(zu § 4.) Die Bestimmungen im § 4 gelten für Apotheker nur insoweit, als sie sich auf die Gefäße für Mineralsäuren, Laugen, Brom und Jod beziehen. Im übrigen bewendet es hinsichtlich der Bezeichnung der Gefäße bei den hierüber ergangenen besonderen Anordnungen.

(zu § 5.) Die Giftkammer darf, falls sie in einem Vorratsraum eingerichtet wird, auch durch einen Lattenverschlag hergestellt werden. Kleinere Vorräte von Giften der Abteilung 1 dürfen in einem besonderen, verschlossenen und mit der deutlichen und dauerhaften Aufschrift „Gift" oder „Venena" oder „Tabula B" versehenen Behältnis im Verkaufsraum oder in einem geeigneten Nebenraum aufbewahrt werden[4]). Ist der Bedarf an Gift so gering, daß der gesamte Vorrat in dieser Weise verwahrt werden kann, so besteht eine Verpflichtung zur Einrichtung einer besonderen Giftkammer nicht.

(zu § 8.) Für die im vorstehenden Absatz bezeichneten kleineren Vorräte von Giften der Abteilung 1 sind besondere Geräte zu verwenden und in dem für diese bestimmten Behältnisse zu verwahren. Für die in den Abteilungen 2 und 3 bezeichneten Gifte, ausgenommen Morphin, dessen Verbindungen und Zubereitungen, sind besondere Geräte nicht erforderlich.

---

[1]) In Apotheken sind, wie in § 9 bestimmt wird, besondere Geräte nur erforderlich einerseits für die Gifte der Abteilung 1 (Giftschrank), andererseits für Morphium und dessen Zubereitungen (Morphiumschränkchen). Vgl. hierzu die Fußnoten 1 auf S. 312 und 1 auf S. 313.

[2]) Die besonderen Löffel für giftige Farben müssen, wenn solche Farben geführt werden, auch in Apotheken vorhanden sein.

[3]) Den ersten Absatz des § 9 erläutert nachstehender preuß. Min.Erl. vom 25. Mai 1898: Die Bezeichnung „Gift" an den Standgefäßen der Mineralsäuren usw. ist für die Apotheken nicht verbindlich, wie sich aus § 9 in Verbindung mit § 4 der Polizeiverordnung über den Handel mit Giften ergibt. Der aus dem § 9 angeführte Satz bezieht sich nur auf die Zulässigkeit radierter Schrift für die Standgefäße jener Stoffe.

[4]) Über die Einrichtung dieses Giftschränkchens der Offizin vgl. § 10 der preußischen Apothekenbetriebsordnung (s. S. 311).

### Abgabe der Gifte[1]).

§ 10. Gifte dürfen nur von dem Geschäftsinhaber oder den von ihm hiermit Beauftragten abgegeben werden[2]).

§ 11. Über die Abgabe der Gifte der Abteilungen 1 und 2 sind in einem mit fortlaufenden Seitenzahlen versehenen, gemäß Anlage II eingerichteten Giftbuche die daselbst vorgesehenen Eintragungen zu bewirken[3]). Die Eintragungen müssen sogleich nach Verabfolgung der Waren von dem Verabfolgenden selbst, und zwar immer in unmittelbarem Anschluß an die nächst vorhergehende Eintragung ausgeführt werden. Das Giftbuch ist 10 Jahre lang nach der letzten Eintragung aufzubewahren.

---

[1]) Die wichtigsten Bestimmungen über die Abgabe von Giften in Apotheken sind folgende: Gifte dürfen abgegeben werden:

A. als Heilmittel vorbehaltlich der Kontrolle der Höchstgabe: auf ärztliche Verordnung und, soweit gestattet (vgl. die Vorschriften über stark wirkende Arzneimittel, S. 199), auch im Handverkaufe; hier auch vom Praktikanten und auch an Kinder (sofern sich letzteres nicht durch die Natur bzw. Gefährlichkeit des Mittels verbietet) (§ 16);

B. zu erlaubten gewerblichen, wirtschaftlichen, wissenschaftlichen oder künstlerischen Zwecken:

1. von wem? Nur vom Geschäftsinhaber oder den von ihm hiermit Beauftragten, also den Angestellten (§ 10).
2. an wen? An Personen, die als zuverlässig bekannt sind, oder die einen (noch nicht 14 Tage alten) polizeilichen Erlaubnisschein zum Bezuge von Gift besitzen (§ 12 I), keinesfalls aber an Kinder unter 14 Jahre (§ 12 III); andere arsenhaltige Ungeziefermittel, als Fliegenpapier, dürfen nur gegen Erlaubnisschein verabfolgt werden (§ 18 III).
3. in welchen Gefäßen?
   a. Gifte müssen in dichten, festen, gut verschlossenen Gefäßen abgegeben werden; jedoch genügen für feste, an der Luft nicht zerfließende oder verdunstende Gifte der Abteilungen 2 und 3 dauerhafte Umhüllungen jeder Art, sofern durch dieselben ein Verschütten oder Verstäuben des Inhaltes ausgeschlossen wird (§ 14 I); in letzterem Falle also auch Beutel von kräftigem Papier.
   b. es ist verboten, Gifte in Trink- oder Kochgefäßen oder in solchen Flaschen oder Krügen abzugeben, deren Form oder Bezeichnung die Gefahr einer Verwechslung des Inhaltes mit Nahrungs- oder Genußmitteln herbeizuführen geeignet ist (§ 15).
4. wie bezeichnet? Die Gefäße bzw. Umhüllungen müssen bezeichnet sein:
   a. mit dem Namen des abgebenden Geschäftes (§ 14 II).
   b. mit dem in der Anlage I gebrauchten Namen, neben welchem die ortsübliche Bezeichnung angebracht werden darf (§ 14 II).
   c. mit der Aufschrift „Gift", welche nur bei festen, an der Luft nicht zerfließlichen oder verdunstenden Giften der Abteilung 3 durch die Aufschrift „Vorsicht" ersetzt werden darf (§ 14 II).
   d. bei Ungeziefermitteln ist jeder Packung eine Belehrung über die mit einem unvorsichtigen Gebrauch verknüpften Gefahren beizufügen (§ 18 I).
5. unter welchen sonstigen Bedingungen? Bei Giften der Abteilungen 1 und 2 gegen Eintragung ins Giftbuch und Ausstellung einer Empfangsbescheinigung (Giftschein).

[2]) Der leitende Apotheker haftet nicht a priori für die Handlungen seines Praktikanten. Wenn festgestellt wird, daß er das mögliche an Beaufsichtigung getan und genaue Verhaltungsmaßregeln in bezug auf die Abgabe von Giften gegeben hat, so handelt der Praktikant auf eigene Verantwortung, wenn er diesen nicht nachkommt. (L.G. Posen 25. November 1913, Ph.Ztg. 1913 Nr. 98).

[3]) Ein Giftbuch für Apotheker und Drogisten, enthaltend das vorschriftsmäßige Formular zum Eintragen der verkauften Gifte, ist im Verlage von Julius Springer in Berlin erschienen. Die Führung eines Giftbuches ist indessen nur dann erforderlich, wenn Gifte zum Zwecke des Verkaufs vorrätig gehalten werden (K.G. 6. September 1907, Ph.Ztg. 1907 Nr. 74).

Die vorstehenden Bestimmungen finden nicht Anwendung auf die Abgabe der Gifte, welche von Großhändlern an Wiederverkäufer, an technische Gewerbetreibende[1]) oder an staatliche Untersuchungs- und Lehranstalten abgegeben werden, sofern über die Abgabe dergestalt Buch geführt wird, daß der Verbleib der Gifte nachgewiesen werden kann.

§ 12. Gift darf nur an solche Personen abgegeben werden, welche als zuverlässig bekannt sind[2]) und das Gift zu einem erlaubten gewerblichen, wirtschaftlichen, wissenschaftlichen oder künstlerischen Zweck benutzen wollen. Sofern der Abgebende von dem Vorhandensein dieser Voraussetzungen sichere Kenntnis nicht hat, darf er Gift nur gegen Erlaubnisschein abgeben.

---

[1]) Zu den technischen Gewerbetreibenden im Sinne der Giftverordnung können die Kammerjäger nicht gerechnet werden. Zu den technischen Gewerbetreibenden gehören nur solche Personen, welche ein bestimmtes Erzeugnis nach technischen Grundsätzen durch Verarbeitung herstellen (K.G. 25. Juni 1914, Ph.Ztg. 1914 Nr. 54).

[2]) Als „als zuverlässig bekannt" im Sinne der Giftverordnung sind nur solche Personen anzusehen, die man von früher her tatsächlich kennt, und deren Zuverlässigkeit man auf Grund dieser Kenntnis annimmt (K.G. 1. November 1900, K.G.A. III S. 456; 28. November 1904, K.G.A. IV S. 737). In allen Fällen, wo die Zuverlässigkeit nicht bekannt ist, muß sich der Empfänger durch einen von der Ortspolizeibehörde ausgestellten Erlaubnisschein legitimieren. Dies gilt für die Gifte aller drei Abteilungen. Zur Abgabe von anderen arsenhaltigen Ungeziefermitteln als Fliegenpapier ist jedoch stets ein Erlaubnisschein erforderlich (s. § 18 Abs. 3).

Im Anschluß an § 12 der Giftverordnung erging folgender preußischer Min.Erl. über die Abgabe von Sublimatpastillen an Hebammen vom 7. Februar 1905.

Mit Rücksicht auf die Zweifel, welche über die Abgabe der Sublimatpastillen entstanden sind, weise ich darauf hin, daß dafür ausschließlich die Vorschriften der Kaiserl. Verordnung vom 22. Oktober 1901 und der Polizeiverordnung über den Handel mit Giften vom 24. August 1895 maßgebend sind. Danach ist die Abgabe von Sublimatpastillen als Desinfektionsmittel sowohl in den Apotheken als auch außerhalb derselben in den zum Handel mit Giften berechtigten Verkaufsstellen gegen schriftliche Empfangsbescheinigung des Erwerbers oder seines Beauftragten gestattet. Da die Hebammen als zuverlässig im Sinne des § 12 der Giftverordnung anzusehen sind und die Sublimatpastillen ein Erfordernis ihrer Berufstätigkeit darstellen, bedarf es eines Erlaubnisscheines nicht.

In einem Erl. vom 15. Juni 1907 bemerkte dann noch der Minister, daß anläßlich der geringen Benutzung der Sublimatpastillen zu Selbstmordzwecken „kein Anlaß vorliegt, die Sublimatpastillen strengeren Verkehrsbeschränkungen zu unterwerfen, als sie zur Zeit unterliegen". Das z. Z. geltende preußische Hebammenlehrbuch (Ausgabe1920. führt Sublimatpastillen in dem Instrumentarium der Hebammen nicht mehr an. Dagegen sind die Apotheker durch Min.Erl. vom 19. November 1912 auf die Bereithaltung folgenden Artikels gemäß § 194 des Hebammenlehrbuchs hingewiesen worden: „Zwei je sechs sterile Jodoformwattekugeln mit Faden (Tampons) enthaltende Blechbüchsen, deren übergreifende Deckel an den Verschlußrändern mit breiten Papierstreifen fest überklebt sind." Ferner sind in dem Lehrbuch für die Hebammentasche vorgesehen: eine Flasche mit 100 Gramm Kresolseife mit der deutlichen und haltbaren Aufschrift „Vorsicht! Kresolseife! Nur gehörig verdünnt und nur äußerlich zu gebrauchen" (s. S. 257), sowie ein dunkelfarbiges Tropfglas mit 5 Gramm einer 1 % Höllensteinlösung mit Aufschrift.

Ein weiterer preußischer Min.Erl. vom 22. Mai 1915 befaßt sich mit der Abgabe von Giften an Zahntechniker. Er lautet:

**Preuß. Min.Erl. betr. die Abgabe von Giften an Zahntechniker. Vom 22. Mai 1915.**

Das Oberverwaltungsgericht hat in seiner Entscheidung vom 8. März 1915 entschieden, daß § 1 der Bekanntmachung des Herrn Ministers der geistlichen, Unterrichts- und Medizinalangelegenheiten vom 22. Juni 1896, betr. die Abgabe stark wirkender Arzneimittel usw., sich überhaupt nicht auf die Abgabe stark wirkender Arzneimittel an solche Personen beziehe, die jene nicht als Heilmittel an sich selbst oder an ihren

Die Erlaubnisscheine werden von der Ortspolizeibehörde nach Prüfung der Sachlage gemäß Anlage III ausgestellt[1]). Dieselben werden in der Regel nur für eine bestimmte Menge, ausnahmsweise auch für den Bezug einzelner Gifte während eines ein Jahr nicht übersteigenden Zeitraums gegeben. Der Erlaubnisschein verliert mit dem Ablauf des vierzehnten Tages nach dem Ausstellungstage seine Gültigkeit, sofern auf demselben etwas anderes nicht vermerkt ist[2]).

An Kinder unter 14 Jahren dürfen Gifte nicht ausgehändigt werden.

§ 13. Die in Abteilung 1 und 2 verzeichneten Gifte dürfen nur gegen schriftliche Empfangsbescheinigung (Giftschein) des Erwerbers verabfolgt werden. Wird das Gift durch einen Beauftragten abgeholt, so hat der Abgebende (§ 10) auch von diesem sich den Empfang bescheinigen zu lassen.

Die Bescheinigungen sind nach dem in Anlage IV vorgeschriebenen Muster[3]) auszustellen, mit den entsprechenden Nummern des Giftbuchs zu versehen und 10 Jahre lang aufzubewahren.

---

Angehörigen oder Pflegebefohlenen, sondern in ihrem Geschäfts- oder Gewerbebetriebe verwenden wollen. Hierzu gehört, nach Ansicht des Oberverwaltungsgerichts, auch die Abgabe von Giften an nicht als Zahnärzte approbierte Zahntechniker behufs Verwendung in ihrem Gewerbe, selbst wenn diese Verwendung gerade darin besteht, daß die Stoffe als Heilmittel an Patienten des Zahntechnikers, also an Menschen, benutzt werden.

Für die Abgabe von Heilmitteln, die gleichzeitig Gifte im Sinne der Gift-Polizeiverordnung vom 22. Februar 1906 sind, an Zahntechniker für Zwecke ihres Gewerbes ist also lediglich § 12 der Gift-Polizeiverordnung maßgebend. Bei der hiernach vorzunehmenden Prüfung der Zuverlässigkeit des Zahntechnikers wird, wie auch das Oberverwaltungsgericht in seinem eingangs erwähnten Urteil ausgeführt hat, zu beachten sein, daß Zahntechniker, denen die erforderlichen Kenntnisse, Erfahrungen und Fertigkeiten zur ordnungsmäßigen Verwendung der Gifte am Menschen fehlen und die deren Verwendung dennoch unternehmen wollen, die nötige Zuverlässigkeit nicht zuerkannt werden kann.

Da nun die Gifthändler in sehr vielen Fällen nicht in der Lage sein werden, zu beurteilen, ob den Zahntechnikern die erforderliche Zuverlässigkeit innewohnt, so werden sie Gifte an Zahntechniker in der Regel nur gegen einen Erlaubnisschein abgeben dürfen, der von der Polizeibehörde nur nach Prüfung des einzelnen Falles auszustellen sein wird. Zahntechniker, die eine ihrem Berufe entsprechende ordnungsmäßige Ausbildung genossen und sich in der praktischen Tätigkeit bewährt haben, werden in der Regel als zuverlässig anzusehen sein. Im Zweifelsfalle hat die Polizeibehörde den zuständigen Kreisarzt zu hören.

Unter Aufhebung der Erlasse vom 27. Oktober 1906 und vom 3. April 1913 ersuche ich Ew. pp. ergebenst, die ihnen nachgeordneten Polizeibehörden entsprechend mit Weisung zu versehen.

Danach dürfen Gifte im Sinne der Giftvorschriften an als zuverlässig bekannte Zahntechniker zum Gebrauch in deren Praxis gegen Giftschein verabfolgt werden. Gleichartige Entscheidungen wie das preuß. O.V.G. unter dem 8. März 1915 (Ph.Ztg. 1915 Nr. 42) haben das sächsische O.V.G. unter dem 10. Februar 1914 (Ph.Ztg. 1914 Nr. 24) und der badische V.G. unter dem 6. Juli 1915 (Ph.Ztg. 1915 Nr. 66) gefällt. Mittel, die nicht im Giftverzeichnis stehen, wie z. B. Novocain-Suprarenin-Ampullen, dürfen an Zahntechniker zu gewerblichen Zwecken ohne weiteres abgegeben werden, auch wenn ihre Verabfolgung zu Heilzwecken eines ärztlichen Rezeptes bedarf (Preuß. Min.Erl. vom 2. August 1927).

[1]) Für die Ausstellung ist in Preußen nach der Verwaltungsgebührenordnung vom 30. Dezember 1926 eine Verwaltungsgebühr von 0,50 RM zu zahlen.

[2]) Der Erlaubnisschein bleibt Eigentum des Empfängers. Als Beweis für sein Vorhandensein dient der Vermerk in Rubrik 2 des Giftbuchs.

[3]) Die Vorschrift in § 13 Abs. 2 der Giftverordnung, wonach auf den Giftscheinen auch die Wohnung des Empfängers angegeben sein muß, geht über die Grenzen der polizeilichen Fürsorge im gesundheitlichen Interesse hinaus; sie dient lediglich zur Erleichterung der Kontrolle durch die Polizeibehörden und ist deshalb nicht rechtlich haltbar (R.G. 8. Februar 1912, Ph.Ztg. 1912 Nr. 16).

Die Landesregierungen können bestimmen, daß die Empfangsbestätigung desjenigen, welchem das Gift ausgehändigt wird, in einer Spalte des Giftbuches abgegeben werden darf[1]).

Im Falle des § 11 Abs. 2 ist die Ausstellung eines Giftscheins nicht erforderlich.

§ 14. Gifte müssen in dichten, festen und gut verschlossenen Gefäßen abgegeben werden; jedoch genügen für feste, an der Luft nicht zerfließende oder verdunstende Gifte der Abteilungen 2 und 3 dauerhafte Umhüllungen jeder Art, sofern durch dieselben ein Verschütten oder Verstäuben des Inhalts ausgeschlossen wird.

Die Gefäße oder die an ihre Stelle tretenden Umhüllungen müssen mit der im § 4 Abs. 1 angegebenen Aufschrift und Inhaltsangabe, sowie mit dem Namen des abgebenden Geschäfts versehen sein[2]). Bei festen, an der Luft nicht zerfließenden oder verdunstenden Giften der Abteilung 3 darf an Stelle des Wortes Gift die Aufschrift „Vorsicht" verwendet werden.

Bei der Abgabe an Wiederverkäufer, technische Gewerbetreibende[3]) und staatliche Untersuchungs- oder Lehranstalten genügt indessen jede andere, Verwechslungen ausschließende Aufschrift und Inhaltsangabe; auch brauchen die Gefäße oder die an ihre Stelle tretenden Umhüllungen nicht mit dem Namen des abgebenden Geschäfts versehen zu sein.

§ 15. Es ist verboten, Gifte in Trink- oder Kochgefäßen oder in solchen Flaschen oder Krügen abzugeben, deren Form oder Bezeichnung die Gefahr einer Verwechslung des Inhalts mit Nahrungs- oder Genußmitteln herbeizuführen geeignet ist[4]).

§ 16. Auf die Abgabe von Giften als Heilmittel in den Apotheken finden die Vorschriften der §§ 11 bis 14 nicht Anwendung[5]).

---

[1]) In der preußischen P.V. über den Handel mit Giften vom 22. Februar 1906 lautet § 13 Abs. 3:

Die Empfangsbestätigung desjenigen, welchem das Gift ausgehändigt wird, darf auch in einer Spalte des Giftbuches abgegeben werden.

Der Giftschein wird durch die Empfangsbestätigung im Giftbuch auch dann nicht ersetzt, wenn Erwerber und Abholer des Giftes ein und dieselbe Person sind.

[2]) Eine bestimmte Farbe der Signaturen (wie in § 4 für die Aufbewahrungsgefäße) ist für die Abgabegefäße nicht vorgeschrieben.

[3]) Über die Auslegung dieses Begriffes s. Fußnote 1 auf S. 247.

[4]) § 15 der Verordnung gilt, wie aus § 16 hervorgeht, auch für die Abgabe von Giften als Heilmittel in den Apotheken. Jedoch besteht für den Apotheker keine Verpflichtung, zum Handverkauf von Giften sechseckige Flaschen zu verwenden, wie solche durch § 9 der Vorschriften über stark wirkende Arzneimittel (s. S. 204) für die von einem Arzt verordneten äußerlichen Mittel, also für die Rezeptur, vorgeschrieben sind (L.G. Schneidemühl 2. Januar 1904, Ph.Ztg. 1904 Nr. 16). Denn auch runde Medizinflaschen sind nach diesem Urteile weder ihrer Form noch ihrer Bezeichnung nach geeignet, zu einer Verwechslung des Inhalts mit Nahrungs- oder Genußmitteln Anlaß zu geben. Dagegen verstößt z. B. die Verabfolgung von Schwefelsäure in einer Bierflasche gegen § 15 der Giftverordnung, da Bierflaschen ihrer Form zufolge geeignet sind, unheilvolle Verwechslungen hervorzurufen (K.G. 28. Februar 1907, Ph.Ztg. 1907 Nr. 21).

Anderseits gilt die Bestimmung in § 15 natürlich nur für die im Verzeichnis der Gifte genannten Stoffe. Für die Abgabe anderer, nicht unter die Gifte im Sinne der Giftverordnung fallender gesundheitsschädlicher oder ekelerregender Flüssigkeiten, wie Petroleum, Benzin, Salmiakgeist, Säuren und Laugen, in Wein-, Bier- oder Mineralwasserflaschen besteht ein Verbot nicht. Trotz des Fehlens eines solchen ist aber vor der Benutzung solcher Flaschen für gesundheitsschädliche Flüssigkeiten zu warnen, da im Falle eines Unglücks durch Verwechslung der Flasche die Möglichkeit besteht, daß der Verkäufer wegen fahrlässiger Körperverletzung zur Verantwortung gezogen wird.

[5]) Für die Abgabe von Giften als Heilmittel in Apotheken gelten die §§ 11 bis 14 der Giftverordnung nicht. In dieser Beziehung sind vielmehr maßgebend die

### Besondere Vorschriften über Farben.

§ 17. Auf gebrauchsfertige Öl-, Harz- oder Lackfarben, soweit sie nicht Arsenfarben sind, finden die Vorschriften der §§ 2 bis 14 nicht Anwendung. Das gleiche gilt für andere giftige Farben, welche in Form von Stiften, Pasten oder Steinen oder in geschlossenen Tuben zum unmittelbaren Gebrauch fertiggestellt sind, sofern auf jedem einzelnen Stück oder auf dessen Umhüllung entweder das Wort „Gift" bzw. „Vorsicht" und der Name der Farbe oder eine das darin enthaltene Gift erkennbar machende Bezeichnung deutlich angebracht ist[1]).

### Ungeziefermittel.

§ 18. Bei der Abgabe der unter Verwendung von Gift hergestellten Mittel gegen schädliche Tiere (sog. Ungeziefermittel) ist jeder Packung eine Belehrung über die mit einem unvorsichtigen Gebrauch verknüpften Gefahren beizufügen. Der Wortlaut der Belehrung kann von der zuständigen Behörde vorgeschrieben werden[2]).

Arsenhaltiges Fliegenpapier darf nur mit einer Abkochung von Quassiaholz oder Lösung von Quassiaextrakt zubereitet in viereckigen Blättern von 12:12 cm, deren jedes nicht mehr als 0,01 g arsenige Säure enthält und auf beiden Seiten mit drei Kreuzen, der Abbildung eines Totenkopfes und der Aufschrift „Gift" in schwarzer Farbe deutlich und dauerhaft versehen ist,

---

§§ 1—9 der Vorschriften über die Abgabe stark wirkender Arzneimittel in den Apotheken (s. S. 199).

Aus dem Wortlaut des § 16 geht jedoch deutlich hervor, daß nur die Abgabe von Giften als Heilmittel in den Apotheken ausgenommen ist, auf die Abgabe von Giften als Heilmittel in Drogenhandlungen die Vorschriften der §§ 11—14 somit Anwendung finden; d. h. da § 12 die Abgabe von Gift nur zu einem gewerblichen, wirtschaftlichen, wissenschaftlichen oder künstlerischen Zweck (nicht aber Heilzweck) gestattet, dürfen Gifte, auch wenn sie sonst dem freien Verkehr überlassen sind, zu Heilzwecken in Drogenhandlungen nicht abgegeben werden. Heilzweck ist kein wirtschaftlicher oder wissenschaftlicher, sondern ein praktischer Zweck. Die Abgabe z. B. von chlorsaurem Kali zum Gurgeln gegen Halsschmerzen ist somit in Drogenhandlungen unzulässig (K.G. 30. Januar 1899, 8. Mai 1899, K.G.A. III S. 452, K.G. 6. Juni 1910, Ph.Ztg. 1910 Nr. 50).

[1]) Die Farben, auf welche sich die Verordnung bezieht, sind im Verzeichnis der Gifte Abt. 1 und 3 genannt. Ferner ist beim Verkehr mit Farben das in seinen wichtigsten Bestimmungen bereits auf S. 114 mitgeteilte Gesetz betr. die Verwendung gesundheitsschädlicher Farben bei der Herstellung von Nahrungsmitteln, Genußmitteln und Gebrauchsgegenständen vom 5. Juli 1887 zu beachten. Die Bestimmungen der Giftverordnung über Farben sind neben diesem Gesetze rechtsgültig (K.G. 28. Juni 1909).

[2]) Ungeziefermittel im Sinne des § 18 der Giftverordnung sind alle in Anlage I aufgeführten Drogen, chemischen Präparate und Zubereitungen, die gegen schädliche Tiere angewendet werden. Ein Unterschied zwischen reinen und zubereiteten Giften wird dabei nicht gemacht (K.G. 25. Juni 1914 und 11. Februar 1915, Ph.Ztg. 1914 Nr. 54, 1915 Nr. 14).

Der Wortlaut der Belehrungen kann von der zuständigen Behörde vorgeschrieben werden. Das ist jedoch nur vereinzelt geschehen, so in den Regierungsbezirken Königsberg, Wiesbaden und Stadtkreis Berlin. Gedruckte Belehrungen sind im Verlage von Julius Springer erschienen.

Ein preuß. Min.Erl. vom 28. Mai 1923 warnt vor der Verwendung von arsenhaltigen Ungeziefermitteln als Zusatz zu Tapetenkleister wegen gesundheitlicher Gefahren und bemerkt dazu:

Gemäß § 18 Abs. 1 der Gift-Polizeiverordnung ist bei der Abgabe der unter Verwendung von Gift hergestellten Ungeziefermittel jeder Packung eine Belehrung über die mit einem unvorsichtigen Gebrauch verknüpften Gefahren beizufügen. In diesen Belehrungen werden, sofern es sich um arsenhaltige, als Zusatz zu Tapetenkleister geeignete Mittel handelt, die oben erörterten Gefahren zu berücksichtigen sein.

feilgehalten oder abgegeben werden. Die Abgabe darf nur in einem dichten Umschlag erfolgen, auf welchem in schwarzer Farbe deutlich und dauerhaft die Inschriften „Gift“ und „Arsenhaltiges Fliegenpapier“ und im Kleinhandel außerdem der Name des abgebenden Geschäfts angebracht ist[1]).

Andere arsenhaltige Ungeziefermittel dürfen nur mit einer in Wasser leicht löslichen grünen Farbe vermischt feilgehalten[2]) oder

---

[1]) Für das arsenhaltige Fliegenpapier gilt folgendes: Arsenhaltiges Fliegenpapier fällt unter Abteilung 1 der Gifte und gehört zu der Position: „Arsen, dessen Verbindungen und Zubereitungen, auch Arsenfarben.“ Somit muß es, wie alle anderen Gifte der Abteilung 1, in der Giftkammer bzw. dem Giftschränkchen der Offizin aufbewahrt werden. Auch die Abgabe des Fliegenpapiers regelt sich nach den allgemeinen Bestimmungen (§§ 10—16). Sie darf demgemäß nur gegen Eintragung ins Giftbuch und Ausstellung eines Giftscheines erfolgen. Ein Erlaubnisschein ist jedoch nach § 12 nur dann erforderlich, wenn die das Mittel erhaltene Person nicht „als zuverlässig bekannt“ ist. Das im § 18 enthaltene Gebot: „andere arsenhaltige Ungeziefermittel“ in jedem Falle nur gegen Erlaubnisschein abzugeben, bezieht sich, wie aus seinem Wortlaut und seiner Stellung hinter dem arsenhaltigen Fliegenpapier unfehlbar hervorgeht, eben nur auf „andere“ arsenhaltige Mittel, nicht aber auf das Fliegenpapier. Das bestätigt auch der nachstehende preuß. Min.Erl. vom 15. Juni 1903:

Zu der Vorschrift in dem § 18 Abs. 2 der Polizeiverordnung über den Handel mit Giften wird gegenüber hervorgetretenen Zweifeln bemerkt, daß die Verabfolgung von arsenhaltigem Fliegenpapier nicht von der Beibringung eines Erlaubnisscheines (§ 12 der Polizeiverordnung) abhängig gemacht werden sollte. Es hat indes nicht die Absicht bestanden, die Abgabe arsenhaltigen Fliegenpapiers auch von dem Erfordernis der in § 13 der Polizeiverordnung für die Verabfolgung von Giften der Abteilung 1 und 2 vorgeschriebenen Empfangsbescheinigung auszunehmen.

Über arsenhaltige Fliegenteller, die unter den Namen „Muski“, „Locki“ oder „Nimrod“ in Verkehr kommen, äußert sich ein Rundschreiben des Reichsmin. d. J. vom 3. März 1919 wie folgt:

Die Teller unterliegen den für arsenhaltige Ungeziefermittel geltenden Bestimmungen der Vorschriften über den Handel mit Giften. Ihr Vertrieb regelt sich sonach, falls sie als Fliegenpapier anzusehen sind, nach § 18 Abs. 2 oder, sofern sie — wie ich annehmen möchte — als ein „anderes arsenhaltiges Ungeziefermittel“ zu gelten haben, nach § 18 Abs. 3 der Giftvorschriften. Im ersteren Falle dürfen sie nur mit Quassia zubereitet, in viereckigen Blättern von 12 : 12 cm, deren jedes nicht mehr als 0,01 g arsenige Säure enthält und auf beiden Seiten mit der Aufschrift „Gift“, mit drei Kreuzen und der Abbildung eines Totenkopfes versehen ist, feilgehalten und nur in dichten Umschlägen mit der Aufschrift „Gift“, „Arsenhaltiges Fliegenpapier“ sowie unter Angabe des Namens des Geschäfts abgegeben werden; gleichzeitig wären die sonstigen für die Abgabe der Gifte der Abteilung 1 des Giftverzeichnisses geltenden Bestimmungen — insbesondere Verabfolgung nur gegen Empfangsbestätigung (Giftschein) — einzuhalten. Letzterenfalls würden sie nur in dichten, festen und gut verschlossenen Gefäßen (§ 14, Abs. 1 und 2 der Giftvorschriften) nur mit einer in Wasser leicht löslichen grünen Farbe feilgehalten oder abgegeben und nur gegen polizeilichen Erlaubnisschein verabfolgt werden dürfen.

Ein preußischer Min.Erl., der in letzterem Sinne entschied, erging unter dem 26. März 1919.

Ferner erging noch ein preuß. Min.Erl. vom 10. Juni 1907, betr. Coopers Schafwaschpulver. Er bestimmt, daß dieses Waschpulver als arsenhaltiges Ungeziefermittel anzusehen ist und daher nach § 18 Abs. 3 der Polizeiverordnung über den Handel mit Giften nur mit einer in Wasser leicht löslichen grünen Farbe vermischt feilgehalten oder abgegeben werden darf.

[2]) Diese Bestimmung bezieht sich nur auf die Beschaffenheit arsenhaltiger Ungeziefermittel. Für die Bezeichnung der Standgefäße genügt nach einem Urteil des K.G. vom 29. April 1909 (Ph.Ztg. 1909 Nr. 36) die Aufschrift „Arsenik“. Es ist nicht erforderlich, daß die Aufschrift „grün gefärbtes Arsenik“ lautet.

abgegeben werden; sie dürfen nur gegen Erlaubnisschein (§ 12) verabfolgt werden[1]).

Strychninhaltige Ungeziefermittel dürfen nur in Form von vergiftetem Getreide, welches in 1000 Gewichtsteilen höchstens 5 Gewichtsteile salpetersaures Strychnin enthält und dauerhaft dunkelrot gefärbt ist, feilgehalten oder abgegeben werden[2]).

Vorstehende Beschränkungen können zeitweilig außer Wirksamkeit gesetzt werden, wenn und soweit es sich darum handelt, unter polizeilicher Aufsicht außerordentliche Maßnahmen zur Vertilgung von schädlichen Tieren, z. B. Feldmäusen, zu treffen.

### Gewerbebetrieb der Kammerjäger.

§ 19[3]). Personen, welche gewerbsmäßig schädliche Tiere vertilgen (Kammerjäger), müssen ihre Vorräte von Giften und gifthaltigen Ungeziefermitteln unter Beachtung der Vorschriften in den §§ 2, 3, 4, 7 und, soweit sie die Vorräte nicht bei Ausübung ihres Gewerbes mit sich führen, in verschlossenen Räumen, welche nur ihnen und ihren Beauftragten zugänglich sind, aufbewahren. Sie dürfen die Gifte und die Mittel an andere nicht überlassen.

---

[1]) Alle anderen arsenhaltigen Ungeziefermittel außer Fliegenpapier dürfen nur gegen Erlaubnisschein abgegeben werden und müssen mit einer in Wasser leicht löslichen grünen Farbe gefärbt sein. Das gilt nach Urteilen des K.G. vom 25. Juni 1914 und 11. Februar 1915 (Ph.Ztg. 1914 Nr. 54, 1915 Nr. 14) auch für reines Arsenik, wenn es zur Ungeziefervertilgung dienen soll. Aus der Forderung des § 18 Abs. 3 ergibt sich ferner, daß auch Schweinfurtergrün, wenn es als Ungeziefermittel dienen soll, noch besonders mit einer wasserlöslichen grünen Farbe vermischt sein muß. Die Bestimmung, daß arsenhaltige Ungeziefermittel nur gefärbt abgegeben werden dürfen, schließt jedoch durchaus nicht die Abgabe von reinem, ungefärbtem Arsenik zu anderen Zwecken aus. Die Bestimmung über die Abgabe von arsenhaltigen Ungeziefermitteln gilt auch für die Abgabe an Kammerjäger. Auch hierbei sind Grünfärbung und Erlaubnisschein erforderlich.

[2]) Von strychninhaltigen Ungeziefermitteln ist nur das Strychningetreide (Strychninweizen usw.) in der oben angegebenen Zusammensetzung gestattet, die Abgabe anderer strychninhaltiger Mittel zum Zwecke der Vertilgung von Ungeziefer ist verboten. Diese Bestimmung bezieht sich aber nur auf strychnin„haltige" Ungeziefermittel, also „Zubereitungen" von Strychnin, schließt daher die Abgabe von reinem Strychnin zu einem erlaubten wirtschaftlichen Zweck, wie z. B. zur Vertilgung von Mäusen, Raubzeug u. dgl., nicht aus (K.G. 28. März 1898, K.G.A. II S. 317; Technische Kommission für pharm. Angelegenheiten 3. Juli 1900, Ph.Ztg. 1900 Nr. 74). Ferner entschied das O.V.G. unter dem 12. Mai 1910 (Ph.Ztg. 1910 Nr. 40): „Der Handel mit Strychninpräparaten zur Vertilgung von Raubzeug, Füchsen usw. ist nicht verboten. Die Bestimmung in § 18 der Giftverordnung bezieht sich nur auf den Verkehr mit Ungeziefermitteln. Füchse sind aber nicht als Ungeziefer anzusehen."

[3]) Die preußische P.V. über den Handel mit Giften vom 22. Februar 1906 enthält in § 20 noch eine Anordnung über das Inkrafttreten und sodann die Paragraphen:

§ 21. Die für Apotheken über den Handel mit Giften bestehenden weitergehenden Vorschriften bleiben auch ferner in Kraft.

§ 22. Zuwiderhandlungen gegen diese Polizeiverordnung werden, soweit in den bestehenden Gesetzen nicht höhere Strafen vorgesehen sind, nach § 367 Nr. 5 des Strafgesetzbuchs mit Geldstrafe bis zu 150 *RM* oder mit Haft bestraft.

§ 367, 5 Str.G.B. (s. S. 52) und die Giftverordnung beziehen sich nach Urteilen des K.G. vom 28. Juni 1909, 15. Februar 1915 und 14. März 1924 (Ph.Ztg. 1924 Nr. 27) nur auf den befugten, d. h. konzessionierten sowie nur auf den gewerbsmäßigen Gifthandel. Liegt ein unbefugter Handel dieser Art vor, so greift § 367, 3 Str.G.B. Platz (s. S. 51). Liegt nur private Aufbewahrung von Giften vor, so kommen die genannten Bestimmungen nicht in Betracht.

## Verzeichnis der Gifte.

**Anlage I.**

### Abteilung 1[1]).

Akonitin, dessen Verbindungen und Zubereitungen.
Arsen, dessen Verbindungen und Zubereitungen, auch Arsenfarben.
Atropin, dessen Verbindungen und Zubereitungen.
Brucin, dessen Verbindungen und Zubereitungen.
Curare und dessen Präparate.
Cyanwasserstoffsäure (Blausäure) Cyankalium[2]), die sonstigen cyanwasserstoffsauren Salze und deren Lösungen, mit Ausnahme des Berlinerblau (Eisencyanür) und des gelben Blutlaugensalzes (Kaliumeisencyanür[3]).
Daturin, dessen Verbindungen und Zubereitungen.
Digitalin, dessen Verbindungen und Zubereitungen.
Emetin, dessen Verbindungen und Zubereitungen.
Erythrophlein, dessen Verbindungen und Zubereitungen.
Fluorwasserstoffsäure (Flußsäure).
Fluorwasserstoffsaure (flußsaure) Salze, saure und deren Zubereitungen, ausgenommen Stifte, die den Anforderungen an die Position ‚Fluorwasserstoffsaure (flußsaure) Salze, saure, in Form von Stiften . . .‘ der Abteilung 3 entsprechen (siehe dort).
Homatropin, dessen Verbindungen und Zubereitungen.
Hyoscin (Duboisin), dessen Verbindungen und Zubereitungen.
Hyoscyamin (Duboisin), dessen Verbindungen und Zubereitungen.
Kantharidin, dessen Verbindungen und Zubereitungen.
Kolchicin, dessen Verbindungen und Zubereitungen.
Koniin, dessen Verbindungen und Zubereitungen.
Nikotin, dessen Verbindungen und Zubereitungen.
Nitroglycerinlösungen.
Phosphor (auch roter, sofern er gelben Phosphor enthält) und die damit bereiteten Mittel zum Vertilgen von Ungeziefer.
Physostigmin, dessen Verbindungen und Zubereitungen.
Pikrotoxin.
Quecksilberpräparate, auch Farben außer Quecksilberchlorür (Kalomel) und Schwefelquecksilber (Zinnober)[4]).

---

[1]) Für die Gifte der Abteilung 1 gilt folgendes:
Aufbewahrung: mit Ausnahme von Phosphor im Giftschrank bzw. der Giftkammer.
Abgabe: gegen Giftschein und Eintragung ins Giftbuch, bei nicht als zuverlässig bekannten Personen sowie bei anderen arsenhaltigen Ungeziefermitteln als Fliegenpapier außerdem nur gegen Erlaubnisschein.

[2]) Nach einem preuß. Min.Erl. vom 24. August 1913 ist auf Grund eines Gutachtens der Wissenschaftlichen Deputation für das Medizinalwesen „die Verwendung des Zyankalis und ähnlicher Verbindungen zur Reinigung von Metallgeschirr in Hotels, Restaurants, Sanatorien usw. nicht als erlaubter gewerblicher oder wirtschaftlicher Zweck und derjenige, der dieses Gift so verwenden will, nicht als zuverlässig im Sinne des § 12 der Polizeiverordnung über den Handel mit Giften vom 22. Februar 1906 anzusehen".

[3]) Der preuß. Minister der Med.-Angelegenheiten hat hierzu unter dem 12. Juni 1908 entschieden, daß Rhodanammonium und Rhodankalium zu den Giften im Sinne der Polizeiverordnung vom 22. Februar 1906 über den Handel mit Giften nicht gehören. In Abteilung 1 der Polizeiverordnung sind nur die Zyanwasserstoffsäure und deren Salze aufgenommen, die Rhodan- oder Sulfozyansäure stellt aber eine andere chemische Verbindung dar und ist auch nicht in Abteilung 2 oder 3 der Giftpolizeiverordnung aufgeführt.

[4]) Während die Giftverordnung an anderen Stellen (so bei den meisten Giften der Abteilung 1) auch die Zubereitungen oder (wie bei Gummi-Gutti, Paraphenylendiamin u. a.) die Lösungen der Gifte mit einbegreift, nennt sie hier nur „Quecksilberpräparate", worunter nach § 1 nur chemische Präparate zu verstehen sind. Es ist deshalb streitig ge-

Salzsäure, arsenhaltige[1]).
Schwefelsäure, arsenhaltige[1]).
Skopolamin, dessen Verbindungen und Zubereitungen.
Strophantin.
Strychnin, dessen Verbindungen und Zubereitungen mit Ausnahme von strychninhaltigem Getreide.
Uransalze, lösliche, auch Uranfarben.
Veratrin, dessen Verbindungen und Zubereitungen.

**Abteilung 2[2]).**

Acetanilid (Antifebrin).
Adoniskraut.
Aethylenpräparate.
Agaricin.
Akonit-extrakt, -knollen, -kraut, -tinktur.
Amylenhydrat.
Amylnitrit.
Apomorphin.
Belladonna-blätter, -extrakt, -tinktur, -wurzel.
Bilsen-kraut, -samen, -extrakt, -tinktur.
Bittermandelöl, blausäurehaltiges.
Brechnuß (Krähenaugen) sowie die damit hergestellten Ungeziefermittel, Brechnußextrakt, -tinktur.
Brechweinstein.
Brom.
Bromäthyl.
Bromalhydrat.
Bromoform.
Butylchloralhydrat.
Calabar-extrakt, -samen, -tinktur.
Cardol.
Chloräthyliden, zweifach.
Chloralformamid.
Chloralhydrat.
Chloressigsäuren.
Chloroform.
Chromsäure.
Cocain, dessen Verbindungen und Zubereitungen.
Convallamarin, dessen Verbindungen und Zubereitungen.

---

worden, ob Sublimatpastillen und Sublimatlösungen, die nur „Zubereitungen" des Quecksilberpräparats Sublimat sind, unter die Giftverordnung fallen. Sublimatpastillen sind ihres hohen Sublimatgehaltes wegen den „Quecksilberpräparaten" im Sinne der Verordnung gleichzustellen. Schwächere Sublimatlösungen werden aber nach dem Wortlaut der Verordnung von dieser nicht betroffen. Gleiches gilt nach Urteilen des K.G. vom 6. September 1907 (Ph.Ztg. 1907 Nr. 91) und des O.L.G. Rostock vom 29. Oktober 1909 (Med.A. 1911 S. 79) für graue Salbe, da sie nicht ein Quecksilberpräparat, sondern nur die Zubereitung eines solchen ist. Auch das Saatbeizmittel Uspulun fällt, da es nur die Zubereitung eines Quecksilberpräparates darstellt, nicht unter die Gifte im Sinne der Giftvorschriften (K.G. 8. August 1924, Ph.Ztg. 1924 Nr. 65, 1925 Nr. 66). Für Bayern, Sachsen und Hessen ist indessen durch Min.-Erlasse vom 10. März 1926 bzw. 15. September 1919 bzw. 27. September 1926 Uspulun als Gift im Sinne der Giftverordnung erklärt worden.

[1]) Anmerkung: Salzsäure und Schwefelsäure gelten als arsenhaltig, wenn 1 ccm der Säure, mit 3 ccm Zinnchlorürlösung versetzt, innerhalb 15 Minuten eine dunklere Färbung annimmt.

Bei der Prüfung auf den Arsengehalt ist, sofern es sich um konzentrierte Schwefelsäure handelt, zunächst 1 ccm durch Eingießen in 2 ccm Wasser zu verdünnen und 1 ccm von dem erkalteten Gemische zu verwenden. Zinnchlorürlösung ist aus 5 Gewichtsteilen kristallisiertem Zinnchlorür, die mit 1 Gewichtsteile Salzsäure anzurühren und vollständig mit trockenem Chlorwasserstoffe zu sättigen sind, herzustellen, nach dem Absetzen durch Asbest zu filtrieren und in kleinen mit Glasstopfen verschlossenen, möglichst angefüllten Flaschen aufzubewahren.

[2]) Für die Gifte der Abteilung 2 gilt folgendes:

Aufbewahrung: von anderen Waren getrennt, weder über noch unmittelbar neben Nahrungs- oder Genußmitteln.

Abgabe: gegen Giftschein und Eintragung ins Giftbuch, bei nicht als zuverlässig bekannten Personen außerdem nur gegen Erlaubnisschein.

Convallarin, dessen Verbindungen und Zubereitungen.
Elaterin, dessen Verbindungen und Zubereitungen.
Erythrophleum.
Euphorbium.
Fingerhut-blätter, -essig, -extrakt, -tinktur.
Fluorwasserstoffsaure (flußsaure) Salze, neutrale, lösliche und deren Zubereitungen.
Gelsemium-wurzel, -tinktur.
Giftlattich-extrakt, -kraut, -saft, (Laktukarium).
Giftsumach-blätter, -extrakt, -tinktur.
Gottesgnaden-kraut, -extrakt, -tinktur.
Gummigutti, dessen Lösungen und Zubereitungen.
Hanf, indischer, -extrakt, -tinktur.
Hydroxylamin, dessen Verbindungen und Zubereitungen.
Jalappen-harz, -knollen, -tinktur.
Kieselfluorwasserstoffsäure (Kieselflußsäure), deren Salze und Zubereitungen[1]).
Kirschlorbeeröl.
Kodein, dessen Verbindungen und Zubereitungen.
Kokkelskörner[2]).
Kotoin.
Krotonöl.
Morphin, dessen Verbindungen und Zubereitungen.
Narcein, dessen Verbindungen und Zubereitungen.
Narkotin, dessen Verbindungen und Zubereitungen.
Nieswurz (Helleborus), grüne, -extrakt, -tinktur, -wurzel.
Nieswurz (Helleborus), schwarze, -extrakt, -tinktur, -wurzel.
Nitrobenzol (Mirbanöl).
Opium und dessen Zubereitungen mit Ausnahme von Opiumpflaster und -wasser.
Oxalsäure (Kleesäure) sog. Zuckersäure[3]).
Paraldehyd.
Pental.
Pilokarpin, dessen Verbindungen und Zubereitungen.
Sabadill-extrakt, -früchte, -tinktur.
Sadebaum-spitzen, -extrakt, -öl.
Sankt Ignatius-samen, -tinktur.
Santonin.
Scammonia-harz (Scammonium), -wurzel.
Schierling (Konium)-kraut, -extrakt, -früchte, -tinktur.
Senföl, ätherisches.
Spanische Fliegen und deren weingeistige und ätherische Zubereitungen.
Stechapfel-blätter, -extrakt, -samen, -tinktur — ausgenommen zum Rauchen oder Räuchern.
Strophanthus-extrakt, -samen, -tinktur.

---

[1]) Mit der Fassung „Kieselfluorwasserstoffsäure (Kieselflußsäure), deren Salze und Zubereitungen" sollen nach einem preuß. Min.Erl. vom 9. Februar 1926 sämtliche Erzeugnisse, die aus der Säure oder ihren Salzen bestehen oder die Säure oder ihre Salze enthalten, getroffen werden. Nach dem gleichen Erl. ist die Verwendung von fluorwasserstoffsauren Salzen und insbesondere von Kieselfluorwasserstoffsäure und ihren Salzen bei der Herstellung von Ungeziefermitteln, die unter Bezeichnungen wie Orwin, Kabalin, Rattentod, Schwabex, Eralbin, Fluoresan, Rotsalz, Rawatol, Radarsan usw. in den Handel gebracht worden sind, in starker Zunahme begriffen.

[2]) Ein preuß. Min.Erl. vom 24. November 1925, dem gleiche Verfügungen in den anderen Ländern zur Seite stehen, weist darauf hin, daß die Verwendung von Mitteln zur Betäubung der Fische und somit von Kokkelskörnern zum Fischfang durch § 100 des preußischen Fischereigesetzes vom 11. Mai 1916 verboten ist. Kann der Verkäufer von dem Vorhandensein dieser Voraussetzungen (daß der Käufer als zuverlässig bekannt ist und das Gift zu einem erlaubten Zweck benutzen will) sich nicht zuverlässig überzeugen, so darf er die Kokkelskörner nur auf Grund eines polizeilichen Erlaubnisscheines abgeben, der jedoch für die in Rede stehenden Zwecke nicht erteilt werden darf.

[3]) Rostfleckenentferner, die nicht aus Oxalsäure, sondern aus einer Oxalsäurezubereitung bestehen, fallen nicht unter die Giftverordnung (A.G. Castrop-Rauxel 10. Mai 1927, Ph.Ztg. 1927, Nr. 55).

Strychninhaltiges Getreide[1]).
Sulfonal und dessen Ableitungen.
Thallin, dessen Verbindungen und Zubereitungen.
Urethan.
Veratrum (weiße Nieswurz) -tinktur, -wurzel.
Wasserschierling-kraut, -extrakt.
Zeitlosen-extrakt, -knollen, -samen, -tinktur, -wein.

## Abteilung 3[2]).

Antimonchlorür, fest oder in Lösung.
Baryumverbindungen außer Schwerspat (schwefelsaurem Baryum).
Bittermandelwasser.
Bleiessig.
Bleizucker.
Brechwurzel (Ipecacuanha)-extrakt, -tinktur, -wein.
Farben, welche Antimon, Baryum, Blei, Chrom, Gummigutti, Kadmium, Kupfer, Pikrinsäure, Zink oder Zinn enthalten, mit Ausnahme von: Schwerspat (schwefelsaurem Baryum), Chromoxyd, Kupfer, Zink, Zinn und deren Legierungen als Metallfarben, Schwefelkadmium Schwefelzink, Schwefelzinn (als Musivgold), Zinkoxyd, Zinnoxyd[3]).
Fluorwasserstoffsaure (flußsaure) Salze, saure, in Form von Stiften mit einem Höchstgewichte von 8 g und einem Höchstgehalte von 50 vH saurem flußsauren Salze, soweit diese in geschlossenen Behältern mit der Aufschrift ‚Gift‘ zur Abgabe an das Publikum gelangen und sofern die Packungen außerdem folgenden Anforderungen entsprechen:
1. Die Stifte müssen an ihrem unteren Ende mit dem Behälter fest verbunden sein;
2. die Behälter dürfen keine reklamehaften Aufdrucke und reklamehaften Bilder aufweisen;
3. die Packungen sind mit einer Gebrauchsanweisung zu versehen, die den Vermerk ‚Vorsicht! Stift nicht anlecken!‘ tragen muß.

Goldsalze.
Jod und dessen Präparate, ausgenommen zuckerhaltiges Eisenjodür und Jodschwefel.
Jodoform.
Kadmium und dessen Verbindungen, auch mit Brom oder Jod.
Kalilauge, in 100 Gewichtsteilen mehr als 5 Gewichtsteile Kaliumhydroxyd enthaltend.
Kalium.
Kaliumbichromat (rotes chromsaures Kalium, sog. Chromkali).
Kaliumbioxalat (Kleesalz).

---

[1]) Die Bezeichnung „Gifthafer" und Giftweizen für strychninhaltiges Getreide ist nach einem preuß. Min.-Bescheid von 1899 allgemeinüblich und darf deshalb auch bei der Eintragung in das Giftbuch angewendet werden.

Über die Aufbewahrung und Signierung von strychninhaltigem Getreide erging nachstehender preuß. Min.Erl. vom 9. Oktober 1908:

Auf die Anfrage vom 30. September d. J. erwidere ich, daß strychninhaltiges Getreide ein Gift der Abteilung 2 aus Anlage I zur Landespolizeiverordnung vom 22. Februar 1906 über den Handel mit Giften ist, demnach rot auf weiß zu bezeichnen und nicht in der Giftkammer, sondern nach Art der in gleicher Weise bezeichneten Arzneimittel in den Apotheken vorsichtig und von den harmlosen Stoffen getrennt aufzubewahren ist. Die Abgabe strychninhaltigen Getreides hat den Vorschriften der Polizeiverordnung über den Handel mit Giften gemäß zu erfolgen.

[2]) Für die Gifte der Abteilung 3 gilt folgendes:

Aufbewahrung: von anderen Waren getrennt, weder über noch unmittelbar neben Nahrungs- oder Genußmitteln.

Abgabe: ohne Giftschein und ohne Eintragung ins Giftbuch, bei nicht als zuverlässig bekannten Personen aber nur gegen Erlaubnisschein.

[3]) Vgl. hierzu § 17 der Giftvorschriften (s. S. 250).

Kaliumchlorat (chlorsaures Kalium).
Kaliumchromat (gelbes chromsaures Kalium).
Kaliumhydroxyd (Ätzkali).
Karbolsäure, auch rohe, sowie verflüssigte und verdünnte, in 100 Gewichtsteilen mehr als 3 Gewichtsteile Karbolsäure enthaltend.
Kirschlorbeerwasser.
Koffein, dessen Verbindungen und Zubereitungen.
Koloquinthen-extrakt, -tinktur.
Kreosot.
Kresole und deren Zubereitungen (Kresolseifenlösungen[1]), Lysol, Lysosolveol usw.), sowie deren Lösungen, soweit sie in 100 Gewichtsteilen mehr als 1 Gewichtsteil der Kresolzubereitung enthalten[2]).
Kupferverbindungen.
Lobelien-kraut, -tinktur.
Meerzwiebel-extrakt, -tinktur, -wein[3]).
Mutterkorn-extrakt (Ergotin).
Natrium.
Natriumbichromat.
Natriumhydroxyd (Ätznatron, Seifenstein).
Natronlauge, in 100 Gewichtsteilen mehr als 5 Gewichtsteile Natriumhydroxyd enthaltend.
Paraphenylendiamin, dessen Salze, Lösungen und Zubereitungen.
Phenacetin.
Pikrinsäure und deren Verbindungen[4]).

---

[1]) Zu den Kresolseifenlösungen gehört auch der im Deutschen Arzneibuch aufgeführte Liquor Cresoli saponatus. Über die Benutzung desselben in der Hebammenpraxis erging nachstehender preuß. Min.Erl. vom 18. Januar 1911:

**Nachdem mit dem Inkrafttreten des neuen Deutschen Arzneibuches, 5. Ausgabe 1910 (zu vgl. den Erlaß vom 15. Dezember 1910), ein neues Kresolseifenpräparat allgemein eingeführt worden ist, bestimme ich unter Aufhebung des Runderlasses vom 19. Oktober 1907, daß an Stelle der „Kresolseife" künftig die „Kresolseifenlösung" des Deutschen Arzneibuchs (Seite 309/10) seitens der Hebammen zur Anwendung zu gelangen hat.**

Für die Abgabe der Kresolseifenlösung gelten die gleichen Bestimmungen wie für die anderen Gifte der Abteilung 3. Da die Hebammen nach dem Erl. vom 7. Februar 1905 (s. S. 247) als zuverlässig im Sinne von § 12 der Giftverordnung anzusehen sind, bedarf es zur Abgabe der Kresolseifenlösung an sie eines Erlaubnisscheines nicht.

Der Bezug der Kresolseife darf nach preußischen Min.Erlassen vom 11. Februar 1911 und 10. Dezember 1913 außer aus Apotheken auch aus anderen Geschäften erfolgen, „soweit diese eine Gewähr für die vorschriftsmäßige Beschaffenheit der Kresolseife bieten". Durch einen Erl. vom 12. Mai 1922 erklärte sich der preuß. Minister für Volkswohlfahrt damit einverstanden, daß die Hebammen künftig neben der ihnen vorgeschriebenen Kresolseife auch Lysol benutzen dürfen.

[2]) Zu den Kresolzubereitungen gehören außer den in der Verordnung selbst genannten insbesondere noch folgende Präparate: Bacillol, Bavarol, Crelium, Enterol, Germol, Kresamin, Kresapol, Kresin, Kresolin, Kresylol, Kresylsäure, Liquor desinfectans, Lysitol, Lysopast, Metakalin, Phenolin Sapokarbol, Sapokresol, Saprol, Solutol, Solveol, Trikresol, Trikresolamin.

Kresolseifenlösungen gehören ohne Ausnahme zu den Giften im Sinne der Giftpolizeiverordnung. Es kommt nicht darauf an, ob sie in 100 Gewichtsteilen mehr als einen Gewichtsteil Kresolzubereitung enthalten, da letztere Bedingung nur für die Lösungen von solchen Kresolzubereitungen in Betracht kommt (K.G. 28. November 1907, Ph.Ztg. 1907 Nr. 99).

Kreolin ist nach einem preuß. Min.Erl. vom 6. April 1906 nicht als Kresolzubereitung anzusehen. Dieser Erl. lautet:

**Der Handel mit Kreolin wird durch die Bestimmungen unserer Polizeiverordnung vom 22. Februar 1906 über den Handel mit Giften nicht betroffen.**

[3]) Meerzwiebel in Substanz gehört nicht zu den Giften der Giftverordnung. Letztere spricht nur von dem Extrakt, der Tinktur und dem Wein der Meerzwiebel (K.G. 30. April 1908, Ph.Ztg. 1908 Nr. 38).

[4]) Über das Vorrätighalten von Pikrinsäuren in Apotheken erging ein Erl. des Berliner Polizeipräsidenten vom 29. Juli 1913 folgenden Inhalts:

Quecksilberchlorür (Kalomel).
Salpetersäure (Scheidewasser), auch rauchende.
Salzsäure, arsenfreie[1]), auch verdünnte, in 100 Gewichtsteilen mehr als 15 Gewichtsteile wasserfreie Säure enthaltend.
Schwefelkohlenstoff.
Schwefelsäure, arsenfreie[1]), auch verdünnte, in 100 Gewichtsteilen mehr als 15 Gewichtsteile Schwefelsäuremonohydrat enthaltend.
Silbersalze, mit Ausnahme von Chlorsilber.
Stephans (Staphisagria) -körner.
Zinksalbe, mit Ausnahme von Zinkkarbonat.
Zinnsalze.

## Giftbuch.

**Anlage II.**

| Laufende Nummer | Bezeichnung des Erlaubnisscheines nach Behörde und Nummer | Tag der Abgabe | Des Giftes | | Zweck, zu welchem das Gift vom Erwerber benutzt werden soll | Des Erwerbers | | Des Abholenden | | Name des Verabfolgenden | Eigenhändige Namensschrift des Empfängers[2]) |
|---|---|---|---|---|---|---|---|---|---|---|---|
| | | | Name | Menge | | Name und Stand | Wohnort (Wohnung) | Name und Stand | Wohnort (Wohnung) | | |
| | | | | | | | | | | | |

Nach dem Reichsgesetz vom 9. Juni 1884 und der dazu erlassenen Polizeiverordnung vom 14. September 1905 dürfen Stoffe, welche zur Herstellung von Sprengstoffen geeignet sind, hierunter auch Acidum picrinicum, Acidum picronitricum, Pikrinsäure nur nach Behändigung eines Erlaubnisscheines vorrätig gehalten werden. Zuwiderhandlungen sind mit Strafe bedroht. Ich nehme Anlaß, hierauf aufmerksam zu machen, und ersuche, sofern Pikrinsäure in Substanz und nicht etwa nur in Lösung vorrätig gehalten werden soll, alsbald hier (Polizeipräsidium Abteilung II) die Ausstellung eines Erlaubnisscheines zu beantragen.

Ähnlich lautete eine Hamburger Verf. In Württemberg wurde dagegen ausdrücklich amtlich festgestellt, daß Pikrinsäure nicht unter das Sprengstoffgesetz, sondern nur unter die Giftverordnung falle. Später erfolgte auch in Preußen eine Milderung der Handhabung.

a. Erlaß des preuß. Ministers für Handel und Gewerbe vom 10. November 1925. Im Einvernehmen mit dem Ministerium des Innern und dem Ministerium für Volkswohlfahrt wird bestimmt, daß für kleine in den Apotheken vorrätig gehaltene Mengen von Pikrinsäure der nach dem Sprengstoffgesetz bestehende Zwang zur Einholung eines Erlaubnisscheins in Fortfall gelangt.

b. Das Reichsmin. d. J. hat den Reichsrat um die Ermächtigung ersucht, kleine in den Apotheken vorrätig gehaltene Mengen Pikrinsäure bis zu höchstens 100 g von dem Zwang zur Beibringung eines Erlaubnisscheins und dem Registerzwang zu befreien.

c. Auf Grund dieser Erlasse hat der Berliner Polizeipräsident unter dem 19. Januar 1926 die Berliner Gewerberäte angewiesen, bereits jetzt der Lagerung von höchstens 100 g Pikrinsäure in den Apotheken nichts in den Weg zu legen. Ein Erlaubnisschein ist nicht erforderlich, ebensowenig braucht ein Register geführt zu werden, doch ist der Ortspolizeibehörde eine Anzeige über die beabsichtigte Lagerung zu erstatten. Die Pikrinsäure ist in Glasgefäßen und gegen Diebstahl gesichert aufzubewahren. Eine polizeiliche Genehmigung des Unterbringungsortes ist nicht erforderlich. Eine gleichsinnige V. erging unter dem 6. Juli 1927 für den Freistaat Sachsen.

[1]) Anmerkung: Siehe Anmerkung zu Abteilung 1.

[2]) Dieser Spalte bedarf es nur dann, wenn gemäß § 13 Abs. 3 die Abgabe der Empfangsbestätigung im Giftbuch zugelassen ist.

**Anlage III.**

(Name der ausstellenden Behörde.)
Nr. . . .

## Erlaubnisschein zum Erwerb von Gift.

Der p. (Name, Stand) . . . . . . . . . . . . . . zu (Wohnort und Wohnung) . . . . . . . . . . . . . . . . . . . . . . . . die (Firma) . . . wünscht (Menge) . . . . . . . . . . . . . . . . (Name des Gifts) . . . . . . . . . . . . . zu erwerben, um damit . . . . . . . . . . . . (Zweck, zu welchem das Gift benutzt werden soll) . . . . . . . . . . . . . . .

Gegen dieses Vorhaben ist diesseits nach stattgefundener Prüfung nichts zu erinnern.

. . . . . . ., den . . . ten . . . . . . . . . 19 . . .

(Bezeichnung der ausstellenden Behörde)
(Namensunterschrift) (Siegel)

Dieser Schein macht die Ausstellung einer Empfangsbescheinigung (Giftschein) gemäß § 13 nicht entbehrlich. Er verliert mit dem Ablauf des vierzehnten Tages nach dem Ausstellungstage seine Gültigkeit, sofern etwas anderes oben nicht ausdrücklich vermerkt ist.

**Anlage IV.**

Nr. . . . (des Giftbuchs).

## Giftschein.

Von (Firma des abgebenden Geschäfts) . . . . . . . . . . . . . zu (Ort) . . . . . . . . . . . . . bekenne ich hierdurch . . . . . . . . . . (Menge) . . . . . . . . (Name des Gifts) . . . . . . . . . zum Zwecke de . . . . . . . . . . wohl verschlossen und bezeichnet erhalten zu haben.

Der aus einem unvorsichtigen Gebrauch des Gifts entstehenden Gefahren wohl bewußt, werde ich dafür Sorge tragen, daß dasselbe nicht in unbefugte Hände gelangt und nur zu dem vorgedachten Zweck verwendet wird.

Das Gift soll durch . . . . . . . . . . . . . . . abgeholt werden.

(Wohnort, Tag, Monat, Jahr und Wohnung.) (Name und Vorname, Stand oder Beruf des Erwerbers.) (Eigenhändig geschrieben.)

(Zusatz, falls das Gift durch einen anderen abgeholt wird.)

Das oben bezeichnete Gift habe ich im Auftrage des . . . . . . . . . (Namen des Erwerbers) in Empfang genommen und verspreche, dasselbe alsbald unversehrt an meinen Auftraggeber abzuliefern.

(Ort, Tag, Monat, Jahr.) (Name und Vorname, Stand oder Beruf des Abholenden.) (Eigenhändig geschrieben.)

## Weitere Bestimmungen über Gifte.

Den vorstehend behandelten speziellen Vorschriften über den Handel mit Giften treten noch einige weitere reichsgesetzliche Bestimmungen zur Seite;

**1.** § 56 Abs. 2 Nr. 9 der Gewerbeordnung (s. S. 20), wonach Gifte und gifthaltige Waren vom Ankauf oder Feilbieten im Umherziehen ausgeschlossen sind. Unter Giften sind dabei in erster Reihe die in dem der Giftverordnung beigegebenen Verzeichnis der Gifte genannten Stoffe und Zubereitungen zu verstehen, darüber hinaus aber auch alle sonstigen Körper, die, in kleiner Menge genommen, durch ihre Wirkung die Gesundheit bzw. das Leben zu zerstören geeignet sind.

**2.** Das Reichsgesetz betr. die Verwendung gesundheitsschädlicher Farben bei der Herstellung von Nahrungsmitteln, Genußmitteln und Gebrauchsgegenständen vom 5. Juli 1887. Die aus diesem in Betracht kommenden Bestimmungen sind bereits auf S. 114 und 115 angeführt.

**3.** Vorschriften über den Vertrieb von giftigen Pflanzenschutzmitteln durch Vertriebsstellen des amtlichen Pflanzenschutzes und landwirtschaftliche Körperschaften. Derartige Vorschriften sind nach einem vom Reichsministerium d. J. überwiesenen Muster in den Jahren 1924 bis 1927 in mehreren Ländern erlassen worden, in Preußen unter dem 14. August 1924 und 8. September 1925. Sie gelten jedoch nur für Vertriebsstellen des amtlichen Pflanzenschutzes und für landwirtschaftliche Körperschaften, haben daher für Apotheken keine Bedeutung. Der Vertrieb von giftigen Pflanzenschutzmitteln durch Apotheken unterliegt den allgemeinen Giftvorschriften (s. S. 243ff.). Nur in Württemberg ist durch Min.V. vom 23. Juli 1926 bestimmt, daß Apotheken und andere Gifthandlungen von Erleichterungen, die die neuen Sondervorschriften gegenüber den früheren allgemeinen vorsehen, „gleichfalls, jedoch nur bei giftigen Pflanzenschutzmitteln und nicht bei anderen Giften, Gebrauch machen können". Ähnliches ist für Mecklenburg-Schwerin unter dem 9. März 1927 bestimmt worden. Die §§ 1 und 2 der Vorschriften lauten:

**Vorschriften über den Vertrieb von giftigen Pflanzenschutzmitteln durch Vertriebsstellen des amtlichen Pflanzenschutzes und landwirtschaftliche Körperschaften.**

§ 1. Als giftige Pflanzenschutzmittel im Sinne dieser Vorschriften gelten die in Anlage I bezeichneten Stoffe, Verbindungen und Zubereitungen, sowie die unter ihrer Verwendung hergestellten Zubereitungen zur Bekämpfung (Vertilgung von Pflanzenschädlingen.

§ 2. Der Vertrieb von giftigen Pflanzenschutzmitteln ist nur solchen Stellen gestattet, denen hierzu eine Erlaubnis der zuständigen Behörde erteilt worden ist; er unterliegt den Vorschriften der §§ 3 bis 14.

Die nun folgenden Vorschriften der §§ 3—14 sind denen der allgemeinen Giftverordnung nachgebildet, § 15 enthält die Strafandrohung. Das in Anlage I beigefügte Verzeichnis der giftigen Pflanzenschutzmittel lautet:

Abteilung 1.

Arsen und seine Verbindungen.
Nikotin und seine Verbindungen, ausgenommen Tabaklauge.
Quecksilberverbindungen.
Uransalze, wasserlösliche.

Jedoch dürfen Pflanzenschutzmittel, die „Arsen und seine Verbindungen" und „Quecksilberverbindungen" enthalten, wie Gifte der Abteilung 3 bezüglich der Aufbewahrung und Abgabe behandelt werden, wenn sie in Originalpackungen aufbewahrt und abgegeben werden und ihre Behältnisse mit Inhalt folgenden Anforderungen entsprechen:

1. die Packungen müssen unbeschädigt sein (§ 4 Absatz 1 Satz 2),
2. die Behältnisse müssen dicht, fest und gut verschlossen sein,
3. die Behältnisse müssen die deutliche und dauerhafte Aufschrift „Gift" tragen sowie mit der Angabe des Inhaltes versehen sein (§ 5 Absatz 1) und dürfen keine reklamehaften Aufdrucke und reklamehaften Bilder aufweisen (§ 12 Absatz 3),
4. der Inhalt muß mit einem Farbstoff versetzt sein (§ 14 Absatz 2), wobei ein grüner Farbstoff vorhanden sein muß, wenn Arsen und

Quecksilber gleichzeitig vorliegen; außerdem muß er einen vom Genuß abschreckenden oder stechenden Geruch und schließlich einen widerlichen Geschmack aufweisen,

5. die Packungen müssen mit einem auf die Giftigkeit bei unvorschriftsmäßiger Verwendung hinweisenden Verschlußstreifen, Bügel od. dgl. mit einer amtlich gebilligten warnenden Belehrung und einer Gebrauchsanweisung (§ 14 Absatz 1) versehen sein.

### Abteilung 2.

Chromsäure und ihre Verbindungen.
Oxalsäure (s. Abt. 3).

### Abteilung 3.

Bariumverbindungen, lösliche.
Fluorwasserstoffsaure Salze (Fluoride), lösliche[1]).
Formaldehydlösungen, ausgenommen Lösungen und sonstige Zubereitungen mit einem Gehalt von nicht mehr als vier Hundertteilen Formaldehyd.
Karbolsäure (Phenol), auch verflüssigte und verdünnte, ausgenommen Verdünnungen und sonstige Zubereitungen mit einem Gehalt von nicht mehr als zwei Hundertteilen Karbolsäure (Phenol).
Kieselfluorwasserstoffsäure, auch verdünnte, ausgenommen Verdünnungen und sonstige Zubereitungen mit einem Gehalt von nicht mehr als fünfzehn Hundertteilen wasserfreier Säure[1]).
Kieselfluorwasserstoffsaure Salze (Silikofluoride), lösliche[1]).
Kresole, auch sog. rohe Karbolsäure, Kresolschwefelsäuren, Kresolsulfosäuren, ausgenommen in Lösungen von Zubereitungen (Kresolseifenlösungen, Lysol usw.) mit einem Gehalt von nicht mehr als einem Hundertteil Kresol.
Oxalsaure Salze (Oxalate).
Pikrinsäure und ihre Verbindungen.
Schwefelkohlenstoff.
Zinksalze, ausgenommen Zinkkarbonat.

Die Wiedergabe der Einzelbestimmungen erübrigt sich, da die Vorschriften in den meisten Ländern für Apotheken nicht gelten und zudem eine vollkommene Neugestaltung derselben geplant ist.

4. Eine Verordnung der Reichsregierung vom 29. Januar 1919 über die Schädlingsbekämpfung mit hochgiftigen Stoffen ermächtigt das

[1]) In der allgemeinen Giftverordnung stehen diese Mittel in Abteilung 2 des Giftverzeichnisses. Zu diesem Unterschiede bemerkt ein preuß. Min.Erl. vom 9. Februar 1926: In der Verordnung über den Vertrieb von giftigen Pflanzenschutzmitteln durch Vertriebsstellen des amtlichen Pflanzenschutzes usw. sind neutrale, lösliche fluorwasserstoffsaure Salze und Kieselfluorwasserstoffsäure und deren Salze in Abteilung 3 des Verzeichnisses aufgeführt, so daß nach dem Wortlaut dieser Verordnung die Abgabe von neutralen, löslichen fluorwasserstoffsauren Salzen sowie von Kieselfluorwasserstoffsäure und deren Salzen als solchen und in Zubereitungen durch die Vertriebsstellen weniger strengen Bestimmungen unterliegt als durch den Gifthändler. Da die erwähnten Fluorverbindungen aber als Pflanzenschutzmittel zur Zeit nicht in Frage kommen, so dürfte diesem Unterschied in den Verordnungen keine praktische Bedeutung beizumessen sein.

Der Umstand, daß in der Verordnung über Pflanzenschutzmittel Lösungen von Kieselfluorwasserstoffsäure unter 15 vH nicht als Gifte angesehen werden, ist gleichfalls belanglos, da auch solche verdünnte Lösungen als Pflanzenschutzmittel zur Zeit nicht angeboten werden und der hohen Frachtkosten wegen wohl auch in Zukunft kaum auf den Markt kommen dürften.

Reichswirtschaftsamt, die Verwendung von hochgiftigen Stoffen zur Bekämpfung tierischer und pflanzlicher Schädlinge zu regeln. Daraufhin erging unter dem 22. August 1927 folgende Verordnung:

**Verordnung betr. die Schädlingsbekämpfung mit hochgiftigen Stoffen. Vom 22. August 1927.**

§ 1. Zur Bekämpfung pflanzlicher und tierischer Schädlinge (einschließlich der als Ungeziefer bezeichneten Arten) ist der Gebrauch von Zyanwasserstoff (Blausäure) und sämtlicher Stoffe, Verbindungen und Zubereitungen, welche zur Entwicklung oder Verdampfung von Zyanwasserstoff oder leichtflüchtiger Zyanverbindungen dienen, in jeder Anwendungsform verboten. Der Reichsminister für Ernährung und Landwirtschaft kann im Einvernehmen mit dem Reichsminister des Innern anordnen, daß das Verbot auf bestimmte Stoffe, Verbindungen oder Zubereitungen keine Anwendung findet.

§ 2. Das Verbot erstreckt sich nicht auf die Tätigkeit der Heeres- und Marineverwaltung sowie auf die wissenschaftliche Forschung in Anstalten des Reiches und der Länder. Die obersten Landesbehörden oder die von ihnen bestimmten Behörden können auf Antrag weiteren Stellen oder Personen die Erlaubnis zur Anwendung der nach § 1 verbotenen Stoffe, Verbindungen oder Zubereitungen erteilen.

Die Anwendung der im § 1 Satz 1 genannten Mittel zur Entwesung ganzer Gebäude einschließlich der Schiffe ist verboten, sofern diese nicht vorher von Menschen gänzlich geräumt sind . . .

§ 3. Die nach § 1 verbotenen Stoffe, Verbindungen und Zubereitungen dürfen nur an die im § 2 Abs. 1 bezeichneten Stellen oder an solche Stellen und Personen abgegeben werden, denen eine Erlaubnis zur Anwendung nach § 2 Abs. 1 erteilt ist.

Die Abgabe darf nur in widerstandsfähigen Gefäßen erfolgen, die für Zyanwasserstoff völlig undurchlässig sind.

Auf Grund eines Rundschreibens des Reichsmin. d. J. vom 10. März 1919 erging zu diesem Gegenstand ein preuß. Min.Erl. vom 5. Mai 1919, worin betont war, „daß der Verkauf von zyanwasserstoffsauren Salzen zum Zwecke der Schädlingsbekämpfung nicht allgemein als erlaubter gewerblicher oder wissenschaftlicher Zweck im Sinne des § 12 der Giftverordnung zu betrachten ist. Ein Anhaltspunkt, zu welchem Zwecke die verlangten Zyansalze benutzt werden sollen (z. B. zur Photographie oder zur Schädlingsbekämpfung), wird meist schon aus den angeforderten Mengen zu entnehmen sein, da zur Schädlingsbekämpfung stets erhebliche, für andere Zwecke nur kleine Mengen dieser Salze notwendig sind."

**5.** Auf Grund von § 5 des Reichsgesetzes betr. den Verkehr mit Nahrungsmitteln, Genußmitteln und Gebrauchsgegenständen vom 14. Mai 1879 erging die folgende Kaiserl. V. betr. den Verkehr mit Essigsäure vom 14. Juli 1908:

**Verordnung betr. den Verkehr mit Essigsäure. Vom 14. Juli 1908.**

§ 1. Rohe und gereinigte Essigsäure (auch Essigessenz), die in 100 Gewichtsteilen mehr als 15 Gewichtsteile reine Säure enthält, darf in Mengen unter 2 l nur in Flaschen nachstehender Art und Bezeichnung gewerbsmäßig feilgehalten oder verkauft werden:

1. Die Flaschen müssen aus weißem oder halbweißem Glas gefertigt, länglich rund geformt und an einer Breitseite in der Längsrichtung gerippt sein.

2. Die Flaschen müssen mit einem Sicherheitsstopfen versehen sein, der bei wagerechter Haltung der gefüllten Flasche innerhalb einer Minute nicht mehr als 50 ccm des Flascheninhalts ausfließen läßt. Der Sicherheitsstopfen muß derart im Flaschenhalse befestigt sein, daß er ohne Zerbrechen der Flasche nicht entfernt werden kann.
3. An der nicht gerippten Seite der Flasche muß eine Aufschrift vorhanden sein, die in deutlich lesbarer Weise
   a. die Art des Inhalts einschließlich seiner Stärke an reiner Essigsäure angibt,
   b. die Firma des Fabrikanten des Inhalts bezeichnet,
   c. in besonderer für die sonstige Aufschrift nicht verwendeter Farbe die Warnung „Vorsicht! Unverdünnt lebensgefährlich" getrennt von der sonstigen Aufschrift enthält,
   d. eine Anweisung für den Gebrauch des Inhalts der Flasche bei der Verwendung zu Speisezwecken erteilt.

Weitere Aufschriften dürfen auf der Flasche nicht vorhanden sein.

§ 2. Die Vorschriften des § 1 finden keine Anwendung auf das Feilhalten und den Verkauf von Essigsäure in Apotheken, soweit es zu Heil- oder wissenschaftlichen Zwecken erfolgt.

§ 3. Das Feilhalten und der Verkauf von Essigsäure der im § 1 bezeichneten Art unter der Bezeichnung „Essig" ist verboten.

**6.** Besondere verkehrsrechtliche Bestimmungen, die wiederzugeben hier zu weit führen würden, regeln die Beförderung von giftigen und ätzenden Stoffen mit der Post, durch die Eisenbahn und auf Wasserwegen.

## Zulassung zum Gifthandel.

Nach § 34 Abs. 3 der Gewerbeordnung (s. S. 15) können die Landesgesetze vorschreiben, daß zum Handel mit Giften besondere Genehmigung erforderlich ist. Von dieser Ermächtigung haben die meisten Einzelstaaten Gebrauch gemacht, teils in besonderen Landesgesetzen, teils in den Einführungsbestimmungen zur Giftverordnung. Dabei finden sich jedoch mancherlei Verschiedenheiten. In einigen wenigen Staaten ist zum Gifthandel überhaupt keine Erlaubnis erforderlich, sondern es genügt eine einfache Anzeige, in anderen erstreckt sich die Genehmigungspflicht nur auf die Gifte der Abteilungen 1 und 2 des Verzeichnisses der Gifte, nicht auf die Abteilung 3, in den meisten auf die Gifte aller drei Abteilungen. Des weiteren ist die Frage, ob und wie sich die Behörde vor der Konzessionserteilung von der Zuverlässigkeit und Sachkunde des Antragstellers zu überzeugen hat, verschieden geregelt. Im wesentlichen gelten in den einzelnen Staaten, wobei noch die frühere politische Einteilung zugrunde gelegt werden muß, die folgenden Grundsätze:

Für den Gifthandel genügt eine einfache Anmeldung in Baden, Schwarzburg-Sondershausen und Württemberg. Lediglich die Gifte der Abteilungen 1 und 2 sind konzessionspflichtig, die der Abteilung 3 nur anzeigepflichtig, in Bayern, Braunschweig und Sachsen-Altenburg, während in den übrigen Ländern der Handel mit sämtlichen in dem Verzeichnis der Gifte genannten Stoffen von einer Genehmigung abhängig ist. Der Großhandel ist konzessionsfrei nur in Hamburg und in Preußen. Die Genehmigung darf in der Regel nur an solche Personen erteilt werden, welche den Nachweis ihrer Zuverlässigkeit erbracht haben (in Preußen durch Beibringung eines auf Grund einer Prüfung ausgestellten Zeugnisses eines Kreisarztes, in anderen Staaten zumeist ähnlich). In Braunschweig, Reuß ä. L. und Sachsen-Weimar ist jedoch die Genehmigung auch noch von einem vorhandenen Bedürfnis abhängig. Die Apothekeninhaber sind in den meisten Ländern von den Bestimmungen über die Anmelde- bzw. Konzessionspflicht ausdrücklich ausgenommen. In den Verordnungen einiger Staaten findet sich jedoch dieser Vorbehalt nicht; dies sind die älteren Provinzen von Preußen, Sachsen, Sachsen-Altenburg, Sachsen-Koburg-Gotha, Sachsen-Meiningen, Schaumburg-Lippe, Schwarzburg-Rudolstadt und Waldeck. In Sachsen besagt sogar eine besondere Verordnung vom 20. Juli 1895 ausdrücklich, daß auch Apotheker dann, wenn sie die Gifte nicht nur zur Bereitung ärztlich verordneter Medikamente verwenden, sondern in der Tat Handel mit Giften treiben, ebenfalls hierzu der vorgeschriebenen Genehmigung bedürfen. In Schaumburg-Lippe sind approbierte Apotheker, staatlich geprüfte Nahrungsmittelchemiker und beruflich vorgebildete Drogisten, die eine Prüfung an einer anerkannten Drogistenschule mit Erfolg bestanden haben, nur von dem Nachweis der erforderlichen Fachkenntnisse bei Nachsuchung der Genehmigung befreit.

Soweit Giftkonzession erforderlich ist, bedürfen ihrer auch solche Personen, die im Gifthandel die Befugnisse als Stellvertreter des Geschäftsinhabers (§§ 45 und 47 Gew.O.) ausüben wollen (preuß. Min.Erl. vom 17. Juni 1913) sowie auch Filialleiter einer Gifthandlung (K.G. 11. November 1912, Ph.Ztg. 1912 Nr. 93).

In Preußen bestehen folgende Bestimmungen über die Zulassung zum Gifthandel: Für die älteren Gebietsteile von Preußen bestimmt die Allgemeine preußische Gewerbeordnung vom 17. Januar 1845 in der Fassung der Novelle vom 22. Juni 1861 folgendes:

§ 49 Abs. 1. Denjenigen, welche Gifte[1]) feilhalten[2]) ... wollen, ist der Beginn des Gewerbebetriebes erst dann zu gestatten, wenn sich die Behörden von ihrer Zuverlässigkeit in Beziehung auf den beabsichtigten Gewerbebetrieb überzeugt haben.

Für die später erworbenen Landesteile Schleswig-Holstein, Hannover und Hessen-Nassau, für welche die preußische Gew.O. nicht völlige Gültigkeit erlangt hat, ist die Konzessionspflichtigkeit des Gifthandels, und zwar des gesamten Handels, nicht nur des Feilhaltens, durch besondere Polizeiverordnungen der Oberpräsidenten eingeführt worden. Diese sind ergangen für Schleswig-Holstein unter dem 5. Juli 1898 und 6. Januar 1902, für Hannover unter dem 24. Mai 1898 und 18. März 1902, für Hessen-Nassau unter dem 20. April 1899 und 23. Mai 1902. Während in diesen Verordnungen Apothekenbetriebe (und der Großhandel) von der Konzessionspflicht für den Gifthandel stets ausdrücklich ausgenommen sind, fehlt in der preuß. Gewerbeordnung eine derartige Bestimmung. Gleichwohl wird praktisch auch in Altpreußen von Apotheken eine besondere Erlaubnis zum Gifthandel nicht verlangt, sondern es wird angenommen, daß diese in der Apothekenbetriebserlaubnis mit enthalten ist.

Über die Zurücknahme der Giftkonzession vgl. § 53 der Gewerbeordnung (s. S. 19).

[1]) Unter „Giften" im Sinne dieser Bestimmung sind nur die in Anlage I der Vorschriften über den Handel mit Giften (s. S. 253) genannten Drogen, Präparate und Zubereitungen zu verstehen (K.G. 30. April 1908, Ph.Ztg. 1908 Nr. 38).

[2]) Nach dieser gesetzlichen Grundlage ist nicht jeder Handel mit Giften, sondern nur das „Feilhalten" von Giften von einer polizeilichen Erlaubnis abhängig (K.G. 5. April 1906, K.G.A. VI S. 527). Aus diesem Grunde ist auch, wie das K.G. am 4. Juli 1898 (K.G.A. II S. 326) entschieden hat, der Großhandel mit Giften, sofern er mit einem „Feilhalten" nicht verbunden ist, in Preußen nicht konzessionspflichtig. Von einem Feilhalten kann nach einem weiteren Urteile des K.G. vom 3. September 907 (Ph.Ztg. 1907 Nr. 74) nur dann die Rede sein, wenn Waren in einem Raum zum Verkauf bereitgestellt sind oder durch Plakate darauf hingewiesen wird, daß gewisse Waren zum Verkauf bereit gehalten werden.

# C. Preußische Bestimmungen.

## XX. Apothekenbesitzrecht.

Die Reichsgewerbeordnung findet laut §§ 6 und 29 Abs. 3 auf die Errichtung und Verlegung von Apotheken keine Anwendung. Dieser Vorbehalt hat die Wirkung, daß das auf Gewerbefreiheit bzw., soweit besonderer Befähigungsnachweis vorgesehen ist, auf Niederlassungsfreiheit beruhende Prinzip der Gewerbeordnung auf das Apothekenwesen keine Anwendung findet, die Regelung der Zulassung zur selbständigen Ausübung des Apothekerberufes somit der Landesgesetzgebung überlassen bleibt. Die Verschiedenheit der diesbezüglichen Vorschriften hat deshalb schon seit Schaffung der Gewerbeordnung den Wunsch nach einheitlicher reichsgesetzlicher Regelung des Apothekenwesens entstehen lassen. Bereits am 25. Mai 1869 hat der Norddeutsche Reichstag eine Resolution angenommen, worin der Bundeskanzler aufgefordert wurde, „dem Reichstage einen Gesetzentwurf vorzulegen, durch welchen der Betrieb des Apothekergewerbes und der Verkauf von Arzneimitteln einheitlich geregelt werden". Trotz andauernder Bemühungen, die verschiedentlich zur Aufstellung von Gesetzentwürfen geführt haben, so 1872, 1877, 1895/96, 1907, ist bis heute die Resolution von 1869 unausgeführt geblieben. Seit 1925 ist ein neuer Versuch in dieser Hinsicht im Gange.

Über Errichtung und Verlegung von Apotheken, d. i. das *Apothekenbesitzrecht*, gelten somit lediglich die landesrechtlichen Bestimmungen. Diese stimmen in allen deutschen Ländern darin überein, daß die *Errichtung von Apotheken* nur auf Grund einer staatlicherseits zu verleihenden Genehmigung erfolgen darf. Hinsichtlich der rechtlichen Natur dieser Genehmigung ist im Laufe der Zeit fast überall eine Entwicklung vom verkäuflichen Privileg zur unverkäuflichen Personalkonzession eingetreten. Ursprünglich stellte die Genehmigung überall ein landesherrliches *Privileg* oder *Realrecht* dar, das teils mit einem Grundstück verbunden, teils als selbständiges persönliches Recht verliehen, in fast allen Fällen aber frei verkäuflich und vererblich war. Einzelne dieser Berechtigungen waren sog. *Exklusivprivilegien*, d. h. mit dem Rechte der Ausschließung anderer von einer gleichen Gewerbeausübung innerhalb eines bestimmten Ortes ausgestattet. Später wurden dann an Stelle der Privilegien *Apothekenkonzessionen* verliehen, die an sich nur persönlicher Natur waren und beim Tode oder Ausscheiden des Konzessionsinhabers wieder an den Staat zurückfallen sollten. Dadurch, daß die Konzessionen aber in solchen Fällen teils gewohnheitsmäßig, teils mit ausdrücklicher Billigung seitens der Regierung dem vom Vorgänger präsentierten Nachfolger verliehen wurden, wurden diese an sich persönlichen und unverkäuflichen Apothekenkonzessionen in Wirklichkeit zu verkäuflichen und damit zu Berechtigungen, die sich von den Privilegien in der Hauptsache durch den Mangel der Eintragungsfähigkeit in das Grundbuch, der hypothekarischen Beleihbarkeit und der Verpfändbarkeit unterscheiden. In Sachsen und Baden konnten persönliche Konzessionen gegen eine bestimmte Geldabgabe (Canon) sogar offiziell in Realgerechtsame umgewandelt werden.

Schließlich aber erfolgte fast überall der Übergang zur Verleihung lediglich persönlicher, unverkäuflicher und unvererblicher Konzessionen, die beim Ausscheiden des Konzessionars einem vom Staate aus der Reihe der Konzessionsanwärter ausgewählten Nachfolger übertragen werden, der nur zur Übernahme der Geschäftseinrichtung und der Warenvorräte gegen einen dem wahren zeitigen Werte entsprechenden, nötigenfalls durch Sachverständige festgestellten Betrag verpflichtet ist. Der Übergang zu diesem System der Personalkonzession erfolgte jedoch in den einzelnen Ländern zu verschiedener Zeit und in verschiedener Art[1]).

Die selbständige Ausübung des Apothekergewerbes ist nach § 29 der Gewerbeordnung an den Besitz der Approbation geknüpft. In Preußen darf sich auf die Dauer auch ein Privileg nur im Besitz eines approbierten Apothekers befinden. Anders bei den bayerischen Realrechten. Ein Nichtapotheker kann ein solches Realrecht wohl erwerben und besitzen, darf es aber nicht ausüben. Die Ausübung muß durch einen Apotheker als Pächter oder Verwalter erfolgen. Ähnlich ist die Rechtslage bei den sächsischen Apothekenprivilegien. Apothekenkonzessionen werden, abgesehen von den hessischen Gemeindeapotheken, überhaupt nur an approbierte Apotheker erteilt.

Das Apothekenbesitzrecht in Preußen gründet sich zum größten Teil noch jetzt auf das Grundgesetz des preußischen Apothekenwesens, die revidierte Apothekerordnung vom 11. Oktober 1801, die zwar mit Ausnahme eines durch Gesetz vom 13. August 1895 aufgehobenen Anhanges über Aufbewahrung und Verabfolgung der Giftwaren in Altpreußen[2]) noch jetzt in ihrer Totalität formelle Gültigkeit hat, von der aber praktisch nur noch die ersten sechs Paragraphen Bedeutung haben. Diese lauten:

---

[1]) Näheres hierüber s. bei Adlung: „Die Apothekenbesitzrechte in den deutschen Ländern." Berlin, Verlag von Julius Springer.

[2]) Die revidierte Apothekerordnung vom 11. Oktober 1801 ist nicht in allen Provinzen Preußens publiziert worden. Nach einer Arbeit von Regierungsassessor Kuhn (Verwaltungsarchiv Bd. 15 Heft 1) hat die revidierte Apothekerordnung keine Geltung in Neuvorpommern, Rügen, den ostrheinischen Teilen des Reg.-Bez. Koblenz, den ehemalig französischen westrheinischen Gebieten, den früheren Herzogtümern Jülich-Cleve-Berg, in Sigmaringen und Hechingen, dem durch den Staatsvertrag vom 1. Dezember 1853 erworbenen Jadegebiet, ferner in den 1866 erworbenen Landesteilen Hannover, Hessen-Nassau, Frankfurt a. M., Schleswig-Holstein sowie den durch die Landesverträge mit Bayern und Hessen an Preußen abgetretenen ehemals bayerischen und hessischen Gebietsteilen. In allen diesen Bezirken gelten statt der revidierten Apothekerordnung noch die Bestimmungen der einzelnen Landesgesetze.

Daß die rev. Ap.O. in Köln keine Geltung hat, entschied das K.G. unter dem 3. Februar 1887 (Joh. VII S. 225). Andererseits stellte das R.G. unter dem 14. November 1901 (Gruchot 46, S. 1118) folgendes fest: „Vermöge des Publikationspatents vom 15. November 1816 hat vom 1. März 1817 ab neben dem preuß. Allg. Landrecht auch die preuß. Gesetzgebung über das Apothekerwesen, wie solche damals lag, in den ehemals kursächsischen Landesteilen Geltung erlangt."

Betreffend die Medizinalverwaltung in den 1866 erworbenen Landesteilen erging die Kgl. V. vom 13. Mai 1867, wonach der Minister der geistlichen usw. Angelegenheiten ermächtigt wurde, „in Angelegenheiten, welche betreffen die Bedingungen für die Anlegung und den Geschäftsbetrieb, sowie für die Visitation der Apotheken, die Beaufsichtigung des Medizinalwesens, der Medizinal-, Sanitäts- und Veterinärpolizei, die Feststellung der Arzneitaxe, den Debit der Arzneiwaren, in demselben Maße Verfügung zu treffen, wie ihm solches in den älteren Landesteilen der Monarchie ressortmäßig zukommt."

# Revidierte Apothekerordnung.

Vom 11. Oktober 1801.

## Titel I.

### Von den Apothekern überhaupt.

§ 1. Zur Ausübung der Apothekerkunst an einem Orte berechtigt nur
1. ein landesherrliches Privilegium,
2. das Approbationspatent.

Das erstere wird von unserem General-Directorio, das letztere von Unserem Ober-Collegio Medico et Sanitatis erteilt[1]).

§ 2. Die Apotheken-Privilegia, welche einmal in einem Orte fundiert sind, sind sowohl erblich als überhaupt veräußerlich[2]), es wäre denn, daß sie nur dem Besitzer für seine Person verliehen worden[3]); doch gehört zur Besitzfähigkeit des Erwerbers, daß er selbst ein gelernter Apotheker sei und als solcher von der Medizinalbehörde approbiert werde[4]).

---

[1]) Jetzt das zuständige Ministerium.

[2]) Hierzu entschied das R.G. unter dem 28. Januar 1895 (Ph.Ztg. 1906 Nr. 90): Alle Apothekenprivilegien, die in Preußen seit Inkrafttreten der revidierten Apothekerordnung vom 11. Oktober 1801 nicht durch Errichtung und Betrieb einer Apotheke in Wirksamkeit gesetzt (fundiert) worden sind, müssen seit genanntem Zeitpunkt als erloschen angesehen werden.

[3]) Im Bereich der preußischen Apothekerordnung sind alle in den älteren, nicht unter französischer, westfälischer oder bergischer Gesetzgebung gestandenen Landesteilen vor Emanation des Gewerbeedikts vom 2. November 1810 verliehenen pharmazeutischen Gewerbeberechtigungen nach § 2 der rev. Ap.O. als vererbliche und veräußerliche Realprivilegien zu betrachten, sofern die Verleihung nicht ausdrücklich auf eine bestimmte Person beschränkt ist. Letzteres ist aber nur ausnahmsweise der Fall. Der Beweis, daß ein Apothekenprivilegium dem ersten Besitzer nur für seine Person verliehen worden sei, ist von der Regierung, sofern sie diese Behauptung aufstellt, selbst zu erbringen. Kann sie das nicht, so ist die Vererb- und Veräußerlichkeit desselben nicht zu beanstanden. So entschied das preuß. Obertribunal unter dem 3. Juli 1877. Ferner ergingen folgende Urteile:

1. Ein ursprünglich nur auf bestimmte Zeit gewährtes Apothekenprivilegium kann für das betreffende Grundstück auch durch unvordenkliche Verjährung erworben sein und muß demnach als Privileg anerkannt werden (R.G. 4. Februar 1905, Ph.Ztg. 1905 Nr. 69).

2. Gegenüber dem Zweifel an der Rechtmäßigkeit des Bestehens eines Privilegs ist der Gegennachweis einer bewußten und rechtmäßigen Ausübung möglich. Dieser Beweis der bewußten Usurpation ist als gelungen zu betrachten, wenn dargetan wird, daß das Apothekenprivileg mindestens 80 Jahre vor 1817 ausgeübt wurde. Zum Beweise reicht aus, daß kein Apothekenvorbesitzer an die Erneuerung des Privilegs gedacht, auch keiner von der Behörde dazu aufgefordert worden ist (R.G. 19. Juni 1912, Ph.Ztg. 1912 Nr. 50).

3. Der Erwerb eines Privilegs durch unvordenkliche Verjährung verlangt den Betrieb der Apotheke durch mindestens 80 Jahre im Zusammenhange, ohne daß während dieses Zeitraumes der jeweilige Besitzer die landesherrliche Genehmigung nachgesucht oder erhalten hätte. Die Ausübung eines Privilegs, welche zur unvordenklichen Verjährung führt, muß aber die eines Rechtes sein, es darf sich dabei nicht um Ausnutzung einer bloßen Vergünstigung oder einer bewußten Usurpation gegenüber Nachgiebigkeit oder Nachlässigkeit handeln (O.L.G. Naumburg 21. Juni 1906, Ph.Ztg. 1907 Nr. 10).

4. Die Ersitzung eines Apothekenprivilegs erfordert nach dem Allgemeinen Landrecht gegenüber dem Fiskus einen 44jährigen Besitz. Ein solcher Zeitraum muß aber bis zum Erlaß des Gewerbeedikts vom 2. November 1810 abgelaufen sein. Nach diesem Zeitpunkt kann ein Privilegium ebensowenig durch Ersitzung wie durch Verleihung erworben worden sein (O.V.G. 19. November 1908, Ph.Ztg. 1909 Nr. 46).

[4]) Privilegierte Apotheken dürfen also mit den in §§ 3 und 4 der rev. Ap.O. zugelassenen vorübergehenden Ausnahmen nur im Besitz von gemäß § 29 Gew.O. appro-

§ 3. Fällt daher eine Apotheke einem nichtgelernten Apotheker, es sei durch Erbgangsrecht oder durch andere zum Erwerb eines Eigentums geschickte Titel zu, so muß er solche binnen Jahresfrist, welche jedoch bei erheblichen Umständen von den Medizinalbehörden auf sechs Monate erweitert werden kann, auf einen qualifizierten Besitzer bringen[1]), bis dahin aber solche durch einen vom Ober-Collegio Medico et Sanitatis approbierten und vereideten[2]) Provisor verwalten lassen[3]).

§ 4. Nur den Witwen eines privilegierten Apothekers während ihres Witwenstandes und den minorennen Kindern[4]) desselben bis zu ihrer

---

bierten Apothekern sein. Gleiches gilt, abgesehen von Krankenhausapotheken und den Fällen des § 4 der Ap.O., für konzessionierte Apotheken, da die Konzessionen anderen als approbierten Apothekern nicht erteilt werden. Diese Bestimmungen schließen jedoch die Zuziehung eines stillen Gesellschafters für privilegierte oder konzessionierte Apotheken nicht aus. Nach einem Urteil des R.G. vom 9. Juli 1909 (Ph.Ztg. 1909 Nr. 78) sind Verträge über die finanzielle Beteiligung eines Nichtapothekers an einer Apotheke als zulässig zu erachten. Lediglich die persönliche Ausübung des Betriebes durch einen Kreditgeber, der nicht Apotheker ist, ist unzulässig.

[1]) Beim Erbgang privilegierter Apotheken gehen diese rechtlich zunächst an die Gesamtheit der Erben über und dürfen bis zur Dauer eines (bzw. $1^1/_2$) Jahres auf deren Rechnung verwaltet werden. Erst dann muß die Apotheke entweder auf einen approbierten Apotheker übertragen oder gemäß § 4 auf Rechnung der Witwe bzw. der minorennen Kinder weiter verwaltet werden, wozu in beiden Fällen eine Auseinandersetzung unter allen Erben Voraussetzung ist. Eine ausführliche Darlegung der Rechtslage findet sich in Ph.Ztg. 1922 Nr. 27 und 1927 Nr. 30 und 55. Den von Geh. Rat von Gneist in Apoth.Ztg. 1927 Nr. 29 und 52 entwickelten abweichenden Ansichten kann nicht beigetreten werden.

[2]) Für die Vereidigung der Apotheker ist in der Verfügung des Med.-Ministers vom 13. November 1888 folgende Eidesformel festgesetzt:

Ich N. N. schwöre bei Gott dem Allmächtigen und Allwissenden, daß, nachdem mir die Approbation zum selbständigen Betriebe einer Apotheke im Gebiete des Deutschen Reiches erteilt worden ist, ich alle mir vermöge meines Berufes obliegenden Pflichten nach den darüber bestehenden oder noch ergehenden Verordnungen, auch sonst nach meinem besten Wissen und Gewissen genau erfüllen will. So wahr mir Gott helfe.

Näheres über die Vereidigung der Apotheker s. bei: Schlegtendal: „Der Eid der Apotheker in Preußen" (Med.-A. 1914, S. 175 und 331).

[3]) Aus dieser Bestimmung ergibt sich, daß auch ein (noch nicht approbierter) Kandidat der Pharmazie eine privilegierte Apotheke käuflich erwerben kann. Er muß sie aber nach spätestens 18 Monaten auf einen approbierten Besitzer bringen, als welcher auch er selbst eintreten kann, wenn er bis dahin die Approbation erlangt hat. Ein Min.Erl. vom 26. Juni 1911 vertritt dazu den Standpunkt, daß Gleiches auch bei verkäuflichen konzessionierten Apotheken gilt. Auch eine konzessionierte verkäufliche Apotheke könne ein Kandidat der Pharmazie erwerben und zunächst durch einen approbierten Apotheker verwalten lassen. „Er hat dann in längstens 18 Monaten dafür zu sorgen, daß die Apotheke einen zum selbständigen Betriebe befähigten (d. h. als Apotheker approbierten) Besitzer erhält, wobei ihm unbenommen bleibt, nach erlangter Approbation als Apotheker sich selbst für die Erteilung der Konzession in Vorschlag zu bringen. Ihm die Konzession zur Fortführung der Apotheke schon vor erlangter Approbation zu erteilen, ist im Hinblick auf § 1 der revidierten Apothekerordnung vom 11. Oktober 1801 und § 29 der Reichsgewerbeordnung nicht zulässig."

Da die revidierte Apothekerordnung nur Privilegien kannte, ihre das Betriebsrecht betreffenden Normen daher nur für diese gelten und eine Übertragung des § 3 auf konzessionierte Apotheken in keiner gesetzlichen Bestimmung ausgesprochen ist, erscheint die Berechtigung der in dem Min.Erl. vertretenen Anschauung zweifelhaft.

[4]) Die minderjährigen Kinder haben bis zur Großjährigkeit neben der Witwe Anspruch auf den Ertrag der Apotheke in der Höhe, in der sie am Erbe teilnehmen. Als Kinder gelten auch Adoptivkinder (R.G. 30. Januar 1922, Ph.Ztg. 1922 Nr. 31/32). Umstritten ist die Frage, ob das Verwaltungsrecht der Witwen und Kinder nur dann besteht, wenn diese zugleich Erben sind, oder ob es auch dann gilt, wenn sie die Erbschaft ausgeschlagen haben. Erstere Ansicht vertrat Geh. Justizrat Dr. Heinitz, letztere Dr. jur.

Großjährigkeit soll es nach wie vor vergönnt sein, die Apotheke durch einen qualifizierten Provisor verwalten zu lassen[1]).

§ 5. Sobald indes ein Sohn, welcher die Apothekerkunst gelernt hat, solche annehmen oder eine Tochter an solchen sich verheiraten will, so hört die Administration derselben auf, und der Annehmer muß die Miterben nach einer billigmäßigen Taxe abfinden, da dem Staate daran gelegen ist, daß die Apotheken sich in den Händen gelernter Apotheker befinden, und nicht durch den Weg der Versteigerung zu gar zu hohen Preisen getrieben werden.

§ 6. Wenn an einem Orte, wo bereits privilegierte Apotheken vorhanden, neue Apotheken-Privilegia gesucht werden, so wird das Finanzdepartement zuvor mit dem Medizinaldepartement darüber konzertieren, weil die zu große Konkurrenz derselben der treuen Ausübung der Kunst schädlich ist, doch müssen sich die Apotheker eines solchen Orts den gemeinschaftlichen Beschluß dieser Behörden gefallen lassen[2]).

Die Angelegenheiten, die die rev. Apothekerordnung in ihren weiteren Paragraphen und Abschnitten des Titels I behandelt („Von den Lehrlingen", „Von den Apothekergehilfen", „Von den Provisoren"), sind jetzt sämtlich durch spätere, teils reichs-, teils landesrechtliche Bestimmungen neu und anders geregelt. Auch die oben angeführten Anordnungen über den rechtlichen Charakter der Apothekenberechtigungen sind später mehrfach abgeändert worden.

## 1. Die Apothekenberechtigung.

Die Apothekerordnung kannte nur eine Art der Apothekenberechtigung, nämlich Privilegien, bei denen sie a. vererbliche und veräußerliche Privilegien und b. persönliche Privilegien unterschied[3]). Die Erteilung neuer Realgewerbe-

---

Radeke (Ap.Ztg. 1915, Nr. 57 u. 80). Geh. Reg.-Rat v. Gneist entschied in einer Abhandlung in Ap.Ztg. 1927, Nr. 52 und 53 die Frage zutreffend wie folgt: „Um der Vergünstigung des § 4 der rev. Ap.O. von 1801 zur Fortführung der Apotheke für eigene Rechnung durch einen Provisor teilhaftig zu werden, müssen die Witwen und die minderjährigen Kinder des verstorbenen Apothekers seine Erben sein, wenn die Apotheke auf Grund eines Privilegiums betrieben wird. Für die Witwe und minderjährigen Kinder eines verstorbenen Inhabers einer Personal- oder Realkonzession ist dagegen die Erbeseigenschaft nicht Vorbedingung für ihr Nutznießungsrecht an der Apotheke."

[1]) Der obige Paragraph findet jetzt auf sämtliche Apotheken, auch auf die konzessionierten und die unverkäuflichen Personalkonzessionen Anwendung (s. S. 270 und 273). Da hier nur die „Verwaltung" solcher Apotheken zugelassen ist, wäre nach dem Wortlaut in diesem Falle eine „Verpachtung" nicht statthaft. Bei privilegierten Apotheken wird man indessen diese Beschränkung auf Grund reichsrechtlicher Bestimmungen nicht mehr als gültig anerkennen können (s. S. 290). In diesem Sinne entschied das L.G. Breslau im Jahre 1926 (Ph.Ztg. 1927 Nr. 30).

[2]) Bezüglich der Grundsätze für die Neuerrichtung von Apotheken gilt jetzt die Kgl. Verordnung vom 24. Oktober 1811 (s. S. 274).

[3]) Im ganzen gibt es folgende Arten der Privilegien:

I. Vererbliche und veräußerliche.
  1. Subjektiv dingliche.
    a. Bestandteile eines bestimmten Grundstücks, auf ein anderes nicht übertragbar;
    b. Bestandteile eines bestimmten Grundstücks, aber auf ein anderes übertragbar (radizierte Rechte).
  2. Subjektiv persönliche selbständige.
    a. Mit eigenem Grundbuchblatt oder eigener Grundbuchnummer;
    b. einem Grundstück als Zubehör zugeschriebene (die Zubehöreigenschaft haben sie mit Inkrafttreten des B.G.B. verloren);
    c. im Grundbuch nicht eingetragene.

berechtigungen wurde jedoch bereits durch den Erlaß des Gewerbesteueredikts vom 2. November 1810 aufgehoben, und es traten seitdem an Stelle der Apothekenprivilegien die Apothekenkonzessionen. Die Konzession war lediglich an die zum Betriebe des Apothekergewerbes befugte Person des Konzessionars geknüpft und erlosch, wenn der, welchem sie erteilt war, aufhörte, das Geschäft selbst zu betreiben.

Durch die Kabinettsorder vom 9. Dezember 1827 wurden die Regierungen jedoch autorisiert, die in den §§ 4 und 5 der revidierten Apothekerordnung vom 11. Oktober 1801 zugunsten der Hinterbliebenen eines privilegierten Apothekers enthaltenen Vorschriften (Verwaltung der Apotheke durch einen Administrator während des Witwenstandes der Besitzerin bzw. während des Vorhandenseins minorenner Kinder) auch auf die Hinterbliebenen eines konzessionierten Apothekers auszudehnen. Und durch die Zirkularverfügung vom 23. Juni 1832 wurden die Regierungen angewiesen, immer erst bei dem Ministerium anzufragen, ehe sie über eine erledigte Konzession anderweitig zu verfügen gedächten[1]). In der Praxis wurde somit beim Besitzwechsel von Apotheken ein Unterschied zwischen Privilegien und Konzessionen kaum gemacht.

Da aber infolge dieses Verfahrens die Apotheker mit der Zeit ihre konzessionierten Apotheken, ohne die Erlaubnis des Staates zuvor eingeholt zu haben, zu verkaufen begannen, erließ das Ministerium, um die ihm zustehende, aber allmählich abhanden gekommene freie Verfügung über die Apothekenkonzessionen wieder zurückzuerlangen, auf Grund einer Kabinettsorder vom 8. März 1842[2]) die Zirkularverfügung vom 13. August 1842, in welcher die Regierungen angewiesen wurden, in künftigen Fällen der Konzessionserledigung nicht ferner, wie bisher öfter geschehen, dem abgehenden Apotheker oder dessen Erben den Vorschlag des Nachfolgers in der Konzession zu gestatten, sondern die Auswahl des letzteren nach Maßgabe der bestehenden Vorschriften selbst zu treffen.

---

II. Unvererbliche und unveräußerliche, dem Besitzer nur für seine Person verliehene. (Solche Privilegien bestehen jetzt nicht mehr, sondern sind mit dem Tode des Beliehenen Konzessionen geworden.)

Die unter I genannten Privilegien sind zum Teil mit Exklusivrechten ausgestattet. Rechtlich betrachtet gelten die unter I, 1 aufgeführten Privilegien als Bestandteile des Grundstücks im Sinne von § 96 B.G.B., die unter I, 2, a genannten als Berechtigungen, auf welche die Vorschriften des bürgerlichen Rechts über Grundstücke Anwendung finden. Die übrigen Privilegien sind weder Bestandteile des Grundstücks, noch grundstücksgleiche Berechtigungen.

[1]) Die beiden Verordnungen lauten:

**Zirkularverfügung betr. die Hinterbliebenen eines konzessionierten Apothekers. Vom 23. Juni 1832 mit der Allerhöchsten Order vom 9. Dezember 1827.**

Es ist der Fall vorgekommen, daß Regierungen über die durch das Ableben eines konzessionierten Apothekers erledigte Konzession verfügt haben. Da nun das Ministerium durch die Kabinettsorder vom 9. Dezember 1827, aus welcher die bezügliche Stelle hierneben in Abschrift erfolgt (Anlage a), autorisiert ist, in dringenden Fällen die Hinterbliebenen eines konzessionierten Apothekers ebenso zu behandeln, als die eines privilegierten, so wird die Königliche Regierung hierdurch angewiesen, allemal erst bei dem Ministerium anzufragen, ehe sie über eine erledigte Konzession anderweit verfügt.

Anlage a.

Ich autorisiere Sie, nach dem Antrage des Staats-Ministeriums, in vorkommenden Fällen die in den §§ 4 und 5 der revidierten Apotheker-Ordnung vom 11. Oktober 1801 zugunsten der Hinterbliebenen eines privilegierten Apothekers enthaltenen Vorschriften auch für die Hinterbliebenen eines konzessionierten Apothekers in Anwendung zu bringen und überlasse Ihnen, die Regierungen hiernach anzuweisen.

[2]) Siehe S. 285.

Die Unzuträglichkeiten, die sich aus der strengen Durchführung dieser Maßnahme ergaben und die durch kleine Milderungen des Verfahrens nicht beseitigt wurden, ließen indessen schon am 5. Oktober 1846 eine neue Kabinettsorder erscheinen, die die Zirkularverfügung vom 13. August 1842 und das darin enthaltene Konkurrenzverfahren wieder aufhob und die Regierungen anwies, beim Abgange eines nicht privilegierten Apothekers die Konzession dem von letzterem resp. von dessen Erben präsentierten Geschäftsnachfolger, falls derselbe vorschriftsmäßig qualifiziert ist, jedoch mit Vorbehalt der Wiedereinziehung bei seinem dereinstigen Abgange zu verleihen. Die Kabinettsorder[1]) lautet:

**Kabinettsorder betr. die Präsentation des Geschäftsnachfolgers nicht privilegierter Apotheker. Vom 5. Oktober 1846[2]).**

Ich finde es aus den in dem Berichte des Staatsministeriums vom 16. vorigen Monats angeführten Gründen angemessen, über den hierbei zurückfolgenden Entwurf einer Verordnung, betreffend die Anlage neuer Apotheken und die Dispositionsbefugnisse der Besitzer von Apotheken über dieselben zuvörderst die Provinzialstände mit ihrem Gutachten zu hören, weshalb das Staatsministerium eine, hierauf bezügliche Proposition in das für die nächsten Provinziallandtage zu entwerfende Propositionsdekret aufzunehmen hat. Da jedoch die Beseitigung der Nachteile, welche mit den neuerlich eingeführten Beschränkungen der Dispositionsbefugnisse der nicht privilegierten Apotheker verbunden sind, nicht länger verschoben werden kann, so will Ich Sie, den Staatsminister Eichhorn, ermächtigen, einstweilen, bis zur definitiven gesetzlichen Regulierung dieses Gegenstandes, zu der vor Erlaß Meines Befehls vom 8. März 1842 stattgefundenen Praxis zurückzukehren und demgemäß unter Aufhebung der Zirkularverfügung vom 13. August 1842 und des darin angeordneten Konkurrenzverfahrens, die Regierungen anzuweisen, beim Ausscheiden eines nicht privilegierten Apothekers aus seinem Geschäft die Konzession dem von dem abgehenden Apotheker oder dessen Erben präsentierten Geschäftsnachfolger, sofern derselbe vorschriftsmäßig qualifiziert ist, jedoch immer nur für seine Person und unter ausdrücklichem Vorbehalt der Wiedereinziehung der Konzession bei seinem dereinstigen Abgange zu erteilen.

Auf Grund dieser Kabinettsorder erschien die Zirkularverfügung vom 21. Oktober 1846. In dieser erkannte der Minister an, daß die Voraussetzungen, von denen die Verfügung vom 13. August 1842 ausgegangen war, sich im Leben nicht bestätigt hätten und daher Nachteile entstanden wären, deren Beseitigung erforderlich sei. Hierüber besagt die Verfügung:

**Zirkularverfügung betr. den Besitzwechsel nicht privilegierter Apotheken. Vom 21. Oktober 1846.**

Da die Beseitigung der oben angedeuteten Nachteile dem Wesen nach nicht länger verschoben werden kann, so haben Seine Majestät mittelst Allerhöchster Order vom 5. d. Mts. mich zugleich zu ermächtigen geruht,

---

[1]) Über ihre Vorgeschichte s. den Artikel von Reg.Rat Dr. Rothe in Ph.Ztg. 1925 Nr. 46. Darin ist der Wortlaut der Kabinettsorder zum ersten Male veröffentlicht.

[2]) Man hat gelegentlich versucht, die Gesetzeskraft der Kabinettsorder vom vom 5. Oktober 1846 aus dem Grunde zu bestreiten, weil sie nicht gehörig publiziert sei. Diese Ansicht wird durch ein in einem analogen Fall ergangenes Urteil des R.G. vom 15. Mai 1922 (Ph.Ztg. 1923 Nr. 27) widerlegt. Die Klage eines Inhabers einer verkäuflichen Apothekenkonzession auf Feststellung seines Präsentationsrechts bei den ordentlichen Gerichten ist nach einem Urteil des O.G. Danzig vom 7. Oktober 1926 (Ph.Ztg. 1926 Nr. 94) zulässig.

einstweilen und bis zur definitiven gesetzlichen Regulierung dieses Gegenstandes zu der vor Erlaß der Allerhöchsten Order vom 8. März 1842 stattgefundenen Praxis zurückzukehren und demgemäß, unter Aufhebung der Zirkularverfügung vom 13. August 1842 und des darin angeordneten Konkurrenzverfahrens, die Königlichen Regierungen anzuweisen: Beim Ausscheiden eines nicht privilegierten Apothekers aus seinem Geschäft die Konzession dem von dem abgehenden Apotheker oder dessen Erben präsentierten Geschäftsnachfolger, sofern derselbe vorschriftsmäßig qualifiziert ist, jedoch immer nur für seine Person und unter ausdrücklichem Vorbehalt der Wiedereinziehung der Konzession bei seinem dereinstigen Abgange zu erteilen.

Auf Grund dieser Allerhöchsten Ermächtigung wird die Königliche Regierung mit Vorbehalt weiterer legislativer Bestimmung veranlaßt, bei vorkommendem Wechsel in dem Besitz nicht privilegierter Apotheken die Konzession dem neuen Erwerber der Apotheke nach Maßgabe der vorstehend extrahierten Allerhöchsten Order vom 5. d. Mts. zu verleihen, demgemäß auch in den bisher etwa noch unerledigt gebliebenen früheren Fällen zu verfahren und den Inhalt dieser Verfügung in angemessener Weise durch das Amtsblatt zur öffentlichen Kenntnis zu bringen[1]).

---

[1]) Für die Auslegung der Kabinettsorder sind die beiden folgenden Min.-Erlasse von besonderer Bedeutung:

a. Min.Erl. vom 9. Mai 1851: Bei der Extrahierung und dem Erlaß der Allerhöchsten Order vom 5. Oktober 1846, sowie bei der darauf sich gründenden Zirkularverfügung vom 21. desselben Monats und Jahres hat hauptsächlich die Absicht vorgewaltet, den Besitzern konzessionierter Apotheken die freie Veräußerung derselben, soweit als dies, ohne der künftigen Gesetzgebung vorzugreifen, geschehen kann, möglich zu machen, sowie diejenigen, welche dem Besitzer einer konzessionierten Apotheke, im Vertrauen auf deren Veräußerlichkeit, Geld geliehen haben, vor Verlusten zu schützen.

b. Min.Erl. vom 15. Juli 1857: Der Kgl. Regierung eröffne ich auf den Bericht vom ..., daß die Verfügung vom 21. Oktober 1846 hinsichtlich der Übertragung nicht privilegierter Apotheken auf den von dem zeitigen Inhaber präsentierten Geschäftsnachfolger, wie der Wortlaut deutlich ergibt, zwischen den damaligen und den späteren Besitzern keinen Unterschied macht. Der Vorbehalt der Wiedereinziehung der Konzession bei dem dereinstigen Abgange des Konzessionars hat nur die Bedeutung, daß durch die Verfügung vom 21. Oktober 1846 der definitiven legislatorischen Regulierung der Angelegenheit nicht präjudiziert werde, nicht aber hat dadurch der Aufsichtsbehörde die Befugnis beigelegt werden sollen, beim Verkaufe dem Käufer die Konzession deshalb zu versagen, weil derselbe nach der Meinung der Behörde zu teuer gekauft hat.

Nach diesem Grundsatz wird auch in den später erworbenen Landesteilen beim Besitzwechsel von Apotheken verfahren. So erging für Hannover unter dem 3. Januar 1867 nachstehende Verf. des preuß. Generalgouvernements über das Verfahren bei Erteilung von Apothekenkonzessionen:

In allen Fällen, wo ein Apotheker auf die ihm persönlich erteilte Konzession zugunsten eines von ihm besonders bezeichneten Geschäftsnachfolgers verzichten will, und über die Abtretung der Apotheke eine Vereinbarung bereits getroffen ist, ist dem bezeichneten Geschäftsnachfolger, sofern ihm die gesetzliche Qualifikation beiwohnt, ohne Eröffnung des im übrigen beizubehaltenden Konkurrenzverfahrens und ohne Rücksicht auf den Betrag des verabredeten Kaufpreises die nachgesuchte persönliche Konzession zu erteilen, und zwar derart, daß ein Übergehen der Konzession vom bisherigen Inhaber mit dessen Einverständnis an den neuen Konzessionar, mithin das Erlöschen der neuen Konzession für den bisherigen Inhaber ausgesprochen wird.

Eine andere Frage behandelt der folgende Min.Erl. vom 12. April 1921, der aber nur für konzessionierte Apotheken gilt:

Sonderfälle geben mir Veranlassung, darauf hinzuweisen, daß nach dem preußischen Apothekenrecht nur eine physische, entsprechend qualifizierte Person Besitzer

Eine definitive gesetzliche Regelung dieses Gegenstandes hat bis jetzt noch nicht stattgefunden, und so werden seit jener Zeit bei vorkommendem Wechsel alle Genehmigungen zur Übernahme und Fortführung (bis 1894) konzessionierter Apotheken immer noch und nur auf Grund dieser Zirkularverfügung bzw. der Kabinettsorder vom 5. Oktober 1846 verliehen.

Die Verkäuflichkeit neu errichteter Apotheken wurde jedoch später zunächst wesentlich beschränkt und schließlich ganz aufgehoben. Durch Kabinettsorder vom 7. Juli 1886 wurde das Recht der Präsentation eines Geschäftsnachfolgers nur solchen Apotheken belassen, seit deren Errichtung zehn Jahre verflossen sind, und durch Kabinettsorder vom 30. Juni 1894 wurde schließlich bestimmt, daß den Besitzern neu zu errichtender Apotheken nicht mehr gestattet werden solle, die Apotheke an einen Geschäftsnachfolger zu verkaufen. Die in letzter Hinsicht geltenden Verordnungen lauten:

**Kabinettsorder, betr. die Präsentation von Geschäftsnachfolgern. Vom 30. Juni 1894.**

Auf den Bericht vom 23. d. Mts. genehmige Ich unter entsprechender Abänderung der Königlichen Erlasse vom 5. Oktober 1846 und 7. Juli 1886, daß bis zur anderweiten gesetzlichen Regelung des Apothekenwesens denjenigen Apothekern, welchen in Zukunft neue Konzessionen zur Errichtung von Apotheken verliehen werden, die Präsentation von Geschäftsnachfolgern überhaupt nicht mehr zu gestatten ist, die Konzession vielmehr beim Ausscheiden eines Apothekers aus seinem Geschäft zur anderweiten Verleihung in allen Fällen an den Staat zurückfällt. Den Witwen und Waisen der neuen Konzessionare sollen jedoch die im § 4 Titel 1 der revidierten Apothekerordnung vom 11. Oktober 1801 bezeichneten Vergünstigungen zuteil werden. Ich ermächtige das Staatsministerium, hiernach das Weitere zu veranlassen.

**Min.Erl., betr. die Erteilung neuer Apothekenkonzessionen. Vom 5. Juli 1894.**

Seine Majestät der König haben durch die in der Anlage abschriftlich beigefügte Allerhöchste Order vom 30. Juni 1894 auf Antrag des Königlichen Staatsministeriums zu genehmigen geruht, daß bis zur anderweiten Regelung des Apothekenwesens denjenigen Apothekern, welchen in Zukunft die Konzession zur Errichtung einer neuen Apotheke verliehen wird, die Präsentation eines Geschäftsnachfolgers überhaupt nicht mehr zu gestatten ist.

In Ausführung dieser Allerhöchsten Order bestimme ich hierdurch unter Abänderung der Erlasse vom 21. Oktober 1846 und 21. Juli 1886, daß, von dem Tage der Veröffentlichung dieses Erlasses im Reichs- und Staatsanzeiger an, Konzessionen zur Errichtung neuer Apotheken oder Weiterverleihungen von an den Staat zurückgefallenen Apothekergerechtigkeiten

---

einer Apotheke sein kann. Dies entspricht zudem der öffentlichrechtlichen Stellung des Vorstandes (Besitzers und Verwalters) der Apotheke. Anträgen, verkäufliche Konzessionen auf zwei oder gar mehrere Apotheker gemeinsam zu übertragen, ist daher nicht zu entsprechen. Weiter ist es aus denselben Gründen nicht angängig, verkäufliche Apothekenkonzessionen auf offene Handelsgesellschaften, juristische Personen usw. zu übertragen.

Gleichwohl dürfte der Betrieb einer (konzessionierten) Apotheke durch eine offene Handelsgesellschaft nicht ausgeschlossen sein, wenn sämtliche Gesellschafter im Besitze nicht nur der Approbation, sondern auch der Konzession sind. Daß nur ein Gesellschafter die Konzession hat, genügt nicht, da sämtliche Gesellschafter die Apotheke betreiben. Bei privilegierten Apotheken ist der Betrieb durch eine offene Handelsgesellschaft ohne weiteres zulässig, wenn alle Gesellschafter approbierte Apotheker sind. Dagegen ist ein Apothekenbetrieb durch eine juristische Person (G. m. b. H. oder A.-G.) ausgeschlossen.

Über die Heranziehung eines stillen Gesellschafters s. Fußnote 4 auf S. 267. Die Frage, ob ein Apotheker mehrere Apotheken besitzen darf, ist auf S. 284 behandelt.

nur mit dem Zusatz erteilt werden dürfen, daß dem Inhaber die Präsentation eines Geschäftsnachfolgers in Gemäßheit der Allerhöchsten Order vom 30. Juni 1894 nicht gestattet sei.

In den Wettbewerbsbekanntmachungen ist auf diese Bestimmung hinzuweisen.

Den Witwen und Waisen eines Apothekers, welcher eine solche unveräußerliche und unvererbliche Konzession erhalten hat, soll es erlaubt sein, die Apotheke nach Maßgabe des § 4 der revidierten Apothekerordnung vom 11. Oktober 1801 verwalten zu lassen[1]).

Danach bestehen in Preußen, nachdem die zehnjährig unverkäuflichen Apotheken inzwischen sämtlich verkäuflich geworden sind, gegenwärtig folgende drei Arten Apothekenberechtigungen nebeneinander:

1. Apothekenprivilegien (—1810, verkäuflich),
2. Konzessionen mit Präsentationsrecht, sog. Realkonzessionen (1811—1894, verkäuflich),
3. Personalkonzessionen (seit 1894, unverkäuflich).

Die weiteren Bestimmungen über die Errichtung neuer Apotheken, das Konzessionsverfahren einschließlich der Behandlung heimgefallener Apothekenkonzessionen, die Verpachtung von Apotheken, die Verlegung von Apotheken und die sonstigen rechtlichen Verhältnisse der Apothekenberechtigungen sind in einer großen Reihe einzelner Verordnungen niedergelegt.

## 2. Anlage neuer Apotheken.

Hierüber ergingen folgende Verordnungen und Erlasse:

**Kgl. Verordnung wegen Anlegung neuer Apotheken. Vom 24. Oktober 1811.**

§ 1. In Absicht der vorschriftsmäßigen Prüfung und Qualifikation der Apotheker sowie ihrer Legitimation, um den Gewerbeschein zum Betriebe ihres Gewerbes lösen zu können, behält es bei den schon bestehenden Gesetzen sein Bewenden, und versteht es sich von selbst, daß auch,

---

[1]) Über die Verwaltung einer Apotheke durch die Hinterbliebenen des bisherigen Konzessionsinhabers besagt im Anschlusse an ein Urteil des O.V.G. (Ph.Ztg. 1921 Nr. 73) ein Min.Erl. vom 28. Juli 1921:

In einer Entscheidung vom 14. April 1921, die eine konzessionierte Apotheke betraf, hat das Oberverwaltungsgericht zu der bisher strittigen Frage Stellung genommen, ob das Vorrecht der Witwe und der minderjährigen Kinder eines Apothekers, die Apotheke während des Witwenstandes bzw. bis zur Großjährigkeit der Kinder durch einen qualifizierten Stellvertreter verwalten zu lassen, nur dann wirksam wird, wenn schon zu Lebzeiten des Ehemanns bzw. des Vaters die Apotheke behördlich abgenommen oder ihr Betrieb eröffnet worden war. In dem zur Entscheidung des Oberverwaltungsgerichts gelangten Falle beanspruchte die Witwe eines Apothekers dieses Vorrecht, nachdem der Ehemann nach Verleihung der Apothekenkonzession, aber vor der Eröffnung der von ihm zur behördlichen Abnahme angemeldeten Apotheke verstorben war. In dem Urteil wird die Frage offen gelassen, ob in diesem Falle die Reichsgewerbeordnung (§ 46) oder das partikularrechtliche Sonderrecht des Apothekengewerbes (hier § 4 Titel I der revidierten Apothekerordnung vom 11. Oktober 1801 und die Kabinettsorder vom 30. Juni 1894) für die Entscheidung maßgebend sei. Denn sowohl bei Anwendung des § 46 der Reichsgewerbeordnung als auch unter Zugrundelegung des § 4 Titel I der revidierten Apothekerordnung — letzterenfalls für konzessionierte Apotheken mindestens seit der Kabinettsorder vom 30. Juni 1894 — setze das Vorrecht der Witwe oder der minderjährigen Kinder lediglich die Konzessionsverleihung an den Ehemann bzw. Vater voraus, es sei also nicht an weitere Bedingungen, insbesondere nicht an die Betriebseröffnung der Apotheke zu Lebzeiten des verstorbenen Konzessionsempfängers, geknüpft.

Ich ersuche ergebenst, diese Entscheidung künftig zu beachten.

wer eine neue Apotheke anlegen will, allen desfallsigen Forderungen zu genügen hat.

§ 2. Die Anlegung neuer Apotheken findet wie in Städten, so in Flecken und Dörfern nur statt, wenn das Bedürfnis einer Vermehrung derselben erwiesen ist.

§ 3. Wenn der Kreisphysikus im Einverständnis mit der Polizeibehörde (in den größeren Städten sind es die Magistrate oder Polizeipräsidien, in den kleinen Städten oder in Flecken, die unter der Kreispolizei stehen, ist es diese) die Anlage einer neuen Apotheke aus Gründen nötig finden, so suchen sie von der Medizinaldeputation der Provinzialregierung die Erlaubnis dazu nach[1]).

§ 4. Für zureichende Gründe werden angenommen:
eine bedeutende Vermehrung der Volksmenge,
bedeutende Erhöhung ihres Wohlstandes.

§ 5. Findet die Medizinaldeputation die angegebenen Gründe hinreichend und klar, so erteilt sie die Erlaubnis zur Anlage einer neuen Apotheke, wenn entweder noch gar keine Apotheke am Orte vorhanden ist, oder, wenn der oder die schon vorhandenen Apotheker, nach vorhergegangener Aufforderung der Ansetzung eines neuen nicht widersprechen, oder ihren Widerspruch nicht begründen können[2]).

§ 6. Ist die Medizinaldeputation der Meinung, daß ein solches Widerspruchsrecht begründet sei, so überläßt sie nach der genauesten Ausmittlung aller Umstände die Sache dem allgemeinen Polizeidepartement zur Entscheidung.

§ 7[3]). In den drei großen Städten Berlin, Königsberg und Breslau wird die Entscheidung der Frage über die Anlegung neuer Apotheken von dem Polizeipräsidio, im Einverständnis mit dem Stadtphysikus, allemal unmittelbar von dem Allgemeinen Polizeidepartement nachgesucht.

§ 8. Dieses bestimmt, wenn der Vorteil des Ganzen die Anlegung neuer Apotheken erfordert, die Entschädigung der bis dahin bestandenen nach den Grundsätzen des über die polizeilichen Verhältnisse der Gewerbe erschienenen Gesetzes vom 7. September d. J.[4]).

---

[1]) In einem Bescheide vom 29. April 1893 erwiderte der Kultusminister auf eine Eingabe aus pharmazeutischen Kreisen,

daß es jedermann freisteht, die Anlage neuer Apotheken bei den zuständigen Behörden zu beantragen und gegen deren Bescheid eventuell die Entscheidung der höheren Instanzen anzurufen.

[2]) Vgl. hierzu die auf S. 277 ff. abgedruckten Verfügungen.

[3]) Die §§ 7 und 9 der Verordnung haben jetzt keine Bedeutung mehr. § 8 interessiert nur wegen der Entschädigung von Exklusivprivilegien.

[4]) Über die Ablösung der sogenannten Exklusivprivilegien äußert sich ein Erl. des Med.-Ministers vom 19. März 1840 (s. S. 294) dahin, daß die „Ablösung der Gewerbegerechtigkeiten älterer Verfassung auf die Fälle einer mit dem Privilegium noch etwa besonders verbundenen Exklusivberechtigung, und nur bei eintretendem Falle einer wirklichen Apothekenanlage an dem betreffenden Orte beschränkt ist".

Die Rechtsprechung hat hierzu in mehreren Entscheidungen folgende Grundsätze aufgestellt: Preußische ausschließliche Apothekengerechtigkeiten haben im Falle der Neuerrichtung einer Apotheke innerhalb ihres Ausschließungsbereichs ein Anrecht auf Entschädigung. Vor Konzessionierung der neuen Apotheke besteht jedoch kein Entschädigungsanspruch. Die Entschädigung ist von dem Neukonzessionar im Verein mit der Stadtgemeinde aufzubringen. Die Höhe der Ablösungssumme und das Verhältnis, in dem die zur Entschädigung Verpflichteten zu derselben beizutragen haben, ist im Verwaltungsstreitverfahren festzustellen. In diesem Verfahren sind alle zur Schätzung der Entschädigung erforderlichen Aufklärungen seitens des Gerichts vorzunehmen. Der Feststellung der Entschädigung ist derjenige Wert zugrunde zu legen, welchen die Berech-

**Allgemeine preußische Gewerbeordnung. Vom 17. Januar 1845.**

§ 54. Außer der Approbation bedürfen Apotheker, welche sich nicht im Besitze eines Realprivilegiums befinden, einer Konzession des Oberpräsidenten[1]), in welcher der Ort und das Grundstück, wo das Gewerbe betrieben werden soll, bestimmt sein muß.

§ 64. Neue Realgewerbeberechtigungen dürfen fortan nicht mehr begründet werden.

In mehreren Erlassen vom 10. Februar 1892, 12. Juli 1894, 7. September 1896 und 15. Oktober 1906 wies das Ministerium die ihm unterstellten Behörden an, auf rechtzeitige Vermehrung der Apotheken bedacht zu sein, um ein Anwachsen der Verkaufspreise verkäuflicher Apotheken zu verhindern. „Die Entwicklung des Geschäftsbetriebes solcher Apotheken dagegen, so heißt es in dem Erl. vom 12. Juli 1894, welche auf Grund der Allerhöchsten Order vom 30. Juni d. J. konzessioniert worden sind, wird, soweit es das Gemeinwohl und eine schnelle Versorgung des Publikums mit Arzneien zulassen, nicht zu beschränken, sondern bis zu gewissen Grenzen zu fördern sein, da für solche Anlagen die Entstehung neuer Idealwerte ausgeschlossen ist."

Von allgemeiner Bedeutung ist noch der folgende:

**Erlaß der Regierungspräsidenten, betr. die Anlage neuer Apotheken. Vom Jahre 1894.**

Gegen die Neuanlage von Apotheken ist mehrfach von den durch solche Neuanlagen in ihrem Geschäftsumsatze benachteiligten Apothekenbesitzern

---

tigung am 1. November 1810 hatte. Der Wert des Grundstückes nebst Gebäulichkeiten, Inventar und Apothekerwaren bleibt außer Betracht. Der Inhaber der Berechtigung muß zu der ermittelten Entschädigung selbst beitragen. Die Verpflichtung der Stadtgemeinde, zu der Entschädigung beizutragen, tritt nur für den Fall ein, daß die Entschädigung von den an erster Stelle verpflichteten Apothekenbesitzern nicht aufgebracht werden kann, ohne daß sie oder einer von ihnen dadurch außer Nahrungsstand gesetzt werden. Vgl. hierzu die Urteile des R.G. vom 3. Oktober 1881 (Ph.Ztg. 1881 Nr. 94) und 29. Oktober 1903 (Ph.Ztg. 1904 Nr. 18); L.G. Frankfurt a. O. 11. Mai 1895 und Bezirksausschuß Frankfurt a. O. 20. Dezember 1898 (Ph.Ztg. 1899 Nr. 5); L.G. II Berlin 10. Oktober 1904 (Ph.Ztg. 1905 Nr. 8); O.V.G. 2. Dezember 1907 (Ph.Ztg. 1908 Nr. 13) und 28. April 1910 (Ph.Ztg. 1911 Nr. 4).

Von besonderer Bedeutung für die Frage ist folgendes Urteil des R.G. vom 18. April 1912 (Med.A. 1912 S. 523):

„Zu Anfang des vorigen Jahrhunderts hat die preußische Gewerbegesetzgebung die bestehenden Apothekenprivilegien zwar aufrechterhalten, soweit jedoch mit solchen Privilegien die Befugnis verbunden war, andere von dem Betriebe des Apothekengewerbes auszuschließen, dieses sog. Exklusivrecht aufgehoben. Es geschah dies durch § 17 des Edikts vom 2. November 1810 und durch die Verordnung vom 24. Oktober 1811 §§ 2ff., da seitdem niemand mehr der Erteilung einer Erlaubnis zur Anlegung einer neuen Apotheke widersprechen darf. Wird jedoch eine solche Erlaubnis erteilt, so erwächst dem benachteiligten Privilegieninhaber daraus das gesetzliche Recht, bei der zuständigen Verwaltungsbehörde die Bestimmung einer ihm zu gewährenden Entschädigung zu verlangen (§ 8 V. vom 24. Oktober 1811). Über den Umfang der Entschädigung und die Art und Weise ihrer Entrichtung entscheidet der Bezirksausschuß, während über das Bestehen des Privilegiums und der Entschädigungspflicht an sich im Streitfalle die ordentlichen Gerichte zu entscheiden haben. Das Recht auf Entschädigung erwächst nicht früher als mit der Konzessionierung einer neuen Apotheke in dem früheren Ausschließlichkeitsbereich des Privilegiums. Dieses Recht unterliegt jedoch nur der ordentlichen Verjährung."

Eine ausführliche Abhandlung über das exklusive Apothekenprivileg in Preußen von Justizrat Lewinsky ist abgedruckt in Ph.Ztg. 1914 Nr. 48.

[1]) Bereits durch die Instruktion vom 31. Dezember 1825 (s. S. 4) war die Konzessionierung neuer Apotheken den Oberpräsidenten übertragen worden.

Widerspruch erhoben und dieser damit begründet worden, daß sie erst vor kürzerer Zeit zu hohen Preisen ihre Apotheken gekauft und namentlich für die Verzichtleistung ihrer Geschäftsvorgänger auf die Erlaubnis zum Apothekenbetriebe sehr hohe Entschädigungen in der Annahme gezahlt hätten, daß neue Apotheken in ihrer Nähe nicht errichtet und ihre Einnahmen durch die hieraus erfolgende Einschränkung des Absatzgebietes nicht wesentlich vermindert werden würden. Durch die geplante Neuanlage würden sie aber so geschädigt, daß sie ihre Familie nicht mehr standesgemäß erhalten und ihre Gläubiger nicht befriedigen könnten.

Demgegenüber sehe ich mich veranlaßt, den beteiligten Kreisen zur Verhütung von Verlusten hiermit größere Vorsicht beim An- und Verkaufe von Apotheken zu empfehlen und sie besonders darauf aufmerksam zu machen, daß bei der Erteilung der Erlaubnis zur Neueinrichtung von Apotheken das allgemeine Wohl entscheidend sein muß und die Apothekenbesitzer nicht darauf rechnen können, daß zu ihren Gunsten wegen des von ihnen für ihre Apotheken gezahlten hohen Preises von der Neuanlage einer an sich notwendigen Apotheke abgesehen werden werde.

Es ist daher den Käufern von Apotheken, um späteren Verlusten zu entgehen, anzuraten, gleich bei dem Kaufe diesem beregten Umstande gebührend Rechnung zu tragen und namentlich für die Verzichtleistung auf die Genehmigung zum Apothekenbetriebe nicht so hohe Preise zu zahlen, daß durch die Neuanlage einer Apotheke in der Nähe ein größerer Schaden für sie entstehen muß. Gegen einen solchen werden sie sich daher am sichersten schützen, wenn sie bei dem Kaufe von Apotheken dem Umstande Rechnung tragen, daß die Möglichkeit der Anlage einer neuen Apotheke nicht ausgeschlossen bleibt, und wenn sie, dies stets mit in Rechnung ziehend, für die Verzichtleistung auf die Genehmigung zum Apothekenbetriebe nicht Preise bezahlen, welche mit Rücksicht aller übrigen in Betracht kommenden Verhältnisse als viel zu hoch angesehen werden müssen.

## 3. Konzessionsverfahren.

**Mit dem bei der Erteilung neuer oder der Wiederverleihung heimgefallener Apothekenkonzessionen zu beachtenden Verfahren befassen sich folgende Verordnungen:**

### Zirkularverfügung, betr. die Verleihung von Apothekenkonzessionen. Vom 13. Juli 1840.

In Gemäßheit der Allerh. Verordnung vom 24. Oktober 1811 müssen die Anträge wegen Errichtung einer neuen Apotheke an einem Orte von der betreffenden Ortsbehörde und dem Kreisphysikus ausgehen. Wird von diesen beiden im Einverständnis die Anlegung einer neuen Apotheke für notwendig erachtet, so beantragen sie dieselbe bei der Königlichen Regierung unter ausführlicher Erörterung der dafür sprechenden Gründe. Für zureichende Gründe werden angenommen: eine bedeutende Vermehrung der Volksmenge, bedeutende Erhöhung des Wohlstandes. Hierüber muß eine genaue auf spezielle Angaben gestützte Nachweisung geliefert werden, und in einzelnen vorkommenden Fällen ist den oben aufgestellten Bestimmungsgründen nur noch die Berücksichtigung der Hindernisse beizufügen, welche etwa aus besonderen obwaltenden Lokalverhältnissen hinsichtlich der Kommunikation mit dem Orte, an welchem sich bereits eine Apotheke befindet, für die auf dieselbe angewiesene Umgebung sich herausstellen sollten. Befinden sich an dem Orte, für welchen die Errichtung einer neuen Apotheke in Antrag gebracht werden soll, bereits eine oder mehrere

Apotheken, so sind resp. der oder die vorhandenen Apotheker zuvörderst mit ihren etwa dagegen zu machenden Widersprüchen zu hören[1]) und letztere, von einem gründlichen Gutachten darüber begleitet, in den an die Königliche Regierung zu erstattenden Bericht mit aufzunehmen. Die letztgenannten Behörden haben nunmehr, evtl. durch veranlaßte Rückfragen zur näheren Aufklärung der obwaltenden, hierbei als maßgebend zu betrachtenden Verhältnisse, den an dieselbe dem Obigen gemäß gerichteten Antrag einer sorgfältigen Prüfung zu unterwerfen und entweder den nicht für gehörig begründet erachteten Antrag, unter Angabe der Gründe, zurückzuweisen oder im entgegengesetzten Fall darüber einen gehörig motivierten, gutachtlichen Bericht an das betreffende Königliche Ober-Präsidium zu erstatten. Von diesem ressortiert demnächst die definitive Entscheidung.

Aus der obigen Festsetzung des hierbei überall streng zu beachtenden Instanzenzuges leuchtet zugleich ein, daß alle und jede Gesuche, welche sich auf die Errichtung einer neuen Apotheke an einem Orte beziehen, zuvörderst an die betreffende Ortsbehörde und den betreffenden Kreisphysikus gerichtet werden müssen.

Was nun für den Fall, daß die Anlegung einer neuen Apotheke an einem Orte als statthaft anerkannt sein und um die Verleihung einer Konzession dazu sich mehrere Apotheker beworben haben sollten, die Entscheidung der Frage betrifft, welchem von den Bewerbern die in Rede stehende Konzession zu erteilen sei, so ist hierbei ein ähnliches Verfahren zu beobachten. Es haben daher die betreffende Ortsbehörde und der betreffende Kreisphysikus in dem von ihnen an die betreffende Regierung wegen Anlegung einer neuen Apotheke zu richtenden Antrage zugleich diejenigen Apotheker namhaft zu machen, welche sich um die Erteilung der fraglichen Konzession beworben haben, und demnächst unter ausführlicher Erörterung der Gründe sich gutachtlich darüber zu äußern, welchem von den Bewerbern der Vorzug einzuräumen sein möchte. Die Königliche Regierung und resp. das Königliche Polizeipräsidium in Berlin prüfen die gemachten Vorschläge und legen dieselben in einem darüber zu erstattenden gutachtlichen motivierten Berichte dem betreffenden Königlichen Oberpräsidium zur Entscheidung vor. Um nun den Behörden für die hierzu erforderliche Beurteilung einen Maßstab an die Hand zu geben, hat ein jeder Apotheker, welcher sich um die Erteilung der Konzession zur Anlegung einer neuen

---

[1]) Nach einem Min.Erl. vom 7. Oktober 1911 sollen auch bei Verlegung von Apotheken die Besitzer der Apotheken, die durch die in Aussicht genommene veränderte Lage betroffen werden, mit ihren etwaigen Widersprüchen ebenso gehört werden, wie es nach dem Erl. vom 13. Juli 1840 bei Neuanlagen von Apotheken vorgeschrieben ist, „wenn es sich um die Verlegung von Apotheken in nahe benachbarten Orten oder in Orten mit mehreren Apotheken handelt".

Dagegen wurde ein Gesuch des Apothekerkammerausschusses um Anhörung der Apothekerkammern vor Ausschreibung einer neuen Konzession oder vor Erteilung der Genehmigung zur Verlegung einer bestehenden Apotheke durch Min.-Bescheid vom 7. Oktober 1911 abgelehnt, „weil schon den beteiligten Apothekern genügende Gelegenheit zur Geltendmachung eines etwaigen Widerspruches gegeben ist. In geeignet erscheinenden Fällen werden auch schon jetzt von den Herren Oberpräsidenten die Apothekerkammern zur gutachtlichen Äußerung über in Aussicht genommene Neuanlagen von Apotheken herangezogen".

Wenn die Anhörung der Besitzer bestehender Apotheken versehentlich unterbleibt und die Konzession zu einer Neuanlage ohne solche Anhörung erteilt wird, so besteht gleichwohl keine Möglichkeit, gegen die Verleihung einer Apothekenkonzession durch den Oberpräsidenten den Klageweg im Verwaltungsstreitverfahren zu beschreiten (O.V.G. 20. April 1922, Ph.Ztg. 1922 Nr. 45).

Apotheke an einem Orte bewirbt, mit seinem desfallsigen Gesuche zugleich ein vollständiges Curriculum vitae einzureichen, welchem die Zeugnisse über seine Führung während der Lehr- und Servierjahre, die durch Ablegung der Staatsprüfung erworbene Approbation, ein Nachweis über seine Beschäftigung und über seine Führung nach erlangter Approbation, der genügende Ausweis darüber, ob er auch die zur Etablierung einer Apotheke und zum Betriebe des Geschäfts erforderlichen Mittel besitze, die Angabe, ob er bereits eine Apotheke besessen habe und wodurch er den Besitz derselben aufzugeben veranlaßt worden sei, und die nähere Anführung der Umstände beizufügen sind, auf welche einen Anspruch zu begründen er sich glaubt berechtigt halten zu dürfen[1]).

Indem das Ministerium die Königliche Regierung auffordert, obige Vorschriften durch die Amtsblätter zur öffentlichen Kenntnis zu bringen, teilt solches derselben zugleich zur besonderen Richtschnur hinsichtlich der zu treffenden Wahl unter den verschiedenen Bewerbern um die Konzession

---

[1]) In den einzelnen Konzessionsausschreibungen werden regelmäßig die verlangten Papiere angegeben. Dabei zeigen sich mancherlei Verschiedenheiten unter den Regierungsbezirken. In der Mehrzahl derselben wird verlangt: 1. der Lebenslauf mit Angabe der Familienverhältnisse; 2. die Approbation; 3. die kreisärztlich beglaubigten, nach der Zeitfolge geordneten und gehefteten Zeugnisse über die bisherige Beschäftigung seit Ablegung der Staatsprüfung in Urschrift oder beglaubigter Abschrift. Diesen Zeugnissen ist ein Inhaltsverzeichnis beizufügen, aus welchem die Zeitdauer ersichtlich ist, auf welche sich die einzelnen Zeugnisse beziehen; die Gesamtzeit der Beschäftigung als approbierter Apotheker ist am Schluß nach Jahren, Monaten und Tagen zusammenzurechnen; 4. polizeiliche, der Zeitfolge nach geordnete und geheftete Führungszeugnisse aus allen Orten, an denen der Bewerber seit Erlangung der Approbation als Apotheker oder in sonstiger Beschäftigung tätig gewesen ist; 5. ein amtlich beglaubigter, aus neuester Zeit herrührender Nachweis über die zur Anlegung und zum Betriebe einer Apotheke erforderlichen Geldmittel; 6. die eidesstattliche Versicherung, bisher eine Apotheke noch nicht besessen zu haben, oder, wenn dieses der Fall gewesen ist, die Angabe der Zeitdauer des Besitzes, der Gründe, die den Bewerber zur Veräußerung seiner Apotheke veranlaßt haben, sowie des Kaufs- und Verkaufspreises.

Apotheker, die zur Zeit eine Apotheke besitzen, werden unter der Bedingung als Bewerber zugelassen, daß sie in bindender Form sich verpflichten, im Falle der Berücksichtigung ihres Gesuches auf das bisherige Betriebsrecht ohne Anspruch auf Entschädigung zu verzichten.

Über die Vorlegung von Zeugnissen bei der Bewerbung um Apothekenkonzessionen erging ein Erlaß des Medizinalministers vom 5. Februar 1909. In diesem werden die Regierungspräsidenten ersucht, in Fällen, wo bereits ein Gesuch des Bewerbers um Verleihung einer schon früher ausgeschriebenen Konzession in demselben Verwaltungsbezirke vorliegt, im Interesse der Vereinfachung des Verfahrens und zur Ersparung von Kosten, von der doppelten Vorlegung der Zeugnisse usw. abzusehen und zu gestatten, daß bei den späteren Meldungen auf die erste Bewerbung Bezug genommen werden darf. Ferner gibt der Minister darin anheim, ob nicht in geeigneten Fällen auf die Vorlegung der Lehrzeugnisse und der Servierzeugnisse aus der Zeit vor Erlangung der Approbation verzichtet werden kann, zumal bereits bei der Approbationserteilung diese Papiere einer Prüfung unterzogen sind.

In den Konzessionsausschreibungen ist seit August 1903 noch die Klausel enthalten:

Es wird bemerkt, daß eine anderweitige Regelung des Apothekenkonzessionswesens beabsichtigt ist, und daß dabei in Frage steht, ob es sich nicht empfehle, den Konzessionaren eine nach den Erträgnissen des Geschäftes abgestufte, mehr oder minder erhebliche Betriebsabgabe aufzuerlegen. Es bleibt vorbehalten, dieser Betriebsabgabe wie den sonstigen Bestimmungen des neuen Gesetzes auch die vom 1. Juli 1903 ab erteilten Konzessionen zu unterwerfen.

Eine nähere Anleitung für Konzessionsanwärter gibt die Broschüre: „Die Bewerbung um Apothekenkonzessionen", Berlin, Verlag von Julius Springer.

zur Anlegung einer neuen Apotheke an einem Orte die hierbei zugrunde zu legenden Prinzipien mit, welche nach dem Sr. Maj. dem Könige hierüber gehaltenen Vortrage von Allerhöchstdemselben durch die Allerh. Kab.-Order vom 30. Juni v. J. genehmigt worden sind und strenge befolgt werden müssen, wenn bei den bedeutenden Vorteilen, die der Gewählte erlangt, und bei den mithin hierunter auf das wesentlichste beteiligten Interessen der einzelnen Bewerber nicht zu begründeten Beschwerden über den einem der Bewerber gewährten unverdienten Vorzug Veranlassung gegeben werden soll.

Die hierbei zu berücksichtigenden Punkte sind:

1. Die Führung und Applikation des Bewerbers während seiner Lehr- und Servierjahre, die von ihm bei der Ablegung der Staatsprüfung gezeigte geringere oder höhere Qualifikation.
2. Das frühere oder spätere Datum der Approbation als Provisor, welche ihm auf den Grund des bestandenen Staatsexamens erteilt worden ist[1]).
3. Die Führung und Leistung nach empfangener Approbation, ob derselbe sich ununterbrochen dem Apothekergeschäft gewidmet

---

[1]) Über die Anrechnung des Heeres- und Kriegsdienstes auf das Approbationsalter der Bewerber um Apothekenkonzessionen ergingen folgende Bestimmungen:

a. Min.Erl. vom 15. September 1904. Mit Rücksicht darauf, daß die Militärdienstzeit der Apotheker nach § 39 der Prüfungsordnung auf die Lehrlings-, Gehilfen- und Studienzeit zukünftig nicht angerechnet werden darf, wird es sich empfehlen, bei Bewerbungen um Apothekenkonzessionen die etwa abgeleistete Militärdienstzeit auf das Approbationsalter der Bewerber insoweit in Anrechnung zu bringen, als durch die Erfüllung der Militärdienstpflicht die Erlangung der Approbation verzögert worden ist.

b. Min.Erl. vom 11. September 1916. Schon bisher ist nach dem Erlasse vom 15. September 1904 bei Bewerbungen um Apothekenkonzessionen die etwa abgeleistete Militärdienstzeit auf das Approbationsalter der Bewerber insoweit in Anrechnung gebracht worden, als durch die Erfüllung der Militärdienstpflicht die Erlangung der Approbation verzögert worden ist.

Mit Rücksicht auf die durch den gegenwärtigen Krieg geschaffenen besonderen Verhältnisse bestimme ich im Anschluß hieran, daß zukünftig bei der Feststellung des Approbationsalters die Zeit, während der ein Bewerber um eine ausgeschriebene Apothekenkonzession früher (während der Lehrlings- und Gehilfenzeit, wie nach erlangter Approbation) im Heeresdienst gestanden hat, der Tätigkeit im Apothekerberuf gleichzuachten und der nachgewiesenen Dauer der wirklichen Berufstätigkeit nach erlangter Approbation als Apotheker hinzuzurechnen ist. Dem Heeresdienst ist dabei gleichzustellen eine Behinderung in der Berufstätigkeit bis zur Höchstdauer von neun Monaten, die durch eine im Kriegsdienst erlittene und über die Zeit der Beendigung des Krieges hinaus wirkende, mit Arbeitsunfähigkeit verbundene Gesundheitsschädigung verursacht wird.

Über die Berechnung des Approbationsalters erging ein Min.Erl. vom 18. November 1909. Nach diesem sollen von den nach dem Reglement vom 5. März 1875 geprüften Apothekern alle während der Dauer einer Halbjahresprüfung zur Approbation gelangten Kandidaten als gleichzeitig approbiert erachtet und bei der Bewerbung um eine Apothekenkonzession im Sinne des Erlasses vom 13. Juli 1840 berücksichtigt werden. Bei den nach der Prüfungsordnung vom 18. Mai 1904 approbierten Apothekern soll der Termin der Erfüllung der im § 35 der Prüfungsordnung vorgeschriebenen zweijährigen praktischen Tätigkeit, der auch im Approbationsschein angegeben wird, als Tag der Approbation anzusehen sein. Vgl. ferner den Min.Erl. vom 3. September 1910 über die Anrechnung der Assistententätigkeit an pharmazeutischen Universitätsinstituten (Fußnote 3 auf S. 281).

hat[1]) und dabei eine immer höhere Ausbildung in seinem Fache sich zu erwerben bemüht gewesen ist, dadurch also auch zu desto besseren Erwartungen hinsichtlich der künftigen Verwaltung seiner eigenen Apotheke berechtigt; oder ob dieses nicht der Fall ist, ob er vielleicht durch die Übernahme anderweitiger Geschäfte auf einige Zeit seinem eigentlichen Berufe mehr oder weniger sich entfremdet hat[2]).

4. Die frühere oder spätere Meldung zu der Konzessionserteilung zur Anlegung der Apotheke und
5. der nachzuweisende Besitz der zum Betriebe seines Geschäfts erforderlichen Mittel.
6. Anderweitige Verhältnisse, welche zugunsten des einen oder anderen Bewerbers sprechen, z. B. unter Voraussetzung übrigens ganz gleicher Qualifikation die Anerkennung von Verdiensten, welche der Bewerber durch vorzügliche Leistungen irgendeiner Art sich erworben hat usw.[3]).

---

[1]) Über die Anrechnung der Konditionszeit bei Konzessionsbewerbungen ergingen folgende Min.-Bescheide (die beiden ersten im Auszuge wiedergegeben):

a. Vom 6. Januar 1876. Die im pharmazeutischen Staatsdienst zugebrachte Zeit ist auf das Approbationsalter anzurechnen und soll auch sonst kein Hindernis für die Bewerbung um eine Apotheke sein.

b. Vom 10. Dezember 1910. Gegen die Anrechnung der auf ordnungsmäßige Revision von Arzneirechnungen verwandten Beschäftigungszeit bei der Bewerbung um eine Apothekenkonzession bestehen keine Bedenken. Der Nachweis einer gleichzeitigen vertretungsweisen Tätigkeit in einer Apotheke ist nur erforderlich, wenn der Bewerber durch die Revision der Arzneirechnungen nicht voll beschäftigt war.

c. Vom 24. Mai 1911. Die Anrechnung einer durch Krankheit veranlaßten Unterbrechung der Beschäftigungszeit auf das Approbationsalter ist bei den Anwärtern für Apothekenkonzessionen schon jetzt zulässig.

d. Vom 27. Dezember 1912. Die Entscheidung über die Anrechnung der bisherigen Tätigkeit eines Apothekers bei der Bewerbung um eine Apothekenkonzession liegt in der Hand des zuständigen Herrn Oberpräsidenten, der auch in der Lage ist, die besonderen Verhältnisse des einzelnen Falles entsprechend zu berücksichtigen.

e. Vom Juli 1919. Den Kandidaten der Pharmazie ist schon jetzt nach § 35 der Prüfungsordnung für Apotheker gestattet, sich während der Hälfte der von ihnen behufs Erlangung der Approbation als Apotheker abzuleistenden zweijährigen Gehilfenzeit in Apotheken außerhalb des Deutschen Reiches praktisch zu betätigen. In gleichem Umfange wird auch bei Bewerbungen um eine Apothekenkonzession die in ausländischen Apotheken ausgeübte Gehilfentätigkeit in Anrechnung gebracht.

[2]) In einem Min.Erl. vom 3. September 1903 wird darauf hingewiesen, daß die Auswahl unter den Bewerbern um die Konzession zur Anlegung einer neuen Apotheke nach den Allerhöchst genehmigten Grundsätzen stattfindet, welche in dem Ministerialerlasse vom 13. Juli 1840 niedergelegt sind. „Unter den zu berücksichtigenden Punkten wird die höhere Fachausbildung besonders hervorgehoben, zugleich aber darauf hingewiesen, daß durch Übernahme anderweitiger Geschäfte, also auch solcher wissenschaftlicher Natur, eine Entfremdung von dem eigentlichen Apothekerberuf nicht herbeigeführt werden darf."

In Übereinstimmung hiermit bemerkt ein Min.Erl. vom 31. Oktober 1902, „daß die Anrechnung der, nach abgelegter Apothekerprüfung, auf weiteres Studium oder zur Erlangung des Doktorgrades verwandten Zeit bei Bewerbung um eine Apothekenkonzession auch nach den zurzeit geltenden Bestimmungen nicht ausgeschlossen ist". Den Erlaß einer allgemeinen Anordnung lehnte der Minister ab, „da es der Entscheidung der zuständigen Behörde im Einzelfall vorzubehalten ist, ob das weitere Studium der höheren Ausbildung des Bewerbers gedient hat".

[3]) Auf diese Ziffer bezieht sich nachstehender Min.Erl. betr. die Assistententätigkeit an pharmazeutischen Universitätsinstituten vom 3. September 1910.

Es bedarf wohl keiner Befürwortung, daß nicht ein einzelner dieser Punkte als der allein bestimmende betrachtet werden kann; denn wollte man als solchen z. B. die früher oder später stattgefundene Meldung gelten lassen, so dürfte nur jeder Apotheker unmittelbar nach erhaltener Approbation mit den Anmeldungen für verschiedene Orte, in welchen die früher oder später eingetretene Statthaftigkeit der Anlegung einer neuen Apotheke vorauszusehen ist, sich beeilen, um vor allen späteren, in jeder anderen Hinsicht vielleicht bei weitem vorzüglicheren Bewerbern den Vorzug zu erlangen. Nur die unparteiische Berücksichtigung aller dieser Momente und das Resultat der sorgfältigen Abwägung der einzelnen gegeneinander darf daher die zu treffende Wahl begründen[1]).

---

Nach § 35 der Prüfungsordnung für Apotheker vom 18. Mai 1904 haben die Kandidaten der Pharmazie nach vollständig bestandener pharmazeutischer Prüfung weitere zwei Jahre als Gehilfen in Apotheken sich praktisch zu betätigen. Da diese zweijährige praktische Tätigkeit in der Regel im Anschluß an die Prüfung und ohne Unterbrechung erledigt werden soll, bei Verzögerungen oder Unterbrechungen also die Erlangung der Approbation hinausgeschoben und demzufolge das für die spätere Erteilung einer Apothekenkonzession in Betracht kommende Approbationsalter verkürzt wird, tragen die Kandidaten Bedenken, vor Erlangung der Approbation als Assistenten in pharmazeutische Universitätsinstitute einzutreten. Eine weitere wissenschaftliche Tätigkeit der Kandidaten an diesen Instituten alsbald nach der Prüfung liegt aber sowohl im Interesse des pharmazeutischen Unterrichts wie auch im Interesse der wissenschaftlichen Fortbildung der Kandidaten selbst.

Hiernach dürften die Voraussetzungen für die Anwendung der Vorschrift unter Nr. 6 des Erlasses, betreffend die Genehmigung von Apothekenneuanlagen und die Verleihung derselben an die Bewerber, vom 13. Juli 1840 gegeben und es unbedenklich sein, Unterbrechungen der vorgeschriebenen zweijährigen praktischen Tätigkeit zum Zwecke der Assistententätigkeit an den vorerwähnten Instituten bei Bewerbungen um Apothekenkonzessionen dem Approbationsalter hinzuzurechnen. Dabei würde die Assistententätigkeit jedoch nicht unbegrenzt, sondern nur bis zu einer Dauer von 4 Jahren zu berücksichtigen sein.

[1]) Die Verleihung einer Apothekenkonzession ist gebührenpflichtig. Maßgebend ist die Verwaltungsgebührenordnung vom 30. Dezember 1926, die in § 1 bestimmt, daß die Erhebung von anderweitigen Gebühren oder Stempeln für die von ihr erfaßten Amtshandlungen ausgeschlossen wird. Der Gebührentarif sieht beim Stichwort Apotheken folgende Gebühren vor:

Apotheken. a. Konzession: 1. zum Betriebe bei Vererblichkeit oder Veräußerlichkeit der Konzession 1 p. c. des Wertes der Konzession, mindestens aber 300 *RM*, sonst 300 *RM*. 2. zur Errichtung einer Zweig- (Filial-) Apotheke 50 *RM*, 3. zur Verlegung einer Apotheke auf Antrag des Besitzers 150 *RM*; b. Befähigungszeugnis zur Verwaltung der Dispensieranstalt eines Krankenhauses (für Diakonissen und Mitglieder staatlich anerkannter geistlicher Genossenschaften für Krankenpflege) 3 *RM*.

Dazu gehört der folgende Min.Erl. vom 8. November 1924:

Ich habe Veranlassung, darauf hinzuweisen, daß die Ablehnung von Bewerbungen um die Verleihung von Apothekenkonzessionen bzw. die Mitteilung an den Bewerber um eine Apothekenkonzession, daß seinem Bewerbungsgesuche nicht stattgegeben werden konnte, keiner Erhebung einer Verwaltungsgebühr unterliegt. Denn neben der Konzessionsverleihung kann der Ablehnung der anderen Bewerbungen nicht die Bedeutung einer selbständigen Amtshandlung, die mit einer besonderen Gebühr belegt werden könnte, beigemessen werden. Daher kommt es auch nicht in Frage, die Bearbeitung der Gesuche um Verleihung einer Apothekenkonzession von einer vorherigen Gebührenzahlung abhängig zu machen. Die Erhebung einer Verwaltungsgebühr für die Verleihung einer Apothekenkonzession bleibt hierdurch unberührt.

Im Anschluß hieran besagt ein Min.-Bescheid vom 10. Dezember 1924:

Sonstige Anfragen in Apothekenkonzessionsangelegenheiten unterliegen bei ihrer Beantwortung einer Verwaltungsgebühr, da zwar die Einrichtung der Konzessions-

Schließlich bemerkt das Ministerium nur noch, daß einem Apotheker, welcher bereits eine Apotheke besessen hat, die Konzession zur Anlegung einer neuen Apotheke nicht zu erteilen ist, wenn nicht besondere Umstände obwalten, durch welche eine hierunter zu machende Ausnahme gerechtfertigt erscheinen dürfte, in welchem Falle jedoch jedesmal die Genehmigung des Ministeriums dazu einzuholen ist.

**Min.Erl. betr. die Ausschreibung von Apothekenkonzessionen. Vom 7. April 1905.**

Es ist mir aufgefallen, daß von den Herren Regierungspräsidenten bei der Ausschreibung von Konzessionen für Apotheken mehrfach die Aufforderung zur Einreichung von Bewerbungen auf preußische Staatsangehörige beschränkt worden ist. Ich mache darauf aufmerksam, daß eine solche Beschränkung dem Art. 3 der Reichsverfassung widerspricht[1]).

**Min.Erl. betr. die Verleihung von Apothekenkonzessionen. Vom 2. Oktober 1902.**

Ein Spezialfall gibt mir Veranlassung, darauf aufmerksam zu machen, daß das Vorliegen eines Zivilversorgungsscheines als Anlaß zu besonderer Berücksichtigung bei der Verleihung von Apothekenkonzessionen nicht anzuerkennen ist, wenn dadurch ältere, wissenschaftlich gleich befähigte Bewerber zurückgesetzt werden. Bei sonst gleicher Befähigung der Bewerber ist mit Bezug auf den Erlaß vom 13. Juli 1840 bei der Verleihung von Apothekenkonzessionen dem höheren Approbationsalter eine mehr ausschlaggebende Bedeutung beizumessen.

**Min.Erl. betr. die Verleihung von Apothekenkonzessionen. Vom 16. April 1908.**

In der pharmazeutischen Fachpresse ist mehrfach darüber Klage geführt worden, daß bei der Verleihung von Apothekenkonzessionen das höhere Approbationsalter sonst gleich befähigter Bewerber nicht genügend

---

verleihung im Interesse der Allgemeinheit getroffen worden ist, die Verleihung selbst jedoch im Interesse des einzelnen erfolgt.

Nach einem späteren Min.Erl. vom Jahre 1925 sollen indessen Bescheide auf Gesuche, Anfragen und Anträge, mit Ausnahme von Bescheiden in Angelegenheiten, welche die Erteilung von Genehmigungen und ähnliche zum unmittelbaren Nutzen der Beteiligten ergehende Entscheidungen betreffen, gebührenfrei sein.

In einem Erl. vom 17. Dezember 1915 bestimmte der Minister, „daß die Bekanntmachungen der Regierungspräsidenten über die Verleihung von Konzessionen zur Fortführung von Apotheken in den Regierungsamtsblättern unentgeltlich zu veröffentlichen sind, da sie im ausschließlichen Interesse der Staatsverwaltung erlassen werden".

[1]) Die gegenwärtige Verfassung des Deutschen Reiches vom 11. August 1919 enthält in den Artikeln 110 und 111 die folgenden Bestimmungen:

Jeder Deutsche hat in jedem Lande des Reichs die gleichen Rechte und Pflichten wie die Angehörigen des Landes selbst. Alle Deutschen genießen Freizügigkeit im ganzen Reiche.

Nach dem Erl. darf also nur Reichsangehörigkeit verlangt werden. Eine weitere Vergünstigung schuf ein Min.Erl. vom 9. Oktober 1919 für Bewerber aus den von Preußen abgetrennten Gebieten.

Apotheker, die in den vom preußischen Staat abzutretenden Gebietsteilen ansässig sind und daher, soweit sie nicht gezwungen wurden, schon jetzt ihren Wohnsitz zu verlassen, unter fremde Herrschaft geraten, werden hiermit auch zumeist die deutsche Reichsangehörigkeit verlieren. Um die sich hieraus ergebenden Schwierigkeiten bei der späteren Bewerbung um deutsche Apothekenkonzessionen zu beseitigen, bestimme ich für Preußen, daß es derartigen Apothekern gestattet sein soll, als gleichberechtigte Bewerber aufzutreten, wenn ihre Meldung nach vorheriger Wiedereinbürgerung vor dem 1. Januar 1930 erfolgt.

berücksichtigt und die Konzession zuweilen Apothekern erteilt worden ist, die eine erheblich kürzere Berufstätigkeit aufzuweisen hatten als ihre Mitbewerber.

Wenn auch bei der Auswahl der Bewerber um die Konzession für eine Apothekenneuanlage nach dem Erlaß vom 13. Juli 1840 das höhere Approbationsalter allein nicht als entscheidend anzusehen ist, so ist doch, wie auch schon in der Verfügung meines Herrn Amtsvorgängers vom 2. Oktober 1902 zum Ausdruck gebracht ist, demselben insofern eine ausschlaggebende Bedeutung beizumessen, als die Bevorzugung eines Bewerbers vor älteren Mitbewerbern nur stattfinden darf, wenn schwerwiegende Gründe dies angezeigt erscheinen lassen.

Einzelne hier bekanntgewordene Vorgänge lassen nicht erkennen, daß dieser Grundsatz bisher immer die genügende Beachtung gefunden hat. Ich sehe mich deshalb veranlaßt, die Rundverfügung vom 2. Oktober 1902 in Erinnerung zu bringen.

## Min. Erl. betr. die Mitbewerbung von Apothekenbesitzern um Apothekenkonzessionen. Vom 17. November 1893.

In neuerer Zeit haben wiederholt Apothekenbesitzer durch Vermittlung und unter Befürwortung der Provinzialbehörden bei mir die Genehmigung dazu nachgesucht, daß sie gegen Verzichtleistung auf die ihnen gehörige Apothekengerechtigkeit sich um die Konzession zu einer Apothekenanlage bewerben dürfen.

Ich habe in solchen Fällen die Genehmigung erteilt, wenn der Gesuchsteller nach den angestellten Ermittlungen ein tüchtiger Apotheker war und auch sonst einer besonderen Berücksichtigung würdig erschien, außerdem aber in bindender Form sich verpflichtet hatte, die folgenden Bedingungen zu erfüllen:

1. Er darf die von ihm bis dahin betriebene Apotheke nicht selbständig verkaufen, muß vielmehr auf die Konzession oder das Privilegium verzichten[1]).
2. Die so frei werdende Apothekengerechtigkeit ist in der bei Apothekenanlagen üblichen Weise auszuschreiben; dem neuen Konzessionar darf in analoger Anwendung der Allerhöchsten Order vom

---

[1]) Ein Min.Erl. vom 28. Juni 1912 besagt, daß nach feststehendem, schon in einem Erlaß vom 24. Juni 1817 ausgesprochenen Verwaltungsgrundsatze ein Apotheker nur eine Apotheke besitzen darf. „Die Übertragung der Konzession zum Weiterbetriebe einer Apotheke auf einen Apothekenbesitzer kann erst erfolgen, wenn dieser nachweist, daß er sich des Besitzes seiner bisherigen Apotheke durch Verkauf oder Verzicht auf das Betriebsrecht entäußert hat."

Geh. Reg.-Rat von Gneist spricht sich in einer Abhandlung über diese Frage (Apoth.-Ztg. 1926 Nr. 70) dahin aus, „daß nach der rev. Ap.O. von 1801 ein Apotheker befugt ist, nicht nur zwei Apotheken zu besitzen, sondern auch zu betreiben, und daß der dem entgegenstehende Min.Erl. vom 28. Juni 1912 der Rechtsgültigkeit entbehrt. Dem Grundsatze nach gilt dies für alle Formen der in Preußen bestehenden Apothekenbetriebsrechte, d. h. also, sowohl für den Erwerb eines Privilegs als auch einer Realkonzession sowie einer Personalkonzession. Bei letzterer ist allerdings die Verwaltungsbehörde wegen des ihr zustehenden Auswahlrechtes unter den Bewerbern praktisch in der Lage, Apotheker, die bereits im Besitze einer Apotheke sind, von der Vergebung auszuschließen und damit das Verbot des Besitzes zweier Apotheken auch ohne gesetzliche Sanktion durchzuführen." Im Geltungsbereiche der meisten in den 1866 erworbenen Landesteilen geltenden Apothekerordnungen ist jedoch der gleichzeitige Besitz mehrerer Apotheken untersagt oder beschränkt.

8. März 1842 und des dazu ergangenen Erlasses vom 13. August 1842[1]) nur die Verpflichtung auferlegt werden, die Apothekeneinrichtung und die bei der Geschäftsübernahme vorhandenen Warenbestände gegen einen dem wahren zeitigen Wert entsprechenden Preis zu übernehmen, welcher eventuell durch Sachverständige festzusetzen ist; die Abschätzungskosten sind von dem Verkäufer und dem Käufer zu gleichen Teilen zu tragen. (Es sind drei Sachverständige zu wählen, und zwar von der Regierung, dem bisherigen Besitzer und dem Konzessionar je einer. Der Sachverständige der Regierung hat das Verfahren zu leiten und den Übernahmepreis, gegen dessen Festsetzung eine Berufung auf richterliche Entscheidung nicht zulässig ist, endgültig zu bestimmen.)

3. Zur Übernahme des Apothekengrundstücks ist der Geschäftsnachfolger nicht verpflichtet; will er dasselbe jedoch erwerben, so wird darauf zu halten sein, daß es nicht zu einem höheren Preise, als sein jetziger Wert beträgt, in Rechnung gestellt werde.
4. Hinsichtlich der Verkäuflichkeit der nach Maßgabe der Ziffer 2 neu konzessionierten Apotheke greifen, sobald dieselbe nicht mehr im Besitz des ehemaligen Inhabers ist, die Bestimmungen des Allerhöchsten Erlasses vom 7. Juli 1886 und der im Anschluß daran ergangenen Rundverfügung vom 21. Juli 1886 Platz.

Diese Bedingungen zu 1—4 sind in die zu erlassenden Wettbewerbsbekanntmachungen aufzunehmen.

---

[1]) Die Kabinettsorder vom 8. März 1842 lautet:

Auf den Bericht des Staatsministeriums genehmige ich, daß bei Erledigung einer bloß persönlichen Konzession zur Anlegung einer Apotheke demjenigen, welchem in deren Stelle eine neue Konzession erteilt wird, von der Medizinalbehörde auf Antrag des bisherigen Apothekers oder seiner Erben zur Bedingung gestellt werden darf, die zur Einrichtung und zum Betriebe der Offizin seines Vorgängers gehörigen, noch im guten Zustande befindlichen und für den Geschäftsbetrieb brauchbaren Geräte nur in einer dem Umfange des Geschäftes angemessenen Quantität zu übernehmen. Welche Gegenstände zu übernehmen, sowie die Quantität und der Preis derselben ist durch Sachverständige zu bestimmen, deren einen der abgehende Apothekenbesitzer, den zweiten der neu antretende Apotheker und den dritten die Regierung zu ernennen hat. Letzterer leitet das Verfahren und stellt den Übernahmepreis fest; gegen diese Feststellung ist eine Berufung auf richterliche Entscheidung nicht zulässig; der neu antretende Apotheker ist verpflichtet, seinem Vorgänger auf dessen Verlangen die festgestellte Summe sofort bar auszuzahlen. Die Kosten des Verfahrens sind von jedem Teile zur Hälfte zu tragen. Zur Übernahme eines für die Apotheke eingerichteten Grundstückes soll ein neu konzessionierter Apotheker niemals verpflichtet sein.

Der Erlaß vom 13. August 1842 nimmt auf die hier in Rede stehende Frage nur in seinem Eingange mit folgenden Worten Bezug:

Durch die Allerh. Kabinettsorder vom 8. März 1842 sind die Grundsätze bestimmt, nach denen bei Aufgebung einer, von dem bisherigen Besitzer auf Grund einer bloß persönlichen Konzession geführten Apotheke dem nachfolgenden Konzessionserwerber die Übernahme der Offizin-Einrichtung seines Vorgängers für einen taxmäßigen Preis zur Bedingung der Konzessionserteilung gestellt werden darf.

Demgemäß heißt es in den Ausschreibungen heimgefallener Apothekenkonzessionen zumeist wie folgt:

Die Konzession zum Betriebe der Apotheke in ... soll von neuem vergeben werden mit der Maßgabe, daß der künftige Konzessionsempfänger in Gemäßheit des Allerhöchsten Erlasses vom 8. März 1842 die Warenvorräte und Einrichtungsgegenstände dieser Apotheke zu ihrem wahren zeitigen Werte zu übernehmen hat.

Wahrer zeitiger Wert kann nur der Sachwert (gemeiner Wert) sein, den die Gegenstände zur Zeit der Abschätzung in Wahrheit haben. Also ein absoluter, nicht ein relativer Wert.

5. Sobald der Inhaber der schon bestehenden Apotheke auf Grund der ihm eventuell zu erteilenden Genehmigung in den Besitz einer neuen Apothekenkonzession gelangt ist, hat er dies dem bisher zuständigen Oberpräsidenten anzuzeigen, damit der Wettbewerb um die erledigte Apotheke ohne Säumen eingeleitet werden kann; letztere hat er so lange weiterzuführen, bis sein mit der Konzession versehener Nachfolger die Geschäfte übernommen hat.

Ich stelle ganz ergebenst anheim, hiernach in geeigneten Fällen meine Genehmigung zu beantragen, und ersuche zugleich, mir nach Erfolg der Verleihung über den für die alte Apothekeneinrichtung nebst Warenbestand vereinbarten oder nach Abschätzung gezahlten Preis gefälligst Mitteilung zu machen, damit hier die Höhe der Preise sowie die Art der Abschätzung nach den einzelnen Provinzen vergleichsweise zusammengestellt werden können.

### Min.Erl. betr. die Mitbewerbung ehemaliger Apothekenbesitzer um Apothekenkonzessionen. Vom 2. Dezember 1893.

Der Runderlaß vom 13. Juli 1840, betreffend die Anlegung neuer Apotheken, bestimmt im Schlußsatz:

> „daß einem Apotheker, welcher bereits eine Apotheke besessen hat, die Konzession zur Anlegung einer neuen Apotheke nicht zu erteilen ist, wenn nicht besondere Umstände obwalten, durch welche eine hierunter zu machende Ausnahme gerechtfertigt erscheinen dürfte, in welchem Falle jedoch jedesmal die Genehmigung des Ministeriums dazu einzuholen ist".

Diese Bestimmung ist zur Vereinfachung des Verfahrens seit langer Zeit in der Weise gehandhabt worden, daß solche Apotheker um eine Konzession sich nur bewerben durften, nachdem sie die diesseitige Genehmigung dazu erhalten hatten.

Nach dem Wortlaut der Bestimmung ist aber nicht die Bewerbung, sondern die Erteilung der Konzession von meiner Genehmigung abhängig. Ew. Exzellenz ersuche ich daher ganz ergebenst, in Zukunft Bewerbungen von Apothekern, welche bereits eine Apotheke besessen haben, nicht zurückzuweisen, sondern die Verhältnisse, welche den Betreffenden zur Veräußerung seiner Apotheke veranlaßt haben, sorgfältig zu prüfen und in Fällen, welche danach zur Berücksichtigung geeignet erscheinen, behufs Entscheidung über die Zulässigkeit der Erteilung einer Konzession unter Beifügung der stattgehabten Ermittlungsverhandlungen an mich gefälligst eingehend zu berichten.

Ich mache dabei zugleich darauf ganz ergebenst aufmerksam, daß Bewerber, welche ihre Apotheke mit Gewinn verkauft oder bereits mehrere Apotheken besessen haben, oder durch eigene Schuld zum Verkauf genötigt worden sind, oder durch ihre sittliche Führung zu Bedenken Anlaß geben, sich nicht zur Berücksichtigung eignen.

### Min.Erl. betr. die Verleihung von Apothekenkonzessionen an ehemalige Apothekenbesitzer. Vom 11. Dezember 1894.

Nachdem seit Erlaß meiner Verfügung vom 2. Dezember 1893 die Grundsätze über die Verleihung von Apothekenkonzessionen an ehemalige Apothekenbesitzer gleichmäßige Anwendung gefunden haben, überlasse ich (den Herren Oberpräsidenten), künftighin nach eigenem pflichtmäßigen Ermessen darüber Entscheidung zu treffen, ob einem solchen Bewerber nach Maßgabe der gedachten Verfügung eine Konzession zu verleihen ist oder nicht.

**Min.Erl. betr. die Verleihung von Apothekenkonzessionen an Apothekenbesitzer und die Anlegung von Zweigapotheken. Vom 4. Mai 1895.**

Um in der Bearbeitung der Apothekenangelegenheiten eine größere Dezentralisation der Geschäfte herbeizuführen, bestimme ich hierdurch folgendes:

I. Durch Runderlaß vom 11. Dezember 1894 habe ich es den Herren Oberpräsidenten überlassen, nach eignem pflichtmäßigen Ermessen darüber Entscheidung zu treffen, ob einem ehemaligen Apothekenbesitzer, falls er sich um eine Apothekenkonzession bewirbt, eine solche zu verleihen ist oder nicht.

Im Anschluß hieran ermächtige ich die Herren Oberpräsidenten, künftighin auch darüber selbständig zu befinden, ob ein noch im Besitz einer Apotheke befindlicher Apotheker nach Verzichtleistung auf die Apothekengerechtigkeit zur Bewerbung um eine andere Apothekenkonzession zuzulassen ist oder nicht. Es werden hierbei die in den diesseitigen Runderlassen vom 17. November 1893[1]) und 5. September 1894[2]) dargelegten Grundsätze zu beachten sein.

II. Außerdem will ich es den Herren Oberpräsidenten überlassen, in Zukunft ihrerseits die Genehmigung zur Anlegung und Fortführung von Zweigapotheken, und zwar nach Maßgabe der diesseitigen Erlasse vom 7. Februar 1848 und 29. Juni 1854 zu erteilen[3]).

Ich mache hierbei zur gefälligen Beachtung zugleich darauf ganz ergebenst aufmerksam, daß die Genehmigung zur Anlegung oder Fortführung einer Zweigapotheke der bisherigen Praxis entsprechend immer nur auf drei Jahre zu erteilen ist und daß, wie dies bereits durch Erlaß vom 18. April 1893 angeordnet worden, die Zweigapotheke von dem Inhaber des Hauptgeschäftes bei etwaiger späterer Abgabe des letzteren

---

[1]) Siehe S. 284. [2]) Siehe S. 289.

[3]) Der Erl. über die Konzessionierung von Filialapotheken vom 7. Februar 1848 enthält u. a. folgende Grundsätze:

Filialapotheken sind zu keiner Zeit bleibende, vielmehr von Zeit und Umständen abhängige, vorübergehende Einrichtungen gewesen und daher besonders für Badeorte während der Badezeit passend erachtet und gestattet worden. Hiernach richtet sich auch der Vorteil, der aus einer solchen Anstalt zu ziehen ist. Das Geschäft muß so viel abwerfen, daß mit der Leitung desselben ein examinierter und vereidigter Gehilfe beauftragt werden kann. Sobald der Gewinn so hoch steigt, daß auch nur mit mäßigen Ansprüchen während des ganzen Jahres eine Haushaltung dabei bestehen kann, so steht der Erteilung der Konzession zu einer neuen Apothekenanlage nichts weiter im Wege. Es könnte sonst leicht dahin kommen, daß zwei Apotheken nur einen Besitzer haben.

Der Erlaß vom 29. Juni 1854 sagt mit Bezug auf einen bestimmten Fall, „daß die Errichtung von Filialapotheken aus entscheidenden Gründen nicht ratsam ist".

Mit der Genehmigung von Zweigapotheken befaßt sich noch der folgende Min.Erl. vom 29. Mai 1926:

Die im Amtsblatt einiger Regierungsbezirke erfolgende Veröffentlichung der Erneuerung der Genehmigung zum Betriebe einer Zweigapotheke kann in Zukunft fortfallen, da eine gesetzliche Verpflichtung zu einer solchen Veröffentlichung nicht besteht und ein allgemeines Interesse daran nicht vorliegt. Die Veröffentlichung der Neuverleihung einer solchen Genehmigung hat dagegen weiterhin zu erfolgen, wobei ich zur Vermeidung von Zweifeln darauf hinweise, daß die Kosten der Veröffentlichung im Regierungsamtsblatt nach § 13 der Allgemeinen Verwaltungsgebührenordnung und Ziff. 49 der hierzu erlassenen Richtlinien vom 15. August 1924 von dem betreffenden Apotheker eingezogen werden müssen.

nicht mit verkauft oder in Anrechnung gebracht werden darf. Auch setze ich voraus, daß die Herren Oberpräsidenten ihr Augenmerk gefälligst darauf richten werden, daß die Umwandlung einer Zweigapotheke in eine selbständige Apotheke erfolgt, sobald nach Lage des einzelnen Falles und der dabei in Betracht kommenden Umstände der Zeitpunkt hierfür eingetreten ist[1]).

**Min.Erl. betr. die Verleihung von Apothekenkonzessionen an Apothekenbesitzer. Vom 3. Mai 1905.**

Zur Beseitigung hervorgetretener Zweifel bemerke ich, daß die in dem Runderlasse vom 4. Mai 1895[2]) den Herren Oberpräsidenten beigelegte Befugnis der selbständigen Entscheidung auch dann Anwendung findet, wenn ein im Besitze einer persönlichen Konzession befindlicher Apotheker, der auf diese seine Apothekenkonzession verzichtet, als Bewerber um eine andere Apothekenkonzession für die Verleihung in Frage kommt.

Apotheker, welche unter Verzicht auf eine verkäufliche Apothekengerechtigkeit sich um eine ausgeschriebene Apothekenkonzession bewerben, sollen wie bisher, bei sonst gleichen Verhältnissen, nach Maßgabe der Rundverfügung vom 13. Juli 1840, Ziffer 3 und 6[3]), vor ihren Mitbewerbern den Vorzug haben[4]).

**Min.Erl. betr. die Bewerbung ehemaliger Apothekenbesitzer um Apothekenkonzessionen. Vom 30. Oktober 1901.**

Auf den Bericht vom 25. Juli d. J. erwidere ich Ew. Exzellenz ergebenst, daß einem Apotheker, welcher bereits eine Apotheke besessen hat, bei der Bewerbung um eine ausgeschriebene Apothekenkonzession die Zeit des früheren Besitzes von dem Approbationsalter abzurechnen ist, wenn der Bewerber nicht einwandfrei nachweisen kann, daß er zum Verkauf seiner Apotheke ohne eigenes Verschulden gezwungen wurde. Ist diese Voraussetzung nicht erfüllt, so findet der Erlaß vom 2. Dezember 1893[5]) entsprechende Anwendung, womit sich die Frage der Abrechnung der Besitzzeit von selbst erledigt.

**Min.Erl. betr. die Verleihung von Apothekenkonzessionen an Bewerber aus abgetrennten Gebieten. Vom 10. Oktober 1919.**

Infolge des Überganges Elsaß-Lothringens in französische Hände sind die dortigen Apotheken, welche nicht im Besitze von reinen Elsaß-Lothringern waren, unter Zwangsverwaltung gestellt und die Besitzer teils ausgewiesen worden, teils haben sie selbst das Land verlassen, da ihnen die Ausübung ihres Berufes versagt worden ist. Hierdurch sind diese Apothekenbesitzer in große Not geraten. Um ihnen ihr Fortkommen in Deutschland zu erleichtern, bestimme ich für Preußen, daß ihnen bei Bewerbung um Apothekenkonzessionen, abweichend von den für andere Bewerber geltenden Bestimmungen, die Zeit, während der sie in Elsaß-Lothringen eine Apotheke besessen haben, auf ihr Approbationsalter ohne Abzug in Anrechnung gebracht wird.

---

[1]) Diesem Gedanken entsprechend weist ein Min.Erl. vom 13. April 1912 erneut darauf hin, „daß mit der Umwandlung von Zweigapotheken in Vollapotheken vorzugehen ist, sobald die maßgebenden Verhältnisse es irgend gestatten".

[2]) Siehe S. 287. [3]) Siehe S. 280.

[4]) Derartigen Bewerbern wird in einzelnen Bezirken das errechnete Approbationsalter bis zu fünf Jahren vordatiert.

[5]) Siehe S. 286.

In gleicher Weise ist bei den Apothekenbesitzern, die in anderen, früher deutschen, jetzt in feindliche Hände gefallenen Gebieten einschließlich der Kolonien ansässig waren, zu verfahren.

**Min.Erl. betr. die Weiterführung einer Apotheke durch den bisherigen Besitzer. Vom 24. Februar 1903.**

Ein Spezialfall gibt mir Veranlassung, unter Hinweis auf den Runderlaß vom 17. November 1893[1]) in Erinnerung zu bringen, daß ein Apothekenbesitzer, welcher in den Besitz einer neuen Apothekenkonzession gelangt, die von ihm bisher betriebene Apotheke so lange weiterzuführen hat, bis sein Nachfolger die Konzession erhalten und die Geschäfte übernommen hat. Eine Betriebsunterbrechung, welche namentlich in Ortschaften mit nur einer Arzneiabgabestelle zu bedenklichen Folgen führen könnte, ist unter allen Umständen zu vermeiden und der Besitzwechsel derartig zu vollziehen, daß ein Geschäftsschluß, auch nur auf kurze Zeit, überhaupt nicht stattfindet.

**Min.Erl. betr. die Behandlung heimgefallener Apotheken. Vom 5. September 1894.**

Im Anschluß an den Erlaß vom 5. Juli d. J.[2]), betreffend die Einführung der Personalkonzession für Apothekengerechtigkeiten, weise ich zur Beseitigung von Zweifeln, welche inzwischen in der Fachpresse laut geworden sind, ganz ergebenst darauf hin, daß auch die von dem bisherigen Inhaber an den Staat zurückgegebenen Gerechtigkeiten (Erlaß vom 17. November 1893 Ziffer 2 und 4[3])) und solche Konzessionen, welche während der zehnjährigen Unverkäuflichkeit (Erlaß vom 21. Juli 1886) an den Staat zurückfallen, in Gemäßheit der Allerhöchsten Order vom 30. Juni d. J. und des eingangs bezeichneten Erlasses zu behandeln sind.

Solche Apothekengerechtigkeiten sind daher jederzeit in der bei Apothekenneuanlagen üblichen Weise auszuschreiben und zu verleihen; dem neuen Konzessionar darf in Anwendung der Allerhöchsten Order vom 8. März 1842 und des dazu ergangenen Erlasses vom 13. August 1842[4]) nur die Verpflichtung auferlegt werden, die Apothekeneinrichtung und die bei der Geschäftsübernahme vorhandenen Warenbestände gegen einen dem wahren zeitigen Wert entsprechenden Preis zu übernehmen, welcher eventuell durch Sachverständige festzusetzen ist. Die Abschätzungskosten tragen Käufer und Verkäufer zu gleichen Teilen.

Zur Übernahme des Apothekengrundstückes ist der Geschäftsnachfolger nicht verpflichtet; will er dasselbe jedoch erwerben, so ist behufs Vermeidung der Entstehung neuer Idealwerte darauf zu halten, daß es nicht zu einem höheren Preise, als sein zeitiger Wert beträgt, in Rechnung gestellt werde[5]).

## 4. Verpachtung von Apotheken.

Bezüglich der Verpachtung der Apotheken erging der nachstehende

**Min.Erl. betr. die Verpachtung von Apotheken. Vom 21. September 1886.**

Abweichend von den Bestimmungen des Zirkularreskripts vom 19. Mai 1821, welches die Verpachtung von Apotheken als den medizinalpolizeilichen Interessen widersprechend und mit den Bestimmungen der revi-

[1]) Siehe S. 284. [2]) Siehe S. 273. [3]) Siehe S. 284. [4]) Siehe S. 285.

[5]) In einem vierten Absatz befaßte sich die Verfügung noch mit der Verlegung von Apotheken. Dieser Absatz wurde aber durch Min.Erl. vom 3. Januar 1913 (s. S. 293) aufgehoben.

dierten Apothekerordnung vom 11. Oktober 1801 unvereinbar verbietet, geht der Erlaß vom 28. Februar 1870 von der Annahme aus, daß nach dem Inkrafttreten der Gewerbeordnung die Verpachtung der Apotheken nicht beanstandet werden könne. Zur Begründung dieser Ansicht wird darauf hingewiesen, daß die Zulässigkeit einer Stellvertretung im Betriebe von Apotheken nach den Bestimmungen der Gewerbeordnung für den Norddeutschen Bund, namentlich nach den §§ 45 und 151 derselben zu beurteilen, der privatrechtliche Titel aber, auf Grund dessen die Stellvertretung stattfindet, einer amtlichen Kognition nicht zu unterziehen sei. Diese Ausführung erscheint indessen, auch wenn die Grundsätze der Gewerbeordnung über die Stellvertretung hinsichtlich der Apotheken für anwendbar erachtet werden, aus dem Grunde nicht haltbar, weil als Stellvertreter im Sinne der Gewerbeordnung nur solche Personen angesehen werden können, welchen das ganze Geschäft im Namen und für Rechnung des Eigentümers übertragen ist. Da diese Voraussetzungen — vgl. Erkenntnis des Obertribunals vom 19. Dezember 1878 (Oppenhof, Rechtspr., Bd. 19, S. 589), Erk. des Oberverwaltungsgerichts vom 10. Mai 1883 (Reger, Entsch. der Gerichte usw., Bd. 4, S. 21ff.), Erk. des Reichsgerichts vom 4. März 1881 (Entsch. in Strafs. Bd. 3, S. 419) — bei einem Pächter nicht zutreffen, veranlasse ich Ew. pp. unter gleichzeitiger Aufhebung des erwähnten Erlasses vom 28. Februar 1870, fortan die Verpachtung von Apotheken, soweit dieselbe nicht für bestimmte Fälle durch gesetzliche Vorschriften ausdrücklich gestattet ist, nicht mehr zuzulassen und die Auflösung der dieser Anordnung zuwider zur Zeit bestehenden Pachtverhältnisse, sobald dies nach den Bestimmungen der Pachtverträge ausführbar ist, in geeigneter Weise herbeizuführen[1]).

---

[1]) Die Auffassung der preußischen Medizinalverwaltung über die Zulässigkeit der Verpachtung von Apotheken hat mehrfach geschwankt. Nachdem man bis zum Jahre 1821 die Verpachtung der Apotheken als zulässig ansah, ergingen später nacheinander folgende Verfügungen: a. Min.Reskr. vom 19. Mai 1821: Die Verpachtung der Apotheken ist verboten. b. Min.Verf. vom 28. Februar 1870: Die Verpachtung der Apotheken ist gestattet. c. Min.Erl. vom 21. September 1886: Die Verpachtung der Apotheken ist nicht zuzulassen.

Gegenwärtig hat sich über die Frage folgende Auffassung herausgebildet:

1. Die Verpachtung von Realprivilegien, d. s. alle Apothekenprivilegien mit Ausnahme der rein persönlichen, nicht selbständigen, ist auf Grund des § 48 Gew.O. (s. S. 18) ohne weiteres zulässig und kann landesgesetzlich nicht verboten oder beschränkt werden. Dies haben angenommen K.G. (7. Zivilsenat) 18. Mai 1912 (Ph.Ztg. 1912 Nr. 76), L.G. II Berlin, 12. Dezember 1925 (Ph.Ztg. 1926 Nr. 8) und eine Arbeit von Kuhn, „Rechtsverhältnisse der Apotheker" im Preußischen Verwaltungsarchiv, Band 15, Heft 1. Aus dieser Feststellung würde sich ergeben, daß realprivilegierte Apotheken in jedem Falle verpachtet werden dürfen, und zwar auch dann, wenn sie in Altpreußen gemäß § 4 der revidierten Apothekerordnung sich im Besitze von Witwen oder minorennen Kindern eines privilegierten Apothekers befinden. Der genannte § 4 erlaubt zwar den Witwen und Kindern nur, „die Apotheke durch einen qualifizierten Provisor verwalten zu lassen", und man könnte aus diesem Wortlaut schließen, daß in diesem Falle eine Verpachtung nicht statthaft wäre. Eine solche landesgesetzliche Beschränkung wäre jedoch gegenüber der reichsgesetzlichen Ermächtigung, die sich aus § 48 Gew.O. allen Realprivilegien gegenüber ergibt, nicht mehr haltbar. In diesem Sinne entschied das L.G. Breslau 1926 (Ph.Ztg. 1926 Nr. 30).

2. Rein persönliche Apothekenprivilegien und alle Apothekenkonzessionen sind nach Auffassung der preußischen Medizinalbehörde nicht verpachtbar. Auf eine Eingabe, allen Apotheken das Recht der Verpachtung zu sichern, hat der preußische Minister für Volkswohlfahrt unter dem 10. Februar 1923 erwidert, daß dem Antrage, die Verpachtung konzessionierter Apotheken zuzulassen, nach dem in Preußen geltenden Landesrecht und den hiermit im Einklang stehenden gerichtlichen Entscheidungen nicht

## 5. Verlegung von Apotheken.

Über die Verlegung von Apotheken liegt eine Reihe besonderer Erlasse vor, von denen die älteren den Grundsatz aussprechen, daß die Verlegung bestehender Apotheken nur mit besonderer Genehmigung der Regierung erfolgen darf. Es sind dies folgende:

---

entsprochen werden kann. „Denn hiernach sind die Konzessionen zum Betriebe einer Apotheke höchst persönliche Rechte und daher nicht auf einen Pächter übertragbar."

Allerdings hat das K.G. (7. Zivilsenat) in dem schon erwähnten Urteil vom 18. Mai 1912 außer bei privilegierten auch bei verkäuflichen konzessionierten Apotheken die Verpachtung für zulässig erklärt, da „auch für die konzessionierten Apotheken in Preußen kein gesetzliches Verbot der Verpachtung besteht". Aber diese Rechtsanschauung ist vereinzelt geblieben. Andere Senate des K.G. unter dem 14. April 1910 (Med.A. 1911 S. 212), 20. Februar 1914 (Ph.Ztg. 1914 Nr. 29), 1. Juli 1926 (Ph.Ztg. 1926 Nr. 71), das R.G. unter dem 8. Juli 1910 (Ph.Ztg. 1910 Nr. 68) und 15. März 1927 (Ph.Ztg. 1927 Nr. 30) sowie das L.G. Dortmund unter dem 1. Dezember 1920 (Ph.Ztg. 1921 Nr. 8) haben die Verpachtung konzessionierter Apotheken allgemein als unstatthaft bezeichnet, weil sie einen unzulässigen Apothekenbetrieb durch eine nicht konzessionierte Person, den Pächter, bezweckt.

3. Unbedingt unzulässig ist die Verpachtung in denjenigen Fällen, wo dem Inhaber des Betriebsrechtes als besondere Konzessionsbedingung der Betrieb „für eigene Rechnung" auferlegt ist (R.G. 9. Juli 1909, Med.A. 1910 S. 220). Ebenso erklärte ein Min.Erl. vom 18. Oktober 1872 die Verpachtung von Filialapotheken für unstatthaft.

4. Soweit es sich bei den mitgeteilten Prozessen um die Gültigkeit der Pachtverträge handelte, wurden sie von den Gerichten in den Fällen, wo die Verpachtung als unzulässig angesehen wurde, für nichtig erklärt. Anderseits entschied das O.V.G. Danzig unter dem 26. Oktober 1925 (Ph.Ztg. 1925 Nr. 96), daß eine polizeiliche Verfügung, die Pachtung der Apotheke einzustellen, auf die zivilrechtliche Gültigkeit oder Ungültigkeit der Apothekenpachtverträge nicht gestützt werden kann; denn die Polizei sei nur zur Beseitigung eines polizeiwidrigen Zustandes berufen; ein solcher liege aber nur vor, wenn die Erhaltung der öffentlichen Ruhe, Sicherheit und Ordnung in Frage gestellt ist oder dem Publikum oder einzelnen Staatsbürgern eine Gefahr droht.

5. Die abweisende Haltung der Behörden und Gerichte gegenüber der Verpachtung konzessionierter Apotheken hat die Beteiligten vielfach auf den Ausweg geführt, Verwaltungsverträge mit pachtähnlichen Bedingungen abzuschließen. In Streitfällen wird es dann darauf ankommen, zu entscheiden, ob der betreffende Vertrag in Wirklichkeit ein Verwaltungsvertrag oder ein verschleierter Pachtvertrag ist. Als Pachtvertrag und bei konzessionierten Apotheken mithin als nichtig wird er nach dem Urteil des K.G. vom 1. Juli 1926 (Ph.Ztg. 1926 Nr. 71) zu gelten haben, wenn der sog. Verwalter die Apotheke völlig auf eigene Rechnung und Gefahr führt und der Besitzer von ihm nur einen festen Geldbetrag als Entgelt für die Überlassung des Ertrages der Apotheke erhält.

In einer Arbeit „Die Zulässigkeit der Verpachtung von Apotheken nach preußischem Recht" (Apoth.-Ztg. 1926 Nr. 48—50) gelangt Geh. Reg.-Rat von Gneist zu folgenden Ergebnissen:

Für die Frage der Verpachtung von Apotheken kommt lediglich das Landesrecht zur Anwendung. Im Geltungsgebiet der rev. Ap.O. vom 11. Oktober 1801 ist die Verpachtung von Apotheken, die auf einem Realprivilegium beruhen, zulässig, nicht aber von Personalkonzessionen. Zulässig ist ferner mit Genehmigung der Provinzialregierung die Verpachtung aller Apotheken im Geltungsgebiete der hannoverschen Apothekerordnung vom 19. Dezember 1820 sowie der kurhessischen Medizinalordnung vom 10. Juli 1830 und der Medizinalordnung für die freie Stadt Frankfurt a. M. vom 29. Juli 1841; ferner die Verpachtung privilegierter Apotheken im Geltungsbereiche der dänischen Medizinal- und Apothekerordnung vom 4. Dezember 1672. Unstatthaft ist die Verpachtung von Apotheken im Geltungsbereiche der Apothekerordnung für das Herzogtum Holstein vom 11. Februar 1854. Bei Fortführung der Apotheke eines verstorbenen Apothekers durch dessen Witwe oder Kinder ist die Rechtslage dieselbe; doch ist hier nach der kurhessischen Medizinalordnung die Verpachtung auf privilegierte und nach der Frankfurter Medizinalordnung auf veräußerliche Apotheken beschränkt.

**Min.Erl. betr. die Verlegung von Apotheken. Vom 31. Dezember 1846.**

Die Königliche Regierung hat Anträge auf Verlegung von Apotheken in andere Lokale hauptsächlich aus dem Standpunkte der medizinalpolizeilichen Interessen zu beurteilen. Wenn aber der erbetenen Verlegung von diesem Standpunkte aus vielleicht auch kein besonderes Bedenken entgegenstehen sollte, so folgt daraus doch noch keineswegs, daß deshalb der die Verlegung beantragende Apotheker unter allen Umständen ein Recht hätte, die Erlaubnis dazu zu verlangen. Ebendaraus, weil es zur Verlegung einer Apotheke der Genehmigung der Regierung bedarf, folgt, daß letztere, bevor sie dieselbe erteilt, alle ihr bekanntgewordenen Verhältnisse und Umstände, welche auf die Entscheidung über das Gesuch von Einfluß sein können, vorsichtig zu erwägen und zu berücksichtigen ebenso befugt als verpflichtet ist.

**Min.Erl. betr. die Verlegung von Apotheken. Vom 22. November 1854.**

Die Befugnis der Aufsichtsbehörde, auch bei privilegierten Apotheken die Verlegung von ihrer Genehmigung abhängig zu machen, folgt aus dem § 6 der Apothekerordnung vom 11. Oktober 1801. Danach soll bei der Verleihung neuer Apothekerprivilegien an einem Orte, wo bereits privilegierte Apotheken vorhanden sind, darauf Rücksicht genommen werden, daß eine zu große Konkurrenz der Apotheken der treuen Ausübung der Kunst schädlich ist. Dieselbe Rücksicht sowie die anderweitigen medizinalpolizeilichen Momente, welche bei der Anlage neuer Apotheken in Betracht kommen, sind in der Regel auch zu wahren bei der Verlegung einer Apotheke aus einer Stadtgegend in die andere, wenn in der Stadt mehrere Apotheken vorhanden sind. Demgemäß ist seither, namentlich auch in Berlin, die Zulässigkeit der Verlegung einer Apotheke stets von der Genehmigung der Aufsichtsbehörde abhängig gemacht worden. Für die Medizinalverwaltung ist es von Wichtigkeit, diesen Grundsatz auch fernerhin festzuhalten. In betreff der konzessionierten Apotheken ist das vollends unbedenklich, da entweder in der Konzession das Grundstück für die Anlage der Apotheke bezeichnet ist, oder, wo dies nicht geschehen, die Verlegung doch auf der Voraussetzung beruht, daß der bisherige Zustand von Anfang an unzweckmäßig geworden sei und die Entscheidung hierüber nur demjenigen zustehen kann, von welchem die Konzession verliehen ist. Hinsichtlich des Ressorts bemerke ich, daß, wie die Anlage neuer Apotheken von den Oberpräsidenten ressortiert, so auch die Entscheidung über die Verlegung vorhandener Apotheken ihnen und nicht den Regierungen gebührt[1]).

Nach Einführung der zehnjährigen Unverkäuflichkeit neu errichteter Apotheken im Jahre 1886 wurde bestimmt, daß die gleichen Grundsätze auch auf diejenigen Apothekerverlegungen anzuwenden sind, welche auf Antrag des Besitzers genehmigt werden. Die diesbezüglichen Verfügungen (vom 24. November 1891 und 24. Februar 1892) sind aber jetzt gegenstandslos, nachdem die zehnjährige Unverkäuflichkeit neuer Apotheken im Jahre 1894 durch die

[1]) Aus einem weiteren Min.Erl. vom 23. August 1859 ergeben sich hinsichtlich der Einziehung überflüssiger Apotheken resp. deren Verlegung folgende Grundsätze:

In denjenigen Fällen, in welchen die Einziehung einer Apotheke wegen mangelnder Subsistenzfähigkeit und die gleichzeitige Verlegung derselben an einen anderen Ort im öffentlichen Interesse für notwendig erachtet wird, darf dem Besitzer der einzuziehenden Apotheke die bis dahin besessene Konzession behufs Anlegung einer neuen Apotheke für einen anderen Ort erneuert werden, ohne zuvor die spezielle Genehmigung des Ministers dazu einzuholen.

dauernde Unverkäuflichkeit ersetzt worden ist. Dafür wurde nach Einführung der letzteren im Schlußabsatz des Erlasses vom 5. September 1894 (s. S. 289) angeordnet, daß bei Verlegung von Apotheken die Unverkäuflichkeit derselben einzuführen ist, „wenn durch die Verlegung dem Inhaber der Gerechtigkeit finanzielle Vorteile erwachsen oder wenn durch die Verlegung die Errichtung einer neuen Apotheke verhindert oder verzögert wird.“ Indessen wurde diese Maßnahme neuerdings aufgehoben und durch andere Grundsätze ersetzt. Es erging der nachstehende

**Min.Erl. betr. die Verlegung von Apotheken. Vom 3. Januar 1913.**

Auf Grund neuerer Erwägungen habe ich mich veranlaßt gesehen, die in dem Erlaß vom 5. September 1894 aufgestellten Grundsätze einer Nachprüfung zu unterziehen. Mit Rücksicht auf das Ergebnis dieser Prüfung hebe ich den Absatz 4 jenes Erlasses hiermit auf. Über die Verlegung von Apotheken haben nach den bestehenden Bestimmungen die Herren Oberpräsidenten selbständig zu entscheiden. Der Einholung meiner Genehmigung bedarf es auch dann nicht, wenn zugleich die Erhaltung des Rechts der Vorstellung eines Geschäftsnachfolgers in Frage kommt.

Wegen der Prüfung der einschlägigen Verhältnisse verweise ich auf den Erlaß vom 22. November 1854[1]). Die Verlegung wird in der Regel nur dann zuzulassen sein, wenn durch sie die Errichtung einer neuen Apotheke nicht verhindert oder erheblich verzögert wird. Ist bei einer zu verlegenden verkäuflichen konzessionierten Apotheke der Konzessionsinhaber zugleich Eigentümer des bisherigen Apothekengrundstücks, so ist auch darauf zu achten, daß durch die Verlegung etwaige Hypothekengläubiger nicht geschädigt werden. (Vgl. hierbei die Erlasse vom 9. Mai 1851 und 19. März 1852[2]).)

Schon vorher war durch Erlaß vom 7. Oktober 1911 (s. S. 278) bestimmt worden, daß bei Apothekenverlegungen die Besitzer der durch die geplante Verlegung betroffenen Apotheken mit ihren etwaigen Widersprüchen dann gehört werden sollen, „wenn es sich um die Verlegung von Apotheken in nahe benachbarten Orten oder in Orten mit mehreren Apotheken handelt“[3]).

---

[1]) Siehe S. 292. [2]) Siehe S. 299.

[3]) Im ganzen hat somit hinsichtlich der Verlegung von Apotheken die Medizinalbehörde folgende Grundsätze aufgestellt:

1. Die Verlegung aller Apotheken, privilegierter wie konzessionierter, bedarf der Genehmigung des zuständigen Oberpräsidenten. Dies gilt auch dann, wenn bei Verlegung konzessionierter verkäuflicher Apotheken die Erhaltung der Verkäuflichkeit in Frage kommt.

2. Bei Beurteilung von Anträgen zur Verlegung von Apotheken in einem Orte, in dem sich mehrere Apotheken befinden, ist darauf Rücksicht zu nehmen, daß eine zu große Konkurrenz der Apotheken der treuen Ausübung des Berufes schädlich ist; ebenso sind die anderen medizinalpolizeilichen Momente, welche bei der Anlage neuer Apotheken in Betracht kommen, in der Regel auch zu wahren bei der Verlegung einer Apotheke aus einer Stadtgegend in die andere, wenn in der Stadt mehrere Apotheken vorhanden sind.

3. Bei Anträgen auf Verlegung von Apotheken sind deshalb die Besitzer der durch die geplante Verlegung betroffenen Apotheken mit ihren etwaigen Widersprüchen in gleicher Weise wie bei beabsichtigten Neuanlagen von Apotheken zu hören, wenn es sich um die Verlegung von Apotheken in nahe benachbarten Orten oder in Orten mit mehreren Apotheken handelt.

4. Die Verlegung einer Apotheke ist in der Regel nur dann zuzulassen, wenn durch sie die Errichtung einer neuen Apotheke nicht verhindert oder erheblich verzögert wird.

5. Ist bei einer zu verlegenden verkäuflichen konzessionierten Apotheke der Konzessionsinhaber zugleich Eigentümer des bisherigen Apothekengrundstücks, so ist auch darauf zu achten, daß durch die Verlegung etwaige Hypothekengläubiger nicht geschädigt werden. Insbesondere bei Zwangsversteigerung von Apothekengrundstücken ist nicht zu dulden,

## 6. Sonstige Rechtsverhältnisse der Apotheken.

### a. Apothekenprivilegien.

1. Die Eintragungsfähigkeit der Apothekenprivilegien in die Grund- resp. Hypothekenbücher war lange Zeit Gegenstand der Kontroverse. Unter dem 19. März 1840 erschien das nachstehende Ministerialreskript:

**Min.-Reskript betr. die Eintragung von Apothekenprivilegien in das Hypothekenbuch. Vom 19. März 1840.**

Die vererb- und veräußerlichen Privilegien älterer Apotheken sind nicht aufgehoben, da die in § 16 des Edikts vom 2. November 1810 angeordnete Ablösung der Gewerbegerechtigkeiten älterer Verfassung in Hinsicht auf die Apotheker zu keiner allgemeinen Ausführung gekommen, sondern in der Verordnung vom 24. Oktober 1811, auf welche der § 8 des Gesetzes vom 7. September desselben Jahres verweist, nur auf die Fälle einer mit dem Privilegium noch etwa besonders verbundenen Exklusivberechtigung und nur bei eintretendem Falle einer wirklichen Apothekenanlage an dem betreffenden Orte beschränkt ist.

Die Eintragung der solchergestalt noch fortdauernden, älteren Apothekenprivilegien in das Hypothekenbuch unterliegt nach Tit. I § 14 der Hypothekenordnung an und für sich überall keinem Bedenken. Ebenso ist auch ihre Verbindung mit einem bestimmten Grundstücke als Realpertinenz und die diesfallsige Eintragung nach Vorschrift der Hypothekenordnung Tit. I § 12, wenn zwar dadurch nach § 4 des Edikts vom 9. Oktober 1807 und § 33 des Gesetzes vom 7. September 1811 keine untrennbare Zubehörigkeit entsteht, doch für überhaupt unstatthaft um so weniger zu erachten, als es dem allgemeinen Interesse des Sanitätswesens in der Regel nur zuträglich sein kann, wenn die Apotheken bei den für ihr Geschäft einmal zweckmäßig eingerichteten Grundstücken verbleiben, aus welchen sie ohnehin nicht anders als nach einer von der Medizinalbehörde erteilten,

---

daß der bisherige Besitzer unter Schädigung der Hypothekengläubiger sein Apothekergeschäft nach erfolgter Subhastation des Grundstücks, in welchem er dasselbe bis dahin betrieben, in ein anderes Haus verlegt und auf Grund seiner Konzession fortsetzt. Nur falls es bei der Zwangsversteigerung einem approbierten Apotheker nicht gelingt, den Zuschlag zu erhalten, bleibt es dem Ermessen der Regierung vorbehalten, ob eine Verlegung der Apotheke in ein anderes Haus zu gestatten oder die Konzession als erledigt zu betrachten und anderweit zu vergeben ist.

Nach einem Urteil des R.G. vom 15. November 1917 (Ph.Ztg. 1927 Nr. 4) kann sich der Erl. vom 22. November 1854, der auch für die Verlegung privilegierter Apotheken die Genehmigung verlangt, nur auf solche Verlegungen beziehen, die der Verleihung neuer Privilegien gleichzuachten sind, d. h. auf solche Fälle, in denen die Verlegung eine Veränderung des Inhalts des Privilegs bedeutet. „Sollte der Erl. in anderem Sinne verstanden sein, so müßte ihm in Hinblick auf die gesetzlichen Vorschriften in § 6 rev. Ap.O. und § 54 der preuß. Gew.O. die Gültigkeit abgesprochen werden." Nach Ansicht von Rechtsanwalt Dr. Hamburger (Ph.Ztg. 1927 Nr. 4) gilt dies nicht nur für subjektiv selbständige, sondern auch für subjektiv dingliche Privilegien. Es können jedenfalls privilegierte Apotheken ohne Genehmigung der Behörde dann verlegt werden, wenn sie nicht untrennbar mit dem bisherigen Grundstück verbunden sind und wenn die Verlegung nicht eine Veränderung des Inhalts des Privilegs bedeutet. (R.G. 14. Dezember 1907, Entsch. in Zivils. Bd. 67, S. 227.) Für am Grundstück haftende Privilegien hat ein Urteil des O.V.G. vom 3. Juni 1909 (Entsch. Bd. 54 S. 23 ff.) den Rechtsgrundsatz aufgestellt, daß die Übertragung eines subjektiv dinglichen gewerblichen Betriebsrechts auf ein anderes Grundstück rechtswirksam nur durch eine in Übereinstimmung mit dem Eigentümer des privilegierten Grundstücks erfolgende Verfügung des Privilegierenden bewirkt werden kann.

von Zweckmäßigkeit der Lage und der sonstigen Beschaffenheit wiederum abhängigen Genehmigung des neuen Lokals verlegt werden können.

Die jetzt geltende deutsche Grundbuchordnung in der Fassung der Bk. vom 20. Mai 1898 bestimmt lediglich in § 8 folgendes:

§ 8. Rechte, die dem jeweiligen Eigentümer eines Grundstücks zustehen, sind auf Antrag auch auf dem Blatte dieses Grundstücks zu vermerken.

Weitere Bestimmungen enthält das preußische Ausführungsgesetz zur Grundbuchordnung vom 26. September 1899:

Artikel 22. Die sich auf Grundstücke beziehenden Vorschriften der Grundbuchordnung und dieses Gesetzes finden, soweit nicht ein anderes bestimmt ist, auf Bergwerke, selbständige Kohlenabbaugerechtigkeiten und andere selbständige Gerechtigkeiten entsprechende Anwendung.

Artikel 27 Abs. 2. Für andere selbständige Gerechtigkeiten wird ein Grundbuchblatt nur auf Antrag des Berechtigten angelegt, soweit sich nicht aus den für die Anlegung der Grundbücher geltenden Vorschriften ein anderes ergibt.

Die hieraus sich für Apothekenprivilegien ergebende Rechtslage faßt ein Urteil des K.G. vom 9. März 1903 (Ph.Ztg. 1903 Nr. 39) dahin zusammen:

„Für eine Apothekengerechtigkeit, die als eine selbständige Gerechtigkeit im Sinne des Artikels 40 preuß. Ausf.G. z. B.G.B. zu erachten ist, kann gemäß Artikel 27 Abs. 2 Ausf.G. z. Grundbuchordnung vom 26. September 1899 ein besonderes Grundbuchblatt angelegt werden. Apothekengerechtigkeiten, welche mit einem Grundstücke verbunden sind, sind auf das Grundbuchblatt dieses Grundstückes eintragbar."

Und eine weitere Entscheidung der K.G. vom 4. Januar 1909 (Ph.Ztg. 1909 Nr. 46) spricht folgenden Rechtsgrundsatz aus:

„Für Gerechtigkeiten, die nicht gewissen Grundstücken ankleben, sondern für sich selbst bestehen, einen eigenen bestimmten Wert haben, auch ohne den Besitz eines Grundstücks ausgeübt, folglich für sich allein veräußert und verpfändet werden können, hat auf Antrag die Anlegung eines besonderen Grundbuchblattes zu erfolgen. Eine Gerechtigkeit ist im Sinne des Art. 27 A.G. G.B.O. und des Art. 40 A.G. B.G.B. nur dann selbständig, wenn sie nicht subjektiv dinglich ist, d. h. dem jeweiligen Eigentümer eines Grundstücks zusteht."

Anderseits besagt eine Entscheidung des R.G. vom 27. Februar 1912 (Ph.Ztg. 1912 Nr. 51), daß durch eine grundbuchmäßige unrichtige Behandlung eine subjektiv dingliche mit dem Eigentum an einem Grundstück verbundene Apothekengerechtigkeit nicht in ihrem Wesen verändert und zu einer selbständigen umgewandelt werden kann.

Nach einem Urteil des K.G. vom 4. Dezember 1924 (Ph.Ztg. 1925 Nr. 82) können subjektiv dingliche Apothekenbetriebsrechte, die nach ihrem Inhalt nicht in notwendigem Zusammenhange mit einem bestimmten Grundstück stehen, in selbständige, vom Grundstück unabhängige Gerechtigkeiten umgewandelt werden, vorausgesetzt daß die Ermächtigung des Berechtigten zu solcher Umwandlung in der Verleihung zum Ausdruck gebracht ist. Die gleiche Ansicht vertritt Rechtsanwalt Dr. A. Hamburger in Ph.Ztg. 1927 Nr. 4.

2. Von geringerer Bedeutung für die Praxis ist die Frage der Enteignung von Grundstücken, auf denen Apothekerprivilegien ruhen. Hierüber besagt ein vom Syndikus Dr. von Kayser, Berlin, erstattetes Gutachten (Deutsche Juristen-Ztg. 1903):

„Die vor 1810 erteilten Apothekerprivilegien gelten sowohl nach dem alten (§ 69 Eig.Erw.G. vom 5. Mai 1872) wie nach neuem (Art. 40 Pr.A.G. z. B.G.B.) Recht als selbständige Gerechtigkeiten (Verordnung vom 24. Oktober 1811, Reskript vom 19. März

1840; Oberneck, Reichs-Grundbuchrecht, S. 379, § 80 sub 3). Für diese ‚selbständigen Gerechtigkeiten', sofern sie — wie in diesem Falle — ein Grundbuchblatt erhalten haben, gelten die sich auf Grundstücke beziehenden Vorschriften des B.G.B. und die für den Erwerb des Eigentums und die Ansprüche aus dem Eigentum an Grundstücken geltenden Vorschriften (Art. 49 Pr.A.G. zum B.G.B.). Diese Gerechtigkeiten sind weder Bestandteile, noch im technischen Sinne Belastungen oder Rechte irgendeines Grundstückes; sie bestehen für sich selbst und können ohne den Besitz eines Grundstückes für sich ausgeübt, folglich auch für sich veräußert, verpfändet und — enteignet werden; ihre Gleichstellung mit den Grundstücken geht so weit, daß für sie ein eigenes Grundbuchblatt angelegt wird, und daß z. B. ein Wechsel im Eigentum derselben durch Auflassung (oder deren Surrogate) erfolgen muß. In allen diesen Beziehungen unterstehen sie den Normen des Immobilienrechts, und es ist nicht zweifelhaft, daß sie auch ordnungsmäßig enteignet werden können. Denn das Gesetz über die Enteignung von Grundeigentum vom 11. Juni 1874 ist eine ‚für den Erwerb des Eigentums an Grundstücken geltende Vorschrift' im Sinne des Art. 30 Pr.Ausf.G., und seine Geltungskraft ist vom neuen Rechte unberührt geblieben (Art. 109 Einf.G.). Bei dieser Sachlage kann § 6 Enteignungsgesetz nicht in Frage kommen, sondern das Apothekerprivilegium ist nach §§ 1ff. selbständig als solches zu enteignen. Das Privileg selber geht natürlich, wie jedes enteignete Grundstück, mit der Enteignung in das Eigentum der enteignenden Gemeinde über und für den Apotheker unter."

Über die Enteignung eines mit dem Eigentum an dem enteigneten Grundstück verbundenen Apothekenprivilegs erging folgendes Urteil des R.G. vom 27. Februar 1912 (Ph.Ztg. 1912 Nr. 51):

„Als Bestandteil eines Grundstücks, auf dem ein Privilegium ruht, teilt die Gerechtigkeit die rechtlichen Schicksale dieses Grundstücks und wird von dessen Übereignung an die Enteignerin mitergriffen. Folglich ist auch Entschädigung für die Entziehung des Eigentums am ganzen Grundstücke und, da dieses die Apothekergerechtigkeit mitumfaßt, auch Entschädigung für deren Entziehung zu gewähren. Dafür gehen die hierdurch abzugeltenden Werte auf die Enteignerin über, die Inhaberin der mitenteigneten Apothekergerechtigkeit wird."

### b. Apothekenkonzessionen.

1. Über die rechtliche Bedeutung der verkäuflichen Konzessionen im allgemeinen ist folgendes zu bemerken: Die Konzession ist keine selbständige Gerechtigkeit, sondern sie ist eine persönliche gewerbliche Befugnis ähnlich wie eine Gastwirtschaftskonzession, nur mit der Besonderheit ausgestattet, daß der Apotheker bei den vor dem 30. Juni 1894 erteilten Konzessionen einen Nachfolger präsentieren kann und letzterer, seine formelle Qualifikation vorausgesetzt, konzessioniert werden muß. In dieser Besonderheit liegt der Wert der Konzession. Zubehör des Apothekengrundstückes ist dieselbe aber nicht. Es würde beispielsweise nichts entgegenstehen, daß der Apotheker sein Grundstück verkaufte und darin selbst als Mieter die Apotheke fortsetzte. Den rechtlichen Charakter der verkäuflichen Apothekenkonzessionen erläutert nachstehender

#### Min.Erl. betr. den Verkauf konzessionierter Apotheken. Vom 10. August 1871.

Die Existenz einer konzessionierten Apotheke, im Gegensatz zu einer privilegierten, beruht auf der ihrem Inhaber für seine Person erteilten Konzession. Die letztere ist kein Gegenstand privatrechtlicher Übertragung und der Käufer einer konzessionierten Apotheke erlangt die Konzession nicht durch Sukzession in die Rechte seines Verkäufers, sondern kraft einer neuen staatlichen Verleihung, ohne welche die Apotheke die Bedingung ihrer Leistung einbüßen würde[1]). Vom rechtlichen Gesichtspunkte be-

---

[1]) Über die Übertragung der Apothekenkonzessionen hat der Regierungspräsident in Marienwerder unter dem 18. April 1898 nachstehende Verfügung an die Apothekenbesitzer erlassen:

In den letzten Jahren ist es wiederholt vorgekommen, daß zur Veräußerung gelangte konzessionierte Apotheken von dem Käufer bereits in Besitz genommen und weitertrachtet, enthält der Übergang einer bloß konzessionierten Apotheke an einen anderen allemal die Errichtung einer neuen Apotheke, weil die Konzession des Verkäufers durch den Verkauf erlischt. An diesem Verhältnis hat die Gewerbeordnung nichts geändert, und ist somit der Gegenstand auch ferner in derselben Weise wie früher zu behandeln.

Ein Urteil des preußischen O.V.G. vom 17. Mai 1897 stellt folgendes fest:

„Nach den gesetzlichen Vorschriften kann es keinem Zweifel unterliegen, daß die Konzession zur Anlage einer Apotheke eine obrigkeitliche polizeiliche Genehmigung für eine bestimmte Person zur Anlage und zum Betriebe einer Apotheke darstellt, nicht anders wie eine Personalkonzession zum Betriebe der Schankwirtschaft, Gastwirtschaft u. dgl.... Die gesetzliche Natur dieser reinen Personalkonzession wird dadurch nicht geändert, daß in einzelnen Fällen aus Verwaltungsrücksichten eine ihre Veräußerung und Vererbung ersetzende Form gefunden wird. Sie unterscheidet sich hierin in keinem wesentlichen Stücke von der Konzession zum Betriebe der Gast- oder Schankwirtschaft (§ 33 der Reichsgewerbeordnung). Auch diese Personalkonzession kann tatsächlich in der Form übertragen werden, daß der bisherige Inhaber gegenüber dem neuen Erwerber auf die Ausübung gegen Entgelt verzichtet und der letztere die Konzession erwirbt. In beiden Fällen, bei Apotheken und Gastwirtschaften, wird aber rechtlich nicht die alte Konzession auf den neuen Erwerber übertragen, sondern dieser erhält eine neue Konzession für seine Person."

Den Unterschied zwischen privilegierten und konzessionierten veräußerlichen Apotheken definierte Dr. Radeke im Ph.Ztg. 1915 Nr. 100 wie folgt:

„In dem Apothekenprivilegium ist dem Apotheker das vererbliche und veräußerliche Recht verliehen, seinem Nachfolger die zur Fortsetzung des Apothekergewerbes nötige Erlaubnis selbst erteilen zu können.

In der sog. veräußerlichen Apothekenkonzession ist nichts verliehen; dieselbe ist die für die Person erteilte, also nicht übertragbare weder vererbliche noch veräußerliche Erlaubnis zum Apothekergewerbebetrieb. Die Fortsetzung des Gewerbes in diesen Apotheken ist dadurch gesichert, daß dem Inhaber einer solchen Apotheke das gesetzliche Recht zusteht, einen Nachfolger präsentieren zu können, dem die Erlaubnis erteilt werden muß, wenn er vorschriftsmäßig qualifiziert ist.

Beide Arten von Apotheken unterscheiden sich also in bezug auf die Fortsetzung des Gewerbes, und zwar: Die privilegierte Apotheke wird auf Grund einer Erlaubnis weiterbetrieben, die der Vorgänger dem vorschriftsmäßig qualifizierten Geschäftsnachfolger erteilt hat. — Die sog. konzessionierte veräußerliche Apotheke wird auf Grund einer behördlichen Erlaubnis weiterbetrieben, die dem vorschriftsmäßig qualifizierten Geschäftsnachfolger erteilt werden muß."

Nach einem Urteil des R.G. vom 5. November 1915 (Ph.Ztg. 1916 Nr. 2) sind die Landesregierungen berechtigt, auch beim Besitzwechsel privilegierter

---

betrieben waren, noch bevor die Übertragung der Apothekenkonzession bei mir überhaupt nachgesucht worden war oder meinerseits stattgefunden hatte.

Dieses Verfahren ist ungesetzlich und veranlaßt mich, die Herren Apotheker ausdrücklich darauf hinzuweisen, daß eine konzessionierte Apotheke nach ihrem Verkauf von dem neuen Besitzer erst dann weiterbetrieben werden darf, nachdem von mir die Apothekenkonzession auf ihn übertragen worden ist.

Um jegliche Verzögerung bei der Übertragung einer Apothekenkonzession zu vermeiden, hat der Verkäufer mir unmittelbar nach der Veräußerung der Apotheke hiervon unter Rückgabe der Konzessionsurkunde Anzeige zu erstatten, während gleichzeitig von dem Käufer der Antrag auf Übertragung der Konzession unter Vorlage des Kaufvertrages im Original oder in beglaubigter Abschrift, der Approbation, eines von der Polizeibehörde seines bisherigen Aufenthaltsortes ausgestellten und verstempelten Führungszeugnisses sowie einer kurzen Lebensbeschreibung bei mir einzureichen ist.

Ähnliche Verfügungen sind auch in anderen Regierungsbezirken ergangen. Ein Min.-Bescheid vom 27. April 1894 besagt ferner, daß der Regierungspräsident als Aufsichtsbehörde berechtigt ist, die Vorlegung des zwischen dem Verkäufer und Käufer einer Apotheke abgeschlossenen Kaufvertrages behufs Einsichtnahme zu verlangen.

Apotheken eine Konzession vorzuschreiben und demgemäß eine Konzessionsgebühr zu erheben.

2. Verpfändbarkeit der Konzession. Hierüber erging im Jahre 1896 nachstehendes amtliche Schreiben:

In Apothekerkreisen scheint die Ansicht verbreitet zu sein, daß die Konzession zur Errichtung einer Apotheke als Pfandobjekt für dargeliehene Gelder dienen könne. Diese Ansicht ist nicht zutreffend. Nur Apothekenprivilegien können Pfandobjekte sein. Wenn die Ministerialerlasse vom 9. Mai 1851 und 19. März 1852 es für zulässig erklären, daß bei Zwangsversteigerungen von Grundstücken, in welchen sich eine konzessionierte Apotheke befindet, die Konzession für dieselbe dem Ersteher des Grundstücks, falls er ein qualifizierter Apotheker ist, verliehen werden darf, so stützten sich diese Bestimmungen darauf, daß die Allerhöchste Order vom 5. Oktober 1846 und der darauf ergangene Erlaß vom 21. desselben Monats die Veräußerlichkeit konzessionierter Apotheken (Präsentation eines Geschäftsnachfolgers) bis auf weiteres zugestanden hatten. Anders verhält es sich mit den Apotheken, für welche die Konzession nach Maßgabe der Allerhöchsten Order vom 7. Juli 1886 und des dazu ergangenen Erlasses vom 21. desselben Monats erteilt worden ist. Solche Apotheken sind zehn Jahre nach ihrer Errichtung unveräußerlich; während dieser Zeit ist die Präsentation eines Geschäftsnachfolgers also nicht gestattet. Es kann deshalb, falls ein Grundstück, in welchem eine solche Apotheke eingerichtet ist, zur Zwangsversteigerung kommt, die Apothekenkonzession dem Ersteher, selbst wenn er ein qualifizierter Apotheker ist, nicht verliehen werden. Die Konzession verbleibt vielmehr dem damit Beliehenen oder fällt während der Dauer der Unveräußerlichkeit, falls der Beliehene eine Apotheke einzurichten oder zu betreiben nicht mehr imstande ist, an den Staat zurück. Personalkonzessionen, welche auf Grund der Allerhöchsten Order vom 30. Juni 1894 verliehen worden sind, kommen für diese Frage überhaupt nicht in Betracht.

Von anderer Seite (Justizrat Dr. Lewinsky in Ph.Ztg. 1904 Nr. 72 und 1905 Nr. 78, sowie „Die Apothekenbetriebsrechte in Preußen", Berlin, Verlag von Julius Springer) wird die Ansicht verteidigt, daß die verkäufliche Apothekenkonzession rechtsgültig verpfändet werden kann.

3. Die Zurücknahme einer ordnungsgemäß erteilten Apothekenkonzession ist im allgemeinen nicht möglich. Nach einem Aufsatz vom Geh.Reg.-Rat von Gneist (Apoth.Ztg. 1926 Nr. 27 und 28) kann in Preußen eine ordnungsmäßig erteilte Apothekenkonzession weder im Wege richterlichen Urteils noch im Wege verwaltungsbehördlicher Beschlußfassung einem Apotheker entzogen werden. Der Beliehene bleibt insbesondere auch dann im Besitze seiner Konzession, wenn der beleihenden Behörde nachträglich hinsichtlich der Person des Konzessionsempfängers Tatsachen bekanntwerden, die, wenn sie zur Zeit der Erteilung der Konzession bekannt gewesen wären, sie abgehalten haben würden, gerade diesen Bewerber zu berücksichtigen. Ebenso bleibt der mit der Konzession ausgestattete Apothekenbesitzer im Besitze derselben, auch wenn er sich schwere Verstöße bei seiner Berufsausübung zuschulden kommen läßt. Wird ihm in solchem Falle im Verwaltungsverfahren gemäß § 53 Gew.O. die Approbation entzogen, so tritt ein Verlust der Konzession nicht ein, nur muß der Betreffende die Apotheke dann durch einen Stellvertreter betreiben lassen. „Die Rechtsbeständigkeit einer einmal erteilten Apothekenkonzession kann in Preußen nur insoweit nachträglich in Frage gestellt werden, als der Akt der stattgehabten Genehmigung sich als nichtig und deshalb der Rechtswirkung entbehrend herausstellt."

Ebenso dürfte ein Verfahren auf Konzessionsentziehung Erfolg haben, wenn der Konzessionsempfänger sich gar nicht im Besitz der Approbation als Apotheker befindet, sondern diesen nur durch gefälschte Dokumente vorgetäuscht hat.

4. Im Konkurse eines Apothekers hat der Konkursverwalter mit Zustimmung des Gläubigerausschusses die Verfügung über das Apothekengrundstück und die Konzession, sofern letztere verkäuflich ist. Es ist aber zweifelhaft, ob er befugt ist, gegen den Willen des Schuldners durch einen Dritten die Apotheke für Rechnung der Masse fortsetzen zu lassen. Dagegen kann der Konkursverwalter unzweifelhaft das Apothekengrundstück freihändig oder durch Zwangsversteigerung verkaufen und in beiden Fällen dem Käufer den Verzicht auf die Konzession und die Präsentation des Käufers als Nachfolger zusichern.

Hierüber ergingen zwei Min.Erlasse vom 9. Mai 1851 und 19. März 1852, die sich auf verkäufliche Konzessionen beziehen und folgendes besagen:

Bei Subhastation eines Apothekengrundstückes ist das die Subhastation leitende Gericht befugt, qualifizierte Apotheker zum Mitbieten auf des Grundstück und die Apotheke dadurch zu veranlassen, daß es denselben zusichert, den Meistbietenden unter ihnen der Königl. Regierung zur Verleihung der Konzession zu präsentieren, und die Königl. Regierung ist sowohl dem Gerichte als auch dem Adjudikatar gegenüber verpflichtet, dem zu Präsentierenden, seine formelle Qualifikation verausgesetzt, die Konzession zu verleihen.

Ein Erl. des Justizmin. vom 9. Juni 1920 besagt hierzu:

Bei Zwangsversteigerungen von Grundstücken, in denen der Eigentümer eine vererbliche und veräußerliche Apotheken-Personal-Konzession ausübt, wird die Höhe des Meistgebotes auch davon abhängen, ob der Bieter sicher darauf rechnen kann, daß ihm als Ersteher die Konzession erteilt werden wird. Es empfiehlt sich daher, daß der Vollstreckungsrichter sich nach der Maßgabe des durch die neuere Zwangsversteigerungsgesetzgebung nicht berührten Min.Erl. vom 19. März 1852 vor dem Versteigerungstermine mit dem Regierungspräsidenten über die Erteilung der Konzession an den Ersteher ins Benehmen setzt und das Ergebnis im Versteigerungstermin öffentlich bekanntgibt.

Wenn sich bei Zwangsversteigerung einer verkäuflichen Apotheke der bisherige Besitzer weigert, auf die Konzession zugunsten des Ersteigerers zu verzichten, so muß die Ortspolizeibehörde (aber nicht der Regierungspräsident, vgl. das Urteil des O.G.V. vom 25. April 1912, S. 11) ihn durch eine polizeiliche Verfügung unter Strafandrohung zur Rückgabe der Konzession veranlassen. Sie kann sich dabei auf den Min.Erl. vom 19. März 1852 stützen, in welchem es heißt:

Sollte der bisherige Besitzer etwa die Absicht haben, sein Apothekergeschäft nach erfolgter Subhastation des Grundstücks, in welchem er dasselbe jetzt betreibt, in ein anderes, vielleicht gemietetes Haus zu verlegen und auf Grund dieser Konzession fortzusetzen, so würde ein solches in fraudem creditorum beabsichtigtes Unternehmen nicht geduldet werden dürfen und die Erlaubnis dazu versagt werden müssen. Meldet sich aber unter den Bietenden ein qualifizierter Apotheker nicht, oder gelingt es einem solchen nicht, den Zuschlag zu erhalten, so bleibt es dann dem Ermessen der Königlichen Regierung vorbehalten, ob dem N. jene Verlegung des Geschäftes in ein anderes Haus zu gestatten oder die Konzession als erledigt zu betrachten und anderweit zu vergeben sei.

Über die Rechtslage bei Zwangsversteigerung einer unverkäuflichen Apotheke enthält das auf S. 298 abgedruckte amtliche Schreiben nähere Angaben.

Die Entscheidung, ob bei Zwangsversteigerungen die Apothekeneinrichtung nebst Gerätschaften und Materialien als Pertinenzien des Hauses anzusehen ist, hängt von der Feststellung ab, ob der Besitzer der Allgemeinheit gegenüber eine dauernde Verbindung zwischen jener Einrichtung und dem Hause hat herstellen wollen. In diesem Sinne ergingen die Urteile des K.G. vom 18. Juni 1895 und des R.G. vom 16. Januar 1895 und 18. März 1896 (Ph.Ztg. 1898 Nr. 50, 57 und 70). In einem Urteile vom 26. Juni 1909 (Ph.Ztg. 1909 Nr. 97) hat das R.G. bei einer konzessionierten Apotheke die Apothekeneinrichtung grundsätzlich als Zubehör des Grundstücks im Sinne von §§ 97 und 98 Ziff. 1 B.G.B. erklärt und es als unerheblich bezeichnet, daß die Konzession des Apothekers, dem die Einrichtung gehörte, nur eine persönliche war und daß nur das Erdgeschoß des Hauses für den Apothekenbetrieb bestimmt wurde. Ferner entschied das R.G. unter dem 7. Juli 1915 (Ph.Ztg. 1915 Nr. 80):

„Sind die Einrichtungsgegenstände einer Apotheke, die dem Gemeinschuldner gehören, Zubehör des fraglichen Grundstücks, so werden auch sie von der von den Hypothekengläubigern zwecks ihrer abgesonderten Befriedigung außerhalb des Konkursverfahrens betriebenen Zwangsvollstreckung umfaßt."

Zwei weitere hierhergehörige Entscheidungen besagen:

„Bei Zwangsversteigerung einer Apotheke ist Gegenstand der Zwangsversteigerung nicht nur das Grundstück, sondern auch das Zubehör, Inventar, Vorräte usw. Die Apothekenkonzession ist weder Zubehör noch Bestandteil des Grundstücks. Mithin kann sich das Zwangsversteigerungsverfahren nicht auf die Konzession erstrecken (O.V.G. 9. Mai 1914, Ph.Ztg. 1914 Nr. 41).

Die Einrichtung der Apotheke ist Zubehör des Apothekenanwesens, sie wird daher von der Beschlagnahme des Anwesens ergriffen und die Zwangsversteigerung und der Zuschlag erstreckt sich darauf. Der Geschäftswert der Apotheke ist dagegen weder Bestandteil noch Zubehör, sondern nur eine wertsteigernde Eigenschaft des Apothekenanwesens, die das rechtliche Schicksal desselben ohne weiteres teilt. Der Subhastat kann daher nicht von dem Ersteher des Apothekenanwesens den Geschäftswert der Apotheke besonders ersetzt verlangen (Bayer. O.L.G. 18. März 1912, Med.A. 1913 S. 380)."

# XXI. Apothekenbetrieb.

Die Bestimmungen über den eigentlichen Apothekenbetrieb, dem die revidierte Apothekerordnung ihren dritten Titel „Von der Ausübung der pharmazeutischen Kunst selbst" gewidmet hat, sind jetzt in einer besonderen Apothekenbetriebsordnung zusammengefaßt. Diese Betriebsordnung regelt indessen den Apothekenbetrieb nicht erschöpfend. Sie wird ergänzt durch eine große Anzahl teils selbständiger Verordnungen und Gesetze, teils erläuternder Erlasse, die in ihrer Gesamtheit erst das für den eigentlichen Betrieb der preußischen Apotheken geltende Recht darstellen. Ein großer Teil dieser Betriebsvorschriften ist bereits unter den reichsrechtlichen und den im Reichsgebiet einheitlichen landesrechtlichen Bestimmungen behandelt worden. Die rein preußischen Apothekenbetriebsvorschriften sind nachstehend zusammengestellt. Da dieselben, soweit sie auf Min.Erlassen beruhen, insbesondere die Apothekenbetriebsordnung nach einem Urteil des O.V.G. vom 18. Februar 1907 (Ph.Ztg. 1907 Nr. 54) für Altpreußen nur soweit rechtsgültig sind, als sie sich mit der als Gesetz erlassenen und daher auch nur durch Gesetz revidierbaren Apothekerordnung von 1801 decken, seien vorher die diesbezüglichen, praktisch jetzt allerdings überholten, aber in Altpreußen formell noch geltenden Bestimmungen dieser wiedergegeben.

## Revidierte Apothekerordnung.

Vom 11. Oktober 1801.

## Titel III.

### Von der Ausübung der pharmazeutischen Kunst selbst.

§ 1. Von den Pflichten der Apotheker in Anschaffung, Bereitung und Aufbewahrung der Medikamente überhaupt.

a. Ein jeder Apotheker in Unsern Landen ist schon durch seinen geleisteten Eid verpflichtet, stets dafür zu sorgen, daß seine Apotheke diejenigen sowohl rohen als zubereiteten Arzneimittel, welche in der nach Maßgabe für größere und kleinere Städte entworfenen Designation spezifiziert sind, in bestmöglichster Beschaffenheit und Güte und in einer den Bedürfnissen des Orts angemessenen Menge vorrätig enthalte.

Die einfachen Arzneimittel aus dem Tier- und Pflanzenreiche muß er im Durchschnitte alle zwei Jahre, die gebräuchlichsten aber, oder die durch die Zeit leicht an der Kraft verlieren, alle Jahre frisch und in gehöriger Güte und Menge anschaffen, zur rechten Zeit einsammeln, säubern, mit allem Fleiße trocknen und in saubern, dichten Gefäßen unter richtiger Bezeichnung aufbewahren.

Gleichergestalt muß er auf die kunstmäßige Bereitung der pharmazeutischen und chemischen Praeparata alle Aufmerksamkeit und Sorgfalt richten. Bei Anfertigung derselben hat er sich genau an die Vorschriften der Pharmacopoea Borrussica zu halten und darf er sich dabei keine willkürlichen Abweichungen erlauben. Jedoch ist ihm unverwehrt, neben den nach der Pharmacopoea Borrussica angefertigten Praeparatis und Compositas, dergleichen auch nach anderweitigen Dispensatoriis oder besonderen Vorschriften vorrätig zu halten, wenn dergleichen von den Ärzten verlangt werden.

b. Die Apotheker sind zwar überhaupt angewiesen, die chemischen Arzneimittel selbst zu bereiten. In dem Falle aber, daß sie in der eigenen Anfertigung gehindert sind, oder ihre bedürfende Menge dazu zu gering ist, müssen sie sich damit aus einer anderen guten inländischen Apotheke versorgen, dürfen aber dergleichen nicht von gemeinen Laboranten oder ausländischen Drogisten kaufen[1]).

---

[1]) Aus den in Altpreußen formell noch jetzt gültigen Bestimmungen in § 1a Abs. 3 und b ergibt sich folgendes:

1. Die pharmazeutischen Präparate des Arzneibuches mit Herstellungsvorschrift sind ausschließlich in der (konsumierenden) Apotheke herzustellen.

2. Die chemischen Präparate des Arzneibuches mit Herstellungsvorschrift sind entweder in der (konsumierenden) Apotheke herzustellen oder aus anderen (inländischen) Apotheken zu beziehen.

3. Die chemischen Präparate, für die das Arzneibuch keine Darstellungsvorschrift enthält, dürfen auch durch den Großhandel bezogen werden.

Die Praxis der Apotheken und Behörden hat jedoch zu einer milderen Handhabung geführt.

Die im Jahre 1862 erschienene Pharmacopoea Borussica, Editio septima, enthielt als Vordruck eine Kgl. Verordnung vom 10. November 1862, die in Absatz 2 „unter Aufhebung aller entgegenstehenden Vorschriften" folgendes bestimmte:

c. Es ist die Pflicht eines jeden Apothekers, daß er seine sämtlichen Waren und Medizinalien oft und fleißig revidiere, um sowohl die abgängig gewordenen als durch Alter oder Zufall verdorbenen Mittel sogleich ergänzen zu können, damit er stets von der Güte und tadellosen Beschaffenheit jedes einzelnen Artikels seines Vorrats überzeugt sein und dafür die Gewähr leisten könne.

§ 2. Von dem besonderen Verhalten bei Anfertigung der Rezepte.

a. Sobald ein Rezept zur Bereitung in die Apotheke gebracht wird, auf welches der Arzt das Datum, die Jahreszahl, den Namen des Patienten und, wenn dem Apotheker dessen Hand nicht bekannt ist, auch seinen eigenen Namen geschrieben haben muß, so ist der Apotheker verpflichtet, es entweder selbst zu verfertigen oder einem tüchtigen Gehilfen, allenfalls auch einem Lehrlinge, welcher aber wenigstens drei Jahre in der Lehre gestanden und sich wohl appliziert haben muß, zur Bereitung zuzustellen. Sowohl die Apotheker als deren Gehilfen und Lehrlinge sind verbunden, die Arzneimittel auf einem mit Gittern umgebenen Rezeptiertische nach Vorschrift der Rezepte ohne Aufschub vorsichtig und pünktlich zu bereiten, die angefertigten Medikamente daselbst bis zur Abholung zu bewahren, und solche nebst den Rezepten so wenig während der Anfertigung als nachher jemandem vorzuzeigen, noch weniger Abschriften davon zu geben oder nehmen zu lassen[1]). Damit auch derjenige, welcher am Rezeptiertische die Medikamente zusammenmischt, nicht gestört werde, so soll außer den in die Offizin gehörigen Personen niemand zu solchen zugelassen werden.

b. Bei der Rezeptur muß die strengste Genauigkeit, Ordnung und Reinlichkeit herrschen. Sämtliche Gefäße und Instrumente müssen stets rein und sauber, auch Waagen und Gewichte im akkuraten Zustande gehalten werden. Auch das Reinhalten der Seihetücher zu Dekokten und Infusionen ist nicht zu vernachlässigen. Mixturen, Pulver, Pillenmassen usw., zu denen salinische und metallische Präparate kommen, dürfen in keinem metallischen, sondern sollen in steinernen, gläsernen oder porzellanenen Mörsern bereitet werden. Zu scharfen, heftig wirkenden Mitteln, als Quecksilbersublimat, ingleichen zu stark riechenden, als Moschus und Asa foetida, sollen besondere Mörser und Waageschalen gehalten werden.

---

Die Apotheker dürfen zwar diejenigen chemischen und pharmazeutischen Präparate, welche sie selbst zweckmäßig anzufertigen behindert sind, aus anderen Apotheken, chemischen Fabriken oder Drogenhandlungen entnehmen, sind aber für die Reinheit und Güte der angekauften Präparate unbedingt verantwortlich.

Und die preuß. Einführungsverordnung zur ersten Pharmacopoea Germanica vom 21. September 1872 besagte:

Die Apotheker sind für die Güte und Reinheit sämtlicher in ihren Vorräten befindlichen Arzneimittel und Präparate, und zwar sowohl der selbstbereiteten als auch der aus chemischen Fabriken oder Drogenhandlungen entnommenen unbedingt verantwortlich.

Hier wurde die oben noch an eine Voraussetzung oder Bedingung geknüpfte Freigabe des Bezuges eine ganz bedingslose, auch fielen die Apotheken als Bezugsquellen fort. Es war nur noch von Fabriken und Drogenhandlungen die Rede. Diesem Standpunkt entspricht die Fassung des § 28 der Ap.B.O. (s. S. 331).

[1]) Hierzu entschied das K.G. unter dem 12. Dezember 1910 (Ph.Ztg. 1911 Nr. 3): „Die Abgabe einer Arznei durch die Ehefrau des Apothekers verstößt nicht ohne weiteres gegen den § 2a Titel III der rev. Ap.O., wonach die angefertigten Medikamente niemandem gezeigt werden dürfen. Sie wäre nur unzulässig, wenn es sich um eine nicht freigegebene Arznei handelte und die Ehefrau als pharmazeutisches Personal in der Apotheke tätig war."

Der in einigen Apotheken noch übliche Gebrauch, Pulver- und Pillenschachteln mit Goldpapier auszufüttern, wovon die darin aufbewahrten Arzneimittel leicht mit Kupferteilchen verunreinigt werden, wird hiermit untersagt.

c. Bei Dispensierung der Arzneimittel soll nichts gemessen, viel weniger nach dem bloßen Augenmaße genommen, sondern alles ordentlich und genau abgewogen werden. Bei den Wässern kann jedoch das Abmessen wohl statthaben, nur müssen die eigens dazu bestimmten Mensuren nach dem absoluten Gewicht des Wassers richtig abgeteilt sein. Sollten auch noch Ärzte im Gebrauch haben, Vegetabilien manipulweise zu verschreiben, so sollen diese dennoch gewogen und statt eines Manupuls bei Kräutern eine halbe Unze und bei Blumen drei Drachmen nach Gewicht genommen werden.

d. Zu mehrerer Verhütung, daß keine Verwechslung der Medikamente sich zutragen möge, soll in der Apotheke jedesmal der Name des Patienten, welcher auf dem Rezepte steht, ingleichen der Name des Apothekers, bei welchem das Rezept verfertigt worden, nebst dem Dato, auf der Signatur bemerkt werden. Auch soll auf der Signatur die auf dem Rezept bestimmte Gabe und Zeit des Einnehmens nicht mit Ziffern bezeichnet, sondern jedesmal mit Buchstaben deutlich und leserlich geschrieben werden. Ebenso muß die Taxe der Medikamente auf den Rezepten, wenn sie bei erfolgender Bezahlung zurückgegeben werden, mit deutlichen Ziffern bemerkt sein.

e. Da noch die Erfahrung gelehrt, daß öfters diejenigen Arzneien, welche die Patienten auf Verordnung ihres Arztes zum zweiten oder öftern Male machen lassen, nicht vollkommen gleich, sondern in Farbe, Quantität, Geschmack und Geruch verschieden sind und hierdurch den Patienten verdächtig werden, so soll derjenige Apotheker, in dessen Offizin dergleichen Nachlässigkeit erweislich gemacht worden, in 5 Taler Strafe verfallen. Damit man aber wisse, wer den Fehler bei der Reiteratur begangen, so soll derjenige, der solche verfertigt, jedesmal seinen Namen auf die Signatur schreiben.

f. In gleiche Strafe soll derjenige Apotheker genommen werden, welcher die ihm zugeschickten Rezepte, es sei bei Tage oder bei Nacht, nicht sogleich ohne Aufhaltung verfertigt[1]), den Handkauf vorzieht und die Patienten ohne Not auf die Medizin warten läßt. Besonders sollen diejenigen Rezepte, die mit cito bezeichnet worden, sogleich bereitet und die Arzneien den Boten, welche die Rezepte einhändigen, mitgegeben werden.

g. Übrigens sollen solche von approbierten Ärzten und Wundärzten einmal verschriebenen und verfertigten Rezepte, welche Drastica, Vomitoria, Menses et Urinam moventia, Opiata und andere dergleichen stark wirkende Medikamente enthalten, ohne Vorwissen und Bewilligung des Arztes zum anderen Male nicht wieder gemacht werden, weil dergleichen Mittel, die, zur rechten Zeit verordnet, von guter Wirkung gewesen, dem Kranken, wenn er solche zur Unzeit nimmt, den Tod zuwege bringen können.

h. Wenn dem Apotheker in den vorgeschriebenen Rezepten ein Irrtum oder Verstoß von der Art, daß davon ein Nachteil für den Patienten zu besorgen sei, bemerklich werden sollte, so hat er sogleich dem Arzte, welcher das Rezept verschrieben, seine Bedenklichkeit und seinen Zweifel bescheiden

---

[1]) Nach einem Urteil des K.G. vom 14. Mai 1926 (Ph.Ztg. 1926 Nr. 40) bezieht sich diese Bestimmung nur auf solche Apotheker, die des Nachts ihre Apotheken offen halten, nicht aber auf die, die sie mit behördlicher Genehmigung oder auf behördliche Anordnung geschlossen haben.

zu eröffnen. Wenn der Arzt den Verstoß nicht anerkennt, und auf die Anfertigung des Rezeptes nach seiner Vorschrift besteht, so kann es der Apotheker zwar auf dessen Verantwortung verfertigen; doch hat er zu seiner eigenen Rechtfertigung den Fall sogleich dem Physikus, oder wenn dieser das verdächtige Rezept verschrieben hätte, dem kompetenten Collegio Medico anzuzeigen.

i. Sollte es sich zutragen, daß ein verschriebenes Ingredienz nicht vorrätig oder sogleich nicht anzuschaffen sei, so darf der Apotheker nicht willkürlich ein anderes dafür substituieren oder etwas hinweglassen, sondern er hat solches sofort dem Arzte anzuzeigen und es diesem zu überlassen, an dessen Statt ein anderes Mittel von gleicher Eigenschaft zu verordnen[1]).

k. Da auch verlauten will, daß noch hier und da unbefugte Personen sich mit innerlichen und äußerlichen Kuren befassen, so wird den Apothekern hiermit anbefohlen, sich der Verfertigung solcher Rezepte, die von dazu nicht qualifizierten Personen verschrieben worden, zu enthalten und sich hierunter lediglich nach dem § 5, S. 28 Unseres Medizinaledikts vom Jahre 1725 zu achten; am wenigstens aber Medikamente von heftiger und bedenklicher Wirkung, als Drastica, Vomitoria, Mercurialia, Narcotica, Emmenagoga, namentlich auch Resina und Tinctura Jalapae, von der Hand, ohne ein von einem approbierten Arzte verschriebenes Rezept verabfolgen zu lassen[2]).

l. Es haben demnach alle und jede Apotheker in Unseren Landen, bei Vermeidung von fünf bis zwanzig Taler Strafe auf jeden Kontraventionsfall, und bei wiederholter Kontravention bei noch höherer Geldstrafe, sich nach diesen Verordnungen zu achten, auch bei Vermeidung gleicher Strafe dafür zu sorgen, daß von ihren Gehilfen und Lehrlingen dieselben auf das genaueste befolgt werden, gleichwie sie für das, was ihre Gehilfen oder andere zu ihrem Hause gehörige Personen hierin zuwiderhandeln, schlechterdings einstehen müssen, obschon ihnen das Recht vorbehalten bleibt, ihren Regreß an gedachte Personen zu nehmen[3]).

## Apothekenbetriebsordnung[4]).

Vom 18. Februar 1902. Mit Änderungen vom 27. August 1903, 15. Dezember 1910, 23. Januar 1920, 15. Mai 1920, 31. März 1924, 13. März 1925, 21. Dezember 1926, 4. August 1927.

### A. Einrichtung.

§ 1. Eine Apotheke soll aus folgenden Räumen bestehen:

1. der in der Regel im Erdgeschoß befindlichen Offizin;

---

[1]) Wenn der Apotheker ein unter bestimmtem Namen bekanntes, aus bestimmten Ingredienzien zusammengesetztes Arzneimittel unter Benutzung der gleichen Bestandteile herstellt, so ist darin eine Übertretung der Apothekerordnung durch willkürliche Anwendung nicht verordneter Arzneistoffe nicht zu finden (L.G. II Berlin, 13. April 1905, Ph.Ztg. 1905 Nr. 31). Im übrigen vgl. hierzu § 33 Abs. 4 der Ap.B.O. (s. S. 340).

[2]) Jetzt geregelt durch die Vorschriften betr. die Abgabe stark wirkender Arzneimittel (s. S. 199).

[3]) Die in der Apothekerordnung angedrohten Strafen sind nicht Disziplinarstrafen, sondern Kriminalstrafen (K.G. 3. Februar 1887 und 18. November 1889, Joh. VII S. 225 und X S. 180). Über den Charakter der hier genannten Strafen vgl. auch die Ausführungen auf S. 5 und 52. Strafbestimmung ist jetzt lediglich § 367, 5 Str.G.B. (s. S. 52). Über die strafrechtliche Verantwortlichkeit des Apothekenbesitzers bei Verstößen seiner Angestellten s. Fußnote 1 auf S. 52.

[4]) Die preußische Apothekenbetriebsordnung ist nach einem Urteil des K.G. vom 25. Juli 1901 (Ph.Ztg. 1901 Nr. 62) als rechtsgültige Verordnung im Sinne des

2. dem Vorratsraum für die trocken aufzubewahrenden Mittel — Material- und Kräuterkammer nebst Giftkammer oder Giftverschlag[1]);
3. dem Vorratsraum zur Aufbewahrung der kühl zu haltenden Mittel — Arzneikeller (Gewölbe, Wandschrank usw.) —;
4. dem Laboratorium;
5. der Stoßkammer.

Sämtliche Räumlichkeiten sollen verschließbar sein[2]) und nach Größe und Einrichtung dem Geschäftsumfang entsprechen. Ihre Zweckbestimmung muß von dem zuständigen Regierungspräsidenten genehmigt sein[3]).

---

§ 367, 5 Str.G.B. anzusehen. Übertretungen derselben werden daher, wenn sie strafrechtlich verfolgt werden, nach diesem Paragraphen (s. S. 52) bestraft. Nach Entscheidung des O.V.G. in dem (schon auf S. 300 erwähnten) Urteile vom 18. Februar 1907 ist jedoch die Ap.B.O. als Ausführungsverordnung zur Apothekerordnung nur insoweit gültig, als ihre Bestimmungen sich mit der als Gesetz erlassenen revidierten Apothekerordnung vom 11. Oktober 1801 decken. Dies gilt besonders für die §§ 2, 42 und 45.

Die Apothekenbetriebsordnung gilt für den ganzen Umfang des preußischen Staates.

[1]) Vgl. § 9 der Polizeiverordnung über den Handel mit Giften vom 22. Februar 1906. (Amtl. Anm. s. S. 245.)

[2]) Mit dem Schutz der Apothekenräume sowie der Betäubungsmittel vor Einbruch bzw. Diebstahl befassen sich folgende Min.Erlasse:

a. Vom 24. November 1919. Vor kurzem sind zwei Einbrüche in Apotheken vorgekommen; in dem einen Falle haben die Diebe u. a. den Giftschrank mit Inhalt, in dem anderen Morphium, Opium und Chloroform entwendet. Beide Vorkommnisse weisen auf die Notwendigkeit hin, die Apothekenbetriebe mit größerer Sorgfalt vor Einbruch und Diebstahl zu schützen. Dies gilt namentlich für solche Apotheken, bei denen sich durch die Beschränkung des Nachtdienstes die früher gebotene Sicherheit vermindert hat. Ich ersuche ergebenst, den Apothekenvorständen hiervon vertraulich Kenntnis zu geben und darauf hinzuweisen, daß auch während der Zeit des Apothekenschlusses sie für sorgfältige Aufbewahrung der Arzneimittel und genügende Maßnahmen zum Schutz ihrer Betriebsräume verantwortlich bleiben. Besonderes Augenmerk wird dabei auf eine größere Sicherheit der Abteile zu richten sein, die der Aufstellung der Gifte und des Morphiums dienen.

b. Vom 1. Oktober 1926. Im Einvernehmen mit dem Herrn Reichsminister des Innern weise ich darauf hin, daß sich die Zahl der Einbruchsdiebstähle, bei denen Betäubungsmittel in Apotheken in Verlust geraten sein sollten, auffallend stark vermehrt hat. Ich ersuche ergebenst, die Apotheken Ihres Bezirks in geeigneter Weise (gegebenenfalls durch Rundschreiben) darauf aufmerksam zu machen, daß sie bei der Aufbewahrung von Betäubungsmitteln größte Vorsicht beobachten und Vorkehrungen treffen, daß eine Entwendung von Betäubungsmitteln nach Möglichkeit verhindert wird.

Hierzu entschied das A.G. Berlin-Mitte unter dem 15. Oktober 1924 (Ph.Ztg. 1924 Nr. 84): Die Bestimmungen der Ap.B.O. sind nur für die in der Betriebsordnung selbst angeführten offiziellen Räume maßgebend, eine Aufbewahrung von Vorräten bestimmter Mittel, die eines besonderen Schutzes bedürfen, im Schreibtisch des Geschäftszimmers oder der Privatwohnung verbieten sie nicht.

[3]) Den Konzessionsempfängern wird daher bei Übermittlung der Konzessionsurkunde seitens des Regierungspräsidenten zur Pflicht gemacht, von der Wahl des für die Anlage der neuen Apotheke in Aussicht genommenen Grundstückes Anzeige zu erstatten. „Vor stattgehabter Besichtigung des Grundstückes und Erteilung der Genehmigung zur Einrichtung darf die Apotheke nicht eingerichtet und vor stattgehabter Revision nicht in Betrieb gesetzt werden."

Unzulässig ist die Einrichtung einer räumlich getrennten sog. Versandabteilung oder Versandstelle einer Apotheke. Es erging darüber folgendes Urteil: Der Vertrieb nicht freigegebener Mittel an Verbraucher aus Räumen, die nicht als „Apothekenräume" von der zuständigen Behörde genehmigt sind, ist auch dann unzulässig, wenn er durch einen Apothekenbesitzer und unter der Firma der Apotheke erfolgt (A.G. Berlin-Mitte, 4. Dezember 1925; 30. März 1926, Ph.Ztg. 1926 Nr. 64).

Sie dürfen ohne dessen Genehmigung weder zu anderen Zwecken benutzt noch baulich wesentlich verändert werden und sind stets in gutem baulichen Zustande, sauber und ordentlich zu erhalten.

§ 2. Der Apothekenvorstand (Besitzer, Verwalter) muß in demselben Hause wohnen, in welchem die Apotheke sich befindet[1]).

Ausnahmen sind mit Genehmigung des Regierungspräsidenten zulässig.

Das Haus, in welchem eine Apotheke sich befindet, muß außen mit der Bezeichnung „Apotheke"[2]) und neben dem Eingang mit einer für die Apotheke bestimmten Nachtglocke versehen sein.

---

[1]) Nur der Apotheker selbst, nicht seine Familie, ist zum Wohnen in der Apotheke verpflichtet. Aber es erscheint fraglich, ob selbst diese Bestimmung sich rechtlich begründen läßt. In der rev. Ap.O. ist sie nicht enthalten.

[2]) Über die Firmierung „Königlich privilegierte Apotheke" erging folgender Min.Erl. vom 25. April 1923:

In jedem Falle, in dem eine Apotheke „Königlich privilegiert" firmiert, ist zunächst festzustellen, ob die betreffende Apotheke seinerzeit auf Grund eines früher von einem König von Preußen verliehenen Privilegiums errichtet worden ist. Denn dem Vernehmen nach sollen andere Apotheken sich gelegentlich unberechtigterweise ebenfalls als „Königlich privilegiert", zum Teil auch als „Königlich konzessioniert" bezeichnen. Seit dem 12. Dezember 1809 sind aber von preußischen Königen Privilegien nicht mehr verliehen worden. Die seitdem zunächst vom Ministerium des Innern und von Medizinaldeputationen sowie später von Oberpräsidenten erteilten Konzessionen berechtigten lediglich dazu, Apotheken als behördlich oder staatlich konzessioniert zu bezeichnen. Bei den tatsächlich früher von preußischen Königen privilegierten Apotheken läßt sich gegen einen entsprechenden Hinweis in der Firma nicht einschreiten; hinzu kommt, daß diese Apotheken private Unternehmen sind, also Dienstgebäude, Diensträume sowie amtliche Stellen im Sinne des Erlasses vom 21. Juli 1922, betreffend Entfernung monarchischer Hoheitszeichen, nicht in Betracht kommen. Sollten jedoch Apotheken unberechtigterweise im Widerspruch mit der im Handelsregister eingetragenen Firma das Wort „Königlich" anwenden, oder sollte das Handelsregister in dieser Hinsicht eine unrichtige Firmenbezeichnung enthalten, so wird beim Registergericht ein Vorgehen nach Maßgabe der einschlägigen Vorschriften des Handelsgesetzbuches und des Reichsgesetzes über die freiwillige Gerichtsbarkeit (§ 37 H.G.B., § 140ff. F.G.G.) anzuregen sein. Nach der allerdings nicht unbestrittenen Ansicht des O.V.G. (Bd. 43, S. 305) würde dann gegebenenfalls bezüglich des an der Außenseite der Apotheke angebrachten Firmenschildes auch ein Einschreiten der Polizei auf Grund des § 10 II 17 A.L.R. in Betracht kommen.

Im Hinblick darauf, daß der denkende Teil der Bevölkerung genau weiß, daß auch die privilegierten Apotheken private Unternehmen sind, dürfte ihre in Rede stehende Bezeichnung nicht geeignet sein, in weiten Kreisen Unruhe und Störung der Sicherheit sowie Ordnung zu verursachen. Mithin wird sich jedenfalls in der Regel nicht schlechthin auf Grund von § 10 II 17 des preußischen Allgemeinen Landesrechts einschreiten lassen. Allerdings ist es erwünscht, bei sich bietender Gelegenheit den Besitzern einschlägiger Apotheken nahezulegen, das Wort „Königlich" in „Staatlich" umzuwandeln, zumal hierdurch geschäftlich nachteilige Folgen nicht erwachsen dürften.

Hierzu entschied das O.V.G. unter dem 21. Juni 1923 (Ph.Ztg. 1923 Nr. 93/94): „Die Polizeiverwaltung ist nicht berechtigt, unter Hinweis auf die Möglichkeit einer Gefährdung der öffentlichen Sicherheit die Entfernung eines die Bezeichnung „Königlich privilegierte Apotheke" tragenden Schildes zu verlangen. Sie hat im Gegenteil die Pflicht, den in seinen Rechten bedrohten Staatsbürger nach Möglichkeit vor eventuellen Ausschreitungen zu schützen."

Als Hofapotheke darf eine Apotheke nur dann bezeichnet werden, wenn deren Inhaber das Hofprädikat verliehen ist. Andernfalls kann die Polizei die Bezeichnung als Hofapotheke verbieten, auch wenn diese im Handelsregister eingetragen ist. Das Hofprädikat geht nicht mit der Firma auf den Geschäftsnachfolger über, sondern haftet an der Person (O.V.G. 31. Januar 1910, Ph.Ztg. 1910 Nr. 11). Das Recht, sich Hofapotheker zu nennen, erlischt mit dem Besitzrecht, sofern die Verleihungsurkunde nicht ausdrücklich etwas anderes bestimmt. Weder die Eintragung im Grundbuch noch die Zahlung eines Kanons,

## 1. Die Offizin.

§ 3. Die **Offizin** soll trocken, leicht lüftbar, hell und heizbar, mit Rezeptier- und Handverkaufstisch sowie mit den erforderlichen Warengestellen ausgestattet sein, deren oberer Teil offene Reihen für die Standgefäße bietet, während der untere Schränke oder **Schiebekästen** aus geruchlosem Holze enthält, welch letztere in vollen Füllungen laufen oder Staubdeckel haben müssen[1]).

---

noch auch der gute Glaube ist maßgebend. (O.V.G. 30. November 1911, Ph.Ztg. 1911 Nr. 97.)

Die ohne Genehmigung der in Frage stehenden Stadt erfolgte Firmierung „**Stadtapotheke**" ist als Verletzung des Namenrechts der Stadtgemeinde anzusehen und somit unzulässig. (R.G. 18. November 1926, Ph.Ztg. 1926 Nr. 101.)

Für die Anbringung von **Reklameaufschriften bei Apotheken** sind die ortsstatutarischen Vorschriften maßgeblich. Sehen diese eine baupolizeiliche Genehmigung vor, und ist eine solche nicht erteilt worden, so müssen die Aufschriften auf Verlangen der Polizei entfernt werden (O.V.G. 8. März 1923, Ph.Ztg 1923 Nr. 42.)

Die Benutzung des **roten Kreuzes** auf **weißem Grunde** sowie der Worte „**Rotes Kreuz**" in Firmenschildern sowie überhaupt zu geschäftlichen Zwecken ist durch das Reichsgesetz zum Schutze des Genfer Neutralitätszeichens vom 22. März 1902 allgemein verboten. Die Anwendung dieses Gesetzes wird durch Abweichungen nicht ausgeschlossen, mit denen das rote Kreuz auf weißem Grunde wiedergegeben wird, sofern ungeachtet derselben die Gefahr einer Verwechslung mit dem Genfer Neutralitätszeichen vorliegt.

Als **verwechslungsfähig** mit dem Genfer Kreuz sind von der Rechtsprechung bisher folgende Zeichen angesehen worden: Ein dem Genfer Kreuz ähnliches Kreuz auf **goldfarbigem Grunde** (P.A. Abt. II f. Warenzeichen 21. März 1904, Ph.Ztg. 1904 Nr. 80). **Ein dunkelrosa schraffiertes Kreuz** mit den Umrissen des Genfer Kreuzes auf hellrosa Grunde (P.A.Beschw.Abt. I 6. Februar 1904, Ph.Ztg. 1904 Nr. 39). **Ein rotes Kreuz mit goldenem Stern** in der Mitte und goldenen Verzierungen an den Kreuzbalken (O.L.G. Breslau, 10. Mai 1904, Ph.Ztg. 1904 Nr. 39). **Ein rotes Kreuz auf gelbem Grunde** (K.G. 11. September 1914). Ein Kreuz in den Formen des Genfer Neutralitätszeichens, welches nur zu **zwei Dritteln rot** und zu einem **Drittel** schwarz gefärbt ist (A.G. Leipzig, Oktober 1907, Ph.Ztg. 1907 Nr. 86).

Dagegen wurde die Gefahr einer Verwechslung bei folgenden Zeichen **verneint**: Ein rotes Kreuz, in dessen Fläche ein **weißes Johanniterkreuz** ausgespart ist (P.A. Beschw.-Abt. I 4. Juli 1904, Ph.Ztg. 1905 Nr. 40). **Ein weißes Kreuz in rotem Felde** in den Formen des Genfer Kreuzes (L.G. Darmstadt August 1906, Ph.Ztg. 1906 Nr. 67). Das sog. **Lazaruskreuz** (L.G. Frankfurt a. M., Oktober 1907, Ph.Ztg. 1907 Nr. 86).

Die Benutzung des **weißen Kreuzes in rotem Felde** (des Schweizer Wappens) ist z. Z. noch zulässig. Den dagegen gerichteten Verfügungen einzelner Polizeiverwaltungen fehlt die rechtliche Unterlage. Dies bestätigt der folgende Min.Erl. vom 3. Juli 1924:

Wie aus den auf meinen Runderlaß vom 12. April 1924 erstatteten Berichten hervorgeht, ist in einzelnen Fällen — auch seitens einiger Polizeibehörden — die Entfernung des Schweizer Wappens auf Firmenschildern von Drogerien und Apotheken angeordnet worden. Eine rechtliche Handhabe, den Gebrauch des schweizerischen Landeswappens zu geschäftlichen Zwecken zu verbieten, besteht zur Zeit nicht; ich ersuche daher, sofern Anordnungen in dem eingangs erwähnten Sinne erfolgt sind, ihre sofortige Zurücknahme zu veranlassen; um so mehr, als aus meinem Erlaß vom 12. April d. J. keineswegs irgendeine Berechtigung hierzu hergeleitet werden konnte.

Doch ist ein durch internationale Vereinbarungen bedingtes Verbot der Benutzung dieses Staatswappens zu erwarten.

[1]) Über die Gestaltung der **Schiebekästen** erging ein Min.Erl. vom 4. Februar 1914:

Die Anordnung, daß die Schiebekästen in den Warengestellen der Apotheken in vollen Füllungen laufen oder Staubdeckel haben müssen, verfolgt den Zweck, die darin lagernden Pflanzenteile oder Drogen anderer Art gegen jede Berührung mit anderen Stoffen und gegen Verunreinigung durch Staub zu schützen. Der freien Aufstellung von abgabefertigen, in Gefäße oder Umhüllungen eingeschlossenen Arzneiwaren dienen

Die Warengestelle in den zu ebener Erde belegenen Räumen sollen so eingerichtet sein, daß zwischen der letzten Kastenreihe und dem Fußboden sich eine Luftschicht befindet[1]).

Die Offizin ist abends durch künstliche Beleuchtung von oben, insbesondere am Rezeptiertisch, gut zu erhellen.

§ 4. Der Rezeptiertisch soll geräumig, mit einer leicht zu reinigenden Platte versehen, auch bei Tage gut beleuchtet, mindestens mit einer feinen Tarierwaage bis zu 1000 g Tragkraft, vier Handwaagen, deren kleinste 5 g Tragfähigkeit hat, sowie den zugehörigen Gewichten von 200 g abwärts[2]) und den erforderlichen Arbeitsgeräten ausgestattet, vom Handverkaufstisch räumlich oder in sonst geeigneter Weise getrennt und gegen das Publikum abgesperrt sein.

§ 5. Der Handverkaufstisch, welcher eine Verlängerung des Rezeptiertisches sein kann, ist mit eigenen Waagen und Gewichten sowie mit besonderen Geräten auszustatten; derselbe soll ebenfalls eine leicht zu reinigende Platte haben.

§ 6. Für die Rezeptur sind mindestens folgende Geräte[3]) erforderlich:

in erster Linie die Schränke und offenen Reihen in den Warengestellen. Findet die Lagerung abgefaßter Arzneiwaren, sei es aus Mangel an Schränken oder aus anderen Gründen, in Schiebekästen statt, so sind an diese in sinngemäßer Auslegung des § 3 der Ap.B.O. vom 18. Februar 1902 nicht andere Anforderungen zu stellen als an die Schränke, weil die Verpackung oder Umhüllung der Waren genügenden Schutz gegen äußere Einflüsse bietet. Bei solchen Schiebekästen kann also von der Forderung des Vorhandenseins voller Füllungen oder von Staubdeckeln abgesehen werden.

[1]) Die Bekleidung des Fußes der Warengestelle in der Apotheke durch eine mit Luftlöchern versehene Schutzleiste entspricht der Bestimmung des § 3 der Betriebsordnung (Min.Erl. vom 3. April 1901).

[2]) Vgl. auch § 24.

[3]) Zu den nach § 6 der Ap.B.O. für die Rezeptur erforderlichen Geräten ist laut Min.Erl. vom 15. Dezember 1910 betr. Einführung des D.A.B. 5 noch der im Arzneibuche (Allgemeine Bestimmungen) erwähnte, bei der Anfertigung von Arzneien zu verwendende Normaltropfenzähler getreten.

Nach der Ap.B.O. und den Min.Erlassen vom 15. Dezember 1910 und 21. Dezember 1926 (s. S. 191) sollen in jeder Vollapotheke wenigstens vorhanden sein (§§ 4, 5, 6, 10, 12, 14, 16, 17, 21, 22):

a. für den Rezeptiertisch:
  1 Tarierwaage bis 1 kg Tragkraft;
  4 Handwaagen (die feinste mit 5 kg Tragfähigkeit);
  Gewichte von 200 g abwärts;
  1 Emulsionsmörser von Porzellan oder Marmor mit Holzpistill;
  4 Porzellanmörser;
  2 eiserne Pillenmörser;
  2 Porzellansalbenmörser;
  1 Pillenmaschine aus Eisen;
  1 Pillenmaschine aus Holz, Hartgummi oder Horn, signiert „Gift“;
  1 Tablettenmaschine;
  1 Handdampfkocher mit je 1 Infundierbüchse von Zinn und Porzellan nebst Koliervorrichtungen;
  Pulverschiffchen, Spatel, Löffel;
  1 Normaltropfenzähler.

b. für den Giftschrank der Offizin: je 1 Mörser, Löffel, Waage, signiert „Gift“.

c. für das Morphiumschränkchen: je 1 Mörser, Löffel, Waage, signiert „Morphinum“.

d. für den Jodoformkasten: je 1 Mörser, Löffel, Waage, signiert „Jodoformium“ (die Waage außerhalb aufzubewahren).

e. für den Handverkaufstisch: eigene Waagen und Gewichte.

ein Emulsionsmörser von Porzellan oder Marmor mit hölzernem Pistill;
vier Porzellanmörser außer den bezeichneten (Messingmörser sind daneben zulässig);

---

f. für die Material- und Kräuterkammer: die erforderlichen Waagen und Gewichte, sowie eine Kalktrockenvorrichtung.
g. für die Giftkammer: je 1 Mörser, Löffel, Waage, signiert „Gift".
h. für das Laboratorium:
1 Dampfkoch- und Destillationsapparat;
1 Einrichtung für freie Feuerung (Windofen);
1 Trockenschrank;
die erforderlichen Waagen und Gewichte;
1 Presse mit Zinn oder verzinnten Platten;
1 Schränkchen für die Kolier- und Preßtücher;
1 Meßkolben zu 1 Liter;
1 Meßkolben zu 500 ccm;
1 Meßkolben zu 100 ccm;
1 Meßkolben zu 50 ccm;
1 Kassiakölbchen von 100 ccm Inhalt;
1 Azetylierungskölbchen;
je 1 Vollpipette von 5, 10, 20, 25, 30 und 50 ccm;
je 1 Meßpipette von 5 und 10 ccm Inhalt, in $^1/_{10}$ ccm abgeteilt,
2 Büretten von 25—30 ccm Inhalt, in $^1/_{10}$ ccm abgeteilt, mit Glasverschluß;
1 Feinbürette von 10 ccm Inhalt, in $^1/_{50}$ ccm abgeteilt, mit Glasverschluß;
je 1 Scheidetrichter von 200 und 500 ccm Inhalt, sowie je 1 von 1000 und 2000 ccm Inhalt, sofern in der Apotheke Opium concentratum hergestellt wird;
je 1 Glaszylinder mit eingeriebenem Glasstopfen von 100, 200 und 300 ccm Inhalt, in $^1/_1$ ccm abgeteilt;
1 Glaszylinder mit eingeriebenem Glasstopfen von 50 ccm Inhalt, in $^1/_1$ ccm abgeteilt (die Gradeinteilung muß 14 cm lang sein);
1 Glaszylinder mit eingeriebenem Glasstopfen von 25 ccm Inhalt, in 0,1 ccm abgeteilt;
1 Kolben mit eingeriebenem Glasstopfen von etwa 100 ccm Inhalt;
2 Glasflaschen mit eingeriebenem Glasstopfen von etwa 200 ccm Inhalt (Jodzahlkolben);
mehrere Siedekolben, darunter ein Kolben aus Jenaer Glas, sowie mehrere Bechergläser verschiedener Größe;
mehrere Glasschälchen, darunter mindestens 1 zylindrisch geformtes von 4 cm Durchmesser und 2 cm Höhe;
mehrere Porzellanschalen verschiedener Größe;
mehrere Trichter verschiedener Größe;
10 Probierrohre von 15 mm Weite;
mehrere Uhrgläser mit Klemme;
mehrere Porzellantiegel verschiedener Größe;
1 Glaskühler, etwa 55 cm lang, dessen Mantel etwa 22 cm lang ist;
mehrere Glasrohre aus Kaliglas, mindestens 75 cm lang und ungefähr 5 mm weit;
mehrere Glasstäbe;
1 Platindraht und 1 Platinblech;
1 Kupferblech;
1 Siedethermometer, amtlich geprüft und beglaubigt;
1 Einrichtung zur Bestimmung des Schmelzpunktes;
1 Einrichtung zur Bestimmung des Siedepunktes und der Alkoholzahl;
1 Waage zur Bestimmung des spezifischen Gewichts und für feinere Wägungen; die bei 100 g Belastung noch 0,001 g erkennen läßt;
1 Exsikkator;
1 Perkolator;
1 Mikroskop, das eine mindestens 350fache Linearvergrößerung leistet und mit einem Okularmikrometer ausgestattet ist;
1 Lupe mit 6facher Linearvergrößerung.

zwei eiserne Pillenmörser;
zwei Porzellansalbenmörser;
je ein bezeichneter Porzellanmörser für Gifte, Morphinum, Jodoformium;
eine eiserne und eine aus Holz, Hartgummi oder Horn hergestellte Pillenmaschine, letztere, für die Mittel der Tab. B des Arzneibuches bestimmt, mit „Gift“ bezeichnet;
eine Vorrichtung zur Herstellung von zusammengepreßten Arzneizubereitungen (Tabletten);
ein Handdampfkocher mit je einer Infundierbüchse von Zinn und Porzellan und den erforderlichen Koliervorrichtungen;
außerdem Pulverschiffchen von Horn oder Hartgummi, Spatel, Löffel von Horn, Holz, Hartgummi oder edlem Metall, darunter bezeichnete Löffel, je einer für Gifte, Morphinum und Jodoformium;
endlich die erforderlichen Gefäße, Kästchen usw. zur Aufnahme der zu bereitenden Arzneien in ausreichender Zahl.

Die Ausstattung mit Geräten sowie mit Waagen und Gewichten (§ 4) richtet sich nach dem Umfange des Geschäftsbetriebes.

§ 7. In der Offizin oder in einem an dieselbe anstoßenden Nebenraum ist eine Reinigungs-(Spül-)Vorrichtung, wenn möglich mit fließendem Wasser, anzubringen.

§ 8. Die Arzneimittel sind in Behältnissen von Glas, Porzellan, Steingut, verzinntem Blech, geruchlosem Holz oder sonst geeignetem Material aufzubewahren.

Die Arzneibehältnisse sind in den durch den Ministerialerlaß vom 22. Juni 1896[1]) bestimmten Farben nach der Nomenklatur des Arzneibuchs[2]) inhaltsgemäß in dauerhafter Schrift deutlich zu bezeichnen; lackierte Papierschilder mit Druck- oder deutlicher Schrift sind zulässig.

Für die Standgefäße der Säuren und Laugen sowie des Bromum und Jodum ist radierte Schrift statthaft[3]).

Sämtliche Behältnisse und Bezeichnungen sind in gutem Zustand zu erhalten.

---

i. für die Stoßkammer:
1 Metallmörser;
1 Wiege-, Schneide- oder Stampfmesser mit Brett oder Kasten;
6 Siebe Nr. 1—6.

Ferner müssen in jeder Apotheke die in § 26 genannten Bücher vorhanden sein.

[1]) Jetzt Min.Erl. vom 18. Dezember 1926 (s. S. 199).

[2]) Nach der preuß. Einführungsverordnung zum D.A.B. 6 vom 21. Dezember 1926 (s. S. 191) können die der bisherigen amtlichen Bezeichnung entsprechenden Aufschriften auf den Behältnissen bis auf weiteres beibehalten werden. In den nach dem Inkrafttreten des Arzneibuchs 6. Ausgabe neu errichteten Apotheken dürfen nur die neuen amtlichen Bezeichnungen auf den Behältnissen angebracht werden.

Nach einem Min.Erl. vom 8. März 1906 ist es unbedenklich, wenn in Apotheken mit älteren Einrichtungen auf den Standgefäßen für Arzneisirupe die früher übliche Schreibweise Syrupus neben der jetzigen Sirupus bis auf weiteres zugelassen wird.

[3]) Eine gleiche Bestimmung ist in § 10 der Verordnung vom 18. Dezember 1926 (s. S. 204) und in § 4 der Giftverordnung (s. S. 243) enthalten.

Über die Verwendung von Apothekenstandgefäßen für Jod und Jodlösungen bestimmt ein Min.Erl. vom 7. Februar 1908,

daß die Verwendung von Apothekenstandgefäßen mit radierter Schrift für Jod und Lösungen von reinem Jod in Weingeist nach § 8 Abs. 3 der Apothekenbetriebsordnung vom 18. Februar 1902 nicht zu beanstanden ist. Dagegen sind Standgefäße für die freies Jod nicht enthaltende farblose Jodtinktur in den durch den Erlaß vom 22. Juni 1896 vorgeschriebenen Farben zu bezeichnen.

§ 9. Jedes Arzneibehältnis darf nur das der äußeren Bezeichnung entsprechende Arzneimittel enthalten; in geteilten Kästen oder in Kästen mit einzeln bezeichneten Einsatzgefäßen von geeignetem Material kann derselbe Stoff in verschiedener Form (ganz und zerkleinert) aufbewahrt werden.

Papierbeutel als Einlagen in Kästen sind unstatthaft.

Auf Arzneimittel, welche zur schnellen Abgabe verpackt in ordnungsmäßigen Behältnissen aufbewahrt werden, findet diese Vorschrift keine Anwendung.

Arzneispezialitäten dürfen nur dann gemeinsam in Schränken oder Schiebekästen aufbewahrt werden, wenn sie in abgeschlossenen Packungen sich befinden, einzeln bezeichnet sowie ordnungsmäßig und übersichtlich aufgestellt sind. Eine äußere Bezeichnung der Schränke oder Schiebekästen ist in diesem Falle nicht erforderlich[1]).

§ 10. Die sehr vorsichtig aufzubewahrenden Mittel (Tab. B des Arzneibuches) sowie alle dort nicht verzeichneten Mittel von gleicher Wirkung[2]), mit Ausnahme des Phosphors, welcher in den Arzneikeller gehört, dürfen in der Offizin oder in einem geeigneten Nebenraum in kleinen Mengen in einem besonderen, äußerlich mit „Gift" oder „Tab. B" oder „Venena" bezeichneten Behältnis vorrätig gehalten werden. Hinter der äußeren Tür desselben, welche außer der Zeit der Benutzung stets verschlossen zuhalten ist, müssen drei oder vier ebenfalls verschließbare Abteilungen (Schränkchen oder zum Verschließen eingerichtete Schubfächer), je eine zur Aufnahme der Alcaloida, bei welchen auch die Zyanverbindungen aufbewahrt werden können, Arsenicalia und Mercurialia sich befinden. Die Türen dieser Abteilungen sind mit entsprechender dauerhafter Bezeichnung zu versehen[3]).

---

[1]) Über die Aufbewahrung der Spezialitäten erging der folgende Min.Erl. vom 12. März 1913:

Es ist nicht zu verkennen, daß die Aufbewahrung der Spezialitäten, besonders in den Apotheken mit älteren Einrichtungen, großen Schwierigkeiten begegnet. Sind schon für die Aufnahme der zahlreichen Zubereitungen mit einem Gehalt an sehr stark wirkenden Stoffen die vorhandenen Giftschränke nicht bestimmt und nicht geeignet, so werden auch häufig Zweifel darüber bestehen, ob eine Spezialität den stark wirkenden Mitteln zuzuzählen ist oder nicht. Da das Arzneibuch sogar für Arzneimittel mit hohem Gehalt an sehr stark wirkenden oder stark wirkenden Stoffen, wie Quecksilbersalben, Senfspiritus, Karbolwasser u. a., nicht vorschreibt, daß sie im Giftschrank oder gesondert aufzubewahren sind, und sich Übelstände daraus nicht ergeben haben, wird auch die gemeinsame Aufstellung aller Spezialitäten bis auf weiteres geduldet werden können. Dabei wird allerdings als Voraussetzung gelten müssen, daß sich die Spezialitäten, wie es wohl allgemein schon der Fall ist, in geschlossenen Packungen befinden, die in deutlich erkennbarer Weise die einzelnen Mittel voneinander unterscheiden. Im Zusammenhange mit einer späteren Revision der Bestimmungen über die Einrichtung und den Betrieb der Apotheken wird auch der Erlaß von Vorschriften über die Aufbewahrung der Spezialitäten in Erwägung gezogen werden; zureit liegt, soweit sich von hier aus übersehen läßt, ein dringendes Bedürfnis dafür nicht vor.

[2]) Bei Mitteln, deren Zugehörigkeit zur Tabelle B nicht unzweifelhaft feststeht, kann nach dem Min.Erl. vom 31. Dezember 1906 (s. S. 313) bis zur anderweitigen Entscheidung den Apothekern die Aufbewahrung und Beschilderung überlassen bleiben. Ein Verzeichnis der gebräuchlicheren in der Wirkung den Mitteln der Tabelle B gleichstehenden Arzneimittel ist im Pharm. Kalender Teil II abgedruckt.

[3]) Vgl. hierzu die §§ 5—9 der Verordnung über den Handel mit Giften (s. S. 244). Die für die Apotheken bestehenden Vorschriften über die Aufbewahrung von Giften, welche über die Vorschriften der Giftverordnung hinausgehen, sind nach § 21 dieser in Kraft geblieben. Über die Bezeichnung der Abteilungen des Giftschrankes ergingen im Jahre 1899 folgende Min.-Bescheide:

Die Bezeichnung „Vegetabilia" an der Abteilung des Giftschrankes, welche die

In diesem Giftbehältnis oder in einem besonderen Kästchen müssen sich die mit „Gift“ oder „Tab. B“ oder „Venena“ bezeichneten Geräte, mindestens eine Waage, ein Löffel, ein Mörser, ebenfalls befinden; dieselben sind stets für die Verabfolgung und Verarbeitung jener Stoffe zu benutzen und nach dem Gebrauch sorgfältigst zu reinigen[1]).

Der Schlüssel zum Giftbehältnis ist sorgfältig aufzubewahren.

§ 11. Die vorsichtig aufzubewahrenden Mittel (Tab. C des Arzneibuches) sowie alle dort nicht verzeichneton Mittel von gleicher Wirkung[2]) sind in besonderen, nur für diese Mittel bestimmten Abteilungen der Warengestelle unterzubringen[3]).

§ 12. Morphinum und dessen Salze sowie für die Rezeptur vorrätige Zubereitungen derselben (Verreibungen, Lösungen) sind in der Offizin in einem besonderen, lediglich für diesen Zweck bestimmten, verschließbaren, mit „Tab. C“ bezeichneten Schränkchen, welches aber von dem sonstigen Aufstellungsplatz der Mittel der „Tab. C“ entfernt angebracht sein muß, aufzubewahren.

Als Zubereitungen des Morphinum und seiner Salze für die Rezeptur sind allein zulässig:

1. eine Verreibung von 1 Teil des Morphinum hydrochloricum oder eines anderen Morphinumsalzes mit 9 Teilen Zucker;

2. Lösungen von 1 Teil dieser Salze in 49 Teilen:
   a. Aqua destillata,
   b. Aqua Amygdalarum amararum.

Als Standgefäße für Morphinum, dessen Salze und die vorbezeichneten Zubereitungen sind dreieckige Gläser zu verwenden, welche

---

Alkaloide enthält, ist sinnentsprechend und war früher ganz gebräuchlich, daher nicht zu beanstanden.

Die Bezeichnung „Hydrargyra“ statt „Mercurialia“ an den Giftbehältnissen oder den Geräten, ebenso die Bezeichnung „Medicamenta tab. B.“ darf als sinnentsprechend belassen werden.

Für Unordnung im Giftschrank ist der Apothekenvorstand strafrechtlich verantwortlich, auch wenn er die Unordnung nicht selbst verursacht hat. (K.G. 31. März 1922, Ph.Ztg. 1922 Nr. 40.)

[1]) Daß jede Abteilung des Giftschränkchens besondere Geräte haben müßte, ist somit nicht erforderlich. Es genügt eine Waage, ein Löffel und ein Mörser für alle Abteilungen zusammen. Besondere Gewichte brauchen nicht vorhanden zu sein, wie sich auch aus § 8 der Giftverordnung ergibt (s. S. 245).

[2]) Bei Mitteln, deren Zugehörigkeit zur Tabelle C nicht unzweifelhaft feststeht, kann nach dem Min.Erl. vom 31. Dezember 1906 (s. S. 313) bis zur anderweitigen Entscheidung den Apothekern die Aufbewahrung und Beschilderung überlassen bleiben. Ein Verzeichnis der gebräuchlicheren in der Wirkung den Mitteln der Tabelle C gleichstehenden Arzneimittel ist im Pharm. Kalender Teil II abgedruckt.

[3]) Hierzu ergingen folgende Min.Erlasse:

Die Anbringung besonderer Mahnungen zur Aufmerksamkeit an den Gefäßen einzelner differenter Mittel ist durch die geltenden Bestimmungen nicht verboten (1899).

Die Aufbewahrung von Hydrargyrum oxydulatum nigrum unter den vorsichtig aufzubewahrenden Arzneimitteln kann nicht beanstandet werden (3. April 1901).

Die mit Sublimat und Jodoform usw. getränkten Verbandstoffe sind durch die Verordnung vom 27. Januar 1890 § 1 Abs. 2 ohne Einschränkung dem freien Verkehr überlassen, können daher von Apothekern anstandslos ohne ärztliche Verordnung abgegeben und an jeder gesonderten Stelle der Apothekenräume aufbewahrt werden; eine Verweisung dieser Stoffe in den Separandenraum oder Giftschrank würde den Verkehr ohne zwingenden Grund erschweren (15. Februar 1892).

an einer Seite die vorschriftsmäßige Bezeichnung des Inhalts in eingebrannter roter Schrift auf weißem Schilde tragen[1]).

Der Innenraum des Schränkchens muß aus zwei Abteilungen bestehen, deren eine, mit verschließbarer Tür versehen, für die unvermischten Morphinumpräparate bestimmt ist, während in der anderen offenen die Lösungen und Mischungen aufzubewahren sind.

Es ist verboten, abgeteilte Pulver von Morphinum oder dessen Salzen sowie von Hydrargyrum chloratum oder — abgesehen von Abs. 2 Nr. 1 dieses Paragraphen — Verreibungen dieser Mittel mit anderen Stoffen vorrätig zu halten.

§ 13. Lösungen von Extrakten mit Ausnahme der narkotischen[2]), abgeteilte Pulver für die Rezeptur, zusammengepreßte Arzneizubereitungen, welche Arzneistoffe der Tabellen B oder C des Arzneibuches enthalten, mit Ausnahme der Santoninum bis 0,05 g oder Coffeinum bis 0,1 g enthaltenden[3]), fertige Abkochungen, Aufgüsse, mit Ausnahme der in das Arzneibuch aufgenommenen[4]), dürfen nicht vorrätig gehalten werden[5]).

Gegen das Vorrätighalten zusammengepreßter Arzneizubereitungen, welche Arzneistoffe der Tabellen B oder C des Arzneibuchs enthalten, sind

---

[1]) Wie aus § 6 der Betriebsordnung sowie § 9 der Giftverordnung (s. S. 245) hervorgeht, müssen auch besondere Geräte für Morphium (Waage, Mörser, Löffel) vorhanden sein. Über dieselben besagt ein Min.Erl. von 1899 folgendes:

Die Bezeichnung „Gift" auf den für die Dispensation vom Morphin bestimmten Geräten ist mit Rücksicht auf die ungenügende Unterscheidung von den Geräten für die Arzneistoffe der Tab. B nicht zulässig. Die Geräte sind entweder mit „Tab. C" oder mit „Morphinum" zu bezeichnen.

[2]) Diese Bestimmung stimmt mit derjenigen des D.A.B. 6 nicht überein. Nach diesem dürfen Lösungen von Trockenextrakten überhaupt nicht vorrätig gehalten werden.

[3]) Unter „zusammengepreßten Arzneizubereitungen" sind, wie sich aus der geschichtlichen Entwicklung dieser Bestimmung (Näheres hierüber siehe Ph.Ztg. 1911 Nr. 96) ergibt, nur Tabletten (im Sinne des D.A.B. 6) zu verstehen, nicht auch Pastillen, Plätzchen und ähnliche Zubereitungen.

Das Verbot des § 13 hat eine Erweiterung erfahren durch einen Min.Erl. vom 31. Dezember 1906:

Die Bestimmung im § 13 der Apothekenbetriebsordnung vom 18. Februar 1902 über das Vorrätighalten zusammengepreßter Arzneizubereitungen, die Arzneimittel der Tabellen B oder C des Arzneibuches enthalten, findet sinngemäße Anwendung auch auf die zusammengepreßten Zubereitungen aller in jenen Tabellen nicht verzeichneten Arzneimittel von gleicher Wirkung.

Bei Arzneimitteln, deren Zugehörigkeit zu den Mitteln der Tabellen B oder C nicht unzweifelhaft feststeht, kann hier bis zur anderweiten Entscheidung den Apothekern die Aufbewahrung und Beschilderung überlassen bleiben.

In einer Verfügung vom 14. Juli 1905 gab der Berliner Polizeipräsident bekannt:

daß nach Entscheidung des Herrn Ministers der geistlichen usw. Angelegenheiten vom 28. Juni 1905 das Verbot in § 13 der Apothekenbetriebsordnung vom 18. Februar 1902 sich nur auf das Vorrätighalten von zusammengepreßten Arzneizubereitungen bezieht, es aber den Apothekern überlassen bleibt, auf ärztliche Verordnungen verlangte Präparate dieser Art von Fall zu Fall zu beschaffen.

[4]) Nach dem D.A.B. 6 darf nur Infusum Sennae comp. vorrätig gehalten werden. Alle anderen Abkochungen und Aufgüsse sind zur Abgabe frisch zu bereiten.

[5]) Fertige Abkochungen und Aufgüsse dürfen in Apotheken auf keinen Fall vorrätig gehalten werden, mögen die Abkochungen und Aufgüsse auch für Heilkundige bestimmt sein. Das Verbot gilt nicht nur für ärztlich verordnete Arzneien, sondern ganz allgemein. (K.G. 19. Januar 1917, Ph.Ztg. 1917 Nr. 8.) Nach einem Min.Erl. vom 4. Januar 1910 dürfen auch Anreibungen oder Anschüttelungen von in Wasser unlöslichen Arzneistoffen für die Rezeptur in den Apotheken nicht vorrätig gehalten werden.

Einwendungen dann nicht zu erheben, wenn diese Zubereitungen in abgabefertiger Packung aus dem Handel bezogen und in derselben Packung abgegeben werden.

Salzlösungen vorrätig zu halten, ist gestattet, wenn die gelöste Substanz nicht zersetzbar und die Lösung haltbar ist; das Lösungsverhältnis ist auf der Signatur des Standgefäßes in gleicher Weise wie die Bezeichnung des Inhalts zu vermerken[1]). Die Lösungen sind ordnungsmäßig aufzubewahren.

§ 14. Diejenigen Mittel, welche durch Lichteinfluß leiden, sind in schwarzen oder gelben Gläsern oder sonst nach Vorschrift des Arzneibuches, alle übrigen Mittel so aufzubewahren, daß sie in tadellosem Zustande bleiben; narkotische und aromatische Pflanzenteile sollen in gut schließenden Behältnissen, Jodoformium mit den bezeichneten Dispensiergeräten in einem besonderen Schrank oder Kasten untergebracht werden. Eine bezeichnete Waage für Jodoformium ist außerhalb dieses Behältnisses gesondert aufzubewahren.

§ 15. Die Standgefäße und Schiebekästen sind in Gruppen alphabetisch übersichtlich zu ordnen.

## 2. Die Material- und Kräuterkammer.

Vorratsraum für die trocken aufzubewahrenden Mittel, mit der Giftkammer oder dem Giftverschlag.

§ 16. Dieser Vorratsraum, welcher zur Aufnahme aller trocken aufzubewahrenden Mittel dient, soll hell, trocken, leicht lüftbar und mit einfachen, dauerhaft gestrichenen Warengestellen sowie den erforderlichen Waagen und Gewichten[2]) ausgestattet sein. Schiebekästen müssen aus geruchlosem Holz gefertigt sein, in vollen Füllungen laufen oder Staubdeckel haben.

Ist für größere Vorräte ein besonderer Raum, z. B. eine besondere Kräuterkammer, vorhanden, so ist derselbe entsprechend auszustatten.

In der Materialkammer oder an einer sonst geeigneten Stelle muß eine Vorrichtung zum Austrocknen der Drogen über gebranntem Kalk vorhanden sein[3]).

---

[1]) Über die Bezeichnung der Lösungsverhältnisse erging nachstehender Min.Erl. vom 28. Mai 1902:

Auf die an die Technische Kommission für pharmazeutische Angelegenheiten gerichtete, mir vorgelegte Eingabe vom 5. März d. J. erwidere ich nach Anhörung der Kommission, daß das Arzneibuch für das Deutsche Reich (IV. Ausg.) auf Seite 19 unter 2 Anweisung gibt, wie ein durch Bindestriche bezeichnetes Lösungsverhältnis aufzufassen ist. Seitdem ist es in den Apotheken ein allgemeiner Gebrauch geworden, alle Angaben, betreffend das Lösungsverhältnis, möge dasselbe durch Doppelpunkte, Bindestriche, Bruchstrich oder Klammern bezeichnet sein, ebenso aufzufassen. Es ist daher ein Rezept — Solutio acidi borici 10 : 500 — so auszuführen, daß 10 g Borsäure in 490 g Wasser gelöst werden, und ist dementsprechend dasselbe zu berechnen. Bei Verordnungen, auf welchen nicht ausführbare Lösungsverhältnisse angegeben sind, ist Rücksprache mit dem Arzt zu nehmen.

[2]) Ein Min.Erl. vom 20. Februar 1900 besagt hierzu:

Die Zahl und Art der für die Laboratorien und die Materialstuben der Apotheken erforderlichen Waagen und Gewichte wird in jedem Einzelfalle durch den Umfang des Geschäftsbetriebes bestimmt. Das Vorhandensein von Präzisionswaagen, deren Tragfähigkeit weniger als 1 kg beträgt, kann in diesen Geschäftsräumen nur dann verlangt werden, wenn der Geschäftsbetrieb solche Waagen erforderlich macht.

[3]) Abs. 3 laut Min.Erl. vom 21. Dezember 1926 betr. Einführung der D.A.B. 6 (s. S. 191).

§ 17. Die Giftkammer[1]) soll sich in dem Vorratsraum (§ 16) befinden und eine durchbrochene oder feste Umwehrung haben, welche außer der Zeit der Benutzung stets verschlossen zu halten ist. Sie muß durch Tageslicht gut erhellt und so geräumig sein, daß ein erwachsener Mensch sich zum Abwägen der Gifte frei darin bewegen kann. Die Eingangstür ist an der Außenfläche auf schwarzem Grunde in weißer Schrift mit der Bezeichnung „Gift" oder „Tab. B" oder „Venena" zu versehen.

In der Giftkammer ist der mit dem erforderlichen Arbeitstisch (Dispensierplatte) versehene Giftschrank aufzustellen, dessen Tür in gleicher Weise wie die Eingangstür zur Giftkammer zu bezeichnen und außer der Zeit der Benutzung stets verschlossen zu halten ist. In dem Giftschrank müssen sich die im § 10 erwähnten drei oder vier verschlossenen und an den Türen entsprechend bezeichneten Abteilungen für die Vorräte der sehr vorsichtig aufzubewahrenden Mittel befinden. Die im § 10 bezeichneten Geräte müssen auch hier vorhanden sein.

Wo die Verhältnisse die Anlage der Giftkammer in dem Vorratsraume nicht gestatten, darf ein anderer, sicher und wenn möglich neben dem Vorratsraum belegener, von den Wohnräumen und Wirtschaftsgelassen völlig getrennter Raum dazu benutzt werden.

Sollten vorübergehend größere Mengen zubereiteter Gifte gebraucht werden, so können dieselben in dichten und fest verschlossenen Behältnissen auch außerhalb des Schrankes in der Giftkammer mit den zur Herstellung solcher Giftmischungen dienenden Gefäße usw. aufgestellt werden.

Der Schlüssel zum Giftschrank ist zuverlässig aufzubewahren.

Ist der Bedarf an Gift so gering, daß der gesamte Vorrat in dem Giftbehältnis der Offizin aufbewahrt werden kann, so ist eine besondere Giftkammer nicht erforderlich.

Der Handel mit Giften ist durch die Polizeiverordnungen vom 24. August 1895 und 16. Oktober 1901 geregelt[2]).

§ 18. Ein etwa vorhandener Trockenboden soll fugendicht und sauber gehalten werden.

### 3. Der Arzneikeller[3]).

Vorratsraum für die kühl aufzubewahrenden Mittel.

§ 19. Die kühl zu bewahrenden Arzneimittelvorräte gehören in den

---

[1]) Vgl. hierzu §§ 5—9 der Giftverordnung (s. S. 244).

[2]) Jetzt P.V. vom 22. Februar 1906 (s. S. 243).

[3]) Bei Aufbewahrung feuergefährlicher Stoffe sind die in den Jahren 1925, 1926 und 1927 auf Grund eines von den zuständigen Ministerien im Jahre 1925 aufgestellten Entwurfs in allen Provinzen und in den Reg.-Bezirken der Rheinprovinz gleichlautend erlassenen Polizeiverordnungen über den Verkehr mit Mineralölen und Mineralölmischungen zu beachten. Die wichtigsten Bestimmungen derselben lauten:

**P.V. über den Verkehr mit Mineralölen und Mineralölmischungen.**

Abschnitt I. Allgemeines.

§ 1. Anwendung der Polizeiverordnung.

(1) Diese Polizeiverordnung findet Anwendung auf die Aufbewahrung, Lagerung, Abgabe und Beförderung zu Lande

1. von Rohpetroleum und dessen Destillationsprodukten (leichtsiedenden Ölen), Leuchtölen, leichten Schmierölen) und von flüssigen, aus Steinkohlenteer, Braunkohlenteer, Kohlendestillationsgasen oder Schieferteer bereiteten Kohlenwasserstoffen (Benzol, Solaröl, Photogen, Schieferölen), auch künstlich hergestellten Kohlenwasserstoffen, wenn nicht der Flammpunkt dieser Flüssigkeiten bei einem Barometerstande von 760 mm höher liegt als bei $100^{0}$ C;

Arzneikeller, welcher gepflastert oder zementiert oder asphaltiert oder gedielt, möglichst hell, luftig und trocken sein soll.

---

2. von künstlich hergestellten brennbaren Mischungen der unter Ziff. 1 bezeichneten Flüssigkeiten untereinander und mit anderen brennbaren Flüssigkeiten, jedoch ausgenommen den nach den Bestimmungen der Branntweinsteuer-Befreiungs-Ordnung vergällten Branntwein;
3. von künstlich hergestellten brennbaren, flüssigen (bei + 15° C nicht salbenförmigen oder festen) Mischungen der unter Nr. 1 und 2 bezeichneten Flüssigkeiten mit festen, in den Flüssigkeiten löslichen Stoffen (Harzen, Kautschuk u. dgl.) oder mit gewöhnlichen oder eingedickten Ölen (Leinöl, Firnis, Standöl), sofern die Mischung mehr als 5 vH des Gesamtgewichts an Mineralölen enthält. Ausgenommen sind solche Mischungen, die bei einem Barometerstande von 760 mm einen Flammpunkt von 21° C oder mehr haben, und deren Gehalt an festen, in den Flüssigkeiten löslichen Stoffen mehr als 20 vH des Gesamtgewichts beträgt.
4. von leeren Gefäßen, in denen sich Flüssigkeiten der vorbezeichneten Art befunden haben.

§ 2. Gefahrklassen.

(1) Die im § 1 Abs. (1) aufgeführten Mineralöle werden in drei Gefahrklassen eingeteilt. Sie gehören zur

Gefahrklasse I, wenn sie bei einem Barometerstande von 760 mm und bei einer Erwärmung auf weniger als 21° C entflammbare Dämpfe entwickeln;

Gefahrklasse II, wenn sie solche Dämpfe erst bei einer Erwärmung auf 21 bis 55° C entwickeln;

Gefahrklasse III, wenn sie entflammbare Dämpfe erst bei einer Erwärmung auf mehr als 55° C und unterhalb 100° C entwickeln.

Abschnitt II. Vorschriften für die Gefahrklasse I.

§ 4. Aufbewahrung in Wohnräumen, Gaststuben u. dgl.

(1) In Treppenhäusern und in den damit in offener Verbindung stehenden Zugängen und Räumen sowie in unbewohnten Bodenräumen ist die Aufbewahrung unzulässig.

In Wohn- und Schlafräumen und in Räumen, die mit den Wohn- und Schlafräumen in unmittelbarer, nicht feuersicher abschließbarer Verbindung stehen, sowie in Gast- und Schankstuben dürfen nicht mehr als 3 Liter aufbewahrt werden.

In anderen, zum dauernden Aufenthalt oder zum regelmäßigen Verkehr von Menschen dienenden Räumen dürfen nicht mehr als 20 Liter aufbewahrt werden.

In gewerblichen Arbeitsräumen in Wohnhäusern, auch wenn sie in Bodenräumen sich befinden, dürfen nicht mehr als 30 Liter aufbewahrt werden (vgl. § 16 Abs. (2) und (3)).

(2) Gefäße zur Aufbewahrung größerer Mengen als je 2 Liter müssen aus widerstandsfähigem Blech hergestellt sein; die Nähte müssen, sofern sie nicht durch Nietung, Hartlötung oder Schweißung hergestellt sind, doppelt gefalzt und gelötet sein. Dicht und fest (z. B. durch Schraub- oder Hebelverschlüsse) verschlossene Blechgefäße müssen ein Davysches Sicherheitsdrahtnetz und eine Sicherheitseinrichtung (Federventil, Schmelzplatte oder -pfropfen) haben, die bei Erhitzung der Gefäße diese vor dem Platzen bewahrt.

(3) Das Umfüllen von einem Gefäß in ein anderes darf nicht bei offenem Licht oder Feuer erfolgen. Ist künstliche Beleuchtung erforderlich, so muß sie entweder als Außenbeleuchtung hinter dicht schließenden, nicht öffenbaren Fenstern angeordnet oder als elektrische Innenbeleuchtung schlagwettersicher (entsprechend den Vorschriften des Verbandes deutscher Elektrotechniker für schlagwettergefährliche Grubenräume) ausgeführt werden. Die Verwendung elektrischer Taschenlampen ist zulässig.

§ 5. Lagerung in abgetrennten Räumen und in Geschäftsräumen der Kleinhändler.

(1) In abgetrennten, nicht dem dauernden Aufenthalt oder dem regelmäßigen Verkehr von Menschen dienenden Räumen sowie in den Verkaufsräumen der Kleinhändler dürfen in bruchsicheren Gefäßen nicht mehr als 80 Liter Mineralöle gelagert werden.

Die Lagerräume müssen von den im § 4 Abs. (1) bezeichneten Räumen feuersicher abgeschlossen sein. Jedoch dürfen Verkaufs- oder sonstige zur Lagerung von Mineralölen der Gefahrklasse I dienende Geschäftsräume ausnahmsweise mit Kontoren in Ver-

An gleicher Stelle ist auch, vor Licht geschützt, der tierische Impf-

bindung stehen, wenn sie mit diesen zusammen von den übrigen im § 4 Abs. (1) bezeichneten Räumen und den mit diesen in offener Verbindung stehenden Zugängen und Räumen feuersicher abgeschlossen sind. Werden diese Bedingungen nicht erfüllt, so sind die Mengen auf 30 Liter beschränkt.

(2) Werden die Mineralöle in den im 1. Unterabsatz des Absatzes (1) bezeichneten Räumen in bruchsicheren Gefäßen nur gelagert oder ohne Anbruch verkauft, so darf die Höchstmenge 150 Liter betragen. In dicht verschlossenen Glasgefäßen von höchstens je 1 Liter Inhalt dürfen nicht mehr als insgesamt 20 Liter Mineralöle gelagert werden.

(3) Wegen Beleuchtung beim Umfüllen vgl. § 4 Abs. (3).

### Abschnitt III. Vorschriften für die Gefahrklasse II.

§ 10. Aufbewahrung in Wohnräumen, Gaststuben u. dgl.

(1) In den im § 4 Abs. (1) bezeichneten Räumen dürfen folgende Höchstmengen aufbewahrt werden:

a. sofern es sich um die im Unterabsatz 2 des Absatzes (1) bezeichneten Räume handelt: 35 Liter;

b. sofern es sich um die im Unterabsatz 3 a. a. O. bezeichneten Räume handelt: 70 Liter;

c. sofern es sich um die im Unterabsatz 4 a. a. O. bezeichneten Räume handelt: 140 Liter.

§ 11. Lagerung in abgetrennten Räumen und in Geschäftsräumen der Kleinhändler, sowie auf Höfen, in Schuppen und Kellern.

(1) In abgetrennten, nicht dem dauernden Aufenthalt oder dem regelmäßigen Verkehr von Menschen dienenden Räumen, sowie in den Geschäftsräumen der Kleinhändler dürfen folgende Höchstmengen gelagert werden:

a. in beliebigen Gefäßen: 300 Liter oder

b. in bruchsicheren Gefäßen: 900 Liter.

### Abschnitt V. Allgemeine Bestimmungen über Zusammenlagerung von Mineralölen verschiedener Gefahrklassen miteinander und mit verschiedenen Arten entzündlicher Flüssigkeiten, auch bei verschiedenen Besitzern.

§ 14. Gemischte Lagerung unter Beilagerung leicht entzündlicher Flüssigkeiten.

(1) Werden Mineralöle der Gefahrklasse I mit solchen der Gefahrklassen II und III oder mit anderen leicht entzündlichen Flüssigkeiten mit einem Flammpunkt unter 21°, wie Spiritus, Holzgeist (Methanol, Methylalkohol), Azeton, Schwefeläther (Äthyläther) und Spirituslacken in demselben Raum oder in Räumen, die nicht feuersicher voneinander getrennt sind, zusammen aufbewahrt oder gelagert, so finden — unbeschadet der für die anderen leicht entzündlichen Flüssigkeiten etwa bestehenden Vorschriften — die für die Mineralöle der Gefahrklasse I geltenden Vorschriften mit der Maßgabe Anwendung, daß für jedes Liter der Gefahrklasse I, das hinter dem zugelassenen Höchstbetrage zurückbleibt, 2 Liter der Gefahrklasse II oder 200 Liter der Gefahrklasse III aufbewahrt oder gelagert werden dürfen. Werden nur Mineralöle der Gefahrklassen II und III aufbewahrt oder gelagert, so gelten die Höchstsätze des Abschnitts III mit der Maßgabe, daß für jedes Liter der Gefahrklasse II, das hinter dem zugelassenen Höchstbetrage zurückbleibt, 100 Liter der Gefahrklasse III aufbewahrt oder gelagert werden dürfen. Die vorhandenen anderen leicht entzündlichen Flüssigkeiten werden dabei wie Mineralöle der Gefahrklasse I gerechnet.

Gemischte Lagerung unter Beilagerung auch von anderen brennbaren Flüssigkeiten.

(2) Für die Beilagerung anderer brennbarer Flüssigkeiten mit einem Flammpunkt von 21 Grad und darüber, wozu auch die Mineralöle mit einem Flammpunkt von über 100 Grad gehören, gelten sinngemäß die Bestimmungen des Abs. (1).

Der Polizeiverordnung ist beigegeben eine amtliche Zusammenstellung einiger hauptsächlich im Handel vorkommenden Mineralöle und Mineralölmischungen nach ihrer Zugehörigkeit zu den im § 2 der Polizeiverordnung angegebenen Gefahrklassen. Dieselbe lautet:

Zur Gefahrklasse I werden u. a. gerechnet:

1. Rohpetroleum (Rohnaphtha, Erd- und Steinöl), Petroleumäther, Petroleum-

stoff aufzubewahren. Der Verkehr mit Impfstoff unterliegt den Vorschriften des Erlasses vom 28. Februar 1900[1]).

Auch die Salvarsanpräparate können hier in einem Kästchen aus Holz oder Blech, das die vorschriftsmäßige Bezeichnung „Salvarsanpräparate" in weißer Schrift auf schwarzem Grunde trägt, aufbewahrt werden[2]).

Der Arzneikeller ist in ähnlicher Weise wie die Materialkammer einzurichten, jedoch ist eine Waage nicht erforderlich.

Falls ein Keller wegen Grundwassers oder aus sonstigen triftigen Gründen nicht brauchbar ist, so kann an seiner Stelle ein Gewölbe oder ein großer Wandschrank im Erdgeschoß benutzt werden. Dieser Raum darf so wenig wie der Arzneikeller mit Wirtschaftsräumen oder dem Laboratorium in unmittelbarer Verbindung stehen.

Der Phosphor muß im Arzneikeller, und zwar unter Wasser, in einer mit Glasstöpsel verschlossenen, bezeichneten Flasche, welche in Sand oder Asbest in einer außen lackierten, bezeichneten Eisenblechkapsel steht,

---

benzin, Leichtbenzin zum Waschen und zur Lösung von Fetten, Harzen u. dgl., Leichtbenzin für Treibzwecke und Beleuchtungsanlagen;
2. Benzol, Toluol u. dgl.;
3. manche Isolier- und Tauchlacke, sowie manche mit Leichtbenzin versetzten Benzinlacke, Sikkative, Fußbodenlacke, Lasurlacke u. dgl.

Zur Gefahrklasse II werden u. a. gerechnet:
1. Leucht- und Heizpetroleum und die meisten anderen Leuchtöle, Putzöle (Benzinputzöle), Schwerbenzine zur Herstellung von Lacken u. dgl.;
2. Xylol, Kumol, Solventnaphtha u. dgl.

Zur Gefahrklasse III werden u. a. gerechnet:
1. einige Arten hochsiedender Leuchtöle, manche Solaröle, die meisten Gasöle;
2. mehrere Heizöle, Treiböle, z. B. für Dieselmotoren, sowie schwere Teeröle;
3. hochsiedende Putzöle, Vaselinöle, helle und dunkle Paraffinöle.

[1]) Jetzt Min.Erl. vom 23. Januar 1910 und Bundesratsbeschluß vom 22. März 1917 (s. S. 212ff.).

[2]) Abs. 3 eingefügt durch Min.Erl. vom 4. August 1927. Der Erlaß gibt folgende Erläuterung der Bestimmung über die Aufbewahrung der Salvarsanpräparate:

Hierzu bemerke ich, daß Salvarsanpräparate zu den in der Tabelle B des Deutschen Arzneibuches, 6. Ausgabe 1926, aufgeführten, sehr vorsichtig aufzubewahrenden Mitteln gehören; weiter wird im Artikel „Salvarsanpräparate" des Deutschen Arzneibuches angeordnet: „Salvarsanpräparate sind kühl, aber frostfrei und vor Licht geschützt aufzubewahren."

Diese Bestimmung bezweckt nur, daß Salvarsanpräparate vor einer die normale Zimmertemperatur übersteigenden Wärme (infolge der Einwirkung der Sonne oder infolge der Nähe von Öfen, Heizkörpern oder dgl.) geschützt werden. Nötigenfalls hat jedoch in den Apotheken die Aufbewahrung in geeigneter Weise im Arzneikeller (vgl. § 19 der Apothekenbetriebsordnung) zu erfolgen, wobei aber darauf zu achten ist, daß eine Beschädigung der Salvarsanpackungen durch Feuchtigkeit des Kellers verhindert wird. Im übrigen nehme ich auf den Erlaß vom 12. März 1913 Bezug. Zu den Spezialitäten im Sinne dieses Erlasses gehören auch die Salvarsanpräparate.

Der Min.Erl. vom 12. März 1913 (s. S. 311) bestimmt, daß Spezialitäten, auch wenn sie sehr stark wirkende Stoffe enthalten, nicht im Giftschrank aufbewahrt zu werden brauchen. Der Min.Erl. vom 4. August 1927 will anscheinend folgendes besagen:

1. Die Bestimmungen des D.A.B. 6, der Ap.B.O. und der Giftpolizeiverordnung, wonach die Mittel der Tabelle B bzw. die Gifte der Abteilung 1 im Giftschrank aufzubewahren sind, gelten für Salvarsanpräparate nicht.

2. Ist die Offizin oder der Vorratsraum ausreichend kühl, so können die Salvarsane in diesen Räumen in Schränken oder Schiebekästen ohne äußere Bezeichnung derselben gemeinsam mit anderen Spezialitäten untergebracht werden.

3. Anderenfalls hat die Aufbewahrung in einem entsprechend bezeichneten Kästchen im Arzneikeller zu erfolgen.

aufbewahrt und nebst allen Phosphorzubereitungen[1]) in einer Mauernische, welche mittels einer eisernen oder mit Eisenblech beschlagenen, bezeichneten Tür verschlossen ist oder in einem eisernen Schrank oder in einer anderen, gleich feuersicheren Weise unter Verschluß aufgestellt werden.

§ 20. Wenn besondere Räume zur Aufnahme überschießender Vorräte, welche in den vorhandenen Standgefäßen nicht untergebracht werden können, eingerichtet sind, so müssen dieselben unter Berücksichtigung der Vorschriften über die Absonderung der vorsichtig aufzubewahrenden Mittel bei deutlicher Bezeichnung der Behältnisse ordentlich gehalten werden. Mittel der Tab. B des Arzneibuches dürfen hier niemals Platz finden.

### 4. Das Laboratorium[2]).

§ 21. Das Laboratorium soll nach Größe und Ausstattung dem Ge-

[1]) Die Betriebsordnung verlangt hier die Aufbewahrung aller Phosphorzubereitungen in einer Mauernische des Arzneikellers oder in einem eisernen Schrank oder dgl. Anders die Giftverordnung. Diese kennt zunächst überhaupt keinen Keller und keine Mauernische, sondern nur ein „feuerfestes Behältnis" (§ 7 S. 244). Von der Aufbewahrung in diesem nimmt sie aber Phosphorpillen ausdrücklich aus und verweist diese in die Giftkammer. Man muß annehmen, daß diese Sondervorschrift auch auf Apotheken Anwendung findet und die Ap.B.O. nur arzneiliche Phosphorzubereitungen im Auge hat.

[2]) In dem Apothekenlaboratorium können jederzeit auch chemische Untersuchungen von Nahrungsmitteln, Genußmitteln, Gebrauchsgegenständen oder physiologische Untersuchungen (Harn, Magensaft, Sputum usw.) ausgeführt werden. Bei Ausführung bakteriologischer Arbeiten sind jedoch außer dem Gesetz vom 18. Februar 1927 (s. S. 342) die durch Bk. des Reichskanzlers vom 21. November 1917 veröffentlichten Vorschriften über Krankheitserreger zu berücksichtigen. Diese lauten:

**Vorschriften über Krankheitserreger. Bk. des Reichskanzlers vom 21. November 1917.**

§ 1. Wer mit Material, das die Erreger der Cholera, der Pest, des Rotzes, der Maul- und Klauenseuche oder der Schweinepest enthält, oder mit solchen Erregern selbst arbeiten will, ferner wer derartige Erreger in lebendem Zustand aufbewahren oder abgeben will, bedarf dazu der Erlaubnis der Landeszentralbehörde . . .

§ 2. Wer mit anderen als den im § 1 bezeichneten Erregern von Krankheiten, welche auf Menschen übertragbar sind, oder von Tierkrankheiten, deren Anzeigepflicht, sei es auch nur für einen Teil des Reichsgebietes, eingeführt ist, oder mit Material, welches solche Erreger enthält, arbeiten will, ferner wer derartige Erreger in lebendem Zustand aufbewahren will, bedarf dazu der Erlaubnis der zuständigen Polizeibehörde desjenigen Ortes, in welchem der Arbeits- oder Aufbewahrungsraum liegt. Die Erlaubnis darf nur für bestimmte Räume und nur nach Ausweis der erforderlichen wissenschaftlichen Ausbildung erteilt werden.

Auf Ärzte und Tierärzte finden die Vorschriften in Abs. 1, soweit nicht die Landesregierungen anderes bestimmen, mit der Einschränkung Anwendung, daß sie der Polizeibehörde nur eine Anzeige von ihrem Vorhaben unter Angabe des Raumes nach Lage und Beschaffenheit zu erstatten und später jeden Wechsel des Raumes in gleicher Weise anzuzeigen haben.

Weder der Erlaubnis noch der Anzeige bedarf es, wenn die Arbeit und die Aufbewahrung a. in öffentlichen Krankenhäusern, welche mit den zur Verhinderung einer Verschleppung von Krankheitskeimen erforderlichen Einrichtungen versehen sind, oder b. in staatlichen, staatlich beaufsichtigten oder kommunalen Anstalten, welche zu einschlägigem Fachunterrichte dienen oder behufs Bekämpfung der Infektionskrankheiten zur Vornahme von Untersuchungen oder zur Herstellung von Schutz- oder Heilstoffen bestimmt sind, oder c. vom behandelnden Arzt oder Tierarzt zu ausschließlich diagnostischen Zwecken in seiner Praxis bis zur Feststellung der Krankheitsart vorgenommen werden.

§ 3. Wer lebende Kulturen von dem in § 2 Abs. 1 bezeichneten Krankheitserregern oder Material, welches solche Erreger enthält, feilhalten oder verkaufen will, bedarf dazu der Erlaubnis der zuständigen Polizeibehörde desjenigen Ortes, in welchem das Geschäft betrieben wird. Die Erlaubnis darf nur für bestimmte Räume und nur an zuverlässige

Personen erteilt werden. Auf den Handel mit Kuhpockenlymphe durch die Apotheken finden die vorstehenden Vorschriften keine Anwendung.

Der Händler hat sich vor der Abgabe von Kulturen oder Material von dem Erwerber den Nachweis erbringen zu lassen, daß dieser die im § 2 Abs. 1 vorgeschriebene polizeiliche Erlaubnis zum Arbeiten mit Krankheitserregern oder zur Aufbewahrung von solchen erhalten hat, oder daß er einer solchen Erlaubnis im Hinblick auf Abs. 1 Satz 3 sowie auf § 2 Abs. 2 oder Abs. 3a und b nicht bedarf. Über die erfolgte Abgabe von Kulturen oder Material hat der Händler ein Verzeichnis zu führen, in das die Art der Krankheitserreger oder des Materials, der Tag der Abgabe, der Name und die Wohnung des Erwerbers sowie des etwaigen Überbringers, ferner Näheres über die Art des erbrachten Nachweises sofort nach der Verabfolgung vom Abgebenden selbst einzutragen sind, und zwar stets in unmittelbarem Anschluß an die nächst vorhergehende Eintragung. Das Verzeichnis ist drei Jahre lang nach Abschluß aufzubewahren.

§ 4. Wer eine Tätigkeit der im § 1 Abs. 1, § 2 Abs. 1 und § 3 Abs. 1 bezeichneten Art in dem dafür genehmigten Raume einer anderen Person gestattet oder aufträgt, hat dies der zuständigen Polizeibehörde (§ 2 Abs. 1 und § 3 Abs. 1) unter Angabe des Raumes sowie der Wohnung, des Berufes, des Vor- und Zunamens dieser Person sofort anzuzeigen. Diese Bestimmung findet auf Leiter der im § 2 Abs. 3 bezeichneten öffentlichen Krankenhäuser, staatlichen, staatlich beaufsichtigten und kommunalen Anstalten keine Anwendung. Die sich für die andere Person aus den Bestimmungen in §§ 1—3 ergebenden Pflichten bleiben unberührt. Im Falle eines Wechsels des Raumes darf der neue Raum erst nach Einholung der gemäß § 1 Abs. 1, § 2 Abs. 1 und § 3 Abs. 1 erforderlichen Erlaubnis benutzt werden.

§ 5. Die im § 1 Abs. 1, § 2 Abs. 1 und § 3 Abs. 1 bezeichnete Tätigkeit, sowie die nach § 4 gestattete oder aufgetragene Ausübung solcher Tätigkeit durch andere ist einzustellen, wenn die Erlaubnis der Landeszentralbehörde oder Polizeibehörde zurückgenommen oder wenn die Tätigkeit von der zuständigen Behörde untersagt wird.

Für den Verkehr mit Viehseuchenerregern und für ihre Aufbewahrung sowie für die bei der Ausführung wissenschaftlicher Arbeiten mit solchen Erregern zu beobachtenden Vorsichtsmaßregeln gilt laut Bundesratsbeschluß vom 28. Februar 1918 (Bk. des Reichskanzlers vom gleichen Tage) die Bekanntmachung des Reichskanzlers, betr. Vorschriften über Krankheitserreger, vom 21. November 1917.

Ferner ergingen hierzu folgende preuß. Bestimmungen:

**Min.Erl. betr. mikroskopische Untersuchung tuberkulösen Auswurfs in Apotheken. Vom 18. Januar 1918.**

Grundsätzlich muß daran festgehalten werden, daß die Untersuchung tuberkulösen Auswurfes mit der in schwierigeren Fällen nötigen Gründlichkeit nur in gut eingerichteten und ärztlich geleiteten bakteriologischen Laboratorien ausgeführt werden kann und daher ohne Zweifel zu den Aufgaben der Medizinaluntersuchungsämter und der sonstigen amtlichen Untersuchungsanstalten gehört. In Anbetracht jedoch der großen Zahl solcher Untersuchungen und der weiten Entfernung mancher Orte von dem Sitze der zuständigen Untersuchungsanstalt kann ausnahmsweise das Bedürfnis hervortreten, die mikroskopische Untersuchung tuberkulösen Auswurfes auch in einer geeigneten Apotheke vornehmen zu lassen.

Da es sich jedoch bei diesen Untersuchungen um ein Arbeiten mit Material, das Krankheitserreger enthält, im Sinne des § 2 der Bekanntmachung des Herrn Reichskanzlers, betreffend Vorschriften über Krankheitserreger, vom 21. November 1917 handelt, so bedarf ein Apotheker, der solche Untersuchungen vorzunehmen beabsichtigt, dazu der Erlaubnis der zuständigen Polizeibehörde.

Vor der Erteilung dieser Erlaubnis wird jedesmal zu prüfen sein, ob der Nachweis erbracht ist, daß 1. ein Bedürfnis für die Ausführung dieser Untersuchungen in der Apotheke vorliegt; hierfür kann auch die Zahl der bisher schon ausgeführten Untersuchungen mit in Betracht gezogen werden, 2. derjenige, der diese Untersuchungen ausführen will, die hierzu nötigen Kenntnisse und Fertigkeit besitzt (s. auch § 4 a. a. O.), 3. die Untersuchungen in einem Raume vorgenommen werden, der von den dem eigentlichen Apothekenbetriebe dienenden Räumen sicher getrennt ist, und 4. dieser Raum mit den nötigen Einrichtungen zur Desinfektion sowohl der Hände des Untersuchenden als auch der zu den Untersuchungen benutzten Glassachen und Instrumente versehen ist. Die Erlaubnis ist nur unter der Bedingung jederzeitigen Widerrufes zu erteilen.

Eine Verpflichtung für Ärzte und Tierärzte zur Anzeige solcher Untersuchungen kommt nur dann in Frage, wenn sie die Untersuchungen nicht lediglich zu diagnostischen Zwecken in der eigenen Praxis ausführen (§ 2 Abs. 3c a. a. O.).

**Bk. des Berliner Polizeipräsidenten betr. Ausführung bakteriologischer und Blutuntersuchungen in Apotheken. Vom 25. Januar 1926.**

In verschiedenen Apotheken werden Blutuntersuchungen nach Wassermann, Arbeiten mit Krankheitserregern, insbesondere Sputumuntersuchungen, die fast sämtlich nur bakteriologischer Art sein können, auf Firmenschildern, Geschäftspapieren usw. angekündigt oder auch ausgeführt, ohne daß die erforderliche Genehmigung für diese Untersuchungen erteilt ist. Ich nehme daher Veranlassung, im folgenden auf die hierüber bestehenden Vorschriften hinzuweisen:

a. Blutuntersuchungen nach Wassermann:

Gesuche von Nichtärzten auf Neuzulassung zur Ausführung der Wassermannschen Reaktion sind laut Min.Erl. vom 4. Oktober 1920 und vom 2. Juli 1921 grundsätzlich nicht mehr zu genehmigen. Auch diejenigen Nichtärzte, die bis zum Erlaß der bezeichneten Bestimmungen schon Wassermannsche Reaktion ausgeführt haben, bedürfen besonderer Genehmigung, deren Erteilung sich der Herr Minister für Volkswohlfahrt selbst vorbehalten hat.

b. Bakteriologische Untersuchungen von Sputum, Harn usw.:

Ein Apotheker, der mit Tuberkelbazillen, Gonokokken und anderen Krankheitserregern arbeiten will — dazu gehört auch die Untersuchung von Material auf das Vorhandensein dieser Krankheitserreger —, bedarf nach § 2 der Bekanntmachung betr. Vorschriften über das Arbeiten und den Verkehr mit Krankheitserregern vom 21. November 1917 der Erlaubnis der zuständigen Polizeibehörde desjenigen Ortes, in welchem der Arbeits- oder Aufbewahrungsraum liegt.

Ferner hat der Herr Minister für Volkswohlfahrt durch den Erlaß vom 18. Januar 1918 in Anbetracht der Tatsache, daß die Untersuchung tuberkulösen Auswurfes mit der in schwierigen Fällen nötigen Gründlichkeit nur in gut eingerichteten und ärztlich geleiteten bakteriologischen Laboratorien ausgeführt werden kann und daher ohne Zweifel zu den Aufgaben der Medizinaluntersuchungsämter oder sonstigen amtlichen Untersuchungsanstalten gehört, darauf aufmerksam gemacht, daß die mikroskopische Untersuchung tuberkulösen Auswurfs in einer geeigneten Apotheke unter der Bedingung jederzeitigen Widerrufs in Zukunft nur dann zugelassen werden kann, wenn ausnahmsweise ein besonderes Bedürfnis für die Ausführung dieser Untersuchung in der Apotheke selbst bestehen sollte; Voraussetzung für die Genehmigung ist ferner, daß derjenige, der diese Untersuchungen ausführen will, die hierzu nötigen Kenntnisse und Fähigkeiten gemäß § 4 der Bekanntmachung vom 21. November 1917 besitzt, ferner, daß die Untersuchung in einem Raume vorgenommen wird, der von dem dem eigentlichen Apothekenbetrieb dienenden Raum sicher getrennt ist, und daß dieser Raum mit den nötigen Einrichtungen zur Desinfektion sowohl der Hände des Untersuchenden als auch der zu den Untersuchungen benutzten Gläschen und Instrumente versehen ist. Auch auf die Untersuchungen verdächtigen Materials auf andere Krankheitserreger muß dieser Min.Erl. Anwendung finden.

Diejenigen Apotheken, bei denen entsprechende Genehmigungen nicht erteilt sind, dürfen daher Ankündigungen der bezeichneten Art auf Firmenschildern, Geschäftspapieren usw. nicht weiter führen. In Übereinstimmung mit der Ansicht der Apothekerkammer sind diese Ankündigungen auch dann als unzulässig anzusehen, falls die Arbeiten mit Krankheitserregern nicht in der Apotheke selbst ausgeführt, sondern das Material nur angenommen und anderen Instituten überwiesen wird.

Die im Interesse einer sicheren ärztlichen Diagnose infektiöser Krankheiten erforderlichen bakteriologischen Untersuchungen krankheitsverdächtigen Materials werden fast ausschließlich in bestimmten staatlichen oder städtischen bakteriologischen Untersuchungsanstalten vorgenommen. Die Apotheker haben sich aber auf Ersuchen größtenteils zur unentgeltlichen Lagerung und Abgabe der dabei benötigten Versandgefäße bereit erklärt. Hierüber erging folgender

**Min.Erl. betr. die Versandgefäße für das bakteriologische Untersuchungsmaterial. Vom 19. Juni 1907.**

Nachdem sich die weitaus größere Mehrzahl der Apothekenbesitzer in anerkennenswerter Weise damit einverstanden erklärt hat, eine Anzahl der Versandgefäße in den schäftsbetrieb entsprechen, hell und leicht lüftbar, feuersicher, am Fußboden wasserdicht und mit feuerfester Decke versehen sein[1]).

---

Apotheken unentgeltlich zu lagern und auf Verlangen an Medizinalbeamte und Ärzte abzugeben, ersuche ich ergebenst, demnächst die Verteilung der Gefäße auf die einzelnen Apotheken und die Untersuchungsanstalt gefälligst vorzunehmen und das weiter Erforderliche wegen der Bekanntgabe dieser Maßnahme, auch an Ärzte, zu veranlassen.

Der Verteilung der Gefäße an die einzelnen Regierungsbezirke ist die Zahl der in denselben vorhandenen Apotheken zugrunde gelegt, und dabei sind für jede derselben je fünf Gefäße für Diphtherie und Typhus, je drei für Genickstarre und Tuberkulose und je zwei für Ruhr bestimmt worden. Vor der Abgabe der Gefäße sind die dazugehörigen Briefumschläge mit dem Ablösungsstempel und dem Dienstsiegel zu versehen.

Bei den Apothekern ist für die Folge seitens der Revisoren darauf zu sehen und nötigenfalls in geeigneter Weise darauf hinzuwirken, daß die Versandgefäße zweckmäßig und jederzeit leicht erreichbar gelagert werden. Ich bemerke indessen, daß ein Zwang auf die Apothekenbesitzer dieserhalb nicht ausgeübt werden kann, da es sich um eine freiwillig übernommene Leistung handelt, für welche keine Entschädigung gewährt wird.

In einem weiteren hierzu ergangenen Min.Erl. vom 29. Mai 1908 wird bemerkt, daß den Apothekenbesitzern weder durch die Bestellung noch durch die Zusendung der Gefäße irgendwelche Kosten erwachsen dürfen. Ferner wird den Apothekenbesitzern, bei welchen Versandgefäße lagern, empfohlen, auf den Briefumschlägen die Firma ihrer Apotheke anzugeben, damit die Untersuchungsstelle stets weiß, woher das Versandgefäß entnommen worden ist.

In einem Min.Erl. vom 31. Dezember 1921 werden die Behörden ersucht, „mit allem Nachdruck und größter Beschleunigung dafür zu sorgen, daß die Apotheken und sonstigen Stellen, die Versandgefäße an die Ärzte usw. abgeben, nur Briefhüllen mit Markenwerten im jetzt erforderlichen Betrage vorrätig halten".

Durch Min.Erl. vom 29. November 1922 wurde angeordnet,

daß vom 1. Januar 1923 ab die Apotheken die fraglichen Versandgefäße nur noch auf schriftliche ärztliche Anweisung abgeben, und daß sie von den zuständigen Untersuchungsämtern in der Regel — Epidemiezeiten und Verluste durch Bruch sind angemessen zu berücksichtigen — nur so viele Gefäße ersetzt erhalten, als durch die einzureichenden ärztlichen Anweisungen als verausgabt nachgewiesen werden.

Ein Min.Erl. vom 23. Dezember 1924 hielt diese Bestimmung ausdrücklich aufrecht. Hierzu gab dann der Berliner Polizeipräsident unter dem 3. März 1926 folgendes bekannt:

Der Herr Minister für Volkswohlfahrt hat sich durch Erlaß vom 15. Januar 1926 widerruflich damit einverstanden erklärt, daß die Gefäße zur Versendung bakteriologischen Untersuchungsmaterials an die Apotheken in Groß-Berlin auch ohne Vorlage ärztlicher Ausgabenanweisungen abgegeben werden. Zwecks Vermeidung unberechtigter Gefäßentnahmen muß es jedoch bei der Bestimmung, daß die Apotheken die fraglichen Versandgefäße an die Bevölkerung nur auf schriftliche ärztliche Anweisung aushändigen dürfen, verbleiben.

[1]) Über die feuersichere Anlegung des Laboratoriums erging nachstehender Min.Erl. vom 22. Juni 1894:

Der § 21 des Erlasses vom 16. Dezember 1893, die Einrichtung durch den Betrieb der Apotheken betreffend, macht einen Unterschied zwischen feuersicher und feuerfest, indem er vorschreibt, daß das Laboratorium überhaupt feuersicher, die Decke aber feuerfest sein soll. Danach genügt es, daß in den Wänden etwa vorhandene Holzteile berohrt und mit einer 2 cm starken Kalk- oder Zementschicht überputzt sind. Dagegen muß von einer feuerfesten Decke verlangt werden, daß sie entweder ganz gemauert, also gewölbt oder durch einen Mantel von Wellblech geschützt sei, welcher letztere an den Deckenteilen befestigt sein kann.

Mit Rücksicht jedoch darauf, daß explosive oder feuergefährliche Stoffe in den Apothekerlaboratorien heutzutage kaum noch zur Verarbeitung gelangen, will ich es bei den bestehenden Apotheken als genügend ansehen, wenn die Decke keine freien

Dasselbe soll mindestens mit einer kleinen Dampfkoch- und Dampfdestillationsvorrichtung[1]) nebst erforderlichen Ausrüstungsgegenständen einer Einrichtung für freie Feuerung und einem Trockenschrank sowie mit den erforderlichen Waagen und Gewichten ausgestattet sein. Falls in der Apotheke Extrakte hergestellt werden, muß ein Apparat für das Eindampfen im luftverdünnten Raume vorhanden sein[2]).

Mit Genehmigung des Regierungspräsidenten kann der Trockenschrank auch an einem anderen Ort aufgestellt werden, muß dann aber verschließbar sein und den sonstigen Vorschriften entsprechen.

Eine Presse mit Zinn- oder verzinnten Einsätzen (Platten) sowie ein mit Luftlöchern versehenes Schränkchen zur Aufbewahrung der Kolier- und Preßtücher ist hier oder an einem benachbarten anderen Ort sachgemäß aufzustellen. Die Kolier- und Preßtücher (Beutel) sind, soweit erforderlich, zu bezeichnen.

Folgende Geräte[3]) müssen nebst dem erforderlichen Zubehör vorhanden sein und sind in den Geschäftsräumen sachgemäß aufzubewahren:

ein Meßkolben zu 1 Liter,
ein Meßkolben zu 500 ccm,
ein Meßkolben zu 100 ccm,

---

Holzteile zeigt, sondern wenn diese, soweit sie vorhanden sind, in der vorgedachten Weise durch eine Kalk- oder Gipsschicht von mindestens 2 cm Stärke bekleidet sind.

Bei Neuanlagen von Laboratorien aber muß es jedenfalls bei der Forderung einer feuerfesten Decke verbleiben.

[1]) Für die Anlegung und den Betrieb von Dampfkesseln sind nach einem Bescheid des preuß. Ministeriums für Handel und Gewerbe vom 1. Oktober 1926 z. Z. die nachstehenden Bestimmungen maßgebend:

1. §§ 24 und 25 der Reichsgewerbeordnung (Genehmigungspflicht).
2. Bk. des Reichskanzlers, betr. allgemeine polizeiliche Bestimmungen über die Anlegung von Landdampfkesseln, vom 17. Dezember 1908 nebst Nachträgen vom 2. März 1912, 14. Dezember 1913 und 15. August 1914.
3. Preußisches Gesetz, betr. den Betrieb der Dampfkessel vom 2. Mai 1872.
4. Anweisung des preußischen Ministers für Handel und Gewerbe, betr. die Genehmigung und Untersuchung der Dampfkessel, vom 16. Dezember 1909.

Durch diese Bestimmungen sind die Min.Erlasse vom 10. Dezember 1881, 16. Januar 1894 und 14. April 1898 außer Kraft gesetzt. Bestehen geblieben ist lediglich die im Erlaß vom 16. Januar 1894 zugelassene Ausnahme, daß bei Apothekerkesseln bis zu 60 Liter Inhalt von einem Standrohre gänzlich abgesehen werden und an seine Stelle ein direkt belastetes Sicherheitsventil treten darf.

Neuerdings sind einzelne Landesfinanzämter dazu übergegangen, den Zollämtern die Überwachung der Destillierapparate in den Apotheken gemäß § 279 der Brennereiordnung vorzuschreiben und somit die Apotheker zur An- und Abmeldung jeder Destillation zu zwingen. Dazu hat der Präsident des Landesfinanzamts Brandenburg unter dem 19. September 1925 eine Verfügung erlassen, in der es heißt:

Ferner ordne ich gemäß § 279 der Brennereiordnung an, daß auch die in Apotheken ausschließlich zum Apothekenbetriebe dienenden Brennvorrichtungen anzumelden und amtlich zu überwachen sind. Ich ermächtige die Hauptzollämter jedoch, von der Überwachung abzusehen, wenn eine Gefährdung des Monopolaufkommens durch mißbräuchliche Verwendung der Brennvorrichtung nicht zu befürchten ist, was z. B. bei ganz kleinen Vorrichtungen der Fall sein wird. Insbesondere muß vermieden werden, daß durch die Überwachungsmaßnahmen der Brennvorrichtungen in Apotheken die Versorgung der Kranken gefährdet wird.

[2]) Vgl. hierzu Ziffer I, 4 der preuß. Einführungsverordnung zum D.A.B. 6 (s. S. 191).

[3]) Vgl. hierzu Ziffer II, 2 und 3 der preuß. Einführungsverordnung zum D.A.B. 6 (s. S. 192).

ein Meßkolben zu 50 ccm,
ein Kassiakölbchen von 100 ccm Inhalt (nach Ziffer 15 der allgemeinen Bestimmungen des Arzneibuches),
ein Azetylierungskölbchen (nach Ziffer 15 der allgemeinen Bestimmungen a. a. O.),
je eine Vollpipette von 5, 10, 20, 25, 30 und 50 ccm,
je eine Meßpipette von 5 und 10 ccm Inhalt, in $^1/_{10}$ ccm abgeteilt,
zwei Büretten von 25 bis 50 ccm Inhalt, in $^1/_{10}$ ccm abgeteilt, mit Glasverschluß,
eine Feinbürette von 10 ccm Inhalt, in $^1/_{50}$ ccm abgeteilt, mit Glasverschluß (nach Ziffer 22 Abs. 3d der allgemeinen Bestimmungen),
je ein Scheidetrichter von 200 und 500 ccm Inhalt, sowie je einer von 1000 und 2000 ccm Inhalt, sofern in der Apotheke Opium concentratum hergestellt wird,
je ein Glaszylinder mit eingeriebenem Glasstopfen von 100, 200 und 300 ccm Inhalt, in $^1/_1$ ccm abgeteilt,
ein Glaszylinder mit eingeriebenem Glasstopfen von 50 ccm Inhalt, in $^1/_1$ ccm abgeteilt (die Gradeinteilung muß 14 cm lang sein),
ein Glaszylinder mit eingeriebenem Glasstopfen von 25 ccm Inhalt, in 0,1 ccm abgeteilt,
ein Kolben mit eingeriebenem Glasstopfen von etwa 100 ccm Inhalt,
zwei Glasflaschen mit eingeriebenem Glasstopfen von etwa 200 ccm Inhalt (Jodzahlkolben),
mehrere Siedekolben, darunter ein Kolben aus Jenaer Glas, sowie mehrere Bechergläser verschiedener Größe,
mehrere Glasschälchen, darunter mindestens ein zylindrisch geformtes von 4 cm Durchmesser und 2 cm Höhe,
mehrere Porzellanschalen verschiedener Größe,
mehrere Trichter verschiedener Größe,
zehn Probierrohre von 15 mm Weite,
mehrere Uhrgläser mit Klemme,
mehrere Porzellantiegel verschiedener Größe,
ein Glaskühler, etwa 55 cm lang, dessen Mantel etwa 22 cm lang ist,
mehrere Glasrohre aus Kaliglas, mindestens 75 cm lang und ungefähr 5 mm weit,
mehrere Glasstäbe,
ein Platindraht und ein Platinblech,
ein Kupferblech,
ein Siedethermometer, amtlich geprüft und beglaubigt,
eine Einrichtung zur Bestimmung des Schmelzpunktes (vgl. Ziffer 27a der allgemeinen Bestimmungen a. a. O.),
eine Einrichtung zur Bestimmung des Siedepunktes und der Alkoholzahl (vgl. Ziffer 27a und 29b der allgemeinen Bestimmungen a. a. O.),
eine Waage zur Bestimmung des spezifischen Gewichts und für feinere Wägungen, die bei 100 g Belastung noch 0,001 g erkennen läßt,
ein Exsikkator,
ein Perkolator,
ein Mikroskop, das eine mindestens 350fache Linearvergrößerung leistet und mit einem Okularmikrometer ausgestattet ist,
eine Lupe mit 6facher Linearvergrößerung.

Die im Deutschen Arzneibuch vorgeschriebenen, zur Prüfung der Arzneimittel erforderlichen Reagenzien, volumetrischen Lösungen und Indikatoren, soweit die Herstellung nicht bei Bedarf erfolgt, müssen vorrätig gehalten und in den Apothekenräumen aufbewahrt werden[1]). Besondere Standgefäße sind für solche Reagenzien nicht erforderlich, die bereits als Arzneimittel vorhanden sind.

Die Reagenzien und volumetrischen Lösungen für ärztliche Untersuchungen (Anlage III[2]) des Arzneibuchs) brauchen nicht vorrätig gehalten zu werden.

### 5. Die Stoßkammer[3]).

§ 22. Zum Zerkleinern der Arzneimittel dient ein besonderer, heller Raum, in welchem außer einem Arbeitstisch die erforderlichen Werkzeuge (Metallmörser, Wiege-, Schneide- oder Stampfmesser mit Brett oder Kasten u. dgl.) ihren Platz finden.

Die im Arzneibuch geforderten Siebe[4]) sind, mit den vorgeschriebenen Nummern versehen, an geeignetem Platz, gegen Verunreinigung geschützt, aufzubewahren.

Siebe für stark wirkende und stark riechende Mittel sind entsprechend zu bezeichnen[5]).

§ 23. Alle Nebenräume, mit Ausnahme der in den §§ 18 und 20 erwähnten sind mit einem Arbeitstisch auszustatten; sie sind außer der Zeit der Benutzung tunlichst verschlossen zu halten.

§ 24. Sämtliche Waagen in der Offizin wie in den Nebenräumen von 1 kg Tragfähigkeit abwärts müssen ebenso wie sämtliche Gewichte von 500 g abwärts präzisiert sein und den Bestimmungen der Eichordnung für das Deutsche Reich vom 27. Dezember 1884, der Bekanntmachung vom 27. Juli 1885 und der Bekanntmachung über die Prüfung der Waagen und Gewichte in den Apotheken vom 10. Juli 1895 entsprechen[6]).

---

[1]) Vgl. hierzu Ziffer II, 5 der preuß. Einführungsverordnung zum D.A.B. 6 (s. S. 192).

Über die Aufbewahrung von Reagenzien im Apothekenlaboratorium besagt eine Verfügung des Regierungspräsidenten in Stettin vom 23. Juli 1908 folgendes:

Auf Ihre Eingabe vom 28. Juni 1908 erwidere ich Ihnen ergebenst, daß die Aufbewahrung von starken Giften, wie z. B. Acid. arsenic., Brucin, Hydr. bichlorat., in einem unverschlossenen Reagenzienschrank des Laboratoriums nicht gestattet werden kann. Die Gifte gehören bestimmungsgemäß in den Giftschrank und sind dort in weiß auf schwarz bezeichneten Gefäßen aufzubewahren. Es kann jedoch nachgegeben werden, daß diejenigen giftigen Reagenzien, welche als gebrauchsfertige Lösungen zur Untersuchung der Arzneimittel vorrätig zu halten sind, z. B. Hydrarg. bichlor. 1 + 19, Liqu. Hydr. bichlor. spir. volum., in Mengen, welche dem wirklichen Bedarf entsprechen, gemeinsam mit den übrigen Reagenzien und ebenso wie diese bezeichnet im Reagenzienschrank aufbewahrt werden.

[2]) Jetzt Anlage IV.

[3]) Mit der Stoßkammer befaßt sich ein Min.Erl. vom 31. Dezember 1924.

Die Apothekenbetriebsordnung vom 18. Februar 1902 ist hinsichtlich der für die Stoßkammer geltenden Bestimmungen bisher nicht geändert worden. Ich habe mich jedoch gelegentlich damit einverstanden erklärt, daß ausnahmsweise bei neu eröffneten Apotheken da, wo die Einrichtung der Stoßkammer wegen Raummangels zur Zeit unmöglich ist, vorübergehend noch Erleichterungen gewährt werden.

[4]) Die Verwendung von Sieben aus Kupfer-, Messing- oder Bronzedraht ist nicht gestattet (Min.Erl. vom 15. Dezember 1910).

[5]) Dieser Satz ist nach einem Min.-Bescheid vom Jahre 1899 dahin zu verstehen, daß, sobald sich das Bedürfnis für den Gebrauch eines Siebes für stark wirkende Mittel in der Apotheke ergibt, ein solches zu beschaffen und entsprechend zu bezeichnen ist.

[6]) Das Maß- und Gewichtswesen ist jetzt durch neuere reichsgesetzliche Bestimmungen geregelt. Siehe darüber S. 78 ff.

Alle zwei Jahre sind sämtliche in der Offizin und den Nebenräumen in Gebrauch befindlichen Waagen und Gewichte dem nächstliegenden Eichungsamt zur Prüfung vorzulegen. Handelswaagen und Handelsgewichte dürfen auch dem nächstliegenden Gemeindeeichungsamt zur Nacheichung vorgelegt werden[1]).

Damit die Frist von zwei Jahren möglichst innegehalten wird, soll die Vorlegung alle zwei Jahre in demselben Halbjahr stattfinden, in welchem die erste Vorlegung stattgefunden hat.

Der Nachweis der erfolgten Vorlegung wird durch die darüber von dem Eichungsamt auszustellende Bescheinigung geführt.

§ 25. Die Vorschriften der §§ 8, 9, 11, 13, 14 und 15 gelten auch für die Vorratsräume. Ausgenommen sind die im § 14 für Jodoformium getroffenen Bestimmungen.

§ 26. In jeder Apotheke müssen vorhanden sein[2]):

das Arzneibuch für das Deutsche Reich[3]),

die Arzneitaxe[4]),

die reichs- und landesgestzlichen sowie die reglementarischen Bestimmungen über das Apothekenwesen[5]),

die in einem Aktenheft vereinigten auf die Apotheke bezüglichen behördlichen Verfügungen[6]) in Druckexemplaren oder Originalen nach dem Datum geordnet und der Bescheid über die letzte amtliche Besichtigung.

ein Giftverkaufsbuch nebst Belegen (Giftscheinen)[7]),

wissenschaftliche Bücher für die Fortbildung der Gehilfen und zur Ausbildung von Lehrlingen,

eine Pflanzensammlung oder ein Werk mit guten Abbildungen von Pflanzen und Pflanzenteilen.

Vorstehend bezeichnete Bücher usw. und die Urkunden über die Befähigung, Betriebs- und Besitzberechtigung, sowie das Arbeitstagebuch (Elaborationsbuch), das Buch mit den Eintragungen über den Empfang und die Abgabe von tierischem Impfstoff[8]) und die vorhandenen Rezepte[9]) sind bei Besichtigungen auf Erfordern vorzulegen.

---

[1]) Die Gemeindeeichungsämter sind in Preußen laut Min.Erl. vom 26. März 1912 aufgehoben.

[2]) Die Bestimmung wiederholt sich im § 15 der Anweisung für die amtliche Besichtigung der Apotheken (s. S. 370).

[3]) Seit 1. Januar 1927 gilt die sechste Ausgabe des Deutschen Arzneibuchs (s. S. 187).

[4]) Die näheren Bestimmungen über die Arzneitaxe s. S. 193ff.

[5]) Nach dem Revisionsschema werden verlangt: Die revidierte Apothekerordnung, die auf die Apotheke bezüglichen, ordnungsmäßig gehefteten neuesten behördlichen Verfügungen nebst den Besichtigungsbescheiden.

[6]) Die Akten sollen mit der Konzessionsurkunde beginnen. Bei Übermittlung derselben wird den Empfängern derselben von den Reg.-Präsidenten in der Regel folgendes aufgegeben:

Mit dieser Verfügung beginnend, wollen Sie über die Apotheke Akten anlegen und diese zwecks jedesmaliger Vorlegung bei späteren Revisionen ordnungsmäßig fortführen und verwahren.

[7]) Siehe S. 246ff.

[8]) Ein Schema zu diesem Buche ist in den zugehörigen Bestimmungen (s. S. 214) angegeben. Zu den hier genannten Geschäftsbüchern kommt noch für Apotheken, in denen Wein verkauft wird, das in § 19 des Weingesetzes vorgeschriebene Weinbuch (s. S. 165 und 168ff.).

[9]) Die Bestimmung, daß auch die vorhandenen Rezepte vorgelegt werden sollen, steht mit dem § 35 der Betriebsordnung in Widerspruch (vgl. Fußnote 4 auf S. 370).

## B. Betrieb.

§ 27. In jeder Apotheke müssen die im Arzneiverzeichnis (Series Medicaminum)[1]) mit einem * bezeichneten Mittel[2]) stets vor-

[1]) Über das Verzeichnis der Arzneimittel nach dem Deutschen Arzneibuch erging folgender Min.Erl. vom 4. Juni 1927:

Unter Hinweis auf § 367 Ziffer 5 des Strafgesetzbuchs sowie unter Bezugnahme auf § 27 der Apothekenbetriebsordnung vom 18. Februar 1902 ordne ich mit Wirkung vom 1. September 1927 an:

1. Das Verzeichnis der Arzneimittel nach dem Deutschen Arzneibuch, 6. Ausgabe 1926 (Series medicaminum), tritt an die Stelle des bisher in Geltung befindlichen Verzeichnisses.
2. In jeder Voll- und Zweigapotheke des preußischen Staatsgebietes muß ein Verzeichnis der Arzneimittel nach dem Deutschen Arzneibuch, 6. Ausgabe 1926, vorhanden sein.
3. Die in dem genannten Verzeichnis mit einem Stern (*) bezeichneten Mittel sind in jeder Voll- und Zweigapotheke vorrätig zu halten, und zwar kann bei Mitteln, die sich auch unter wortgeschütztem Namen im Verkehr befinden, entweder dieses Erzeugnis oder ein anderes vorrätig gehalten werden, gegebenenfalls auch in fertiger, zur Abgabe an das Publikum bestimmter Packung (z. B. auch in Form abgepackter Tabletten).

Das Verzeichnis der Arzneimittel nach dem Deutschen Arzneibuch, 6. Ausgabe 1926, ist im Verlage von Julius Springer in Berlin erschienen und kann zum Preise von 60 Reichspfennig durch den Buchhandel bezogen werden.

[2]) Die im „Verzeichnis der Arzneimittel nach dem Deutschen Arzneibuch 6. Ausgabe 1926 (Series medicaminum), herausgegeben vom Preußischen Ministerium für Volkswohlfahrt", mit einem Stern bezeichneten Mittel sind folgende:

Acidum aceticum dilutum.
— acetylosalicylicum.
— arsenicosum.
— benzoicum.
— boricum.
— hydrochloricum.
— nitricum.
— phenylaethylbarbituricum.
— salicylicum.
— tartaricum.
Adeps Lanae anhydricus.
— suillus.
Aether.
— pro narcosi.
Aloe.
Alumen.
Ammonium chloratum.
Aqua Amygdalarum amararum.
— Calcariae.
— destillata.
Argentum nitricum.
Atropinum sulfuricum.
Balsanum peruvianum.
Bismutum subgallicum.
— subnitricum.
Calcium sulfuricum ustum.
Camphora.
Carbo medicinalis.
Cera flava.
Chininum hydrochloricum.
Chloralum hydratum.
Chloroformium.
— pro narcosi.
Cocainum hydrochloricum.
Codeinum phosphoricum.
Cortex Chinae.
— Cinnamomi.
Cresolum crudum.
Cuprum sulfuricum.
Dimethylamino-phenyldimethylpyrazolonum.
Emplastrum Lithargyri.
Extractum Aloes.
— Belladonnae.
— Filicis.
— Gentianae.
— Hyoscyami.
— Opii.
— Rhei.
— Strychni.
Ferrum oxydat. cum Saccharo.
— pulveratum.
— sulfuricum.
Flores Chamomillae.
— Sambuci.
— Tiliae.
— Verbasci.
Folia Digitalis.
— Farfarae.

Folia Menthae piperitae.
— Sennae.
— Trifolii fibrini.
— Uvae Ursi.
Fructus Anisi.
— Aurantii immartui.
— Cardamomi.
— Foeniculi.
— Juniperi.
Gelatina alba.
Glycerinum.
Gossypium depuratum.
Gummi arabicum.
Hydrargyrum.
— bichloratum.
— bijodatum.
— chloratum.
— oxydatum.
Hydrogenium peroxydatum solutum.
Jodum.
Kalium bromatum.
— carbonicum.
— chloricum.
— jodatum.
— permanganicum.
Lanolinum.
Lichen islandicus.
Liquor Aluminii acetici.
— Ammonii anisatus.
— — caustici.
— Cresoli saponatus.
— Ferri sesquichlorati.
— Kalii arsenicosi.
— Plumbi subacetici.
Lithargyrum.
Lycopodium.
Magnesia usta.
Magnesium carbonicum.
— sulfuricum.
Minium.
Morphinum hydrochloricum.
Natrium bicarbonicum.
— bromatum.
— sulfuricum.
Oleum Amygdalarum.
— Arachidis.
— Cacao.
— Jecoris Aselli.
— Lini.
— Ricini.
— Menthae piperitae.
— Sinapis.
Opium pulveratum.
Paraffinum liquidum.
Pastilli Hydrargyri bichlorati.
Pepsinum.
Phenacetinum.
Phenolum liquefactum.
Phenyldimethylpyrazolonum.
Plumbum aceticum.
Pulvis Liquiritiae compositus.
Radix Althaeae.
— Gentianae.
— Ipecacuanhae.
— Liquiritiae.
— Senegae.
— Valerianae.
Resina Jalapae.
Rhizoma Calami.
— Galangae.
— Iridis.
— Rhei.
— Zingiberis.
Saccharum.
— Lactis.
Neosalvarsan D. II (0,3 g).
Sapo medicatus.
Secale cornutum.
Semen Sinapis.
Diphtherie-Serum Nr. II.
Sirupus Rubi Idaei.
— simplex.
Solutio Natrii chlorati physiologica.
Species pectorales.
Spiritus.
— aethereus.
— camphoratus.
— saponatus.
— Sinapis.
Succus Liquiritae depuratus.
Sulfur depuratum.
Suprarenin.
Tartarus depuratus.
— natronatus.
— stibiatus.
Tinctura aromatica.
— Chinae composita.
— Digitalis.
— Jodi.
— Myrrhae.
— Opii benzoica.
— — simplex.
— Rhei aquosa.
— — vinosa.
— Strychni.
— Valerianae.
— — aetherea.
Unguentum Acidi borici.
— Hydrargyri cinereum.
— Zinci.
Vaselinum album.
— flavum.
Zincum oxydatum crudum.
— sulfuricum.

Über das in diesem Verzeichnis angeführte Mittel physiologische Kochsalzlösung ergingen zwei frühere Erlasse:

rätig[1]) und alle vorhandenen Mittel von vorschriftsmäßiger Beschaffenheit sein[2]).

---

a. Min.-Erl. vom 17. März 1915. Eingießungen von steriler physiologischer Kochsalzlösung unter die Haut oder in die Venen sind, vom Arzte rechtzeitig angewandt, in verschiedenen Erkrankungsfällen, namentlich bei frischen Vergiftungen, für die Erhaltung des Lebens von großem Werte. Da solche Lösungen in Apotheken zur Zeit nur wenig vorrätig gehalten werden, so geht durch ihre Herstellung oder Beschaffung für die erste ärztliche Hilfe meist viel Zeit verloren. Ich bestimme deshalb, daß fortan in allen Vollapotheken, Zweigapotheken, Krankenhausapotheken und ärztlichen Hausapotheken sterile physiologische Kochsalzlösungen vorrätig sein müssen, und zwar in mindestens zwei — an beiden Enden zugeschmolzenen — Glasröhren (Ampullen) von 230 ccm Inhalt. Die gefüllten Glasröhren sind mit dem Datum der Füllung zu versehen und in angemessenen Zwischenräumen neu zu füllen. Die Apothekenvorstände haben auf die Haltbarkeit der Lösungen stetig zu achten. Solange die Flüssigkeit klar und frei von jeder Ausscheidung bleibt, kann angenommen werden, daß Veränderungen nicht eingetreten sind. In dem durch die Bekanntmachung vom 15. Dezember 1910 eingeführten Arzneimittelverzeichnis, zum Gebrauch bei den Apothekenbesichtigungen bestimmt, ist Solutio Natrii chlorati physiologica mit einem Stern zu versehen.

b. Min.-Erl. vom 28. Juni 1918. Nach dem Erlaß vom 17. März 1915 sind in allen Apotheken sterile physiologische Kochsalzlösungen in mindestens zwei Glasröhren (Ampullen) vorrätig zu halten. Den Apothekenvorständen ist dabei zur Pflicht gemacht, auf etwaige Veränderungen dieser Lösungen stetig zu achten. Da infolge der Kriegsverhältnisse die Güte der Glasröhren nachgelassen hat, so daß mit einer minderen Widerstandsfähigkeit gegenüber Salzlösungen gerechnet werden muß, ersuche ich ergebenst, die Apothekenvorstände erneut auf die beschränkte Haltbarkeit der sterilen physiologischen Kochsalzlösung mit dem Hinzufügen aufmerksam zu machen, daß von ihnen nur solche Ampullen abgegeben werden dürfen, deren Inhalt, entsprechend dem Deutschen Arzneibuch, 5. Ausgabe, frei von jeder Ausscheidung, also vollständig klar ist. Die Kreisärzte sind anzuweisen, bei ihren alljährlichen Apothekenmusterungen (§ 28 der Anweisung für die amtliche Besichtigung der Apotheken vom 18. Februar 1902) auf die Klarheit der Lösungen ganz besonders zu achten.

[1]) Mit dem Vorrätighalten von Spezialitäten befaßt sich ein Min.Erl. vom 30. November 1916:

Es ist nicht angängig, den Apothekern vorzuschreiben, Arzneimittel und Arzneibereitungen aus bestimmten anderen Herstellungsstätten vorrätig zu halten und auf Verlangen abzugeben, solange sie in der Lage sind, solche in vorschriftsmäßiger Beschaffenheit jederzeit selbst anzufertigen. Eine derartige Anordnung würde nicht nur zum Verzicht auf die Selbstbereitung von Arzneien usw. in den Apotheken führen, sondern diese auch nötigen, gleiche Mittel aus den verschiedensten Bezugsquellen vorrätig zu halten. Damit würde aber die im § 28 der preußischen Apotheken-Betriebsordnung vom 18. Februar 1902 ausgesprochene Verantwortlichkeit des Apothekers für die Beschaffenheit aller Mittel in Frage gestellt werden, während andererseits die Arzneimittel und Arzneien mehr und mehr an solchen Stellen hergestellt würden, die der sachgemäßen amtlichen Aufsicht entzogen sind. Alles dies muß im Interesse der arzneibedürftigen Kranken vermieden werden. Für die dortige Forderung kann der § 27 der angeführten Betriebsordnung nicht als Stütze dienen, da er nur darüber Bestimmung trifft, welche von den im Deutschen Arzneibuch aufgeführten Mitteln in jeder Apotheke stets vorrätig sein müssen.

[2]) Mit der Beschaffenheit des als Röntgenkontrastmittel angewendeten Bariumsulfats befaßt sich ein Min.Erl. vom 14. Oktober 1924. In ihm heißt es:

Nach einem Bericht des Reichsgesundheitsamts sind in neuester Zeit sowohl im Auslande als auch in Deutschland mehrere Todesfälle durch die Anwendung von Bariumsulfat als Röntgenkontrastmittel beobachtet worden. Das Bariumsulfat war in diesen Fällen durch lösliche oder im menschlichen Magensaft zur Lösung gelangende Bariumverbindungen stark verunreinigt . . .

In den beiden letzten Fällen, in denen durch den Gebrauch von Bariumsulfat der Verlust von Menschenleben zu beklagen ist, waren die verwendeten Bariumsulfatpräparate zu 50 und mehr Prozent mit Bariumkarbonat vermischt.

Dieselben Waren in verschiedener Güte zu führen, ist dem Apotheker nicht gestattet.

---

Solche Unglücksfälle lassen sich vermeiden, wenn Fabrikanten, Apotheker und Ärzte dafür sorgen, daß für die genannten Zwecke nur reine Präparate hergestellt werden, in den Handel kommen und Anwendung finden.

Das Reichsgesundheitsamt hat sich mit Vertretern von zwei großen Fabriken in Verbindung gesetzt, die Bariumsulfate als Röntgenkontrastmittel herstellen, und es hat hierbei den Eindruck erhalten, daß seitens dieser Fabriken alle Vorsicht bei der Wahl des Ausgangsmaterials sowie bei der Herstellung und der Verpackung des Bariumsulfats getroffen ist, um Unglücksfälle zu verhüten. Ferner hat das Reichsgesundheitsamt die gebräuchlichsten der im Handel befindlichen Präparate von Bariumsulfat und Bariumsulfatmischungen mit Schwebestoffen, Versüßungsmittel u. dgl. auf einen etwaigen Gehalt an Bariumkarbonat und löslichen Bariumverbindungen untersucht. Hiervon enthielt keines die genannten Beimengungen in gesundheitlich zu beanstandender Menge; sie waren im wesentlichen frei davon. Die untersuchten Präparate waren:

1. Bariumsulfat, reines, für Röntgenzwecke, und zwar zwei Proben von der Firma C. A. F. Kahlbaum in Adlershof bei Berlin und je eine Probe von der Firma J. D. Riedel, von der Handelsgesellschaft deutscher Apotheker und von Dr. Albert Bernard Nachfolger in Berlin,
2. Sonderpräparate, und zwar:
   a. Citobarium der Firma E. Merck in Darmstadt,
   b. Eubaryt der Firma Röhm & Haas in Darmstadt,
   c. Roebaryt der Saccharinfabrik in Magdeburg,
   d. Idrabarium der Firma J. D. Riedel in Berlin-Britz.

Es liegt hiernach bei der Verwendung der genannten Präparate und Bariumsulfatproben kein Anlaß zu Befürchtungen vor.

Nach späteren Mitteilungen haben auch folgende Präparate keinen Anlaß zu Bedenken gegeben:

1. Röntyum der Firma C. A. F. Kahlbaum, Berlin-Adlershof.
2. Reines Bariumsulfat von E. Merck, Darmstadt.
3. Bariumsulfut der Chem. Fabrik Leonhardt & Martin A. G., Lehrte-Hannover.
4. Barium sulfuricum purissimum für Röntgenuntersuchungen „Gehe" der Firma Gehe & Co., A.-G., Dresden-N.

Beigegeben war dem Erl. eine Anweisung zur Prüfung von Bariumsulfat auf einen Gehalt an Bariumkarbonat und löslichen Bariumverbindungen, die aber für Apotheken jetzt keine Bedeutung mehr hat, da für sie die schärferen Prüfungsvorschriften des D.A.B. 6 gelten.

Mit der Beschaffenheit der Arzneimittel befassen sich folgende Erlasse:

Brusttee. Min.Erl. vom 3. April 1901.

Als Brusttee darf nur ein nach Vorschrift des Arzneibuchs für das Deutsche Reich bereitetes Teegemisch abgegeben werden.

Beschaffenheit des Hydrastis-Fluidextrakts sowie der galenischen Arzneimittel überhaupt. Min.Erl. vom 26. Februar 1913.

Wie bei Gelegenheit einer Verhandlung des Reichs-Gesundheitsrates mitgeteilt worden ist, sind von interessierter Seite in verschiedenen Apotheken des Reichs Ankäufe von Extractum Hydrastis fluidum vorgenommen worden. Angestellte Untersuchungen haben ergeben, daß ein großer Teil der entnommenen Proben nicht die vorschriftsmäßige Beschaffenheit besaß, indem der Hydrastingehalt nicht den Anforderungen des Deutschen Arzneibuches entsprach. Ew. pp. ersuche ich ergebenst, gefälligst die mit der Besichtigung der Apotheken des dortigen Bezirks betrauten Kommissare anzuweisen, der Beschaffenheit dieses sehr wichtigen Arzneimittels sowie der galenischen Arzneimittel überhaupt besondere Aufmerksamkeit zuzuwenden und die Apotheker zu peinlichster Sorgfalt bei Herstellung der galenischen Arzneizubereitungen anzuhalten. Die von den Apothekern etwa im Handel bezogenen derartigen Präparate dürfen erst nach Prüfung und Feststellung der ordnungsmäßigen Beschaffenheit an das Publikum abgegeben werden.

Herstellung der Arzneimittel nach dem Deutschen Arzneibuch. Min.Erl. vom 5. August 1921.

Ausgenommen hiervon sind die lediglich zu technischen Zwecken dienenden, als solche unzweideutig bezeichneten Waren.

§ 28. Der Apothekenvorstand ist für die Güte aller Mittel verantwortlich, gleichviel, ob er dieselben bezogen oder selbst hergestellt hat; die Herstellung darf nur nach Vorschrift des Arzneibuchs stattfinden[1]).

Die selbstbereiteten Mittel sind in ein Arbeitstagebuch einzutragen[2]), die gekauften Mittel dagegen nach den Bestimmungen des Arzneibuchs vor Ingebrauchnahme auf Echtheit und Reinheit sorgfältig zu prüfen[3]).

---

Für die Herstellung von Arzneimitteln sind, solange infolge des Krieges an gewissen Rohstoffen ein erheblicher Mangel bestanden hat, Abweichungen von den Vorschriften des Deutschen Arzneibuches in ziemlich weitem Umfange gestattet worden. Zu einer Fortsetzung dieser stillschweigenden Duldung von Ersatzmitteln liegt, da mit Ausnahme von Xeres- und Süd-Süßwein wohl alle Arzneimittel wieder in genügender Menge erhältlich sind, keine Veranlassung vor. Auch die Beschaffung von Talg, Speiseölen und Schmalz für Arzneizwecke begegnet, nachdem diese Stoffe freigegeben sind, keinen Schwierigkeiten mehr.

Zum Zwecke der Herbeiführung regelrechter Verhältnisse in der Arzneimittelversorgung ersuche ich unter Bezugnahme auf den Erlaß vom 16. Mai 1916 um Anweisung der Apothekenbesitzer, in Zukunft wieder nach den im Deutschen Arzneibuch 5. Ausgabe gegebenen Bereitungsvorschriften zu verfahren; auch bitte ich, die dortigen pharmazeutischen Bevollmächtigten zu den Apothekenbesichtigungen gefälligst entsprechend zu benachrichtigen. Daß die Preise der in Betracht kommenden Arzneimittel dadurch eine Verteuerung erleiden werden, ist nicht anzunehmen; denn einerseits waren die Ersatzstoffe während des Krieges nicht wesentlich billiger als die ursprünglichen Stoffe, andererseits sind bei der Berechnung der Arzneitaxpreise nicht in allen Fällen die Preise für die Ersatzstoffe, sondern diejenigen der ursprünglichen Stoffe eingesetzt worden.

[1]) Eine Verpflichtung des Apothekers zur Selbstdarstellung seiner Präparate ist hier nicht ausgesprochen, ebenso ist der Apotheker hinsichtlich seiner Bezugsquellen unbeschränkt. (Vgl. hierzu die Ausführungen in Fußnote 1 auf S. 301.) Die Bestimmung, daß die Darstellung der „Mittel" nur nach Vorschrift des Arzneibuches stattfinden darf, kann sich selbstredend nur auf diejenigen Präparate beschränken, für welche das Arzneibuch eine Vorschrift zur Herstellung gibt. Alle übrigen können nach den sonst dafür bestehenden Vorschriften dargestellt bzw. fertig gekauft werden. Dagegen legt ein Min.Erl. vom 16. September 1912 (s. S. 349) denjenigen Apothekenvorständen, welche Praktikanten ausbilden, im Interesse dieser die Pflicht auf, die in ihren Betrieben gebrauchten galenischen und einfachen pharmazeutisch-chemischen Präparate tunlichst im eigenen Apothekenlaboratorium herzustellen. Ferner ist hinsichtlich der Herstellung der Extrakte in Ziffer I, 4 der Einführungsverordnung zum D.A.B. 6 (s. S. 191) eine Einschränkung verfügt worden. Ebenso muß ab 1. Januar 1928 Digitalistinktur in den Apotheken selbst hergestellt werden (s. S. 228).

[2]) Alphabetisch und nach Monaten geordnete Eintragungen in das Arbeitstagebuch sind nach einem Min.-Bescheide von 1899 als zweckentsprechend anzusehen.

[3]) Über die Prüfung der Arzneistoffe bei Einkauf und Abgabe seitens der Apotheker erging anläßlich eines Vergiftungsfalls durch Abgabe von barythaltigem Karlsbader Salz ein Min.Erl. vom 13. Mai 1908. In diesem werden die Regierungspräsidenten ersucht,

den Apothekern Ihres Bezirks die gewissenhafte Prüfung bei dem Einkauf und der Abgabe der Arzneistoffe erneut zur Pflicht zu machen und sie zugleich darauf hinzuweisen, daß sie durch Verabsäumung dieser Pflicht sich nicht nur den Verwaltungsbehörden verantwortlich machen, sondern sich auch schweren kriminellen Ahndungen und der Heranziehung zum Ersatz etwa verursachten Schadens aussetzen.

In dem dieser Verf. zugrunde liegenden Prozeß hat das R.G. unter dem 6. Juni 1907 (R.G.A. VI, S. 295) den Grundsatz ausgesprochen, daß der Apotheker, dem die Betriebsordnung die sorgfältige Prüfung der gekauften Mittel auf Echtheit und Reinheit besonders zur Pflicht macht, nicht einen wesentlichen Teil seiner Verantwortlichkeit auf seinen Lieferanten abwälzen darf, indem er sich in erster Linie darauf verläßt, daß dieser

§ 29. Der Apothekenvorstand hat fortlaufend die Arzneistoffe, insbesondere die dem Verderben oder der Zersetzung unterliegenden, sorgfältig zu **prüfen** und erforderlichenfalls durch einwandfreie Waren zu ersetzen.

§ 30. Ärztliche Verordnungen (**Rezepte**)[1]) sind unter Beobachtung größter Sauberkeit[2]) und Sorgfalt[3]) ohne Verzug auszuführen[4]); vom Arzt

---

ihm eine echte und reine Ware gewährt hat. In diesem Urteil sowie einem weiteren vom 19. Dezember 1907 (K.G.A. VI, S. 299) traf das R.G. die Feststellung, daß der Apotheker sich nicht mit der oberflächlichen Prüfung eines fertig bezogenen Karlsbader Salzes begnügen darf, sondern auch die chemische Untersuchung vornehmen muß.

Eine andere wichtige Frage der Arzneimittelprüfung behandelt ein Urteil des K.G. vom 2. März 1905 (Ph.Ztg. 1905 Nr. 67). In diesem heißt es: „Der Apotheker ist in Preußen gemäß § 28 der Betriebsordnung nur für die Güte der **offizinellen Mittel verantwortlich**, und es dürfen in den Apotheken auch solche Mittel geführt werden, welche im Arzneibuch nicht verzeichnet sind und nach dessen Vorschriften nicht geprüft werden können."

Die Eintragung der Prüfungsergebnisse in ein **Warenprüfungsbuch** ist nicht mehr vorgeschrieben.

[1]) Eine Beschränkung in der **Gültigkeitsdauer eines Rezeptes** besteht nicht. Wenn ein vom Arzt verschriebenes Rezept noch nicht angefertigt worden ist, stehen seiner späteren Anfertigung aus dem Grunde, weil der Ausstellungstag schon längere Zeit zurückliegt, gesetzliche Bedenken nicht entgegen. Die Zulässigkeit einer wiederholten Anfertigung beurteilt sich nach den Vorschriften über die Abgabe stark wirkender Arzneimittel (s. S. 199). Durch die Opiumgesetzgebung sind die Apotheker verpflichtet worden, gewisse Rezepte zurückzubehalten bzw. abzuschreiben. (Näheres hierüber s. S. 131.)

[2]) Als unvereinbar mit dieser Forderung erklärte eine Verf. des Reg.-Präs. in Liegnitz vom 30. April 1913 das **Tabakrauchen in Apotheken**. Sie lautet:

Nach § 27 der Ap.B.O. vom 28. Februar 1902 sollen alle vorhandenen Arzneimittel von vorschriftsmäßiger Beschaffenheit sein, auch sind nach § 30 ärztliche Verordnungen unter Beobachtung größter Sauberkeit und Sorgfalt auszuführen. Beide Forderungen sind undurchführbar, wenn die Arzneimittel durch Tabakrauch in ihrer vorschriftsmäßigen Beschaffenheit verändert oder durch die Finger eines zigarren- oder zigarettenrauchenden Apothekers, Gehilfen oder Lehrlings verunreinigt werden.

Nach § 12 der Anweisung für die amtliche Besichtigung der Apotheken vom 18. Februar 1902 müssen ferner in jeder Apotheke gefordert werden: Tadellose Arzneimittel, Ordnung und Sauberkeit. Es ist deshalb ganz selbstverständlich, daß das von Ihnen beklagte, trotz Ihres Verbots durch Ihre Angestellten vorgenommene Rauchen von Zigarren und Zigaretten in der Offizin und den anderen Apothekenräumen durchaus unzulässig ist.

[3]) Über diese Hauptpflicht im Apothekenbetriebe äußerte sich das R.G. in einem Urteil vom 29. Januar 1909 (Ph.Ztg. 1910 Nr. 64) wie folgt:

„Es dürfen sich Arzt wie Laie nach der staatlichen Ordnung des Apothekerwesens darauf verlassen, daß in der Apotheke die Arznei der Verordnung entsprechend hergestellt wird. Sie brauchen nicht ohne weiteres mit der Möglichkeit zu rechnen, daß der Apotheker der Arznei andere als die verordneten Stoffe zufügt."

[4]) Die Verpflichtung des Apothekers, ärztliche Rezepte „ohne Verzug auszuführen", schließt indes nicht die Verpflichtung ein, jede Arznei auch **ohne vorhergehende Bezahlung** abzugeben. Eine Min.Verf. vom 18. Mai 1821 sagt hierüber:

Es ist ganz unbedenklich, daß nach den bestehenden Gesetzen die Apotheker Kredit zu geben ebensowenig genötigt werden können wie jeder Handeltreibende und daß sie keine größere Verpflichtung haben, Unvermögenden unentgeltlich Arzneien verabfolgen zu lassen als jeder Dritte, den Unvermögenden das zur Bezahlung der Arznei nötige Geld vorzuschießen.

Im gleichen Sinne erging im Jahre 1874 in der damaligen Provinz Posen eine gerichtliche Entscheidung (Ph.Ztg. 1874 Nr. 45, 1894 Nr. 38).

Im Gebiete des vormaligen Herzogtums Nassau hat jedoch die Frage des Kreditierens der Apotheker bei Arzneilieferung an Ortsarme oder andere zahlungsunfähige Personen als „eilig" bezeichnete gehen anderen Verordnungen vor. Die einzelnen Bestandteile dürfen nicht abgemessen, sondern müssen abgewogen werden[1]).

Die zur Verarbeitung von Giften und von stark riechenden Mitteln bestimmten Geräte dürfen anderweitig nicht benutzt werden[2]).

---

durch Reg.-Verf. vom 4. Oktober 1869 eine besondere Regelung erfahren (vgl. Ph.Ztg. 1908 Nr. 2). Desgleichen verpflichtet § 85 der Holsteinschen Apothekerordnung vom 11. Februar 1854 die Apotheker zur Kreditgewährung in gewissen Fällen. Die fehlende gesetzliche Verpflichtung des Apothekers zum Kreditieren von Arzneien im allgemeinen wird der Ausübung seiner moralischen Verpflichtung, Arzneien in dringenden Notfällen auch ohne sofortige Bezahlung abzugeben, natürlich nicht im Wege stehen.

Die Frage, ob das, was im obigen Paragraphen über „Rezepte" gesagt ist, auch auf den sog. Handverkauf gilt, läßt die Betriebsordnung offen. Nach den geltenden medizinal-polizeilichen Begriffen ist die Apotheke eine Anstalt, welche, und zwar zumeist ausschließlich, das Recht und die Pflicht hat, die Arzneibedürfnisse des Publikums zu befriedigen. Die Arzneien, deren das Publikum bedarf, werden indes nur teilweise durch die Vermittlung des Arztes aus der Apotheke bezogen; teilweise besorgt sie sich das Publikum selbst. Da aber ein Unterschied in der Dignität der Arzneimittel aus dieser Tatsache nicht hergeleitet werden kann, wird der Grundsatz aufgestellt werden dürfen, daß der Apotheker verpflichtet ist, auch die im Handverkauf geforderten Arzneimittel, selbstredend indes nur, soweit er sie vorrätig hat und soweit er nach den bestehenden Bestimmungen sie abgeben darf, gegen Bezahlung ohne Verzug abzugeben. Hier greift auch die Reichsverordnung zur Sicherstellung des Warenumlaufs vom 22. Oktober 1923 ein, die bestimmt:

§ 2. Verkäufer von Gegenständen des täglichen Bedarfs im Kleinhandel sind verpflichtet, ihre Waren gegen Entrichtung des Preises in Reichsmark abzugeben.

Arzneimittel werden von der Rechtsprechung in der Regel zu den Gegenständen des täglichen Bedarfs gerechnet.

[1]) Hierzu erging der folgende Min.Erl. vom 26. April 1920:

Wie mir mitgeteilt worden ist, haben Apotheker unter Berufung auf den § 30 der Apotheken-Betriebsordnung vom 18. Februar 1902 es mehrfach abgelehnt, ärztliche Arzneiverordnungen dann auszuführen, wenn darin die einzelnen Bestandteile nicht nach Gewichtsmengen, sondern nach Raummengen angegeben waren. Zur Vermeidung von Weiterungen bestimme ich, daß die Vorschrift im § 30 der Betriebsordnung über das Abwägen der einzelnen Arzneibestandteile in allen Fällen zu befolgen ist, in denen von dem Arzt nicht ein anderes Verfahren der Abmessung ausdrücklich vorgeschrieben ist.

[2]) Dagegen ist die Wiederbenutzung gebrauchter Arzneigefäße in gewissen Fällen ausdrücklich vorgeschrieben. Die Deutsche Arzneitaxe enthält hierüber in Ziffer 27 folgende Bestimmung:

Wird ein verwendbares vorschriftsmäßiges Gefäß zur Aufnahme oder Wiederholung einer Arznei in die Apotheke gesandt, so ist an Stelle des Gefäßpreises für die Reinigung und Neuausstattung ein Viertel des Preises für das entsprechende Gefäß zu berechnen.

Nach einem Min.Erl. vom 23. September 1909 sind Fälle von Krankheitsübertragungen durch Wiederbenutzung gebrauchter Arzneigefäße bis jetzt nicht nachgewiesen. Um jedoch jeder Übertragung ansteckender Krankheiten auf das Apothekenpersonal nach Möglichkeit vorzubeugen, sollen die Kreisärzte angewiesen werden,

daß bei übertragbaren Krankheiten mit Arzneigefäßen nach der Desinfektionsanweisung vom 11. April 1907 zu verfahren ist. Arzneigläser und Kruken sind nach Maßgabe der Vorschriften für Eß- und Trinkgeschirre, Abschnitt II Nr. 6, zu behandeln und die aus Holz oder Zelluloid gefertigten Deckel von Arzneibehältnissen, Korke und Holzkorkstöpsel sowie Schachteln, Pulverkästchen u. dgl. aus Pappe zu verbrennen.

Die hier angezogene Bestimmung in Abschnitt II Nr. 6 der Desinfektionsanweisung vom 11. April 1907 lautet:

Eß- und Trinkgeschirre, Tee- und Eßlöffel u. dgl. sind 15 Minuten lang in Wasser dem Soda — etwa 2 vH — zugesetzt werden kann, auszukochen und dann gründlich zu spülen. Messer, Gabeln und sonstige Geräte, welche das Auskochen nicht vertragen sind eine Stunde lang in 1 vH Formaldehydlösung zu legen und dann gründlich trocken zu reiben.

Ärztliche Verordnungen dürfen von **Lehrlingen** nur unter Aufsicht des Vorstandes oder eines Gehilfen, unter deren Verantwortlichkeit, angefertigt werden[1]).

Für die **Farbe der Signaturen** und die Wiederholung stark wirkender Arzneimittel sind die Bestimmungen des Ministerialerlasses vom 22. Juni 1896 maßgebend[2]).

§ 31. Die **Signatur muß in deutscher Sprache**[3]) deutlich und leserlich enthalten:

a. die Bezeichnung der verabfolgenden Apotheke[4]),
b. den Tag der Herstellung der Arznei,
c. die Gebrauchsanweisung[5]).

Gebrauchsanweisungen in fremder Sprache sind **daneben** zulässig. Außerdem müssen die verordneten Bestandteile der Arznei[6]) und, wenn

---

[1]) Ein Apotheker, der es nicht verhindert, daß ein **Praktikant** selbständig und ohne Aufsicht ärztliche Rezepte anfertigt, handelt fahrlässig und macht sich eines Verstoßes gegen die Ap.B.O. schuldig. (K.G. 2. April 1914, Ph.Ztg. 1914 Nr. 30.)

[2]) Jetzt Min.Erl. vom 18. Dezember 1926 (s. S. 199). Dazu besagt ein Min.Erl. vom 3. April 1901:

Die **Bezeichnung der Arzneigefäße** wird geregelt durch den Erlaß des Ministers der Medizinalangelegenheiten vom 22. Juni 1896. Die Polizeiverordnung über den Handel mit Giften kommt für diesen Fall nicht in Betracht.

[3]) Die Vorschriften über die **Signatur** in §§ 30ff. der Ap.B.O., wonach die Signatur in deutscher Sprache abgefaßt sein muß und lediglich Gebrauchsanweisungen in fremder Sprache daneben zulässig sind, gelten nur für Mittel, welche in einer Apotheke nach ärztlichem Rezept hergestellt werden, und beziehen sich **nicht** auf **Handverkaufsartikel**, welche in chemischen Fabriken hergestellt werden und sowohl in Apotheken wie in Drogenhandlungen zum Verkauf geführt werden (K.G. 6. Februar 1911, Ph.Ztg. 1911 Nr. 12).

[4]) **Firmenbezeichnungen in polnischer Sprache** auf Signaturen von ärztlich verschriebenen Arzneien sind unzulässig. Nach dem Wortlaut des § 31 der Ap.B.O. ist es ausgeschlossen, daß die Bezeichnung der verabfolgenden Apotheke in fremder Sprache auf der Signatur vermerkt werden darf (K.G. 6. November 1905, Ph.Ztg. 1906 Nr. 16).

[5]) Wenn sich eine **Gebrauchsanweisung** in der ärztlichen Verordnung nicht findet, ist der Apotheker auch nicht verpflichtet, eine Gebrauchsanweisung auf der Signatur zu vermerken. (Erklärung des Geh. Ob.-Med.-Rats Dr. **Dietrich** in der Sitzung des preußischen Apothekerkammerausschusses vom 22. November 1904.)

[6]) Hierzu erging ein Min.Erl. vom 14. Juli 1902:

Auf die Eingabe vom 30. Juni d. J. erwidere ich, daß die Bestimmungen des letzten Absatzes des § 31 der Apothekenbetriebsordnung vom 18. Februar 1902 dahin auszulegen sind, daß auf der Signatur nicht nur die Bezeichnungen, sondern auch die **Gewichtsmengen der verordneten Bestandteile** der Arzneien zu vermerken sind. Ein Anlaß, die Bestimmung durch Aufnahme der Worte „und Gewichtsmenge" zu ergänzen, kann hiernach als vorliegend nicht erachtet werden.

Eine Verpflichtung zur Eintragung der ärztlichen Verordnungen in ein **Rezeptbuch** besteht jetzt nicht mehr. Sie ist bereits durch Verf. vom 4. Januar 1900 aufgehoben worden.

**Warenzeichenrecht.**

Beim Vermerk der verordneten Bestandteile der Arznei auf der Signatur sind, und zwar im sog. Handverkauf ebenso wie in der Rezeptur, die Bestimmungen des **Reichsgesetzes zum Schutze der Warenbezeichnungen** in der Fassung der Bk. vom 7. Dezember 1923 zu beachten. Dieses Gesetz gewährt demjenigen, der in seinem Geschäftsbetriebe zur Unterscheidung seiner Waren von den Waren anderer eines Warenzeichens sich bedienen will, einen gesetzlichen Schutz, wenn das Zeichen in die beim Patentamt geführte Warenzeichenrolle eingetragen ist. (Die Bestimmungen über die Anmeldung und die Gebühren s. Pharm. Kalender Teil II.) Auf diese Weise ist eine große Anzahl von Warenzeichen, die lediglich in frei erfundenen Worten bestehen, sog. **Wortzeichen**, für Arzneimittel geschützt. Von den Bestimmungen des Gesetzes kommen vorliegend besonders die folgenden in Betracht:

§ 12. Die Eintragung eines Warenzeichens hat die Wirkung, daß dem Eingetragenen ausschließlich das Recht zusteht, Waren der angemeldeten Art oder deren Verpackung oder Umhüllung mit dem Warenzeichen zu versehen, die so bezeichneten Waren in Verkehr zu setzen, sowie auf Ankündigungen, Preislisten, Geschäftsbriefen, Empfehlungen, Rechnungen oder dergleichen das Zeichen anzubringen.

§ 20. Die Anwendung der Bestimmungen dieses Gesetzes wird durch Abweichungen nicht ausgeschlossen, mit denen fremde Namen, Firmen, Zeichen, Wappen und sonstige Kennzeichnungen von Waren wiedergegeben werden, sofern ungeachtet dieser Abweichungen die Gefahr einer Verwechslung im Verkehr vorliegt.

Aus § 12 ergibt sich folgendes: Da das Gesetz nur das durch Druck, Schrift oder sonstwie sichtbar angebrachte, also mit den Augen wahrgenommene Zeichen schützt, nicht aber das gesprochene und mit dem Gehör erfaßte Wort, kann die mündliche Benennung einer Ware mit einem geschützten Zeichen niemals unter dieses Gesetz fallen (wohl aber gegebenenfalls unter das Gesetz gegen den unlauteren Wettbewerb). Strafbar ist immer nur die gesetzwidrige Anbringung oder Benutzung eines sichtbaren Zeichens. (R.G. 2. November 1897, 15. April 1898 und 18. November 1898, Ph.Ztg. 1898 Nr. 101.)

Andererseits ist aber die Verwendung und Anbringung des geschützten Zeichens nach § 12 das ausschließliche Recht des Eingetragenen. Diese Bestimmung ist nach grundlegenden Entscheidungen des R.G. vom 4. Mai 1897 (Ph.Ztg. 1905 Nr. 13) und 2. November 1897 (Ph.Ztg. 1898 Nr. 12) dahin zu verstehen, daß nur der Inhaber der geschützten Zeichen berechtigt ist, die Ware damit zu versehen, der Zwischenhändler das Warenzeichen also auch für die echte Ware nicht oder höchstens mit ausdrücklicher Einwilligung des Berechtigten anbringen darf. Etwas eingehender präzisierte ein Urteil des R.G. vom 18. April 1910 (Ph.Ztg. 1910 Nr. 40) die Rechtslage. Es stellte folgende Normen auf: 1. Eine Verletzung der Gesetzes kann an sich schon dann vorliegen, wenn die echte Ware ohne Genehmigung des Zeichenberechtigten mit dem geschützten Zeichen versehen wird. 2. Beim Verkehr mit Heilmitteln ist jedoch ohne weiteres anzunehmen, daß der Fabrikant, sofern er nicht ausdrücklich den entgegengesetzten Willen kundgegeben hat, dem Apotheker gestattet, das geschützte Zeichen für das betreffende echte Mittel selbst zu verwenden. 3. In solchen Fällen ist das Versehen und Inverkehrbringen der aus den echten Stoffen gefertigten Waren mit dem geschützten Zeichen straflos.

In einer späteren Entscheidung vom 19. Dezember 1912 (Ph.Ztg. 1912 Nr. 103) ging jedoch das R.G. noch einen Schritt weiter und erklärte: „Wenn jemand eine Ware herstellt und zum Wiederverkauf vertreibt, so muß er auch zulassen, daß sie unter ihrem gebräuchlichen Namen verkauft wird, soweit es sich hier um eine Inhalts- und Beschaffenheitsangabe handelt. Der Fabrikant hat nicht das Recht, dem Apotheker zu verbieten, Zubereitungen des Mittels unter dem geschützten Namen in Verkehr zu bringen.“

Für die pharmazeutische Praxis ergibt sich nunmehr folgendes:

1. Bei der Abgabe von Arzneimitteln in Apotheken ist die Bezeichnung der echten Ware und der diese echte Ware enthaltenden Zubereitungen mit dem geschützten Waren- bzw. Wortzeichen zulässig, sofern es sich dabei nur um eine Inhalts- oder Beschaffenheitsangabe handelt (z. B. die Benutzung des Warenzeichens Pantopon zur Bezeichnung selbst angefertigter Pantoponlösungen. R.G. 3. November 1913, Ph.Ztg. 1913 Nr. 90).

2. Der Fabrikant kann die Benutzung des ihm geschützten Zeichens für seine Ware durch Dritte nur als Warenzeichen (d. h. zur Unterscheidung seiner Ware von den Waren anderer), nicht aber als notwendige Inhalts- und Beschaffenheitsangabe verbieten.

3. Die Benutzung eines geschützten Warenzeichens für Waren anderer Herkunft bleibt natürlich in jedem Falle verboten (u. a. R.G. 30. Januar 1911, Ph.Ztg. 1911 Nr. 10, und 17. September 1912, Ph.Ztg. 1912 Nr. 76).

Die reichsgesetzlichen Bestimmungen gehen etwaigen anderslautenden landesrechtlichen Anordnungen ohne weiteres vor. Daher erklärte auch das R.G. in einem Urteil vom 10. Mai 1904 (Ph.Ztg. 1904 Nr. 76), daß der preußische Erl. über die Abschrift ärztlicher Verordnungen auf dem Arzneibehälter nur von der Voraussetzung ausgegangen sein kann, „daß durch die Anbringung der Bezeichnung nicht in fremde ausschließliche Rechte eingegriffen werde“.

§ 20 des Gesetzes hat für den Warenzeichenschutz von Arzneimitteln dadurch Bedeutung gewonnen, daß sich die Gewohnheit eingebürgert hat, auf Rezepten für Ersatzmittel geschützter Waren das eingetragene Warenzeichen mit Benutzung der Worte „Ersatz für“ oder dgl. zu gebrauchen; also z. B. Aspirin-Ersatz, Validol-Ersatz. Die Rechtsprechung hatte früher entschieden, daß solche Bezeichnungen keinen Verstoß gegen das Gesetz darstellen, wenn die ganze Anordnung der Etikette oder Bezeichnung schon das gewöhnliche Durchschnittspublikum erkennen läßt, daß nicht das Original, sondern ein Ersatzpräparat vorliegt. Demgemäß erklärte auch ein Min.Erl. vom 25. August 1914:

Der § 31 der Ap.B.O. vom 18. Februar 1902 schreibt nur vor, daß auf der Signatur die verordneten Bestandteile der Arznei vermerkt sein müssen. Der Apotheker ist danach in der Lage, in Fällen, in denen Arzneimittel unter einem durch Wortzeichen geschützten Namen nur mit dem Zusatz E. oder Ers. auf einer ärztlichen Verordnung verschrieben sind, bei Angabe der Bestandteile auf der Signatur durch Ausschreiben des Wortes Ersatz einwandfrei zu erkennen zu geben, daß nicht das geschützte Produkt bei der Herstellung der Arznei Verwendung gefunden hat. Hiernach liegt zu einer Änderung der bestehenden Bestimmungen kein Anlaß vor.

Dieser Standpunkt ist jedoch nicht mehr aufrechtzuerhalten. Nachdem das R.G. bereits unter dem 21. Februar 1911 (Ph.Ztg. 1911 Nr. 16) die Wortbildung „Aspirin-E" (E = Ersatz) als unzulässig bezeichnet hatte, stellte ein Urteil des R.G. vom 2. Dezember 1924 (Ph.Ztg. 1925 Nr. 4) fest, daß auch die ausgeschriebenen Bezeichnungen „Substitut" bzw. „Ersatz" unter den § 20 des Warenzeichengesetzes fallen, da „die Hinzufügung von wörtlichen oder bildlichen Bestandteilen zu einem eingetragenen Wortzeichen die Verwechselungsgefahr in der Regel nicht ausschließt". Diese allgemeine Feststellung schließt die Benutzung wortgeschützter Namen mit dem Zusatz „Ersatz" oder „Substitut" für Ersatzprodukte nunmehr völlig eindeutig auch für die Abgabe derartiger Mittel im Apothekenhandverkauf und in der Rezeptur aus. Der Apotheker darf mithin, auch wenn der Arzt auf der Verordnung den wortgeschützten Namen mit dem Zusatz „Ersatz" verwendet, auf der Kopie nicht einen analogen Vermerk machen, sondern muß die chemische Bezeichnung an seine Stelle setzen. Er darf also nicht „Aspirin-Ersatz", Validol-Ersatz usw., sondern muß Acid. acetylosalicylic., bzw. Menthol. valerianic. signieren. Er ist dazu berechtigt, nachdem der die Apotheker zur Abschrift der ärztlichen Verordnungen verpflichtende Min.Erl. vom 8. Mai 1899 in § 31 Abs. 2 der Ap.B.O. durch die Bestimmung ersetzt worden ist, „daß die verordneten Bestandteile der Arznei auf der Signatur vermerkt werden müssen". Es unterliegt keinem Zweifel, daß der „verordnete Bestandteil", wenn der Arzt Aspirin-Ersatz verschreibt, in Wirklichkeit Acidum acetylosalicylicum ist.

Eine Verletzung des geschützten Zeichens liegt auch dann vor, wenn dieses durch Klammern oder Gleichheitsstriche mit anderen Worten verbunden ist, z. B. Acetylsalizylsäure = Aspirin (R.G. 20. Oktober 1903). Übrigens hat das R.G. unter dem 19. Januar 1915 (Ph.Ztg. 1915 Nr. 45) entschieden, daß die Benutzung eines geschützten Namens mit dem Zusatz Ersatz auch gegen § 1 des Gesetzes gegen den unlauteren Wettbewerb vom 7. Juni 1909 verstößt.

Die in der Regel angewandten Strafbestimmungen des Warenzeichengesetzes sind folgende:

§ 14. Wer wissentlich oder aus grober Fahrlässigkeit Waren oder deren Verpackung oder Umhüllung, oder Ankündigungen, Preislisten, Geschäftsbriefe, Empfehlungen, Rechnungen oder dergleichen mit dem Namen oder der Firma eines anderen oder mit einem nach Maßgabe dieses Gesetzes geschützten Warenzeichen widerrechtlich versieht oder desgleichen widerrechtlich gekennzeichnete Waren in Verkehr bringt oder feilhält, ist dem Verletzten zur Entschädigung verpflichtet.

Hat er die Handlung wissentlich begangen, so wird er außerdem mit Geldstrafe oder mit Gefängnis bis zu sechs Monaten bestraft.

§ 15. Wer zum Zweck der Täuschung in Handel und Verkehr Waren oder deren Verpackung oder Umhüllung, oder Ankündigungen, Preislisten, Geschäftsbriefe, Empfehlungen, Rechnungen oder dergleichen mit einer Ausstattung, welche innerhalb beteiligter Verkehrskreise als Kennzeichen gleichartiger Waren eines andern gilt, ohne dessen Genehmigung versieht, oder wer zu dem gleichen Zweck derartig gekennzeichnete Waren in Verkehr bringt oder feilhält, ist dem Verletzten zur Entschädigung verpflichtet und wird mit Geldstrafe oder mit Gefängnis bis zu drei Monaten bestraft.

Dazu hat die Rechtsprechung folgende Rechtsgrundsätze aufgestellt:

Zum Tatbestand des Vergehens aus § 14 Abs. 2 gehört weder eine auf Täuschung der Käufer gerichtete Absicht des Täters, noch auch nur die Möglichkeit einer derartigen Täuschung (RG. 13. April 1901, Ph.Ztg. 1901 Nr. 46; RG.. 17. November 1905, Ph.Ztg. 1907 Nr. 4). Die Anwendbarkeit des § 14 erfordert nicht den Nachweis der Absicht, die widerrechtlich gekennzeichnete Ware feilzuhalten. Es genügt, daß die so gekennzeichnete aus der Verordnung ersichtlich, auch der Name des Kranken auf der Signatur vermerkt sein[1]).

§ 32. Auf der ärztlichen Verordnung ist sogleich nach der Anfertigung der ausgeschriebene Name des Anfertigers und baldigst die Taxe leserlich zu vermerken[2]).

---

Ware im Geschäftslokal für das kaufende Publikum sichtbar aufgestellt ist, und daß der Angeklagte sich dessen bewußt ist. (R.G. 20. März 1905, Ph.Ztg 1905 Nr. 64.)

Für den Handverkauf in Apotheken sind folgende Feststellungen wichtig, die das R.G. in einem Plenarbeschluß der vereinigten Strafsenate vom 24. November 1909 (Ph.Ztg 1910 Nr. 19) getroffen hat:

„1. Wer als Verkäufer in ein ihm vom Käufer zur Verfügung gestelltes, mit einem, wie er weiß, geschützten Warenzeichen versehenes Gefäß, das der Käufer, dem Verkäufer erkennbar, mit der Ware zu seinem Privatgebrauch verwenden will, ohne eigene Berechtigung zum Gebrauche des Zeichens eine andere als die vom Käufer verlangte, dem geschützten Zeichen entsprechende gleichartige Ware einfüllt, ohne den Käufer darüber aufzuklären, versieht eine Ware im Sinne des Gesetzes vom 12. Mai 1894 zum Schutze der Warenbezeichnungen zwar wissentlich, aber nicht widerrechtlich mit einem nach Maßgabe dieses Gesetzes geschützten Zeichen.

2. Wer die unter den vorbezeichneten Umständen in das Gefäß des Käufers eingefüllte Ware dem Käufer zu dessen Privatgebrauch käuflich überläßt, bringt nicht eine widerrechtlich gekennzeichnete Ware wissentlich in Verkehr."

Dagegen darf in einem mit einem geschützten Warenzeichen versehenen Gefäß zum Zwecke des Inverkehrbringens (!) eine andere Ware als die, für welche das Zeichen geschützt ist, weder feilgehalten noch in oder aus einem solchen Gefäß verkauft werden. (R.G. Oktober, 6. und 20. Dezember 1910, 2. März 1911, Ph.Ztg. 1910 Nr. 87, 1911 Nr. 19; R.G. 2. Februar 1915, Ph.Ztg. 1915 Nr. 12.)

Die Aufnahme eines einem anderen geschützten Wortzeichens in eine Preisliste in der Weise, daß bei dem geschützten Worte ohne Preisangabe auf den allgemeinüblichen Warennamen verwiesen wird (z. B. Exalgin vide Methylacetanilid), kann weder auf Grund des Warenzeichengesetzes, noch auf Grund des Wettbewerbgesetzes beanstandet werden (R.G. 1900, Ph.Ztg. 1900 Nr. 74). Die bloße Benennung einer Ware mit einem als Warenzeichen geschützten Wort in einer Preisliste ist keine Warenzeichenverletzung (R.G. 1910; ebensowenig die Benennung der Ware auf einer ausgeschriebenen Rechnung (O.L.G. Naumburg 14. November 1903, Ph.Ztg. 1904 Nr. 29).

Auf Etiketten von Präparaten, die Warenzeichenschutz genießen, darf vermerkt werden: „Unter Nr. . . . als Warenzeichen geschützt." Die Bezeichnung eines nur durch ein Warenzeichen geschützten Präparates als „patentamtlich geschützt" verstößt gegen § 40 des Patentgesetzes. (K.G. 12. Februar 1900 und 5. Juli 1918, Ph.Ztg. 1900 Nr. 35 und 1918 Nr. 60; Bayer.O.L.G. 10. März 1921, Ph.Ztg. 1921 Nr. 60.)

[1]) Nach einer „Feststellung", die der Apothekerkammerausschuß in seiner Sitzung vom 1. Dezember 1910 getroffen hat, soll die Bestimmung in § 31 der Ap.B.O. über die Angabe der Bestandteile der Arznei auf der Signatur „für alle Arzneiabgabestellen, also auch für die ärztlichen, homöopathischen und tierärztlichen Hausapotheken gelten". Dieser Ansicht kann nicht beigetreten werden. Aus der Einteilung der Ap.B.O. in fünf Hauptabschnitte, sowie aus dem Inhalt der ersten drei Abschnitte, der größtenteils auf Hausapotheken überhaupt nicht anwendbar ist, folgt, daß von der ganzen Ap.B.O. für Hausapotheken nur die Bestimmungen der ihnen gewidmeten besonderen Abschnitte D und E maßgebend sind, und daß ihre rechtlichen Verhältnisse in diesen Abschnitten erschöpfend geregelt werden. Eine Verpflichtung zum Kopieren ist dort für Hausapotheken nicht vorgesehen. Für Tierärzte aber gilt die Ap.B.O. überhaupt nicht, da das Veterinärwesen dem Landwirtschaftsministerium untersteht, und der Minister der Med. Angelegenheiten, der die Ap.B.O. allein erlassen hat, ohne Mitwirkung des Landwirtschaftsministers gar nicht in der Lage wäre, den Tierärzten Vorschriften über die Signierung der von ihnen dispensierten Arzneien zu machen. (Vgl. K.G. 30. Mai 1910, Gew.A. X S. 7, Med.A. 1910 S. 404.)

[2]) Die Benutzung eines Stempels oder Faksimiles statt der Namensunterschrift kann nicht beanstandet werden. Dies bestätigt nachstehendes Urteil des K.G. vom 27. Juni 1910 (Ph.Ztg. 1910 Nr. 62): „Die Bestimmung in § 32 Ap.O.B., daß auf der ärztlichen

Auf ärztlichen Verordnungen, welche aus öffentlichen oder Krankenkassen (Krankenversicherungsgesetz in der Fassung vom 10. April 1892)[1]) bezahlt werden, ist die Taxe für die Mittel, Arbeiten, Gefäße usw. nach den Einzelpreisen auszuwerfen[2]).

§ 33. Wenn der Apotheker in einer ärztlichen Verordnung einen Verstoß gegen die bestehenden Vorschriften oder einen Irrtum zu finden glaubt, so muß er darüber den verordnenden Arzt mündlich oder in einem verschlossenen Briefe verständigen. Besteht der Arzt auf Anfertigung seiner Verordnung, so kann der Apotheker dieselbe zwar auf dessen Verantwortung anfertigen, ist aber verpflichtet, dem Kreisarzt sogleich Anzeige zu machen oder, wenn dieser die Arznei verordnet haben sollte, die Verordnung dem Regierungspräsidenten zur Prüfung durch den Regierungs- und Medizinalrat einzusenden.

Ist der verordnende Arzt nicht zu erreichen, so ist bei Überschreitung der Maximaldosen die vorgeschriebene Grenze herzustellen und dem Arzt tunlichst bald Kenntnis davon zu geben[3]).

---

Verordnung der ‚ausgeschriebene' Name des Anfertigers zu vermerken ist, bedeutet nach ihrem klaren Wortlaut und Sinn weiter nichts, als daß der Name vollständig, also nicht abgekürzt, wiedergegeben werden soll. Über die Herstellungsart des Vermerks, also darüber, ob dieser mit der Hand geschrieben sein muß oder in anderer Weise, etwa durch Maschinenschrift, Druck oder Stempelung bewirkt werden darf, sagt das Wort ‚ausgeschrieben' nichts. Der Gebrauch eines Stempels zur Anbringung des Namens ist mithin zulässig."

Über die Vermerke des Apothekers auf der ärztlichen Verordnung erging folgender Min.Erl. vom 3. Juni 1903:

Der § 32 der Apothekenbetriebsordnung vom 18. Februar 1902 schreibt vor, daß auf der ärztlichen Verordnung sogleich nach der Anfertigung der ausgeschriebene Name des Anfertigers zu vermerken ist. Daneben wird bei der Abgabe der Arznei häufig auch ein Stempel mit der Firma der Apotheke auf die Verordnung aufgedruckt. Hierbei ist in letzter Zeit beobachtet worden und hat auch in einem mir bekanntgewordenen Falle gelegentlich der Erneuerung eines solchen Rezeptes einen folgenschweren Irrtum herbeigeführt, daß diese Vermerke zuweilen in den Text der Verordnung derart hineingeschrieben und gedruckt werden, daß die Angaben des Arztes nicht mehr deutlich zu lesen sind.

Dies gibt mir Veranlassung, zur künftigen Beachtung anzuordnen, daß alle Vermerke des Apothekers so anzubringen sind, daß der Text der ärztlichen Niederschrift durch dieselben nicht berührt oder verdeckt wird. Insbesondere wird es sich bei Mangel an genügendem Raume empfehlen, die Apothekenstempel der Rückseite der Verordnung aufzudrucken.

In Ziffer 3 der Deutschen Arzneitaxe ist bestimmt:

Wenn auf dem Rezept Angaben fehlen, die die Preisberechnung beeinflussen, so sind sie vom Apotheker hinzuzufügen.

[1]) Jetzt R.V.O. und Reichsknappschaftsgesetz (s. S. 58 und 72).

[2]) Seit Inkrafttreten der Deutschen Arzneitaxe (1. April 1905) ist durch Ziffer 6 derselben die Verpflichtung des Apothekers zum Vermerk der Arzneipreises nach seinen Einzelansätzen auf alle Rezepte, also auch Privatrezepte, ausgedehnt. Eine Verf. des Reg.-Präs. in Koblenz vom 7. Dezember 1905 erklärte es für empfehlenswert, die Einzelansätze stets nur auf der Rückseite der Rezepte, dagegen die sich daraus ergebende Summe nur auf der Vorderseite der Rezepte zu verzeichnen.

[3]) Hierzu enthält das Deutsche Arzneibuch 6. Ausgabe in seiner „Tabelle A enthaltend die größten Gaben (Maximaldosen) einiger Arzneimittel für den erwachsenen Menschen" (Anlage VIII) folgende Bestimmung:

Ist eines der nachstehenden Mittel in einer Arznei zum inneren Gebrauche (zum Einnehmen) in solchen Mengen enthalten, daß bei dem vorgeschriebenen Gebrauche die nachstehende größte Einzelgabe oder größte Tagesgabe, d. h. die sich auf 24 Stunden verteilende Menge, überschritten wird, so darf der Apotheker die Arznei nur dann abgeben, wenn der Arzt durch ein der Mengenangabe des betreffenden Mittels beigefügtes Ausrufungs-

Unleserlich geschriebene Verordnungen dürfen ohne Aufklärung durch den Arzt nicht angefertigt werden[1]).

---

zeichen (!) sowie durch wörtliche Wiederholung der verordneten Menge zu erkennen gegeben hat, daß die Überschreitung der größten Gaben beabsichtigt ist.

Dies gilt auch für die Verordnung der nachstehenden Mittel in der Form von Einspritzungen in und unter die Haut und Schleimhaut, in die Muskulatur und andere Organe, in die Blutbahn, in den Rückenmarkkanal, in geschlossene Körperhöhlen und für die Einverleibung durch Suppositorien. Den Einspritzungen sind die Aufbringung auf die Schleimhäute, insbesondere durch Einstäubung, Einpinselung, Eintropfung, Eingießung, auch durch Klistier, gleichzuachten.

Wenn der Apotheker bei Berechnung der größten Gaben auf ärztliche Angaben stößt, wie Tee- oder Kaffeelöffel, Kinder- oder Dessertlöffel oder Eßlöffel, so hat er für 1 Tee- oder Kaffeelöffel 5 ccm, für 1 Kinder- oder Dessertlöffel 10 ccm und für 1 Eßlöffel 15 ccm in Rechnung zu stellen.

Aus dieser Anordnung und den Bestimmungen in § 33 der Ap.B.O. ergibt sich folgendes:

1. Der Apotheker darf Arzneien, die ein mit Höchstgabe versehenes Mittel enthalten, nur dann anfertigen, wenn entweder bei dem vorgeschriebenen Gebrauche die Höchstgaben nicht überschritten sind oder der Arzt ein Ausrufungszeichen und die wörtliche Wiederholung der verordneten Menge beigefügt hat. Wird eine Maximaldosenüberschreitung festgestellt und fehlt der ärztliche Hinweis, so muß der Apotheker sich zunächst mit dem ordinierenden Arzte in Verbindung setzen und ihn zu einer Berichtigung seines Irrtums oder zu einer Beifügung des Ausrufungszeichens und der Dosenangabe veranlassen. Ist der verordnende Arzt nicht zu erreichen, so hat der Apotheker bei Überschreitung der Maximaldosen seinerseits die vorgeschriebene Grenze herzustellen und dem Arzte tunlichst bald Kenntnis davon zu geben.

2. Wenn das für einen Patienten (nicht für den Sprechstundenbedarf des Arztes) bestimmte Rezept indessen gar keinen Gebrauchsanweisungsvermerk oder nur den allgemeinen Hinweis „nach Bericht!" bzw. „nach Vorschrift!" trägt und die Arznei mehr als die höchste Einzelgabe enthält, so wird sich der Apotheker zunächst einwandfreie Gewißheit über den tatsächlich „vorgeschriebenen Gebrauch" verschaffen müssen. Das kann geschehen durch Rückfrage beim Arzt, aber auch, falls das auf Schwierigkeiten stößt, durch Erkundigung bei dem Patienten. Stellt sich hierbei eine Überschreitung der Maximaldosis heraus, so ist genau wie unter 1 zu verfahren.

Unter Berücksichtigung der Bestimmung in § 30 der Ap.B.O., daß der Apotheker ein neu verschriebenes ärztliches Rezept, das er anfertigen darf, auch anfertigen muß, ergibt sich für die Rezeptur stark wirkender Arzneimittel folgendes:

Eine schriftliche, mit Datum und Unterschrift versehene Anweisung eines in Deutschland approbierten Arztes, Zahnarztes oder (für die Tierheilkunde) Tierarztes darf und muß (gegen Bezahlung) angefertigt werden:

1. für den Sprechstundenbedarf bzw. die Praxis des Arztes in jedem Falle,
2. für einen Patienten
   a. wenn der Arzt ein Ausrufungszeichen und eine wörtliche Wiederholung der verordneten Menge beigefügt hat, ohne weiteres,
   b. ohne Ausrufungszeichen und Dosenwiederholung nur dann, wenn der Apotheker, sei es aus der auf dem Rezept vermerkten Gebrauchsanweisung, sei es durch anderweitige Ermittlungen, die Gewißheit erlangt hat, daß bei dem vorgeschriebenen Gebrauche weder die Einzel- noch die Tageshöchstgabe überschritten ist. Wie bei Höchstgabenüberschreitung zu verfahren ist, wurde vorher dargelegt.

[1]) Dieser Bestimmung gab das K.G. in einem Urteile vom 6. Februar 1908 (Ph.Ztg. 1908 Nr. 13) folgende Auslegung: „Eine Unleserlichkeit im Sinne des § 33 Abs. 3 der Ap.B.O. liegt auch in dem Falle vor, daß der Wortlaut eines Rezeptes nicht mit Sicherheit festgestellt werden kann. § 33 Abs. 3 der Ap.B.O. hat aber nur solche Verordnungen im Auge, bei denen es sich um die Anfertigung eines Rezeptes, die Herstellung eines Mittels nach den vom Arzt angegebenen Bestandteilen handelt. Er findet aber keine Anwendung in denjenigen Fällen, wo die Abgabe von Artikeln in Frage steht, die in Apotheken in fertigem Zustande vorrätig gehalten werden". Dies hindert indessen nicht, daß in Fällen, wo durch Abgabe eines falschen Mittels infolge schlechter Lesbar-

Es ist nicht gestattet, für ein verschriebenes Arzneimittel ein anderes zu verwenden[1]).

§ 34. Arzneien, welche nicht von approbierten Ärzten verschrieben sind, dürfen nur dann angefertigt werden, wenn dieselben lediglich aus solchen Mitteln bestehen, welche auch im Handverkauf abgegeben werden dürfen (Ministerialerlaß vom 22. Juni 1896[2]).

---

keit der ärztlichen Anweisung eine Gesundheitsschädigung des Patienten herbeigeführt worden ist, der Abgebende wegen fahrlässiger Körperverletzung zur Verantwortung gezogen wird (s. Fußnote 1 auf S. 48).

Gegen schlechte Handschrift auf ärztlichen Rezepten und das Fortlassen einer Gebrauchsanweisung bei Verschreibung auch stark wirkender Arzneimittel richtet sich eine der Ärztekammer zugegangene Verfügung des Berliner Polizeipräsidenten vom 12. Juli 1912. Der Vorstand der Ärztekammer wird darin ersucht, „die Ärzte in nachdrücklicher Weise auf die Gefahren hinzuweisen, die eine derartige Verschreibungsweise sowohl für ihre Klienten als auch für sie selbst herbeiführen kann". Ein Min.Erl. vom 6. Mai 1913 wendet sich ebenfalls gegen ärztliche Verordnungen stark wirkender Arzneimittel, die keine genügende Gebrauchsanweisung enthalten, sowie gegen die Gepflogenheit vieler Ärzte, „stark wirkende Mittel für sich allein zu verschreiben und ihre Einteilung oder die Herstellung der für den Gebrauch geeigneten Mischung nach mündlicher Anweisung den Kranken oder ihren Angehörigen zu überlassen". Der Minister erwartet, „daß eine Einwirkung auf die Ärzte genügen wird, um diese Mißstände zu beseitigen".

[1]) Unter einem „anderen" Arzneimittel ist hier ein seinem Wesen nach anderes Mittel zu verstehen. Die mit dem wissenschaftlichen Namen bezeichneten Präparate stehen jedoch den chemisch identischen wortgeschützten Mitteln nicht als „andere" im Sinne des obigen Paragraphen gegenüber. Bei der Abgabe und Bezeichnung dieser Mittel kommen lediglich die Bestimmungen des Warenzeichengesetzes und des Wettbewerbgesetzes in Betracht (s. S. 334 und 54). Im Zusammenhang hiermit stehen folgende Erlasse: Ein Min.Erl. betr. die Verordnung wortgeschützter Arzneimittel vom 28. Juli 1903 regte an, „diejenigen Ärzte, welche Arzneien auf Staats- und Gemeindekosten, sowie auf Kosten von Krankenkassen oder von Vereinigungen zur Erleichterung der öffentlichen Armenpflege verschreiben, anzuweisen, sich für jene Wortschutz genießenden Mittel der Bezeichnungen des Arzneibuches für das Deutsche Reich zu bedienen".

Ferner erging ein Min.Erl. betr. die Prüfungen der Arzneirechnungen durch die pharmazeutischen Revisoren vom 6. Mai 1902:

Die nach dem Erlasse vom 26. April 1900 mit der Prüfung der Rezepte und Rechnungen über die an Staatsanstalten gelieferten Arzneien betrauten pharmazeutischen Revisoren sind in der Lage, gleichzeitig Verstöße gegen die gebotene Sparsamkeit durch Verwendung unnötig teurer Arzneimittel, wie Antipyrin, Salipyrin, Dermatol und andere, deren Namen geschützt sind, zu überwachen. Zur Vereinfachung des Geschäftsbetriebes haben daher die mit der Prüfung der Arzneirechnungen betrauten pharmazeutischen Revisoren in der Folge diese Überwachung auszuüben und die revidierten Rechnungen mit einem entsprechenden Prüfungsvermerk zu versehen.

Der hier erwähnte Min.Erl. vom 26. April 1900 besagt, daß die Prüfung der Arzneirechnungen, wo es sich um Bezahlung aus Staatsfonds handelt, durch ein pharmazeutisches Mitglied der Apotheken-Revisionskommission bzw. den pharmazeutischen Assessor am Sitz eines Medizinalkollegiums geschieht. (Solche Assessoren gibt es jetzt nach Aufhebung der Medizinalkollegien nicht mehr.)

[2]) Hierzu bemerkte der Reg.-Präsid. in Köln in einer Verfügung vom 22. Juni 1901:

daß diese Bestimmung keineswegs so aufzufassen ist, als ob die Apotheker verpflichtet wären, jedes dieser Vorschrift entsprechende Rezept einer nicht approbierten Person überhaupt anzufertigen, sondern daß es vielmehr dem Ermessen der Apotheker überlassen ist, ob sie solche Rezepte anfertigen wollen. Dementsprechend schreibt der § 30 der angezogenen Vorschriften ausdrücklich vor, daß „ärztliche Verordnungen (Rezepte)" jederzeit ohne Verzug auszuführen sind. Rezepte von Nichtärzten fallen also nicht unter diese Bestimmung.

Vgl. jedoch Fußnote 4 auf S. 332. Statt des Min.Erl. vom 22. Juni 1896 gilt jetzt der vom 18. Dezember 1926 (s. S. 199).

§ 35. Die in den Apotheken befindlichen ärztlichen Verordnungen dürfen anderen Personen als dem verordnenden Arzt, dem Kranken und dessen Beauftragten oder Vertreter weder gezeigt noch in Ur- oder Abschrift verabfolgt werden[1]).

§ 36. Der Verkehr mit Geheimmitteln regelt sich nach den hierüber bestehenden Bestimmungen[2]).

§ 37. Die Ausübung der Heilkunst ist den Apothekern untersagt. Bei lebensgefährlichen Verletzungen, Vergiftungen oder besonders eiligen Notfällen ist es dem Apotheker ausnahmsweise gestattet, mangels rechtzeitiger ärztlicher Hilfe die von ihm für zutreffend erachteten Mittel abzugeben. Er hat aber dafür zu sorgen, daß beim Eintreffen eines Arztes diesem sofort genaue Mitteilung gemacht werde. Einfache, die Anwendung eines Mittels erläuternde kurze Anweisung zu geben, ist gestattet[3]).

---

[1]) Vgl. indessen § 26 letzter Absatz.

[2]) Die betr. Bestimmungen sind auf S. 231ff. abgedruckt.

[3]) Die Bestimmung in § 37 der Ap.B.O. gründet sich auf § 14 Titel I der rev. Ap.O., wonach die Ausübung der Apothekerkunst sich „weder auf ärztliche noch chirurgische Verrichtungen" erstreckt. Die Frage, ob das den Apothekern gemachte Verbot der Ausübung der Heilkunde auch nach erfolgter Freigebung der Arztpraxis noch fortbesteht, ist seitens des Med.-Ministeriums bejaht worden. Ein Zirkular-Erl. vom 23. September 1871 führt hierüber aus:

Ein Apotheker, welcher sich mit Behandlung von Krankheiten befaßt, verletzt die besonderen Pflichten seines Berufes. Die hiergegen gerichteten Strafbestimmungen haben mit der Medizinalpfuscherei keinen Zusammenhang, sondern beruhen auf der durch die gegenseitige Kontrolle bedingten Scheidung zwischen den Tätigkeiten des Arztes und des Apothekers. Dem Verbote des Kurierens seitens der Apotheker entspricht das Verbot des Selbstdispensierens seitens der Ärzte. Ob durch eine Verletzung dieser Verbote außerdem gegen Strafgesetze verstoßen wird, wie es hinsichtlich des ersteren bis zum Erlasse der Gewerbeordnung der Fall war, hinsichtlich des letzteren noch gegenwärtig der Fall ist, läßt den Charakter der Verletzung einer besonderen Berufspflicht unberührt. Es folgt aber daraus, daß die hiergegen verordneten besonderen Strafen zu denen gehören, welche der § 144 der Gewerbeordnung ausdrücklich fortbestehen läßt.

Vgl. ferner die auf S. 21, Fußnote 2 angeführten analogen Urteile des K.G.

Aus der Rechtsprechung über den Begriff Ausübung der Heilkunde sind folgende Entscheidungen hervorzuheben:

Die Abgabe eines nach einer bestimmten Vorschrift hergestellten Heilmittels auf Verlangen nach einem bestimmten Mittel gegen die betreffende Krankheit ist keine unbefugte Ausübung der Heilkunde (K.G. 29. Mai 1902, Ph.Ztg. 1902 Nr. 45). — Wenn ein Apotheker einem Kunden, der ein Mittel gegen ein bestimmtes Leiden fordert, mehrere derartige, ihren Eigenschaften nach zu dem gewünschten Zwecke geeignete Präparate zwecks eigener Auswahl namhaft macht, so liegt darin keine Ausübung der Heilkunde (O.L.G. Rostock 28. Oktober 1904, Ph.Ztg. 1905 Nr. 11). — In der bloßen Reklame für ein Mittel gegenüber dem Publikum kann nicht die Ausübung der Heilkunde erblickt werden. Die Ausübung der Heilkunde beginnt erst, wenn sich ein Patient an eine Person wendet, um Heilung zu suchen, und jene Person Heilung verspricht (K.G. 7. Dezember 1903, 28. Mai 1906, 4. Juli 1911, Ph.Ztg. 1903 Nr. 99, 1906 Nr. 44, 1911 Nr. 32 und 73). — Von einer Ausübung der Heilkunde kann nur dann die Rede sein, wenn ein Apotheker mit einem bestimmten Kranken in Verbindung tritt, um ihn von einem Leiden zu befreien oder es zu lindern. In der Anpreisung eines Mittels, wobei die Apotheke als Bezugsquelle angegeben wird, kann noch nicht die Ausübung der Heilkunde gefunden werden (K.G. 21. Mai 1906, Ph.Ztg. 1906 Nr. 42). — In den Urteilen vom 28. Mai 1906 und vom 4. Juli 1911 erklärt das K.G. übereinstimmend: „Niemand sagt von einem Arzneimittelgroßhändler, Apotheker oder Drogisten, der seine Mittel anpreist und demnächst ohne individuelle Feststellung abgibt, daß er Heilkunde betreibe. Die Ansicht entspricht auch der gewerbepolizeilichen Gesetzgebung, die stets den Betrieb der Heilkunde

§ 38. Es ist den Apothekern untersagt, mit Ärzten oder anderen Per-

---

auf der einen und die Ankündigung und Verabfolgung von Arznei- und Heilmitteln auf der anderen Seite getrennt behandelt hat." — Der Begriff der Ausübung der Heilkunde wird durch einen bloßen Verkauf von Heilmitteln ohne Raterteilung oder Untersuchung nicht erfüllt. (K.G. 1. September 1925, Ph.Ztg. 1925 Nr. 96.) — Eine Ausübung der Heilkunde ist dann nicht gegeben, wenn jemand ein bestimmtes Mittel von einer bestimmten, stets gleichbleibenden Beschaffenheit, das im Handverkauf abgegeben werden darf, verlangt und erhält. Aber auch, wenn die Abgabe eines Heilmittels nach der Kategorie verlangt wird, und der Apotheker ein gebräuchliches Handverkaufsmittel abgibt, liegt noch kein Ordinieren vor. Nur der Apotheker ordiniert, der sich ein Bild von der zu bekämpfenden Krankheit macht, das nach seiner Meinung hierfür passende Heilmittel auswählt und abgibt. (L.G. Eichstädt, 21. November 1913.) — In der Anfertigung einer Urinuntersuchung durch einen Apotheker und ausführlichen Bekanntgabe des Resultates direkt an den Auftraggeber kann niemals eine ärztliche Diagnose erblickt werden. Wenn der Apotheker nach erfolgter Urinuntersuchung auf besondere Bestellung Arzneimittel gegen bestimmte Leiden an den Auftraggeber abgibt, so übt er damit keine Heilkunde, sondern eine rein kaufmännische Tätigkeit aus. (L.G. Koblenz. Oktober 1913, Ph.Ztg. 1913 Nr. 89; vgl. auch Ph.Ztg. 1911 Nr. 32.)

Die Verfügungen einiger Regierungen (u. a. Merseburg 2. März 1897, Köln 8. Dezember 1897), welche schon die Anempfehlung und Abgabe von Heilmitteln im Handverkauf gegen bestimmte Krankheiten als Ausübung der Heilkunde bezeichneten, sind damit gegenstandslos geworden.

Besondere Vorsicht ist jedoch bei Mitteln gegen Geschlechtskrankheiten geboten. Das Reichsgesetz zur Bekämpfung der Geschlechtskrankheiten vom 18. Februar 1927 enthält hierüber folgende Bestimmung:

§ 7. Die Behandlung von Geschlechtskrankheiten und Krankheiten oder Leiden der Geschlechtsorgane ist nur den für das Deutsche Reich approbierten Ärzten gestattet. Verboten ist, solche Krankheiten anders als auf Grund eigener Wahrnehmung zu behandeln (Fernbehandlung) oder in Vorträgen, Schriften, Abbildungen oder Darstellungen Ratschläge für die Selbstbehandlung zu erteilen.

Wer einen anderen einem der im Abs. 1 enthaltenen Verbote zuwider behandelt oder sich zu einer solchen Behandlung öffentlich oder durch Verbreitung von Schriften, Abbildungen oder Darstellungen, wenn auch in verschleiernder Weise, erbietet, wird mit Gefängnis bis zu einem Jahre und mit Geldstrafe oder mit einer dieser Strafen bestraft.

Da Zuwiderhandlung gegen diese Bestimmung strafrechtlich ein Vergehen ist, ist auch Beihilfe dazu gemäß § 49 Str.G.B. (s. S. 45) strafbar. Der Apotheker kann sich der Beihilfe zu einer verbotenen Behandlung von Geschlechtsleiden strafbar machen, wenn er

1. auf Verordnung einer nicht approbierten Person eine Arznei abgibt, von der er weiß oder bei Anwendung der schuldigen Sorgfalt annehmen muß, daß sie gegen eine Geschlechtskrankheit oder ein Leiden der Geschlechtsorgane dienen soll;

2. im Handverkauf eine derartige Arznei abgibt, sofern dieselbe, worüber er sich gegebenenfalls vergewissern muß, auf Anweisung einer nicht approbierten Person verlangt wird (die Abgabe ist dagegen zulässig, wenn der Patient sich selbst behandelt);

3. eine Urin- oder Blutuntersuchung, bei der Anzeichen eines Geschlechtsleidens festgestellt werden sollen, ausführt, sofern dieselbe, worüber er sich gegebenenfalls vergewissern muß, zur Unterstützung einer verbotenen Behandlung durch eine nicht approbierte Person dienen soll.

Die Frage, ob das Verbot des § 37 Ap.B.O. sich rechtswirksam auch auf die Ausübung der Tierheilkunde bezieht, dürfte zu verneinen sein. Einmal ist in § 14 der rev. Ap.O., der die Grundlage des § 37 bildet, nur von „ärztlichen und chirurgischen", nicht aber von „tierärztlichen" Verrichtungen die Rede. Ferner würde das notwendige Korrelat einer solchen Bestimmung, ein Verbot der Arzneiabgabe, wie es für Ärzte besteht, den Tierärzten gegenüber, die ein weitgehendes Dispensierrecht besitzen, fehlen. Und schließlich ist es zum mindestens sehr fraglich, ob nach Übergang des Veterinärwesens auf das Landwirtschaftsministerium der Minister der Medizinalangelegenheiten allein (ohne Mitwirkung des Landwirtschaftsministers) in der Lage gewesen wäre, ein Verbot der Ausübung der Tierheilkunde zu erlassen. (In dieser Hinsicht vgl. K.G. 30. Mai 1910, Med.A. 1910 S. 404, Gew.A. X S. 7.)

sonen, welche sich mit der Behandlung von Krankheiten befassen, über die Zuwendung von Arzneiverordnungen[1]) Verträge zu schließen[2])

[1]) Das preußische Medizinaledikt vom 27. September 1725 bestimmt in dem Abschnitt „Von den Medicis", Ziffer 3 Abs. 6: „Endlich wird auch denen Medicis gänzlich verboten, einen Apotheker vor den anderen vorzuschlagen und zu recommendiren, sondern es muß denen Patienten darin freyer Wille gelassen werden." Daß diese Bestimmung noch jetzt gilt, besagt ein Urteil der O.V.G. vom 29. März 1897 (K.G.A. II S. 116).

Praktisch hat dieses Urteil allerdings nur noch geringe Bedeutung. Es wird daher in Fällen der Bevorzugung eines Apothekers vor einem andern durch einen Arzt besser durch Vermittlung des Kreisartzes oder des ärztlichen Ehrengerichts Abhilfe zu suchen sein. Der preuß. Ärztliche Ehrengerichtshof hat denn auch unter dem 17. Juni 1912 (Ph.Ztg. 1912 Nr. 96) entschieden: „Die Empfehlung einer bestimmten Apotheke durch einen Arzt ohne triftige sachliche Gründe enthält auch unabhängig von der noch rechtsgültigen Bestimmung des Medizinaledikts von 1725 nach dem für die ehrengerichtliche Beurteilung allein und ausschließlich maßgebenden § 3 des Ehrengerichtsgesetzes eine ehrengerichtlich strafbare Pflichtverletzung. Der Arzt darf nicht ohne weiteres eine bestimmte Apotheke diskreditieren und vor einer anderen benachteiligen." Desgleichen hat der Ärztliche Ehrengerichtshof unter dem 22. November 1909 (Ph.Ztg. 1910 Nr. 94) auch die Verweisung eines Patienten an eine bestimmte Drogenhandlung durch den behandelnden Arzt, die schon dadurch erfolgt, daß das Rezept in einem mit der Firma der betreffenden Drogerie bedruckten Kuvert dem Patienten übergeben wird, in jedem Falle als einen Verstoß gegen die ärztlichen Standes- und Berufspflichten erachtet.

In Übereinstimmung hiermit enthält die vom Geschäftsausschuß des Deutschen Ärztevereinsbundes am 5. September 1926 festgelegte Standesordnung für die deutschen Ärzte u. a. folgende Bestimmungen:

§ 19. Es ist unstatthaft, Kranke gewohnheitsgemäß an bestimmte Apotheken zu verweisen.

§ 20. Es ist dem Arzt verboten, anderen Ärzten oder Apothekern ..., Vorteile irgendwelcher Art zu gewähren oder in Aussicht zu stellen, um sich dadurch Praxis oder einen anderen beruflichen Nutzen zu verschaffen.

Anderseits ergingen folgende Entscheidungen: Die Empfehlung einer bestimmten Apotheke durch den Arzt enthält keine ehrengerichtlich strafbare Pflichtverletzung, wenn triftige sachliche Gründe ohne irgendwelche selbstsüchtige und unlautere Motive ihn zu solcher Empfehlung bestimmten. (Ärztl. Ehrengericht für die Rheinprovinz, 27. April 1917, Ph.Ztg. 1917 Nr. 91.) — Die Empfehlung einer bestimmten Apotheke ist nicht verbotswidrig, wenn es sich um den Bezug gewisser im allgemeinen nur in dieser Apotheke stets vorrätig gehaltener Mittel handelt, wohl aber dann, wenn es sich um Mittel handelt, die in den anderen Apotheken zu haben sind, namentlich wenn der Arzt keinen besonders gerechtfertigten Grund für diese Empfehlung angeben kann. (O.L.G. Marienwerder, 30. November 1917, Ph.Ztg 1918 Nr. 31.)

[2]) Diesem Paragraphen hat das K.G. in zwei Entscheidungen eine ziemlich weitgehende Auslegung gegeben. Unter dem 27. Februar 1905 (Ph.Ztg. 1905 Nr. 18) sprach es sich dahin aus, daß sich der § 38 auch auf die Vorsteher von Krankenheilanstalten beziehen kann, in welchen die Patienten nicht von dem Institutsvorsteher, sondern von Ärzten behandelt werden, die von den Institutsvorstehern zur Behandlung der Kranken angestellt worden sind. Und unter dem 2. Oktober 1905 (Ph.Ztg. 1905 Nr. 80) führte es aus: „Der Gesetzgeber wollte durch den § 38 offenbar verhüten, daß Ärzte zugunsten eines Apothekers mehr und kostspieligere Rezepte ausfertigen, als nötig seien. Der Begriff Zuwendung sei im allgemeinen Sinne gebraucht: auch der wende zu, welcher durch seine eigene Tätigkeit dafür sorge, daß ein anderer Vermögensvorteile erhalte. Was die Verträge anbelange, welche zwischen Krankenkassen, Kliniken usw. und Apothekern abgeschlossen seien, so müsse von Fall zu Fall geprüft werden, ob der Vertrag unter § 38 der Ap.B.O. falle." Einfache „Arzneilieferungsverträge" dürften jedenfalls mit dem § 38, der nur „Zuwendungsverträge" betrifft, nicht kollidieren. Auch staatliche Anstalten und Behörden schließen ja mit Apothekern Arzneilieferungsverträge ab.

Ferner kamen folgende Fälle zur Entscheidung: Die Vereinbarung eines Schlüssels zwischen Apotheker und Heilkundigen, der dem betreffenden Apotheker die Bedeutung der für seine Berufsgenossen unverständlichen Verordnungen eines Heilkundigen erkennbar oder denselben dafür Vorteile zu gewähren oder Arzneien anzufertigen, deren Bestandteile durch erdichtete, unverständliche Ausdrücke bezeichnet sind.

§ 39. Nebengeschäfte dürfen Apotheker nur mit Genehmigung des Regierungspräsidenten, und zwar in besonderen, von den Apothekenräumen getrennten und mit eigenem Eingang versehenen Gelassen treiben[1]).

§ 40[2]). Apothekern, welche ihre Apotheke ohne Gehilfen betreiben, kann

---

macht und ihn somit diese Verordnungen ausführen läßt, ist als Vorstoß gegen § 38 der Ap.B.O. strafbar. (K.G. 22. Mai 1925, Ph.Ztg. 1925 Nr. 48.) Ein Arzt, der auf Grund einer Vereinbarung mit dem Apotheker allerlei Mittel mit dem Zusatze „Marke C. A." verschreibt und so seine Patienten veranlaßt, diese bestimmten Präparate in dieser Apotheke zu kaufen, verstößt gegen die Standesordnung und kann ehrengerichtlich bestraft werden. (Preuß. ärztl. Ehrengerichtshof 1915, Ph.Ztg. 1915 Nr. 91.)

[1]) Der Schlußsatz obiger Bestimmung berechtigt zu der Annahme, daß es sich hier nur um solche Nebengeschäfte handelt, welche mit dem Apothekerberuf nicht zusammenhängen und besonderer Gelasse bedürfen. Das Verbot der Fabrikation von Mineralwässern, Verbandstoffen u. dgl. entspricht dem Zweck und Sinn der Vorschrift nicht. Ebenso würde die Einrichtung einer Drogenhandlung, die ja in gewissem Umfange schon von vornherein in jeder Apotheke mitenthalten ist (L.G. Halle a. d. S., Ph.Ztg. 1911 Nr. 37), nicht als ein Nebengeschäft im Sinne des § 39 aufzufassen sein. Die Forderung besonderer Räume und eines besonderen Einganges für eine solche erscheint daher ebensowenig berechtigt, wie etwa ein Verbot der Firmenbezeichnung „Apotheke und Drogenhandlung".

Das K.G. hat dem § 39 in einem Urteile vom 13. Juli 1908 (Ph.Ztg. 1908 Nr. 67) folgende Auslegung gegeben: „Die Vorschrift des § 39 der Ap.B.O., welche für Nebengeschäfte die Genehmigung des Regierungspräsidenten fordert, bezieht sich nur auf Nebengeschäfte, welche sich in demselben Hause befinden, nicht aber auf Geschäfte an anderen Orten. Weiter bezieht sie sich nur auf Geschäfte, die vom Apotheker selbst betrieben werden, nicht aber auf solche, deren Betrieb durch einen anderen erfolgt. In der Einrichtung einer Niederlage freigegebener Arzneimittel bei einem Kaufmann des Nachbarortes ist somit weder der unzulässige Betrieb eines Nebengeschäfts, noch die Anlage einer Zweigapotheke zu erblicken."

Ferner erging hierüber ein Min.Erl. vom 11. Januar 1898:

Einem Apotheker wird mit Hinblick auf § 3 der Reichsgewerbeordnung im allgemeinen nicht verboten werden können, neben dem Apothekenbetriebe sich noch anderweitige Betriebsquellen auf gewerblichem Gebiete zu verschaffen. Ebenso wie ein Apotheker Eigentümer eines Rittergutes sein kann, wird er auch Eigentümer eines Drogengeschäftes sein dürfen, vorausgesetzt, daß er den Betrieb der Apotheke persönlich leitet und die Nebengeschäfte durch Bevollmächtigte besorgen läßt. Dies schließt jedoch das Recht der Behörde nicht aus, wenn im Einzelfalle begründete Veranlassung vorliegt, anzunehmen, daß dem ordnungsmäßigen Apothekenbetriebe aus dem Betriebe eines zweiten Geschäftes Nachteile erwachsen werden, dem Bewerber um die Konzession einer Apotheke die Aufgabe des zweiten Geschäftes als Bedingung vorzuschreiben. Dies gilt nicht nur von Neukonzessionierungen, sondern auch von der Bestätigung eines präsentierten Geschäftsnachfolgers. § 3 der Reichsgewerbeordnung steht in diesem Punkte nicht entgegen, da die Einrichtung von Apotheken — die Präsentation eines Geschäftsnachfolgers gehört auch hierher — sich in Gemäßheit des § 6 a. a. O. nach Landesrecht regelt.

Auch die Übernahme kommunaler oder sonstiger Ämter ist als eine der Genehmigung bedürftige Nebenbeschäftigung im obigen Sinne nicht anzusehen. Anderseits kann aber auch nach einer Entscheidung des Bez.-Ausschusses Breslau vom 15. Februar 1907 (Ph.Ztg. 1907 Nr. 15) ein ohne Personal arbeitender Apotheker nicht zur Ausübung von Ehrenämtern, also auch nicht zur Annahme einer Wahl zum Stadtverordneten, gezwungen werden, wenn er dadurch der Apotheke zeitweilig entzogen wird. In diesem Sinne erging auch ein Min.Erl. vom 14. Juli 1835.

[2]) Der § 40, dessen jetzige Fassung auf Erlassen vom 23. Januar 1920 und 31. März 1924 beruht, sieht Erleichterungen sozialer Art vor, die teils allein arbeitenden Apothekenvorständen, teils den Apothekenangestellten zugute kommen sollen. Demnach wenden sich

auf ihren Antrag durch den Regierungspräsidenten widerruflich gestattet werden, während bestimmter Stunden sich aus der Apotheke zu entfernen, wenn Fürsorge getroffen ist, daß im Bedarfsfalle der Apotheker innerhalb einer Stunde zurückgerufen werden kann[1]).

An Orten mit nur einer Apotheke kann Apothekern, die ihre Apotheke ohne Gehilfen betreiben, durch den Regierungspräsidenten widerruflich gestattet werden, die Apotheke an Sonn- und Feiertagen[2]) von 1 Uhr nach-

---

die einzelnen Bestimmungen teils (Abs. 1 und 2) nur an Apotheken, die ohne Assistent betrieben werden, teils (Abs. 3 und 5) an Apotheken in Orten mit mehreren Apotheken, teils (Abs. 4) an alle Apotheken. Nach der Art der einzelnen Maßnahmen zerfallen diese in Genehmigungen (Abs. 1, 2 und 5) und Anordnungen (Abs. 3 und 4). An der Rechtsgültigkeit der Genehmigungen, die auf Antrag der Apotheker erfolgen, besteht kein Zweifel. Die Behörde ist auf Grund ihres staatlichen Aufsichtsrechts zu solchen Maßnahmen berechtigt. Die Anordnungen bedürfen einer bestimmten gesetzlichen Unterlage. Diese bildet die Reichsverordnung über Sonntagsruhe im Handelsgewerbe und in Apotheken vom 5. Februar 1919, deren Artikel 3 lautet:

Artikel 3. Die höhere Verwaltungsbehörde ist befugt, für eine Gemeinde oder für benachbarte Gemeinden mit mehreren Apotheken an Sonn- und Festtagen oder während bestimmter Stunden dieser Tage abwechselnd einen Teil der Apotheken zu schließen. Die Schließung kann bis 8 Uhr morgens des nächsten Tages ausgedehnt werden. An den geschlossenen Apotheken ist an sichtbarer Stelle ein Aushang anzubringen, welcher die zur Zeit offenen Apotheken bekanntgibt.

Wird von dem Rechte der Schließung kein Gebrauch gemacht oder bleibt die Apotheke an Sonn- und Feiertagen länger als sechs Stunden geöffnet, so müssen den pharmazeutischen Dienstangestellten für jeden Sonn- und Festtag, an dem sie beschäftigt werden, ein Wochentag oder zwei Nachmittage freigegeben werden.

Da sich diese V. nur auf Sonn- und Festtage und die an diese anschließende Nacht erstrecken, ist die Rechtsgültigkeit der auf Grund des § 40 Abs. 3 und 4 der Ap.B.O. ergangenen polizeilichen Anordnungen, soweit sie den wechselweisen völligen Apothekenschluß während der übrigen Nächte sowie den äußeren Abendschluß der Apotheken in der Woche verfügen, bezweifelt worden. Das K.G. hat jedoch in zwei Entscheidungen vom 17. April 1923 und 14. Mai 1926 (Ph.Ztg. 1923 Nr. 38 und 1926 Nr. 40) die fraglichen Bestimmungen der Ap.B.O. sowie die daraufhin ergangenen Anordnungen für rechtsgültig erklärt mit der Begründung, daß die zuständigen Minister nach § 136 des Gesetzes über die allgemeine Landesverwaltung vom 30. Juli 1883 zum Erlasse der in § 367 Nr. 5 des Strafgesetzbuchs gedachten Verordnungen ausdrücklich befugt seien, und daß den vorliegenden Anordnungen auch medizinalpolizeiliche Erwägungen (Sicherung der Arzneiempfänger vor Mißgriffen seitens der durch ständigen Nachtdienst überanstrengten Apotheker) zugrunde liegen. Diese Annahme dürfte auf einem Irrtum beruhen.

Denn wer schützt in den Apotheken, die nachts Dienstbereitschaft haben und, da es nur ein Teil der Gesamtzahl ist, in erhöhtem Maße in Anspruch genommen werden, die Arzneiempfänger am nächsten Tage vor Mißgriffen durch übermüdete Apotheker, und wer bürgt dafür, daß die nachtdienstfreien Apotheker diese Zeit wirklich zum Ausruhen benutzen? Offenbar haben den diesbezüglichen Bestimmungen in § 40 der Ap.B.O. nur sozialpolitische Absichten zugrunde gelegen, und da erscheint es doch fraglich, ob derartige Maßnahmen sich noch im Rahmen des § 367 Nr. 5 Str.G.B. bewegen. Im Gegensatz zum K.G. hat das A.G. Hannover in zwei Entscheidungen vom 15. Januar 1921 und 11. Juli 1924 (Ph.Ztg. 1921 Nr. 67 und 1924 Nr. 75) die genannten Anordnungen für rechtsungültig erklärt. Ein im gleichen Sinne ergangenes juristisches Gutachten ist in Ph.Ztg. 1925 Nr. 81 wiedergegeben.

[1]) Ein ohne pharmazeutische Hilfskraft arbeitender Apotheker macht sich strafbar, wenn er die ihm vom Regierungspräsidenten in Gemäßheit des § 40 der Ap.B.O. gewährte freie Zeit überschreitet. Ohne Genehmigung des Regierungspräsidenten darf ein allein arbeitender Apotheker seine Apotheke nicht verlassen. (K.G. 12. Dezember 1910, Ph.Ztg. 1911 Nr. 3.)

[2]) Zu den gesetzlichen Feiertagen zählt in Preußen laut § 1 des Gesetzes über den Karfreitag vom 2. September 1899 auch der Karfreitag.

mittags an für den übrigen Teil des Tages zu schließen[1]). Die Genehmigung ist davon abhängig zu machen, daß für Notfälle gewisse, nach Art und Menge näher zu bezeichnende Heilmittel jederzeit durch Vermittlung einer zuverlässigen Person erreichbar bleiben[2]).

An Orten mit zwei und mehr Apotheken und in Bezirken, in denen Apotheken verschiedener Orte nicht zu weit voneinander entfernt liegen, ist ein Teil dieser Apotheken sowohl an Sonn- und Feiertagen als auch während der Nachtstunden abwechselnd zu schließen[3]). Über die Reihenfolge der Schließung entscheidet nach Anhörung der beteiligten Apotheker der Regierungspräsident.

Der Regierungspräsident ist auch befugt, darüber Anordnungen zu treffen, während welcher Abend- und Nachtstunden alle Apotheken für den offenen Verkehr zu sperren, also nur für dringende Fälle zur Abgabe von Heilmitteln auf Anruf dienstbereit zu halten sind[4]).

Der Regierungspräsident kann genehmigen, daß an Orten mit zwei und mehr Apotheken und in Bezirken, in denen Apotheken verschiedener Orte nicht zu weit voneinanderliegen, ein Teil dieser Apotheken während der Mittagszeit bis zu zwei Stunden geschlossen wird[5]).

---

[1]) Auch sind solche Apotheken an Sonn- und Feiertagen gemäß Ziffer 7 der Deutschen Arzneitaxe zur Erhebung der Schutztaxe ab 1 Uhr berechtigt.

[2]) Hierzu besagt ein Min.Erl. vom 23. Januar 1920:

Es bleibt den Herren Regierungspräsidenten überlassen — gegebenenfalls im Einvernehmen mit den beteiligten Ärzten und Apothekern — zu bestimmen, in welcher Weise die Heilmittel, die für die Zeit der völligen Schließung einer alleinigen Apotheke am Orte bereit zu halten sind, den etwaigen Arzneibedürftigen zugänglich sein sollen. Bei Erlaß von Anordnungen über Geschäftsschluß an den Abenden ist Verzögerungen, die durch die Fertigstellung einer schon in Angriff genommenen Arzneizubereitung bedingt werden, Rechnung zu tragen.

[3]) Dazu bemerkt ein Min.Erl. vom 5. Juni 1920:

Die Auffassung, daß nach der Bestimmung im Absatz 3 des neugefaßten § 40 der Apothekenbetriebsordnung an Orten mit zwei und mehr Apotheken und in Bezirken, in denen Apotheken verschiedener Orte nicht zu weit voneinander entfernt liegen, ein Teil dieser Apotheken an Sonn- und Feiertagen für den ganzen Tag zu schließen ist, trifft zu.

Zu der wechselweisen Apothekenschließung besagt eine Verf. des Berliner Polizeipräsidenten vom 13. März 1914:

Im Laufe der letzten Jahre ist einer größeren Anzahl von Apotheken auf Grund des § 40 der Betriebsordnung vom 18. Februar 1902 die wechselseitige Geschäftsschließung für den Nacht- und den Sonntagsdienst genehmigt worden. In der Verfügung ist jedesmal u. a. auch aufgegeben worden, daß an der geschlossenen Apotheke ein gut erkennbares Schild angebracht werde, das Name und Lage der nächsten offenen Apotheken angibt. Ich mache hiermit darauf aufmerksam, daß unter diesen dem Publikum als zugängig bekanntzugebenden Apotheken die räumlich nächsten und jeweils nicht geschlossenen Apotheken zu verstehen sind, gleichgültig, ob sie zu der einzelnen Vereinigung, deren Mitglied die schließende Apotheke ist, gehören oder nicht.

[4]) Die Rechtsgültigkeit einer solchen Anordnung muß ganz besonders bezweifelt werden. Wenn die Apotheke doch dienstbereit bleiben muß, ist nicht einzusehen, mit welchem Rechte die Behörde den Apothekenvorstand zwingen kann, die Apothekentür nach außen zu schließen und nur auf Anruf zu öffnen. Praktisch müßte eine solche Einrichtung auf Erschwerung und Verzögerung der Arzneiabgabe hinauslaufen.

[5]) Hierzu bestimmte der Minister in einem Erl. vom 31. März 1924:

Ich ersuche ergebenst, bevor derartige Genehmigungen erteilt werden, eingehend die Bedürfnisfrage, gegebenenfalls unter Anhörung der Apothekerkammer, zu prüfen. Insbesondere wird zu berücksichtigen sein, ob nicht Schädigungen Schwerkranker zu befürchten sind, wenn bei der Beschaffung von Arzneien weite Wege zurückzulegen sind, ob die Schließung der Geschäfte in den Mittagsstunden ortsüblich ist, und ob die Genehmigung nicht lediglich zum Zwecke einer sachlich nicht schlechthin begründeten Entlassung von Angestellten angestrebt wird.

Durch öffentliche Bekanntmachung am Ort und durch Aushang an der Apotheke ist die Genehmigung oder Anordnung des Regierungspräsidenten zur allgemeinen Kenntnis zu bringen[1]).

§ 41. Der Apothekenvorstand ist verpflichtet, jede Behinderung in der Leitung der Apotheke, wenn sie die Dauer von drei Tagen übersteigt, unter Benennung des Vertreters dem Kreisarzt rechtzeitig anzumelden[2]).

Bei Abwesenheit oder Behinderung des Vorstandes bis zu 14 Tagen kann die Vertretung durch einen Gehilfen, bei längerer Dauer muß sie durch einen approbierten Apotheker ausgeübt werden.

Kein Apothekenvorstand darf ohne Genehmigung des Regierungspräsidenten länger als drei Monate im Zusammenhang und während eines Jahres nicht mehr als vier Monate in der Leitung der Apotheke vertreten werden[3]).

## C. Personal[4]).

§ 42. Jeder Apothekenvorstand kann soviel Lehrlinge, als er Gehilfen[5]) hat, zur Ausbildung annehmen.

Wer keinen Gehilfen hält, kann einen Lehrling ausbilden, bedarf aber hierzu der Erlaubnis des Regierungspräsidenten, welche widerruflich ist[6]).

---

[1]) Ein Plakat an der Tür einer Apotheke, das die zur Zeit der Sonntagsruhe geöffneten Apotheken in polnischer Sprache (neben der deutschen) anführt, verstößt gegen die öffentliche Ordnung. Seine Entfernung kann daher von der Polizei verlangt werden (O.V.G. 7. Juni 1910, Ph.Ztg. 1910 Nr. 56).

[2]) Vgl. hierzu § 49 der Dienstanweisung für die Kreisärzte (s. S. 7).

[3]) Wie schon auf S. 18 erwähnt, haben sowohl das R.G. 7. Juni 1899 (Ph.Ztg. 1901 Nr. 35) und 19. Mai 1911 (Med.A. 1911 S. 533) wie auch das O.V.G. 2. November 1905 (Ph.Ztg. 1906 Nr. 31) entschieden, daß die Landeszentralbehörde nicht berechtigt ist, die Stellvertretung im Apothekenbetriebe bzw. die Verwaltung von Apotheken durch eine qualifizierte Person zu beschränken oder von ihrer Genehmigung abhängig zu machen, da § 45 der Gew.O. auch auf das Apothekergewerbe Anwendung findet. Die Regierung kann nur den Nachweis verlangen, daß der Verwalter approbiert und gemäß § 23 Titel I der rev. Ap.O. vereidigt ist; ist dieser Nachweis geliefert, dann ist die Stellvertretung rechtsgültig eingesetzt. Demgemäß erklärte das O.V.G. die entgegenstehenden Anordnungen des § 41 der Betriebsordnung für ungültig. Die Befugnisse des Verwalters im inneren Betriebe richten sich nach seinem Dienstvertrage.

[4]) Die aus dem Jahre 1902 stammende Ap.B.O. gebraucht für das Personal noch die damals üblichen Bezeichnungen „Lehrling" und „Gehilfe". Diese sind infolge der Änderung der Prüfungsordnung für Apotheken vom 10. Dezember 1921 durch „Praktikant" und „Assistent" zu ersetzen.

[5]) Über die Zahl der in Apotheken anzunehmenden Praktikanten erging folgender Min.Erl. vom 10. Oktober 1912:

Unter Gehilfen im Sinne des § 42 Abs. 1 der Apothekenbetriebsordnung vom 18. Februar 1902 sind nur solche zu verstehen, die voll beschäftigt werden. Gehilfen, welche nur aushilfsweise mehrere Stunden in der Woche in einer Apotheke tätig sind, müssen bei Prüfung der Frage, wieviel Lehrlinge zur Ausbildung angenommen werden können, außer Betracht bleiben.

[6]) Nach der jetzigen Fassung des § 42 bedarf der ohne Assistenten arbeitende Apotheker nur einer einmaligen, generellen Erlaubnis zur Annahme eines Praktikanten. Doch kann § 42 für den Geltungsbereich der dänischen Medizinal- und Apothekerordnung, also in Neuvorpommern, Rügen und Schleswig-Holstein nicht als gültig angesehen werden, da nach § 14 dieses Gesetzes die Annahme von Lehrlingen an keine Beschränkung gebunden ist. Vgl. die Fußnote zu § 45.

Zu § 42 traf das K.G. in einem Urteil vom 27. September 1909 (Ph.Ztg. 1909 Nr. 104) die Feststellung, daß er sich nur auf den eigentlichen engeren Apothekenbetrieb bezieht. „Unter Apothekerlehrlingen sind nur Personen zu verstehen, welche der Apo-

In Zweigapotheken dürfen Lehrlinge nicht ausgebildet oder beschäftigt werden.

§ 43. Wer als Lehrling in eine Apotheke eintreten will, hat vorher ein von dem zuständigen Kreisarzt auf Grund

1. des Zeugnisses über die in Gemäßheit der Bekanntmachung des Reichskanzlers vom 5. März 1875 § 4 Nr. 1[1]) erforderliche wissenschaftliche Vorbildung,
2. des Revakzinationsscheines,
3. des selbstgeschriebenen Lebenslaufes

ausgestelltes Zulassungszeugnis[2]) dem Apothekenvorstand vorzulegen. Aus dem Zeugnis muß auch der Tag des Eintritts in die Apotheke ersichtlich sein.

Ohne dieses Zeugnis darf kein Apothekenvorstand einen Lehrling annehmen.

Ein Lehrling, welcher während der Lehrzeit die Lehrstelle wechselt, hat von dem für die neue Lehrstelle zuständigen Kreisarzt das Zulassungszeugnis genehmigen zu lassen. In dem Abgangszeugnis aus der früheren Stelle ist der Grund des Abganges von dem Lehrherrn anzugeben. Ohne ein so ergänztes Zulassungszeugnis darf kein Lehrling von einem anderen Lehrherrn angenommen werden.

§ 44. Der Apothekenvorstand ist für die sachgemäße Ausbildung des Lehrlings verantwortlich. Er hat für die erforderlichen Lehrmittel zu sorgen, dem Lehrling hinreichend geschäftsfreie Zeit zum Studium, im Sommer zum Sammeln von Pflanzen zu gewähren, die Anlegung und Ordnung der Pflanzensammlung zu überwachen, sowie selbst oder durch einen Gehilfen den Lehrling in den praktischen Arbeiten zu unterweisen und für die Eintragung des Verlaufs dieser Arbeiten in das Arbeitsbuch Sorge zu tragen.

§ 45. Einem Apothekenvorstand, welcher seine Pflichten als Lehrherr nicht erfüllt oder sich anderweitig in sachlicher oder sittlicher Beziehung unzuverlässig erweist, kann die Befugnis, Lehrlinge auszubilden, durch den Regierungspräsidenten auf Zeit oder dauernd entzogen werden[3]).

---

thekenbesitzer im Apothekenbetriebe ausbildet oder beschäftigt. Zu den Apothekerlehrlingen gehören also nicht Personen, welche, wenn auch in den Räumen der Apotheke, so doch lediglich mit dem Verkauf freigegebener, den Bestimmungen über den Apothekenbetrieb nicht unterliegender Waren befaßt werden." Hilfskräfte, deren Tätigkeit lediglich den im Apothekenbetrieb nebenbei geführten kaufmännischen Artikeln gewidmet ist, unterstehen also den medizinalpolizeilichen Bestimmungen nicht. Zu ihrer Annahme bedarf es, soweit es sich um Lehrlinge handelt, keiner Genehmigung, und ihr Antritt braucht nicht dem Kreisarzt gemeldet zu sein. Vgl. hierzu noch das auf S. 302 angeführte Urteil des K.G. vom 12. Dezember 1910, sowie den § 48 letzter Absatz.

[1]) Jetzt Prüfungsordnung für Apotheker vom 18. Mai 1904, § 6 Nr. 1 (s. S. 86).

[2]) Für die Ausstellung des Zulassungszeugnisses steht dem Kreisarzt nach dem Gesetz betr. die Gebühren der Medizinalbeamten vom 14. Juli 1909 eine Gebühr von 6 *RM* zu.

[3]) Die rev. Ap.O. vom 11. Oktober 1801 sagt im Tit. I § 15 Abs. d, daß einem Apotheker, wenn bei der Prüfung des Lehrlings am Schlusse der Lehrzeit sich „vorsätzliche Vernachlässigung des Lehrlings oder erwiesene Unfähigkeit, brauchbare Subjekte zu bilden", herausstellen, die Befugnis zum Halten von Lehrlingen untersagt werden kann. Die obige Bestimmung erweitert dies dahin, daß auch einem Apotheker, der sich „anderweitig in sachlicher oder sittlicher Beziehung unzuverlässig erweist", dieses Recht entzogen werden kann. Diese Erweiterung entbehrt nach einem Urteil des O.V.G. vom 18. Februar 1907 (Ph.Ztg. 1907 Nr. 54) für den Geltungsbereich der rev. Ap.O. der Rechtsgültigkeit. Nach dieser Entscheidung hat die Betriebsordnung von 1902 nur insofern Bedeutung, als sie sich mit der als Gesetz erlassenen Apothekerordnung von 1801 deckt.

§ 46. Die Ausbildung des Lehrlings untersteht der **Aufsicht des zuständigen Kreisarztes**, welcher alljährlich gelegentlich der vorgeschriebenen Apothekenmusterung sich von den Kenntnissen und Fortschritten der Lehrlinge zu überzeugen hat. Zu dem Zweck hat er auch die Pflanzensammlung, sowie das Arbeitsbuch derselben zu besichtigen und die Handschriften auf ihre Deutlichkeit zu prüfen.

Die über den gesamten Vorgang aufzunehmende Verhandlung wird von dem Kreisarzt und dem Lehrherrn unterschrieben, bei günstigem Ergebnis der kreisärztlichen Registratur einverleibt, im entgegengesetzten Falle aber dem Regierungspräsidenten eingereicht[1]).

§ 47. Über die **Prüfung als Gehilfe** und die weitere Ausbildung zum Apotheker enthalten die Bekanntmachungen des Reichskanzlers vom 5. März und 13. November 1875 die näheren Bestimmungen[2]).

---

Hiernach kann dem Apotheker das Recht, Praktikanten auszubilden, nur dann entzogen werden, wenn ihm ein schuldhaftes Verhalten zur Last fällt.

Nach einem weiteren Urteil des O.V.G. vom 29. Juni 1898 (Ph.Ztg. 1898 Nr. 74) hat der § 45 für das ehemalige Herzogtum Nassau keine Gültigkeit. Dieses Urteil besagt, daß die Aufsichtsbehörde zur Entziehung der Befugnis, Apothekerlehrlinge auszubilden, nur da berechtigt ist, wo die gesetzlich gültigen Apothekerordnungen ihr ein solches Recht einräumen; ist dies nicht der Fall, so steht ihr eine solche Berechtigung nicht zu und kann ihr auch nicht durch ministerielle Bestimmungen eingeräumt werden. Im ganzen ergibt sich hinsichtlich der Rechtskraft des § 45 der Ap.B.O. somit folgendes: Der § 45 der Ap.B.O. ist in vollem Umfange **ungültig** in Nassau, im ehemaligen Landgrafentum Hessen, in Frankfurt a. M., Schleswig-Holstein, Neuvorpommern und Rügen. Hier kann also die Befugnis zur Ausbildung von Praktikanten den Apothekern überhaupt nicht entzogen werden, da die grundlegenden Gesetze ein solches Recht der Regierung nicht einräumen. In Hannover, wo die Entziehung sich nur auf die Verletzung der durch die Verordnung selbst genannten Berufspflichten gründen darf, und in den übrigen Gebietsteilen Preußens, wo die Entziehungsbefugnis direkt auf die Verletzung der Lehrpflicht beschränkt ist, ist der § 45 **nur insoweit gültig**, als er diese letzteren Punkte betrifft. Die Begründung der Entziehung auf „anderweitige Unzuverlässigkeit in sachlicher oder sittlicher Beziehung" ist rechtlich unwirksam.

Eine weitere Anwendung der in § 45 gegebenen Befugnis zur Entziehung des Rechts zur Praktikantenausbildung wird in folgendem Min.Erl., betr. die **Selbstdarstellung galenischer Präparate in den Apotheken**, vom 16. September 1912 angeregt:

Bei den pharmazeutischen Vorprüfungen ist wiederholt die Wahrnehmung gemacht worden, daß die zur Prüfung kommenden Apothekerlehrlinge zum Teil eine nicht hinreichende Anleitung in der Ausführung der praktischen Arbeiten in den Apothekenlaboratorien erhalten haben. Eine sachgemäße Ausbildung hierin wird nur dann gewährleistet, wenn die Lehrlinge in den Apotheken dauernd Gelegenheit haben, sich Erfahrung und Sicherheit in der Bereitung galenischer und einfacher pharmazeutisch-chemischer Präparate anzueignen.

Die Apothekenvorstände, welche Lehrlinge ausbilden, sind deshalb anzuhalten, die in ihren Betrieben gebrauchten derartigen Präparate tunlichst im eigenen Apothekenlaboratorium herzustellen.

Bei den Apothekenbesichtigungen und den regelmäßigen Musterungen der Apotheken durch die Kreisärzte ist festzustellen, ob diesen Anforderungen genügt wird. Bei nachgewiesener Versäumnis eines Apothekenvorstandes ist der § 45 der Apothekenbetriebsordnung vom 18. Februar 1902 in Anwendung zu bringen.

Es ist nach dem Urteil des O.V.G. vom 18. Februar 1907 anzunehmen, daß diese Einführung eines ganz neuen Grundes zur Entziehung des Rechts, Praktikanten auszubilden, die Zuständigkeit der Verwaltungsbehörde überschreitet und daher nicht rechtswirksam sein kann. Eine auf diese Verfügung gestützte Anwendung des § 45 würde mit Erfolg im Verwaltungsstreitverfahren angefochten werden können. Der nicht zu bestreitende gute Zweck des Min.Erl. vermag seine Rechtmäßigkeit nicht zu begründen.

[1]) Vgl. hierzu § 51 der Dienstanweisung für die Kreisärzte (s. S. 8).

[2]) Jetzt: Prüfungsordnung für Apotheker vom 18. Mai 1904 (s. S. 84).

Apothekergehilfen, welche diesen Bestimmungen nicht genügt haben, dürfen in Apotheken nicht tätig sein. Ausnahmen sind in Gemäßheit der Bekanntmachung des Reichskanzlers vom 12. Februar 1902 zulässig[1]).

§ 48. Der Apothekenvorstand ist verpflichtet, jeden Eintritt und Austritt eines Lehrlings, sowie den Eintritt und den Abgang jedes Gehilfen unter Beifügung des Gehilfenzeugnisses[2]) oder der Approbation und bei der Entlassung das Entlassungszeugnis behufs amtlicher Beglaubigung desselben[3]) dem Kreisarzt binnen 8 Tagen nach dem Eintritt oder beim Abgang anzuzeigen[4]). Das Entlassungszeugnis muß eine ent-

[1]) Diese schon auf S. 114 abgedruckte Bk. lautet:

Der Reichskanzler wird ermächtigt, in Übereinstimmung mit der zuständigen Landeszentralbehörde in besonderen Fällen Personen, welche die Prüfung der Apothekergehilfen im Inlande nicht abgelegt haben, mit Rücksicht auf eine im Auslande abgelegte gleichartige Prüfung ausnahmsweise in einer deutschen Apotheke als Apothekergehilfen zuzulassen.

[2]) Über die Anmeldung von Studenten der Pharmazie als Vertreter erließ der Reg.-Präsident in Breslau unter dem 9. November 1906 nachstehende Verfügung:

Es ist wiederholt beobachtet worden, daß der Anmeldung von Studierenden der Pharmazie als Gehilfen oder als Vertreter des Apothekenvorstandes bei dem zuständigen Kreisarzte die Gehilfenzeugnisse nicht beigefügt werden, weil diese Befähigungsnachweise angeblich auf der Universitätsquästur niedergelegt seien.

Dieses Verfahren widerspricht den Bestimmungen des § 48 der Apothekenbetriebsordnung vom 18. Februar 1902, worin auch für die Studierenden der Pharmazie, sofern sie während der Studienzeit als Gehilfen oder Vertreter für längere oder kürzere Zeit in Apotheken tätig sein wollen, keine Ausnahme in bezug auf den Anmeldungsmodus vorgesehen ist. Falls daher die Pharmaziestudierenden nicht in der Lage sein sollten, über das Originalzeugnis zu verfügen, so werden sich dieselben für den Zweck ihres Eintritts in eine Apotheke während der Studienzeit eine beglaubigte Abschrift des Gehilfenzeugnisses anfertigen lassen müssen, welche dem Apothekenvorstande zwecks Anmeldung bei dem zuständigen Kreisarzte vorzulegen ist.

Nach einem Urteil des A.G. Altenburg vom 17. März 1910 (Ph.Ztg. 1910 Nr. 25) macht sich ein in einer Apotheke vertretender Student der Pharmazie strafbar, wenn er bei einer Revision sein Prüfungszeugnis nicht vorlegen kann. Der Ausweis durch die Studentenkarte genügt nicht.

Das früher durch die Vorschriften für die Studierenden der Landesuniversitäten gegenüber den Studenten geschaffene Verbot, sich nebenbei gewerblich zu betätigen, besteht jetzt nicht mehr.

[3]) Für die Beglaubigung steht dem Kreisarzt nach der Verwaltungsgebührenordnung vom 30. Dezember 1926 (Tarif, Ziffer 14) eine Gebühr von 2 *RM* zu.

[4]) Die Pflicht zur An- und Abmeldung der Praktikanten und Assistenten ist in obigem Paragraphen nicht diesen, sondern dem Apothekervorstand auferlegt. Über die Meldepflicht der Medizinalpersonen (Ärzte, Zahnärzte, Apotheker) bestehen jedoch in verschiedenen Regierungsbezirken noch besondere Polizeiverordnungen. Derartige Verordnungen sind ergangen für die Reg.-Bezirke Königsberg unter dem 11. Dezember 1912, Gumbinnen unter dem 9. Oktober 1902, Allenstein unter dem 28. November 1907, Danzig 17. Juni 1903, Potsdam 6. Mai 1912, Frankfurt 30. Juni 1902, Stettin 11. Oktober 1902, Köslin 16. Juli 1902, Stralsund 30. Mai 1900, Magdeburg 15. Mai 1902, Merseburg 26. Juli 1902, Erfurt 15. Februar 1912, Schleswig 8. August 1902, Hannover 26. Mai 1903, Lüneburg 11./19. September 1902, Arnsberg 19. März 1904, Köln 1. Oktober 1910, Düsseldorf 15. Dezember 1902, Koblenz 21. August 1900. Dabei ist in den Verordnungen von Königsberg, Danzig, Stettin, Merseburg, Hannover, Arnsberg und Düsseldorf abweichend von der Apothekenbetriebsordnung bestimmt, daß auch die Gehilfen und Lehrlinge sich selbst bei dem Kreisarzte an- und abzumelden haben.

Die Ausstellung eines Entlassungszeugnisses ist in obigem § 48 dem Apothekenvorstand zur Pflicht gemacht. Mit Bezug hierauf bemerkte eine Regierungspräsidialentscheidung vom 7. November 1894 folgendes:

Die Ausstellung des mit der pflichtmäßigen Anzeige vorzulegenden Entlassungssprechende Erklärung enthalten, wenn die Beschäftigung des Gehilfen in der Apotheke nur eine aushilfsweise, auf Tage oder Stunden beschränkte war[1]).

Anderes als das bei dem Kreisarzt angemeldete Personal darf in den Apotheken nicht beschäftigt werden[2]).

---

zeugnisses ist nicht von einem besonderen Verlangen des Austretenden abhängig gemacht und demnach ebensosehr eine vorschriftsmäßige Verpflichtung des Apothekenvorstandes, wie die zu erstattende Anzeige. Letzterem hat der Physikus das mit dem Beglaubigungsvermerk versehene Zeugnis dem Sinne der Vorschriften gemäß auch wieder zuzustellen, und dem Austretenden kann es anheimgestellt bleiben, ob er es sich von dem Apothekenvorstande aushändigen lassen will.

[1]) Vgl. hierzu den in Fußnote 1 auf S. 100 abgedruckten Min.Erl. vom Januar 1915.

[2]) Die Bestimmung ist nicht streng wörtlich aufzufassen, da sonst auch Hausdiener und Laboratoriumsarbeiter (Stößer) darunter fallen würden, was natürlich nicht beabsichtigt sein kann. Gemeint ist nur das eigentliche pharmazeutische Personal (Assistenten und Praktikanten), da nur für dieses die Meldung beim Kreisarzt vorgeschrieben ist (K.G. 31. März 1922, Ph.Ztg. 1922 Nr. 59). Für Helferinnen und Drogisten besteht nach diesem Urteil eine Meldepflicht nicht; ebensowenig für Packer, die Arzneimittel verpacken und evtl. vorher mit gedruckten Etiketten versehen (K.G. 27. Februar 1905, Ph.Ztg. 1905 Nr. 18). Demgemäß besagt auch ein Min.Erl. vom 9. April 1894, daß gegen die Anstellung von besonderen Kassierern oder Kassiererinnen in Apotheken kein Bedenken vorliegt, „solange die mit der Wahrnehmung des Kassengeschäftes betrauten Personen keine Verwendung als pharmazeutisches Hilfspersonal finden". Dagegen spricht sich ein Min.Bescheid vom 30. Januar 1900 dahin aus, daß „das Halten eines Drogisten in einer Apotheke oder in der mit einer solchen in dem gleichen Raume verbundenen Drogenabgabe unzulässig ist."

Eine Min.-Entscheidung vom 18. Dezember 1908 über die Beschäftigung von Hilfspersonal in Apotheken wurde in folgendem Bescheid des Reg.-Präsidenten in Breslau vom 7. Januar 1909 mitgeteilt:

Auf die Eingabe vom 17. April v. J. werden Sie benachrichtigt, daß der Herr Minister der geistlichen, Unterrichts- und Medizinalangelegenheiten nach Anhörung des Apotheker-Rats Entscheidung dahin getroffen hat, daß Bedenken gegen die Heranziehung von nicht pharmazeutischem Hilfspersonal zu gröberen, Fachkenntnisse nicht erfordernden Hilfsleistungen im Apothekenbetriebe nicht bestehen, wenn die Beschäftigung unter Aufsicht und alleiniger Verantwortung des pharmazeutischen Apothekenpersonals geschieht. Ebensowenig sind Einwendungen zu erheben gegen die Beschäftigung derartigen Personals mit den durch den Apothekenbetrieb bedingten, die Arzneiabgabe nicht berührenden kaufmännischen Arbeiten: die Führung der Geschäftskasse und der kaufmännischen Bücher, Ausschreiben von Rechnungen u. a.

Auf das in Krankenhausapotheken beschäftigte Hilfspersonal finden diese Bestimmungen nach einem Min.-Bescheid vom 8. Oktober 1912 entsprechende Anwendung.

Die Verf. vom 18. Dezember 1908 besagt insofern nichts Neues, als sie die Verwendung von nichtpharmazeutischem Personal nur zu gröberen, Fachkenntnisse nicht erfordernden Hilfsleistungen gestatten will. Darunter kann man aber nur die Tätigkeit eines Hausdieners, eines Abfaßmädchens oder dergl. verstehen, die stets ohne behördliche Erlaubnis in den Apotheken gehalten werden; ebenso hat wohl noch niemals ein Zweifel darüber bestanden, daß jedes größere Apothekengeschäft sich zur Erledigung kaufmännischer Arbeiten (Kasse, Buchführung, Rechnungsschreiben) so viel Personen halten darf, wie ihm beliebt.

Das K.G. hat denn auch die genannte Verfügung in dem schon auf S. 347 erwähnten Urteil vom 27. September 1909 (Ph.Ztg. 1909 Nr. 104) dahin erweitert, daß auch zur Besorgung des Handverkaufs, soweit es sich dabei um freigegebene Artikel handelt, die Verwendung eines nicht pharmazeutisch vorgebildeten Personals gegen die bestehenden Bestimmungen nicht verstößt. Ferner hat das K.G. in dem schon auf S. 302 erwähnten Urteile vom 12. Dezember 1910 (Ph.Ztg. 1911 Nr. 3) die Abgabe einer Arznei durch die Ehefrau des Apothekers nur dann für unzulässig erklärt, wenn es sich um eine nicht freigegebene Arznei handelte und die Ehefrau als pharmazeutisches Personal in der Apotheke tätig war. Auf Grund dieser Feststellung hat das L.G. Meseritz unter dem

4. März 1911 (Ph.Ztg. 1911 Nr. 35) entschieden: „Die Abgabe freigegebener Arzneimittel durch die Ehefrau des Apothekenvorstandes ist zulässig, auch wenn diese nicht beim Kreisarzt als in der Apotheke beschäftigt angemeldet ist. Auch zur Verabfolgung der übrigen von ihm selbst fertiggestellten Arzneien an den Besteller darf sich der Apothekenvorstand seiner Ehefrau bzw. Familienmitglieder bedienen." Wohl aber ist es strafbar, Helferinnen oder Drogisten rein pharmazeutische Arbeiten in Apotheken zu übertragen (R.G. 31. März 1922, Ph-Ztg. Nr. 59).

Nachdem neuerdings die Beschäftigung sog. Helferinnen, die zum Teil auch den Handverkauf mit besorgen, in Apotheken zugenommen hat, sind mehrere diesbezügliche Verfügungen ergangen. Sie lauten:

**Tätigkeit von Helferinnen in Apotheken.**

a. Min.Erl. vom 26. Januar 1917. Über die Frage, inwieweit die Beschäftigung von nicht pharmazeutischem Hilfspersonal in Apotheken für zulässig zu erachten sei, haben früher schon eingehende Erörterungen stattgefunden. Auch der Apotheker-Rat hat Gelegenheit gehabt, zu der Frage Stellung zu nehmen. Es begegnet keinen Bedenken, solches Personal zu gröberen, Fachkenntnisse nicht erfordernden Hilfeleistungen im Apothekenbetrieb zu verwenden, wenn die Beschäftigung unter Aufsicht und alleiniger Verantwortung des pharmazeutischen Personals erfolgt. Ebenso unbedenklich ist es, nichtpharmazeutisches Personal mit den durch den Apothekenbetrieb bedingten, die Arzneiabgabe nicht berührenden kaufmännischen Arbeiten — wie Führung der Geschäftskasse und der kaufmännischen Bücher, Ausschreiben von Rechnungen usw. — zu beschäftigen. Hieran haben auch die durch den Krieg eingetretenen Verhältnisse nichts geändert. Nach den Erfahrungen, die bei den amtlichen Apothekenbesichtigungen gemacht worden sind, ist eine mißbräuchliche Beschäftigung von nichtpharmazeutischem Personal bisher im allgemeinen nicht hervorgetreten; ein Bedürfnis für besondere Maßnahmen zu deren Verhütung liegt deshalb nicht vor. Kann aus diesem Grunde von einer weiteren Verfolgung der dortigen Anregungen abgesehen werden, so behalte ich mir jedoch vor, sie bei späteren erneuten Erwägungen in der Angelegenheit als Material zu verwenden.

Was die von einzelnen Apothekenbesitzern eingerichteten Kurse für Helferinnen betrifft, so muß es als nicht angängig bezeichnet werden, den Apothekenbesitzern allgemein die Ausbildung über den eigenen Bedarf hinaus zu untersagen. Nur wenn solche Veranstaltungen zu Mißständen im Betriebe des unterweisenden Apothekenbesitzers führen sollten, würde ein Anlaß zum Einschreiten gegeben sein.

b. Min.Erl. vom 13. Oktober 1919. Seit einigen Jahren, besonders während der Kriegszeit, sind Apotheker dazu übergegangen, in ihren Betrieben sogenannte Helferinnen zu beschäftigen. Auf hiergegen erhobene Vorstellungen ist entschieden worden, daß es nicht verwehrt werden könne, nichtpharmazeutisches Personal zu gröberen, Fachkenntnisse nicht erfordernden Hilfsleistungen in Apothekenbetrieben zu verwenden, wenn die Beschäftigung unter Aufsicht und alleiniger Verantwortung des ausgebildeten Fachpersonals erfolgt. Ganz unbedenklich sei es, derartiges Hilfspersonal mit den durch den Apothekenbetrieb bedingten, die Arzneiabgabe nicht berührenden kaufmännischen Arbeiten — wie Führung der Geschäftskasse und der kaufmännischen Bücher, Ausschreiben von Rechnungen usw. — zu betrauen. Inzwischen sind Klagen darüber laut geworden, daß Helferinnen in Apotheken vielfach auch zu Arbeiten herangezogen würden, die nur dem ausgebildeten Fachpersonal zukommen. In einzelnen Fällen hätten Helferinnen zeitweise sogar Apothekenleiter selbständig vertreten.

Mißstände, die sich in dieser Richtung etwa herausgebildet haben, können natürlich nicht geduldet werden. Ich bestimme daher, daß bei den amtlichen Apothekenbesichtigungen der Beschäftigung von Helferinnen in den Apotheken besondere Aufmerksamkeit zugewendet wird. Es soll bei den Apothekenbesichtigungen festgestellt werden, welche Arbeiten den Helferinnen zugewiesen sind und ob die Zahl dieser Hilfskräfte dem Geschäftsumfange entspricht, d. h. ob nicht die Einstellung von Helferinnen vorwiegend den Zweck verfolgt, Ersatz für Fachpersonal zu schaffen. Den Kreisärzten ist aufzugeben, Apotheken, in denen Helferinnen beschäftigt werden, möglichst oft gelegentlich zu besuchen und sich von der Art der Beschäftigung Gewißheit zu verschaffen. Im Falle vorschriftswidriger Beschäftigung der Helferinnen ist entweder ihre Tätigkeit in bestimmten Apothekenräumen zu verbieten oder auf ihre sofortige Entlassung zu dringen.

## D. Zweig-, Krankenhaus- und ärztliche Hausapotheken[1]).

§ 49. Für eine Zweig- wie für eine Krankenhausapotheke genügt eine vorschriftsmäßig, entsprechend den örtlichen Verhältnissen eingerichtete Offizin mit einem Vorratsraum, in welchem auch kleinere Arbeiten vorgenommen werden können[2]).

§ 50. Sämtliche Arzneimittel einer Zweigapotheke müssen aus der Stammapotheke bezogen werden, deren Vorstand für die Beschaffenheit und Güte der Arzneimittel der Zweigapotheke verantwortlich bleibt[3]).

Für Krankenhausapotheken, in denen kein approbierter Apotheker tätig ist, sowie für ärztliche Hausapotheken müssen sämtliche Arzneien, soweit sie nicht selbst zubereitet werden, und sämtliche Arzneimittel[4]) aus einer am Orte befindlichen Apotheke oder jedenfalls aus einer der nächstbelegenen zehn Apotheken entnommen werden[5]).

---

c. Verf. des Reg.-Präs. in Frankfurt a. O. vom 13. Juli 1926, betr. Ausschreiben von Arzneisignaturen durch Helferinnen.

Hinsichtlich der Beschäftigung von Helferinnen in Apotheken sehe ich mich veranlaßt, auf ein Urteil des 1. Strafsenats des K.G. in Berlin vom 31. März 1922 hinzuweisen. Danach kennt die Apothekenbetriebsordnung anderes als pharmazeutisches Personal nicht. Das Verbot der Beschäftigung anderer Hilfspersonen gilt indes nur für den eigentlichen pharmazeutischen Betrieb, nicht aber für Arbeitsleistungen niederer Art oder für Betätigungen lediglich kaufmännischen Inhalts. Zur rein pharmazeutischen Tätigkeit gehört ganz zweifellos die Ausfertigung der Arzneisignaturen, das Abschreiben ärztlicher Verordnungen und dergleichen mehr. Da die Helferinnen im allgemeinen schon vermöge ihrer ganzen Vorbildung gar nicht in der Lage sind, ärztliche Rezepte richtig zu lesen, geschweige denn richtig abzuschreiben, so ist es selbstverständlich, daß ihnen derartige Arbeiten unter keinen Umständen übertragen werden dürfen.

[1]) In allen diesen Apotheken muß nach der Einführungsverordnung zum D.A.B. 6 vom 1. Januar 1927 ab ein Deutsches Arzneibuch 6. Ausgabe vorhanden sein.

[2]) Material- und Kräuterkammer, Arzneikeller, Laboratorium und Stoßkammer werden hier also nicht gefordert. Ebensowenig brauchen alle in der Series mit einem Stern bezeichneten Mittel in Krankenhaus- und ärztlichen Hausapotheken vorrätig zu sein. Dagegen müssen in Zweigapotheken laut Min.Erl. vom 4. Juni 1927 (s. S. 327) die in der Series mit einem Stern bezeichneten „Arzneimittel" vorhanden sein.

[3]) Die Verantwortlichkeit des Vorstandes der Stammapotheke erstreckt sich nur auf die Lieferung vorschriftsmäßiger Arzneimittel an die Zweigapotheke. Nicht aber kann derselbe etwa für jede Vorschriftswidrigkeit, die in einer Filiale festgestellt wird, haftbar gemacht werden. Denn der Verwalter der Filiale ist Stellvertreter im Sinne von § 45 der Gew.O., und ein solcher Stellvertreter ist selbst verantwortlich, wenn er ohne Vorwissen des Besitzers handelt (vgl. das Urteil des K.G. vom 23. Februar 1893, S. 52).

[4]) Also auch die dem freien Verkehr überlassenen Arzneimittel und Arzneien.

[5]) Hierzu ergingen folgende Verfügungen:

**Arzneibezug der Krankenhausapotheken und Krankenanstalten.**

a. Min.Erl. vom 13. März 1925. Beim Erlaß der Apothekenbetriebsordnung ist z. Zt. davon ausgegangen worden, daß die Arzneimittel und Arzneien für die nicht von einem Apotheker geleiteten Krankenhausapotheken und für die ärztlichen Hausapotheken aus einer in der Nähe befindlichen Apotheke bezogen werden. Daraus, daß dies jetzt vielfach nicht mehr geschieht, haben sich Mißstände ergeben. U. a. sind die sich häufig in einer Notlage befindlichen Land- und Kleinstadt-Apotheken benachteiligt worden, die auf einen bestimmten beschränkten Wirkungskreis angewiesen sind. Weiter erscheint es notwendig, daß die Personen, die in einer nicht von einem Apotheker geleiteten Krankenhausapotheke tätig sind, und die Ärzte, die Hausapotheken halten, stets die Möglichkeit haben, mit dem Apotheker, der die Arzneien oder Arzneimittel geliefert hat, im Bedarfsfalle unmittelbar Fühlung zu nehmen und bei der Zubereitung von Arzneien seinen Rat einzuholen.

Bei der vorstehenden Änderung der Apothekenbetriebsordnung setze ich voraus,

§ 51. **Für ärztliche Hausapotheken** ist in einem besonderen tageshellen, nur für diesen Zweck zu verwendenden Raum ein verschließbarer

---

daß die in Betracht kommenden Apotheker den betreffenden Krankenhäusern und Ärzten auf die Lieferungen angemessene Abschläge gewähren, da ich sonst genötigt sein würde, Ausnahmen von der Bestimmung zu bewilligen.

b. Min.Erl. vom 30. Mai 1910. Krankenhausapotheken, in denen ein approbierter Apotheker tätig ist, sind für ihren Arzneibezug nicht auf die Vermittelung gewerblicher Apotheken angewiesen (vgl. § 50 Abs. 2 der Ap.B.O. vom 18. Februar 1902).

Eine Vf. über den Arzneibezug der Krankenanstalten einschließlich der Privatkliniken und Entbindungsanstalten, welche die geltende Rechtslage zusammenfassend darstellt, hat der Berliner Polizeipräsident unter dem 21. März 1912 erlassen. Sie lautet:

1. In Anstalten, die eine von einem in Deutschland approbierten Apotheker verwaltete Dispensieranstalt haben, übernimmt der Apothekenverwalter sowohl für die Güte der sämtlichen Arzneistoffe als auch für deren vorschriftsmäßige Zubereitung und Abgabe die Verantwortung. Die Anstalten haben das Recht, die Arzneistoffe nach eigenem Ermessen zu beziehen.

2. In Anstalten, die eine Hausapotheke haben, welche von einer geprüften Diakonisse oder Schwester verwaltet wird, trägt diese Schwester lediglich die Verantwortung für die sach- und vorschriftsmäßige Zubereitung und Abgabe der Arzneimittel. Nach der neuerdings durch Ministerialerlaß vom 5. September 1911 in Erinnerung gebrachten Vorschrift des § 50 der Apotheken-Betriebsordnung vom 18. Februar 1902 müssen aber sämtliche Arzneimittel und Arzneistoffe aus einer Apotheke im Deutschen Reich (jetzt aus einer der nächstgelegenen 10 Apotheken) entnommen werden; der diese Lieferung übernehmende Apothekenbesitzer trägt die Verantwortung für Echtheit und vorschriftsmäßige Beschaffenheit der Ware.

3. In allen Anstalten, welche weder eine Hausapotheke noch eine Dispensieranstalt im Sinne der Apothekenbetriebsordnung besitzen, ist der Leiter verantwortlich für Beschaffenheit und Zubereitung aller Arzneimittel, welche bei Anstaltsinsassen zur Anwendung gelangen oder für sie bezogen werden. Sofern er die Arzneimittel nicht einer öffentlichen Apotheke entnimmt, hat er sich zu vergewissern, daß dieselben hinsichtlich Güte und Reinheit und Zubereitung den Anforderungen des Deutschen Arzneibuches entsprechen. Alle stark wirkenden Arzneimittel, welche durch Kaiserl. Verordnung dem freien Verkehr entzogen sind, müssen auch, wenn es sich um größere Bezüge handeln würde, stets Apotheken im Deutschen Reich entnommen werden.

Besondere Verordnungen über das Vorrätighalten und die Abgabe von Arzneien in Krankenanstalten, die aber nur für die betreffenden Bezirke als maßgebend gelten können, haben erlassen die Reg.-Präsidenten von Kassel unter dem 12. Februar 1894, von Minden unter dem 3. Juli 1905 und von Potsdam unter dem 26. November 1906.

Als „Krankenhausapotheken, in denen kein approbierter Apotheker tätig ist", sind nur solche zugelassen, die von einer Diakonisse geleitet werden. Hierüber ergingen folgende Bestimmungen:

### Dispensierrecht der Diakonissen.

a. Verf. vom 25. September 1906. Nach den bestehenden Bestimmungen dürfen nur solche Personen zur Prüfung für die Verwaltung der Dispensieranstalt eines Krankenhauses zugelassen werden, welche Diakonissen oder Mitglieder einer staatlich anerkannten geistlichen Genossenschaft für Krankenpflege sind. Alle anderen im Krankenpflegeberuf stehenden Personen sind von der Prüfung ausgeschlossen, und auch die Mitglieder geistlicher Genossenschaften erwerben nach dem Erlaß vom 2. Juli 1853 durch das Bestehen der Prüfung nur die Berechtigung zur Verwaltung der Dispensieranstalt in einer unter der Leitung ihrer Genossenschaft stehenden Anstalt. Nach der Verfügung des Ministers der Medizinalangelegenheiten vom 25. September d. J. kann ein Bedürfnis zur Abänderung der vorstehenden Bestimmungen im Sinne einer Ausdehnung der den Diakonissen und Mitgliedern geistlicher Genossenschaften gewährten Begünstigungen auf andere Personen nicht anerkannt werden.

b. Min.Erl. vom 25. Mai 1912. Gegen die Konzessionierung von Krankenhausapotheken (Dispensieranstalten) sind Bedenken nicht zu erheben, wenn mit Rücksicht auf die Größe der Krankenanstalt oder wegen ihrer erheblichen Entfernung von einer

Schrank mit Fächern und Schiebekästen aufzustellen, welche die vorschriftsmäßige Absonderung der sehr vorsichtig aufzubewahrenden Mittel ermöglichen; außerdem müssen sich hier befinden: das erforderliche Arbeits-

---

öffentlichen Apotheke ein besonderes Bedürfnis dazu vorliegt. Die Verwaltung einer Krankenhausapotheke soll in der Regel durch einen approbierten Apotheker stattfinden, und Ausnahmen davon sind nur unter den im Erlaß vom 25. September 1906 angegebenen Voraussetzungen zuzulassen. Danach darf die Verwaltung auch Diakonissen oder Mitgliedern einer staatlich anerkannten geistlichen Genossenschaft für Krankenpflege gestattet werden, wenn sie gemäß dem Erlaß vom 2. Juli 1853 vorgebildet und geprüft sind, jedoch nur bei Apotheken an solchen Krankenhäusern, die sich unter der Leitung ihrer Genossenschaften befinden. Für Anstalten, deren Leitung offensichtlich in der Hand von Provinzialbeamten liegt, während barmherzige Schwestern nur mit der Fürsorge für die Kranken betraut sind, gilt die Ausnahme nicht. Die Konzession für eine Krankenhausapotheke beschränkt sich in jedem Falle auf die Arzneiabgabe an die Pfleglinge und das an der Behandlung und Pflege der Kranken beteiligte Anstaltspersonal.

c. Min.Erl. vom 8. Oktober 1912. Durch das Bestehen der Prüfung auf Grund des Erlasses vom 2. Juli 1853 erlangen in Preußen Diakonissen und Mitglieder geistlicher Ordensgenossenschaften für Krankenpflege die Befugnis zur Führung der Hausapotheke einer unter Leitung ihrer Genossenschaft stehenden Krankenanstalt. Ob eine von einer Kommune oder einer anderen Körperschaft des öffentlichen Rechts unterhaltene Krankenanstalt etwa unter Leitung einer solchen geistlichen Genossenschaft steht und daher unter den Erlaß vom 2. Juli 1853 fällt, läßt sich nur nach den im Einzelfall getroffenen Abmachungen beurteilen. Zur Ausübung der Tätigkeit als Apothekergehilfe außerhalb einer unter den Erlaß vom 2. Juli 1853 fallenden Apotheke berechtigt das Bestehen der Prüfung nicht.

Über die Erteilung der Berechtigung zur Führung einer Hausapotheke an Diakonissen erging ein Min.Erl. vom 2. Juli 1853 (abgedruckt in Ph.Ztg. 1901 Nr. 85). Er enthält Bestimmungen: 1. in betreff des Umfanges der Kenntnisse, welche von den Diakonissen, die zu Apothekerinnen in der Dispensieranstalt eines Krankenhauses bestimmt sind, verlangt werden müssen; 2. in betreff des Unterrichts der zu Apothekerinnen bestimmten Diakonissen und 3. in betreff der Prüfung der Apothekerinnen. Die Kenntnisse sollten sich danach beschränken auf die äußeren Merkmale der gebräuchlichen Drogen und Präparate, auf giftige und heftig wirkende Stoffe, auf die Aufbewahrung der Mittel und die Beherrschung der wichtigeren Rezepturfertigkeiten. Der Unterricht sollte in der Offizin eines Apothekers erfolgen und die Prüfung vor einer aus einem Kreisphysikus und einem Apotheker bestehenden Kommission stattfinden. Letzterer Punkt ist jetzt in der Dienstanweisung für die Kreisärzte § 52 (s. S. 9) berücksichtigt. Dazu erging ferner folgender Min.Erl. vom 18. November 1916:

In dem Erlaß vom 2. Juli 1853 ist nur der Umfang der Kenntnisse näher bezeichnet, den Diakonissen oder Mitglieder staatlicher anerkannt geistlicher Genossenschaften für Krankenpflege sich anzueignen haben, die sich der Prüfung für die Erlangung der Befähigung zur Verwaltung einer Krankenhausapotheke (Dispensieranstalt) unterziehen wollen. Nachdem sich auch der Apotheker-Rat dahin ausgesprochen hat, daß die jetzt häufig übliche Vorbereitung als nicht ausreichend zu erachten ist, bestimme ich, daß sich die Ausbildungszeit fortan mindestens auf die Dauer eines Jahres zu erstrecken hat und daß davon mindestens 9 Monate auf den Unterricht durch einen Apotheker und 3 Monate auf die Tätigkeit in der Dispensieranstalt des Krankenhauses unter Aufsicht und Anleitung der geprüften Apothekenschwester entfallen müssen. Der Meldung zur Prüfung ist der Nachweis über die Dauer der Ausbildung beizufügen.

Auch außerhalb der hier erwähnten „Krankenhausapotheken, in denen kein approbierter Apotheker tätig ist", ist den Diakonissen ein erweitertes Arzneidispensierrecht verliehen worden. Hierüber erging ein Min.Erl. vom 8. März 1904:

Auf den gefälligen Bericht vom 19. Januar d. J. will ich mich damit einverstanden erklären, daß fortan die in dem beifolgenden Verzeichnis aufgeführten Arzneimittel und Arzneizubereitungen, deren Abgabe im allgemeinen nicht gestattet ist, den in der Gemeindepflege tätigen Diakonissen zur unentgeltlichen Abgabe an Kranke überlassen werden dürfen. Ich setzte dabei voraus, daß auch diese Mittel stets aus der nächstbelegenen Apotheke bezogen werden.

gerät an präzisierten Waagen und Gewichten, Mörsern usw., ein Arbeitstisch mit Schiebekästen sowie ein Handdampfkocher mit Zinn- und Porzellaninfundierbüchse.

Ebenso müssen das Arzneibuch, die Arzneitaxe, die Bestimmungen über Hausapotheken[1]), das Belagbuch über den Einkauf der Arzneimittel und ein Tagebuch zum Eintragen der Verordnungen nebst deren Taxpreisen sowie die Genehmigung zum Halten einer Hausapotheke und die Apothekenbetriebsordnung vorhanden sein.

Die Genehmigung zur Einrichtung einer Krankenhausapotheke[2])

Verzeichnis

derjenigen Arzneimittel und Arzneizubereitungen, deren Abgabe im allgemeinen nicht gestattet ist, aber den in der Gemeindepflege tätigen Diakonissen überlassen werden darf.

| | |
|---|---|
| Argentum nitricum | Höllenstein als Ätzstift, nur zum äußerlichen Gebrauch. |
| Chininum hydrochloricum | in abgeteilten Pulvern von 0,25 gegen Fieber. |
| Emplastrum cantharidum ordinarium | Spanischfliegenpflaster. |
| Emplastrum cantharidum perpetuum | Zugpflaster. |
| Emplastrum fuscum camphoratum | Mutterpflaster, Hamburger Pflaster. |
| Jodoformium | Jodoform, lediglich zur Herstellung von Verbandstoffen, niemals direkt als Heilmittel. |
| Liquor Aluminii acetici | Essigsaure Tonerde. |
| Liquor Ammonii anisatus | Anisölhaltige Ammoniakflüssigkeit. |
| Liquor Plumbi subacetici | Bleiessig. |
| Mixtura sulfurica acida | Hallersches Sauer, als Zusatz zum kühlenden Getränk. |
| Pulvis Liquiritiae compositus | Brustpulver. |
| Pulvis Magnesiae cum Rheo | Kinderpulver. |
| Species pectorales | Brusttee. |
| Tinctura amara | Bittere Tinktur |
| Tinctura Chinae composita | Zusammengesetzte Chinatinktur. |
| Unguentum acidi borici | Borsalbe |
| Unguentum basilicum | Königssalbe zum Verband eiternder Wundflächen. |
| Unguentum Plumbi | Bleisalbe. |
| Unguentum Zinci | Zinksalbe. |

Eine Vergünstigung hinsichtlich der Arzneiabgabe wird insbesondere den von dem Krankenhause der Barmherzigkeit in Königsberg i. Pr. sowie den von dem Diakonissenmutterhaus Lehmgruben in Breslau als Gemeindeschwestern in die Diakonissenstationen der Regierungsbezirke Königsberg bzw. Breslau entsandten Schwestern gewährt. Die Arzneiabgabe durch die Gemeindeschwestern ist dabei im Reg.-Bez. Breslau auf Orte beschränkt, an denen sich keine Arzneimittelversorgungsstelle (Voll-, Zweig- oder ärztliche Hausapotheke) befindet, während sie im Reg.-Bez. Königsberg in beschränktem Umfange auch für Orte mit Apotheken an unbemittelte Kranke zugelassen ist. In beiden Fällen sind aber die Arzneimittel seitens der Schwestern aus den nächstgelegenen Apotheken zu beziehen.

[1]) Was unter diesen „Bestimmungen über Hausapotheken" zu verstehen ist, ist nicht ganz klar, da außer den obengenannten weitere Bestimmungen nicht bestehen.

[2]) Einige allgemeine Anweisungen über die Grundsätze bei Konzessionierung von Krankenhausapotheken sind in dem Min.Erl. vom 25. Mai 1912 (s. S. 354) enthalten. In diesem ist auch gesagt, daß die Konzession für eine Krankenhausapotheke sich in jedem Falle auf die Arzneiabgabe an die Pfleglinge und das an der Behandlung und Pflege der Kranken beteiligte Anstaltspersonal beschränkt. Bereits in einem früheren Min.Erl. vom 5. Mai 1911 war entschieden, „daß die Berechtigung der Dispensieranstalten an einem Krankenhause zur Abgabe von Arzneien sich nur auf die Pfleglinge und das an der Behandlung und Pflege der Kranken unmittelbar beteiligte Anstaltspersonal erstreckt, und daß alle übrigen zur Anstalt gehörigen Personen, wie z. B. Be-

sowie zum Halten einer **ärztlichen Hausapotheke**[1]) wird von dem Re-

---

amte und sonstige Angestellte, mit ihrem Arzneibedarf an die öffentlichen Apotheken zu verweisen sind". Ein weiterer Min.-Bescheid bemerkte dazu, „daß die Angehörigen des an der Behandlung und Pflege der Kranken unmittelbar beteiligten Anstaltspersonals für den Arzneibezug aus der Anstaltsapotheke nicht in Betracht kommen".

Eine besondere Regelung hat die Errichtung von **Hausapotheken bei Gefangenanstalten** durch nachstehenden Erl. des Justizmin. und des Min. für Volkswohlfahrt erfahren:

**Min.Erl. über Hausapotheken bei Gefangenanstalten. Vom 1. März 1926.**

Für die bei den größeren Gefangenanstalten vorhandenen Hausapotheken gelten folgende Bestimmungen:

Es sind nur solche Arzneimittel und Arzneien vorrätig zu halten, die regelmäßig gebraucht werden und die bei sachgemäßer Aufbewahrung nicht ohne weiteres verderben.

Sämtliche für die Hausapotheke bestimmten Arzneimittel und Arzneien (zur Abgabe fertige Zubereitungen von Arzneimitteln) sind aus einer am Orte befindlichen Apotheke oder jedenfalls aus einer der nächstgelegenen zehn Apotheken nach Maßgabe der hierfür geltenden Bestimmungen (vgl. die einschlägigen Erlasse) zu beziehen.

Darüber, welche Arzneimittel und Arzneien zu beschaffen sind, hat der für die Hausapotheke verantwortliche Gefängnisarzt zu befinden. Hausapotheken dieser Art sind als ärztliche Handapotheken anzusehen und von den Regierungs- und Medizinalräten oder Kreisärzten bei den vorgeschriebenen Prüfungen der gesundheitlichen Verhältnisse der Gefangenanstalten (R.V. vom 19. Juni 1920) zu besichtigen.

Die Arzneimittel und Arzneien sind in geeigneten, festen, deutlich bezeichneten Behältnissen in zweckentsprechenden Schränken übersichtlich geordnet aufzustellen. Ein besonderes Zimmer ist für diese Schränke nicht überall erforderlich; ihre Aufstellung kann im Dienstzimmer des Arztes oder Lazarettwachtmeisters erfolgen.

Stark wirkende Arzneimittel und Arzneien aller Art sind stets unter Verschluß des Arztes zu halten und dürfen nur von diesem, und zwar nur für bestimmte Personen in den verordneten Mengen ausgegeben werden.

Eine Anfertigung von Arzneien hat in den Hausapotheken nicht stattzufinden; es ist jedoch gestattet, Abfüllungen vorzunehmen sowie einfache Lösungen (z. B. von Tabletten in Wasser) oder flüssige Gemische (z. B. wäßrige Verdünnungen von essigsaurer Tonerde oder von Bleiessig), die zum unmittelbaren Verbrauch dienen sollen, herzustellen, soweit der Arzt hierfür die Verantwortung übernehmen kann. Soweit die Arzneien nicht vorrätig gehalten werden, sind sie auf Grund einer auf den Namen des einzelnen Kranken lautenden ärztlichen Verordnung aus einer öffentlichen Apotheke (vgl. Abs. 3) zu beziehen.

Vor der Errichtung von Hausapotheken in größeren Gefangenanstalten ist der zuständige Regierungs- und Medizinalrat und ein Apotheker gutachtlich zu hören.

Der Erlaß vom 12. Mai 1903 betr. Hausapotheken bei den Strafanstalten und größeren Gefängnissen der Verwaltung des Ministeriums des Innern wird aufgehoben.

Für den **Bezug der Arzneien und Drogen** durch solche **Hausapotheken** in Strafanstalten sowie für den **Abschluß von Verträgen** gilt der folgende Erl. des Min. d. J. vom 24. Dezember 1899:

Bei dem Abschlusse von Verträgen über die Lieferung von Drogen und Arzneien ist in der Strafanstaltsverwaltung meines Ressorts bisher verschieden verfahren worden, indem der Preisberechnung entweder die Preisliste einer Drogengroßhandlung mit einem bestimmten prozentualen Aufschlage oder die preußische Arzneitaxe ohne oder mit einem prozentualen Abschlage zugrunde gelegt wurde.

Nach Benehmen mit dem Herrn Minister der geistlichen, Unterrichts- und Medizinalangelegenheiten bestimme ich, daß fortab bei dem Abschlusse von Verträgen der vorgedachten Art für Strafanstalten, Gefängnisse und Erziehungsanstalten lediglich die Ansätze der Arzneitaxe zugrunde zu legen und je nach dem Umfange der Lieferung ein höherer oder geringerer prozentualer Abzug von jenen Preisansätzen zu vereinbaren ist. Die Regierungs- und Medizinalräte sind mit der Prüfung der Verträge vor deren Genehmigung zu betrauen.

[1]) Feste Grundsätze, nach denen die Genehmigung zur Errichtung von **ärztlichen Hausapotheken** zu erteilen ist, fehlen. Nach der rev. Apothekerordnung Tit. I § 14 soll Ärzten „an solchen Orten, wo keine öffentliche Apotheke vorhanden oder in der Nähe

gierungspräsidenten auf Antrag nach Prüfung der Verhältnisse wiaerruflich erteilt; derselbe stellt nach Anhörung des Regierungs- und Medizinalrats das Verzeichnis der für eine ärztliche Hausapotheke zulässigen Arzneimittel fest[1]). Die Entscheidung über die in einer Krankenhausapotheke vorrätig

---

befindlich ist", gestattet werden, „eine mit den notwendigsten Arzneimitteln versehene kleine Hausapotheke zu halten", jedoch lediglich zum Gebrauch in ihrer Praxis, nicht zum Wiederverkauf an andere Personen. Den etwas unbestimmten Ausdruck „in der Nähe" kommentierte ein Gutachten der wissenschaftlichen Deputation für das Medizinalwesen vom 28. Januar 1852 wie folgt: „Nur an Orten, die wenigstens eine Meile von der nächsten Apotheke entfernt sind, ist dem Arzt ausnahmsweise gestattet, Arzneimittel für seine Kranken zu dispensieren." Und eine Ministerialverfügung vom 2. September 1840 bestimmte: „Die Befugnis zum Halten einer Hausapotheke fällt weg, sobald an dem betreffenden Orte eine selbständige Apotheke errichtet worden ist."

Ohne besondere Konzession dürfen Ärzte nur die dem freien Verkehr überlassenen Arzneimittel selbst dispensieren (K.G. 7. Mai 1900, K.G.A. III, S. 208), sie dürfen jedoch auch alle übrigen Heilmittel bei der Behandlung ihrer Patienten benutzen (durch Einspritzen, Aufpinseln, Einträufeln usw.), sofern die Mittel bei dieser Verwendung verbraucht und den Kranken nicht als solche überlassen werden (R.G. 16. Juni 1900, K.G.A. III, S. 272; K.G. 19. Juni 1899, K.G.A. III, S. 379). Vgl. hierzu § 367, 3 Str.G.B. (s. S. 51). Nach einem in Ph.Ztg. 1922 Nr. 50 abgedruckten Urteil des ärztlichen Ehrengerichtshofes ist es jedoch mit den ärztlichen Standesanschauungen nicht zu vereinbaren und daher ehrengerichtlich strafbar, wenn der Arzt ohne einen anderen Zweck als den, sich daraus eine Einnahmequelle zu verschaffen, die in seinen Beruf einschlagenden Heilmittel selbst käuflich abgibt.

[1]) Die Anzahl der in ärztlichen Hausapotheken zu haltenden Arzneimittel behandelt ein Min.Erl. vom 14. Januar 1861:

Hinsichtlich der Hausapotheken praktischer Ärzte muß bemerkt werden, daß ein Hauptgrund der in derselben vorgefundenen Mängel darin zu liegen scheint, daß die betreffenden Ärzte eine zu große Anzahl von Arzneimitteln halten, von denen viele wegen Nichtgebrauchs verderben müssen. Es ist daher darauf zu halten, daß in den Hausapotheken praktischer Ärzte nur eine gewisse Zahl, nach einem von der Königlichen Regierung zu revidierenden Verzeichnisse der für die dringendsten Fälle der Praxis erforderlichen Medikamente geführt werde.

Dahin gehören nach einem Min.Erl. vom 28. Juli 1859 namentlich:

Acidum hydrochloratum, Äther, Alumen, Chloroformium, Cuprum sulfuricum, Gummi arabicum pulveratum, Hydrargyrum chloratum mite, Liquor Ammoniaci caustici, Oleum Olivarum, Oleum Ricini, Radix Jalapae, Radix Ipecacuanhae, Secale cornutum pulveratum, Spiritus vini rectificatus, Stibio-Kali tartaricum, Tinctura Cinnamomi, Tinctura Opii simplex, Tinctura Valerianae.

**Dispensierrecht der Tierärzte.**

Eine wesentlich abweichende Regelung hat das Dispensierrecht der Tierärzte erfahren. Sie gründet sich auf eine Reihe von Verfügungen, von denen die älteren nur für Altpreußen gelten, wogegen die späteren, die von dem jetzt für die Veterinärangelegenheiten zuständigen Landwirtschaftsminister erlassen sind, für ganz Preußen maßgebend sind. Die Erlasse lauten:

a. Min.Erl. vom 23. Juli 1833. Auf den Bericht vom 4. d. M., das Dispensieren von Medikamenten von seiten der Tierärzte betreffend, wird der königlichen Regierung hierauf eröffnet, daß die Arzneiverordnungen der Tierärzte in der Gesetzgebung über das Apothekenwesen bisher noch nicht mit einbegriffen gewesen sind, weil der Zweck dieser strengen Vorschriften, die Sicherung des Lebens und der Gesundheit der Menschen vor Gefährdung, bei Viehkuren von selbst wegfällt. Es würde daher erst eines besonderen Gesetzes bedürfen, wenn die Tierärzte, deren Gewerbe auch bisher überhaupt keinen so gemessenen Beschränkungen in der Ausübung unterlegen hat, als das Gewerbe der übrigen Medizinalpersonen, gezwungen werden sollten, alle ihre Arzneien aus der Apotheke zu verschreiben. Hiernach sind auch die Bestimmungen der Positionen 15 b, 17 und 18 pag. 15 Nr. VI der Medizinaltaxe vom 21. Juni 1815 zu verstehen, bei denen es zu haltenden Arzneimittel ist dem Vorstande des Krankenhauses überlassen.

---

sein Bewenden um so mehr behalten muß, als hierdurch allein diejenige Wohlfeilheit der Arzneien für kranke Tiere erzielt werden kann, welche notwendig ist, wenn die Besitzer kranker Haustiere nicht überhaupt davon abgeschreckt werden sollen, die Hilfe der Tierärzte zu suchen. Es steht daher allen Tierärzten frei, die von ihnen für Heilung kranker Tiere zu verwendenden Arzneien selbst zu dispensieren und resp. einzusammeln, und nur die Gifte müssen hiervon ausgeschlossen bleiben.

b. Ein Min.Erl. vom 29. Juli 1837 besagt,

daß den Tierärzten zwar erlaubt ist, in ihrer eigenen Praxis Medikamente selbst zu dispensieren und die zu diesem Behufe erforderlichen Arzneiwaren, mit Ausnahme der Gifte, in einer für diesen Zweck ihnen verstatteten Hausapotheke vorrätig zu halten; daß ihnen aber zu einem über ihre eigene Praxis hinausgehenden Detailhandel mit Arzneiwaren, zumal unter Übertragung des Verkaufsgeschäfts an einen Dritten, die Erlaubnis nicht erteilt werden kann.

c. Min.Erl. vom 21. November 1854. Ew. etc. erwidere ich ergebenst auf das gefällige Schreiben vom . . ., daß die bisherige Bestimmung, nach welcher approbierten Tierärzten das Selbstdispensieren der von ihnen anzuwendenden Arzneien, mit Ausschluß der direkten Gifte, gestattet ist, auch fernerhin aufrechterhalten werden muß. Es kann daher den Tierärzten nicht nachgegeben werden, die direkten Gifte vorrätig zu halten, vielmehr müssen die Verordnungen, welche solche Mittel enthalten, wie bisher in den Apotheken bereiten lassen. Zum äußeren Gebrauch bestimmte Mittel, welche, wie die in dem gefälligen Schreiben angeführte Salbe, direkte Gifte mit anderen Substanzen vermengt erhalten, dürfen die Tierärzte zwar vorrätig halten, die Bereitung solcher Mittel muß jedoch stets in einer Apotheke erfolgen. Zusammengesetzte Arzneien, welche direkte Gifte enthalten und zum inneren Gebrauch bestimmt sind, dürfen dagegen nicht vorrätig gehalten werden.

d. Min.Erl. vom 29. Januar 1920 betr. Führung der tierärztlichen Hausapotheken.

Die Einrichtungen der Tierärzte für die Ausübung des Dispensierrechts zeigen nach den Berichten der Regierungspräsidenten noch große Ungleichmäßigkeiten und lassen zum Teil zu wünschen übrig. Vorbehaltlich etwa weiter erforderlicher Bestimmungen erscheint es mir daher notwendig, daß die Regierungs- und Veterinärräte eine dauernde Überwachung über die Art der Ausübung des Dispensierrechts ausüben, und ich ersuche ergebenst, ihnen einen entsprechenden Auftrag zu erteilen. Bei der Kontrolle wird auf folgende Gesichtspunkte besonders zu achten sein:

1. Die Arzneien müssen in einem besonders taghellen verschließbaren Raum untergebracht sein.

2. Der Raum darf zu Wohnzwecken sowie zur Unterbringung von Nahrungs- und Genußmitteln nicht verwendet werden. Es ist mit den zur Aufnahme der Arzneibehälter und der Arbeitsgeräte erforderlichen Schränken und Börten sowie mit einem Arbeitstisch auszustatten.

3. Die Arzneimittel und Waren müssen die Beschaffenheit guter Handelsware besitzen.

4. Sämtliche Arzneigefäße und Packungen müssen Aufschriften über ihren Inhalt tragen. Die Standgefäße sind, sofern sie nicht stark wirkende Mittel enthalten, mit schwarzer Schrift auf weißem Grunde, sofern sie Mittel enthalten, die in der Tabelle C des Deutschen Arzneibuches aufgeführt sind, mit roter Schrift auf weißem Grunde zu bezeichnen. Die Bezeichnungen müssen stets deutlich lesbar und sauber sein. Für Säuren und Laugen ist auch radierte oder geätzte Schrift zulässig.

5. Gifte sind, soweit sie nach den für die Tierärzte geltenden Bestimmungen vorrätig gehalten werden dürfen, bei genauer Beachtung der Vorschriften über die Aufbewahrung von Giften unter besonderem Verschluß zu halten. Der Schrank oder die Abteilung des Schrankes muß mit der Bezeichnung „Gift“ versehen sein. In dem Giftschrank oder der Schrankabteilung müssen auch die zur Dispensation der Gifte etwa vorrätig gehaltenen besonderen Gerätschaften untergebracht sein.

Die Arzneibehälter mit den Mitteln der Tabelle C des Deutschen Arzneibuchs sind getrennt von den nicht stark wirkenden Mitteln aufzustellen.

## E. Homöopathische Apotheken und ärztliche homöopathische Hausapotheken.

§ 52. Wenn in Verbindung mit einer Apotheke **homöopathische Mittel**[1])

---

6. Die Zubereitung der Arzneien darf nur durch die Tierärzte selbst erfolgen.

Jede verabfolgte Arznei muß mit einer deutlich und leserlichen Aufschrift versehen sein, die die Gebrauchsanweisung und den Namen des Anfertigers mit der Bezeichnung „Tierarzt" trägt. Die nötigen Besichtigungen sind möglichst gelegentlich anderer Dienstreisen vorzunehmen. Soweit Übelstände gefunden werden, ist auf Abstellung hinzuwirken.

e. **Min.Erl. vom 28. Juni 1926.** In den Jahresveterinärberichten ist von einigen Regierungs- und Veterinärräten berichtet worden, daß bei den Revisionen der tierärztlichen Apotheken in diesen vereinzelt Arzneien mit giftigen Bestandteilen vorgefunden wurden. Die betreffenden Tierärzte hätten sich im Glauben befunden, nicht gegen die Bestimmungen über den Verkehr mit Arzneimitteln verstoßen zu haben, weil ihnen diese Arzneien von Großdrogenhandlungen ohne weiteres geliefert worden wären.

Auch hat die Pharmazeutische Zeitung in letzter Zeit behauptet, „daß der größte Teil aller selbst dispensierenden Tierärzte Arzneien mit giftigen Bestandteilen vorrätig halte und sie nicht nur selbst in der Praxis verwende, sondern sie sogar zur Selbstdarreichung an die Tierbesitzer abgebe".

Falls die in dieser Form von seiten dieser Zeitung aufgestellte Behauptung zutreffen würde, würde hierdurch, wenigstens was das Vorrätighalten von gifthaltigen Arzneien durch Tierärzte anbetrifft, ohne weiteres noch nicht der Beweis für einen Verstoß der selbstdispensierenden Tierärzte gegen die den Verkehr mit Arzneimitteln betreffenden Vorschriften erbracht sein; denn das Vorrätighalten von gifthaltigen Arzneimitteln zum äußeren Gebrauch ist unter gewisser Voraussetzung den Tierärzten nicht verboten. Auch sonst dürften die Ausführungen der Pharmazeutischen Zeitung in wörtlicher Auslegung nicht zutreffen, sondern auf eine Verallgemeinerung vereinzelt zur Beobachtung gekommener Fälle zurückzuführen sein.

Trotzdem halte ich es für zweckmäßig, unter Bezugnahme auf meinen Erlaß vom 29. Januar 1920 darauf hinzuweisen, daß das Vorrätighalten der direkten Gifte den Tierärzten verboten ist. Zum äußeren Gebrauch bestimmte Arzneimittel, die direkte Gifte mit anderen Substanzen gemischt enthalten, dürfen von den Tierärzten zwar vorrätig gehalten werden. Die Bereitung solcher Arzneimittel muß jedoch in einer Apotheke erfolgt sein. Zusammengesetzte Arzneien, welche direkte Gifte enthalten und zum inneren Gebrauche bestimmt sind, dürfen dagegen nicht vorrätig gehalten werden, auch wenn sie in einer Apotheke hergestellt sind. Eine Abgabe von gifthaltigen oder nichtgifthaltigen Arzneien an Tierbesitzer durch solche Tierärzte, die nicht zur Behandlung der kranken Tiere zugezogen worden sind, ist nicht statthaft.

Ich ersuche ergebenst, die Regierungs- und Veterinärräte anzuweisen, bei den von ihnen vorzunehmenden Revisionen der tierärztlichen Apotheken streng darauf zu achten, daß sich die Tierärzte beim Dispensieren der Arzneien im Rahmen der den Verkehr mit Arzneimitteln regelnden Bestimmungen bewegen.

In der Provinz Hannover ist es nach § 21 der dort noch gültigen Apotheker-Ordnung vom 19. Dezember 1820 den Tierärzten gestattet, „die Arzneien, welche sie kranken Tieren reichen, selbst zu bereiten, soweit solches in bloßen Mischungen, Verfertigung von Abkochungen und Aufgüssen besteht; jedoch sind sie verpflichtet, die Arznei-Ingredienzien selbst, sofern solche nicht in einfachen einheimischen Pflanzenteilen bestehen, die sie selbst etwa einsammeln, sowie die künstlichen Präparate aus einer Apotheke ihres Ortes, und falls hier keine ist, aus der ihnen zunächstliegenden Apotheke zu nehmen. Könnten sie aber hiergegen begründete Einwendungen machen, so hat ihnen die betreffende Provinzial-Regierung eine andere Apotheke anzuweisen, von der sie ihren Bedarf zu beziehen haben".

[1]) Den Begriff „Homöopathische Arzneimittel" definierte ein Urteil des O.L.G. München vom 31. März 1903 (Ph.Ztg. 1903 Nr. 28) wie folgt:

„Es sind die Grundsätze maßgebend, daß zur Anfertigung der Medikamente nur ein Stoff verwendet werden darf, bei welchem genau die Potenz der Verdünnung usw. angegeben sein muß, daß kein Stoff unverdünnt usw. hergegeben werden darf, und daß kein in einem Schrank vorrätig gehalten werden, so ist derselbe in einem besonderen, gut belichteten Raume aufzustellen[1]).

Handelt es sich nach dem Ermessen des Regierungspräsidenten um eine vollständige homöopathische Apotheke, so muß dieselbe in einem nur für diesen Zweck zu verwendenden hellen Raum ordnungsmäßig eingerichtet sein.

Die Urstoffe und Urtinkturen sowie Verreibungen und Verdünnungen bis einschließlich der dritten Dezimalpotenz müssen nach Maßgabe der Bestimmungen des Arzneibuchs über milde und vorsichtig aufzubewahrende Mittel (Tab. C) voneinander getrennt aufgestellt, die Gifte (Tab. B) mit Giftwaage und Löffel in einem verschlossen zu haltenden, als solches bezeichneten Giftbehältnis verwahrt werden; auch muß ein mit der Aufschrift „Gift" oder „Tab. B" oder „Venena" bezeichneter Mörser vorhanden sein. Die Bezeichnung der Standgefäße unterliegt den Bestimmungen des Ministerialerlasses vom 22. Juni 1896[2]).

Ein Arbeitstisch, Dispensiergeräte und ein homöopathisches Arzneibuch[3]) müssen vorhanden sein[4]).

---

Stoff, der eine starke Wirkung hervorrufen würde, als Arznei verordnet werden darf, daß also Form und Dosis des Arzneimittels neben der Einheitlichkeit des Stoffes wesentliche Kriterien des homöopathischen Heilmittels sind."

Ferner ist in einem Urteil des K.G. vom 31. März 1898 (K.G.A. II, S. 126) angenommen worden, daß ein Arzneimittel dann als nach homöopathischen Grundsätzen zubereitet anzusehen ist, wenn die Herstellung nach dem Zentesimal- oder Dezimalsystem erfolgt, d. h. wenn die Arznei eine Verdünnung des Heilstoffes im Verhältnis von 1:100 oder 1:10 bedeutet.

[1]) Über die Aufstellung von Homöopathischen Schrankapotheken in den Apotheken erging folgender Min.Erl. vom 18. Juli 1906:

Unter einem besonderen Raume, wie ihn § 52 der Apothekenbetriebsordnung vom 18. Februar 1902 für die Aufstellung eines Schrankes mit homöopathischen Mitteln fordert, ist ein solcher Raum zu verstehen, der in der Betriebsordnung als Bestandteil der Apotheke nicht aufgeführt ist, z. B. das sogenannte Geschäftszimmer. Es ist auch nicht zu beanstanden, wenn in diesem Raume gleichzeitig andere als homöopathische Arzneimittel, diätetische Präparate, Weine usw. in vollständig geschlossenen festen Gefäßen und in geschlossenen Schränken aufbewahrt werden. Selbst gegen die Aufstellung von Reagenzien im gleichen Raume sind Einwendungen nicht zu erheben.

Eine andere Frage, die Aufbewahrung von Gläsern mit homöopathischen Arzneimitteln in Schiebladen behandelt ein Min.Erl. vom 30. Juni 1900:

Die Aufbewahrung der Gläser in Kästen darf nur in Kästen mit abgeteilten Fächern stattfinden, und zwar jedes Fach nur ein Fläschchen aufnehmen. Die Fläschchen müssen gleichmäßig nach Inhalt und Verdünnung oder Verreibung in Worten und Zahl bezeichnet sein. In gleicher Weise sind Urtinkturen und Urstoffe aufzubewahren. Wenn die Korke außerdem entsprechende Bezeichnung haben, so ist dagegen nichts einzuwenden.

[2]) Jetzt Min.Erl. vom 18. Dezember 1926 (s. S. 199).

[3]) Es kommen vornehmlich zwei neuere derartige Bücher in Betracht. Das Deutsche Homöopathische Arzneibuch von Dr. Willmar Schwabe in Leipzig und das vom Deutschen Apothekerverein herausgegebene Deutsche Homöopathische Arzneibuch. Aber auch die älteren Pharmakopöen von Gruner und andere sind als genügend anzusehen.

[4]) Hierzu besagt ein Min.Erl. vom 17. Januar 1914:

Die Bestimmung im § 52 der Ap.B.O. vom 18. Februar 1902, daß in dem Raum für homöopathische Mittel ein Arbeitstisch, Dispensiergeräte und ein homöopathisches Arzneibuch vorhanden sein müssen, geht von der Annahme aus, daß die homöopathischen Zubereitungen in den Apotheken selbst hergestellt werden. Es empfiehlt sich nicht, von dieser Voraussetzung abzugehen und Apotheker, die nur im Handel bezogene, abgabefertige Zubereitungen vorrätig halten, von der Verpflichtung zur Beschaffung der Dispensiereinrichtung zu befreien. Dadurch würde der Verzicht auf die Selbstdarstellung homöopathischer Arzneien nur in unerwünschter Weise gefördert und die

Die ärztlichen homöopathischen Hausapotheken[1]) müssen eben-

Verantwortlichkeit der Apotheker für die richtige Beschaffenheit der abzugebenden Arzneien abgeschwächt werden. Die Aufrechterhaltung der vorgesehenen Anforderung an die Einrichtung der Abgabestellen ist in jenen Fällen auch notwendig, um dem Apotheker die Möglichkeit jederzeitiger Wiederaufnahme der Selbstbereitung der Arzneien zu erhalten.

[1]) Über das Dispensierrecht der homöopathischen Ärzte bestehen folgende Bestimmungen:

**Reglement über die Befugnis der approbierten Medizinalpersonen zum Selbstdispensieren der nach homöopathischen Grundsätzen bereiteten Arzneimittel. Vom 20. Juni 1843.**

Da in bezug auf das Heilverfahren nach homöopathischen Grundsätzen eine Modifikation der Vorschrift, nach welcher Ärzte usw. die von ihnen verordneten Arzneien in der Regel nicht selbst dispensieren dürfen, angemessen befunden worden ist, so werden über die Befugnisse der Medizinalpersonen zum Selbstdispensieren der nach homöopathischer Weise bereiteten Arzneien für den ganzen Umfang der Monarchie nachstehende Vorschriften gegeben:

§ 1. Einer jeden Medizinalperson soll, soweit sie nach Inhalt ihrer Approbation zur Zivilpraxis berechtigt ist, künftig, nach Maßgabe der nachfolgenden näheren Bestimmungen, gestattet sein, nach homöopathischen Grundsätzen bereitete Arzneimittel selbst zu dispensieren.

§ 2. Wer von dieser Befugnis (§ 1) Gebrauch machen will, muß hierzu die Erlaubnis des Ministers der Medizinalangelegenheiten einholen.

§ 3. Da die durch das Prüfungsreglement vom 1. Dezember 1825 angeordneten Staatsprüfungen der Ärzte und Wundärzte auf Erforschung der pharmakologischen Kenntnisse und der pharmazeutisch-technischen Ausbildung der Kandidaten nicht mit gerichtet sind, bei dem Heilverfahren nach homöopathischen Grundsätzen auch mehrere, in die Landespharmakopöe nicht aufgenommene Arzneistoffe angewendet werden, so kann die Erlaubnis zum Selbstdispensieren der erwähnten Mittel nur denjenigen Medizinalpersonen erteilt werden, welche in einer besonderen Prüfung nachgewiesen haben, daß sie die erforderlichen Kenntnisse und Fertigkeiten besitzen, um die verschiedenen Arzneimittel voneinander unterscheiden, die verschiedenen Qualitäten derselben genügend bestimmen und Arzneimittel gehörig bereiten zu können.

Diese Prüfung soll vor einer Kommission erfolgen, welche der Minister der geistlichen, Unterrichts- und Medizinalangelegenheiten aus dazu qualifizierten und insbesondere mit der Botanik, Chemie und Pharmakologie, sowie mit den Grundsätzen des homöopathischen Heilverfahrens praktisch vertrauten Männern bestellen wird. Diese Kommission hat ihren Sitz in Berlin. Dem genannten Minister bleibt es indes vorbehalten, bei eintretender besonderer Veranlassung die erwähnte Prüfung auch anderswo durch dazu besonders bestellte Kommissarien abhalten zu lassen.

§ 4. Die Einrichtungen, welche zur Bereitung und Dispensation der Arzneien von den dazu für befugt erklärten Medizinalpersonen getroffen worden sind, unterliegen in gleicher Art, wie dies bei den Hausapotheken stattfindet welche ausnahmsweise einzelnen Ärzten gestattet sind, zeitweisen Visitationen durch die Medizinalpolizeibehörde.

Bei den Visitationen müssen die betreffenden Medizinalpersonen sich darüber ausweisen:

a. daß sie zur Bereitung und Dispensation der Arzneien ein nach den Grundsätzen des homöopathischen Heilverfahrens zweckmäßig eingerichtetes, besonderes Lokal besitzen;
b. daß die vorhandenen Arzneistoffe und Drogen von untadelhafter Beschaffenheit sind;
c. daß die wichtigsten Arzneistoffe, deren namentliche Bezeichnung erfolgen wird, in der ersten Verdünnung angetroffen werden, damit die erforderliche chemische Prüfung derselben in bezug auf ihre Reinheit angestellt werden könne; und
d. daß ein Tagebuch geführt wird, in welches die ausgegebenen Arzneien nach ihrer Beschaffenheit und Dosis, unter genauer Bezeichnung des betreffenden Patienten und des Datums der Verabreichung, eingetragen werden.

falls in einem lediglich diesem Zweck dienenden, gut belichteten Raum auf-

---

§ 5. Es ist allen Medizinalpersonen untersagt, zubereitete homöopathische Arzneien zum Behufe des Selbstdispensierens, sei es in größeren oder geringeren Quantitäten, direkt oder indirekt aus ausländischen Apotheken oder Fabriken zu entnehmen.

§ 6. Wer homöopathische Arzneien selber dispensiert, ist nur befugt, dieselben an diejenigen Kranken zu verabreichen, welche er selbst behandelt.

§ 7. Den Medizinalpersonen, welche die Genehmigung zum Selbstdispensieren homöopathischer Arzneimittel erhalten haben, bleibt es untersagt, unter dem Vorwande homöopathischer Behandlung, nach den Grundsätzen der sogenannten allopathischen Methode bereitete Arzneimittel selbst zu dispensieren.

§ 8. Wer ohne die im § 2 vorgeschriebene Genehmigung sogenannte homöopathische Arzneimittel selbst dispensiert, soll von der Befugnis hierzu für immer ausgeschlossen bleiben und außerdem nach den allgemeinen Vorschriften über den unbefugten Verkauf von Arzneien bestraft werden.

§ 9. Eben diese Strafe (§ 8) und zugleich der Verlust der Befugnis zum Selbstdispensieren soll denjenigen treffen, welcher sich einer Überschreitung der Vorschriften der § 6 und 7 schuldig macht.

§ 10. Übertretungen der § 4 und 5 sind mit einer Geldbuße bis zu 50 Taler zu ahnden und können, bei Wiederholung des Vergehens, nach vorangegangener zweimaliger Bestrafung mit Entziehung der Befugnis zum Selbstdispensieren bestraft werden.

§ 11. Die Untersuchung und Bestrafung der Vergehen gegen die Bestimmungen dieses Reglements erfolgt nach den allgemeinen Vorschriften über das Strafverfahren gegen Medizinalpersonen wegen Verletzung ihrer Berufspflichten.

§ 12. Auf die sogenannten isopathischen Arzneimittel findet gegenwärtiges Reglement keine Anwendung.

Durch eine spätere Kabinettsorder ist der Minister ermächtigt, bewährten Homöopathen unter gewissen Bedingungen die besondere Prüfung zu erlassen. Die Ausnahme soll nur bei solchen approbierten Ärzten stattfinden, welche sich entweder als Schriftsteller über Homöopathie ausgezeichnet, oder diese Heilmethode erweislich seit mindestens 5 Jahren ausgeübt haben. Die Gesuche um Zulassung zum Examen oder Erlaß desselben sind durch die Regierung dem Minister einzureichen (Min.Erl. vom 23. September 1844).

Nach der Zirkularverfügung des Ministers vom 28. Februar 1846 sind die in § 4 Abs. c des Reglements vom 20. Juni 1843 gedachten Arzneistoffe folgende:

1. Aconitum. Napellus.
2. Alumina.
3. Antimonium crudum.
4. — tartaricum.
5. Arnica montana.
6. Arsenicum album
7. Aurum foliatum.
8. Belladonna (Atropa).
9. Bryonia alba.
10. Calcarea carbonica.
11. Canthariden.
12. Carbo vegetabilis.
13. Chamomilla (Matricaria).
14. China (regia et fusca).
15. Cina (Cinae semen).
16. Cocculus.
17. Coffea arabica.
18. Crocus sativus.
19. Cuprum (metallicum).
20. Digitalis purpurea.
21. Drosera rotundifola.
22. Dulcamara (Solanum).
23. Euphrasia officinalis.
24. Graphites.
25. Hepar sulphuris calcareum.
26. Hyoscyamus niger.
27. Ignatia amara.
28. Ipecacuanha (Cephaelis).
29. Kali carbonicum.
30. Lycopodium clavatum.
31. Magnesia carbonica.
32. Mercurius solubilis.
33. Natrium chloratum.
34. Nitri acidum.
35. Nux vomica(Strychnos)
36. Opium.
37. Petroleum.
38. Phosphorus.
39. Pulsatilla pratensis.
40. Rhus Toxicodendron.
41. Sabina (Juniperus).
42. Secale cornutum.
43. Sepiae succus.
44. Silicea.
45. Spigelia anthelmia.
46. Spongia marina tosta.
47. Stannum metallicum.
48. Staphisagria (Delphinium).
49. Stramonium (Datura).
50. Sulphur.
51. Thuja occidentalis.
52. Veratrum album.

Zu § 5 des Reglements vom 20. Juni 1843 besagt ein Min.-Bescheid vom 21. Dezember 1863:

Wenn § 5 ausdrücklich untersagt, zubereitete homöopathische Arzneien weder direkt noch indirekt aus ausländischen Apotheken oder Fabriken zu entnehmen, so bezieht sich dieses Verbot mehr noch auf das Entnehmen derartiger Arzneien von Nichtapothekern.

gestellt sein. Ein homöopathisches Arzneibuch[1]), die Arzneitaxe und die gesetzlichen Bestimmungen über homöopathische Hausapotheken sowie die ärztliche Approbation und die Genehmigung zum Halten einer homöopathischen Hausapotheke müssen vorhanden sein. Der Arzt hat in seinem Krankentagebuch entsprechende Vermerke über Menge, Inhalt und Taxpreise der abgegebenen Mittel zu machen.

Anderseits betont ein Min.Erl. vom 14. Januar 1862, „daß die zum Selbstdispensieren befugten Homöopathen auch berechtigt sind, Urtinkturen, aus welchen sie die Verdünnung anfertigen, selbst zu bereiten".

Ferner erging folgender Min.-Erl., betr. das Dispensierrecht homöopathischer Ärzte vom 19. Januar 1897:

Die Vorschriften des Reglements über die Befugnis der approbierten Medizinalpersonen zum Selbstdispensieren der nach homöopathischen Grundsätzen bereiteten Arzneimittel vom 20. Juni 1843 haben vielfach die Auslegung erfahren, daß Ärzte, welche die im § 3 des Reglements bezeichnete Prüfung bestanden haben, schon auf Grund des erlangten Befähigungszeugnisses sich zum Selbstdispensieren homöopathischer Arzneimittel für berechtigt halten, ohne hierzu die Erlaubnis des Ministers der geistlichen, Unterrichts- und Medizinalangelegenheiten erhalten zu haben. Daß diese Auslegung eine irrige ist, ergeben die Vorschriften der §§ 2 und 3, welche das Recht, nach homöopathischen Grundsätzen bereitete Arzneimittel selbst zu dispensieren, außer von der durch das Bestehen einer Prüfung nachzuweisenden Befähigung noch von einer besonderen Erlaubnis des Ministers ausdrücklich abhängig machen. Wer ohne diese Genehmigung homöopathische Arzneimittel selbst dispensiert, soll gemäß der Bestimmung im § 8 daselbst von der Befugnis hierzu für immer ausgeschlossen bleiben und außerdem nach den allgemeinen Vorschriften über den unbefugten Verkauf von Arzneien bestraft werden.

Indem ich Veranlassung nehme, die vorstehenden Anordnungen des Reglements erneut in Erinnerung zu bringen, bemerke ich zugleich, daß ich beabsichtige, bei der Handhabung dieser Angelegenheit in Zukunft nach Maßgabe der nachstehenden Gesichtspunkte zu verfahren:

1. Denjenigen homöopathischen Ärzten, welche bisher ohne ministerielle Erlaubnis homöopathische Arzneimittel selbst dispensiert haben, wird die Genehmigung ohne weiteres erteilt werden, sofern nicht Verfehlungen des Antragstellers gegen die medizinal-polizeilichen Vorschriften oder sonstige die Zuverlässigkeit der Person in Frage stellende Hinderungsgründe eine Versagung erforderlich erscheinen lassen.
2. Der Umstand, daß bei den vorhandenen Apothekern eines Ortes homöopathische Arzneiabgabestellen eingerichtet sind, bildet kein Hindernis für die Erteilung der Genehmigung.
3. Beim Wechsel des Wohnortes des Arztes erlischt die Genehmigung nicht; dagegen ist der Arzt verpflichtet, von dem Wechsel dem Regierungspräsidenten und, falls der Wohnort in den Bezirk einer anderen Regierung verlegt wird, auch dem Präsidenten dieser Regierung Anzeige zu erstatten.
4. Die zur Zeit bestehenden Vorschriften über die Einrichtung und Beaufsichtigung der ärztlichen Hausapotheken bleiben auch ferner maßgebend (vgl. die §§ 49, 50 der Vorschriften über Einrichtung und Betrieb der Apotheken usw. vom 16. Dezember 1893 und §§ 1, 25, 26 der Anweisung zur amtlichen Besichtigung der Apotheken usw. vom 16. Dezember 1893).

Indem ich die entgegengesetzten Bestimmungen des Runderlasses vom 14. November 1895 aufhebe, ersuche ich Ew. Hochwohlgeboren ergebenst, bei berichtlichen Anträgen die vorstehenden Gesichtspunkte gefälligst zu beachten.

Nach einem Erl. des Reg.-Präsidenten in Minden vom 26. Juni 1894 haben die Bestimmungen über die Signatur der Arzneien (§§ 30 und 31 der Apothekenbetriebsordnung) auch für die homöopathischen Hausapotheken Geltung. Doch muß die Richtigkeit dieser Anschauung bestritten werden (s. Fußnote 1 auf S. 337).

Die Arzneiabgabe durch homöopathische Vereine an deren Mitglieder ist lediglich nach § 367, 3 Str.G.B. (s. S. 51) zu beurteilen.

[1]) Vgl. hierzu Fußnote 3 auf S. 361.

### Schlußbestimmungen.

§ 53. Die Befugnisse, welche in diesen Vorschriften dem Regierungspräsidenten zugewiesen sind, werden innerhalb des der Zuständigkeit des Polizeipräsidenten zu Berlin unterstellten Bezirks von dem letzteren ausgeübt[1]).

§ 54. Die vorstehende Betriebsordnung tritt mit dem 1. März 1902 in Kraft. Mit demselben Tage treten die Vorschriften über Einrichtung und Betrieb der Apotheken, Zweig-(Filial-)Apotheken, Krankenhausapotheken (Dispensieranstalten) und ärztlichen Hausapotheken, sowie die Anweisung zur amtlichen Besichtigung der Apotheken vom 16. Dezember 1893 außer Kraft.

---

# XXII. Apothekenbesichtigung.

Das Grundgesetz der preußischen Apotheker, die revidierte Apothekerordnung vom 11. Oktober 1801 (s. S. 267) enthält im Titel II Bestimmungen über die „Oberaufsicht über die Apotheken", die hauptsächlich die amtliche Besichtigung (Revision, Visitation) der Apotheken zum Gegenstand haben. Praktisch sind diese Bestimmungen jetzt durch neuere, die auf S. 367 abgedruckte Anweisung für die amtliche Besichtigung der Apotheken, ersetzt. Formell sind sie aber in Altpreußen noch in Geltung und stellen auch insofern die rechtliche Grundlage der späteren Vorschriften dar, als diese sich im Rahmen der ersteren halten müssen, ihnen jedenfalls nicht widersprechen dürfen, weil die rev. Ap.O. ein Gesetz, die spätere Anweisung aber nur eine Ministerialverordnung darstellt. Titel II der rev. Ap.O. lautet:

## Revidierte Apothekerordnung.

Vom 11. Oktober 1801.

### Titel II.

#### Von der Oberaufsicht über die Apotheken.

§ 1. Die pharmazeutische Praxis gehört ihrer Natur nach zu denjenigen Gegenständen, welche die strengste Aufsicht Unseres Ober-Collegii Medici et Sanitatis und der von selbigen abhängenden Provinzial-Collegiorum erheischen. Aus dieser Ursache sind, außer der den Medizinalbehörden obliegenden allgemeinen Wachsamkeit über die Apotheken, noch insbesondere die Visitationen derselben eingeführt. Zu den gewöhnlichen Visitationen ist ein Zeitraum von drei Jahren festgesetzt, bei dringenden Veranlassungen aber finden auch außerordentliche Visitationen zu unbestimmten Zeiten statt.

§ 2. Bei gewöhnlichen Visitationen hat der Apotheker den dazu ernannten Kommissarien vorzulegen:

1. das Privilegium und die auf dessen Besitz sich beziehenden Dokumente;

---

[1]) Die Zuständigkeit des Berliner Polizeipräsidenten gegenüber dem Apothekenwesen erstreckt sich nach § 33 des Gesetzes als die Bildung einer neuen Stadtgemeinde Berlin vom 27. April 1920/7. Oktober 1920 auf die ganze Stadtgemeinde Berlin.

2. die Approbation Unseres Ober-Collegii medici et Sanitatis, oder wenn die Apotheke durch einen Provisor verwaltet wird, dessen Konfirmation;
3. die Pharmacopoea Borrussica, die Arzneitaxe, das Medizinaledikt, die gegenwärtige revidierte Ordnung für die Apotheker, und die etwa in der Folge dazu nötig gefundenen nachträglichen Verordnungen;
4. das Elaborationsbuch;
5. die Giftscheine, mit der darüber geführten Kontrolle;
6. das in den Offizinen vorrätig zu haltende Herbarium vivum einheimischer offizineller Pflanzen;
7. einige Pakete taxierter Rezepte.

§ 3. Die Gehilfen haben ihren Lehrbrief und Testimonia vorzuzeigen, einige zur Prüfung ihrer Fähigkeit ihnen vorzulegende Fragen aus der Materia pharmaceutica und der Chemie zu beantworten, ein Pensum aus der Pharmacopoea Borrussica ins Deutsche zu übersetzen, auch eine Probe ihrer Handschrift ad Acta zu geben.

§ 4. Auf ähnliche Art werden auch die Lehrlinge in Rücksicht ihrer Fähigkeiten und Fortschritte nach Verhältnis ihrer zurückgelegten Lehrzeit geprüft.

§ 5. Die Apotheker nebst ihren Gehilfen und Lehrlingen sind verpflichtet, den Kommissarien weder bei genereller Besichtigung der Offizin, des Laboratorii, der Materialkammern, Kräuterböden, Keller usw., noch bei spezieller Prüfung der Arzneimittel nach dem vorgeschriebenen Verzeichnisse irgend Hindernisse in den Weg zu legen, vielmehr selbigen mit Achtung und Bereitwilligkeit entgegenzukommen, die von selbigen geschehenen Erinnerungen und Belehrungen bescheiden anzunehmen, und den von selbigen etwa für nötig erachteten Anordnungen willige Folge zu leisten. In streitigen Fällen aber haben sie ihre Gegenerinnerungen bescheiden zu Protokoll zu geben und die Entscheidung von der Behörde zu erwarten.

§ 6. Die auf die gewöhnlichen Visitationen gehenden Gebühren und Kosten, wie solche in der Medizinalordnung Seite 72 und dem hier beiliegenden Circulari Unseres General-Directorii vom 6. Februar 1798 bestimmt sind, tragen die Stadtkämmerei und die Apotheker zu gleichen Teilen.

§ 7. Außerdem stehen die Apotheker immerwährend unter der unmittelbaren Aufsicht der Physiker oder derjenigen Personen, denen sonst die Aufsicht von der oberen Behörde übertragen worden, als deren Pflicht es ist, die Apotheken von Zeit zu Zeit zu besuchen und achtzugeben, ob darin alles wohl hergehe und in gutem Stande gehalten werde, daher denn auch ein Apotheker, wenn er auf mehrere Tage oder Wochen verreisen will, verbunden ist, die Aufsicht über seine Offizin einer dazu qualifizierten Person, die während seiner Abwesenheit nötigenfalls die Verantwortlichkeit übernimmt, zu übertragen, und solches dem Physikus des Orts anzuzeigen[1]).

Die Grundsätze, nach denen jetzt die Apothekenrevisionen erfolgen, sind niedergelegt in nachstehender Anweisung des Ministers, die zugleich mit der geltenden Apothekenbetriebsordnung erlassen wurde.

[1]) Hierüber sind jetzt in § 41 der Ap.B.O. (s. S. 347) besondere Bestimmungen getroffen.

## Anweisung für die amtliche Besichtigung der Apotheken.

Min.Erl. vom 18. Februar 1902.

### Allgemeines.

§ 1. Jede Apotheke, Zweig-, Krankenhaus- wie ärztliche Hausapotheke ist innerhalb dreier Jahre mindestens einer amtlichen, vorher geheimzuhaltenden Besichtigung in unregelmäßigen Zwischenfristen, jede neu errichtete Apotheke vor, jede verlegte nach der Eröffnung des Betriebes möglichst bald, nachdem die Fertigstellung der Einrichtung dem Regierungspräsidenten angezeigt ist, einer amtlichen Besichtigung zu unterziehen.

§ 2. Die Besichtigung wird von Bevollmächtigten des Regierungspräsidenten, nämlich dem zuständigen Regierungs- und Medizinalrate, welcher ausnahmsweise durch einen Kreisarzt vertreten werden kann, und mindestens einem für diesen Zweck und auf die Geheimhaltung des Besichtigungstermins verpflichteten Apothekenbesitzer[1]) ausgeführt.

§ 3. Beim Ausscheiden eines der zurzeit tätigen pharmazeutischen Bevollmächtigten fordert der Regierungspräsident den Vorstand der Apothekerkammer auf, nach Anhörung der Apothekenbesitzer des Regierungsbezirkes drei bis fünf Apotheker des Bezirkes zur Auswahl eines oder mehrerer pharmazeutischen Bevollmächtigten binnen einer Ausschluß-

---

[1]) Über die Gebühren der pharmazeutischen Bevollmächtigten für Apothekenbesichtigungen ergingen zwei Verfügungen:

I. Min.Erl. vom 22. Mai 1912. Bei dem Titel 21 des Kapitels 97a des Etats der Medizinalverwaltung meines Ministeriums sind Mittel bereitgestellt worden, um den pharmazeutischen Bevollmächtigten vom 1. April d. J. ab neben den Reisekosten noch eine besondere Entschädigung für ihre Mühewaltung in der Weise zu gewähren, daß sie für jede Besichtigung 10 (zehn) M. erhalten. Ausgenommen sind, wie ersichtlich, die Besichtigungen am Wohnorte und in den Vororten bis zu 2 km Entfernung, für welche den pharmazeutischen Bevollmächtigten in verschiedenen Großstädten als einzige Bezüge für ihre Tätigkeit nach besonderem Übereinkommen ausnahmsweise schon jetzt Entschädigungen gezahlt werden. Es steht jedoch nichts im Wege, bei einer Erneuerung des Übereinkommens auch diese Entschädigungen, deren Höhe jetzt verschieden ist, allgemein auf 10 M. für jede Besichtigung zu vereinbaren.

II. Min.Erl. vom 29. Juli 1924. Unter Bezugnahme auf meinen Erlaß vom 19. November 1923 bestimme ich im Einverständnisse mit dem Herrn Finanzminister, daß mit Wirkung vom 1. Juli 1924 ab zur Anpassung an die gegenwärtigen wirtschaftlichen Verhältnisse den pharmazeutischen Bevollmächtigten für die amtlichen Besichtigungen von Apotheken, abgesehen von den gesetzlichen Reisekosten, statt der bisherigen Entschädigungen:

a. Für Besichtigungen am Wohnorte des Bevollmächtigten nach Vereinbarung für jeden Besichtigungstag in den Großstädten bis zu 10 Goldmark, in den übrigen Orten bis zu 8 Goldmark.

b. Für Besichtigungen außerhalb des Wohnortes für jeden Besichtigungstag 10 Goldmark gewährt werden. Hierdurch sind zugleich die Kosten, die durch eine in der Apotheke des Bevollmächtigten etwa notwendig werdende Stellvertretung entstehen, abgegolten. Weiter erhält der pharmazeutische Bevollmächtigte für jede Apothekenbesichtigung als Ersatz für verbrauchte Reagenzien 1,50 Goldmark.

Die Bestimmung über die Reisekosten und die Reagenzienauslagen gründet sich auf § 14 des Gesetzes betr. die Gebühren der Medizinalbeamten vom 14. Juli 1909, der lautet:

§ 14. Für die Besichtigung einer Apotheke an seinem Wohnort oder in einer Entfernung von weniger als zwei Kilometern erhält der medizinische Kommissar sechs Mark Entschädigung.

Der pharmazeutische Kommissar erhält Tagegelder und Reisekosten nach den den Kreisärzten zustehenden Sätzen, außerdem 1,50 Mark für jede Apothekenbesichtigung als Ersatz für verbrauchte Reagenzien.

frist in Vorschlag zu bringen. Werden sämtliche Vorschläge beanstandet, so ist die Aufforderung zu wiederholen; werden auch die neuen Vorschläge verworfen, so bestimmt der Regierungspräsident nach Anhörung des Regierungs- und Medizinalrats die Bevollmächtigten.

Als pharmazeutische Bevollmächtigte sind nur Apothekenbesitzer zuzuziehen, deren Apotheke sich dauernd in gutem Zustande befindet. Mit Genehmigung des Ministers der Medizinalangelegenheiten kann ausnahmsweise ein früherer Apothekenbesitzer als pharmazeutischer Bevollmächtigter berufen werden.

§ 4. Die Bevollmächtigten bilden eine Kommission und handeln gemeinschaftlich unter gleicher Verantwortlichkeit für jeden Einzelbefund.

§ 5. Ein Besichtigungsplan für das Jahr wird nicht vorweg aufgestellt.

Der Regierungspräsident erteilt dem Regierungs- und Medizinalrat zur Vornahme der Apothekenbesichtigungen eine schriftliche Ermächtigung für den dreijährigen oder einen längeren Zeitraum. Der Regierungs- und Medizinalrat ist für Erledigung aller Besichtigungen innerhalb dreier Jahre verantwortlich.

Nahe beieinander gelegene Apotheken dürfen nicht in unmittelbarer Reihenfolge besichtigt werden.

§ 6. Der Kreisarzt und der Apothekenbesitzer dürfen an ihrem Wohnort keine Besichtigung ausführen[1]), nur in Städten mit mehr als 100000 Einwohnern können die Besichtigungen dem Kreisarzt übertragen werden; auch darf ein dort ansässiger Apothekenbesitzer als pharmazeutischer Bevollmächtiger mitwirken, jedoch nicht bei der Besichtigung der seiner eigenen Apotheke zunächst belegenen Apotheke.

§ 7. Zu jeder Besichtigung ist der zuständige Kreisarzt vertraulich einzuladen; er hat, falls nicht triftige Gründe ihn hindern, zu erscheinen, wenn eine Apotheke an seinem Wohnorte besichtigt wird.

## Die Besichtigung.

§ 8. Die Besichtigung soll in der Regel bei Tageslicht nicht vor 8 Uhr vormittags stattfinden und mit einem kurzen Rundgange durch sämtliche Geschäftsräume beginnen, damit die Bevollmächtigten Gelegenheit haben, zunächst einen allgemeinen Überblick über die Geschäftsführung in den einzelnen Räumen, insbesondere betreffs der Ordnung und der Sauberkeit zu gewinnen und etwaige Betriebsunregelmäßigkeiten festzustellen.

§ 9. In demjenigen Raume, in welchem beim Rundgange Vorschriftswidrigkeiten bemerkt worden sind, beginnt nach beendetem Rundgange die eingehende Besichtigung, sonst in der Offizin.

Hier, wie in allen Vorratsräumen müssen die Arzneimittel, welche einer chemischen oder physikalischen Prüfung nicht unterliegen, genau nach ihren sinnlich wahrnehmbaren Eigenschaften auf ihre Güte und Brauchbarkeit geprüft, die unbrauchbaren ausgeschieden und, soweit sie nicht durch Umarbeiten wieder brauchbar gemacht werden können, unter

---

[1]) Diese Bestimmung steht mit der allgemeinen Stellung des Kreisarztes den Apothekern gegenüber (s. Dienstanweisung für die Kreisärzte, S. 7) und mit dem § 28 der Revisionsanweisung, wonach der Kreisarzt alle Apotheken seines Kreises jährlich einmal zu mustern hat, in einem gewissen Widerspruche. Nach obigem Paragraphen dürfte der Kreisarzt in Orten unter 100000 Einwohnern die Apotheken seines Wohnortes zu Besichtigungszwecken nicht betreten.

Zustimmung des Apothekenvorstandes sofort in Gegenwart der Bevollmächtigten vernichtet werden[1]).

Falls der Apothekenvorstand Einspruch gegen die Beanstandung einer Ware erhebt, ist dieselbe unter Dienstsiegel des bevollmächtigten Medizinalbeamten und Privatsiegel des Apothekenvorstandes dem Regierungspräsidenten zur Entscheidung zu überreichen.

Mit vorschriftswidrig vorrätig gehaltenen Arzneibereitungen ist in gleicher Weise zu verfahren[2]).

§ 10. Das Umarbeiten von Arzneimitteln, welche wieder brauchbar gemacht werden können, ist tunlichst während der Anwesenheit der Bevollmächtigten vorzunehmen.

Wenn sich das sorfortige Umarbeiten als nicht ausführbar erweist, so ist Vorsorge zu treffen, daß ein Verkauf oder Verbrauch der als unbrauchbar ausgeschiedenen Waren ausgeschlossen wird.

Minderwertige Waren dürfen, abgesehen von den lediglich zu technischen Zwecken dienenden, nicht geduldet werden.

§ 11. Die Besichtigung erfolgt nach Maßgabe der Vorschriften der Apothekenbetriebsordnung; dabei ist aber in jedem Falle den besonderen Verhältnissen entsprechend Rechnung zu tragen.

§ 12. In jeder Apotheke müssen gefordert werden: tadellose Arzneimittel, Ordnung und Sauberkeit.

§ 13. Besondere Aufmerksamkeit ist den zur Aufbewahrung von überschießenden Vorräten bestimmten Räumen und Behältnissen zu widmen; auch diese müssen ordentlich gehalten sein.

§ 14. Der bevollmächtigte Medizinalbeamte prüft die Bescheinigungen über die Richtigkeit der Waagen und Gewichte, die Taxierung von mindestens zehn herausgegriffenen ärztlichen Verordnungen, die Personalien des Apothekenvorstandes, der Gehilfen und der Lehrlinge und nimmt die Verhandlung über die Besichtigung nach dem beigefügten[3]) Muster auf, welchem weitere Bemerkungen der Bevollmächtigten, soweit erforderlich, hinzuzufügen sind.

[4]) Der pharmazeutische Bevollmächtigte führt unter Beachtung der Vorschriften des Arzneibuchs die chemische und physikalische

---

[1]) Eine Vernichtung unbrauchbarer Arzneimittel darf nur unter Zustimmung des Apothekenvorstands erfolgen. Erteilt dieser seine Einwilligung nicht, so ist eine Vernichtung gesetzlich unzulässig. Auch im gerichtlichen Verfahren kann in solchen Fällen nicht auf Vernichtung erkannt werden. Denn Zuwiderhandlungen gegen die Apothekenbetriebsvorschriften (§ 367, 5 Str.G.B.) sind strafrechtlich Übertretungen. Eine Einziehung von Gegenständen ist aber nach § 40 Str.G.B. nur bei Verbrechen und Vergehen zulässig, bei Übertretungen nicht. In diesen Fällen kann daher auch nicht auf Vernichtung erkannt werden (R.G. 7. April 1898, R.G.A. II, S. 243).

[2]) Maßgebend für eine etwaige Inverwahrungnahme oder Beschlagnahme vorschriftswidriger Arzneimittel sind lediglich die §§ 94—98 der Strafprozeßordnung. Danach ist zur Inverwahrungnahme oder Sicherstellung auch der Medizinalbeamte und Apothekenrevisor befugt. Die Beschlagnahme dagegen steht nur dem Richter zu, bei Gefahr im Verzuge auch der Staatsanwaltschaft oder denjenigen Polizei- und Sicherheitsbeamten, welche als Hilfsbeamte der Staatsanwaltschaft den Anordnungen derselben Folge zu leisten haben. Hierzu gehören u. a. die Kriminalkommissare, Polizeikommissare, Amtsvorsteher; die pharmazeutische Revisionskommission aber sicher nicht. Daß insbesondere dem Medizinalbeamten bei Revisionen ein Beschlagnahmerecht ohne Zuziehung der Ortspolizei nicht zusteht, hat das R.G. in einer Entscheidung vom 22. Februar 1900 (R.G.A. III, S. 370) dargelegt.

[3]) Die beigegebene Anlage I ist hier nicht mit abgedruckt.

[4]) Abs. 2 in der Fassung des Min.Erl. vom 15. Dezember 1910.

Prüfung der dazu geeigneten, im Arzneimittelverzeichnis mit einem Stern bezeichneten[1]), sowie auch anderer vorrätiger, namentlich solcher Mittel aus, welche erfahrungsmäßig oft verfälscht werden oder verderben. Er stellt auch die spezifischen Gewichte der in der Anlage IV des Arzneibuchs[2]) aufgeführten und anderer geeigneter Flüssigkeiten fest.

Beanstandungen werden in die Verhandlung eingetragen.

§ 15. Der Apothekenvorstand hat folgende Bücher und Papiere[3]) auf Erfordern vorzulegen:

1. das Arzneibuch für das Deutsche Reich,
2. die Arzneitaxe und die vorhandenen ärztlichen Verordnungen[4]) des laufenden Jahres,
3. die reichs- und landesgesetzlichen, sowie die reglementarischen Bestimmungen über das Apothekenwesen,
4. die in einem Aktenhefte vereinigten, auf die Apotheke bezüglichen behördlichen Verfügungen in Druckexemplaren oder Originalen nach dem Datum geordnet und den Bescheid über die letzte amtliche Besichtigung,
5. die eichamtlichen Bescheinigungen über die Nachprüfung der Waagen und Gewichte,
6. die Urkunden über die Betriebs- und Besitzberechtigung,
7. die Approbation und den Vereidigungsnachweis,
8. das Arbeitstagebuch,
9. das Giftverkaufsbuch nebst den Belegen (Giftscheine),
10. das über den Empfang und die Abgabe von tierischem Impfstoff geführte Buch,
11. die vorhandenen Unterrichtsmittel, einschließlich einer Pflanzensammlung oder guter Abbildungen von Pflanzen.

§ 16. Approbierte Gehilfen haben ihre Approbation, nicht approbierte ihre Gehilfen- und sonstigen Zeugnisse[5]), Lehrlinge ihr amtsärztliches Zulassungszeugnis nebst dem Nachweis über die vorgeschriebene wissenschaftliche Vorbildung (Bekanntmachung des Reichskanzlers vom 5. März 1875 § 4 Z. 1)[6]), eine selbst zusammengestellte Pflanzensammlung, das Arbeitsbuch und die eigenen wissenschaftlichen Bücher[7]) vorzulegen.

---

[1]) Siehe S. 327. Ein Min.Erl. vom 21. September 1898 bestimmt, daß „die Bevollmächtigten zur Behebung etwaiger Zweifel und Widersprüche bei den Revisionen stets je ein Exemplar des Arzneimittelverzeichnisses bei der Besichtigung mit sich zu führen haben". Vgl. auch die Verf. vom 26. Februar 1913 betr. Hydrastis-Fluidextrakt (s. S. 330).

[2]) Jetzt Anlagen V und VI des D.A.B. 6.

[3]) Vgl. hierzu § 26 der Ap.B.O. (s. S. 326).

[4]) Die Verpflichtung des Apothekers, bei Revisionen den Kommissaren „einige Pakete taxierter Rezepte" vorzulegen, findet in Titel II § 2 der rev. Ap.O. (s. S. 366) ihre rechtliche Begründung. Andererseits wird allerdings dem Apothekenvorstand in § 35 der Ap.B.O. (s. S. 341) verboten, die vorhandenen ärztlichen Verordnungen anderen Personen als dem verordnenden Arzte, dem Kranken und dessen Beauftragten oder Vertreter zu zeigen.

[5]) Auch Studenten der Pharmazie, die als Vertreter tätig sind, müssen nach einem Urteil des A.G. Altenburg vom 17. März 1910 (Ph.Ztg. 1910 Nr. 25) in der Lage sein, ihr Vorprüfungszeugnis vorzulegen (s. Fußnote 2 auf S. 350).

[6]) Jetzt Prüfungsordnung für Apotheker vom 18. Mai 1904 (s. S. 84).

[7]) Die Forderung, daß der Praktikant eigene wissenschaftliche Bücher besitzen muß, ist sonst nirgends erhoben. Es ist vielmehr sowohl in § 15 der Revisionsanweisung wie in den §§ 26 und 44 der Ap.B.O. gesagt, daß der Apothekenvorstand für die erforderlichen Unterrichtsmittel zu sorgen hat. Auch der Besitz eines eigenen Arzneibuches wird jetzt vom Praktikanten nicht mehr gefordert. Nur eine selbst angelegte Pflanzensammlung und ein Arbeitsbuch muß er besitzen.

Lehrlinge sind in der Botanik, Chemie, Physik, Pharmakognosie und Gesetzeskunde der Dauer der Lehrzeit entsprechend zu prüfen und, falls sie eine undeutliche Handschrift haben, auf die Vervollkommnung derselben aufmerksam zu machen[1]).

§ 17. Der Apothekenvorstand und dessen Geschäftspersonal sind verpflichtet, den Bevollmächtigten bereitwillig entgegenzukommen und berechtigten Forderungen derselben zu entsprechen.

§ 18. Die Verhandlung (§ 14) ist nach Vor- oder Durchlesung von den Bevollmächtigten und dem Apothekenvorstand, sowie von dem etwa anwesenden Kreisarzt zu vollziehen.

Einwendungen des Apothekenvorstandes gegen Inhalt oder Wortlaut der Verhandlung sind nebst der Begründung vor der Vollziehung von den Bevollmächtigten aufzunehmen.

§ 19. Ein Verzeichnis der beanstandeten Arzneimittel ist dem Apothekenvorstand mit der Weisung zu hinterlassen, die unbrauchbaren Waren unverzüglich aus dem Geschäft zu entfernen.

Handelt es sich um unwesentliche Mängel, welche bereits während der Besichtigung beseitigt sind, so ist die Erledigung in der Verhandlung zu vermerken.

§ 20. Der Regierungspräsident erläßt auf Grund der Verhandlung mit tunlichster Beschleunigung einen Bescheid und erteilt dem oder den pharmazeutischen Bevollmächtigten Abschrift desselben. Soweit es sich um die Abstellung vorgefundener Mängel handelt, ist dieselbe innerhalb einer bestimmten Frist dem Apothekenvorstand aufzugeben[2]).

§ 21. Die Vorstände der beteiligten Apotheken haben nach Ablauf der gestellten Frist über die Erledigung jeder einzelnen Beanstandung an den Regierungspräsidenten durch Vermittlung des Kreisarztes zu berichten. Die Erledigung der Bescheide ist von dem zuständigen Kreisarzt, und zwar für Apotheken seines Wohnortes alsbald, für die übrigen Apotheken des Bezirkes gelegentlich anderweiter dienstlicher Tätigkeit an dem betreffenden Ort oder bei der Jahresmusterung (§ 28) zu überwachen.

§ 22. Im allgemeinen ist jede Besichtigung an einem Tage mit acht Arbeitsstunden auszuführen. Für die Besichtigung großer Apotheken und beim Vorliegen zahlreicher oder grober Unregelmäßigkeiten sind zwei Tage zulässig.

§ 23. Bei groben Unregelmäßigkeiten können vom Regierungspräsidenten Nachbesichtigungen auf Kosten des Apothekenvorstandes[3]) so lange angeordnet werden, bis der ordnungsmäßige Zustand hergestellt ist.

---

[1]) Außerdem ist nach dem Min.Erl. vom 13. Oktober 1919 (s. S. 352) der Beschäftigung von Helferinnen in Apotheken besondere Aufmerksamkeit zuzuwenden.

[2]) Werden in dem Bescheid unberechtigte Beanstandungen angeführt und deren Erledigung dann im „Zwangswege" (s. § 30) verlangt, so steht dem Apotheker die Beschreitung des Verwaltungsstreitverfahrens offen (s. S. 11).

[3]) Die hier und im § 24 enthaltene Festsetzung, daß die Kosten der Nachbesichtigungen vom Apothekenvorstand zu tragen sind, entbehrt der Rechtskraft. Das O.V.G. hat in zwei Urteilen vom 18. Februar 1907 (Ph.Ztg. 1907, Nr. 54) und 5. November 1908 (Ph.Ztg. 1909, Nr. 6) entschieden, daß auch bei Nachrevisionen von Apotheken die Kosten der Staatskasse zur Last fallen. Nachdem das O.V.G. diese Entscheidungen getroffen, hat auch der Minister das Verfahren hinsichtlich der Nachrevisionen geändert. Es erging folgender Erl. an die Regierungspräsidenten:

Über die Nachbesichtigung ist eine vollständige Verhandlung aufzunehmen, aus welcher hervorgehen muß, daß auch diese neben der Abstellung der bei der ersten Besichtigung erhobenen Beanstandungen den Gesamtbetrieb im Auge gehabt hat.

Nachbesichtigungen müssen in der Regel drei Monate nach Erlaß des Bescheides ausgeführt werden.

---

**Min.Erl., betr. die Kosten für die Nachbesichtigungen der Apotheken. Vom 30. Dezember 1908.**

Unter Bezugnahme auf meinen Erlaß vom 25. Mai v. Js. teile ich Euerer Hochwohlgeboren ergebenst mit, daß das Oberverwaltungsgericht auch in einer neuen Entscheidung vom 5. November d. Js. den §§ 23 Abs. 1 und 24 der Anweisung für die amtliche Besichtigung der Apotheken vom 18. Februar 1902, soweit sie die Kosten für Nachbesichtigungen betreffen, die Rechtsgültigkeit abgesprochen hat.

Durch diese Entscheidung sehe ich mich der Möglichkeit beraubt, bei den im Aufsichtswege zu treffenden Maßnahmen auch ferner den besonderen und eigenartigen Verhältnissen im Apothekergewerbe in schonender Weise Rechnung zu tragen und das seit länger als 100 Jahren unangefochten geübte Verfahren, durch die bloße Anordnung einer kostenpflichtigen Nachbesichtigung den Apothekeninhaber zur Herbeiführung ordnungsmäßiger Zustände anzuhalten, auch für die Zukunft aufrecht zu erhalten.

Euere Hochwohlgeboren ersuche ich hiernach, in Zukunft von der Anordnung kostenpflichtiger Nachbesichtigungen abzusehen, dafür aber gegen solche Apothekenvorstände, in deren Betrieben bei den amtlichen Besichtigungen grobe Unregelmäßigkeiten festgestellt werden, die strafrechtliche Verfolgung herbeizuführen (vgl. § 367 Nr. 5 des Reichsstrafgesetzbuchs, Apotheken-Betriebsordnung nebst Besichtigungs-Anweisung vom 18. Februar 1902).

Später hat dann der Minister in einem Erl. vom 16. Oktober 1909 ausgesprochen, daß er „keine Bedenken hat gegen die Anordnung kostenpflichtiger Nachbesichtigungen von Apotheken, sofern die betreffenden Apotheker sich freiwillig zur Übernahme der Kosten bereit erklären".

Apotheker, von denen unrechtmäßig Kosten für die Nachsichtigung der Apotheke eingezogen worden sind, können auf deren nachträgliche Rückerstattung gegen den Regierungspräsidenten klagen. Für solche Klagen sind die ordentlichen Gerichte zuständig (O.V.G. 19. September 1909, L.G. Posen 5. November 1909, Ph.Ztg. 1909 Nr. 101. Vgl. auch Ph.Ztg. 1912 Nr. 24). Die entgegengesetzte Anschauung, daß für Zivilklagen auf Rückerstattung früher gezahlter Nachrevisionskosten die ordentlichen Gerichte nicht zuständig und der Rechtsweg in solchen Fällen nicht gegeben sei, vertrat das L.G. Halle a. S. unter dem 23. Juni 1910 (Ph.Ztg. 1910 Nr. 80). Schließlich erging noch ein besonderer Min.Erl. betr. die Rückforderung erstatteter Revisionskosten vom 14. April 1910:

Zur Frage der Rechtgültigkeit des § 24 Abs. 1 der Anweisung für die amtliche Besichtigung der Apotheken leitet das Oberverwaltungsgericht in seiner Entscheidung vom 5. November 1908 den Satz, daß vorliegendenfalls die Bildung eines Gewohnheitsrechtes ausgeschlossen sei, aus der Natur der Apothekenrevisionskosten als Polizeikosten her. Diese Erwägung trifft aber nur zu gegenüber einer unmittelbaren Forderung der Kosten vom revidierten Apotheker, nicht aber gegenüber einer Regreßnahme gegen ihn. Daß die Revisionskosten als Polizeikosten zunächst dem Träger der Polizeikosten obliegen, ist anzuerkennen. Daher können die Revisionskommissare ihre Ansprüche nur gegen diesen Träger geltend machen. Damit ist aber noch nichts darüber entschieden, ob diesem nicht ein Erstattungsanspruch gegen den revidierten Apotheker zusteht.

Polizeiliche Verfügungen, durch welche die Kosten für Nachrevisionen dem revidierten Apothekervorstande auferlegt werden, sind nach der Rechtsprechung des Oberverwaltungsgerichtes allerdings nicht zulässig. Die Rückforderung erstatteter Revisionskosten im Wege der condictio indebiti würde aber nur dann begründet sein, wenn auch ein Erstattungsanspruch im vorgedachten Sinne nicht bestände.

Ob nicht ein solcher gewohnheitsrechtlich besteht, würde das ordentliche Gericht selbständig zu prüfen haben. Das hierzu erforderliche Material gibt das mit Erlaß vom 25. Mai 1907 übersandte Rechtsgutachten an die Hand.

§ 24. Die Kosten für die Besichtigungen fallen der Staatskasse zur Last; die für Nachbesichtigungen im Falle des § 23 erwachsenden Kosten trägt der Apothekenvorstand[1]).

Wenn der mangelhafte Zustand einer Apotheke nicht auf Nachlässigkeit des Vorstandes, sondern nur auf ungünstige Verhältnisse, z. B. längere Krankheit, Mittellosigkeit, zurückzuführen ist, so sind die Kosten für die Nachbesichtigung auf die Staatskasse zu übernehmen.

§ 25. Für die Besichtigung der Krankenhaus- und ärztlichen Hausapotheken sind die §§ 49—51 der Apothekenbetriebsordnung maßgebend.

Die Bevollmächtigten müssen die Genehmigungsurkunde, die Approbation oder den Befähigungsnachweis des Betriebsleiters, das Krankentagebuch und das Belegbuch über die Herkunft der Arzneimittel, sowie das Deutsche Arzneibuch und die Arzneitaxe, diese jedoch nur in ärztlichen Hausapotheken, einsehen und prüfen, ob in letzteren die Bestimmungen über Abgabe und Preise der Arzneimittel innegehalten sind.

Auf Zweigapotheken finden die Bestimmungen über die Apotheken entsprechende Anwendung.

§ 26. Homöopathische Abteilungen in Apotheken, sowie ärztliche homöopathische Hausapotheken werden auf Grund der bestehenden Vorschriften und gemäß § 52 der Apothekenbetriebsordnung besichtigt.

§ 27. Soweit möglich, haben die Bevollmächtigten auch Drogenhandlungen, welche an demselben Orte sich befinden wie die besichtigten Apotheken, nach den darüber bestehenden Vorschriften[2]) zu besichtigen.

§ 28. Der Kreisarzt hat alle Apotheken seines Bezirkes einmal jährlich, soweit tunlich gelegentlich anderweiter Dienstreisen, außerordentlich und unangemeldet zu besuchen und namentlich hinsichtlich der Ordnung und der Sauberkeit in den Räumen, wie an und in den Arzneibehältnissen und Arbeitsgeräten, aber nur im allgemeinen zu mustern, ungünstige Befunde, sowie zu seiner Kenntnis gelangende Unregelmäßigkeiten im Geschäftsbetriebe dem Regierungspräsidenten anzuzeigen.

Bei dieser Musterung sind etwa vorhandene Lehrlinge nach Vorschrift zu prüfen[3]).

§ 29. Bis zum 31. Januar des folgenden Jahres erstattet der Regierungs- und Medizinalrat einen eingehenden Bericht über die Ergebnisse der im Vorjahre bewirkten Besichtigungen an den Regierungspräsidenten, welcher denselben in beglaubigter Abschrift mit einem Verzeichnis der besichtigten Apotheken und Drogenhandlungen nach beigehendem[4]) Muster kurzerhand, eventuell mittels Beischrift dem Minister der Medizinalangelegenheiten spätestens bis zum 1. März einreicht; die Verhandlungen werden dem Berichte nur auf Erfordern beigefügt[5]).

---

[1]) Siehe die vorstehende Fußnote.

[2]) Revisionsanweisung für Drogen- und Gifthandlungen vom 22. Dezember 1902 und 13. Januar 1910.

[3]) Vgl. hierzu die §§ 45—51 der Dienstanweisung für die Kreisärzte (s. S. 7 ff.).

[4]) Die betr. Anlage II ist hier nicht mit abgedruckt.

[5]) In Ergänzung dieser Bestimmung ist in einem Min.Erl. vom 2. Dezember 1903 angeordnet, daß dem nach § 29 der Anweisung für die amtliche Besichtigung der Apotheken vom 18. Februar 1902 bis zum 1. März jeden Jahres einzureichenden Berichte des Regierungs- und Medizinalrats über die Ergebnisse der im Vorjahre bewirkten Apothekenbesichtigungen in Zukunft außer der in der Anlage II der Anweisung bezeichneten Nachweisung eine Gesamtübersicht über die Apothekenverhältnisse des Bezirks nach einem besonderen Muster anzuschließen ist.

Nach Ablauf des dreijährigen Umlaufs hat der Regierungs- und Medizinalrat in dem Jahresberichte die Erklärung abzugeben, daß sämtliche Apotheken des Regierungsbezirks besichtigt worden sind; dabei ist das etwaige Unterbleiben einzelner Besichtigungen näher zu begründen.

**Schlußbestimmungen.**

§ 30. Zuwiderhandlungen der Apotheker gegen vorstehende Anweisung werden nach den bestehenden Bestimmungen bestraft[1]).

Im übrigen hat der Regierungspräsident seine Anordnungen erforderlichenfalls gemäß § 132ff. des Landesverwaltungsgesetzes vom 30. Juli 1883 im Zwangswege zur Durchführung zu bringen.

§ 31. Die Befugnisse, welche in dieser Anweisung dem Regierungspräsidenten zugewiesen sind, werden innerhalb des der Zuständigkeit des Polizeipräsidenten zu Berlin unterstellten Bezirks[2]) von dem letzteren ausgeübt.

---

# XXIII. Standesvertretung.

Eine eigentliche Standesvertretung haben die preußischen Apotheker erst mit den durch Kgl. Verordnung vom 2. Februar 1901 geschaffenen Apothekerkammern erhalten. Als Vorläufer derselben bestanden eine Technische Kommission für pharmazeutische Angelegenheiten, deren Instruktion vom 27. Oktober 1849 datierte, sowie ein durch Kabinettsorder vom 29. April 1896 begründeter Apothekerrat. Diese beiden beratenden Körperschaften sind mit dem am 1. Juli 1921 erfolgten Inkrafttreten des preußischen Landesgesundheitsrates (s. S. 3) aufgehoben worden; ihre Geschäfte werden fortab vom Landesgesundheitsrat mit erledigt. Die Apothekerkammern haben dann durch Gesetz vom 21. April 1923 eine neue Organisation erhalten, deren Hauptzweck war, ihnen ein gesetzliches Umlagerecht zu gewähren und das Wahlverfahren anders zu regeln. Das Gesetz und die zugehörigen Ausführungsbestimmungen lauten:

## Gesetz über die Apothekerkammern und einen Apothekerkammerausschuß.

Vom 21. April 1923.

### Artikel 1.

Die Verordnung, betr. die Einrichtung einer Standesvertretung der Apotheker, vom 2. Februar 1901 wird mit der sich aus Art. 3 Abs. 2 dieses Gesetzes ergebenden Einschränkung aufgehoben. An ihre Stelle treten folgende Vorschriften[3]):

---

[1]) Die Strafbestimmung ist § 367, 5 Str.G.B. (s. S. 52). Nach einem Min.Erl. vom 21. Januar 1902 (s. S. 5) soll indessen in leichteren Fällen von einer Bestrafung Abstand genommen und dem Apotheker in der auf den Revisionsbefund zu erlassenden Verfügung wegen Abstellung der Unregelmäßigkeiten das sonst Erforderliche eröffnet werden. Auch der Min.Erl. vom 30. Dezember 1908 (s. S. 372) ordnet die strafrechtliche Verfolgung nur bei „groben Unregelmäßigkeiten" an.

[2]) Vgl. hierüber Fußnote 1 auf S. 365.

[3]) Zu verschiedenen Paragraphen des Gesetzes geben die Ausführungsbestimmungen (s. S. 386) eingehende Erläuterungen.

## Erster Abschnitt. Die Apothekerkammern.

### a. Zahl und Geschäftskreis.

§ 1. Für jede Provinz ist eine Apothekerkammer zu errichten. Der Bezirk der Apothekerkammer der Provinz Brandenburg umfaßt auch die Stadtgemeinde Berlin, der Bezirk der Apothekerkammer der Rheinprovinz zugleich die Hohenzollernschen Lande[1]). Die Kammern haben ihren Sitz am Amtssitz des Oberpräsidenten.

§ 2. (1) Der Geschäftskreis der Apothekerkammern umfaßt die Erörterung aller Fragen und Angelegenheiten, die den Apothekerberuf oder die Arzneiversorgung betreffen, sowie die Wahrnehmung und Vertretung der Interessen des Apothekerstandes.

(2) Die Staatsbehörden sollen den Apothekerkammern Gelegenheit geben, sich über Fragen ihres Geschäftskreises gutachtlich zu äußern[2]).

§ 3. Die Apothekerkammern sind rechtsfähig.

### b. Wahlrecht, Mitgliedschaft und Wahlverfahren.

§ 4. Die Mitglieder der Apothekerkammern und ihre Stellvertreter werden nach den Grundsätzen der Verhältniswahl durch geheime und schriftliche Abstimmung gewählt. Die Wahl erfolgt innerhalb des Bezirks der Kammer getrennt nach Wahlkreisen. Jeder Regierungsbezirk bildet einen Wahlkreis. Umfaßt der Bezirk einer Kammer keinen Regierungs-

---

[1]) Auf Grund zweier zwischen der preußischen und der schaumburg-lippischen Regierung abgeschlossener Staatsverträge vom 3. Januar 1910 und 24. Januar 1921 sowie zweier schaumburg-lippischer Gesetze vom 18. März 1910 und 23. März 1921 sind die im Land Schaumburg-Lippe wohnhaften Apotheker mit Wirkung ab 1. April 1921 an die Apothekerkammer der Provinz Hannover, und zwar an den Wahlbezirk Reg.-Bez. Hannover angeschlossen. Die diesbezüglichen ersten beiden Artikel des Staatsvertrages vom 24. Januar 1921 lauten:

Artikel I. Der im Artikel III des Staatsvertrages vom 3. Januar 1910 vereinbarte Anschluß der in Schaumburg-Lippe wohnhaften Apotheker an die Apothekerkammer der preußischen Provinz Hessen-Nassau wird hiermit aufgehoben.

Für die Durchführung der in den Artikeln I und II des Staatsvertrages vom 3. Januar 1910 bezeichneten Maßnahmen wird das Gebiet von Schaumburg-Lippe dem preußischen Reg.-Bez. Hannover dergestalt angeschlossen, daß die Apothekerkammer der Provinz Hannover für die innerhalb des Landes Schaumburg-Lippe wohnhaften Apotheker in gleicher Weise zuständig sein soll wie für die innerhalb der genannten Provinz wohnhaften Apotheker, sowie daß die ersteren innerhalb des Wahlbezirkes des Reg.-Bez. Hannover in derselben Weise wahlberechtigt und wählbar sein sollen wie die in diesem Regierungsbezirke wohnhaften Apotheker.

Artikel II. Die im Artikel IV des Staatsvertrages vom 3. Januar 1910 der Apothekerkammer der preußischen Provinz Hessen-Nassau eingeräumte Befugnis, nach Maßgabe des § 2 der preußischen Verordnung vom 2. Februar 1910 Vorstellungen und Anträge an das Schaumburg-Lippische Ministerium zu richten, und die dort derselben Apothekerkammer auferlegte Verpflichtung, sich auf Erfordern des Schaumburg-Lippischen Ministeriums über Fragen innerhalb ihres Geschäftskreises gutachtlich zu äußern, wird mit der Maßgabe auf die Apothekerkammer der preußischen Provinz Hannover übertragen, daß das Schaumburg-Lippische Ministerium dieser Apothekerkammer in geeigneten Fällen Gelegenheit zu solchen gutachtlichen Äußerungen geben wird.

Nach Artikel I des Staatsvertrages vom 3. Januar 1910 und den erwähnten Schaumburg-Lippischen Gesetzen haben die in Schaumburg-Lippe wohnenden Apotheker alle diejenigen Rechte und Pflichten, welche den preußischen Apothekern nach den Bestimmungen über die Apothekerkammern zustehen bzw. obliegen.

[2]) Durch Verfügung des Justizministers vom 19. März 1901 ist angeordnet worden, daß bei der Vereidigung gerichtlicher Sachverständigen, bei denen das Apothekenwesen interessiert ist, die Apothekerkammern vorher zu hören sind.

bezirk, so bildet die Provinz den Wahlkreis. Die Stadtgemeinde Berlin bildet einen eigenen Wahlkreis.

§ 5. (1) Wahlberechtigt sind diejenigen in Deutschland approbierten Apotheker, die deutsche Reichsangehörige sind und ihren Wohnsitz in Preußen haben. Zu den Apothekern im Sinne dieser Bestimmungen gehören mit Ausnahme der im Dienste des Reichsheeres oder der Reichsmarine stehenden Apotheker die Apothekenbesitzer und alle anderen in einer Apotheke tätigen Apotheker, ferner Apotheker, die ein pharmazeutisches Reichs- oder Staatsamt bekleiden oder im pharmazeutischen Dienst von Selbstverwaltungskörpern stehen, sowie Apotheker, die den Apothekerberuf zwar nicht mehr ausüben, aber entweder in einer Berufsorganisation der Apotheker tätig sind oder einen anderen Beruf nicht ergriffen haben.

(2) Das Wahlrecht der im vorhergehenden Absatze bezeichneten Apotheker geht verloren, sobald eines der dort aufgeführten Erfordernisse bei dem bis dahin Wahlberechtigten fortfällt.

(3) Das Wahlrecht eines Apothekers ruht, solange er auf Grund des § 38 Abs. 3 von der Beitragspflicht gegenüber der Apothekerkammer befreit ist.

(4) Das Wahlrecht eines Apothekers ruht ferner, solange eine gerichtliche Untersuchung gegen ihn schwebt, wenn diese wegen Verbrechen oder solcher Vergehen eingeleitet ist, die den Verlust der bürgerlichen Ehrenrechte nach sich ziehen oder nach sich ziehen können, oder wenn er sich in Untersuchungshaft oder, unbeschadet der Vorschrift des § 8, in Strafhaft befindet.

(5) Ein Apotheker ist vom Wahlrecht ausgeschlossen, solange er entmündigt ist oder unter vorläufiger Vormundschaft oder wegen geistiger Gebrechen unter Pflegschaft steht oder solange er rechtskräftig durch Richterspruch die bürgerlichen Ehrenrechte verloren hat.

§ 6. Wählen kann ein Apotheker nur, wenn er in eine Wählerliste oder eine Wahlkartei eingetragen ist.

§ 7. (1) Wählbar ist ein nach § 5 Abs. 1 wahlberechtigter Apotheker in dem Wahlkreise, in dem er seinen Wohnsitz hat.

(2) Der § 5 Abs. 2 bis 5 findet auf die Wählbarkeit entsprechende Anwendung.

§ 8. (1) Einem Apotheker, der seine Berufspflichten[1]) erheblich oder wiederholt verletzt hat, oder der wegen eines Vergehens oder Verbrechens rechtskräftig verurteilt worden ist, können durch Beschluß des Vorstandes der Apothekerkammer das Wahlrecht oder die Wählbarkeit oder beide zugleich dauernd oder auf Zeit entzogen werden[2]). Es ist ihm vorher Gelegenheit zur Äußerung zu geben. Zu der Beratung und Beschlußfassung über die Entziehung des Wahlrechts oder der Wählbarkeit ist ein Beauftragter des Oberpräsidenten hinzuzuziehen. Dieser Beauftragte hat das Recht, jederzeit gehört zu werden; er hat aber kein Stimmrecht.

[1]) „Berufspflichten" nicht „Standespflichten". Über den Unterschied vgl. die Ausf.-Best. (S. 387). Ein Verfahren wegen Verletzung der Standespflichten ist nicht zulässig.

[2]) Hierzu bemerkte eine Verfügung des Med.-Ministers vom 23. April 1901:

Disziplinare Befugnisse über die Apotheker ihres Bezirks sind den Apothekenkammern nicht beigelegt. Es ist nur der Gefahr, daß unwürdige Mitglieder des Apothekerstandes an der neuen Organisation Anteil erhielten, dadurch vorgebeugt worden, daß dem Vorstande der Apothekerkammer das Recht beigelegt ist, derartigen Apothekern, soweit sie nicht ein mittelbares oder unmittelbares Staatsamt bekleiden oder dem Spruche der Militärehrengerichte unterliegen, das Wahlrecht und die Wählbarkeit dauernd oder auf Zeit zu entziehen.

(2) Der Beschluß ist schriftlich abzufassen und von den Mitgliedern des Vorstandes der Apothekerkammer, die bei ihm mitgewirkt haben, zu unterschreiben. Er muß die Tatsachen und Gründe enthalten, die den Vorstand der Apothekerkammer zur Entziehung des Wahlrechts oder der Wählbarkeit veranlaßt haben. Der Beschluß ist dem durch die Entziehung des Wahlrechts oder der Wählbarkeit betroffenen Apotheker zuzustellen. Letzterer kann den Beschluß innerhalb 4 Wochen von der Zustellung ab mit der Beschwerde an den Minister für Volkswohlfahrt anfechten, der endgültig entscheidet. Die Anfechtung hat aufschiebende Wirkung.

(3) Die Bestimmungen über die Entziehung des Wahlrechts und der Wählbarkeit finden keine Anwendung auf Apotheker, für die ein durch Reichs- oder Landesgesetz geordnetes Disziplinarverfahren besteht.

§ 9. (1) Ein Mitglied oder ein Stellvertreter verliert seinen Sitz in der Apothekerkammer:

1. durch Verzicht, der dem Vorstande der Apothekerkammer gegenüber schriftlich erklärt werden muß und unwiderruflich ist;

2. durch nachträglichen, dauernden oder vorübergehenden Verlust der Wählbarkeit (§ 7). Die Fälle des § 5 Abs. 4 ziehen in Verbindung mit § 7 nicht den alsbaldigen Verlust des Kammersitzes nach sich;

3. durch nachträgliche Entziehung der Wählbarkeit (§ 8);

4. durch Ungültigkeitserklärung der Wahl.

(2) In den Fällen der Ziff. 2 beschließt der Vorstand der Apothekerkammer darüber, ob der Verlust des Sitzes eingetreten ist. Auf den Beschluß und seine Anfechtung findet der § 8 Abs. 2 entsprechende Anwendung.

§ 10. (1) Die Wahl findet alle vier Jahre im November statt. Der vierjährige Zeitraum, für den die Wahl erfolgt, beginnt mit dem Anfange des nächstfolgenden Jahres.

(2) Die Wahlzeit (Beginn und Ende der Wahlfrist) wird von dem Vorsitzenden der Apothekerkammer festgesetzt.

§ 11. (1) Für jeden Wahlkreis hat der Vorsitzende der Apothekerkammer für die dort wohnenden Wähler eine Wählerliste oder eine Wahlkartei anzulegen und in der Zeit zwischen dem 15. Juli und 15. August desjenigen Jahres, in dem die Wahl stattfindet, vierzehn Tage in jedem zu dem Wahlkreise gehörenden Kreise (Oberamtsbezirk) öffentlich auszulegen. Zeit und Ort der Auslegung sind von ihm unter Hinweis auf die Einspruchsfrist vorher öffentlich bekanntzumachen.

(2) Einsprüche gegen die Wählerliste (Wahlkartei) sind unter Beifügung der erforderlichen Unterlagen spätestens innerhalb einer Woche nach Ablauf der Auslegungsfrist beim Vorsitzenden der Apothekerkammer anzubringen. Dieser hat über den Einspruch innerhalb 8 Tagen zu entscheiden. Seine Entscheidung kann binnen 8 Tagen durch Beschwerde bei dem Oberpräsidenten angefochten werden, der endgültig entscheidet.

(3) Der Vorsitzende der Apothekerkammer hat die Wählerliste (Wahlkartei) nach Ablauf der Einspruchsfrist, oder wenn Einsprüche erhoben waren nach deren Erledigung, abzuschließen.

§ 12. (1) Ein Wähler kann nur in dem Wahlkreise wählen, in dessen Wählerliste oder Wahlkartei er eingetragen ist.

(2) Er kann in diesem Wahlkreise auch dann wählen, wenn er nach Abschluß der Wählerliste (Wahlkartei) seinen Wohnsitz in einen anderen Wahlkreis verlegt hat.

§ 13. Der Vorsitzende der Apothekerkammer ist Wahlleiter in den zum Kammerbezirke gehörenden Wahlkreisen. Er wird von seinem Stellvertreter im Vorsitz auch als Wahlleiter vertreten.

§ 14. (1) Jeder Apothekerkammer müssen mindestens sechs Mitglieder angehören.

(2) In jedem Wahlkreise ist auf je vierzig in die Wählerliste (Wahlkartei) eingetragene Wähler ein Mitglied zu wählen; verbleibt nach der Teilung der Wählerzahl durch vierzig eine Restsumme, die höher als zwanzig ist, so tritt für diese Restsumme ein weiteres Mitglied hinzu. Die Mindestzahl der Mitglieder, die in einem Wahlkreise zu wählen sind, beträgt jedoch zwei.

(3) Würde nach der im Abs. 2 angegebenen Berechnungsart die Mitgliederzahl der Apothekerkammer nicht die nach Abs. 1 erforderliche Mindestzahl von sechs erreichen, so sind die zu sechs noch fehlenden Mitgliedersitze auf die Wahlkreise unter Berücksichtigung deren Wählerzahlen zu verteilen.

(4) Für jedes Mitglied ist gleichzeitig ein Stellvertreter zu wählen.

(5) Der Oberpräsident bestimmt auf Grund der abgeschlossenen Wählerlisten (Wahlkarteien), wieviel Mitglieder und Stellvertreter danach in jedem Wahlkreise zu wählen sind.

§ 15. (1) Bei dem Wahlleiter sind spätestens am fünfunddreißigsten Tage vor dem Beginne der Wahlzeit Wahlvorschläge einzureichen.

(2) Die Wahlvorschläge müssen von mindestens zehn im Wahlkreise zur Ausübung der Wahl berechtigten Personen unterschrieben sein. Ergibt jedoch eine Teilung der Gesamtzahl der in der Wählerliste (Wahlkartei) eingetragenen Wähler durch die Zahl der in dem Wahlkreise zu wählenden Kammermitglieder eine kleinere Zahl als zehn, so genügt für einen Wahlvorschlag eine dieser kleineren Zahl entsprechende Zahl von Unterschriften. Ist die kleinere Zahl keine volle Zahl, so ist sie nach unten auf die nächste volle Zahl abzurunden.

(3) Die Namen der Bewerber müssen in erkennbarer Reihenfolge aufgeführt sein.

(4) Jeder Wahlvorschlag muß mindestens doppelt so viel Namen zu wählender Bewerber enthalten, als Mitglieder in dem Wahlkreise zu wählen sind.

(5) In den Wahlvorschlag darf nur aufgenommen werden, wer seine Zustimmung dazu erklärt hat. Die Erklärung muß spätestens am fünfunddreißigsten Tage vor dem Beginne der Wahlzeit beim Wahlleiter eingereicht sein; andernfalls wird der Bewerber gestrichen.

(6) In dem einzelnen Wahlkreise darf ein Bewerber nur einmal vorgeschlagen werden.

§ 16. (1) In jedem Wahlvorschlage muß ein Vertrauensmann und ein Stellvertreter bezeichnet werden, die zur Abgabe von Erklärungen gegenüber dem Wahlleiter und dem Wahlausschusse (§ 18) bevollmächtigt sind. Fehlt diese Bezeichnung, so gilt der erste Unterzeichner als Vertrauensmann, der zweite als Stellvertreter.

(2) Erklärt mehr als die Hälfte der Unterzeichner eines Wahlvorschlags schriftlich, daß der Vertrauensmann oder sein Stellvertreter durch einen anderen ersetzt werden soll, so tritt dieser an die Stelle des früheren Vertrauensmanns, sobald die Erklärung dem Wahlleiter zugeht.

§ 17. Innerhalb eines Wahlkreises können mehrere Wahlvorschläge miteinander verbunden werden. Jeder Wahlvorschlag darf nur einer Gruppe von verbundenen Wahlvorschlägen angehören. Die Verbindung muß von den Vertrauensmännern der einzelnen Wahlvorschläge oder deren Stellvertretern übereinstimmend spätestens am vierzehnten Tage vor dem Beginne der Wahlzeit schriftlich dem Wahlleiter gegenüber erklärt werden. Verbundene Wahlvorschläge können nur gemeinschaftlich zurückgenommen werden. Sie gelten den anderen Wahlvorschlägen gegenüber als ein Wahlvorschlag.

§ 18. Für jeden Kammerbezirk wird ein Wahlausschuß gebildet, der die Wahlvorschläge und ihre Verbindungen zu prüfen und das Ergebnis der Wahl festzustellen hat. Er besteht aus dem Wahlleiter bzw. dessen Stellvertreter als Vorsitzenden und zwei Beisitzern. Die Beisitzer und ihre Stellvertreter werden von dem Vorstande der Apothekerkammer aus den Wählern des Kammerbezirks berufen. Einer dieser Beisitzer und sein Stellvertreter müssen Apothekenbesitzer, der andere Beisitzer und sein Stellverteter angestellte Apotheker sein. Die Berufung erfolgt durch einen mit Stimmenmehrheit gefaßten Beschluß; bei Stimmengleichheit entscheidet die Stimme des Vorsitzenden.

§ 19. Die Wahlvorschläge können nach ihrer Festsetzung nicht mehr geändert, verbunden oder zurückgenommen werden; auch eine Zurücknahme von Verbindungen ist dann unzulässig.

§ 20. Wird nur ein Wahlvorschlag für einen Wahlkreis zugelassen, so gelten die darin gültig verzeichneten Bewerber in der Reihenfolge des Vorschlags nach Maßgabe der zu wählenden Zahl als Mitglieder bzw. Stellvertreter (§ 28) gewählt. Eine Wahlhandlung nach den §§ 21 bis 27 findet dann in dem Wahlkreise nicht statt.

§ 21. Der Wahlleiter gibt spätestens am fünften Tage vor dem Beginn der Wahlzeit die Wahlvorschläge nebst den Verbindungserklärungen in der zugelassenen Form öffentlich bekannt.

§ 22. (1) Die Wahl erfolgt durch Einsendung eines Stimmzettels an den Wahlleiter. Der Stimmzettel muß bis zum Ende der Wahlzeit abgesandt werden. Er darf nur die Namen der Bewerber enthalten, denen der Wähler seine Stimme geben will. Weitere Angaben machen ihn ungültig.

(2) Die Namen auf dem Stimmzettel dürfen nur einem einzigen Wahlvorschlage entnommen sein. Ein Name genügt.

(3) Der Stimmzettel muß in einem verschlossenen, als Wahlumschlag bezeichneten Umschlage enthalten sein. Die Übersendung von Stimmzetteln mehrerer Wähler in einem Wahlumschlage ist unzulässig. Der Wahlumschlag mit dem Stimmzettel ist in einem zweiten äußeren Umschlage abzusenden, der außer dem Wahlumschlage einen Zettel enthalten muß, auf dem sich die zur Feststellung der Person des Wählers nötigen Angaben befinden.

§ 23. Nach Ablauf der Wahlzeit stellt der Wahlausschuß in einer öffentlichen Sitzung das Wahlergebnis fest und entscheidet dabei mit Stimmenmehrheit über die Gültigkeit der Stimmzettel; bei Stimmengleichheit gibt der Vorsitzende den Ausschlag.

§ 24. Zur Ermittlung des Wahlergebnisses stellt der Wahlausschuß fest, wieviel gültige Stimmen abgegeben sind und wieviel davon auf jeden Wahlvorschlag und auf die verbundenen Wahlvorschläge gemeinschaftlich entfallen.

§ 25. (1) Die zu besetzenden Mitgliederstellen werden auf die Wahlvorschläge nach dem Verhältnis der ihnen nach § 24 zugefallenen Stimmen verteilt.

(2) Die Verteilung erfolgt in der Weise, daß die auf die einzelnen Wahlvorschläge entfallenden Stimmenzahlen nacheinander durch 1, 2, 3 usw. geteilt werden, bis von den sich hieraus ergebenden Teilzahlen so viel

Höchstzahlen der Größe nach ermittelt sind, als Kammermitglieder zu wählen sind.

(3) Jeder Wahlvorschlag enthält so viel Mitgliedersitze, als auf ihn Höchstzahlen entfallen. Wenn an letzter Stelle auf mehrere Wahlvorschläge die gleiche Höchstzahl entfällt, entscheidet das vom Vorsitzenden zu ziehende Los.

§ 26. Sind verbundene Wahlvorschläge vorhanden, so wird bei der Verteilung der Mitgliedersitze auf die einzelnen Wahlvorschläge jede Gruppe verbundener Wahlvorschläge als ein Wahlvorschlag angesehen und ihr die ihrer Gesamtstimmenzahl entsprechende Mitgliederzahl zugeteilt. Die so ermittelte Mitgliederzahl wird nach den Grundsätzen des § 25 auf die einzelnen miteinander verbundenen Wahlvorschläge unterverteilt.

§ 27. Die Mitgliedersitze werden auf die Bewerber nach ihrer Reihenfolge in den Wahlvorschlägen verteilt.

§ 28. Der den gewählten Mitgliedern an erster (zweiter, dritter usw.) Stelle auf demselben Wahlvorschlag oder, wenn dieser erschöpft ist, auf einem mit ihm verbundenen Wahlvorschlage folgende Bewerber gilt als Stellvertreter desjenigen Mitgliedes gewählt, das an erster (zweiter, dritter usw.) Stelle gewählt ist.

§ 29. (1) Wenn ein zum Mitglied Berufener die Wahl ablehnt, so tritt sein Stellvertreter an seine Stelle. Wird danach ein Stellvertreter Mitglied oder lehnt ein zum Stellvertreter Berufener die Wahl ab, so tritt an seine Stelle derjenige Bewerber, der hinter dem an letzter Stelle zum Stellvertreter Gewählten als nächster auf dem Wahlvorschlag oder, wenn dieser erschöpft ist, auf einem mit ihm verbundenen Wahlvorschlage steht. Ist kein solcher Bewerber vorhanden, so bleibt die Stelle unbesetzt.

(2) Das gleiche gilt, wenn ein Mitglied oder ein Stellvertreter ausscheidet.

(3) Der Vorstand der Apothekerkammer stellt fest, wer danach an Stelle des Ablehnenden oder Ausgeschiedenen als Mitglied oder Stellvertreter berufen ist.

§ 30. Das Ergebnis der Wahl ist von dem Oberpräsidenten öffentlich bekanntzumachen. Die Kosten der Bekanntmachung trägt der Staat.

§ 31. Gegen die Gültigkeit der Wahl kann jeder Wähler binnen zwei Wochen nach der öffentlichen Bekanntmachung des Wahlergebnisses beim Vorstand der Apothekerkammer Einspruch erheben. Über den Einspruch entscheidet die Apothekerkammer. Erklärt sie die Wahl eines oder einzelner Mitglieder für ungültig, so gilt § 29. Erklärt sie die ganze Wahl oder einen ganzen Wahlvorschlag für ungültig, so hat in dem betreffenden Wahlkreise alsbald eine Nachwahl stattzufinden.

### c. Vorstand und Mitgliederversammlung.

§ 32. Die Mitglieder der Apothekerkammer verwalten ihr Amt als Ehrenamt. Für die Teilnahme an den Sitzungen der Kammer und des Vorstandes können ihnen Entschädigungen gewährt werden.

§ 33. (1) Spätestens drei Monate nach Ablauf der Wahlzeit sind die Mitglieder der Apothekerkammer von dem Oberpräsidenten zur Wahl des Vorstandes zusammenzuberufen. Der § 36 Abs. 1 und 3 und der § 37 Abs. 1 finden entsprechende Anwendung.

(2) Ein Mitglied, das am Erscheinen verhindert ist, hat hiervon rechtzeitig Mitteilung zu machen. An seine Stelle ist sein Stellvertreter zu laden.

(3) Die Wahlversammlung wird von dem Oberpräsidenten oder seinem Stellvertreter eröffnet. In der Wahlversammlung führt das an Jahren älteste anwesende Mitglied der Kammer den Vorsitz. Er beruft

die beiden jüngsten anwesenden Mitglieder als Schriftführer und Stimmenzähler.

(4) Der Vorstand ist für die Amtsdauer der Apothekerkammer zu wählen und hat aus einem Vorsitzenden und mindestens zwei Beisitzern zu bestehen. Die Apothekerkammer beschließt mit dieser Maßgabe, wieviel Vorstandsmitglieder zu wählen sind. Wenn angestellte Apotheker der Apothekerkammer angehören, muß mindestens einer von ihnen als Vorstandsmitglied gewählt werden. Für den Vorsitzenden und jeden Beisitzer ist zugleich ein Stellvertreter zu wählen, und zwar für den Vorsitzenden aus der Zahl der Beisitzer.

(5) Die Wahl erfolgt in geheimer Abstimmung durch Stimmzettel in besonderen Wahlgängen. Sie kann durch Zuruf erfolgen, wenn von keiner Seite widersprochen wird.

(6) Der Vorsitzende wird zuerst gewählt.

(7) Über die Gültigkeit eines Stimmzettels entscheidet die Apothekerkammer.

(8) Gewählt ist, wer die Mehrheit der abgegebenen Stimmen erhalten hat. Ergibt sich keine solche Stimmenmehrheit, so wird zu einer engeren Wahl zwischen denjenigen geschritten, die die meisten Stimmen erhalten haben. Bei Stimmengleichheit entscheidet das von dem Vorsitzenden zu ziehende Los darüber, wer auf die engere Wahl zu bringen oder wer als schließlich gewählt zu betrachten ist.

(9) Lehnt ein Gewählter die Wahl ab, so tritt an seine Stelle, wer die nächstmeisten Stimmen erhalten hat.

§ 34. (1) Der Vorstand beschließt mit Stimmenmehrheit. Stimmengleichheit gilt als Ablehnung.

(2) Er ist beschlußfähig, wenn mehr als die Hälfte seiner Mitglieder oder deren Stellvertreter anwesend ist. Besteht der Vorstand nur aus einem Vorsitzenden und zwei Beisitzern, so ist für seine Beschlußfähigkeit die Anwesenheit aller Mitglieder oder deren Stellvertreter erforderlich; muß der stellvertretende Vorsitzende eines solchen Vorstandes den Vorsitz übernehmen, so tritt für ihn sein Stellvertreter als Beisitzer ein.

(3) Der Vorstand kann durch briefliche Abstimmung beschließen, sofern nicht ein Mitglied mündliche Abstimmung verlangt oder über eine Entziehung des Wahlrechts oder der Wählbarkeit zu beschließen ist.

(4) Der Vorstand führt auch nach Ablauf der Wahlperiode die Geschäfte weiter, bis der neue Vorstand die Geschäftsführung übernommen hat.

§ 35. (1) Der Vorsitzende vertritt die Apothekerkammer nach außen und vermittelt ihren Verkehr mit den Staatsbehörden. Alle Urkunden, welche die Apothekerkammer vermögensrechtlich verpflichten, müssen unter ihrem Namen von dem Vorsitzenden oder seinem Stellvertreter und noch einem Mitgliede des Vorstandes vollzogen werden.

(2) Der Vorsitzende hat die laufenden Geschäfte der Apothekerkammer und des Vorstandes zu führen, deren Beschlüsse auszuführen und deren Ausführung zu überwachen. Er beruft die Sitzungen der Apothekerkammer und des Vorstandes ein und leitet in beiden die Verhandlungen.

(3) Er muß die Apothekerkammer einberufen, wenn die Hälfte ihrer Mitglieder unter Angabe des zu verhandelnden Gegenstandes schriftlich darauf anträgt oder wenn es die Apothekerkammer oder der Vorstand beschließt.

(4) Er muß den Vorstand einberufen, wenn es von zwei Vorstandsmitgliedern unter Angabe des zu verhandelnden Gegenstandes schriftlich beantragt wird.

§ 36. (1) Der Vorstand und die Apothekerkammer werden durch schriftliche Einladung einberufen, die spätestens vierzehn Tage vor der Sitzung eingeschrieben zur Post zu geben ist.

(2) Auf die Teilnahme der Stellvertreter an den Sitzungen des Vorstandes und der Apothekerkammer finden § 33 Abs. 2 und § 34 Abs. 2 Anwendung.

(3) Bei der Einberufung der Apothekerkammer müssen die Gegenstände, über die in der Sitzung beschlossen werden soll, bezeichnet werden. Über andere Gegenstände, mit Ausnahme des Antrags auf abermalige Einberufung der Apothekerkammer, darf nur dann ein Beschluß gefaßt werden, wenn sie dringlich sind und mindestens ein Drittel der anwesenden Kammermitglieder der Beschlußfassung zustimmt.

§ 37. (1) Die Apothekerkammer ist beschlußfähig, wenn mehr als die Hälfte ihrer Mitglieder oder deren Stellvertreter anwesend ist.

(2) Für einen Beschluß ist die einfache Mehrheit aller abgegebenen Stimmen erforderlich, soweit sich nicht aus diesem Gesetz etwas anderes ergibt.

(3) Im übrigen regelt die Apothekerkammer ihre Geschäftsführung selbständig.

### d. Umlagerecht und Kassen der Apothekerkammern.

§ 38. (1) Jede Apothekerkammer ist befugt, von den wahlberechtigten Apothekern des Kammerbezirks einen von ihr festzusetzenden jährlichen Beitrag zur Deckung ihres Kassenbedarfs zu erheben.

(2) Die Beitragspflicht bleibt auch dann bestehen, wenn einem Apotheker auf Grund des § 8 das Wahlrecht durch einen Beschluß des Vorstandes der Apothekerkammer entzogen worden ist.

(3) Approbierte Apotheker, die Reichsbeamte oder unmittelbare Staatsbeamte sind, sowie andere approbierte Apotheker, die den Apothekerberuf nicht mehr ausüben, sind von der Beitragspflicht befreit, sofern sie dem Vorstande der Apothekerkammer eine entsprechende schriftliche Erklärung abgeben. Die Befreiung tritt mit dem Ablaufe des Monats ein, in dem die Erklärung an den Vorstand der Apothekerkammer gelangt. Wird die Erklärung durch den Vorstand beanstandet, so ist darüber dem Apotheker ein mit Gründen versehener Bescheid zu erteilen; auf Antrag entscheidet der Oberpräsident über die Beanstandung endgültig.

(4) Ergibt sich nachträglich, daß die Voraussetzungen für die Befreiung von der Beitragspflicht nicht vorlagen, so ist der Beitrag nachzuzahlen. Das gleiche gilt, wenn nachträglich die Voraussetzungen für die Befreiung fortfallen und der Beitragspflichtige es unterläßt, dem Vorstande der Apothekerkammer hiervon binnen zwei Monaten Anzeige zu erstatten. In beiden Fällen kann dem betreffenden Apotheker durch Beschluß des Vorstandes der Apothekerkammer außerdem auferlegt werden, das Vier- bis Zehnfache des nachzuzahlenden Beitrags an die Kasse der Apothekerkammer zu entrichten. Zugleich kann ihm durch Beschluß des Vorstandes für die Zukunft der Anspruch auf Befreiung vorübergehend oder dauernd entzogen werden.

(5) Die Entscheidungen und Beschlüsse gemäß Abs. 3 und 4 ergehen nach Anhörung des betreffenden Apothekers.

§ 39. (1) Der Jahresbeitrag ist in der Regel für alle verpflichteten Apotheker des Kammerbezirks in gleicher Weise festzusetzen. Mit Rücksicht auf besondere Verhältnisse können Ermäßigungen nach gleichmäßig abgestuften Sätzen für einen Teil der Apotheker festgesetzt werden.

(2) Zu Beschlüssen der Apothekerkammern, durch die die Aufbringung der Beiträge unter Zugrundelegung anderer Beitragsmaßstäbe bestimmt wird, ist eine Mehrheit von zwei Dritteln der an der Abstimmung teilnehmenden Mitglieder erforderlich; in der Einladung ist auf diese Bestimmung hinzuweisen.

(3) Der Beschluß der Apothekerkammer über die Höhe des Beitrags und über die Festsetzung der Beitragsmaßstäbe bedarf der Genehmigung des Oberpräsidenten, die von dem Vorstande der Apothekerkammer einzuholen ist.

§ 40. (1) Gegen die Heranziehung zu den Beiträgen der Apothekerkammer (§ 38 Abs. 1 und 4) steht dem Verpflichteten binnen einem Monate der Einspruch an den Vorstand der Apothekerkammer und gegen dessen Entscheidung binnen einer weiteren Frist von einem Monate die Berufung an den Oberpräsidenten zu, der endgültig entscheidet. Der Lauf der Einspruchs- und der Berufungsfrist beginnt mit dem Ablaufe desjenigen Tages, an dem das Schreiben über die Heranziehung oder die Entscheidung über den Einspruch bei dem Empfänger eingegangen ist.

(2) Die Einziehung von Beiträgen, die nicht freiwillig gezahlt werden, erfolgt im Wege des Verwaltungszwangsverfahrens.

(3) Über die Niederschlagung einzelner Beiträge entscheidet der Vorstand der Apothekerkammer.

§ 41. (1) Bei jeder Apothekerkammer wird eine Kasse errichtet.

(2) Die Kasse hat ihren Sitz am Sitze der Apothekerkammer.

(3) In die Kasse der Apothekerkammer fließen:

1. die Beiträge der wahlberechtigten Apotheker des Kammerbezirks (§ 38);

2. alle Zuwendungen, die der Apothekerkammer gemacht werden.

(4) Aus der Kasse werden bestritten:

1. die Verwaltungskosten einschließlich der Kosten der Wahlen, soweit sich nicht aus § 30 und Art. 2 Abs. 4 etwas anderes ergibt, sowie der Entschädigungen der Mitglieder der Apothekerkammer für die Teilnahme an Sitzungen des Vorstandes oder der Kammer;

2. der durch Beschluß des Apothekerkammerausschusses (§ 47) festgesetzte Beitrag der Apothekerkammer zu den Kosten des Apothekerkammerausschusses;

3. die sonstigen von der Apothekerkammer beschlossenen Aufwendungen für Angelegenheiten des Apothekerstandes, insbesondere für Einrichtungen zugunsten hilfsbedürftiger Apotheker oder Hinterbliebener von Apothekern.

§ 42. (1) Die Kasse wird von dem Vorstande der Apothekerkammer verwaltet.

(2) Den Kassenführer wählt der Vorstand der Apothekerkammer für die Dauer der Amtszeit aus seiner Mitte.

§ 43. (1) Der Kassenführer ist zur Empfangnahme von Geldern und zur Erteilung von Quittungen sowie auf Anweisung des Vorsitzenden der Apothekerkammer zu Zahlungen berechtigt.

(2) Die einkommenden Gelder sind, soweit sie nicht zur Bestreitung laufender Ausgaben Verwendung finden, mündelsicher anzulegen.

(3) Der Kassenführer hat über Einnahmen und Ausgaben Bücher zu führen.

§ 44. (1) Der Kassenführer hat im Namen des Vorstandes der Apothekerkammer die Einziehung nicht freiwillig gezahlter Beiträge zu betreiben (§ 40 Abs. 2).

(2) Als Vollstreckungsbehörde im Sinne der Vorschriften über das Verwaltungszwangsverfahren gilt die Ortspolizeibehörde, die auf Ersuchen des Kassenführers die Vollstreckung zu bewirken hat.

§ 45. (1) Die Kasse und die Bücher nebst Belegen sind jährlich mindestens einmal durch zwei von der Apothekerkammer zu bestimmende Kammermitglieder zu prüfen.

(2) Der Kassenführer hat dem Vorstand und dieser der Apothekerkammer jährlich Rechnung zu legen.

(3) Eie Apothekerkammer erteilt nach Erledigung etwaiger Anstände die Entlastung.

e. Staatsaufsicht.

§ 46. (1) Die allgemeine Staatsaufsicht über die Apothekerkammern und deren Vorstand wird durch den Oberpräsidenten geführt. Er ist befugt, an den Vorstands- oder Kammersitzungen mit dem Rechte auf jederzeitiges Gehör teilzunehmen, und kann mit der Ausübung dieses Rechtes einen oder mehrere Vertreter beauftragen.

(2) Er ist ferner berechtigt, von dem Stande der Kasse (§ 41) selbst oder durch einen Beauftragten Kenntnis zu nehmen und Bücher und Belege zu prüfen.

## Zweiter Abschnitt. Der Apothekerkammerausschuß.

§ 47. (1) Der Apothekerkammerausschuß hat die Aufgabe, innerhalb der den Apothekerkammern zugewiesenen Zuständigkeit eine vermittelnde Tätigkeit auszuüben, und zwar sowohl zwischen dem Minister für Volkswohlfahrt und den Apothekerkammern, als auch zwischen diesen untereinander.

(2) Insbesondere liegt ihm ob:

1. die Beratung der ihm vom Minister überwiesenen Vorlagen; zu diesem Zwecke hat er die Vorlagen den Apothekerkammern zur Beratung und Beschlußfassung mitzuteilen, die Ergebnisse der Beratung und die Beschlüsse der Apothekerkammern zusammenzustellen und unter Beifügung der Beschlüsse und der diesen zugrunde liegenden Verhandlungen an den Minister gutachlich zu berichten;

2. die Beratung der von einzelnen Apothekerkammern oder von Mitgliedern des Apothekerkammerausschusses an ihn gerichteten Anträge; zu diesem Zwecke hat er die Anträge den Apothekerkammern zur Beratung und Beschlußfassung mitzuteilen, die Anträge im Sinne der Mehrheit der gefaßten Beschlüsse zu erledigen und hiervon die Apothekerkammern zu benachrichtigen.

(3) Die Zuständigkeit der Apothekerkammern wird durch den Apothekerkammerausschuß nicht beschränkt.

(4) Der Apothekerkammerausschuß hat seinen Sitz in Berlin.

§ 48. (1) Die Mitglieder des Apothekerkammerausschusses werden von den Apothekerkammern gewählt, und zwar für die Amtsdauer der Kammern.

(2) Jede Apothekerkammer wählt ein Mitglied. Diejenigen drei Kammern, die die höchsten Mitgliederzahlen haben,[1]) wählen zwei Mitglieder,

---

[1]) Die drei Kammern, die die höchsten Mitgliederzahlen haben und demgemäß zwei Mitglieder in den Apothekerkammerausschuß wählen, sind nach Min.Erl. vom 26. Januar 1924 und 13. Januar 1925 die Apothekerkammern 1. für die Provinz Brandenburg und die Stadtgemeinde Berlin, 2. für die Rheinprovinz und die Hohenzollernschen Lande, 3. für die Provinz Westfalen.

von denen das eine Mitglied ein Apothekenbesitzer, das andere Mitglied ein angestellter Apotheker sein muß[1]).

(3) Ist die Mitgliederzahl bei zwei Kammern gleich groß und kommen deswegen für die Wahl von zwei Ausschußmitgliedern mehr als drei Kammern in Frage, so hat von den Kammern mit gleich hoher Mitgliederzahl diejenige zwei Mitglieder in den Apothekerkammerausschuß zu entsenden, die schon bei der letzten Wahl zwei Mitglieder in den Ausschuß gewählt hatte. Hatten beide Kammern oder hatte keine von ihnen damals zwei Mitglieder gewählt, so entscheidet das vom Minister für Volkswohlfahrt zu ziehende Los darüber, welche von beiden Kammern zwei Mitglieder zu wählen hat. Entsprechendes gilt, wenn die Mitgliederzahl bei mehr als zwei Kammern gleich groß ist und deswegen für die Wahl von zwei Mitgliedern in den Apothekerkammerausschuß mehr als drei Kammern in Frage kommen.

(4) Für jedes Mitglied ist gleichzeitig ein Stellvertreter zu wählen. Sind Stellvertreter für zwei Mitglieder zu wählen, so muß der eine Stellvertreter ein Apothekenbesitzer, der andere ein angestellter Apotheker sein.

(5) Die Wahl erfolgt unter sinngemäßer Anwendung der für die Wahl des Vorstandes der Apothekerkammern gegebenen Vorschriften in der im § 33 bezeichneten Wahlversammlung.

(6) Die Mitglieder des Apothekerkammerausschusses verwalten ihr Amt als Ehrenamt. Für die Teilnahme an den Ausschußsitzungen können ihnen Entschädigungen gewährt werden.

(7) Der Apothekerkammerausschuß wählt aus seiner Mitte einen Vorsitzenden und einen Stellvertreter. Auf die Wahl finden die für die Wahl des Vorsitzenden der Apothekerkammer geltenden Vorschriften entsprechende Anwendung.

§ 49. (1) Der Vorsitzende hat den Verkehr des Ausschusses nach außen zu vermitteln und für die Ausführung der Beschlüsse des Ausschusses Sorge zu tragen.

(2) Er beruft, sooft es die Geschäftslage erfordert, jährlich jedoch in der Regel einmal, die Mitglieder zu Sitzungen ein und leitet in den Sitzungen die Verhandlungen. Der § 36 findet entsprechende Anwendung.

(3) Ein Ausschußmitglied, das an der Teilnahme an der Sitzung verhindert ist, hat dies rechtzeitig dem Vorsitzenden mitzuteilen. An seiner Stelle ist sein Vertreter zu laden.

§ 50. (1) Der Apothekerkammerausschuß ist beschlußfähig, wenn mehr als die Hälfte seiner Mitglieder oder deren Stellvertreter anwesend ist. Er kann durch briefliche Abstimmung beschließen, sofern nicht ein Mitglied mündliche Abstimmung verlangt.

---

[1]) Nach einem Bescheide des Oberpräsidenten der Provinz Brandenburg vom 5. Mai 1924 ist diese Bestimmung wie folgt auszulegen: 1. Das in den Ausschuß gewählte eine Mitglied muß die Eigenschaft als „Apothekenbesitzer" bereits am Tage der Wahl haben. 2. Als „angestellter Apotheker" im Sinne des § 48, Abs. 2 gilt auch ein Apotheker, der in einer Angestelltenorganisation der Apotheker tätig ist und nicht selbständig eine Apotheke betreibt.

Die Richtigkeit der Auffassung im Punkt 2 dürfte zu bestreiten sein, da das Gesetz in § 5 die in einer Berufsorganisation der Apotheker tätigen Apotheker mit noch einigen anderen Gruppen deutlich getrennt neben den „in einer Apotheke tätigen Apothekern", also neben den angestellten Apothekern anführt. Das Gesetz selbst sieht somit die in einer Berufsorganisation tätigen Apotheker nicht als „angestellte Apotheker" an.

(2) Für einen Beschluß ist die Mehrheit aller abgegebenen Stimmen erforderlich.

(3) Im übrigen regelt der Ausschuß seine Geschäftsführung selbständig.

§ 51. Der Apothekerkammerausschuß führt die Geschäfte auch nach der Wahlperiode weiter, bis sie der neue Ausschuß übernommen hat.

§ 52. Die allgemeine Staatsaufsicht über den Apothekerkammerausschuß führt der Minister für Volkswohlfahrt. Er ist befugt, an den Sitzungen des Ausschusses mit dem Rechte auf jederzeitiges Gehör teilzunehmen und kann mit der Ausübung dieses Rechtes einen oder mehrere Kommissare beauftragen.

### Dritter Abschnitt. Schlußbestimmung.

§ 53. Die nächsten Wahlen zu den Apothekerkammern finden im Jahre 1923 statt[1]).

### Artikel 2.

(1) Der Minister für Volkswohlfahrt erläßt die zur Ausführung des Gesetzes erforderlichen Bestimmungen, insbesondere die Wahlordnung für die Apothekerkammerwahlen.

(2) Besteht in einer Provinz noch keine Apothekerkammer, so ist bei der ersten Wahl von Mitgliedern einer solchen Kammer ein vom Oberpräsidenten zu beauftragender Beamter Wahlleiter. Die beiden Beisitzer des Wahlausschusses und deren Stellvertreter werden vom Oberpräsidenten aus den Wählern des Kammerbezirks berufen. Einer dieser Beisitzer und sein Stellvertreter müssen Apothekenbesitzer, der andere Beisitzer und sein Stellvertreter angestellte Apotheker sein.

(3) Einsprüche (§ 11 Abs. 2) sind an den Oberpräsidenten und die Beschwerden über seine Entscheidungen an den Minister für Volkswohlfahrt zu richten.

(4) Die Kosten einer solchen Wahl trägt der Staat.

### Artikel 3.

(1) Dieses Gesetz tritt sofort in Kraft.

(2) Die §§ 6, 7 und 12 der Verordnung, betr. die Einrichtung einer Standesvertretung der Apotheker, vom 2. Februar 1901 bleiben für die beim Inkrafttreten dieses Gesetzes bestehenden Apothekerkammern und den Apothekerkammerausschuß bis zum Ablauf ihrer Amtsdauer insoweit gültig, als sie die Zusammensetzung der Apothekerkammern, ihres Vorstandes und des Apothekerkammerausschusses regeln.

## Ausführungsbestimmungen zu dem Gesetze über die Apothekerkammern und einen Apothekerkammerausschuß.

Min.Erl. vom 30. April 1923.

Auf Grund des Artikels 2 des Gesetzes über die Apothekerkammern und einen Apothekerkammerausschuß vom 21. April 1923 wird folgendes bestimmt:

Zu § 2. Das Gesetz will den Apothekerkammern im § 2 einen möglichst weiten Geschäftskreis zuweisen. Die Kammern sollen danach u. a. befugt sein, Einrichtungen anzuregen oder zu fördern, die der beruflichen Fort-

---

[1]) Für die drei Apothekerkammern Rheinprovinz, Westfalen und Hessen-Nassau haben die Wahlen auf Grund der in einem Gesetz vom 25. Juli 1923 erteilten Ermächtigung im Dezember 1924 stattgefunden.

bildung der Apotheker dienen, und Kassen zur Unterstützung hilfsbedürftiger Apotheker oder Hinterbliebener von Apothekern zu schaffen.

Das Recht der Apothekerkammern, innerhalb ihres Geschäftskreises Vorstellungen und Anträge an die Staatsbehörden zu richten, ergibt sich aus Art. 126 der Reichsverfassung.

Zu § 3. Die Apothekerkammern können infolge der ihnen verliehenen Rechtsfähigkeit Rechte erwerben und Verbindlichkeiten eingehen, vor Gericht klagen und verklagt werden. Sie haben als Siegel den preußischen Adler zu führen mit der Umschrift: „Apothekerkammer der ........."

Zu § 5. Zu den Selbstverwaltungskörpern im Sinne des Abs. 1 zählen insbesondere die Träger der öffentlichen Krankenversicherung.

Zu § 8. Das Gesetz beschränkt die Voraussetzungen für die Entziehung des Wahlrechts und der Wählbarkeit darauf, daß ein Apotheker entweder gegen seine Berufspflichten erheblich oder wiederholt verstoßen hat oder daß er wegen eines Verbrechens oder Vergehens rechtskräftig verurteilt worden ist. Im Gegensatz zu der bisher gültigen Verordnung, betr. die Einrichtung einer Standesvertretung der Apotheker vom 2. Februar 1901, schaltet es also alle Fälle aus, bei denen lediglich die Verletzung einer Standespflicht in Frage käme. Unter den Berufspflichten eines Apothekers sind alle Pflichten zu verstehen, die sich aus der Ausübung des Apothekerberufes, insbesondere gegenüber der mit Arzneimitteln zu versorgenden Bevölkerung, ergeben, während zu den Standespflichten eines Apothekers diejenigen zu zählen sind, die er infolge seiner Zugehörigkeit zum Apothekerstande der Apothekerschaft gegenüber zu beobachten hat. Wenn einem Apotheker durch richterliches Urteil die bürgerlichen Ehrenrechte aberkannt worden sind, so kann er schon nach den §§ 5 und 7 während der Dauer des Verlustes dieser Rechte weder wählen noch gewählt werden; eine Entziehung des Wahlrechts oder der Wählbarkeit kommt also für diese Zeit nicht in Frage; nach § 8 ist es aber zulässig, ihm in besonders schweren Fällen noch darüber hinaus für eine längere Zeit oder dauernd das Wahlrecht oder die Wählbarkeit durch einen Beschluß des Kammervorstandes zu nehmen.

Letzterer ist unter den oben angegebenen Voraussetzungen nicht verpflichtet, einem Apotheker das Wahlrecht oder die Wählbarkeit zu entziehen, vielmehr ist ihm nur die Befugnis zu einer solchen Entziehung übertragen. Er wird daher in jedem Einzelfall unter sorgfältiger Würdigung aller Tatumstände zu prüfen haben, ob er von dieser Befugnis Gebrauch machen soll. Es steht ihm also z. B. frei, von der Entziehung abzusehen, wenn sich ein Apotheker zwar wiederholt, aber in längeren Zeiträumen eines kleinen Verstoßes gegen nicht erhebliche, für den Apothekerberuf erlassene Vorschriften schuldig gemacht hat oder wenn ein Apotheker zwar wegen eines Vergehens gerichtlich bestraft worden ist, der Fall aber eine so milde Beurteilung verdient, daß vom Gericht nur auf eine geringe Strafe erkannt worden war. Ein Beschluß, der einem Apotheker das Wahlrecht oder die Wählbarkeit aberkennt, wird erst mit seiner Rechtskraft wirksam. Solange diese noch nicht eingetreten ist, bleibt also das Wahlrecht bzw. die Wählbarkeit des betreffenden Apothekers bestehen.

[1]) Gelangt der Kammervorstand im Einzelfalle zu dem Ergebnis, daß die Tatumstände die Entziehung des Wahlrechts oder der Wählbarkeit nicht rechtfertigen würden, so hat der Vorsitzende der Apothekerkammer dem betreffenden Apotheker hiervon Mitteilung zu machen, sofern letzterer

[1]) Abs. 3 in der Fassung des Min.Erl. vom 30. April 1927.

bereits von dem Kammervorstand zur Sache gehört worden war. Eine gleiche Nachricht ist einem Dritten zu geben, der den Apotheker, dessen Verhalten der Beurteilung des Kammervorstandes unterlag, zur Anzeige gebracht hatte. Jn beiden Mitteilungen ist anzugeben, daß der Kammervorstand keinen Anlaß für eine Entziehung des Wahlrechts oder der Wählbarkeit als vorliegend erachtet habe. War von einer Entziehung abgesehen worden, obgleich nach der Ansicht des Kammervorstandes eine Verletzung der Berufspflichten stattgefunden hatte, so kann in den Mitteilungen unter Angabe der Gründe zum Ausdruck gebracht werden, daß der Kammervorstand das Verhalten des betreffenden Apothekers nicht gebilligt habe[1]). Der Ausspruch einer „Warnung“ oder eines „Verweises“ ist unstatthaft.

Der Vorsitzende der Apothekerkammer hat den Vorsitzenden der anderen Apothekerkammern von einem Beschluß, durch den einem Apotheker das Wahlrecht oder die Wählbarkeit entzogen worden ist, Kenntnis zu geben, damit diese bei der ihnen nach § 11 obliegenden Aufstellung der Wählerlisten (Wahlkarteien) die Wahlunfähigkeit solcher Apotheker berücksichtigen können, die sich in ihrem Kammerbezirk niedergelassen haben, nachdem ihnen das Wahlrecht oder die Wählbarkeit von dem Kammervorstande ihres früheren Wohnsitzes entzogen worden war. Eine Veröffentlichung von Beschlüssen, in denen einem Apotheker das Wahlrecht oder die Wählbarkeit abgesprochen wurde, ist nur zulässig, wenn die Beschlüsse wegen des Inhalts ihrer Begründung nach der Ansicht des Kammervorstandes von allgemeiner Bedeutung für die Apothekerschaft sind. Sie hat dann unter Fortlassung aller Namen und Ortsangaben zu erfolgen. Insbesondere darf die Veröffentlichung nicht den Namen des durch den Beschluß des Apothekerkammervorstandes Betroffenen enthalten und weder den Wohnort noch die Straße bezeichnen, in der der Apotheker wohnt oder die Apotheke liegt.

Der Abs. 3 bezieht sich auf alle Apotheker, die Reichsbeamte oder unmittelbare oder mittelbare Staatsbeamte sind, da sie als solche besonderen, gesetzlich geordneten Disziplinarverfahren unterliegen.

Zu § 9. Nach Ziff. 2 tritt der Verlust des Kammersitzes noch nicht dadurch ein, daß eine der Voraussetzungen vorliegt, unter denen gemäß § 5 Abs. 4 in Verbindung mit § 7 die Wählbarkeit eines Apothekers ruht. Erst eine rechtskräftige Verurteilung zum Verlust der bürgerlichen Ehrenrechte oder eine Entziehung der Wählbarkeit durch einen Beschluß des Kammervorstandes haben ohne weiteres den Verlust des Kammersitzes zur Folge. Eine Entziehung des im § 5 geregelten Wahlrechts läßt die Zugehörigkeit zur Apothekerkammer unberührt. Bei einer Entziehung der Wählbarkeit geht der Kammersitz erst mit der Rechtskraft des Beschlusses verloren.

Zu §§ 10 bis 31. Die Durchführung der Wahl hat nach der anliegenden Wahlordnung für die Wahl zu den Apothekerkammern zu erfolgen.

Zu § 32. Über die Gewährung von Entschädigungen für die Teilnahme an Sitzungen der Apothekerkammer oder ihres Vorstandes beschließt die Apothekerkammer.

Zu § 33. Es ist darauf Bedacht zu nehmen, daß die Wahl des neuen Vorstandes so bald als möglich stattfindet.

---

[1]) Ein Verfahren wegen vermeintlicher Verstöße gegen die „Standespflichten eines Apothekers“ steht den Apothekerkammern, wie die Ausf.-Best. in Abs. 1 deutlich angeben, überhaupt nicht zu. Damit entfällt auch jede Rechtsunterlage für eine Mißbilligung derartiger Verstöße. Eine solche kann sich nur auf einen Verstoß gegen die Berufspflichten beziehen.

Der Oberpräsident oder sein Stellvertreter eröffnet die Wahlversammlung und stellt fest, welches das an Lebensjahren älteste anwesende Mitglied ist. Dieses Mitglied übernimmt alsdann den Vorsitz. Sind die beiden ältesten anwesenden Kammermitglieder gleich alt, so entscheidet das vom Oberpräsidenten bzw. seinem Stellvertreter zu ziehende Los darüber, welches der beiden Mitglieder den Vorsitz in der Wahlversammlung zu führen hat.

Das Gesetz beschränkt sich auf die Vorschrift, daß mindestens ein angestellter Apotheker in den Vorstand als Mitglied gewählt werden muß, wenn der Kammer angestellte Apotheker angehören. Darüber hinaus ist aber stets darauf Bedacht zu nehmen, daß die angestellten Apotheker unter Berücksichtigung der Zahl, mit der sie in der Kammer vertreten sind, auch im Vorstand eine angemessene Vertretung erhalten.

Bei der Vorstandswahl sind ungültig:

1. Stimmzettel, die von dem Wählenden unterschrieben sind,
2. Stimmzettel, die keinen oder keinen lesbaren Namen enthalten,
3. Stimmzettel, die die Person des Gewählten nicht unzweifelhaft erkennen lassen oder auf den Namen einer nicht wählbaren Person lauten,
4. Stimmzettel, die mehr als einen Namen aufweisen,
5. Stimmzettel, die eine Verwahrung oder einen Vorbehalt enthalten.

Wenn ein Gewählter anwesend ist, hat er sich sofort über die Annahme der Wahl zu erklären. Andernfalls ist der Gewählte von dem Vorsitzenden der Kammer durch eingeschriebenen Brief aufzufordern, sich binnen acht Tagen nach Empfang der Mitteilung über die Annahme der Wahl zu erklären. Schweigen gilt als Annahme der Wahl. Eine Annahme unter einem Vorbehalt oder einer Verwahrung gilt als Ablehnung.

Zu § 34. Der Abs. 4 überträgt dem Vorstand sowohl das Recht als auch die Pflicht, alle Geschäfte, die ihm nach dem Gesetz oder nach den hierzu ergangenen Ausführungsbestimmungen oder nach der Geschäftsordnung der Apothekerkammer obliegen, auch nach dem Ablauf der Wahlperiode weiterzuführen, bis der neue Vorstand die Geschäftsführung übernommen hat. Da der Vorsitzende der Kammer dem Vorstand angehört, gilt Entsprechendes auch für ihn. Bis zur Übernahme der Geschäfte durch den neuen Vorsitzenden steht ihm auch die Vertretung der Apothekerkammer nach außen zu (§ 35).

Zu § 36. Die Apothekerkammer kann nur über Gegenstände, die bei der Einberufung der Kammer als Gegenstand der Tagesordnung angegeben waren, und ferner über einen Antrag auf abermalige Einberufung der Kammer beschließen. Im übrigen ist eine Beschlußfassung der Kammer nur dann zulässig, wenn der Gegenstand des Beschlusses dringlich ist und mindestens ein Drittel der anwesenden Kammermitglieder mit der Beschlußfassung einverstanden ist.

Zu § 38. Der § 38 spricht den Grundsatz aus, daß alle Apotheker, die nach § 5 in die Apothekerkammer wählen können, zur Zahlung der Umlagebeiträge verpflichtet sind. Hiervon ist im Abs. 2 nur bezüglich solcher Apotheker eine Ausnahme gemacht, denen nach § 8 das Wahlrecht durch einen Beschluß des Vorstandes der Apothekerkammer entzogen worden ist, da ihre Pflicht zur Beitragszahlung trotz des Verlustes des Wahlrechtes bestehen bleibt.

Approbierte Apotheker, die dem Reichsheere oder der Reichsmarine angehören, stehen nach § 5 außerhalb der Apothekerkammern. Sie sind also auch nicht beitragspflichtig. Andere approbierte Apotheker, die Reichsbeamte oder mittelbare Staatsbeamte sind oder die den Apothekerberuf nicht mehr ausüben, können sich von der Beitragszahlung durch eine schriftliche, dem Kammervorstand gegenüber abzugebende Erklärung befreien. Während der Dauer der Befreiung ruht nach den §§ 5 und 7 sowohl ihr Wahlrecht als auch ihre Wählbarkeit. Die Befreiung ist lediglich von der Abgabe einer entsprechenden schriftlichen Erklärung abhängig und bedarf keines besonderen, dem betreffenden Apotheker mitzuteilenden Beschlusses des Kammervorstandes. Sie braucht auch nicht alljährlich wiederholt zu werden, sondern bleibt, einmal abgegeben, so lange wirksam, als die Voraussetzungen für die Befreiung bestehen. Der befreite Apotheker kann aber jederzeit die Zahlung des Kammerbeitrages aufnehmen und dadurch sein Recht, in die Kammer zu wählen oder gewählt zu werden, aufleben lassen.

Liegen Umstände vor, die dem Kammervorstand Anlaß geben, die Richtigkeit der Erklärung in tatsächlicher oder rechtlicher Hinsicht anzuzweifeln, so ist zunächst der Apotheker, der die Erklärung abgegeben hat, nach Abs. 5 zu hören. Hält der Vorstand alsdann eine Befreiung nicht für gerechtfertigt, so hat er dem Apotheker einen mit Gründen versehenen Bescheid zu erteilen, über den auf Antrag der Oberpräsident endgültig entscheidet.

Die im vorletzten Absatz enthaltenen Strafbestimmungen sollen einem etwaigen Mißbrauch der Vorschriften über die Befreiung von der Beitragspflicht entgegentreten. Daher sind sie regelmäßig nur dann anzuwenden, wenn im Einzelfalle die Annahme gerechtfertigt ist, daß ein solcher Mißbrauch stattgefunden hat.

Zu § 39. Das Gesetz geht davon aus, daß die Festsetzung gleich hoher Jahresbeiträge für alle zahlungspflichtigen Apotheker die Regel zu bilden hat. Es ist aber nach Abs. 1 Satz 2 zulässig, einzelne Kategorien von Apothekern unter Berücksichtigung besonderer Verhältnisse mit ermäßigten, aber ebenfalls festen und gleichmäßigen Jahresbeiträgen heranzuziehen. Von der Aufstellung besonderer Normen hat das Gesetz in dieser Beziehung abgesehen, um den Apothekerkammern möglichst freie Hand zu lassen und ihnen eine sachgemäße Berücksichtigung der mannigfaltigen besonderen Verhältnisse nicht zu erschweren.

Die Apothekerkammern können nach Abs. 2 von der Erhebung fester, gleichmäßiger Jahresbeiträge absehen und andere Beitragsmaßstäbe festsetzen. Für einen solchen Beschluß ist aber außer der auch hier erforderlichen nachträglichen Genehmigung des Oberpräsidenten (Abs. 3) notwendig, daß er mit einer Mehrheit von zwei Dritteln der an der Abstimmung teilnehmenden Kammermitglieder gefaßt wird, und ferner, daß auf diese Bestimmung in den Einladungsschreiben ausdrücklich hingewiesen war.

Der Beitrag ist regelmäßig für ein Kalenderjahr festzusetzen.

In der ersten Sitzung des Jahres hat die Apothekerkammer die nach § 39 erforderlichen Beschlüsse zu fassen.

Zu § 40. Durch die Bezugnahme auf den § 38 Abs. 1 und 4 ist zum Ausdruck gebracht, daß der Einspruch und die Berufung nicht nur gegen die Heranziehung zu ordentlichen Beiträgen, sondern auch gegen die gemäß § 38 Abs. 4 ergangenen Beschlüsse des Kammervorstandes gegeben sind.

Zu § 41. Zu den in Ziff. 3 erwähnten Einrichtungen zugunsten hilfsbedürftiger Apotheker oder Hinterbliebener von Apothekern gehören insbesondere auch Pensions- und Hinterbliebenenfürsorgekassen.

Zu §§ 42 bis 45. Im Anschluß an die Wahl des Vorstandes der Apothekerkammer (§ 33) hat der Vorstand aus seiner Mitte den Kassenführer zu wählen (§ 42 Abs. 2). Es wird sich empfehlen, bei der Wahl noch ein anderes Vorstandsmitglied als Vertreter des Kassenführers zu bestimmen. Von der Wahl ist dem Oberpräsidenten Mitteilung zu achen.

Für die Verwaltung der Kasse ist vom Vorstande der Apothekerkammer eine Kassenordnung aufzustellen und dem Oberpräsidenten einzureichen. Findet dieser nichts zu erinnern, so ist sie der Apothekerkammer zur Genehmigung vorzulegen.

Die Kassenordnung hat Bestimmungen über den inneren und äußeren Geschäftsbetrieb der Kasse, insbesondere über das Geschäftsjahr, über die zu führenden Bücher (§ 43 Abs. 3), über die Dauer der Aufbewahrung der Bücher und Belege, über die Beitreibung der Beiträge und sonstigen Außenstände (§ 44), über die Kassenprüfungen (§ 45 Abs. 1) sowie über die Rechnungslegung und Entlastung (§ 45 Abs. 2 und 3) zu enthalten. Die Belege sind mindestens so lange aufzubewahren, bis die Apothekerkammer Entlastung erteilt hat.

In dem letzten Monat des ersten und jedes folgenden Geschäftsjahres ist von dem Kammervorstande ein Voranschlag über die voraussichtlichen Einnahmen und Ausgaben der Apothekerkammer für das nächstfolgende Geschäftsjahr aufzustellen und der Apothekerkammer in ihrer im Abs. 1 bezeichneten Sitzung zur Beschlußfassung vorzulegen. Eine Abschrift des Voranschlages ist dem Oberpräsidenten einzureichen.

Die beiden Kammermitglieder, denen die Prüfung der Kasse und der Bücher nebst Belegen obliegt (§ 45 Abs. 1), sind in der ersten Sitzung jedes Jahres von der Apothekerkammer zu bestimmen.

Zu § 46. Der Vorsitzende der Apothekerkammer hat dem Oberpräsidenten von einer Sitzung der Kammer oder des Vorstandes rechtzeitig unter Mitteilung der Tagesordnung Kenntnis zu geben.

Zu § 48. Der Minister für Volkswohlfahrt bestimmt diejenigen Kammern, die gemäß § 48 zwei Mitglieder in den Apothekerkammerausschuß zu wählen haben. Bis zum 1. Dezember desjenigen Jahres, in dem die Neuwahlen zu den Apothekerkammern stattfinden, haben die Oberpräsidenten dem Minister für Volkswohlfahrt zu berichten, aus wieviel Mitgliedern sich die Apothekerkammer ihrer Provinz zusammensetzen wird. Dabei ist diejenige Mitgliederzahl anzugeben, die der Oberpräsident nach § 14 Abs. 5 auf Grund der abgeschlossenen Wählerlisten (Wahlkarteien) festgesetzt hat.

Bei der Wahl des Vorsitzenden und seines Stellvertreters hat das an Lebensjahren älteste anwesende Mitglied des Apothekerkammerausschusses den Vorsitz zu führen. Sind die beiden ältesten anwesenden Ausschußmitglieder gleich alt, so entscheidet das Los darüber, welches der beiden Mitglieder den Vorsitz bei der Wahl zu führen hat. Das Los ist von dem nächstältesten anwesenden Ausschußmitglied zu ziehen.

Der Vorsitzende hat seine Wahl und die seines Stellvertreters dem Minster für Volkswohlfahrt mitzuteilen.

Zu § 52. Dem Minister für Volkswohlfahrt ist von einer Sitzung des Ausschusses rechtzeitig unter Mitteilung der Tagesordnung Kenntnis zu geben.

Zu Artikel 2. Besteht in einer Provinz noch keine Apothekerkammer, so ist die Wahlzeit für die erste Wahl einer solchen Kammer von dem Oberpräsidenten nach Maßgabe des § 10 festzusetzen. Im übrigen vgl. § 22 der Wahlordnung für die Wahl zu den Apothekerkammern.

## Wahlordnung für die Wahl zu den Apothekerkammern.

### Wählerverzeichnisse.

§ 1. Vor einer Wahl zur Apothekerkammer hat der Vorsitzende der Apothekerkammer für jeden Wahlkreis des Kammerbezirkes eine Liste aufzustellen, worin die Wahlberechtigten nach Vor- und Zunamen, Wohnort und Wohnung unter fortlaufender Nummer aufgeführt sind (§ 11 Abs. 1 des Gesetzes). Die Liste soll eine Spalte zur Aufnahme eines Vermerks über die erfolgte Stimmabgabe und eine Spalte für Bemerkungen enthalten.

§ 2. Die Liste kann in Heftform (Wählerliste) oder in Kartothekform (Wahlkartei) angelegt werden. Der Behälter, in dem die Wahlkartei verwahrt wird, muß mit Vorrichtungen versehen sein, die jede einzlene Karte festhalten und nach Abschluß der Wahlkartei eine willkürliche Herausnahme oder Einführung von Karten unmöglich machen. Die Karten sollen dieselben Spalten wie die Wählerliste enthalten.

§ 3. In die Liste sind alle Apotheker einzutragen, die in dem Wahlkreise ihren Wohnsitz haben.

Vor der Eintragung jedes einzelnen Apothekers ist sein Wahlrecht genau zu prüfen.

Apotheker, deren Wahlrecht ruht, sind nicht in die Liste aufzunehmen. Sind sie gleichwohl darin eingetragen, so ist in die Spalte „Bemerkungen" einzutragen: „ruht".

### Auslegung und Berichtigung der Wählerverzeichnisse.

§ 4. Der Vorsitzende der Apothekerkammer hat vor der Auslegung der Wählerliste (Wahlkartei) durch eine Bekanntmachung in dem Regierungsamtsblatt des Wahlkreises bzw. in dem für die Bekanntmachungen der Stadt Berlin bestimmten Blatte bekanntzugeben, daß die Wählerliste (Wahlkartei) in Landkreisen im Kreishause, in Stadtkreisen im Rathause zur Einsicht der Beteiligten ausliegt, wie lange die Auslegung stattfindet (Beginn und Ende der Auslegungsfrist) sowie in welcher Zeit und in welcher Weise Einsprüche erhoben werden können (§ 11 Abs. 1 und 2 des Gesetzes).

Apotheker, die in die Wählerliste (Wahlkartei) eingetragen sind, dürfen darin nur gestrichen werden, nachdem ihnen vorher Gelegenheit zur Äußerung gegeben war. Die Streichung erfolgt durch die Eintragung in die Spalte „Bemerkungen": „gestrichen".

Nach Ablauf der Auslegungsfrist können Wähler nur in Erledigung rechtzeitig angebrachter Einsprüche in die Wählerliste (Wahlkartei) aufgenommen oder darin gestrichen werden. Die Gründe für die Berichtigung sind in der Spalte „Bemerkungen" anzugeben.

§ 5. Der Vorsitzende der Apothekerkammer hat die berichtigte Wählerliste (Wahlkartei) abzuschließen (§ 11 Abs. 3 des Gesetzes) und dabei zu vermerken, wieviel Wähler in die Liste (Kartei) eingetragen sind, deren Namen nicht mit dem Vermerk „ruht" oder „gestrichen" versehen wurde.

Nach Abschluß aller Wählerlisten (Wahlkarteien) des Kammerbezirks hat er sogleich dem Oberpräsidenten für jeden Wahlkreis gesondert die in den Abschlußvermerken angegebenen Wählerzahlen mitzuteilen. Der Oberpräsident hat ihn hierauf unverzüglich davon in Kenntnis zu setzen, wieviel Kammermitglieder und Stellvertreter in jedem Wahlkreise zu wählen sind (§ 14 des Gesetzes).

### Bekanntmachung der Wahlzeit und Aufforderung zur Einreichung von Wahlvorschlägen.

§ 6. Der Wahlleiter hat in jedem Wahlkreise die Wahlzeit (§ 10 Abs. 2 des Gesetzes), die Zahl der in dem Wahlkreise zu wählenden Kammermitglieder und Stellvertreter sowie die Namen der dem Wahlausschuß angehörenden Beisitzer und deren Stellvertreter spätestens sieben Wochen vor dem Beginn der Wahlzeit in dem im § 4 bezeichneten Blatte bekanntzugeben.

In der Bekanntmachung sind die Wahlberechtigten gleichzeitig aufzufordern, bis zu einem bestimmten Kalendertage Wahlvorschläge bei dem Wahlleiter einzureichen. Der Kalendertag ist nach Maßgabe des § 15 Abs. 1 des Gesetzes festzusetzen. Die Bekanntmachung soll ferner die Zahl der Unterschriften angeben, die in dem Wahlkreise für einen Wahlvorschlag erforderlich sind (§ 15 Abs. 2 des Gesetzes), und soll auch die übrigen Vorschriften über die Beschaffenheit und den Inhalt der Wahlvorschläge sowie einen Hinweis auf die Möglichkeit einer Verbindung von Wahlvorschlägen enthalten.

### Inhalt der Wahlvorschläge.

§ 7. In den Wahlvorschlägen sind die Bewerber nach Vor- und Zunamen, Wohnort und Wohnung in erkennbarer Reihenfolge aufzuführen. Mit den Wahlvorschlägen ist die Erklärung der Bewerber einzureichen, daß sie der Aufnahme in den Wahlvorschlag zustimmen. Ferner ist bei der Einreichung des Wahlvorschlages ein Vertrauensmann und ein Stellvertreter zu benennen. Der Wahlleiter und sein Stellvertreter sowie die Beisitzer des Wahlausschusses und ihre Stellvertreter können nicht Vertrauensmänner sein (§§ 15 und 16 des Gesetzes).

### Mängelbeseitigung.

§ 8. Der Wahlleiter hat auf den Wahlvorschlägen den Tag des Eingangs zu vermerken und gegebenenfalls die Vertrauensmänner unverzüglich zur Beseitigung von Mängeln der Wahlvorschläge und ihrer Verbindungen aufzufordern. Die Mängel können nur bis zum vierzehnten Tage vor dem Beginn der Wahlzeit beseitigt werden.

Hat ein Wähler mehrere Wahlvorschläge unterschrieben, so ist seine Unterschrift auf allen Wahlvorschlägen zu streichen und dem Vertrauensmann nötigenfalls aufzugeben, bis zu dem in Abs. 1 angegebenen Tage andere Unterschriften zu beschaffen.

Bis zu demselben Zeitpunkte kann von dem Vertrauensmann die Zahl der Bewerber ergänzt und ein Bewerber, gegen dessen Wählbarkeit der Wahlleiter Bedenken erhoben hat, durch einen anderen ersetzt werden.

Ist ein Bewerber auf mehreren Wahlvorschlägen desselben Wahlkreises vorgeschlagen, so ist er vom Wahlleiter aufzufordern, sich unverzüglich für einen der Wahlvorschläge zu entscheiden.

### Bildung des Wahlausschusses.

§ 9. Der Wahlausschuß ist rechtzeitig vor der im § 6 angeordneten Bekanntmachung zu bilden. Er ist nur beschlußfähig, wenn alle drei Mitglieder oder im Behinderungsfalle deren Stellvertreter anwesend sind.

Durch einen Beschluß der Apothekerkammer können den Mitgliedern des Wahlausschusses und ihren Stellvertretern für die Teilnahme an den Sitzungen des Ausschusses Entschädigungen gewährt werden.

Der Wahlleiter kann zu den Sitzungen des Wahlausschusses einen Schriftführer hinzuziehen.

### Zulassung und Bekanntmachung der Wahlvorschläge.

§ 10. Der Wahlleiter hat die zur Prüfung der eingereichten Wahlvorschläge einzuberufende Sitzung des Wahlausschusses so rechtzeitig anzuberaumen, daß die nach § 21 des Gesetzes erforderliche öffentliche Bekanntmachung der Wahlvorschläge und der Verbindungserklärungen rechtzeitig stattfinden kann.

In den Wahlvorschlägen werden die Namen der Bewerber gestrichen, deren Persönlichkeit nicht zweifelsfrei feststeht, deren Zustimmungserklärung fehlt oder die nachgewiesenermaßen nicht wählbar sind.

Hat sich ein Bewerber, der auf mehreren Wahlvorschlägen desselben Wahlkreises vorgeschlagen war, für einen Wahlvorschlag entschieden (§ 8 Abs. 4), so wird sein Name auf den anderen Wahlvorschlägen gestrichen. Ist bis zur Sitzung des Wahlausschusses keine Erklärung von ihm eingegangen, so ist sein Name nur auf demjenigen Wahlvorschlage stehen zu lassen, der zuerst beim Wahlleiter eingegangen ist. Sind die Wahlvorschläge am gleichen Tage eingegangen, so entscheidet das von dem Wahlleiter in der Sitzung des Wahlausschusses zu ziehende Los darüber, auf welchem Wahlvorschlage der Name stehen bleibt.

Ist ein Bewerber auf demselben Wahlvorschlage mehrmals benannt, so gilt er nur als einmal vorgeschlagen. Nicht zuzulassen sind Wahlvorschläge, die verspätet eingereicht worden sind oder die den vorgeschriebenen Erfordernissen nicht entsprechen.

Werden Namen auf Wahlvorschlägen gestrichen oder Wahlvorschläge nicht zugelassen, so ist der Vertrauensmann hiervon unter Angabe der Gründe zu benachrichtigen.

§ 11. Wird nur ein Wahlvorschlag für einen Wahlkreis zugelassen, so ist das Wahlergebnis für diesen Wahlkreis sogleich nach Maßgabe der §§ 20 und 28 des Gesetzes festzustellen.

§ 12. In jedem Wahlkreise sind die Wahlvorschläge nebst den Verbindungserklärungen unter Einhaltung der im § 21 des Gesetzes angegebenen Frist in dem im § 4 bezeichneten Blatte öffentlich bekanntzugeben. Hierbei sind die Namen der Unterzeichner der Wahlvorschläge und der Vertrauensmänner fortzulassen.

### Übersendung von Wahlumschlägen.

§ 13. Den in die Wählerliste (Wahlkartei) eingetragenen Wählern sind — außer im Falle des § 11 — unter Mitteilung der Wahlzeit von dem Wahlleiter rechtzeitig vor der Wahl Umschläge für den Stimmzettel (Wahlumschläge) zu übersenden. Alle Wahlumschläge eines Wahlkreises müssen in Größe, Form und Farbe gleich und mit dem Aufdruck „Wahlumschlag“ versehen sein.

Den Wählern soll gleichzeitig ein Abdruck des § 22 des Gesetzes übersandt werden. Ferner sollen sie darauf hingewiesen werden, daß ein Stimmzettel nur gültig ist, wenn er in einem „Wahlumschlag“ übersandt wird, daß auf dem Zettel, der in dem äußeren Umschlage enthalten sein muß, Vor- und Zuname, Wohnort und Wohnung des Wählenden anzugeben sind und daß auf dem äußeren Umschlage durch Aufschrift oder Aufdruck kenntlich zu machen ist, daß er einen Stimmzettel enthält.

### Feststellung des Wahlergebnisses.

§ 14. Der Wahlleiter beruft den Wahlausschuß zu einer innerhalb von drei Tagen nach Ablauf der Wahlzeit stattfindenden öffentlichen Sitzung, in der das Wahlergebnis festgestellt wird.

In der Sitzung öffnet der Wahlleiter zunächst die äußeren Umschläge und entnimmt ihnen die Stimmzettel mit den Namen der Wähler. Bei jedem Wähler ist aus der Wählerliste (Wahlkartei) festzustellen, ob er zur Ausübung der Wahl berechtigt ist. Über die erfolgte Stimmabgabe ist in der dazu bestimmten Spalte (§ 1) ein Vermerk in die Wählerliste (Wahlkartei) zu machen. Der Wahlausschuß prüft, ob eine der in den Ziff. 1 bis 3 für die Ungültigkeit eines Stimmzettels angegebenen Voraussetzungen vorliegt. Soweit sich keine Anstände finden, werden die Wahlumschläge alsdann aus dem äußeren Umschlage herausgenommen, nach Wahlkreisen gesondert, in Urnen gesammelt und gemischt. Für jeden Wahlkreis ist eine Urne aufzustellen.

Danach öffnet der Wahlleiter die Wahlumschläge und entnimmt ihnen die Stimmzettel. Der Wahlausschuß prüft nunmehr, ob eine der in den Ziff. 4 bis 8 für die Ungültigkeit eines Stimmzettels angegebenen Voraussetzungen vorliegt.

Die Zahl der Wahlumschläge, der Stimmzettel und der Stimmvermerke in der Wählerliste (Wahlkartei) werden miteinander verglichen. Ergibt sich dabei eine Abweichung dieser Zahlen, so ist dies nebst dem zur Aufklärung der Sachlage Dienlichen in der Niederschrift (§ 16) zu vermerken

Ungültig sind

1. Stimmzettel, die vor dem Beginn oder nach dem Ablauf der Wahlzeit an den Wahlleiter abgesandt worden sind; in Zweifelsfällen sind die Stimmzettel als gültig anzusehen,
2. Stimmzettel, bei denen die Person des Wählers nicht unzweifelhaft festgestellt werden kann, bei denen auf dem Namenszettel die Namen mehrerer Wähler stehen oder denen mehrere Namenszettel mit verschiedenen Namen beigefügt sind,
3. Stimmzetetl, die von einem nicht Wahlberechtigten oder einen nicht in die Wählerliste (Wahlkartei) eingetragenen Apotheker übersandt worden sind,
4. Stimmzettel, die keinen oder keinen lesbaren Namen enthalten,
5. Stimmzettel, die von dem Wähler unterschrieben sind oder eine Verwahrung oder einen Vorbehalt gegenüber allen Gewählten enthalten,
6. Stimmzettel, die Namen aus verschiedenen Wahlvorschlägen enthalten,
7. Stimmzettel, die ausschließlich auf andere als die in den öffentlich bekanntgegebenen Wahlvorschlägen aufgeführten Personen lauten,
8. Stimmzettel, die nicht in einem Wahlumschlage enthalten sind oder denen ein oder mehrere andere Stimmzettel beigefügt sind, die nicht auf die Namen derselben Bewerber lauten.

Mehrere in einem Wahlumschlage enthaltenden gleichlautenden Stimmzettel gelten als eine Stimme. Die gültigen Stimmzettel sind ohne Rücksicht auf die Vollständigkeit und die Reihenfolge ihrer Benennungen dem einzelnen Wahlvorschlage zuzurechnen.

§ 15. Der Schriftführer (§ 9 Abs. 3) oder ein vom Wahlleiter bestimmter Beisitzer verzeichnet in einer Zählliste jede einem einzelnen Wahlvorschlage zugefallene Stimme.

Die Zählliste ist von dem Wahlleiter und dem Führer der Liste zu unterzeichnen und der Wahlniederschrift (§ 16) als Anlage beizufügen.

§ 16. Über die im § 14 bezeichnete Sitzung des Wahlausschusses ist eine Niederschrift (Wahlniederschrift) aufzunehmen. In der Niederschrift sind die Namen der Mitglieder des Wahlauschusses aufzuführen, die an der Sitzung teilgenommen haben. Ferner ist darin anzugeben, wieviel Wahlumschläge und Stimmzettel übersandt worden sind, wie groß die Gesamtzahl der in einem Wahlkreise abgegebenen gültigen und ungültigen Stimmen gewesen ist und wieviel Stimmen insgesamt auf die einzelnen Wahlvorschläge entfallen sind.

Für ungültig erklärte Stimmzettel sind mit fortlaufenden Nummern zu versehen und der Niederschrift beizufügen. In der Niederschrift sind die Gründe kurz anzugeben, aus denen ein Stimmzettel für gültig oder ungültig erklärt worden ist. Ist die Ungültigkeit wegen vorzeitiger oder verspäteter Absendung der Stimmzettel, wegen der Beschaffenheit ihrer Umschläge oder wegen der ihnen beigefügten Namenszettel ausgesprochen worden, so sind auch die Umschläge oder die Namenszettel der Wahlniederschrift anzuschließen. Letztere ist von den Mitgliedern des Wahlausschusses, die an der Sitzung teilgenommen haben, zu unterschreiben. Alle Stimmzettel, die nicht der Niederschrift beigefügt sind, hat der Wahlleiter in Papier einzuschlagen, das durch Siegel oder Klebstoff geschlossen wird.

Die Wählerlisten (Wahlkarteien), die Wahlniederschrift mit ihren Anlagen und die für gültig erklärten Stimmzettel sind so lange aufzubewahren, bis über einen etwaigen Einspruch gegen die Gültigkeit der Wahl entschieden worden ist.

§ 17. Gewählte, die bei der Feststellung des Wahlergebnisses anwesend sind, haben sich über die Annahme der Wahl sofort zu erklären. Im übrigen benachrichtigt der Wahlleiter die Gewählten durch eingeschriebenen Brief von ihrer Wahl und fordert sie auf, sich binnen acht Tagen nach Empfang der Nachricht ihm gegenüber über die Annahme der Wahl zu erklären. Schweigen gilt als Annahme. Eine Annahme unter einem Vorbehalt oder einer Verwahrung gilt als Ablehnung.

Wenn nach der Ablehnung einer Wahl der Vorstand der Apothekerkammer festgestellt hat, wer für den Ablehnenden als Ersatzmann in die Kammer eintritt, findet der Abs. 1 entsprechende Anwendung.

### Veröffentlichung des Wahlergebnisses.

§ 18. Das endgültige Wahlergebnis ist dem Oberpräsidenten unverzüglich vom Wahlleiter mitzuteilen. Der Oberpräsident gibt das Wahlergebnis in den Regierungsamtsblättern bzw. in dem für die amtlichen Bekanntmachungen der Stadt Berlin bestimmten Blatte bekannt.

### Ausscheiden eines Kammermitgliedes.

§ 19. Wenn nach dem Ausscheiden eines Kammermitgliedes oder eines Stellvertreters der Vorstand der Apothekerkammer festgestellt hat, wer als Ersatzmann in die Kammer eintritt, findet § 17 entsprechende Anwendung.

Die Änderung in der Zusammensetzung der Kammer ist dem Oberpräsidenten zur öffentlichen Bekanntmachung (§ 18) mitzuteilen.

### Einspruch gegen die Gültigkeit der Wahl, Nachwahl.

§ 20. Ist gegen die Gültigkeit der Wahl Einspruch erhoben worden, so hat der Vorsitzende der bisherigen Apothekerkammer die neugewählte Apothekerkammer zur Entscheidung über den Einspruch zusammenzuberufen.

§ 21. Für die Nachwahl gelten dieselben Vorschriften wie für die Hauptwahl.

Findet die Nachwahl innerhalb Jahresfrist nach dem Ablauf der Wahlzeit der Hauptwahl statt, so ist bei der Nachwahl die Wählerliste (Wahlkartei) der Hauptwahl nach einer etwa notwendig werdenden Ergänzung oder Berichtigung zu verwenden. Bei einer späteren Nachwahl ist eine neue Wählerliste (Wahlkartei) aufzustellen.

Für jede Nachwahl sind neue Wahlvorschläge einzureichen.

### Erste Kammerwahl in einer Provinz.

§ 22. Besteht in einer Provinz noch keine Apothekerkammer, so hat bei der ersten Wahl zu einer solchen Kammer der Oberpräsident die Wählerlisten (Wahlkarteien) aufzustellen, auszulegen, ihre Auslegung öffentlich bekanntzumachen und die Listen (Karteien) abzuschließen. Die abgeschlossenen Wählerlisten (Wahlkarteien) hat er alsdann dem von ihm mit der Wahlleitung beauftragten Beamten zu übersenden und diesem gleichzeitig die Apotheker zu bezeichnen, die als Beisitzer und Stellvertreter in den Wahlausschuß berufen worden sind.

Lehnt ein Gewählter die Wahl ab, so stellt der Oberpräsident fest, wer als Ersatzmann in die Kammer eintritt. Das gleiche gilt, wenn ein Gewählter aus der Kammer ausscheidet, bevor der Kammervorstand gewählt ist.

Im Falle des § 20 erfolgt die Einberufung der Apothekerkammer durch den Oberpräsidenten. Bei den Verhandlungen der Kammer über den Einspruch führt der Oberpräsident oder sein Stellvertreter den Vorsitz.

# Zeitregister
## der gesetzlichen Bestimmungen.

# Sachregister.

(Die Zahlen bezeichnen die Seiten.)

Druck von C. G. Röder G. m. b. H., Leipzig.

**Mylius-Brieger, Grundzüge der praktischen Pharmazie.** Von Dr. phil. **Richard Brieger,** Apotheker und Redakteur an der Pharmazeutischen Zeitung, Berlin. Sechste, völlig neubearbeitete Auflage der „Schule der Pharmazie, Praktischer Teil von Dr. E. Mylius". Mit 160 Textabbildungen. VIII, 358 Seiten. 1926. Gebunden RM 14.70

**Grundzüge der pharmazeutischen und medizinischen Chemie.** Von Prof. Dr. **Hermann Thoms,** Geh. Regierungsrat und Direktor des Pharmazeutischen Instituts der Universität Berlin. Achte, vermehrte und verbesserte Auflage der „Schule der Pharmazie, Chemischer Teil". Mit 113 Textabbildungen. VIII, 639 Seiten. 1927. Gebunden RM 26.—

**Grundzüge der Botanik für Pharmazeuten.** Von Dr. **Ernst Gilg,** Professor der Botanik und Pharmakognosie an der Universität Berlin, Kustos am Botanischen Museum zu Berlin-Dahlem. Sechste, verbesserte Auflage der „Schule der Pharmazie, Botanischer Teil". Mit 569 Textabbildungen. XII, 442 Seiten. 1921. Gebunden RM 10.—

**Grundriß der Physik für Naturwissenschaftler, Mediziner und Pharmazeuten.** Von Dr. **Ernst Lamla,** Oberstudiendirektor in Berlin. Zugleich fünfte, völlig neu bearbeitete Auflage der „Schule der Pharmazie, Physikalischer Teil". Mit 250 Textabbildungen. VI, 318 Seiten. 1925. Gebunden RM 12.—

**Lehrbuch der Pharmakognosie.** Von Dr. **Ernst Gilg,** Professor der Botanik und Pharmakognosie an der Universität Berlin, Kustos am Botanischen Museum zu Berlin-Dahlem, Dr. **Wilhelm Brandt,** Professor der Pharmakognosie an der Universität Frankfurt a. M. und Dr. **P. N. Schürhoff,** Privatdozent der Botanik an der Universität Berlin. Vierte, bedeutend vermehrte und verbesserte Auflage. Mit 417 Textabbildungen. XIV, 530 Seiten. 1927. Gebunden RM 21.—

**Reichsversicherungsordnung** mit Anmerkungen. Herausgegeben von Mitgliedern des Reichsversicherungsamts. In 4 Bänden.

Band I: **Gemeinsame Vorschriften, Beziehungen der Versicherungsträger usw., Verfahren.** (Erstes, fünftes und sechstes Buch der RVO.) X, 433 Seiten. 1927. Gebunden RM 15.—
Band II: **Krankenversicherung.** (Zweites Buch der RVO.) VIII, 306 Seiten. 1926. Gebunden RM 9.60
Band III: **Unfallversicherung.** (Drittes Buch der RVO.) XII, 608 Seiten. 1926. Gebunden RM 18.60
Band IV: **Invalidenversicherung.** (Viertes Buch der RVO.) VIII, 240 Seiten. 1926. Gebunden RM 8.70
**Deckblätter:** Nachträge, enthaltend die Änderungen bis 15. XI. 1926.
Zu Band III. 12 Seiten. 1926. RM 0.90
Zu Band IV. 8 Seiten. 1926. RM 0.60

**Leitfaden der Deutschen Sozialversicherung.** Bearbeitet von Mitgliedern des Reichsversicherungsamtes. 56 Seiten. 1924. RM 0.90
50 Expl. je RM 0.80; 100 Expl. je RM 0.75; 300 Expl. je RM 0.70

GPSR Compliance

*The European Union's (EU) General Product Safety Regulation (GPSR) is a set of rules that requires consumer products to be safe and our obligations to ensure this.*

*If you have any concerns about our products, you can contact us on ProductSafety@springernature.com*

In case Publisher is established outside the EU, the EU authorized representative is:

Springer Nature Customer Service Center GmbH
Europaplatz 3
69115 Heidelberg, Germany

**Batch number: 10844669**

Printed by Printforce, the Netherlands